GESTÃO EM UNIDADES DE ALIMENTAÇÃO E NUTRIÇÃO

DA TEORIA À PRÁTICA

Editora Appris Ltda.
1.ª Edição - Copyright© 2019 dos autores
Direitos de Edição Reservados à Editora Appris Ltda.

Catalogação na Fonte
Elaborado por: Josefina A. S. Guedes
Bibliotecária CRB 9/870

G393g 2019	Gestão em unidades de alimentação e nutrição: da teoria à prática / Maria Terezinha Antunes, Simone Morelo Dal Bosco (Organizadoras). - 1. ed. – Curitiba : Appris, 2019. 471 p. ; 27 cm – (Ensino de ciências. Seção administração) Inclui bibliografias ISBN 978-85-473-2611-1 1. Serviços de alimentação – Administração. 2. Nutrição. I. Antunes, Maria Terezinha. II. Dal Bosco, Simone Morelo. III. Título. IV. Série. CDD - 641.95068

Livro de acordo com a normalização técnica da ABNT

Editora e Livraria Appris Ltda.
Av. Manoel Ribas, 2265 – Mercês
Curitiba/PR – CEP: 80810-002
Tel. (41) 3156 - 4731
www.editoraappris.com.br

Printed in Brazil
Impresso no Brasil

Maria Terezinha Antunes
Simone Morelo Dal Bosco
(Organizadoras)

GESTÃO EM UNIDADES DE ALIMENTAÇÃO E NUTRIÇÃO

DA TEORIA À PRÁTICA

FICHA TÉCNICA

EDITORIAL	Augusto V. de A. Coelho
	Marli Caetano
	Sara C. de Andrade Coelho
COMITÊ EDITORIAL	Andréa Barbosa Gouveia - UFPR
	Edmeire C. Pereira - UFPR
	Iraneide da Silva - UFC
	Jacques de Lima Ferreira - UP
	Marilda Aparecida Behrens - PUCPR
ASSESSORIA EDITORIAL	Alana Cabral
REVISÃO	Luana Íria Tucunduva
PRODUÇÃO EDITORIAL	Lucas Andrade
DIAGRAMAÇÃO	Andrezza Libel
CAPA	Eneo Lage
COMUNICAÇÃO	Carlos Eduardo Pereira
	Débora Nazário
	Karla Pipolo Olegário
LIVRARIAS E EVENTOS	Estevão Misael
GERÊNCIA DE FINANÇAS	Selma Maria Fernandes do Valle

COMITÊ CIENTÍFICO DA COLEÇÃO ENSINO DE CIÊNCIAS

DIREÇÃO CIENTÍFICA Roque Ismael da Costa Güllich (UFFS)

CONSULTORES	
Acácio Pagan (UFS)	Noemi Boer (Unifra)
Gilberto Souto Caramão (Setrem)	Joseana Stecca Farezim Knapp (UFGD)
Ione Slongo (UFFS)	Marcos Barros (UFRPE)
Leandro Belinaso Guimarães (Ufsc)	Sandro Rogério Vargas Ustra (UFU)
Lenice Heloísa de Arruda Silva (UFGD)	Silvia Nogueira Chaves (UFPA)
Lenir Basso Zanon (Unijuí)	Juliana Rezende Torres (UFSCar)
Maria Cristina Pansera de Araújo (Unijuí)	Marlécio Maknamara da Silva Cunha (UFRN)
Marsílvio Pereira (UFPB)	Claudia Christina Bravo e Sá Carneiro (UFC)
Neusa Maria Jhon Scheid (URI)	Marco Antonio Leandro Barzano (Uefs)

Maria Terezinha Antunes:
Esta obra, realizada com muito entusiasmo e compromisso, dedico
aos meus pais, Lauro e Helena (in memoriam), *por terem me ensinado a acreditar no futuro;*
aos meus filhos, Tiago e Eduardo, pela confiança e amor;
à minha família, pelo permanente apoio,
aos colegas que contribuíram com esta obra e
aos alunos, pelos desafios diários.

Simone Morelo Dal Bosco:
Dedico esta obra aos meus filhos, João e Davi, por me permitirem ser mãe e amá-los de forma genuína.
Aos meus pais e irmãos, pela educação e amor com tantos desafios, fortalecemo-nos e superamo-nos juntos.
Ao Dr. Jesu Antomar Ribeiro da Silva e Ana Lúcia Isasmendi, pelo auxílio e aprendizado contínuo.
A todos os estudantes de Nutrição, nutricionistas, profissionais da Saúde, pelo amor e dedicação à nossa profissão.

Maria Terezinha Antunes:
Esta obra, realizada com muito entusiasmo e compromisso, dedico
aos meus pais, Lauro e Helena (in memoriam)*, por terem me ensinado a acreditar no futuro;*
aos meus filhos, Tiago e Eduardo, pela confiança e amor;
à minha família, pelo permanente apoio,
aos colegas que contribuíram com esta obra e
aos alunos, pelos desafios diários.

Simone Morelo Dal Bosco:
Dedico esta obra aos meus filhos, João e Davi, por me permitirem ser mãe e amá-los de forma genuína.
Aos meus pais e irmãos, pela educação e amor com tantos desafios, fortalecemo-nos e superamo-nos juntos.
Ao Dr. Jesu Antomar Ribeiro da Silva e Ana Lúcia Isasmendi, pelo auxílio e aprendizado contínuo.
A todos os estudantes de Nutrição, nutricionistas, profissionais da Saúde, pelo amor e dedicação à nossa profissão.

AGRADECIMENTOS

Agradecemos a todos os autores que colaboraram com os seus conhecimentos, dedicação e cuidado científico na elaboração desta obra, que esperamos possa contribuir para a Ciência da Nutrição. Agradecemos, também, aos nossos colegas nutricionistas, pelo incentivo, aos estudantes, pela motivação em nos fazer estar sempre buscando aprender e fazer o melhor, às empresas e instituições nas quais já atuamos, pela possibilidade de aprender na prática, e aos nossos familiares, pelo apoio constante na realização desta obra.

Maria Terezinha Antunes
Simone Morelo Dal Bosco

Podemos Recuar em direção à segurança ou avançar em direção ao crescimento.
A opção pelo crescimento tem que ser feita repetidas vezes.
E o medo tem que ser superado a cada momento

Abraham Maslow

PREFÁCIO

Sentimo-nos muito honradas em poder organizar este livro, *Gestão em unidades de alimentação e nutrição: da teoria à prática*, que cuidadosamente e carinhosamente organizamos com o apoio e colaboração de profissionais renomados e qualificados da áreas de Gestão, Administração em Unidade de Alimentação e Nutrição, que puderam contribuir de forma substancial para a área de Alimentação Coletiva.

Confiamos que esta obra seja de grande utilidade para atender os cursos de graduação em Nutrição das universidades brasileiras, reunindo todo o conteúdo necessário para que os estudantes possam refletir sobre a teoria e os cenários práticas de gestão e de Unidades de Alimentação e Nutrição.

Os capítulos abordam temas fundamentais para o aprimoramento do nutricionista para desenvolver competências, habilidades e atitudes como gestor. Também questões de higiene, manipulação de alimentos, legislação, gastronomia, elaboração de cardápios, empreendedorismo, entre outros temas importantes e de promoção da saúde dentro da alimentação coletiva, são abordados do ponto de vista do gestor, que é também comprometido com a sustentabilidade físico-organizacional e econômica de uma Unidade de Nutrição e Alimentação.

Acreditamos e consideramos o empreendedorismo e a gestão dentro das Unidades de Alimentação e Nutrição, um instrumento de desenvolvimento social, não só de crescimento econômico, e o disseminamos por meio da educação para que possa produzir uma mudança cultural e social. Por isso, este livro vem corroborar para que possamos pensar na gestão empreendedora dentro das Unidades de Alimentação e Nutrição, assim elencamos temas que contribuirão para a formação dos nossos estudantes e nossos e nossas colegas nutricionistas.

Boa leitura.

Maria Terezinha Antunes
Simone Morelo Dal Bosco

APRESENTAÇÃO

Administrar Unidades de Alimentação e Nutrição tem se mostrado um desafio constante para os profissionais da área de alimentação e nutrição.

A globalização facilitou o acesso à informação e tem mudado o perfil dos consumidores de alimentos, tornando-os mais exigentes e mais informados a respeito dos alimentos e da alimentação. Já não é incomum questionamentos de consumidores a respeito do que é saudável, seguro, nutritivo e, claro, discutir sobre técnicas de preparo e sabores. Os consumidores, atualmente, esperam que os restaurantes, não importando o segmento, se comercial ou institucional, sejam capazes de oferecer refeições que promovam experiências gastronômicas, além de saúde.

Se, por um lado, a academia tem por compromisso formar profissionais generalistas, há, por outro lado, o mercado de trabalho, que, por sua vez, tem expectativa de que esse profissional se apresente com habilidades e competências específicas, e especializado para segmentos específicos. Depara-se, ainda, com os anseios dos proprietários, investidores na área de alimentação coletiva quanto ao desempenho do nutricionista nas atribuições de gestão em unidades de alimentação institucionais, sejam elas para crianças, adultos ou idosos, restaurantes corporativos ou restaurantes comerciais.

Nossa intenção com esta obra é de oferecê-la àqueles que, assim como nós, são apaixonados pela área da alimentação coletiva e se sentem felizes em estar rodeados de pessoas, cada uma com as suas particularidades, dificuldades, tentando entendê-las, acolhendo-as, ensinando-as, estimulando-as; que curtem estar no meio da cozinha, envoltas a equipamentos, que se deliciam com os ruídos de alimentos sendo preparados, com os diferentes aromas e formas de preparo; que sentem prazer em planejar, organizar, descobrir novas formas de fazer o de sempre, que querem descobrir novos produtos, novos fornecedores, novas receitas, novas maneiras de encantar o seu cliente.

Procuramos oferecer um livro o mais completo quanto possível e procuramos apresentar os conteúdos baseando-nos na logística de ensino das disciplinas de Administração de Unidades de Alimentação e Nutrição - AUAN I e II, e ainda nas nossas vivências na gestão de Unidade de Alimentação e Nutrição da área comercial, institucional, hospitalar, industrial e escolar, e assim criamos um rol de temas e fomos agregando pessoas com expertise que viessem complementar. O resultado será apresentado em seções. Na seção I, "Fundamentos em gestão de unidades de alimentação e nutrição", com oito capítulos, o enfoque é a fundamentação da gestão, como conceitos, atividades da administração, planejamento estratégico, empreendedorismo e a terceirização; na seção II, será discutido o controle de qualidade dos alimentos, focando nos processos de produção, higiene do manipulador, segurança dos alimentos, gestão de risco e de resíduos; na seção III, trataremos do Planejamento e Produção de Refeição – aqui, abordaremos o planejamento de refeições para coletividade sadia e hospitalizada, lactário, sondaria, banco de leite, alimentação infantil, Programa de Alimentação do Trabalhador e a relação entre gestão, gastronomia e nutrição –; já na seção IV, trataremos da Gestão de Processos, incluindo a gestão de pessoas, da área física, equipamentos, materiais, despesas, custos, gestão econômica financeira e marketing.

Como pode-se observar, os nutricionistas precisam dominar diferentes habilidades, porém nenhuma é tão importante quanto o compromisso com a saúde do consumidor, o cliente!

Desejamos que todos façam um bom proveito desta obra.

Boa leitura!

Maria Terezinha Antunes
Simone Morelo Dal Bosco

SUMÁRIO

SEÇÃO I: FUNDAMENTOS EM GESTÃO DE UNIDADES DE ALIMENTAÇÃO E NUTRIÇÃO..19

CAPÍTULO 1
FUNDAMENTOS DA ADMINISTRAÇÃO APLICADA À UNIDADE DE ALIMENTAÇÃO E NUTRIÇÃO 21
Maria Terezinha Antunes
Simone Morelo Dal Bosco

CAPÍTULO 2
AS UNIDADES DE ALIMENTAÇÃO E NUTRIÇÃO NO CONTEXTO DE MERCADO..............43
Chaline Caren Coghetto
Claudia de Souza Libanio
Carolina Pereira Kechinski

CAPÍTULO 3
PLANEJAMENTO ESTRATÉGICO APLICADO A UNIDADES DE ALIMENTAÇÃO E NUTRIÇÃO....53
Caroline Buss

CAPÍTULO 4
TERCEIRIZAÇÃO NA PRESTAÇÃO DE SERVIÇOS EM ALIMENTAÇÃO 63
Eduardo Estaevi

CAPÍTULO 5
EMPREENDEDORISMO EM UNIDADES DE ALIMENTAÇÃO E NUTRIÇÃO......................75
Simone Morelo Dal Bosco
Maria Terezinha Antunes

CAPÍTULO 6
MARKETING EM UNIDADES DE ALIMENTAÇÃO E NUTRIÇÃO 87
Gabriel Borela Franzoni

CAPÍTULO 7
INOVAÇÃO EM SERVIÇOS DE ALIMENTAÇÃO 97
Renata Steffens

CAPÍTULO 8
METODOLOGIA INOVADORA NO DESENVOLVIMENTO DO GESTOR EM UNIDADE DE ALIMENTAÇÃO E NUTRIÇÃO 113
Priscila Souza

SEÇÃO II: CONTROLE DE QUALIDADE NOS PROCESSOS DE PRODUÇÃO DE REFEIÇÃO 127

CAPÍTULO 9
CONTROLE DE QUALIDADE NOS PROCESSOS DE PRODUÇÃO E HIGIENE DOS ALIMENTOS EM UNIDADES DE ALIMENTAÇÃO E NUTRIÇÃO 129
Marlise Potrick Stefani
Samantha Peixoto Silva
Giuseppe Potrick Stefani

CAPÍTULO 10
SEGURANÇA DOS ALIMENTOS: DO ABASTECIMENTO À DISTRIBUIÇÃO EM UNIDADES DE ALIMENTAÇÃO E NUTRIÇÃO 145
Valeria Hartmann
Nair Luft
Graziela De Carli

CAPÍTULO 11
HIGIENE DO MANIPULADOR EM UNIDADE DE ALIMENTAÇÃO E NUTRIÇÃO 171
Marlise Potrick Stefani
Samantha Peixoto Silva
Giuseppe Potrick Stefani

CAPÍTULO 12
PREVENÇÃO DE RISCOS AMBIENTAIS E SAÚDE OCUPACIONAL NAS UNIDADES DE ALIMENTAÇÃO E NUTRIÇÃO 187
Jéssica Petersen Kruel
Simone Morelo Dal Bosco
Maria Trezinha Antunes

CAPÍTULO 13
GESTÃO DE RESÍDUOS EM UNIDADE DE ALIMENTAÇÃO E NUTRIÇÃO 199
Elaine de Fátima Adorne
Karen Freitas Bittencourt
Luciane Janaína Carvalho

SEÇÃO III: PLANEJAMENTO E PRODUÇÃO DE REFEIÇÃO 215

CAPÍTULO 14
PLANEJAMENTO DE REFEIÇÃO PARA COLETIVIDADE SADIA 217
Fernanda Guidi Colossi de Paris

CAPÍTULO 15

PLANEJAMENTO DE REFEIÇÃO PARA PACIENTES HOSPITALIZADOS 241

Karen Freitas Bittencourt

Maria Terezinha Antunes

Raquel Milani El Kik

CAPÍTULO 16

DIETAS NO CONTEXTO DE UNIDADES DE ALIMENTAÇÃO E NUTRIÇÃO HOSPITALARES 251

Aline Marcadenti de Oliveira

Catarina Bertaso Andreatta Gottschall

Fernanda Michielin Busnello

CAPÍTULO 17

LACTÁRIO E SONDÁRIO – ORGANIZAÇÃO E GESTÃO 273

Ana Cristina Riehs Camargo

Francielly Crestani

Renata Ongaratto

CAPÍTULO 18

PLANEJAMENTO E GESTÃO DE BANCO DE LEITE HUMANO 283

Francielly Crestani

Renata Ongaratto

CAPÍTULO 19

PRINCÍPIOS BÁSICOS PARA PLANEJAMENTO FÍSICO E ORGANIZACIONAL DE INSTITUIÇÕES DE EDUCAÇÃO INFANTIL 299

Paulo César da Silva

CAPÍTULO 20

GESTÃO DO PROGRAMA DE ALIMENTAÇÃO DO TRABALHADOR (PAT) EM UNIDADES DE ALIMENTAÇÃO E NUTRIÇÃO 313

Fernanda Guidi Colossi de Paris

Simone Morelo Dal Bosco

Maria Trezinha Antunes

CAPÍTULO 21

GESTÃO, GASTRONOMIA E NUTRIÇÃO: UM DIÁLOGO A PARTIR DO ALIMENTO 323

Valdeni Terezinha Zani

Ricardo Yudi

Tainá Bacellar Zanetti

Isabel Cristina Kasper Machado

SEÇÃO IV: GESTÃO DE PROCESSOS...339

CAPÍTULO 22
GESTÃO DE PESSOAS PARA ÁREA DE UNIDADES DE ALIMENTAÇÃO E NUTRIÇÃO..........341
Ana Claudia Souza Vazquez

Maria Terezinha Antunes

CAPÍTULO 23
GESTÃO DO ESPAÇO FÍSICO EM UNIDADES DE ALIMENTAÇÃO E NUTRIÇÃO...............351
Simone Morelo Dal Bosco

Maria Terezinha Antunes

Carine Fabiana Saul

Diandra Valentini

Kathleen Krüger Peres

CAPÍTULO 24
GESTÃO DE EQUIPAMENTOS EM UNIDADES DE ALIMENTAÇÃO E NUTRIÇÃO...............375
Maria Terezinha Antunes

Simone Morelo Dal Bosco

Diandra Rosa Valentini

Kathleen Krüger Peres

Carine Fabiana Saul

Regina Catarina de Alcantara

Eduardo Ongaratto

CAPÍTULO 25
GESTÃO DE MATERIAIS E LOGÍSTICA DE ABASTECIMENTO NAS UNIDADES DE ALIMENTAÇÃO
E NUTRIÇÃO..423
Luísa Rihl Castro

Virgílio José Strasburg

Luciane Carvalho

CAPÍTULO 26
GERENCIAMENTO DE CUSTOS: SERVIÇO DE NUTRIÇÃO HOSPITALAR 441
Luísa Rihl Castro

Karen Freitas Bittencourt

Luciane Janaína Carvalho

CAPÍTULO 27
GESTÃO ECONÔMICA E FINANCEIRA EM UNIDADES DE ALIMENTAÇÃO E NUTRIÇÃO ...451
Marcos Antonio de Souza

SEÇÃO I

FUNDAMENTOS EM GESTÃO DE UNIDADES DE ALIMENTAÇÃO E NUTRIÇÃO

CAPÍTULO 1

FUNDAMENTOS DA ADMINISTRAÇÃO APLICADA À UNIDADE DE ALIMENTAÇÃO E NUTRIÇÃO

Maria Terezinha Antunes
Simone Morelo Dal Bosco

Considerando que o nutricionista, ao desenvolver a maioria das funções, para não dizer todas, que lhe são de competência legal, atua como gestor, seja em restaurantes, serviços de alimentação e nutrição, consultórios, clínicas, academias, coordenação e professores de cursos, entre tantas outras possibilidades que essa profissão oferece, necessita conhecer, mesmo que de forma menos aprofundada, a ciência da administração. Esta será apresentado neste capítulo, a história da administração, alguns conceitos, funções e teorias da administração, no intuito de aparelhar os profissionais para o bom desempenho dessas funções.

1. Introdução

Uma Unidade de Alimentação e Nutrição é uma unidade de trabalho que desempenha atividades relacionadas à alimentação e nutrição, como o fornecimento de refeições.

O objetivo de uma Unidade de Alimentação e Nutrição - UAN, ou simplesmente Unidade de Alimentação - UA, é fornecer refeições equilibradas nutricionalmente, com excelente nível de sanidade e adequadas ao comensal (consumidor em alimentação coletiva). Essa adequação deve procurar manter a saúde dos clientes, e desenvolver hábitos alimentares saudáveis.

Além dos aspectos relacionados à refeição, uma UAN objetiva ainda satisfazer o comensal com o serviço oferecido. Isto engloba desde o ambiente físico, incluindo tipo, conveniência e condições de higiene de instalações e equipamentos disponíveis, até o contato pessoal entre funcionários e os clientes, nos mais diversos momentos.

O nutricionista é o profissional habilitado para trabalhar em qualquer uma das dimensões citadas anteriormente. Ele atua nas mudanças dos processos e nos ambientes de trabalho.

O compromisso desse profissional para com a saúde do comensal não pode ser tratado como algo externo à sua prática profissional, mas como dever da profissão.

O trabalho do nutricionista, em uma UAN, engloba monitoramento das boas práticas de produção, controle higiênico-sanitário da UAN e das refeições oferecidas e o atendimento aos clientes (ANSALONI, 1999, p. 244).

Unidade de trabalho ou órgão de uma empresa, que desempenha atividades relacionadas à alimentação e nutrição, como o fornecimento de refeições, a UAN é um subsistema que desempenha atividades-fim ou meio. Para o primeiro caso, colaboram diretamente para a consecução do objetivo final da entidade. Como atividade-meio, em indústrias, por exemplo, colaboram para que sejam realizadas da melhor maneira possível as atividades-fim da entidade.

1.1 Introdução Histórica da Administração

Referências históricas mostram que os conceitos administrativos criados há mais de 1.200 a.C. são, ainda, utilizados na atualidade. A administração teve seu início num tempo remoto, acredita-se que no ano 5.000 a.C., na Suméria, quando os antigos Sumerianos procuravam melhorar a maneira de resolver seus problemas práticos, exercitando assim a arte de administrar. Depois, no Egito, Ptolomeu dimensionou um sistema econômico planejado, que não poderia ter-se operacionalizado sem uma administração pública sistemática e organizada. Na China de 500 a.C., a necessidade de adotar um sistema organizado de governo para o império culminou com a Constituição de Chow, com seus oito regulamentos. As regras de administração pública de Confúcio exemplificam a tentativa chinesa de definir regras e princípios de administração. Apontam-se, ainda, outras raízes históricas, como as instituições Otomanas, pela forma como eram administrados seus grandes feudos. Os prelados católicos, já na Idade Média, destacaram-se como administradores natos.

Ao longo dos anos, tem-se observado que a administração, como estrutura formal de ação, foi sendo delineada por influências de diversas áreas do conhecimento humano. A filosofia deu sua grande contribuição para a administração. Já antes de Cristo, os filósofos da antiguidade expunham seu ponto de vista sobre essa área fascinante que viria a ser importante nos dias atuais. Platão (429 a.C.-347 a.C.), filósofo grego, discípulo de Sócrates, também deu sua contribuição, relatando, em sua obra intitulada *A República*, seu ponto de vista sobre democracia e administração dos negócios públicos. Aristóteles, filósofo grego, discípulo de Platão, estudou a organização do Estado e relata três tipos de administração pública: monarquia, aristocracia e democracia.

Na era Depois de Cristo (D.C.), Francis Bacon (1561-1626), filósofo inglês, antecipa-se ao princípio da administração, conhecido como princípio da prevalência do principal sobre o acesso, enfocando a separação do que é essencial do que é acessório. René Descartes, filósofo, matemático e físico francês (1596-1650), foi o autor das coordenadas cartesianas ou dos princípios cartesianos. Vários princípios da administração moderna, como divisão do trabalho, da ordem, do controle, estão fundamentados nesses princípios. Cabe, também, explicitar que Jean Jacques-Rousseau (1712-1778) contextualizou a teoria do contrato social, teoria esta fundamentada no acordo entre os participantes de uma ação, com base num conjunto de regras que o regem. Por sua vez, Karl Marx (1818-1883) ofereceu contribuições fundamentais para a ciência administrativa, a partir da introdução da teoria da origem do Estado, e considera que todos os acontecimentos históricos são produto das relações econômicas entre os homens.

A partir do século XX, sob o efeito de acontecimentos como a Revolução Industrial, surgiram inúmeros estudos e teorias com ideias distintas, porém de grande contribuição para a administração. Tais estudos e teorias contribuíram para alçar a administração ao status de ciência.

Identificam-se duas correntes que se preocupavam com o desempenho organizacional e fundantes da administração como ciência: 1) a corrente americana, formada por Taylor, Gilbreth e Ford – todos engenheiros, tinham como análise o chão da fábrica; a concepção da empresa, na visão deles, era de 'baixo para cima", ou seja, entender a organização a partir da tarefa; o estudioso mais conhecido é o americano Frederick Winslow Taylor (1856-1915), que foi considerado o pai da

"Administração Científica"; 2) a corrente europeia (França e Inglaterra), tendo o francês Henri Fayol (1841-1925) como o mais conhecido; para eles, a organização é entendida "de cima para baixo", ou seja, entender a organização como estruturas e departamentalização; esses dois estudiosos tiveram suas ideias reconhecidas como a Administração Clássica.

A seguir, serão apresentados, em síntese, os princípios, as funções e as principais teorias da administração visando ao entendimento da administração e sua aplicabilidade nas ações de gestão, principalmente em Unidades de Alimentação e Nutrição, exercidas por nutricionistas, bem como em outras áreas de atuação desse profissional.

1.2 Conceito de Administrar

De acordo com Chiavenato (2014), a palavra administração tem sua origem no latim: ad – direção para, tendência para –; minister – subordinação ou obediência –, significando a função que se desenvolve sob o comando de outro. Assim, segundo esse autor, administrar é obter resultados por intermédio de outros. É a função de fazer as coisas por meio de outras pessoas, obtendo os melhores resultados possíveis. O administrador comanda a ação e não, necessariamente, realiza-a.

Tecnicamente, a administração constitui fazer as coisas da maneira mais adequada possível, com o mínimo de recursos, sejam eles humanos, financeiros ou materiais, com o intuito de alcançar objetivos previamente definidos. O ato de administrar supõe a realização de atividades com e por intermédio de pessoas, visando ao sucesso da organização, bem como de seus membros (CHIAVE-NATO, 2014). "A administração significa a Inteligência organizacional, isto é, a maneira pela qual a organização se articula, planeja, organiza, e controla suas operações no sentido de alcançar resultados esplêndidos" (CHIAVENATO, 2014, p. 6).

Como o próprio autor enfatiza, administrar não se trata de uma tarefa simples e linear. Principalmente nos tempos atuais, em que as informações e os conhecimentos estão mais acessíveis a todos e de forma globalizada. Administrar é gerenciar, comandar uma organização, levando em conta as inúmeras variáveis, como os recursos (materiais, financeiros e humanos); as tecnologias; as informações ou dados gerenciais; o ambiente interno e externo, os quais possibilitam análise e tomada de decisão.

Nesse sentido, o administrador ou diretor ou gerente ou chefe ou líder ou encarregado, independentemente da nomenclatura ou do grau de abrangência dessa função, são profissionais fundamentais para o bom desempenho do complexo processo de administrar e para o atingimento dos objetivos da organização.

1.3 Ações da administração

Como vimos, administrar representa a maneira como as ações de planejar, organizar, dirigir e controlar são realizadas na organização, seja ela cozinha industrial corporativa, cozinha hospitalar, restaurante comercial, bar, cafeteria, padaria, ou qualquer outro ramo de negócio.

a. Planejar

Planejar é a função administrativa que procura prever todas as etapas necessárias para que um determinado objetivo seja colocado em prática e atingido. Nesse sentido, o sucesso para o bom planejamento está em ter pleno conhecimento do que deseja alcançar, ou seja, ter clareza de qual é o objetivo que se quer atingir.

Para realizar o planejamento da forma mais adequada possível, é necessário responder as cinco perguntas simples: O que fazer?; como fazer?; quando fazer?; quem irá fazer?, e quanto custará fazer o que se deseja?

Uma empresa de refeição que irá fornecer almoço para funcionários de uma indústria: como será esse planejamento?

Qual o objetivo ou o que fazer?

Fornecer refeição adequada e segura para os funcionários da empresa.

O fazer?

1. **Identificar quem são esses funcionários, que atividades desenvolvem, qual o número de refeições a serem servidas, qual o cardápio que melhor irá se adequar a eles etc., com o intuito de prever que tipo de comida será produzida;**

2. Levantar toda a legislação e documentação necessária;

3. Prever todos os recursos necessários, como: área física; equipamentos; materiais; funcionários.

Quando fazer?

Ter uma previsão de tempo para realizar cada uma das atividades apresentadas e fazer um cronograma de ação. Por exemplo, se os equipamentos serão adquiridos novos, qual o prazo de entrega e de instalação.

Quem irá fazer?

A condução do planejamento poderá ficar ao encargo do proprietário ou de um técnico. Porém este precisará de assessorias para cada tipo de atividade. Para a legislação e aspectos legais referentes à implantação do negócio, poderá contar com o auxílio de um advogado e/ou contador. Já a definição da área física e equipamento será realizada por nutricionista, juntamente com arquiteto e engenheiro, por exemplo.

Quanto custará para fazer?

Prever todos os custos, desde a fase de planejamento e de execução do projeto até o processo de produção, conhecendo o custo da refeição, e definir o preço de venda.

A fase de planejamento é complexa e requer tempo e dedicação, pois um planejamento mal feito acarretará em erros futuros e prejuízos.

b. Organizar

Organizar é "o ato de organizar, estruturar e integrar os recursos e os órgãos incumbidos de sua administração e estabelecer relações entre eles e atribuições de cada um" (CHIAVENATO, 2006, p. 46).

Dando continuidade ao exemplo da empresa de refeição que irá fornecer almoço para funcionários de uma indústria, a organização, nesse caso, refere-se a deixar a área física em condições de uso, os equipamentos instalados, os funcionários contratados, os gêneros alimentícios comprados e estocados. Enfim, a cozinha apta a funcionar.

Parece simples, mas não é. A organização é pensar nos detalhes previamente e preparar para que as atividades ocorram de forma sincronizada. A área física deverá estar dividida em setores, como: despensa, produção, higienização etc. Os funcionários precisam ser distribuídos nos setores, conhecer suas tarefas, ser treinados, usar uniformes, conhecer as normas, a hierarquia. Os documentos, alvarás, planilhas de controle de temperatura das câmaras, de balcões térmicos, registros de refeição produzida, informatização, são alguns exemplos de providências a serem tomadas para que a cozinha funcione.

c. Dirigir

Dirigir é "orientar os recursos humanos para melhor utilização da energia visando obter resultados eficientes na realização dos objetivos" (CHIAVENTO, 2016, p. 62).

A direção compreende a ação do chefe ou do líder em estimular que os funcionários executem as atividades planejadas para que o objetivo seja atingido.

As ações do chefe ou líder referem-se às de comunicação, motivação, liderar, orientar e/ou conduzir, treinar e controlar. Para que essas ações ocorram de forma adequada e eficiente, o líder ou chefe deverá: conhecer e compreender as finalidades da empresa; conhecer com domínio os seus objetivos; treinar funcionários e instruir os funcionários quanto ao o que precisa ser feito e como ser feito; motivar os funcionários; acompanhar o desenvolvimento do processo, e, por fim, controlar ou checar se as ações foram realizadas de forma a atender aos objetivos planejados.

Viemos até aqui utilizando dois termos para nos referir à pessoa que comanda a equipe, "Líder" ou "Chefe". Porém se fazem necessários alguns esclarecimentos sobre o significado de ambos. Até meados do século passado, a figura do chefe era comum nas empresas, uma vez que a filosofia de gestão à época era centralizadora, colocando toda a responsabilidade sobre o chefe, figura autoritária que comandava com braços de ferro a empresa. Porém, mais para o final do século, com a globalização, esse tipo de comando foi perdendo espaço e sendo substituído.

Após a década de 90, as empresas começaram a modificar a filosofia de gestão, adotando o termo líder para quem comanda, e colaborador ou parceiro em substituição a empregado, possibilitando pensar a empresa como um time de operações. O líder chega para orientar, motivar, preparar as pessoas.

d. Controlar

Controlar é checar, conferir, ou verificar se tudo ocorre de acordo com o plano adotado, com as orientações dadas e de acordo com o estabelecido. Tem por finalidade acompanhar a execução das tarefas para reduzir falhas, evitar erros, corrigir imperfeições e evitar a reincidência.

O controle compreende o processo a partir do qual os gestores asseguram que as atividades efetivas estarão de acordo com as atividades planejadas. O planejamento e o controle estão tão relacionados entre si que, muitas vezes, torna-se difícil identificar onde um termina e outro começa. Um planejamento representa uma antecipação da ação. É um processo passivo até o momento de sua execução. O controle é um processo ativo que procura manter o planejamento dentro do seu curso inicial.

Independentemente do nível organizacional em que se situe, o controle é realizado por intermédio de três passos distintos.

O estabelecimento de padrões depende diretamente dos objetivos, especificações e resultados previstos no processo de planejamento. Um padrão compreende um nível de realização ou de desempenho que se pretende tomar como referência, ou ainda, uma medida que serve de base ou norma para a avaliação de qualidade ou quantidade. Existem vários tipos de padrões utilizados para avaliar e controlar os diferentes recursos da organização, tais como: padrões de quantidade, como número de empregados necessário para produzir uma determinada quantidade de refeição; padrões de qualidade, como definir a temperatura ideal para os alimentos a serem estocados ou serem distribuídos; padrões de tempo, como o tempo de produção da refeição, tempo de entrega dos alimentos etc.; padrões de custo, como o custo de processamento de pedidos, custo de aquisição de gêneros alimentícios, entre outros.

O bom desempenho na gestão do negócio depende, principalmente, de que o profissional na execução da tarefa seja um bom líder, tenha capacidade de lidar com pessoas, negociando e comunicando, e, também, esteja apto a tomar decisões, tendo uma visão sistêmica e global da situação a qual administra.

2. Teorias da Administração

Acreditando que o conhecimento, assim como a habilidade e a atitude, são as competências pessoais que ajudarão o gestor a atingir os resultados com os recursos de que dispõe de acordo com as circunstâncias, é que serão apresentadas, de forma sintetizada, as principais teorias da administração, visando à informação e ao entendimento da administração, bem como à sua aplicabilidade nas ações de gestão exercidas pelo nutricionista nos tempos atuais, especialmente em Unidade de Alimentação e Nutrição.

2.1 Teorias Com Abordagem Clássica da Administração

2.1.1 Teoria Clássica de Taylor (CHIAVENTO, 2016)

A principal contribuição deixada por Taylor está na introdução do sistema de produção em massa, além da utilização de métodos científicos de observação e a mensuração para resolver problemas da administração a fim de alcançar a eficiência industrial.

Taylor acreditava que os principais problemas nas indústrias na época eram: a vadiagem sistemática dos operários; o desconhecimento das rotinas de trabalho e do tempo necessário para realizá-la, e a falta de uniformidade das técnicas de trabalho.

Para Taylor, o objetivo da administração era:

- Pagar altos salários e ter baixo custo de produção;
- Fornecer condições de trabalho adequadas aos trabalhadores;
- Desenvolver treinamentos visando ao aperfeiçoamento e à produtividade;
- Estabelecer a cooperação entre administração e trabalhadores.

Taylor propôs a substituição de métodos empíricos e rudimentares de gestão por métodos científicos, organizando o trabalho de forma racional, dedicando-se à análise do trabalho e estudo dos tempos e movimentos, a saber:

1. **Estudo da fadiga humana: eliminar os movimentos inúteis na execução de uma tarefa e executar, do ponto de vista fisiológico, os movimentos úteis com a maior economia de esforço e tempo, e dar aos movimentos uma seriação apropriada, ou seja, os princípios de economia de movimentos;**

2. Divisão do trabalho e especialização do operário: elevar a produtividade do operário, pois, segundo Taylor, a eficiência aumenta com a especialização, e quanto mais especializado for o operário, maior será sua eficiência;

3. Desenho de cargos e de tarefas: especificar os métodos de como executar as tarefas e especificar as relações com os demais cargos existentes na organização;

4. Incentivos salariais e prêmios de promoção: a busca da conciliação entre os interesses da empresa em obter um custo de produção cada vez mais reduzido e, consequentemente, maior produtividade e maior rendimento, com os interesses dos operários em obter salários mais elevados, ou seja, a eficiência leva ao aumento do lucro e o aumento da produção leva a maiores salários;

5. Conceito de "homo economicus": significa que o funcionário trabalha em busca da sua sobrevivência e que os incentivos salariais influenciam nos esforços individuais no trabalho. O trabalhador desenvolve o máximo de produção para ganhar cada vez mais.

6. Condições ambientais de trabalho: adequação de instrumentos e ferramentas de trabalho para minimizar o esforço do operador e a perda de tempo na execução da tarefa, bem como a elaboração de fluxogramas que facilitem a movimentação durante a execução da tarefa. Proporcionar ambientes com baixos níveis de ruídos, com boa ventilação e iluminação, a fim de melhorar o rendimento do operário. Desenvolver máquinas e equipamentos que reduzam os movimentos desnecessários, a fim de não desperdiçar tempo;

7. Padronização de métodos e de máquinas: padronização da tarefa a fim de reduzir a variabilidade e a diversidade no processo produtivo, resultando na eliminação do desperdício e no aumento da eficiência;

8. Supervisão funcional: promove a existência de diversos supervisores, cada qual especializado em determinada área, com autoridade funcional relativa à sua especialidade, sobre os mesmos subordinados.

Apesar de ser empregada em algumas situações ou segmentos da economia dos dias atuais, essa teoria sofreu diversas críticas, pois dá pouca atenção ao empregado como pessoa e o percebe como sendo passivo, executor de tarefas, que obedece a ordens, desprovido de qualquer iniciativa e autonomia. Incentiva a robotização do homem, a superespecialização do operário, e reduz a capacidade de visão do funcionário.

2.1.2 Teoria Clássica de Fayol (CHIAVENATO, 2016)

Essa teoria possui por características a ênfase na estrutura organizacional e a busca da eficiência. Muito utilizada até os dias atuais, sofreu diversas críticas, entre as quais as relacionadas aos incentivos salariais e ao excesso de comando, refletindo o rigor da época, início do século XX.

Para Fayol, que pautou sua análise sobre os problemas empresariais a partir da ótica "diretiva", diferentemente de Taylor, cuja ótica foi o "chão de fábrica", os princípios básicos das organizações devem orientar às práticas de tomada de decisão. Tais princípios devem ser gerais, dinâmicos e universais, ou seja, deverão permitir que quaisquer organizações, independentemente do tamanho e da localização, possam utilizá-los em seu dia a dia. Devem, ainda, promover maior eficiência a qualquer empresa, e ser considerados como verdade fundamental na área da Administração.

Com base na observação do mundo real, em 1916, Fayol definiu os 14 princípios gerais da Administração. Esses princípios, apesar de rígidos se comparados aos dias atuais, vêm sendo aprimorados e adaptados para utilização até os dias de hoje. São eles:

1. Divisão do Trabalho

As atividades no trabalho devem ser especificadas a cada pessoa e o trabalho deve ser separado de forma especializada. Além disso, cada órgão ou cargo recebe tarefas ou funções específicas e especializadas. Nos casos das UANs, esse princípio é facilmente identificado ao verificar-se que as equipes de trabalho, em sua maioria, são compostas por nutricionistas, chefes de cozinha, técnicos de nutrição, cozinheiros, auxiliares de cozinha, saladeiros, confeiteiros, estoquistas, auxiliares administrativos, copeiros, serviços gerais, para citar alguns exemplos.

2. Autoridade e Responsabilidade

Refere-se à hierarquia, que, na opinião de Fayol, era fundamental para o sucesso da empresa. O cargo mais elevado define o que deve ser feito, ou seja, dá as ordens, e os funcionários, de cargos mais baixos, recebem-nas e obedecem, ou seja, executam as atividades. Já a responsabilidade refere-se à capacidade de obediência em relação às exigências. Hoje, esse princípio, após ter passado por diversas críticas e aprimoramentos, reconhece-se como sendo necessário, porém com equilíbrio. Assim, esse princípio é visto como capacidade de transferir autoridade e responsabilidade para cargos em posições inferiores na hierarquia. Porém sabe-se que para se comandar, e este ser acatado, compreendido e executado, não basta ter formalmente o comando, é preciso ter liderança. Da mesma forma, numa UAN, identifica-se que cargos como o do nutricionista, do chefe de cozinha, encarregados, chefes de áreas ou departamentos são necessários para o cumprimento dos objetivos da UAN, na entrega de seus produtos e/ou serviços.

3. Disciplina

A eficiência do trabalho requer que haja regras claras e bem estabelecidas, pois a falta delas gera desorganização e caos. Esse princípio também é observado em UANs cuja característica é o atendimento aos comensais/clientes em horários estabelecidos e serviços específicos, portanto, normas, roteiros, rotinas, POPs devem ser elaborados e seguidos pela equipe.

4. Unidade de Direção

Os funcionários devem seguir um planejamento para atingir o mesmo objetivo dentro da empresa. É importante que a chefia deixe claro para a equipe quais são os objetivos da UAN. Quem é o cliente, quais as expectativas destes.

5. Unidade de Comando

O funcionário de uma empresa deve receber ordens de apenas um chefe, pois isso evita ordens contrárias. Esse princípio também deve ser observado nas UANs, uma vez que há diversos comandos (nutricionista, chefe de cozinha, encarregados etc.), e estes devem dirigir-se aos seus próprios comandos.

6. Subordinação

Os interesses da empresa devem prevalecer aos interesses individuais ou do grupo. Esse é um grande desafio para quem comanda a equipe, e a sua capacidade de liderar é que mostrará resultados, tornando os funcionários comprometidos com os objetivos da empresa;

7. Remuneração

A remuneração deve ser justa para satisfação do funcionário e da organização. A boa remuneração do pessoal gera satisfação e traz muitos benefícios para a organização, como o comprometimento;

8. Centralização

Para Fayol, as atividades devem ser centralizadas no chefe para manter o controle das atividades. Hoje, essa atitude é bastante questionável. Numa UAN, haverá situações em que será necessária maior centralização, e outras em que a democratização ou mesmo a liberalidade mostram-se como a melhor opção. Tarefas de maior risco e custo necessitam de maior controle e centralização.

9. Hierarquia

Fayol defendia linhas hierárquicas e cadeia de comando. O desdobramento da função de comando orientando as atividades de maneira harmoniosa com vistas aos objetivos organizacionais. Autoridade amparada no poder formal.

10. Ordem

O local de trabalho deve ser organizado com cada objeto em seu lugar e o funcionário deve ter horários e tarefas definidas. Para as UANs, esse princípio se aplica perfeitamente, uma vez que os produtos e serviços têm horários e padrões estabelecidos de entrega, e o não cumprimento destes gera insatisfação dos clientes e prejuízos para a empresa.

11. Equidade

Direitos igualitários para os funcionários caracterizam uma empresa justa. Hoje, a própria legislação trabalhista protege o funcionário nesse aspecto ao instituir que trabalhadores que exercem a mesma função devem receber a mesma remuneração.

12. Estabilidade do Pessoal

A empresa deve buscar maneiras de reduzir a rotatividade de empregados. Empregado que fica mais tempo na empresa conhece a rotina, reduz o número de erros e desperdício, é leal e traz mais benefício para a empresa e para ele próprio. Há diversas maneiras de fazer com que a rotatividade (*turnover*) de pessoal diminua, entre tantas, pode-se citar o reconhecimento de liderança na chefia.

13. Iniciativa

Os empregados devem possuir iniciativa para solucionar possíveis problemas na empresa.

14. Espírito de Equipe

A união entre o pessoal, a harmonia são essenciais para o bom funcionamento da empresa. Aqui, mais uma vez, destaca-se a importância da liderança da chefia.

Fayol estabeleceu, ainda, seis Funções Básicas para as empresas e que, segundo ele, qualquer empresa possui. São elas:

1. **Funções Técnicas – são aquelas específicas dos objetivos da empresa. São os produtos e serviços. Para a UAN, podemos citar: elaborar cardápio, elaborar os pedidos de compras, calcular dietas, fazer avaliação nutricional, entre outras;**

2. Funções Comerciais – fazer orçamentos, comprar as mercadorias, vender os produtos e serviços, fechar um contrato de venda de refeição, por exemplo;

3. Funções Financeiras – fazer previsão orçamentária para compras e pagamentos, investimentos;

4. Funções de Segurança – ações que promovam a segurança dos bens e das pessoas. Como por exemplo, contratar seguro patrimonial, treinar os funcionários, disponibilizar os Equipamentos de Proteção e Segurança (EPI), entre outras;

5. Funções Contábeis – fazer registros diversos (mercadorias compradas e estocadas, refeições vendidas, despesas), realizar balanços e inventários, calcular os custos e o preço de vendas, entre outras;

6. Funções Administrativas – Para Fayol, as funções administrativas englobam os seguintes elementos da administração:

   a. Prever: visualizar o futuro e traçar o programa de ação;

   b. Organizar: como a estrutura organizacional está estabelecida e como a autoridade e a responsabilidade são passadas;

   c. Comandar: dirigir e orientar o pessoal;

   d. Coordenar: ligar, unir, harmonizar os atos e esforços coletivos;

   e. Controlar: verificar que tudo corra de acordo com o estabelecido.

2.1.3 Teoria de Max Weber – da Burocracia

Max Weber (1864-1920) foi um sociólogo, cientista político e economista alemão que procurou mapear o agrupamento social nas organizações. Suas ideias começaram a ser aplicadas a partir da década de 40. Impulsionado pelo crescimento do número de organizações, identificou a importância da criação de procedimentos para organizar e integrar as diversas partes que compõem uma empresa. Ao contrário do valor negativo atribuído a ela, essa teoria era exemplo de uma organização que primava pela eficiência.

O nome burocracia está relacionado à obediência às normas e regras, hierarquia, competência técnica, divisão das funções e impessoalidade dos trabalhadores da entidade. O estudioso defendia que para escolher um empregado, devia ser levada em conta a competência deste. A teoria burocrática, apesar de estar relacionada com a teoria clássica, preocupava-se mais com o contexto social e modelos de trabalho descritivos e explicativos.

Weber teorizou que três tipos de relação de autoridade podiam ser usados para classificar uma organização (CARAVANTES *et al.*, 2014):

1. **Racional-legal: esta modalidade de autoridade se baseia no caráter legal da lei. A autoridade é exercida pela pessoa ocupante de um cargo formalmente estabelecido para dar ordens e, por isso, facilmente aceita pelos subalternos. A autoridade está vinculada ao cargo.**

2. Tradicional: autoridade respaldada pela tradição e costumes. Os subordinados aceitam ordens de superiores advindos de hábitos tradicionais;

3. Carismática: esse líder é aceito por meio da confiança depositada pelos funcionários que o idolatram. O perigo desse tipo de autoridade é que, na falta desse líder, a organização fica sem referência.

Principais pontos da Teoria da Burocracia:

• As regras e regulamentos devem estar subordinados à lei, que é considerada um ponto de equilíbrio;

• A hierarquia é uma ação importante dentro da empresa com divisão entre superiores e subordinados;

• Os funcionários são escolhidos conforme sua capacidade técnica, ou seja, é necessária a avaliação de diplomas e exames de aptidão para que um empregado seja admitido;

• O funcionário deve ser sempre formal para agilizar o cumprimento de seus afazeres e funções;

• O salário está em acordo com o tempo de trabalho e a função exercida pelo funcionário;

• O funcionário não é dono do posto de trabalho que ocupa;

• Os funcionários possuem uma carreira regular.

As principais características da Teoria da Burocracia são:

1. Caráter Legal das Normas e Regulamentos

Uma organização estruturada com base na teoria burocrática trabalha a partir das análises de normas e regulamentos que definem como será o seu funcionamento. Essas normas são escritas, padronizadas e legalmente exaustivas;

2. Caráter Formal das Comunicações

Nesta teoria, a comunicação na organização se dá de forma escrita. Todas as ações são registradas por escrito;

3. Completa Previsibilidade do Funcionamento

Na teoria burocrática, as entidades trabalham de maneira previsível e rotineira.

4. Caráter Racional e Divisão do Trabalho

A divisão do trabalho é realizada conforme as prioridades que devem ser atingidas. Cada pessoa tem uma função de maneira racional e específica. Todos devem saber sobre o seu trabalho, suas limitações, responsabilidades e capacidades.

5. Impessoalidade nas Relações

Divisão do trabalho realizada com base nos cargos exercidos sem relação com a pessoa que está realizando tal tarefa. As relações devem ser impessoais, pois as pessoas possuem rotatividade na instituição, mas as funções e os cargos permanecem.

6. Hierarquia da Autoridade

Cada cargo na organização deve ter um superior para supervisionar, e assim controlar as funções. As funções possuem uma característica hierárquica de maneira organizada.

7. Rotinas e Procedimentos Padronizados

A burocracia impõe o que um funcionário faz dentro de uma organização. Conforme são estabelecidos procedimentos, o funcionário deve segui-los de maneira disciplinar, de forma a obter o máximo de sua produtividade.

8. Competência Técnica e Meritocracia

A escolha de pessoas para a instituição está baseada na competência destas. Ou seja, não há preferências pessoais para admissão e promoção de um funcionário, e justamente por isso são realizados exames, testes e concursos.

9. Especialização da Administração

Os administradores não são proprietários dos meios de produção.

10. Profissionalização dos Participantes

Todos os funcionários são profissionalizados seguindo alguns preceitos.

11. Preceitos dos Funcionários Profissionalizados

Esses funcionários são especialistas, pois são especializados no trabalho que exercem em seus cargos. Além disso, são assalariados na medida em que recebem um salário para desempenhar determinada função. Quanto mais alto o cargo, mais alto será o salário. Esse funcionário ocupa aquele determinado cargo porque é essa sua função e seu meio de sustento. Ele é nomeado pelo seu superior, que possui autoridade sobre os demais subordinados também. Ele toma as decisões em relação a seus comandados. Outro ponto relevante é que sua permanência em um cargo é indeterminada, uma vez que não existe uma data de validade pré-estabelecida.

O empregado estabelece uma carreira na entidade, podendo alcançar cargos superiores por meio de promoções dentro da empresa. Já o administrador é apenas responsável pela administração da organização, sem que seja proprietário dos meios de produção. O funcionário é leal à sua empresa e compreende os interesses da empresa.

Além dos três estudiosos já citados, como os precursores das Teorias Clássicas, outros nomes deram sua importante contribuição para o fortalecimento das Teorias da Administração, como é o caso de Henry Ford (1863-1947) e Mary Parker Follet (1868-1933), entre tantos outros.

2.2 Teoria Com Abordagem Nas Relações Humanas

2.2.1 A Teoria das Relações Humanas

Essa teoria surgiu, principalmente, após estudos feitos por Elton Mayo (1880-1949), filósofo e médico nascido na Austrália que se radicou nos Estados Unidos, dedicando-se aos estudos na área industrial na universidade de Harvard. Ficou conhecido como "o pai das relações humanas" pelo importante estudo: *A Experiência de Hawthorne* (CARAVANTES *et al.*, 2014).

A Teoria das Relações Humanas é um aglomerado de teorias administrativas que surgiram a partir da Grande Depressão causada pela quebra da Bolsa de Valores de Nova Iorque em 1929. Em confronto com a teoria clássica da administração, essa teoria pregava que a base para a produtividade de uma empresa é a satisfação de seus funcionários. O principal objetivo era humanizar as ações na administração. O estudo realizado por Mayo (Hawthorne) buscava verificar as dificuldades dos funcionários em realizar suas tarefas. Diversos trabalhadores realizaram experiências em relação ao pagamento, horário de trabalho e momentos de descanso. Eles concluíram que a produtividade era diretamente aumentada na medida em que os funcionários recebiam atenção e se sentiam valorizados.

Princípios da Teoria das Relações Humanas:

1. **O homem possui caráter emocional e necessidade de estar em sociedade e as organizações funcionam como cooperativas onde há a formação de grupos informais;**

2. As entidades são estabelecidas por estruturas e regras informais. As relações afetivas e de amizade são fundamentais para estabelecer o comportamento e a interação entre os funcionários;

3. A capacidade social interfere diretamente na competência do trabalhador e não sua capacidade física. Quanto mais seu funcionário interagir com seu grupo de trabalho, mais ele será capaz de produzir;

4. O comportamento social dos empregados é algo de extrema importância. Além disso, as pessoas têm prazer em se sentir reconhecidas e incentivadas;

5. O trabalho é realizado de maneira coletiva, em que grupos informais devem ser incentivados e não eliminados, como havia sido proposto por Taylor;

6. As relações humanas são estabelecidas pelo contato entre pessoas e grupos e o administrador deve influenciar o surgimento de um ambiente livre;

7. O trabalhador se sente mais encorajado a trabalhar quando seu trabalho tem um conteúdo de importância. Além disso, o caráter emocional de todo o processo se torna um aspecto importante.

Críticas às Teorias das Relações Humanas

Uma das críticas relacionadas à Teoria das Relações Humanas está no fato dela possuir uma visão deturpada das relações industriais. Apesar de concordar com alguns pontos da teoria, muitos empresários afirmavam que o lucro ainda era o principal fator de importância. Segundo elas, o bem-estar do funcionário não é a principal função de uma empresa.

Para muitos estudiosos, a administração nessa teoria tem um significado menor do desenvolvido pelos funcionários. Outro ponto de crítica é a total contrariedade desta com a teoria clássica da administração. Além disso, o campo de estudo dessa teoria foi muito pequeno, o que elevou o número de críticas.

3. Teoria Estruturalista

Um dos estudiosos mais importantes da Teoria Estruturalista foi o sociólogo organizacional Amitai Etzione, nascido em 1929, em Colônia na Alemanha. Essa teoria surgiu a partir do desenvolvimento da teoria burocrática em meados da década de 50. Ela foi influenciada pelo estruturalismo nas ciências sociais. Destaca-se por ter procurado aspectos importantes comuns entre as Teorias Clássicas Científicas, com características mais formais, e a Teoria das Relações Humanas, mais informais. Sendo que a primeira apresentava como fundamento que a organização mais eficiente seria a mais satisfatória, e a segunda, que a mais satisfatória seria a mais eficiente. Portanto, uma opondo-se à outra (CARAVANTES et al., 2014).

A Teoria Estruturalista baseou seus estudos não apenas nas organizações industriais. Considerou a diversidades de organizações, como hospitais, escolas, exército etc. Enfatiza que os conflitos entre os interesses da organização e as necessidades dos funcionários são inevitáveis e que necessitam ser levados em conta e reduzidos, mas que não serão totalmente eliminados. Com isso, temas como conflitos, alienação e poder passam a ter relevância entre os estudiosos.

A teoria estruturalista recebeu a contribuição de estudiosos como Peter M. Blau, nascido em Viena na Áustria em 1918, que se dedicou aos estudos nos Estados Unidos, e do sociólogo americano William Richard Scott, nascido em 1932. Para eles, um dos problemas da teoria das Relações Humanas foi ignorar o conjunto e a rede de ligações sociais dentro de uma empresa. Esses autores sugerem que sejam diferenciadas duas consequências do clima de grupo: uma referente às atitudes do grupo e sua influência em seus membros, e a outra à influência das decisões do grupo no aspecto individual.

Para Blau e Scott, há quatro categorias de participantes que podem se beneficiar com uma organização formal: os próprios membros da organização; os proprietários ou dirigentes da organização; os clientes da organização, e o público em geral (CHIAVENATO, 2003).

O sociólogo americano Charles Perrow, nascido em 1925, diz que a forma como uma empresa se adapta ao ambiente depende de sua atuação no mercado e de seus objetivos, que são: objetivos da sociedade; objetivos de produção; objetivos de sistemas; objetivos de produtos, e objetivos derivados. Para ele, o sistema organizacional recebe influências tanto da sociedade como de outras empresas.

A Teoria do Estruturalista apresenta como características (CHIAVENATO, 2003):

1. Submissão do indivíduo à socialização

O ser humano executa diversos papéis em seu local de trabalho para que possa conseguir reconhecimento e recompensas. Esse processo ocorre porque dentro de uma mesma organização há vários grupos.

2. Conflitos inevitáveis

O choque entre os desejos da empresa e dos funcionários sempre irá ocorrer. Esses conflitos podem diminuir, mas não irão desaparecer completamente. São minimizados para que o ambiente de trabalho se torne aceitável, mas sem se tornar agradável. Se esses conflitos não forem enfrentados da maneira correta, podem resultar em exonerações e acidentes.

3. Hierarquia e Comunicações

A hierarquia é analisada como algo ruim para a comunicação de uma instituição. Os problemas na hierarquia devem ser minimizados, mas não eliminados, porque ela é um aspecto importante na administração de uma empresa.

4. Incentivos Mistos

Tanto as recompensas sociais quanto as materiais são importantes no ambiente corporativo.

4. Teorias Com Abordagem Comportamentalista

Os estudos de Elton Mayo, de Hawthone, foram o divisor de águas para as organizações. A partir de então, as organizações passam a considerar a pessoa humana, seus sentimentos, seus pensamentos, seu comportamento e a sua convivência em grupo, como diretamente relacionados com os resultados da empresa. Entretanto outros estudiosos, chamados de comportamentalistas, entendiam que tais critérios eram muito simplistas e de conjecturas abstratas para terem tamanha importância sobre os resultados da empresa.

Os comportamentalistas também estavam centrados em estudos sobre o indivíduo e o grupo, mas passaram a analisar variáveis específicas ao comportamento humano, como: decisão, motivação e conflito.

Essa teoria também é conhecida como Teoria Behaviorista da Administração e utiliza métodos científicos para analisar o comportamento das organizações. Surgiu nos EUA, em 1947, e tinha como um de seus objetivos permanecer privilegiando as relações humanas de maneira diferente da adotada na Teoria das Relações Humanas.

A teoria se baseia no comportamento de cada funcionário de uma instituição como forma de estimulá-los. A motivação é um dos pontos principais dessa teoria. Segundo essa teoria, o administrador deve motivar seus funcionários para melhorar o ambiente e o funcionamento da empresa. Nessa teoria, a empresa funciona por intermédio de um sistema com base em tomada de decisões.

Diversos estudiosos contribuíram sobremaneira com a teoria com abordagem comportamentalista. Entretanto nos limitaremos a citar apenas dois deles, por considerá-los os mais conhecidos em nosso meio.

4.1 Bernard e a Responsabilidade do Executivo

Chester I. Bernard (1886-1961) trabalhou como executivo em diversas instituições importantes dos Estados Unidos. Sua proposta era "Fornecer uma teoria global do comportamento cooperativo nas organizações formais" e as palavras-chave para descrever o seu trabalho são: "cooperação, comunicação, responsabilidade, propósito, ser eficiente e efetivo, qualidade moral na liderança" (CARAVANTES *et al.*, 2014, p. 95).

Bernard foi o precursor em dar a devida importância do papel da liderança dos executivos ou de quem tem cargo de comando nas organizações para motivação das pessoas e atingimento dos resultados da empresa. Para ele, os líderes necessitam criar uma moralidade organizacional para conseguir uma atitude de esforço cooperativo na organização. Ele também categorizou a liderança nas organizações em: Liderança Técnica e Liderança Moral. A primeira poderá ser desenvolvida a partir de condicionamentos, treinamentos e educação, e a segunda, de caráter mais constante, está menos sujeita ao desenvolvimento, mais relacionada ao termo responsabilidade (CARAVANTES *et al.*, 2014).

4.2 Maslow e a Teoria das Necessidades Humanas

Abraham Maslow (1908-1970), psicólogo americano, disse que "o homem é um animal dotado de necessidades" e que a motivação humana está relacionada ao fato de ele ter atendido a necessidades. Essas necessidades apresentam uma hierarquização de valor, em ordem crescente. À medida que uma necessidade é atendida, surgem outras, e assim por diante. Essas necessidades foram classificadas por Maslow como:

1. **Necessidades Fisiológicas: são as primitivas e as primeiras que o homem sente necessidade de serem atendidas. Sem elas, o homem não é capaz de amar, produzir, pensar. Elas repre-**

sentam as coisas de que o seu corpo precisa para funcionar, como oxigênio, água, comida, sono, descanso, abrigo. Numa relação de emprego, o salário deve permitir que no mínimo o funcionário possa atender a essas necessidades. Para isso, a empresa precisa ter políticas salariais justas, principalmente num serviço de alimentação no qual o funcionário lida diariamente com esses gêneros;

2. Necessidades de Segurança: quando as necessidades fisiológicas estão contempladas, ineditamente acima vem a necessidade de segurança. Estas estão relacionadas com a proteção do homem. São as necessidades de estar fora de perigo, de ameaça ou de privação. Precisa proteger a si e a sua família. Neste item, as empresas precisam ter política de estabilidade no emprego. Situações de ameaças constante de desemprego geram a desmotivação;

3. Necessidades Sociais: são o nível acima que surge quando a necessidade de segurança foi atendida. Representam a necessidade humana de interagir com outras pessoas e outros grupos. São necessidades como ter amigos, participar de associações, clubes, ser aceito pelo grupo, compartilhar a própria intimidade, trocar carinho. A empresa precisa oferecer políticas e metodologias administrativas eficientes e diferenciadas, como, por exemplo, processos participativos de gestão, estímulo a trabalho em equipes, times de qualidade etc;

4. Necessidades de Estima: as necessidades de estima estão relacionadas ao amor próprio, como a autoconfiança, realização, competência, ser reconhecido e respeitado pelo grupo por suas próprias qualidades. Nesta, também as políticas da empresa são as relacionadas a metodologias administrativas eficientes e diferenciadas, como reconhecimento e recompensa para os funcionários por oferecerem trabalho diferenciado, participação em programas de solução de problemas, ideias inovadoras, entre outros;

5. Necessidades de Autorrealização: a última etapa das necessidades na ordem de hierarquia. São difíceis de serem atingidas, principalmente num mundo globalizado. É buscar o autodesenvolvimento, é atingir a plenitude consigo mesmo e com o mundo, é buscar crescimento pessoal e realizar seus objetivos de vida. Nesta, também as políticas da empresa são as relacionadas a metodologias administrativas eficientes e diferenciadas, como a empresa participar de programas sociais e ambientais, gerando orgulho aos funcionários, possibilitar que o funcionário participe como líder, treinador, tutor e palestrante dentro e fora da instituição, participe de congressos, cursos externos, viagens a trabalho e como represente da instituição externamente.

Necessidades Básicas do Homem

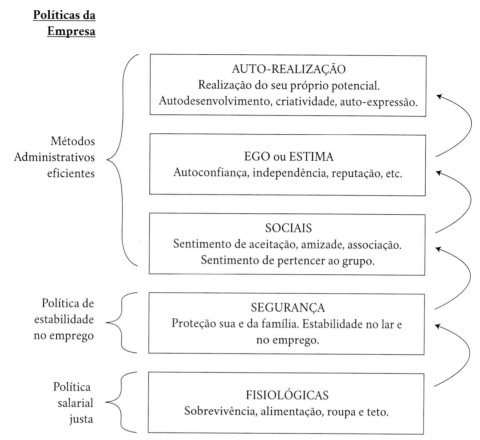

Figura 1 – Representação da Escala de Satisfação de Maslow
Fonte: adaptado pelas autoras.

Assim como a maioria das teorias estudadas, esta também sofreu críticas. Alguns autores referem que não houve estudos científicos suficientes por parte de Maslow para afirmar que a motivação humana estaria relacionada a essas hierarquizações das motivações humanas. Porém estudos mais atuais sobre a motivação demonstram o grau de acerto na teoria de Maslow.

5. Teoria Geral dos Sistemas

Luidwig Von Bertalanffy (1901-1972), de origem alemã, juntamente com Kenneth Bouilding (1910-1993), de origem inglesa, desenvolveram a teoria Geral dos Sistemas, por volta de 1950. Eles tiveram a visão de integrar os conhecimentos comuns de disciplinas diferentes. Essa teoria supera a abordagem individual e especializada das teorias até aqui conhecidas e traz à tona a necessidade de uma visão geral da organização com integração de diversas áreas de especialidades (CARAVANTES *et al.*, 2014).

Essa teoria alcançou relevância, uma vez que, a partir dela, teve-se a compreensão de que é necessário integrar os conhecimentos para entender o fenômeno organizacional como um conjunto de sistemas e subsistemas. Além do que, todas as teorias desenvolvidas posteriormente beberam dessa fonte.

Por sistema, entende-se um conjunto de partes, os subsistemas, que inter-relacionadas contribuem para o atingimento do objetivo da organização. O sistema é o somatório dos resultados das partes. No serviço de alimentação, por exemplo, o objetivo é entregar alimentação dentro dos requisitos de necessidades dos clientes. Os serviços de alimentação (pode ser considerado o sistema como um todo), para melhor organizar e otimizar suas operações, são organizados por setores ou áreas ou departamentos, de acordo com cada serviço, como: compras, recebimento, estoque, produção, distribuição, higienização, administração, vendas, entre outros (podem ser considerados subsistemas). Os produtos e/ou serviços somente serão entregues ao cliente se cada uma dessas partes funcionar, individualmente e inter-relacionas umas com as outras, com perfeição. A falha de um interfere no resultado final do serviço.

O sistema organizacional pode ser visto com um conjunto composto por pelo menos quatro elementos:

1. **Entradas – são os insumos como as matérias-primas, materiais e equipamentos, e os recursos: humanos, financeiros e tecnológicos;**

2. Processamento – é o processo que se dá para transformar os recursos em bens e serviços. São os procedimentos e tecnologias utilizados por uma empresa no quesito administrativo e operacional;

3. Saídas – é o resultado da transformação. Refere-se aos produtos e serviços que serão disponibilizados para os usuários e clientes;

4. Feedback – Refere-se a uma análise do desenvolvimento de uma organização. Esse retorno ajuda na avaliação de suas atividades e se elas estão atingindo as expectativas esperadas. É essencial para quem faz um monitoramento e planejamento da organização.

Os aspectos que mais afetam o desenvolvimento do sistema organizacional podem ser considerados:

1. **O estado e sua influência na área legal e política que auxiliam no processo econômico que envolve o ambiente empresarial;**

2. Situação financeira de um país e a participação do Estado na direção de empresas em setores que se destacam;

3. Crescimento tecnológico e acesso a essas novas tecnologias;

4. O nível da educação de sua sociedade, que tem influência direta na sua qualidade de mão de obra;

5. Concorrência com outras empresas, que faz com que a empresa busque se manter no nível das empresas do ramo em relação a serviços e produtos;

6. Preocupação com uma produção mais ecológica, evitando o desperdício e a produção consciente de produtos.

Uma das críticas feitas à Teoria dos Sistemas está no fato de considerar a existência de constantes mudanças internas na organização devido às alterações no ambiente.

6. Teoria Contingencial

A Teoria Contingencial surgiu na década de 70. Nasceu a partir da Teoria dos Sistemas e se apoia em diversas teorias anteriores. Seu pressuposto principal é que não há um só modelo a ser seguido para alcançar os objetivos dentro de uma empresa. O termo contingência remete à incerteza, a algo que pode ou não ocorrer, a algo imprevisível. Os diferentes tipos de empresa necessitam de diferentes formas organizacionais para que funcionem corretamente.

Os estudiosos, precursores dessa teoria, pesquisaram quais eram os fatores que influenciam no sucesso ou fracasso das instituições. Avaliaram como as empresas agiam em diferentes condições. E verificaram que o ambiente, principalmente o externo, exerce grande influência para o andamento da organização. Esse ambiente pode oferecer facilidades ou causar dificuldade para o gerenciamento da empresa.

A conclusão dos pesquisadores dessa teoria foi que o ambiente e a tecnologia devem ser fatores de extrema importância para a análise de uma empresa, pois podem restringir ou tornar a grande oportunidade de uma instituição. Os fatores devem ser encaixados conforme a necessidade da empresa no intuito de ajudá-la a atingir seus objetivos.

Como exemplo, pode-se citar a mudança que o serviço de *delivery* provocou em alguns segmentos de restaurantes comerciais. Até o final dos anos 70, os restaurantes, principalmente as pizzarias, estavam planejados para atender os clientes que fossem até o restaurante. A partir dos anos 80, quando ocorreu a expansão do serviço de *delivery*, muitos restaurantes viram nessa ameaça externa uma oportunidade e se readequaram, mudando o processo de produção, buscando novos equipamentos e embalagens e novas tecnologias (software), oferecendo os dois tipos de serviços.

A Teoria Contingencial faz com que a visão organizacional considere e valorize o ambiente externo, esteja focado também para fora da empresa. Não há fórmulas e formas de organização definidas e pré-estabelecidas, pois a análise e tomada de decisão interna depende muitas vezes das características ambientais externas.

Principais características da Teoria Contingencial:

1. **O foco passa a ser o lado de fora de uma empresa;**
2. A influência do ambiente no crescimento das organizações;
3. Não há um manual ensinando a forma de organização, pois tudo depende das características ambientais e nada é absoluto.

Essa teoria foi baseada nos resultados de algumas pesquisas, dentre elas, destacam-se: as pesquisas de Alfred D. Chandler (1918-2007), que, em 1962, fez uma investigação para compreender a estratégia adotada por quatro empresas dos Estados Unidos – ele chegou à conclusão de que essas organizações mudaram suas estruturas para se adaptar a novas estratégias de mercado –; a pesquisa de Paul R. Lawrence e Jay W. Lorsch, que selecionaram algumas indústrias com diferentes pontos quando se trata de ambiente – a conclusão foi de que havia uma relação entre tecnologia e organização da entidade –; a pesquisa de Joan Woodward (1916-1971), que estudou os princípios da administração em 100 empresas distintas, e conclui que a tecnologia influencia a estrutura e o comportamento de uma organização.

7. Teoria Neoclássica da Administração

A teoria neoclássica surgiu de um movimento ocorrido nos Estados Unidos, após a segunda guerra mundial, onde predominava o pragmatismo, sendo marcada pela concepção de "consecução de objetivos e obtenção de resultados". Redimensiona os ideais das teorias clássicas e os excessos da valorização humana das teorias das relações humanas, em busca do equilíbrio entre elas.

1. **Ênfase na prática da administração;**
2. Reafirmação relativa dos postulados clássicos;
3. Ênfase nos princípios gerais da administração.

7.1 Administração Por Objetivos (APO)

Apesar de se basear na Teoria de Abordagem Neoclássica, seus autores também se baseiam em aspectos das mais diversas teorias administrativas. O principal deles foi o americano Peter Drucker (1909-2005), e está voltado para a obtenção de resultados.

No Brasil, foi bastante utilizada nas décadas de 50 e 60, porém empregada até os dias atuais, inclusive em empresas do ramo de produção de refeição. É uma ferramenta empregada para motivar o desempenho efetivo tanto de chefes como de subordinados pelo estabelecimento de objetivos e metas claras, e o emprego do *feedback*.

Para os estudiosos dessa teoria, existem três pontos relevantes nas empresas; o primeiro deles se refere aos objetivos, em que as entidades são vistas como órgãos sociais; o segundo se refere à administração, que afirma que as empresas podem ter objetivos distintos, mas com área administrativa muito parecida, e o último ponto apontado é em relação ao desempenho individual, em que as pessoas que lá trabalham são responsáveis pelo planejamento e pelas decisões.

7.2 Características da Teoria Neoclássica

7.2.1 Eficiência e Eficácia

Cada empresa deve ser analisada tanto do aspecto da eficácia como a eficiência. A eficácia se refere aos resultados alcançados e a eficiência é o processo de utilização dos recursos durante esse processo.

Eficiência	Eficácia
Ênfase nos meios	Ênfase nos resultados
As coisas são feitas corretamente	As coisas corretas são realizadas
Solucionar problemas	Melhorar o uso dos recursos
Realizar as obrigações e serviços	Ter resultados
Treinamento dos subordinados	Capacitar os subordinados
Permanecer com as máquinas	Máquinas disponíveis

7.2.2.Centralização e Descentralização

Centralização

A centralização aborda as relações a partir de cadeia de comando na qual o indivíduo que se encontra no topo possui mais autoridade que seus subordinados na parte inferior. As vantagens apontadas na centralização são: as decisões tomadas por pessoas que possuem uma ampla visão da empresa; as pessoas que tomam a decisão na parte superior estão mais capacitadas do que as que se encontram em níveis inferiores; redução dos custos da operação, e setores de compra e financeiro da empresa se beneficiam com a centralização.

Porém essa opção possui desvantagens, veja quais são: decisões tomadas longe das circunstâncias locais; tomadores de decisão não se aproximam das pessoas envolvidas em determinados problemas; pode ocorrer gasto operacional devido à longa comunicação entre os indivíduos da organização, e a mudança na comunicação entre as diversas cadeias da empresa.

Descentralização

As decisões de uma empresa são espalhadas por diversos níveis da empresa. O princípio central da descentralização é delegar uma ação após ela ter sido tomada ou iniciada por um superior. Quanto maior for a descentralização, mais as decisões serão tomadas nos níveis menores da entidade e mais autonomia as pessoas terão nessa organização.

Vantagens da descentralização

- Gerentes mais perto do centro de decisões, com economia de tempo e dinheiro;
- Aumento da motivação dos funcionários, com melhor aproveitamento do tempo e eficiência;
- Somente os mais importantes funcionários tomam decisões muito importantes, fazendo com que a quantidade de decisões reduza e fiquem mais acessíveis;
- Otimização do tempo empresarial;
- Redução dos custos com coordenação;
- Desvantagens da descentralização;
- O padrão estabelecido em decisões reduz nos casos de descentralização, e por isso é importante o contato entre as partes centrais e regionais de toda a organização para reduzir a falta de uniformidade;
- Treinamento e funções repassadas gradativamente;
- Os especialistas da empresa são mal aproveitados.

Referências

ANSALONI, J. A. Situação de trabalho dos nutricionistas em empresas de refeições coletivas de Minas Gerais: trabalho técnico, supervisão ou gerência? *Rev. Nutr.* [online]. 1999, vol.12, n.3, pp.241-260. ISSN 1415-5273.

BATEMAN, T. S.; SNELL, S. A. *Administração*: construindo a vantagem competitiva. São Paulo: Atlas, 2000.

CERAVANTES, G. R.; CARAVANTES, C. B.; KLOECKNER, M. C. *Administração*: Teoria e Processos. 10. imp. São Paulo: Pearson Prentice Hall, 2014.

CHIAVENATO, I. *Introdução à Teoria Geral da Administração*. 2. ed. Rio de Janeiro: Campus, 1999.

CHIAVENATO, I. *Introdução à teoria geral da administração*: uma visão abrangente da moderna administração das organizações. Revisada e atualizada. Rio de Janeiro: Elsevier, 2003.

CHIAVENATO, I. *Administração*: Teoria, Processo e Prática. 5. ed. São Paulo: Manole, 2014.

KWASNICKA, E. L. *Introdução à administração*. São Paulo: Atlas, 2000.

LONGENECKER, J. G. *Introdução à administração*: uma abordagem comportamental. São Paulo: Atlas, 1999.

MAXIMIANO, A. C. A. *Introdução à administração*. São Paulo: Atlas, 2009.

MAXIMIANO, A. C. A. *Teoria Geral da Administração*. Edição Compactada, 2ª edição. São Paulo: Atlas, 2012.

MONTANA, P. J.; CHARNOV, B. H. *Administração*. 2. ed. São Paulo: Saraiva, 2003.

MORGAN, G. *Imagens da organização*. São Paulo: Atlas, 2000.

ROBBINS, S. P. *Administração*: mudanças e perspectivas. São Paulo: Saraiva, 2000.

STONER, J. A. F.; FREEMAN, R. E. *Administração*. Rio de Janeiro: LTC – Livros Técnicos e Científicos Editora S. A., 2003.

CAPÍTULO 2

AS UNIDADES DE ALIMENTAÇÃO E NUTRIÇÃO NO CONTEXTO DE MERCADO

Chaline Caren Coghetto
Claudia de Souza Libanio
Carolina Pereira Kechinski

Do latim gestão, o conceito de gestão refere-se à ação e ao efeito de gerir ou de administrar. Gerir consiste em realizar ações que conduzem à realização de um negócio ou de um desejo qualquer. Administrar, por outro lado, consiste em governar, dirigir, ordenar ou organizar. A gestão, como tal, envolve todo um conjunto de trâmites que são levados a cabo para resolver um assunto ou concretizar um projeto. Por gestão entende-se também a direção ou administração de uma empresa ou de um negócio. Já a administração, apesar de estar enquadrada nas ciências sociais aplicadas, é uma ciência multidisciplinar, pois abrange as mais diversas áreas de atividade. Administrar é organizar o trabalho, de maneira eficiente e eficaz, utilizando recursos disponíveis, com competências e liderança suficientes para alcançar objetivos pré-determinados.

Nas Unidades de Alimentação e Nutrição (UAN), a administração é fundamental para ocorrer uma gestão eficiente. A UAN compreende a grande área de alimentação coletiva, a qual teve início no Brasil juntamente com as políticas trabalhistas do governo de Getúlio Vargas, que envolveu a criação de restaurantes populares nas principais cidades do País. Esses restaurantes eram conduzidos pelos Serviços de Alimentação da Previdência Social, que objetivava servir, a preços acessíveis, refeições com qualidade nutricional aos trabalhadores em geral.

Este capítulo inicia com um dimensionamento do mercado das UANs e a sequência aborda, de forma sucinta, preceitos da administração como subsídios para uma gestão eficaz e ferramentas que podem ser de fácil aplicação para o leitor.

1. A importância econômica do mercado da alimentação

A alimentação coletiva apresenta grande importância para a economia nacional, podendo ser mensurada pelos números gerados pelo segmento de alimentação. De acordo com a Associação Brasileira de Refeições Coletivas (Aberc), até o final de 2015, foram fornecidas 11 milhões de refeições por dia, gerando 195 mil empregos diretos e atingindo um faturamento aproximado de 17,8 bilhões de reais por ano, utilizando diariamente um volume de 6,5 mil toneladas de alimentos. Isso tudo representa para os governos uma receita de 1,8 bilhões de reais anuais entre impostos e contribuições.

O mercado de alimentação demonstra progressivo crescimento, apresentando para as empresas o desafio de oferecer serviços de qualidade. Segundo a Associação Brasileira das Indústrias da Alimentação (Abia), o Produto Interno Bruto (PIB) apresentou um salto de 180% no faturamento, passando de R$ 118 bilhões em 2001 para R$ 331 bilhões em 2010, a indústria da alimentação tem garantido presença média de 9% na composição do PIB do país.

Os locais que trabalhavam com produção e distribuição de refeições para coletividades eram denominados Serviços de Alimentação e Nutrição (SAN) em se tratando de coletividades sadias, e Serviços de Nutrição e Dietética (SND) para coletividades enfermas. A denominação Unidade de Alimentação e Nutrição (UAN), segundo Teixeira *et al.* (1990), é definida como uma unidade de trabalho ou órgão de uma empresa, que realizam atividades relacionadas à alimentação e nutrição, independentemente da situação que possui na escala hierárquica da entidade, seja em nível de divisão, seção ou setor.

UANs representam um subsistema, com atividades consideradas de fins ou meios. Com relação aos órgãos-fins, pode-se exemplificar as UANs hospitalares e de centros de saúde, que contribuem diretamente com a execução do objetivo final da entidade, tendo em vista que envolvem um conjunto de bens e serviços que se destinam à prevenção e recuperação da população por meio de atendimento ambulatorial ou hospitalização. As unidades chamadas órgãos-meios caracterizam-se como refeitórios industriais, instituições escolares, asilos e abrigos.

As unidades citadas podem ser conduzidas sob diversas formas de gerenciamento, como autogestão, em que a própria empresa possui e gerencia a UAN, elaborando as refeições de seus funcionários. No caso da concessão ou terceirização, a empresa concede um espaço para outra empresa especializada produzir as refeições, estando livre dos encargos da gestão. A última opção é a refeição transportada, em que a UAN está estabelecida em uma empresa especializada na produção de refeições, e as refeições são levadas para as unidades que não possuem cozinha, apenas refeitório.

O nutricionista é o profissional melhor preparado para a gestão de uma UAN; de acordo com o quadro de pessoal e da distribuição das tarefas, deve definir as necessidades nutricionais da clientela, estabelecer padrões, planejar cardápios, analisar o índice de rejeitos e sobras, entre outras, essas funções caracterizam-se como atividades técnicas.

A Resolução CFN 380/2005 e suas atribuições são: Alimentação coletiva – atividades de alimentação e nutrição realizadas nas Unidades de Alimentação e Nutrição (UAN), entendidas como as empresas fornecedoras de serviços de alimentação coletiva, serviços de alimentação de autogestão, restaurantes comerciais e similares, hotelaria marítima, serviços de buffet e de alimentos congelados, comissárias e cozinhas dos estabelecimentos assistenciais de saúde; atividades próprias da Alimentação Escolar e Alimentação do Trabalhador.

Conforme a Resolução CFN n.º 600/2018, uma das seis as áreas de atuação do nutricionista é a área de Nutrição em Alimentação Coletiva, cujas competências no exercício de suas atribuições são: planejar, organizar, dirigir, supervisionar e avaliar os serviços de alimentação e nutrição; realizar assistência e educação alimentar e nutricional à coletividade ou a indivíduos sadios ou enfermos em instituições públicas e privadas. E Gestão em Unidade de Alimentação e Nutrição (UAN) Institucional (pública e privada), tais como: 1) Serviços de alimentação coletiva (autogestão e concessão) em empresas e instituições, hotéis, hotelaria marítima, comissárias, unidades prisionais, hospitais, clínicas em geral, hospital-dia, Unidades de Pronto Atendimento (UPA), spas clínicos, serviços de terapia renal substitutiva, Instituições de Longa Permanência para Idosos (Ilpi) e similares. 2) Alimentação e Nutrição no Ambiente Escolar; Nacional de Alimentação Escolar (PNAE); Alimentação e Nutrição no Ambiente Escolar – Rede Privada de Ensino. 3) Programa de Alimentação do Trabalhador (PAT): Empresas Fornecedoras de Alimentação Coletiva: Produção de Refeições (autogestão e concessão);

Empresas Prestadoras de Serviços de Alimentação Coletiva: Refeição-Convênio; Empresas Fornecedoras de Alimentação Coletiva: Cestas de Alimentos. 4) Serviço Comercial de Alimentação: Restaurantes Comerciais e similares; Bufê de Eventos; Serviço Ambulante de Alimentação.

A gestão de uma UAN necessita de um profissional eficaz, com capacidade de realização e liderança respondendo às imposições de um mercado competitivo, atuando como um administrador adquirindo resultados por meio de pessoas, motivando-as, gerando confiança e satisfação no trabalho, com o foco na qualidade de seus serviços.

A normatização das operações executadas para o funcionamento adequado de uma UAN levará à racionalização do trabalho, possibilitando uma avaliação constante de seu desempenho, definindo modificações necessárias, reformulações e redirecionamentos importantes para a qualidade dos serviços.

Na UAN, é preciso satisfazer o cliente tanto por aspectos tangíveis como intangíveis da qualidade. Os tangíveis envolvem características físicas dos produtos demonstradas por meio do cardápio, apresentação dos alimentos e aparência física do restaurante. Todavia os intangíveis estão relacionados às expectativas, percepções, desejos conscientes e inconscientes da clientela, como os de origem emocional, o atendimento, o ambiente, as diferenças sensoriais dos alimentos, dentre outros.

É importante salientar que o êxito no funcionamento de uma UAN depende da definição clara de seus objetivos, de sua estrutura administrativa, de suas instalações físicas e recursos humanos e, ainda, da normatização de todas as operações desenvolvidas, que precisam estar baseadas nos elementos do processo administrativo básico.

2. As abordagens das Teorias de Administração e sua relação com as estruturas das UANs

Cada uma das Teorias da Administração, tratadas no Capítulo 1, ressaltam aspectos importantes, como a ênfase nas tarefas, na estrutura, nas pessoas, na tecnologia, no ambiente ou na competitividade.

A primeira teoria a ser abordada foi chamada de administração científica e enfatiza a tarefa, partindo do entendimento da organização como um sistema fechado, no qual a racionalização do trabalho ocorre em nível operacional e o maior objetivo da administração é garantir o máximo de produtividade ao empregador e ao empregado. Sendo assim, a administração científica buscou estudar técnicas sistemáticas e métodos de trabalho, objetivando a maior eficiência para execução de tarefas. De acordo com Williams (2010), o casal Frank e Lilian Gilbert desenvolveu estudos de tempos e movimentos, buscando simplificar o trabalho e aumentar a produtividade nas organizações. Já Henry Gantt, juntamente com Taylor, realizaram estudos sobre treinamento e desenvolvimento de funcionários. Gantt também propôs uma ferramenta conhecida como Gráfico de Gantt, que relaciona tarefas a prazos para cumprimento destas. Esse gráfico proporcionou um direcionamento de pensamento para a ação de planejar.

Já a Teoria Clássica, a Teoria da Burocracia e a Teoria Estruturalista davam ênfase à estrutura organizacional. Como visto no capítulo anterior, a ênfase na estrutura abordada por Fayol pode ser caracterizada pela estruturação de órgãos e cargos organizacionais. Já Max Weber defende, na Teoria da Burocracia, sete elementos principais, de acordo com Williams (2010): contratação baseada na qualificação, promoção baseada no mérito, cadeia de comando, divisão do trabalho, aplicação imparcial de regras e procedimentos, registro por escrito e a definição de que proprietários não dirigem a empresa. A Teoria Estruturalista partiu do entendimento da organização como um sistema aberto, no qual é possível realizar análises organizacionais, interorganizacionais, com um olhar para os ambientes interno e externo. Essa teoria tratou das abordagens clássica e humanística. Sendo assim, há uma troca de foco da tarefa (trabalhador) para a ampliação do olhar na estrutura organizacional (organização).

Em oposição à abordagem da Teoria Clássica, surge a ênfase nas pessoas, abordada na Escola das Relações Humanas, na Teoria Comportamental e na Teoria do Desenvolvimento Organizacional. A ênfase nas pessoas focava nas características humanas e democráticas das organizações. Nesse momento, Elton Mayo realiza o Estudo de Hawthorne, que demonstra que fatores humanos relacionados ao trabalho superavam condições físicas dos trabalhadores ou características do trabalho em si. Conceitos como fatores humanos, motivação, comunicação e cooperação começam a ser discutidos nessa época.

A interação entre a organização e o ambiente é vista na Teoria dos Sistemas na Teoria Estruturalista e na Teoria da Contingência, que dão ênfase ao ambiente. A Teoria dos Sistemas defende uma visão mais abrangente das organizações. A Teoria Estruturalista apresenta uma múltipla abordagem, que é a de uma organização formal e informal em que há análise intraorganizacional e interorganizacional. Já a Teoria da Contingência mostra que tudo é relativo e que não existe uma teoria absoluta. O ambiente e os problemas que os administradores enfrentam variam a ponto de não ser possível a utilização de uma teoria apenas. Dessa maneira, é importante que a organização, por meio de seus recursos, consiga mapear constantemente o ambiente ao qual está inserida, sendo capaz de identificar mudanças no mercado ou mesmo o comportamento de seus funcionários. A ênfase na tecnologia também é tratada na Teoria da Contingência, onde se espera obter a máxima eficiência a partir da tecnologia utilizada em cada situação.

De um modo geral, o profissional da Nutrição acaba seguindo alguns conceitos da Escola Científica e Clássica da Administração para Gestão do Negócio das UANs. Conforme salientam Ciappina *et al.* (2017), alguns desses conceitos marcam presença na rotina de hospitais, restaurantes e escolas, tais como a fragmentação das atividades, a impessoalidade nas relações, a centralização do poder e a rígida hierarquia.

A estrutura organizacional ou administrativa é a base que permite à empresa organizar-se para atingir seus objetivos (TEIXEIRA, 2007). Segundo a mesma autora, partindo de uma visão sistêmica da empresa, a UAN é um subsistema desempenhando uma função útil à sua existência.

Segundo Ciappina *et al.* (2017), a maioria das UANs pesquisadas segue os princípios da Teoria Geral da Administração, mesmo sem grande parte dos responsáveis possuírem uma formação formal para tal objetivo, demonstrando que a vivência prática é ainda de extrema relevância para conduzir esse tipo de negócio.

3. O uso das Funções Administrativas em UAN

A gestão é o processo de articular recursos para o alcance de objetivos e metas empresariais, de maneira eficaz e eficiente (BATERMAN; SNELL, 2012). Teixeira *et al.* (2007) afirma que a administração realizada por meio do processo administrativo envolve atividades administrativas, técnicas e operacionais. Será feita uma abordagem sobre as funções administrativas que compõem o processo administrativo. As funções administrativas de uma Unidade de alimentação e Nutrição são: planejamento, organização, direção e controle (MEZOMO, 2002).

3.1 Planejamento

De acordo com Baterman e Snell (2012), o planejamento propõe a especificação de metas a serem alcançadas e as ações necessárias para atingi-las. Ele é um modelo de decisão, que determina o propósito organizacional, por meio da determinação dos valores, missão, visão, objetivos, estratégias, metas e ações organizacionais, e delimita os domínios de atuação da empresa. Ao longo do planejamento, é necessário que a organização faça uma análise do ambiente interno e externo, trace os objetivos e metas e, ao final, verifique sua coesão e consistência. Conforme Abreu *et al.* (2011), o planejamento pode ocorrer em nível estratégico, tático ou operacional. Entretanto ressalta-se que o importante é que o planejamento estratégico seja construído e conhecido por todos os funcionários da organização, para que haja engajamento e trabalho conjunto para o alcance da vantagem competitiva sustentável.

Nas UANs, é necessário tomar decisões gerenciais antes que as máquinas deixem de funcionar por defeitos, antes que os fornecedores não façam o abastecimento, antes que os comensais reclamem, antes que os custos de produção disparem.

Dentro do contexto de planejamento, também é primordial selecionar os recursos adequados para cada função, por intermédio de mão de obra qualificada. Planejar tem como principal significado adequar o produto final ao uso que dele se espera, estruturando serviços fundamentais que se encaixem ao modelo de atuação da UAN, selecionando com calma e convicção a melhor forma de atender o mercado.

Ao definir parâmetros que serão utilizados para alcançar os objetivos da UAN, como o padrão socioeconômico do cardápio e a aceitação das preparações, o profissional nutricionista planejará o seu trabalho. Além disso, o planejamento no serviço de alimentação apresenta como objetivo principal garantir instalações adequadas e funcionais, garantindo a operacionalização dentro de padrões técnicos e de higiene, com qualidade na produção do serviço prestado aos comensais.

3.2 Organização

Segundo Abreu *et al.* (2011), a organização tem a função de identificar e agrupar as atividades necessárias para desempenhar o que foi planejado, sistematizando o trabalho, estabelecendo hierarquias e definindo o fluxo de trabalho a ser realizado. As autoras acrescentam que podem ser envolvidas tarefas, pessoas, órgãos, setores e relações ao longo da organização. Baterman e Snell (2012) conceituam o termo organizar como a reunião e coordenação de recursos, sejam eles humanos, físicos, financeiros e informacionais, visando ao alcance de metas pré-estabelecidas. De acordo com Teixeira *et al.* (2007), as atividades de organização de um nutricionista em uma Unidade de Alimentação e Nutrição estão relacionadas à estruturação administrativa, à distribuição e adequação das pessoas e matérias-primas, bem como à atividade de compras.

Em uma UAN, os diversos planos provocam uma série de atividades, que somente serão administradas de forma eficaz se houver alguma organização que as separe entre as pessoas e fixe as relações entre estas, direcionando seus esforços para um objetivo básico. Por meio da organização, o nutricionista atinge uma atuação integrada e solidária, sem sobreposição e estrangulamentos de fluxo.

3.3 Direção

Abreu *et al.* (2011) afirmam que a direção engloba a comunicação, a motivação e a liderança, e visa orientar o comportamento das pessoas para o alcance dos objetivos propostos. Os gestores devem trabalhar integrados com suas equipes, evitando barreiras que impeçam uma comunicação adequada. A liderança, conforme Baterman e Snell (2012), consiste em mobilizar as pessoas para que atuem junto às diretrizes dos gestores. Já a motivação está relacionada às características psicológicas dos trabalhadores. Teixeira *et al.* (2004) enfatizam que um líder buscará a participação de seus subordinados sem atitudes opressoras, motivando-os e desempenhando a tarefa de comando por meio de sua liderança. Um bom líder deve engajar sua equipe, deixando claro desde o início quais as metas estabelecidas na etapa de planejamento, enfatizando que direção é uma concessão restrita das chefias, diferente do planejamento e organização, que também podem ser executados por órgãos especializados. A função de direção divide-se pelos diversos chefes da UAN, cada um com a responsabilidade referente ao setor de trabalho específico, distribuídos na etapa da organização.

Com relação à abrangência, a direção pode atuar em três níveis, nível global, no qual a gestão envolve todos os níveis da unidade, departamental, no qual as áreas e departamentos da unidade detêm uma direção específica com características de gerência, e operacional, relacionado aos cargos e funções com uma direção focada na supervisão das ações efetuadas na unidade.

3.4 Controle

A última função administrativa, o controle, monitora o desempenho das tarefas desempenhadas, bem como propõe ajustes necessários. Baterman e Snell (2012) afirmam que, ao controlar, os gestores observam se os recursos organizacionais estão sendo aplicados conforme planejado. De acordo com Teixeira *et al.* (2004), o controle também visa identificar problemas, corrigi-los, desenvolver padrões, reformular planos e fornecer dados para futuras programações. Slack *et al.* (2009) afirmam que o controle, assim como o planejamento, busca gerenciar as atividades da operação produtiva no intuito de atender à demanda dos consumidores. Em unidades de alimentação e nutrição, por exemplo, os autores acrescentam que o planejamento e o controle devem conciliar o suprimento e a demanda no que tange ao volume, tempo e variedade.

Paladini (2010) afirma que o controle de qualidade se conceitua como um sistema dinâmico e complexo, englobando todos os setores da UAN, com a intenção de melhorar e garantir economicamente a qualidade do produto final. Além disso, avalia os resultados em relação aos planos, apurando as distorções, a fim de corrigir o planejamento.

Conforme Oliveira *et al.* (2010), a UAN enfrenta atualmente um grande desafio que envolve o aprimoramento contínuo e a reavaliação dos conceitos de qualidade de produtos e serviços, além de estratégias mais eficientes para a satisfação do cliente, buscando um modelo administrativo direcionado para qualidade produtividade e envolvimento do capital humano da unidade. Os nutricionistas administradores do serviço de nutrição precisam definir sistemas de gestão com estruturação própria, conforme os objetivos preestabelecidos, atingindo assim os objetivos e diminuindo problemas. O conhecimento das atividades realizadas na UAN é condição fundamental para uma boa gestão, necessitando de uma descrição detalhada da rotina de cada função e os horários que devem ser executadas. O tempo é regente de toda atividade desenvolvida, tendo em vista que todo trabalho ocorre em um determinado espaço de tempo, em que o planejamento e a organização são fatores determinantes para a administração desse tempo.

Promover e manter a qualidade é essencial a toda UAN que pretende alcançar e manter sucesso no mercado, sendo necessária a adoção de um programa de gestão para a obtenção da qualidade almejada. Diante disso, o uso das diferentes ferramentas administrativas é eficaz, pois a gestão relacionada à UAN não se restringe somente à obtenção do produto final, e sim a todo o processo de produção na unidade, desde a matéria-prima adequada até a mão de obra qualificada, finalizando pelo produto e serviço final prestado ao cliente visando à satisfação tanto nos aspectos tangíveis como intangíveis.

Quando se relacionam os componentes do processo administrativo como ferramenta de gestão para a garantia da qualidade, observa-se que planejamento, organização, direção e controle administrados corretamente fornecem ao gestor um controle de toda a operação, em que este evita desperdício de tempo e recursos, aproveitando melhor a mão de obra, evitando retrabalho, e identifica ao final de toda produção se seus objetivos foram cumpridos, e no caso de não cumprimento destes, o gestor consegue identificar onde se encontra a falha, evitando sua repetição.

4. O desenvolvimento de Plano de Negócios para UANs

Um plano de negócios, ou *Buisiness Plan* (BP), é um documento que estrutura, de acordo com os objetivos de um negócio, as etapas e ações necessárias para o alcance futuro desses objetivos, minimizando a possibilidade de erros. Conforme Dornelas (2011), o plano de negócios é utilizado para a estruturação da criação de novos negócios, com o propósito do planejamento destes, ou para o planejamento de novas unidades, no caso de empresas já existentes. Stutely (2012) salienta que um plano de negócios desenvolve uma estrutura de gestão, definindo métodos para estabelecer estratégias ou mesmo para definir diretrizes de ação.

Dornelas (2011) acrescenta que, para a elaboração do plano de negócios, pode-se iniciar pela análise da oportunidade, seguindo por uma rigorosa análise de mercado, público-alvo e concorrentes. Uma adequada sequência de etapas para a elaboração de um negócio passa pela elaboração de um sumário executivo, da análise de mercado, de um plano de marketing e vendas, bem como de aspectos operacionais, administrativos, jurídicos e econômico-financeiros. No plano, também deve constar a análise de clientes, concorrentes e possíveis fornecedores do negócio. Braga (2012) destaca que, na área da alimentação, um aspecto fundamental a ser estudado é a sazonalidade. O autor ainda acrescenta que o planejamento necessita saber a entressafra de insumos, buscando se resguardar para falta de matérias-primas e programar possíveis alterações de cardápio.

Para auxiliar no desenvolvimento, existem várias ferramentas que podem ser utilizadas, uma delas é a planilha do Serviço Brasileiro de Apoio às Micro e Pequenas Empresas (SEBRAE), que tem por finalidade conduzir todas as etapas necessárias para realização de um plano de negócios detalhado, identificando os aspectos mercadológicos, operacionais, administrativos e financeiros.

5. Competências de indivíduos e equipes de trabalho

O conceito de competência, de acordo com Dias *et al.* (2012), é focado predominantemente no desempenho, na mobilização contextualizada e na contribuição do trabalho para a estratégia das organizações. As competências individuais se constroem, segundo Loufrani-Fedida e Angué (2009), levando em conta os conhecimentos (saber) e as experiências práticas (saber-fazer e/ou saber-agir), sendo alicerçados pelo comportamento (saber-ser). Ruas (2005) complementa salientando que a competência individual é baseada em um conjunto de capacidades, estando relacionada ao conhecimento, às habilidades e às atitudes do indivíduo envolvido no processo.

Já as competências coletivas, conforme Retour (2012), são específicas das empresas e dificilmente imitáveis, em função da sua natureza tácita e da sua complexidade. Retour e Krohmer (2006) descrevem como atributos das competências coletivas o referencial comum, a linguagem compartilhada, a memória coletiva e o engajamento subjetivo. Já Michaux (2009) salienta que é mais adequado tratar as competências coletivas, primeiramente, a partir da natureza das equipes e da situação específica de trabalho.

Referências

ABERC. Associação Brasileira das Empresas de Refeições Coletivas. *Mercado real de refeições*. 2015. Disponível em: http://www.aberc.com.br/base.asp?id=3. Acesso em: 5 jan. 2018.

ABIC. Associação Brasileira das Indústrias da Alimentação. *O desenvolvimento do Brasil começa na Indústria da Alimentação*. São Paulo, 2014. Disponível em: http://www.abia.org.br/vsn/tmp_2.aspx?id=23. Acesso em: 6 jan. 2018.

ABREU, E. S.; SPINELLI, M. G. N.; PINTO, A. M. S. *Gestão de Unidades de alimentação e nutrição*: um modo de fazer. 4. ed. São Paulo: Metha, 2011.

ABREU, E. S.; SPINELLI, M. G. N.; PINTO, A. M. S. *Gestão de Unidade de Alimentação e Nutrição*: um modelo a fazer. Barueri, SP: Metha, 2007.

AGUIAR, O. B.; KRAEMER, F. B.; MENEZES, M. F. G. *Gestão de Pessoas em Unidade de Alimentação e Nutrição*. Rio de Janeiro: Rubio, 2013.

ARAÚJO, E. M. G.; ALEVATO, H. M. R. Abordagem ergológica da organização e das condições de trabalho em uma unidade de alimentação e nutrição. *Inovação, Gestão e Produção*, 3(1), p. 10-22, 2011.

BATERMANN, T. S.; SNELL, S. A. *Administração*. 2. ed. Porto Alegre: AMGH, 2012.

BRAGA, R. M. M. *Gestão de gastronomia*: custos, formação de preços, gerenciamento e planejamento do lucro. 3. ed. São Paulo: Senac, 2012.

BRASIL. Conselho Federal de Nutricionistas. *Resolução CFNº 600, DE 25 DE FEVEREIRO DE 2018*. Disposição sobre a definição das áreas de atuação do nutricionista e suas atribuições. Disponível em: http://www.cfn.org.br/wp-content/uploads/resolucoes/Res_600_2018.htm. Acesso em: 25 jun. 2018.

CIAPPINA, A.; VALAGNA, A. T.; MARIANO, C. G.; OLIVEIRA, J.; VILCZEK, K.; MOURA, P. N. *A Teoria Geral da Administração em Unidades de Alimentação e Nutrição*. Disponível em: www.unicentro.br/pesquisa/anais/seminario/pesquisa2008/pdf/artigo_163.doc. Acesso em: 10 jan. 2018.

DIAS, G. B. *et al. In*: DUTRA, J. S.; FLEURY, M. T. L.; RUAS, R. *Competências*: conceitos, métodos e experiências. São Paulo: Atlas, 2012.

DORNELAS, J. C. A. *Plano de negócios*: seu guia definitivo. 3. ed. Rio de Janeiro: Elsevier, 2011.

LOUFRANI-FEDIDA, S.; ANGUÉ, K. Pour une approche transversale et globale des compétences dans les organisations par projets. *In*: RETOUR, D.; PICQ, T.; DEFELIX, C. (ed.). *Gestion des compétences*: Nouvelles relations nouvelles dimensions. Paris: Vuibert, 2009. p. 123-148.

MEZOMO, I. F. B. *A Administração de Serviços de Alimentação*. São Paulo: 4. ed. rev. e atual., 2002. 469p.

MICHAUX, V. Articuler les compétences individuelle, collective, organisationnelle et stratégique: les éclairages de la théorie des ressources et du capital social. *In*: RETOUR, D.; PICQ, T.; DEFELIX, C. (ed.). *Gestion des compétences*: Nouvelles relations nouvelles dimensions. Paris: Vuibert - AGRH Gracco CNRS, 2009. p. 13-33.

OLIVEIRA, M. C. F.; MELLO, E. S. A.; COELHO, A. I. M.; MIRANDA, R. C. R.; OLIVEIRA, N. F. Visão global da gestão de uma Unidade de Alimentação e Nutrição Institucional. *Revista Sociedade Brasileira de Alimentação e Nutrição*, 35(3), p. 115-131, 2010.

PALADINI, E. P. *Gestão da qualidade*: teoria e prática. 2. ed. São Paulo: Atlas, 2010.

RETOUR, D. Progressos e limites da gestão por competências na França. *In*: DUTRA, J. S.; FLEURY, M. T. L.; RUAS, R. *Competências*: conceitos, métodos e experiências. São Paulo: Atlas, 2012.

RETOUR, D.; KROHMER, C. La compétence collective comme maillon clé de la gestion des competences. *In*: DEFELIX, C.; KLASFERD, A.; OIRY, E. *Nouveaux regards sur la gestion des compétences*. Paris: Vuibert, 2006. p. 149-183.

RUAS, R. L. Gestão por competências: Uma contribuição à estratégia das organizações. *In*: RUAS, R. L.; ANTONELLO, C. S.; BOFF, L. H. *Os novos horizontes da gestão*: aprendizagem organizacional e competências. Porto Alegre: Bookman, 2005.

SLACK, N.; CHAMBERS, S.; JOHNSTON, R. *Administração da Produção*. 3. ed. São Paulo: Altas, 2009.

STUTELY, R. *O guia definitivo do plano de negócios*: planejamento inteligente para executivos e empreendedores. 2. ed. Porto Alegre: Bookman, 2012.

TEIXEIRA, S.; MILET, Z.; CARVALHO, J.; BISCONTINI, T. M. *Administração Aplicada às Unidades de Alimentação e Nutrição*. São Paulo: Atheneu, 2007.

WILLIAMS, C. *Adm*. São Paulo: Cengage Learning, 2010.

PALADINI, E. P. *Gestão da qualidade*: teoria e prática. 2. ed. São Paulo: Atlas, 2010.

CAPÍTULO 3

PLANEJAMENTO ESTRATÉGICO APLICADO A UNIDADES DE ALIMENTAÇÃO E NUTRIÇÃO

Caroline Buss

O planejamento estratégico em uma empresa possibilita a organização de seus objetivos, a sistematização de ações a serem executadas para a consecução destes e o acompanhamento de indicadores de desempenho. É considerado um instrumento de ordenação, eficiência e produtividade[1]. Dados mostram que as empresas que têm um planejamento estratégico formal têm melhor desempenho do que aquelas que não o possuem[2]. Isso ocorre porque, sem um planejamento, a maior parte da gestão ocorre de forma reativa, sem avaliação abrangente do ambiente interno e externo, e muitas vezes de forma intuitiva. Em um ciclo reativo, há muito pouco espaço para inovação e aumento da produtividade.

A administração de uma Unidade de Alimentação e Nutrição (UAN), seja ela parte de uma organização maior ou uma empresa independente, envolve os mesmos aspectos pertinentes ao gerenciamento de organizações que buscam a qualidade e excelência como fator de vantagem competitiva. O setor de alimentação coletiva no Brasil é extremamente significativo, chegando, em 2015, a um faturamento na ordem de 47 bilhões de reais, segundo dados da Associação Brasileira das Empresas de Refeições Coletivas (Aberc)[3]. A sustentabilidade do negócio e diferenciação frente a concorrentes depende em grande parte das atividades e estratégias de gestão empregadas. Este capítulo abordará, assim, os princípios básicos e aplicações do planejamento estratégico em uma UAN.

1. As bases do planejamento estratégico

O planejamento é um processo gerencial incluído no modelo PDCA (do inglês *Plan* – planejar –; *Do* – executar –; *Check* – verificar –, e *Act* – agir). Esse modelo preconiza um ciclo virtuoso a partir da decisão sobre metas e métodos para atingi-las (planejar), seguida das etapas de execução e posterior verificação, ou seja, a comparação de resultados com metas preconizadas. A partir dessa verificação, podem-se estabelecer ações corretivas para os processos, bem como implantar melhorias, caracterizando um processo de aprendizagem organizacional. Segundo a Fundação Nacional da Qualidade (FNQ), um planejamento em nível de excelência é caracterizado por ter sua concepção, desdobramento e controle bem estruturados e sistematizados; os indicadores utilizados permitem uma visão sistêmica do negócio; a atualização das estratégias e planos estabelecidos é sistematizada, e o aprendizado obtido é considerado nas etapas seguintes do ciclo de planejamento, execução e controle das atividades[4].

O planejamento estratégico consiste em definir, de forma antecipada, quais objetivos devem ser alcançados, e para tal, o que fazer, como, com quais recursos, onde e quando. Desse modo, a etapa mais precoce desse planejamento é estabelecer a identificação do negócio. Ou seja, qual sua atividade principal, o que é vendido, ou, em outras palavras, qual é a proposta de valor. A missão de uma empresa é um dos pontos principais da sua identidade: qual é sua razão de existir? A visão de futuro indica o caminho que o negócio busca trilhar: aonde se almeja chegar? Como se deseja ser reconhecido? Os valores e princípios do negócio também devem ser estabelecidos como parte da cultura organizacional. A visão, missão, valores e princípios devem ser amplamente divulgados à força de trabalho, para incentivar o engajamento, e potencializar a colaboração de cada um.

A partir dessa identidade, o planejamento estratégico será desenvolvido. Há uma vasta literatura na área com propostas de modelos para desenvolvimento de planos estratégicos, que de forma geral apresentam um delineamento similar de etapas. Utilizaremos como exemplo a recomendação da FNQ, como órgão nacional agregador dos principais conhecimentos na área, que sugere as seguintes etapas para a estruturação e execução da estratégia[4]:

- Análise de cenários: trata-se da construção de cenários para projetar situações futuras do negócio. Devem ser analisados os fatores que podem afetar o negócio (econômicos, políticos, sociodemográficos e outros);

- Análise do ambiente interno, ativos intangíveis e competências essenciais: compreende o diagnóstico da situação atual do negócio, evidenciando pontos fortes e oportunidades de melhorias, ativos e competências existentes e a serem adquiridas;

- Definição das estratégias: estas irão buscar o alcance da visão do negócio. Devem ser consideradas as informações sobre clientes, mercados, força de trabalho, fornecedores e a capacidade de produção do negócio;

- Definição de indicadores e metas: é o estabelecimento de um conjunto de indicadores quantitativos que permitirão a avaliação dos resultados do negócio. As metas são os resultados desejados, definidas com base em referenciais comparativos ou de excelência. A força de trabalho deve ser amplamente informada sobre os indicadores e metas definidos;

- Definição de planos de ação: é o desdobramento das ações necessárias para o alcance dos resultados. São também definidos os responsáveis, recursos necessários e prazos para a execução das ações;

- Monitoramento das ações: consiste no acompanhamento da execução das etapas planejadas, por meio de reuniões periódicas. É aconselhável a utilização de sistemas de informação para apoio ao monitoramento;

- Revisão das estratégias: utilizada para prevenir possíveis riscos de implantação do planejamento, frente a mudanças no ambiente externo e/ou interno do negócio. Revisões periódicas auxiliam a antecipação a novos cenários.

2. Aplicando o planejamento estratégico em uma UAN

A atividade principal em uma UAN é fornecer alimentação com qualidade nutricional, segura do ponto de vista higiênico-sanitário, e que satisfaça as necessidades do cliente. O cliente tem contato com os produtos (alimentos) e serviços (atendimento) que formarão a experiência vivida por ele. Atender a essas necessidades e obter sua satisfação são requisitos imprescindíveis para o êxito do negócio[5].

Além da perspectiva do cliente, outras perspectivas são fundamentais para o desenvolvimento de um planejamento estratégico, como a financeira, a da força de trabalho e a dos processos do negócio. Um grande desafio gerencial em uma UAN é justamente conciliar as necessidades dos clientes, os objetivos da organização, e a liderança da força de trabalho, em um ambiente de constantes mudanças[5].

Diversas ferramentas e conceitos podem ser utilizados para o processo gerencial de planejamento estratégico, sendo as mais comumente empregadas a Matriz *SWOT* para análise de cenários e ambientes, e o *Balanced Scorecard* para o desenvolvimento da estratégia[6]. A seguir, uma breve apresentação dessas ferramentas.

2.1 Matriz *Swot* ou *Fofa*

Do inglês "Strenghts, Weaknesses, Opportunities and Threats", a sigla é traduzida para o português como Forças, Oportunidades, Fraquezas e Ameaças (Fofa). Essa ferramenta trata justamente da identificação desses aspectos: forças e fraquezas no ambiente interno e ameaças e oportunidades no ambiente externo (Figura 1). Após o preenchimento da matriz, deve-se realizar análise e relação entre esses aspectos. Por exemplo, os pontos fortes devem ser analisados em relação tanto a oportunidades quanto a fraquezas internas e ameaças externas, ou seja, como utilizar essas forças para o aproveitamento das oportunidades e para desenvolvimento dos pontos fracos internos e tratamento dos riscos externos.

Ambiente interno (organização)	Forças	Fraquezas
Ambiente externo	Oportunidades	Ameaças

Figura 1 – Matriz *Swot*/Fofa
Fonte: adaptado pelas autoras

2.2 *Balanced Scorecard*

O *Balanced Scorecard* (BSC) é utilizado para a definição de indicadores de desempenho, em quatro perspectivas (Figura 2): financeira, cliente, processos internos do negócio e aprendizagem e crescimento[2]. Essa ferramenta serve para traduzir a missão e a visão da empresa em um conjunto de objetivos e indicadores (métricas) de desempenho claros e mensuráveis, indicando seu desdobramento para todos os processos e áreas da organização[6]. O BSC objetiva alinhar a visão de negócio com a estratégia da empresa, bem como traduzir essa estratégia em iniciativas e atividades operacionais. Assim, permite a mensuração do desempenho em perspectivas interligadas e determinantes para o sucesso do negócio.

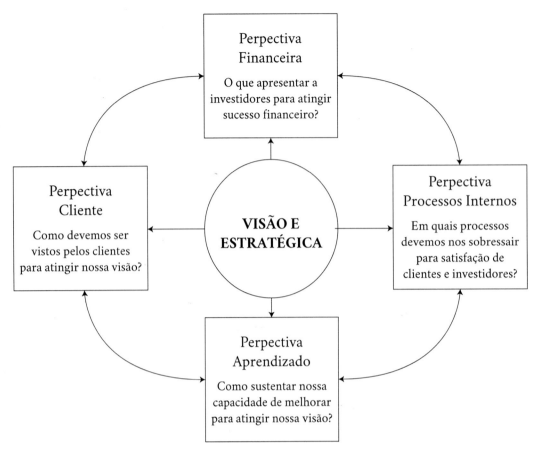

Figura 2 – Perspectivas a serem adotadas para a construção do *Balanced Scorecard*
Fonte: adaptado pelas autoras

O mapa estratégico gerado a partir da construção do BSC deve ser amplamente compartilhado e comunicado dentro da organização. Dados na literatura mostram que valores tão altos quanto 95% dos empregados não sabem dizer qual é a estratégia da empresa (2). Então, como podem alcançá-la? Outra vantagem do BSC é a relação dos objetivos com metas em longo prazo, o que viabiliza mudanças organizacionais, na medida em que promove maior compreensão da visão e estratégia da empresa entre gestores e colaboradores[6].

2.3 Exemplo de *Balanced Scorecard* para uma UAN

A seguir, um exemplo simplificado de um BSC com indicadores pertinentes a uma UAN. Cabe ressaltar que os objetivos são interligados nas diferentes perspectivas, para alcance da missão e visão da empresa. Nesse exemplo hipotético, dentro da visão do negócio, consta a produção sustentável de refeições. Assim, um dos objetivos principais é a redução de desperdício, perpassando pela redução de custos e capacitação de colaboradores para esse fim. A busca pelo alto grau de satisfação dos clientes também consta na missão e visão do negócio.

Perspectiva	Objetivo	Indicadores	Meta	Ações
Financeira	Diminuir custos de produção	Custo unitário da refeição	Redução de 5% no custo unitário	- Avaliar e renegociar contratos com fornecedores
Clientes	Aumentar percentual de clientes com grau de satisfação geral "ótimo" quanto à percepção dos serviços da UAN	% dos clientes com grau de satisfação "ótimo"	90%	- Realizar levantamento semanal dos resultados da pesquisa de satisfação - Analisar solicitações e reclamações, atendendo-as em um prazo máximo de 30 dias - Divulgar no mural do restaurante as ações realizadas derivadas da pesquisa
Processos Internos	Reduzir desperdícios na produção	% de desperdício	<5%	- Realizar curso de capacitação para os colaboradores em pequenos grupos - Verificar mensalmente aplicação dos procedimentos de redução de desperdício
Aprendizado e conhecimento	Oferecer capacitação aos colaboradores	% de colaboradores capacitados	100%	- Oferecer curso de curta duração, de forma gratuita, aos colaboradores, mensalmente

Quadro 1 – Exemplo simplificado de um *Balanced Scorecard* para uma UAN

Fonte: adaptado pelas autoras

2.4 Planejamento estratégico, tático e operacional

A partir da elaboração do plano estratégico, que apresenta objetivos gerais e visão institucional, este pode ser desdobrado em planos táticos e operacionais. O plano tático é o desdobramento dos objetivos estratégicos em planos concretos para unidades ou departamentos, sob a responsabilidade de gerentes. Ou seja, os planos táticos terão ações que refletirão como cada departamento ou unidade contribuirá para a estratégia institucional. O plano operacional é a tradução do plano tático em atividades detalhadas, com cronograma, custos e responsáveis pela execução das ações. É extremamente recomendada a revisão dessas ações pelos próprios colaboradores que as executam, proporcionando um feedback direto de possíveis alterações e melhorias.

3. Acompanhando o planejamento estratégico em uma UAN

Para aplicação adequada do ciclo PDCA, as fases posteriores ao planejamento são a execução das ações (*Do*), seguida de verificação (*Check*) e tomada de ação (*Act*) para correções necessárias. A etapa de verificação, ou seja, acompanhamento das ações, também deve ser prevista no planejamento, para definição do responsável e da frequência de verificação.

Muitos indicadores em UAN são avaliados mensalmente. Abordaremos a construção de indicadores na próxima seção. A seguir, um exemplo básico de planilha de acompanhamento (Tabela 1). Existem diversas formas de se executar o acompanhamento e realizar o levantamento de resultados, sendo a mais indicada a utilização de sistemas informatizados. A rotina de geração e coleta de dados deve fazer parte da execução das ações. Assim, o gerente de uma UAN pode realizar a análise dos resultados periodicamente, consultando os dados compilados. Softwares específicos da área de planejamento estratégico costumam apresentar um "painel de controle", ferramenta que possibilita uma análise visual de acordo com a situação dos resultados em relação às metas, além da geração de relatórios, do próprio mapa estratégico, dentre outras funcionalidades.

Tabela 1 – Exemplo básico de acompanhamento de indicadores

Indicador	Jan	Fev	Mar	Abr	Mai	Jun	Jul	Ago	Set	Out	Nov	Dez
% de desperdício												
Meta						<5%						

Fonte: adaptado pelas autoras

O acompanhamento de indicadores possibilita tanto a análise da gestão e a identificação de oportunidades de melhoria, quando estes não estão atingindo as metas, quanto uma reflexão em longo prazo do trabalho da gestão de uma UAN. É recompensador, para o gestor e sua equipe, poder demonstrar ao final de um período, seja um mês, um semestre, ou um ano, o trabalho traduzido em resultados para a empresa. Seja a UAN um negócio próprio, seja parte de uma organização maior, somente com dados concretos o gestor poderá identificar a contribuição do seu trabalho e de sua equipe para a execução da estratégia organizacional.

4. Mapeamento e gestão por processos em uma UAN

O mapeamento de processos em uma UAN pode ser bastante útil para a execução de um planejamento estratégico. Ao identificar principais entradas, processos da cadeia de valor e saídas, também são identificados os principais requisitos das partes interessadas e os fatores críticos de sucesso. Esses fatores podem servir de base como indicadores de desempenho.

Ao se gerenciar os processos de forma adequada, é possível gerar valor para os clientes e aperfeiçoar o relacionamento com fornecedores, evitando-se desperdícios de recursos de tempo, insumos e, em última análise, custos. Com base no mapeamento de processos, diversos riscos, incluindo os financeiros, podem ser identificados e controlados. Os processos podem ser divididos em processos da cadeia de valor, processos econômico-financeiros e processos relativos a fornecedores.

Um processo é entendido como um conjunto de atividades inter-relacionadas ou interativas que transforma insumos (entradas) em produtos (saídas). Esses produtos devem atender às necessidades dos clientes[7]. Assim, para que o processo tenha qualidade, esse conjunto de atividades (transformações) deve agregar valor às entradas fornecidas, de modo a atingir as expectativas dos clientes. Os clientes são aqueles que receberão as saídas de um processo, podem ser internos ou externos à organização, podendo incluir outras partes interessadas[8]. Os fornecedores disponibilizam as entradas para o processo, sendo, também, internos ou externos. A Figura 3 exemplifica de forma geral as etapas de um processo.

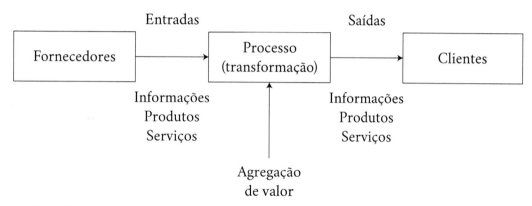

Figura 3 – Etapas de um processo
Fonte: adaptado pelas autoras

Os processos da cadeia de valor, ou processos finalísticos, são aqueles envolvidos no negócio principal da organização. São os processos centrais que irão gerar o produto ou serviço esperado pelo cliente. Em uma UAN, o processo principal é produzir refeições com qualidade nutricional, higiênico-sanitária, e que atendam às expectativas e necessidades do cliente (seja este um indivíduo, um grupo de indivíduos ou outra organização). Os processos de apoio são essenciais, pois criam as circunstâncias apropriadas para execução dos processos centrais. Os processos gerenciais são aqueles que visam coordenar, acompanhar e corrigir, visando sempre à melhoria de eficiência dos demais processos[8].

O mapeamento de processos é uma ferramenta gerencial e é fundamental para se obter um diagnóstico atual das atividades, identificar possíveis pontos a serem melhorados, verificar se existem etapas desnecessárias ou etapas faltantes no processo e possibilitar uma visão geral da organização do processo, bem como uma clara visão dos responsáveis por cada etapa. Para o mapeamento de processos, é fundamental a identificação de todas as etapas do processo. Nenhuma etapa deve ser ignorada, mesmo que seja considerada um "detalhe".

O mapeamento de processos pode descrever processos em maior ou menor profundidade, identificando desde macroprocessos até processos detalhados, sejam eles da cadeia de valor, de apoio ou gerenciais. É fundamental, no entanto, que as pessoas envolvidas na realização das atividades sejam envolvidas no mapeamento dos processos e suas etapas, para promover o engajamento, troca de saberes e identificação completa das atividades.

Para a realização do mapeamento de processos, algumas etapas são recomendadas: reunião preparatória com os envolvidos, para explicação sobre os procedimentos a serem realizados e a importância da atividade. A etapa inicial de qualquer mapeamento é o desenho do processo, por aqueles que o executam, ou com um pequeno grupo representativo dos envolvidos com o processo. Assim, garante-se que todas as etapas serão identificadas. É recomendável uma apresentação e discussão, ao final do mapeamento, a todo o conjunto dos envolvidos, para validação das etapas e requisitos do processo.

A seguir, a identificação de fornecedores das entradas do processo, bem como os requisitos necessários e esperados dessas entradas, são fundamentais. Em uma UAN, requisitos de qualidade da matéria-prima incluem aspectos subjetivos e legais, como condições higiênico-sanitárias, sensoriais e de custos. Os requisitos do cliente também devem ser listados no mapeamento de processos. Denomina-se cliente todo o receptor do resultado, seja um produto ou serviço, de um processo. O resultado dos processos de transformação é que serão recebidos e percebidos pelo cliente[5]. É imprescindível, portanto, que esses requisitos sejam observados quando da execução do processo.

Conforme descrito anteriormente neste capítulo, o acompanhamento de indicadores é norteador da gestão em Unidades de Alimentação e Nutrição, como ferramenta para a avaliação, direcionamento e correção de ações. Assim, no mapeamento de processos, fatores críticos de sucesso devem ser identificados, bem como os principais indicadores de desempenho. Segundo a Fundação Nacional da Qualidade (FNQ)[9], um indicador é "uma informação quantitativa ou qualitativa que expressa o desempenho de um processo, em termos de eficiência, eficácia ou nível de satisfação e que, em geral, permite acompanhar sua evolução ao longo do tempo e compará-lo com outras organizações."

É interessante notar a diferença entre dados, informações e indicadores apontada pela FNQ[9]: dados são coletados no dia a dia da organização, são armazenados em sua forma geral e ficam disponíveis em um banco de dados para análise; informações são organizadas e já manipuladas em um primeiro nível, por meio de softwares, e são apresentadas por meio de telas ou relatórios; já os indicadores são viabilizados matematicamente por meio de fórmulas, têm foco no que é relevante e são parametrizados geralmente em gráficos. Um indicador serve para sua comparação histórica (série), para comparação com um referencial de desempenho, por exemplo, uma média de mercado, e para a comparação com a meta de desempenho estabelecida pela organização.

Em uma UAN, o controle da sobra limpa, por exemplo, pode subsidiar medidas de racionalização, melhora de processos e redução de custos[10]. No estudo de Soares *et al.*, que teve como objetivo quantificar e avaliar o custo da sobra limpa em oito UAN de uma empresa, temos um exemplo prático da transformação de dados em indicadores: os dados coletados e compilados diariamente na produção e distribuição de alimentos são combinados em um cálculo para a identificação da sobra limpa per capita média, ou seja, o total da sobra limpa em quilos dividido pelo número de refeições distribuídas. Outro exemplo de indicador analisado foi o custo da sobra limpa per capita, que se baseou apenas nos custos da matéria-prima. O cálculo se deu pela seguinte forma[10]:

Custo da sobra limpa = {(PCS) / (PC)} x (CPC)
Em que:
PCS = peso cru da sobra por preparação em kg (peso da sobra limpa pronta, em kg / rendimento da preparação);
PC = per capita da preparação em kg;
CPC = custo médio per capita da preparação crua em reais;

Em cinco meses de acompanhamento das oito UAN, o estudo verificou que metade delas não atingiu a meta estabelecida pela empresa de um per capita de sobra limpa de 30 gramas ou menos. O estudo apontou que em uma UAN pode-se perder até 50% do que é preparado, representando 15% do faturamento mensal. Os resultados do estudo evidenciaram que entre 176 e 1.213 quilos de alimentos foram desperdiçados mensalmente[10].

O nutricionista gestor de uma UAN, como todo administrador, deve pautar-se nas ferramentas de gestão para garantir um controle rigoroso de processos, e assim atingir suas metas. Quando do início da administração de um serviço, recomenda-se a realização de um diagnóstico inicial, para definição de quais processos estão com bom funcionamento e quais precisam ser aperfeiçoados. Com o desenvolvimento de um plano de ação, o nutricionista gestor da UAN deve realizar acompanhamento periódico dos indicadores. Assim, ao final de um ciclo temporal de gestão, como um semestre ou ano, por exemplo, pode apresentar novos resultados, valorizando seu trabalho e sua equipe.

Referências

1. WATANABE, É. Modelo de Implantação de Gestão da Qualidade em Unidade de Alimentação e Nutrição (UAN) - Estudo de Caso : Hospital Nipo-Brasileiro. *Nutr Prof.*, 23, p. 22-40, 2009.

2. KAPLAN, R.; NORTON, D. P. *The Execution Premium*: Linking Strategy to Operations for Competitive Advantage. Harvard Business School Press, 2008.

3. ASSOCIAÇÃO BRASILEIRA DAS EMPRESAS DE REFEIÇÕES COLETIVAS – ABERC. Disponível em: http://www.aberc.com.br/mercadoreal.asp?IDMenu=21. Acesso em: 21 out. 2016.

4. Fundação Nacional da Qualidade - FNQ FN da Q. *Planejamento Estratégico.* FNQ, 2011.

5. RUBIM, C. Gestão de Negócios em Unidades de Alimentação e Nutrição (UAN) - Uma visão Estratégica. *Nutr Prof.*, 3(16), p. 12-6, 2007.

6. Fundação Nacional da Qualidade FNQ FN da Q. *Ferramentas de gestão.* 2010. p. 1-27.

7. ABNT - Associação Brasileira de Normas Técnicas. *ABNT NBR ISO 9000-2005.* Sistemas de gestão da qualidade - Fundamentos e vocabulário. 2005.

8. Fundação Nacional da Qualidade FNQ FN da Q. *Gestão por Processos* [Internet]. 2014. Disponível em: http://www.fnq.org.br/informe-se/publicacoes/e-books. Acesso em: 18 out. 2016.

9. Fundação Nacional da Qualidade FNQ FN da Q. *Sistema de Indicadores.* Fnq [Internet]. 2014. p. 1-14. Disponível em: http://www.fnq.org.br/informe-se/publicacoes/e-books. Acesso em: 20 out. 2016.

10. CRISTINA, I.; SOARES, C.; RODRIGUES, E.; SILVA, D.; PRIORE, S. E.; DE CÁSSIA, R. *et al.* Quantification and analysis of the cost of food wastage in the cafeterias of a large company. *Rev Nutr.*, 24(4), p. 593-604, 2011.

CAPÍTULO 4

TERCEIRIZAÇÃO NA PRESTAÇÃO DE SERVIÇOS EM ALIMENTAÇÃO

Eduardo Estaevi

Terceirização é o processo que envolve a contratação de uma empresa interposta (externa) ou contratada para prestar serviços a outra (contratante), de modo a atender às necessidades desta, ou seja, é a relação em que o trabalho é realizado para uma empresa, mas contratado de maneira imediata por outra. As atividades de terceirização são aquelas não atreladas ao *corebusiness*, tais como alimentação, limpeza, transporte, manutenção, entre outras.

1. Terceirização na atualidade

A terceirização de serviços prestados dentro das organizações já deixou de ser uma tendência há muito tempo. Hoje, a terceirização é uma realidade. Em mercados cada vez mais dinâmicos e globalmente competitivos, a primarização não faz mais sentido. Por outro lado, a terceirização não é mais um fator de diferenciação, visto que a maioria das empresas têm seus serviços terceirizados.

É sempre uma dúvida a relação de emprego na terceirização, ou seja, o que a empresa contratante (empresa que contrata a empresa terceirizada) poderá exigir da empresa contratada (empresa que vai prestar o serviço terceirizado) em termos de qualidade, prazos de entrega, eficiência, competência e outros. Todas essas questões devem ser registradas no contrato de trabalho, que nada mais é do que o ofício no qual há os deveres e obrigações das empresas envolvidas. Nesse contrato, devemos ter todo quadro de pessoal utilizado para formalização da proposta comercial, valor dos investimentos realizados e também o montante de multa para quebra de contrato sem aviso prévio.

Com relação ao crescimento de serviços terceirizados dentro do mercado de refeições coletivas, têm-se um crescimento exponencial e extremamente importante. A autogestão (modelo de gestão no qual as próprias empresas fazem a gestão de seus restaurantes) perde força anualmente e é bem possível que apenas pequenas empresas continuem com esse tipo de gerenciamento de gestão.

Segundo a Associação Brasileira das Empresas de Refeições Coletivas (Aberc), a terceirização nos últimos oito anos cresceu mais de 32%. Já os serviços de convênio cresceram na casa do 30% e a autogestão reduziu seu espaço de mercado em aproximadamente 72%. A terceirização vinha em um crescente importante até 2014, porém em 2015, em função da crise e da alta inflação dos alimentos, houve uma queda de crescimento. Na verdade, essa queda também é consequência do grande número de empresas que finalizaram suas operações por não conseguirem mais sobreviver no mercado, como demonstra o gráfico a seguir.

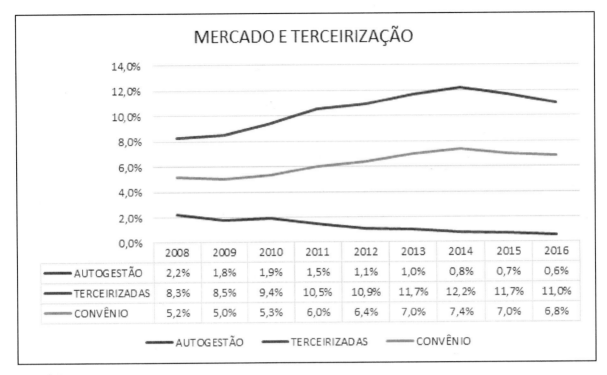

Gráfico 1 – Crescimento da terceirização no mercado de refeições

Fonte: Aberc (2017).

O faturamento desse nicho de mercado também merece uma análise profunda. A terceirização praticamente dobrou seu faturamento em negócios de alimentação e isso explica o crescimento das empresas desse setor, principalmente as multinacionais como Sodexo e GR alimentos. A autogestão estacionou em um faturamento pequeno desde 2010 e a tendência é cada vez ocupar menos espaço dentro das organizações. O seguinte gráfico nos traz em detalhes esses números.

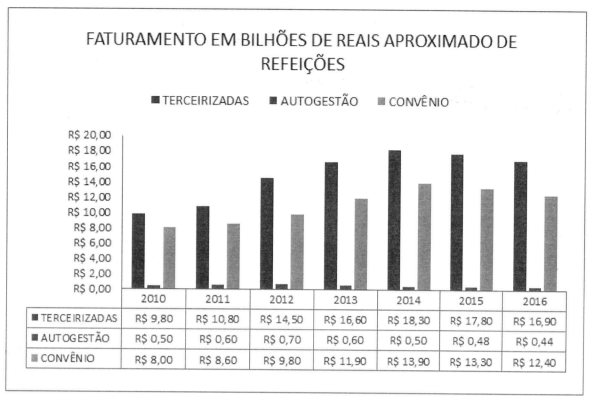

Gráfico 2 – Faturamento em bilhões do mercado de refeições
Fonte: Aberc (2017).

2. Terceirização de refeições coletivas

No Brasil, a maioria do mercado (62%) adota a terceirização para as refeições coletivas. Outra grande parte das empresas opta pela utilização de vouchers (vale refeição em um valor pré-determinado pela empresa) para seus colaboradores (38%), e menos de 1% das organizações são autogeridas, ou seja, dos serviços disponíveis para terceirização, a alimentação é sem dúvidas aquele mais terceirizado (ABERC, 2016).

Esse tipo de serviço traz uma responsabilidade enorme para qualquer empresa e esse talvez seja um dos principais motivos pelos quais as empresas não querem ter uma autogestão dos seus serviços de alimentação. Trabalhar eficazmente com segurança dos alimentos, segurança do trabalho e satisfação dos colaboradores com a alimentação não é tarefa fácil. Precisa-se de muito conhecimento, muito treinamento para as equipes operacionais e muita responsabilidade dos gerentes de negócio.

Além de todos os fatores supracitados, o serviço de alimentação é extremamente desafiador no que tange à gestão dos seus custos. Com certeza, é por esse motivo que quase não temos restaurantes autogeridos. Mas esse tema discutiremos a seguir.

3. Benefícios da terceirização de restaurantes

Mas por que a terceirização cresce tanto e ocupa 99% do mercado de refeições atualmente? Quais são os benefícios desse tipo de gestão?

- ESPECIALIZAÇÃO: terceirização realizada por profissionais especializados e com maior eficiência. A terceirização geralmente engloba empresas de refeição com *know-how* na área, experiência nos serviços necessários e especialistas em serviços de alimentação.

- REDUÇÃO DE CUSTO: redução do custo dos alimentos e possibilidade de reduzir o quadro de pessoal. Quando se terceiriza um serviço de alimentação, a empresa contratada tem um centro de distribuição de alimentos que reduz o valor unitário dos insumos necessários para a produção de alimentos, além de um poder de compra infinitamente superior aos serviços de autogestão. Também há a simplificação da estrutura administrativa, que terá uma obrigação a menos – a obrigação com folha de pagamento –;

- QUALIDADE: qualidade e diversidade dos cardápios e investimentos em equipamentos e imobiliários. As empresas contratadas para o serviço de alimentação têm em seu escopo de contrato o investimento necessário para que se mobíliem os restaurantes, por exemplo. A mobília está sempre vinculada ao prazo de contrato, ou seja, quanto maior for o tempo de contrato, maior será o investimento no design do restaurante. Com relação à qualidade dos alimentos, as empresas de alimentação têm fornecedores cadastrados em sua política interna de qualidade, o que praticamente garante que os insumos sejam em sua totalidade aptos e seguros para consumo.

- PROCESSOS: segurança do trabalho e dos alimentos alinhada às normais de higiene e saúde. Quando terceirizamos a alimentação para uma empresa especializada, automaticamente, essas responsabilidades de processo ficam com a empresa contratada. E essas responsabilidades são extremamente importantes, envolvem custos, treinamentos e foco.

4. Ganhos financeiros com a terceirização

A maior parte das reduções de custo total dos restaurantes fica entre 11% e 20%. Esse percentual depende muito da empresa contratada, assim como do serviço de autogestão realizado anteriormente. A economia pode ultrapassar 50% quando a ineficiência operacional é muito grande, assim como a falta de controle dos custos indiretos de produção.

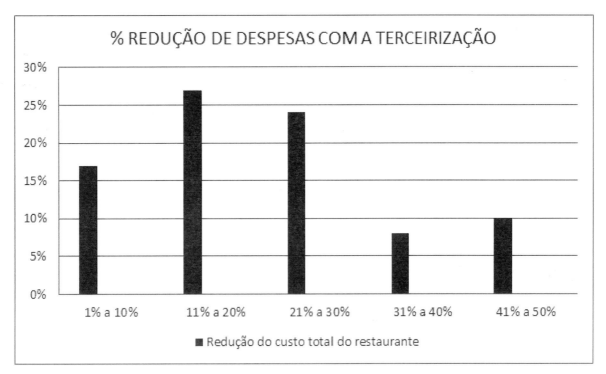

Gráfico 3 – Redução de Despesas na Terceirização
Fonte: levantamento feito pelo autor.

5. Origem dos ganhos financeiros com a terceirização

Em geral, há uma dificuldade de levantar todos os custos reais envolvidos na autogestão, principalmente os custos indiretos (custos que não estão ligados diretamente à produção). Os custos indiretos são apropriados aos portadores finais mediante critérios pré-determinados, como mão de obra indireta, depreciação e manutenção de equipamentos. Os custos e despesas indiretas são atribuídos aos produtos e serviços por meio de rateios.

Os custos indiretos de produção são extremamente variáveis e dificultam o encontro do ponto de equilíbrio financeiro dos restaurantes. Além disso, cada unidade tem sua realidade operacional. No caso de uma operação dentro de um polo petroquímico, por exemplo, custos com periculosidade e transporte serão sempre maiores.

6. Como tomar a decisão por terceirizar um restaurante?

É de suma importância a realização de um estudo detalhado antes de tomar a decisão de terceirizar um restaurante, dentre as quais destaco:

1. **AVALIAÇÃO DO MERCADO: é imprescindível analisar os fornecedores disponíveis, as suas atividades estratégicas, sua solidez financeira e os custos ou qualidades diferenciais dos serviços prestados;**

2. CAPACIDADES INTERNAS x EXTERNAS: grau de confiança, menor custo, tecnologia, *know how*, inovação, pessoas qualificadas, investimentos futuros e perfil do consumidor.

3. AVALIAÇÃO DO MERCADO: custos diretos e indiretos, custos de transição e de gestão do fornecedor, calcular os efeitos na produtividade e valor presente de todos os custos envolvidos;

4. CAPACIDADE DE GESTÃO DO FORNECEDOR: a performance do fornecedor é mensurável? Há pessoas capacitadas para manter o relacionamento com o fornecedor? Há pessoas capacitadas para gerir os riscos envolvidos na operação do fornecedor?

7. Como escolher um parceiro?

Antes de contratar, é importante especificar as necessidades da empresa, interagir com o fornecedor para que ele possa orientar e apresentar as novidades do mercado, comparar os fornecedores potenciais, visitar os clientes do fornecedor e conhecer sua estrutura organizacional.

Durante a contratação, é fundamental que o contrato seja claro, transparente, seguro e com os escopos necessários para atendimento. Na terceirização dos serviços de alimentação, não existe relação de emprego entre a empresa terceirizada e a empresa contratante. O que existe é o contrato entre duas empresas, no qual está descrito explicitamente as obrigações e deveres de cada uma.

8. Contrato de prestação de serviços

O contrato de prestação de serviços é o instrumento jurídico que estabelece as condições comerciais do relacionamento entre contratante e contratada. Nesses contratos, temos a definição do tipo de serviço, o prazo contratual, os direitos e deveres das empresas envolvidas, a definição da fórmula de reajuste anual, as questões fiscais e tributárias, a política de preços, nível de satisfação exigido, quadro de pessoal contratado, legislação e respeito às normas da vigilância sanitária, obrigações trabalhistas-previdenciárias-sociais, responsabilidade civil, extinção contratual, penalidades e multas.

9. Gestão de custos em negócios de alimentação

Segundo a Aberc, existem no Brasil cerca de 950 mil restaurantes, sendo que só em São Paulo estão instalados 3.500 restaurantes self-service. De cada 100 estabelecimentos que são criados no Brasil, 35 deles fecham em um ano, 50 em dois, 75 em cinco e 97 em 10 anos. Esses dados são assustadores, mas refletem a realidade desse ramo de negócio.

Na realidade, os problemas mais graves acontecem devido à falta de preparo dos empresários, principalmente por acharem que as atividades e cuidados em preparar refeição em casa para amigos e familiares podem ser transportados para preparar e servir para dezenas de pessoas, com os mesmos padrões de qualidade, higiene e satisfação. Isso faz com que administrar um restaurante não se constitua em tarefa fácil.

Ao enfrentar os problemas do cotidiano em relação a funcionários, fornecedores, capital de giro, fluxo de caixa e atendimento aos clientes, os proprietários podem ter dificuldade em tomar as decisões corretas, gerando uma grande possibilidade de insucesso.

Esses problemas também são comuns em diversos outros segmentos de negócios, o que é uma decorrência das empresas não reconhecerem a validade e utilidade prática dos mais recentes

GESTÃO EM UNIDADES DE ALIMENTAÇÃO E NUTRIÇÃO: DA TEORIA À PRÁTICA

desenvolvimentos teóricos quanto à gestão de custos, gestão de preços de venda e uso de técnicas de análises mais específicas como o ponto de equilíbrio e a margem de segurança operacional.

Além disso, elas não estão propiciando a profissionalização dos seus gestores, fazendo com que estes obtenham conhecimento e adotem práticas gerenciais recomendadas pela literatura, o que contribui para o alcance da eficiência e eficácia na gestão dos negócios.

10. Gestão de custos na prática

Em um estudo de minha autoria elaborado em 2010, em um restaurante self-service, os principais custos do restaurante foram com matéria-prima, folha de pagamento, bebidas, produtos industrializados e impostos, visto que juntos absorveram mais de 70% da receita total.

Nesse mesmo estudo, identificou-se que os custos variáveis (variam proporcionalmente de acordo com o volume de refeições servidas; pode ser considerado custo variável a matéria-prima, água, energia para produção das refeições) têm maior participação na estrutura de custos totais do restaurante, representando 65,91% destes, enquanto os custos fixos (mantêm-se constantes, e independem do volume de refeições servidas; pode ser considerado despesa ou custo fixo aluguel do prédio, segurança, impostos, seguros, provedor de internet) representam 34,09%.

Sem conhecer os gastos e o percentual que cada custo representa em relação à venda bruta, o administrador não consegue exercer uma adequada gestão dos custos. Nesse caso, é importante ter conhecimento de que existem padrões na literatura para os percentuais que cada custo deve representar na receita dos restaurantes.

11. Custos com mão de obra

Os custos com mão de obra variam entre 20% e 40% das vendas. Essa variação se dá em virtude do tipo de estabelecimento. Em contratos com periculosidade, por exemplo, o percentual de mão de obra tende a ser perto dos 40%.

Dependendo do tipo de restaurante e do nível de serviços oferecidos, os custos com funcionários podem variar de acordo com o tipo de serviço prestado. Em um restaurante cuja administração é familiar, esse custo chega a representar 24% das vendas, enquanto em um restaurante continental de luxo os gastos com mão de obra podem atingir até 35% das vendas.

Os restaurantes tipo self-service, por precisarem de menos funcionários, têm custos com mão de obra mais baixos, em torno de 20%. Por outro lado, esse tipo de serviço geralmente implica maiores gastos com matéria-prima, cerca de 40% ou mais.

As despesas de mão de obra podem servir de base para determinar a eficiência dos funcionários e a adequação do volume das vendas em proporção ao número de funcionários, sendo que o resultado pode ser melhorado pela redução das horas trabalhadas ou pelo aumento das vendas. Os custos com alimentos refletem na formação de preço e podem indicar a eficiência dos funcionários que trabalham na cozinha.

12. Custos com matérias-primas

Os custos com matéria-prima em serviços autogeridos representam entre 45% e 60% das vendas de um restaurante. As diferenças de percentuais relativos às matérias-primas também são decorrentes das diferenças e variações de pratos oferecidos pelos diferentes tipos de restaurantes. O escopo do serviço que será praticado é fundamental para que se determine esse custo. Em serviços terceirizados, esse custo fica entre 35% e 60%.

13. Custos com aluguel

Os valores dos aluguéis em restaurantes particulares dependem do prazo e do tipo de arrendamento negociado, sendo que esse custo normalmente representa de 5% a 10% das vendas. Esses custos devem ficar entre 3% e 7% das vendas para serem adequados na gestão de custos. Em restaurantes terceirizados, não há esse tipo de cobrança.

14. Custos com bebidas

Esses custos devem representar entre 7% e 14% das vendas em restaurantes particulares. Em restaurantes terceirizados, os custos que temos com bebidas geralmente são representados por sucos e esse percentual cai para algo em torno de 3%.

15. Lucratividade

Com relação à lucratividade em restaurantes, identificam-se percentuais de 5% a 10% sobre as vendas. A previsão das vendas de um restaurante é difícil de ser realizada, pois existem muitos fatores que podem fugir do controle administrativo, tais como acontecimentos econômicos inesperados ou alterações no clima da região.

Em serviços terceirizados, os lucros líquidos podem variar de 1% a 25%, dependendo do cliente e também do serviço. Geralmente, as empresas de alimentação constituem sua política de lucros na casa de no mínimo 10%. Porém é muito comum que multinacionais abram mão desses percentuais para manter seu *marketshare* de mercado em clientes estratégicos.

A previsão de vendas é fundamental, pois todas as despesas fixas e variáveis dependerão das vendas para serem saldadas. O cálculo do volume das vendas, embora difícil, poderá ter um confiável grau de precisão se a previsão orçamentária contiver dados completos. A formação do preço de venda deve ser feita a partir da apuração dos custos, pois o preço deve refletir o valor econômico percebido pelo cliente.

A chave para o controle dos custos está na realização de uma análise cuidadosa das operações, para detectar pontos em que o desperdício possa ser reduzido sem perda da qualidade.

Embora os custos em valor monetário sejam essenciais para o sistema contábil, sua porcentagem em relação ao volume de vendas é mais útil aos gerentes de restaurantes como indicadores de referência. Dessa forma, a porcentagem de um mês (ou de algum outro período) pode facilmente ser comparada à de outros meses, com um orçamento ou com médias setoriais.

16. Relação nutricionista e preposto

Após firmado o contrato entre as empresas envolvidas no negócio, é preciso que o serviço seja colocado em prática. Para isso, temos um relacionamento fundamental ocorrido entre o Gerente de Unidade – Nutricionista e Responsável Técnico – contratado pela terceirizada e o interlocutor – gestor da planta do cliente. Nessa relação, o Gerente de Unidade representará a empresa terceirizada em tudo aquilo que foi alinhado em contrato, assim como o interlocutor buscará atingir as metas de satisfação de seus colaboradores e também avaliar se o contrato está sendo seguido.

Essa relação precisa ser o mais transparente possível, com reuniões semanais de alinhamento de negócio, *follow-up* mensais e participação ativa nas atividades da equipe contratada. Muitos interlocutores fazem auditorias nas empresas contratadas com o objetivo de avaliar se a Segurança dos Alimentos e a Segurança do Trabalho estão sendo seguidas, assim como para fiscalizar o trabalho da empresa contratada.

17. Atribuições do nutricionista responsável por uma unidade de alimentação

As atividades de um Gerente de Unidade vão muito além da responsabilidade técnica, elaboração do cardápio e questões de qualidade nutricional. Na prática, o Gerente de Unidade tem muito mais questões administrativas do que nutricionais para serem trabalhadas. Na maioria das empresas de alimentação, o cardápio já vem pronto da matriz e as regras de segurança dos alimentos são tratadas como "Regras de Ouro".

A maior dificuldade e, consequentemente, o maior aprendizado para os nutricionistas que optam pela área de UAN está no cotidiano. Quando se assume uma unidade de alimentação, o Gerente torna-se o dono do negócio e isso traz uma rotina com foco total em resultados financeiros, engajamento da equipe, questões trabalhistas, uso de equipamentos de proteção individual (EPIs), controle de estoque, gestão de compras, escalas de trabalho, férias para os colaboradores, cumprimento do *budget* (orçamento), treinamentos e, aliado a tudo isso, ainda é necessário servir um produto de qualidade ao cliente.

Sempre defendi a tese de que as Unidades de Alimentação deveriam ser gerenciadas por um administrador e um nutricionista simultaneamente. A realidade diferente daquilo que se espera faz com que muitos nutricionistas desistam da área, permanecendo apenas aqueles que não têm mais opção no mercado de trabalho. As multinacionais têm extrema dificuldade de encontrar Gerentes qualificados no mercado de trabalho, por isso, o *turnover* desse cargo é bastante expressivo.

Na faculdade de nutrição, aprendemos muito superficialmente as questões financeiras que utilizamos na prática, assim como praticamente não aprendemos nada sobre gestão de pessoas. A gestão de pessoas, ou seja, a gestão da equipe de trabalho é sem dúvidas a função mais desafiadora dos Gerentes atualmente. A classe trabalhadora desse tipo de serviço tem uma remuneração baixa, uma escolaridade baixa e muitos só trabalham com isso também por falta de opção. Em um restaurante terceirizado, muitas vezes, os serviços prestados não param nunca, inclusive finais de semana, ou seja, tudo que envolve a Unidade de alimentação é 24h por dia.

Se um ou dois funcionários faltam em um determinado dia, como fica o serviço? Como fica a produção? Como fica o cliente? Na verdade, tudo precisa acontecer como se a equipe estivesse completa, e esse é apenas um dos desafios diários dos Gerentes. E se um equipamento estragar durante a produção? E se o fornecedor não entregar os insumos necessários para o evento de Natal? Trabalhar com alimentação é extremamente prazeroso para quem ama aquilo que faz, mas se você não ama trabalhar com pessoas, trabalhar com pressão e com metas estabelecidas, a Unidade de Alimentação não deve ser a sua escolha profissional.

18. Relação nutricionista e empresa

A relação do nutricionista com a empresa é baseada nas metas da organização no que tange ao resultado financeiro, resultado de auditorias de segurança dos alimentos e do trabalho, nível de satisfação exigido, suporte para compras, admissões, demissões, suporte de RH, suporte jurídico e suporte estratégico.

Geralmente, há uma escala hierárquica nas empresas. O Gerente de Unidade responde para um Gerente de Área (gerente responsável por aproximadamente 10 unidades), que responde para um Gerente Regional (gerente responsável por uma grande região ou por um estado).

As informações e as metas das empresas chegam às Unidades a partir da Gerente de Área, e a Gerente de Unidade é responsável por disseminar as informações da empresa para a equipe operacional.

19. Metas de gestores de unidades de alimentação

As metas dos Gestores de Unidades de alimentação são baseadas em resultado.

RESULTADO FINANCEIRO: Toda Unidade de alimentação tem um *budget* (orçamento). Esse orçamento é anual e é dividido em:

- FATURAMENTO: Valor monetário do montante das vendas totais da Unidade. Esse faturamento é sempre líquido, ou seja, devem ser retirados desse montante os impostos referentes a cada local;
- DESPESAS DE PESSOAL: Valor dos custos com mão de obra. Esses custos incluem salários, férias, impostos, assistência médica, participação nos lucros, causas trabalhistas (se houver), cesta básica e 13º salário;
- CONSUMO: Valor total dos custos com matérias-primas compradas pelas unidades;
- DEPRECIAÇÃO: Valor dos custos com investimentos, compra de utensílios e manutenção;
- Outras despesas: São as demais despesas que não estão incluídas nas citadas anteriormente. Por exemplo: Se há refeição transportada na Unidade, é necessário ter veículo. O custo com o veículo e gasolina se encaixa nessa conta.
- LUCRO: É o valor do faturamento líquido com a retirada de todas as contas.

RESULTADOS EM SEGURANÇAS DOS ALIMENTOS: Todas as Unidades de Alimentação recebem auditorias periodicamente com objetivo de avaliar se os processos internos relacionados com segurança alimentar estão sendo cumpridos. As auditorias em empresas terceirizadas geralmente são baseadas nas "Regras de Ouro" de segurança dos alimentos. Essas regras se baseiam em:

- Coleta de amostras: Deve haver todas as amostras dos alimentos servidos nas últimas 72 horas.
- Higienização de hortifrúti: Todas as frutas, saladas e hortifrútis devem passar por intenso processo de higienização, de acordo com legislação vigente.

- Preparação em lotes: A produção deve ocorrer em lotes com objetivo de evitar contaminações cruzadas e diminuir a exposição do alimento a temperaturas inadequadas.

- Monitoramento e temperatura: Toda produção deve ser mapeada com avaliação de temperatura com objetivo de diminuir os riscos de uma contaminação.

- Validade dos alimentos: É totalmente proibido que uma Unidade de Alimentação tenha algum produto com prazo de validade vencido.

RESULTADOS EM SEGURANÇA DO TRABALHO: Todas as Unidades de Alimentação recebem auditorias periodicamente com objetivo de avaliar se os processos internos relacionados com segurança do trabalho estão sendo cumpridos. As auditorias em empresas terceirizadas geralmente são baseadas nas "Regras de Ouro" de segurança do trabalho. Essas regras se baseiam em:

- Uso de Equipamentos de Proteção Individual (EPIs): Para todas as atividades desempenhadas, é necessário uso do respectivo EPI.

- Máquinas e equipamentos em boas condições: Todos os equipamentos devem estar em condições perfeitas de uso, sem oferecer risco à equipe.

- Avaliação de risco das tarefas: Toda tarefa desempenhada dentro da Unidade deve ter a sua avaliação de risco descrita e formalizada.

- Comunicação de acidente: Todos os acidentes e incidentes devem ser comunicados ao Gerente de Unidade e também ao cliente.

- Treinamentos: Os treinamentos de segurança dos alimentos devem ser atualizados e praticados periodicamente.

- Pisos e condições estruturais em boas condições e de acordo com a legislação vigente: Geralmente, as condições estruturais são responsabilidade do cliente.

- Produtos químicos armazenados e utilizados de forma segura: Para evitar riscos de acidentes de trabalho, todo produto químico deve ser armazenado e utilizado de maneira segura.

- Veículos em condições de segurança: Em Unidades de Alimentação que contam com a utilização de veículos, deve haver avaliação por parte da Gerente de Unidade em conjunto com os motoristas para que o transporte ocorra sempre de maneira segura.

- Permissão de trabalho: Todo trabalho desempenhado dentro da Unidade de alimentação deve ter prévia permissão;

- Líquidos e objetos quentes: Não deve haver transporte de líquidos quentes dentro das Unidades de Alimentação.

RESULTADOS EM SATISFAÇÃO DO CLIENTE: Toda Unidade de alimentação tem uma meta de satisfação alinhada em contrato. A satisfação das unidades é medida por meio de pesquisas alocadas sempre nas saídas dos restaurantes. O contratante deve sempre ter a oportunidade de opinar sobre os pratos servidos, assim como deve receber mensalmente os relatórios de pesquisa. A satisfação exigida em contrato varia de 75% a 90%.

Referências

1. ASSOCIAÇÃO BRASILEIRA DAS EMPRESAS DE REFEIÇÃO COLETIVA – ABERC. Disponível em: www.aberc.com.br. Acesso em: 28 dez. 2017

2. ASSOCIAÇÃO BRASILEIRA DE BARES E RESTAURANTES DIFERENCIADOS – ABREDI. Disponível em: http://www.abredi.org.br/. Acesso em: 6 jan. 2018.

3. ASSOCIAÇÃO BRASILEIRA DE BARES E RESTAURANTES – ABRASAEL. Disponível em: http://www.abrasel.com.br/index.php/atualidade/C1/. Acesso em: 5 jan. 2018

4. CARELLI, Rodrigo de Lacerda. *Terceirização e Intermediação de Mão de Obra*: ruptura do sistema trabalhista, precarização do trabalho e exclusão social. Rio de Janeiro: Renovar, 2003. 231 p.

5. GUERREIRO, R. *Gestão do Lucro*. São Paulo: Atlas, 2014.

6. KIMURA, A. Y. *Planejamento e administração de custos em restaurantes industriais*. São Paulo: Livraria Varela, 2013.

7. MARCELINO, P. Afinal o que é terceirização? *Pegada*, v. 8, n. 2, 2007.

8. MARTINS, Sérgio Pinto. *A Terceirização e o Direito do Trabalho*. 7. ed. São Paulo: Atlas, 2005. 179 p.

9. NAKAGAWA, M. *ABC*: custeio baseado em atividades. São Paulo: Atlas, 2011.

10. NAKAGAWA, M. *Gestão estratégica de custos*: conceitos, sistemas e implementação. São Paulo: Atlas, 2012.

CAPÍTULO 5

EMPREENDEDORISMO EM UNIDADES DE ALIMENTAÇÃO E NUTRIÇÃO

Simone Morelo Dal Bosco
Maria Terezinha Antunes

1. Origem e desenvolvimento do empreendedorismo

A origem do termo empreendedorismo não é precisa, no entanto constata-se que desde os primórdios da humanidade existem pessoas que se destacam, inovando suas atividades ou produtos. A essas práticas inovadoras dá-se o nome de empreendedorismo. Entre 1271 e 1295, um mercador chamado Marco Polo tentou desenvolver uma rota comercial para o Oriente e, numa iniciativa empreendedora, firmou um contrato com um capitalista a fim de comercializar seus produtos. Suas viagens e ações caracterizaram a pessoa que pratica empreendedorismo, ou seja, uma pessoa empreendedora que assume riscos físicos e emocionais a fim de atingir seus objetivos. No período medieval, empreendedor era aquele que administrava grandes projetos sem que, para isso, assumisse sérios riscos.

No século XVII, surgem as primeiras relações entre empreendedorismo e riscos assumidos. Foi nesse período que o empreendedor passou a estabelecer acordos contratuais com o governo a fim de realizar serviços ou fornecer produtos. Na década de 1990, o empreendedorismo passou a ser foco de políticas públicas e de estudos em instituições de ensino médio e superior. Isso ocorreu devido ao intenso avanço tecnológico, que forçou as pessoas da época a se prepararem para inovar, continuando ou tornando-se, assim, competitivas no mercado. Tudo isso, ainda hoje, é observado a partir dos incentivos governamentais a novos investimentos, integração da disciplina aos currículos escolares e desburocratização de financiamentos para implantação de novos negócios.

2. Empreendedorismo no Brasil

O empreendedorismo no Brasil teve início com a chegada dos portugueses, a partir do século XVII, época em que foram realizados os mais diversos empreendimentos, como os executados por Irineu Evangelista de Sousa, o Barão de Mauá. Até hoje, ele ainda é reconhecido como uns dos primeiros grandes empreendedores do Brasil. A seguir, você poderá conferir algumas ações que elucidam a importância do Barão de Mauá nesse contexto:

a. Organização de companhias de navegação a vapor no Rio Grande do Sul e no Amazonas.

b. Implantação, em 1852, da primeira ferrovia brasileira entre Petrópolis e Rio de Janeiro.

c. Implantação de uma companhia de gás para a iluminação pública do Rio de Janeiro, em 1854.

d. Inauguração do trecho inicial da União e Indústria, primeira rodovia pavimentada do país, entre Petrópolis e Juiz de Fora, em 1856.

O empreendedorismo no Brasil teve início na década de 1920, com o desenvolvimento de mais de 4.000 indústrias subsidiadas, protegidas e que possuíam autorização do governo contra a concorrência internacional. No ano de 1936, o então presidente Getúlio Vargas constituiu a Companhia Siderúrgica Nacional (CSN), a primeira estatal no Brasil, e, em 1960, no seu segundo mandato, criou o Banco Nacional de Desenvolvimento Econômico (BNDE) e a Petrobras, estabelecendo assim o incentivo à iniciativa privada.

No governo de Juscelino Kubitschek (1956-1960), o Plano de Metas permitiu a abertura da economia brasileira ao capital estrangeiro (isentando o pagamento de tributos para a importação de máquinas e equipamentos), implantação da indústria automobilística no ABC paulista e o desenvolvimento da indústria naval. Foi um período bastante marcante para o empreendedorismo no Brasil.

Em 1972, foi criado o Cebrae, que, em outubro de 1990, passou a ser chamado de Serviço Brasileiro de Apoio às Micro e Pequenas Empresas (SEBRAE). Na década de 80, surgiu a primeira iniciativa quanto ao ensino de empreendedorismo, por meio da Escola de Administração de Empresas da Fundação Getúlio Vargas de São Paulo, com a disciplina "Novos Negócios". Outra grande contribuição foi dada pela Universidade Federal do Rio Grande do Sul, a qual inseriu a disciplina "Criação de Novas Empresas" no curso de Ciência da Computação.

A partir da década de 1990, o empreendedorismo no Brasil ganhou destaque com a abertura da economia. A partir da criação do SEBRAE (antes Cebrae e agora melhor organizado) e da Sociedade Brasileira de Apoio às Micro e Pequenas Empresas (Softex), o empreendedorismo foi alavancado. A crise econômica do final do século passado, a desestabilização empregatícia e a abertura dos mercados iniciaram esse movimento revolucionário no nosso país. Em 17 de julho de 1972, por iniciativa do BNDE e do Ministério do Planejamento, foi criado o Centro Brasileiro de Assistência Gerencial à Pequena Empresa (Cebrae). Nos governos Sarney e Collor (1985-1990), o Cebrae enfrentou uma série de crises que o enfraqueceu como instituição. Em 9 de outubro de 1990, o Cebrae foi transformado em SEBRAE pelo Decreto n.º 99.570, que complementa a Lei n.º 8029, de 12 de abril.

Ao longo do século XX, outros empreendedores também deixaram sua marca na história do empreendedorismo brasileiro:

- Attílio Francisco Xavier Fontana – criou o Grupo Sadia (atual Brasil Foods, resultado da fusão entre Sadia e Perdigão).

- Valentim dos Santos Diniz – fundador da rede de supermercados Pão de Açúcar, revolucionou o varejo com novas formas de atendimento ao cliente, alterações nos sistemas de embalagem, refrigeração, técnicas de venda, publicidade e administração, influenciando padrões de consumo e comportamento. Ele transformou o que era apenas uma doceria no ano de 1948, em um grande grupo. É dono das marcas Pão de Açúcar, Extra, Compre Bem, Sendas, Assai e Ponto Frio.

- José Ermírio de Moraes – responsável pela transformação da Sociedade Anônima Votorantim em um grande conglomerado, que atua em diversos segmentos, tais como: têxtil, siderúrgico, metalúrgico, produtos químicos e cimento. De acordo com pesquisa realizada pelo Global Entrepreneurship Monitor (GEM) e divulgada pelo SEBRAE, em 2010, o Brasil apresentou a maior taxa de empreendedorismo dos países que compõem o G20, grupo das maiores economias do mundo, e o grupo que reúne os emergentes Brasil, Rússia, Índia e China (Bric).

Em 2010, o Brasil atingiu a taxa de empreendedorismo de 17,5% para empreendimentos de até 3,5 anos, contra 15,3% verificados em 2009. Constata-se, então, que a cada 100 brasileiros, aproximadamente 17 empreenderam no ano passado.

É importante ressaltar que a Taxa de Empreendedores em Estágio Inicial (TEA) brasileira também foi maior do que a de países como Austrália (7,8%) e Estados Unidos (7,6%).

2. Vantagens e desvantagens do empreendedorismo

O empreendedorismo pode apresentar vantagens e desvantagens para aquele que for empreender. Entre as principais vantagens, temos:

a. Geração de enorme ganho financeiro pessoal, o que pode ser verdade se o empreendedor for, de fato, uma pessoa preparada e ciente de suas reais capacidades e limitações.

b. Capacidade de geração de emprego e aumento do crescimento econômico.

c. Encorajamento do processamento de materiais locais em bens acabados para consumo doméstico, bem como para exportação.

d. Capacidade de estimular uma competição saudável, que gera a criação de produtos de maior qualidade.

e. Estímulo ao desenvolvimento de novos mercados.

f. Promoção do uso de tecnologia moderna em pequena escala.

g. Fabricação para estimular o aumento de produtividade.

h. Encorajamento de pesquisas e estudos, bem como o desenvolvimento de máquinas e equipamentos modernos para consumo doméstico.

i. Desenvolvimento de qualidades e atitudes empreendedoras entre potenciais empreendedores, os quais podem contribuir para mudanças significativas em áreas distantes.

j. Liberdade em relação à dependência do emprego oferecido por outros.

k. Redução da economia informal.

3. Entre as principais desvantagens, temos:

a. Requer muito trabalho, horas de dedicação e energia emocional.

b. Tensão inerente ao se dirigir um negócio próprio.

c. Ameaça constante de possibilidade de fracasso.

d. Os empreendedores precisam assumir os riscos relacionados ao fracasso.

4. Funcionário e empreendedor

Quem de nós já teve dúvidas com relação a ser empregado ou ser dono do próprio negócio? Independentemente da decisão que tomamos em relação a essa questão, é importante saber que sempre existirão vantagens e desvantagens em trabalhar para outras pessoas (empresas ou empregadores) ou trabalhar para si mesmo (Quadro 1). Ao iniciar o próprio negócio, o empreendedor deve contar com sua própria capacidade, preparo técnico e profissional. Também deve prever os riscos, agir com cautela, sem pressa e com muito bom senso, a fim de que as possibilidades de sucesso sejam maiores.

Funcionário	Empregador
• Não corre o risco financeiro;	• É o empreendedor da própria atividade, é o "dono da bola";
• possui salário mensal;	• não precisa seguir ordens alheias;
• goza de relativa proteção e segurança por parte do seu empregador;	• faz o que acha que deve ser feito, ou seja, escolhe os caminhos;
• as decisões estratégicas são tomadas pelos dirigentes da empresa;	• toma as decisões estratégicas
• não precisa se preocupar com os negócios da empresa;	• pode ter um processo financeiro muito maior (ou muito menor);
• tem férias garantidas;	• constrói algo totalente seu;
• tem benefícios sociais pagos pela empresa;	• satisfaz seu espírito empreendedor;
• aspiração de uma carreira dentro da organização;	• é o "cabeça" do negócio.
• aspiração de participação nos resultados;	
• não precisa "quebrar a cabeça" com soluções de problemas.	

Quadro 1 – Perfil do funcionário e empregador, características

Fonte: Adaptado de http://www.clube-do-dinheiro.com/2011/08/27/vantagens-e-desvantagens-de-ser-um-empreendedor-individual/?

5. O que é um negócio?

Negócio é quando individualmente e/ou duas ou mais pessoas se juntam em um esforço organizado para produzir bens (produtos) e serviços, a fim de gerar lucros a partir da venda destes para um determinado mercado. Em linhas gerais, negociar envolve, basicamente, compra e venda de algo a alguém, agregando valor a esse "algo" produzido em meio a essas duas pontas.

O produto é um bem concreto, algo palpável, que se pode pegar e ver. Um bem pode ser destinado ao consumo (bens de consumo) ou à produção de outros bens (bens de produção). O produto, ou o bem, consiste em um grupo de atributos tangíveis ou não, que satisfaz os consumidores e que é recebido em troca de dinheiro ou outra unidade de valor. Os atributos tangíveis incluem características físicas como embalagem e cor, e os intangíveis incluem benefícios emocionais e a satisfação abstrata, tais como: tornar-se mais saudável ou mais rico. Desse modo, um produto inclui o cereal que você come, o contador que preenche seu imposto de renda ou seu museu de arte local.

Os produtos ou bens são classificados por tipos de usuários e por grau de tangibilidade do produto, como demonstrado a seguir:

a. Os tipos de usuário envolvem:

- Bens de consumo – produtos comprados pelo consumidor final.

- Bens industriais – produtos que auxiliam direta ou indiretamente na oferta de produtos para revenda.

b. O grau de tangibilidade envolve:

- Bens não duráveis – alimentos e gasolina.

• Bens duráveis – vestuário, automóvel e equipamento de som. Os serviços são definidos por atividades, satisfações ou benefícios oferecidos para venda, tais como: pesquisa de marketing, planos de saúde e educação.

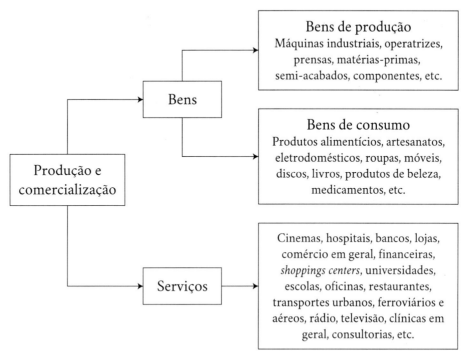

Figura 1 – Bens e serviços
Fonte: adaptado de Chiavenato (2005)

6. Bens industriais

A principal característica de um bem industrial é que sua venda, em geral, resulta da demanda derivada, isto é, venda dos bens de consumo. Por exemplo: se a demanda do consumidor por determinada marca de carro (um produto de consumo) aumenta, a empresa pode aumentar sua demanda por equipamentos para pintura (um produto industrial).

7. Espírito empreendedor

Um indivíduo poderá ser considerado um empreendedor quando vender um produto ou serviço utilizando novos sistemas e/ou meios de comercialização, distribuição ou de produção como base para uma empresa, ou para um novo negócio.

Segundo Chiavenato (2005), o empreendedor é também um agente transformador do meio por intermédio do uso das suas ideias. Ele geralmente consegue identificar oportunidade para os negócios, tem habilidade financeira, além de ser criativo e perseverante. Aspectos que, combinados adequadamente, habilitam-no a transformar uma ideia simples e mal estruturada em algo concreto e bem-sucedido.

8. E como saber se a pessoa tem um espírito empreendedor?

Por meio de três características básicas: necessidade de realização, disposição para assumir riscos e autoconfiança.

9. Necessidade de realização

As pessoas apresentam diferenças individuais quanto à necessidade de realização. Algumas têm grande necessidade, outras têm pouca, e ainda existem aquelas que se satisfazem com o status que adquirem. As pessoas com maiores necessidades de realização, geralmente, gostam de competir com certo padrão de excelência e preferem ser pessoalmente responsáveis por tarefas e objetivos que atribuíram a si próprias. É possível observar essa característica em pessoas que iniciam novas empresas; elas são ambiciosas e esses traços as acompanham desde a infância.

10. Disposição para assumir riscos

De acordo com McClelland (1987), as pessoas com alta necessidade de realização também têm moderadas propensões para assumir riscos, isto é, elas preferem situações arriscadas até o ponto em que podem exercer determinado controle pessoal sobre o resultado; em contraste com situações de jogo em que o resultado depende apenas de sorte. A preferência pelo risco moderado reflete a autoconfiança do empreendedor.

11. Autoconfiança

Autoconfiança é um termo usado para descrever como uma pessoa está segura em suas próprias decisões e ações, o que geralmente pode ser aplicado em situações ou atividades específicas. Os empreendedores com autoconfiança enfrentam os desafios que os rodeiam com total domínio sobre as situações que enfrentam. Os empreendedores de sucesso enxergam os problemas relacionados a um novo negócio, mas acreditam em suas habilidades pessoais para superá-los.

12. Características do empreendedor

Há quem confunda um bom administrador com um empreendedor, pois ambos possuem similaridades e diferenças. Segundo Dornelas (2011), para ser empreendedor, é necessário ser um bom administrador. No entanto ser um bom administrador não é garantia de ser empreendedor, pois, para isso, é necessário, além de possuir habilidades gerenciais, ousar, criar, ter paixão pelo que faz, assumir riscos e transformar seu ambiente social e econômico.

A cada dia, é crescente o número de pessoas que se arriscam em empreender novos negócios e os motivos são variados: o fato de estar desempregado, ter flexibilidade no horário de trabalho, ficar rico, ou mesmo o fato de ter uma ideia. Porém ter uma ideia e desenvolver um negócio não garante o sucesso deste. É necessário mais do que isso. É imprescindível conhecer bem o que se vai fazer e estar disposto a correr riscos, a inovar, pesquisar e adquirir conhecimentos constantemente. Um empreendedor apresenta um conjunto de características próprias de uma pessoa diferenciada; a partir da identificação de uma oportunidade para empreender, ou seja, para alterar, inovar ou criar algo, essa pessoa dá início a um processo de tomada de decisão a fim de tornar algo já existente em algo não comum.

Visionários	Além de programarem sonhos, prevêem o futuro para o seu negócio e sua vida.
Tomam decisões	Sentem-se seguros e tomam decisões certas, principalmente em momentos de crise, além de programarem ações com muita destreza.
Exploram oportunidades	Identificam oportunidades e são indivíduos curiosos, atentos a informações como arma para ampliação de suas chances.
Determinados dinâmicos	Programam ações com comprometimento. Mantêm-se sempre dinâmicos e não se acomodam com a rotina.
Dedicados	Dedicam-se emtempo integral ao seu negócio. Não desanimam mesmo quando os problemas surgem.
Otimistas e apaixonados	Realizam o seu trabalho com paixão, por isso são os melhores vendedores de seus produtos ou serviços. Enxergam sempre o sucesso, nunca o fracasso.
Independentes	Ambicionam ser donos do próprio negócio, modificar a realidade e geral empregos.
Enriquecem	Acreditam que o dinheiro é a consequência do sucesso dos negócios, no entanto, esse não é seu principal objetivo.
Líderes e formadores de equipes	Têm capacidade de liderança. Respeitam, valorizam, estimulam e recompensam seus funcionários, pois sabem que depende de sua equipe para obter sucesso. Além disso, captam os melhores profissionais para dar auxílio em áreas que não domina.
Realizam networking	Possuem contatos externos que o auxiliam junto a clientes e fornecedores.
Organizados	Captam e aocam os recursos materiais, humanos, tecnológicos e financeiros de forma racional, procurando o melhor desempenho para o negócio.
Planejam	Planejam desde o plano de negócios até a definição de estratégias de marketing do negócio e o desenvolvimento.
Conhecem	Pesquisam, buscam informações em experiências práticas ou publicações sobre o negócio em que atuam, pois quanto maior o conhecimento, maiores as chances de êxito.
Assumem riscos calculados	Assumem riscos fazendo seu gerenciamento, de modo a não comprometer sua segurança.
Criam valor para a sociedade	Fazem uso de seu conhecimento para criar valor para a sociedade, com geração de empregos, dinamizando a economia e inovando a fim de facilitar a vida das pessoas.

Quadro 2 – Características de empreendedores considerados de sucesso
Fonte: Adaptado de Dornelas, 2011

13. Habilidades empreendedoras importantes dentro do Gerenciamento de uma Unidade de Alimentação e Nutrição

Assim como foram abordadas características de empreendedores de sucesso, há habilidades que são desenvolvidas de acordo com o passar do tempo. Estas são as chamadas habilidades empreendedoras.

De acordo com Hisrich e Peters (2009), podemos classificar as habilidades empreendedoras em três tipos:

a. Técnicas – relacionadas à redação, atenção, oralidade, organização, treinamento, trabalho em equipe e *know-how* técnico.

b. Administrativas – referem-se à criação, ao desenvolvimento e à administração de empresas.

c. Pessoais – dizem respeito ao controle interno (disciplina), risco, capacidade de inovar, persistência, liderança visionária e orientação para mudanças.

14. Já a Escola de Empreendedorismo Zeltzer classifica as habilidades empreendedoras de acordo com o que segue:

a. Pessoais – habilidades muito particulares.

b. Interpessoais – são oriundas da interação.

c. Sistematizadas – podem ser adquiridas por intermédio de treinamento.

d. Profundas – desenvolvidas apenas quando são vivenciadas.

Sistematizadas	Profundas
Planejamento - trabalgo de preparação para qualquer atividade no qual se estabelecem os objetivos, as etapas, os prazos e os meios para a sua concretização.	**Autoconhecimento** - ciência dos seus potenciais, motivações e pontos de aprendizagem.
Determinação - disposição para a realização/conclusão de atividades e superação de obstáculos.	**Autoavaliação** - capacidade de enumerar as próprias características e realizações, com a avaliação crítica dos aspectos positivos e negativos.
Visão crítica - capacidade de identificar e avaliar problemas e situações, através de representação, categorização, análise e síntese.	**Autoconfiança** - conforto em relação ao autoconhecimento e autoavaliação. Resumido por: "EU POSSO".
Decisão - capacidade de avaliar várias possibilidades, relacionar os prós e contras de cada uma, e decidir pela que melhor atende ao contexto apresentado.	**Automotivação** - alimentada pela causa pessoal, que dá sentido à vida e projetos de cada um.
Busca do conhecimento - capacidade de buscar a informação e conhecimento necessário para realização de cada atividade.	**Iniciativa** - capacidade de iniciar uma atividade ou colocar em prática uma ideia, por conta própria, sem depender da orientação de terceiros.
	Criatividade - capacidade de ter fluência de ideias diferentes do padrão, elaboradas, complexas e originais.
	Visão do futuro - visão abstrata de algo que ainda não existe, formulada de forma concreta, desenhando o caminho para ela possa existir.
	Assunção de risco - capacidade de caminhar em relação ao desconhecido, formulando hipóteses, tomando decisões e se precavendo em relação às possibilidades de resposta. Quanto mais clara é a visão do futuro, mais é a assunção de risco.

Sistematizadas	Profundas
	Persistência - um nível superior à determinação, onde a automotivação permite resistir às frustrações e superar os obstáculos mais difíceis.
Trabalho em equipe - capacidade de realizar as atividades com grupos de pessoas que possuem características, opiniões e interesses diferentes.	**Cooperação** - capacidade de se unir a pessoas em torno de um propósito.
Comunicação - capacidade de expressar as próprias ideias (se fazer entender) e de compreender as ideias dos outros	**Sinergia** - capacidade de gerar empatia, colaboração e resultados significativos no trabalho em equipe.
Negociação - Capacidade de discutir problemas e impasses, enumerando os aspectos positivos e negativos, e decidindo em conjunto a solução que será adotada, de forma que todos os participantes se sintam atendidos.	**Flexibilidade** - capacidade de elaborar várias alternativas para a atividade ou problema, receptividade para compreender e avaliar alternativas dos outros, e capacidade de aceitar alternativas que sejam de consenso do grupo, mesmo que não sejam suas preferidas.
Persuasão - capacidade de expressar suas ideias, detalhando os pontos positivos, e avaliando/mitigando os problemas referentes aos pontos negativos, desta forma convencendo os outros da sua aplicabilidade.	

Quadro 3 – Habilidades sistematizadas e profundas, conforme Zeltzer

Fonte: http://www.zeltzer.com.br/portal/index.php?option=cam_content&view=article%catid=1:habilidades-em-preendedoras-e-projetos&id=4:saiba-mais-sobre-as-habilidades-empreendedoras&Itemid=8

15. Empreendedorismo e Motivação

A palavra "motivação" vem de o latim "moveres", relativo a movimento, coisa móvel. Com isso, vemos que a palavra motivação, dada a origem, significa movimento. Quem motiva uma pessoa, isto é, quem lhe causa motivação, provoca nela um novo ânimo, e esta começa a agir em busca de novos horizontes, de novas conquistas. Embora algumas atividades ocorram sem que haja motivação para isso, como por exemplo, o crescimento das unhas, o envelhecimento da pele, o aumento de estatura de uma criança nos seus 10 primeiros anos de vida, grande parte do que realizamos ocorre porque somos motivados a agir, como por exemplo, aparar as unhas, desacelerar o envelhecimento da pele e ainda elevar a chance de se ter uma "boa" estatura. Mas qual é a motivação de tudo isso? Poderíamos dizer que a resposta seria para manter uma boa aparência diante de outras pessoas. Da mesma maneira, há motivos que impulsionam o empreendedor a agir, contagiando de forma entusiástica as pessoas que o rodeiam.

16. Liderança

Liderar é a arte de inspirar as pessoas em direção à realização de seus próprios objetivos, ou seja, é a habilidade de influenciar as pessoas para trabalharem entusiasticamente, visando atingir objetivos identificados para o bem comum. Diversos autores conceituam o ato de liderar. A liderança tem um forte respeito, tanto para quem dirige como para aqueles que são dirigidos. Na maioria das vezes, o conceito assume uma conotação de "dom", chegando a ser responsável por uma espécie de comando que certas pessoas exercem sobre as outras, mostrando que o verdadeiro líder promove a autonomia e a cooperação das pessoas. Para Mussak (2010), liderar não é fazer, e sim fazer fazer. É necessário formar equipes, capacitá-las, inspirá-las a fazer cada vez melhor e, para isso, o líder procura "formar" novos líderes. Nesse contexto, o empreendedor inspira e é capaz de fazer as pessoas sonharem o seu sonho. Bem, pudemos observar que há diversas conceituações para "liderança", mas o que é importante sabermos é que esse é um importante aspecto da administração, logo, do empreendedorismo. A liderança deve estar aliada ao planejamento e organização. A boa administração de um negócio deve estar aliada a um bom líder (pessoa que motiva de forma entusiástica seus colaboradores a fim de atingir os objetivos certos). E fique atento: nem sempre um bom administrador é um bom líder, pois pode estar direcionando seus liderados em sentidos contrários.

As qualidades de um líder podem variar de autor para autor. Segundo Adair (2000) e Hunter (2004), as principais qualidades que compõem a liderança são:

Qualidade	Definição
Paciência	Mostrar autocontrole (não "estourar" e nem reclamar).
Integridade	Ser íntegro, de conduta, reta, pessoa de honra, ética e educada.
Imparcialidade	Saber tratar indivíduos de forma igualitária, sem favoritismo.
Bondade	Dar atenção apreciação e incentivo.
Humildade	Ser autêntico e sem pretensão ou arrogância.
Respeito	Tratas as outras pessoas como pessoas importantes.
Abnegação	Satisfazer as necessidades dos outros (não as vontades).
Perdão	Desistir de ressentimentos.
Honestidade	Ser livro de enganos (não mentir e não enganar ninguém).
Compromisso	Sustentar suas escolhar.
Resultados	Pôr de lado suas vontades e necessidades e buscar o bem maior para a equipe.

Quadro 4 – Principais qualidades que compõem a liderança
Fonte: adaptado de Adair (2000) e Hunter (2004).

Referências

ADAIR, J. *Como tornar-se um líder*. Tradução: Elke Beatriz Riedel, livro on-line. São Paulo: Atlas, 2000. Disponível em: https://books.google.com.br/books?id=znJuF.

BIRLEY, Sue; MUZYKA, Daniel F. *Dominando os desafios do empreendedor*. São Paulo: Makron Books, 2001.

BRITTO, Francisco; WEVER, Luiz. *Empreendedores brasileiros:* vivendo e aprendendo com grandes nomes. 2. ed. Rio de Janeiro: Campus, 2003.

CHIAVENATO, I. *Gestão de Pessoas*. 2. ed. Rio de Janeiro: Saraiva, 2005.

DOLABELA, Fernando. *O segredo de Luísa*. 11. ed. São Paulo: Cultura, 1999.

DOLABELA, Fernando. *Oficina do empreendedor*. 6. ed. São Paulo: Cultura, 1999.

DORNELAS, José Carlos Assis. *Empreendedorismo corporativo:* como ser empreendedor, inovar e se diferenciar em organizações estabelecidas. Rio de Janeiro: Elsevier, 2003.

DORNELAS, José Carlos Assis. *Empreendedorismo:* transformando idéias em negócios. Rio de Janeiro: Campus, 2001.

DORNELAS, José. *Empreendedorismo transformando ideias em Negócio.* São Paulo: LTC, 2011.

DRUCKER, Peter F. *Administração em tempos de grandes mudanças.* São Paulo: Pioneira, 1995.

HISRICH, Robert D. *Empreendedorismo.* Robert D. Hisrich e Michael P. Peters; trad. Lene Belon Ribeiro. 5. ed. Porto Alegre: Bookman, 2004.

HISRICH, Robert D.; PETERS, Michael P. *Empreendedorismo.* 5. ed. Porto Alegre: Bookman, 2004.

HUNTER, J. C. *O monge e o executivo.* 9. ed. Rio de Janeiro: Sextante, 2004.

McCLELLAND, D. C.; BURHAM, D. H. O poder é o grande motivador. *In*: VROOM, V. H. (org.). *Gestão de pessoas, não de pessoal.* Rio de Janeiro: Campus, 1997.

MUSSAK, E. *Metacompetência*: uma nova visão do trabalho e da realização pessoal. São Paulo: Gente, 2003.

PINCHOT III, Gifford. *Intrapreneuring:* por que você não precisa deixar a empresa para tornar-se um empreendedor. São Paulo: Harbra, 1989.

PINCHOT, Gifford; PELLMAN, Ron. *Intra-empreendedorismo na prática:* um guia de inovação nos negócios. Rio de Janeiro: Elsevier, 2004.

CAPÍTULO 6

MARKETING EM UNIDADES DE ALIMENTAÇÃO E NUTRIÇÃO

Gabriel Borela Franzoni

1. História e conceito

A prática do Marketing, assim como seu estabelecimento enquanto disciplina acadêmica e científica, deu-se no século XX (BARTELS, 1976; MASON, 1999). A disciplina do Marketing se originou como ramo da Economia Aplicada, sendo posteriormente transformado em um ramo da Gestão ligado aos estudos sobre aumento de vendas e, por fim, transformado em um tipo de ciência do comportamento aplicada (KOTLER, 1972).

Na sua evolução enquanto ciência, o marketing teve origem em pesquisas aplicadas a fenômenos do mercado primário, principalmente *commodities* (agronegócio, indústria de extração), passando por um foco nos elos das cadeias de produção (produtores, atacadistas, varejistas), e posteriormente nos processos gerenciais, como análise e planejamento, até chegar ao modelo atual, com foco social/ societal (mercado, produto, impacto social) (KOTLER, 1972).

Em suma, o Marketing estuda o processo de troca entre dois ou mais agentes (indivíduos, organizações e instituições), tendo uma transação econômica envolvida ou não (KOTLER; LEVY, 1969). Nesse contexto, mercado e marketing são elementos essencialmente interligados (BROWN, 1995), pois o marketing é "o processo pelo qual a economia é integrada à sociedade para servir às necessidades humanas" (DRUCKER, 1973, p. 223).

Atualmente, o Marketing é conceituado como "um processo social por meio do qual pessoas e grupo de pessoas obtém aquilo de que necessitam e desejam com a criação, oferta e livre negociação de produtos e serviços de valor com os outros" (KOTLER, 2000, p. 30).

Nesse mesmo entendimento, ainda no âmbito das organizações, o marketing pode ser entendido como "a arte e a ciência de escolha de mercados-alvo, e da captação, manutenção e fidelização de clientes por meio da criação, da entrega e da comunicação de um valor superior ao cliente" (KOTLER; KELLER, 2006, p. 4). O autor complementa afirmando que o marketing é um processo social, no qual os indivíduos e as organizações alcançam o que necessitam e desejam (KOTLER; KELLER, 2006).

De modo semelhante, a American Marketing Association (2013) classifica o marketing como "a atividade, conduzida por organizações e indivíduos, que opera através de um conjunto de instituições e processos de criação, comunicação, entrega e troca de ofertas de mercado que têm valor para os clientes, comerciantes e sociedade em geral".

Para grande parte dos autores, o marketing não é apenas a função de publicidade ou de tornar conhecida a marca, muito menos apenas um setor dentro de uma organização. Ao invés disso, todos os setores estão subordinados ao marketing, visto que, se não houver demanda pelos produtos ou serviço que a organização entrega, as outras atividades dessa organização não farão sentido

(KOTLER; KELLER, 2006). O marketing deve estar inserido e permear todas as atividades e setores de uma organização (COBRA, 1993).

O escopo do marketing engloba bens, serviços, eventos, experiências, pessoas, lugares, propriedades, organizações, informações e ideias (KOLTER; KELLER, 2006, p. 6).

2. Marketing: Conceitos Específicos

O marketing não visa apenas aos clientes e consumidores finais, mas também a todos os outros atores que se relacionam com a organização, como fornecedores, acionistas, concorrentes, comunidade em que a organização está inserida e a sociedade em geral. Esse papel é realizado pelo marketing de relacionamento. Segundo Kotler e Keller (2006, p. 16), um dos objetivos do marketing é "desenvolver relacionamentos profundos e duradouros com todas as pessoas ou organizações que podem, direta ou indiretamente, afetar o sucesso das atividades de marketing da empresa". Dessa forma, o marketing precisa pensar em como atender as necessidades e desejos de cada um desses atores (KOTLER; KELLER, 2006).

Atualmente, a imagem que a organização passa aos seus consumidores é fator fundamental no processo de decisão desses consumidores, sendo a imagem um conjunto de crenças, ideias e impressões que os indivíduos possuem em relação a um objeto, sendo fatores condicionantes sobre o comportamento desse indivíduo em relação ao objeto, nesse caso, a organização (KOTLER, 2000).

2.1 Mix de Marketing

Para o gerenciamento de todas as variáveis do marketing, formulou-se um dos conceitos mais difundidos do marketing: o mix de marketing, ou composto de marketing. Segundo Kotler e Armstrong (2007), o mix de marketing é um dos principais conceitos de marketing, que é definido como o grupo de variáveis de marketing controláveis que podem ser utilizadas para a empresa alcançar o resultado esperado no mercado-alvo.

Ele é utilizado por grande parte dos gestores de marketing e pesquisadores do assunto, e é formado por quatro variáveis de marketing, conhecidas com os 4Ps de marketing: produto, preço, praça e promoção. No fim, consiste no posicionamento da empresa, para onde será direcionada a oferta do seu produto ou serviço de forma a suprir a demanda de seu consumidor. Assim que a organização tenha definido sua estratégia e posicionamento no mercado, pode iniciar o planejamento dos detalhes de seu mix de marketing.

O paradigma de gestão do composto de marketing vem se baseando nos 4Ps desde quando foi definido por McCarthy na metade dos anos 1960, e desde então é o modelo tradicionalmente usado por grande parte dos profissionais e educadores de marketing (SILVA *et al.*, 2006). Kotler (2000, p. 38), define: "os 4Ps representam a visão que a empresa vendedora tem das ferramentas de marketing disponíveis para influenciar compradores".

Nesse sentido, a seguir, são apresentados os 4Ps.

1. Produtos e serviços

Segundo Kotler (2000, p. 416), o produto "é um elemento-chave na oferta ao mercado" em que conjuntos deles são comercializados, incluindo "bens físicos, serviços, experiências, eventos, pessoas, lugares, propriedades, organizações, informações e ideias" (Kotler, 2000, p. 416). Ainda segundo Kotler (2000), os produtos representam algum bem material que pode ser ofertado a um determinado mercado para o seu consumo, uso ou apreciação em que há uma tentativa de satisfazer algum desejo ou necessidade e, por consequência, uma demanda. Já Costa (1987) define que os produtos devem possuir um conjunto de atributos tangíveis e intangíveis, sendo os primeiros: cor, embalagem, design, e os segundos: marca, reputação, serviço de pós-venda, entre outros, sendo oferecidos em um mercado para o seu consumo e tendo como objetivo a satisfação de um desejo ou necessidade de tal mercado consumidor.

Os serviços serão abordados posteriormente neste capítulo.

2. Preço

O preço é um fator determinante para a compra por parte do consumidor e é uma das variáveis mais comparadas por este. Segundo Kotler e Lee (2011), preço é o montante de dinheiro cobrado por um produto ou serviço, ou a soma dos valores que os consumidores trocam pelos benefícios de ter ou de usar o produto ou serviço. Ou também é o custo que o mercado-alvo associa com a adoção do comportamento desejado. Sendo assim, a estratégia de preço em marketing consiste em desenvolver e fornecer incentivos para aumentar os benefícios ou reduzir os custos. O preço usa incentivos monetários e não monetários, tais como reconhecimento, admiração e recompensa, e as empresas sabem da importância de se levar em consideração na precificação o poder aquisitivo do seu público-alvo e sua disposição para pagar por determinado produto ou serviço.

Segundo Pinho (2001, p. 35), o preço "é uma variável que pede a determinação de escolhas quanto à formação do preço final para o consumidor (alto, médio, baixo) e das políticas gerais a serem praticadas em termos de descontos, vendas a prazo, financiamento". Para Kotler e Armstrong (2007), as decisões em relação aos preços de uma empresa são afetadas tanto por fatores internos como externos. Entre os fatores internos, estão os objetivos de marketing da empresa, sua estratégia de mix de marketing, seus custos e sua organização.

Ainda, Las Casas (2005) pontua que as empresas devem oferecer uma relação de custo x benefício satisfatória aos seus consumidores e mais vantajosa que a de seus concorrentes. No processo de precificação de determinado produto, a empresa também deve planejar os descontos e financiamentos, levando em consideração, além do impacto econômico da compra, também o aspecto psicológico do consumidor. Os responsáveis por esse processo devem levar em consideração vários fatores, como a lista de preços de cada produto devidamente informado aos vendedores, os descontos por lotes, a sazonalidade do consumo, os grandes eventos e feriados, entre outros.

3. Promoção

A promoção diz respeito às comunicações designadas e entregues para inspirar o seu público-alvo para a ação de compra. Para que uma estratégia de marketing seja bem-sucedida, deve-se ter uma sinergia entre a execução dos 4Ps, em que todos sigam em uma mesma direção, com um mesmo objetivo. Porém o mix de promoção tem um papel fundamental em uma estratégia de marketing, devendo propiciar uma diferenciação para o produto/serviço e para a marca da organização.

Para Pinho (2001), a promoção tem como objetivo informar os consumidores em potencial sobre os serviços ou produtos da empresa, incentivando-os à compra persuasivamente e tendo papel de influenciador do comportamento de compra do consumidor. Pensando a promoção em um sentido mais restrito, esta une as partes – consumidor e produto – por meio da comunicação. Em sentido amplo, a promoção é a ferramenta efetiva para o desenvolvimento das ações e realização dos objetivos organizacionais (NICKELS; WOOD, 1999).

Kotler (2001) pontua que a promoção tange a comunicação com o consumidor e todo o esforço que encoraje e motive-o a comprar. Assim, a promoção tem o dever de agregar diferencial à marca e à experiência de consumo dos clientes para que haja uma percepção positiva da imagem e do produto ou serviço da empresa.

4. Praça

A Praça diz respeito à logística de entrega dos produtos aos consumidores, os canais de distribuição ou localizações, a distribuição física – estoque –, a armazenagem dos produtos, entre outros (MUNHOZ, 2005).

Segundo Pinho (2001), a estratégia relativa à variável praça engloba decisões dos canais de distribuição, definindo quantos e quais intermediários serão necessários para o produto chegar ao consumidor, da distribuição física dos produtos: estoque, armazenamento, reposição e a logística de transporte dos insumos e dos produtos finais até os PDVs.

Essa estratégia deve existir e se enquadrar nos modelos de produção das empresas para que o produto esteja sempre disponível para o consumidor quando ele desejar, levando em consideração o público-alvo, a demografia, a frequência de compra, o perfil do consumidor, entre outros.

2.2 Marketing de Serviços

Quando tratamos de UANs, devemos abordar os serviços, pois se trata de uma prestação de serviços. Os serviços estão presentes na vida do ser humano desde os primórdios da sociedade, porém "foram precisos milênios para que homens públicos, economistas, administradores e a sociedade em geral passassem a reconhecer razoavelmente a importância dos serviços" (URDAN, 1993, p. 355).

Kerin *et al.* (2007, p. 308) define os serviços como "atividades intangíveis ou benefícios que uma organização fornece aos consumidores (tais como viagens de avião, assessoria financeira e conserto de automóveis) em troca de dinheiro ou alguma outra coisa de valor". Kotler (2000) caracteriza os serviços pela sua inseparabilidade, em que eles são produzidos e consumidos ao mesmo tempo, não podendo assim ser separados de seus fornecedores.

Vivemos em uma sociedade cada vez mais dependente de serviços. As estatísticas variam, porém em grande parte atribuem 70% da riqueza global ao setor de serviços. Segundo Kotler e Keller (2006, p. 397), serviço é "qualquer ato ou desempenho, essencialmente intangível, que uma parte pode oferecer à outra e que não resulta na propriedade de nada. A execução de um serviço pode estar ou não ligada a um produto concreto". E é por meio do serviço que as empresas podem oferecer ao cliente, além do produto principal, um pacote de benefícios atrelados ao serviço, diversificando as atividades da empresa e dando espaço para esta aumentar a margem de lucro e suas vendas, distanciando as empresas que utilizam o serviço a seu favor das que não utilizam.

Assim, os serviços são executados no momento e no espaço que geram valor para o cliente a partir da "transformação" deste, a experiência do serviço. Por exemplo, quando o paciente vai ao médico, ele "sofre" o processo de transformação do serviço, não se torna dono dele. Ou, em um restaurante, o cliente não se torna dono do restaurante e sim do serviço que esta oferece – a comida, nesse caso, não é um produto, mesmo sendo tangível. O mesmo ocorrendo em um cabeleireiro, em um serviço de transporte, entre tantos outros. O serviço é um desempenho que transforma o cliente, essencialmente intangível, mesmo sendo ligado a um produto físico (KOTLER; KELLER, 2006).

O serviço prioritariamente deve ser compreendido por suas características principais: inseparabilidade, variabilidade, intangibilidade e perecibilidade. A inseparabilidade se dá pelo fato de o serviço ter a produção e o consumo ao mesmo tempo, simultaneamente, não podendo separar os dois processos, tornando-os inseparáveis. Serviços são variáveis, ou seja, eles podem variar conforme o prestador do serviço e a interação com seu cliente. Por exemplo, uma mesma pessoa pode ter duas experiências completamente diferentes indo a um mesmo restaurante, seja por conta do próprio restaurante, que não o atendeu da mesma maneira nas duas ocasiões, ou do cliente, que pode estar com dois humores completamente diferentes e ter duas experiências opostas. Esse fator é de suma importância para os gestores pensarem sobre seus serviços, levando em consideração que o cliente deve ter sempre a melhor experiência possível quando consumir o serviço de suas empresas (KOTLER; KELLER, 2006).

Um serviço é, a priori, intangível, ou não palpável, sendo uma de suas mais evidentes características. Porém, mesmo tendo essa característica, o serviço possui diversos componentes tangíveis. Como num restaurante, que tem as cadeiras, os pratos, os talheres, porém o "produto" final é a experiência de consumir a comida ofertada por este. A última característica é a perecibilidade, ou seja, não podem ser estocadas, sendo temporais e tendo a obrigação de ser prestados em um tempo e local precisos. Essa característica traz a necessidade de as empresas encontrarem um local ótimo para oferta e encontrar a demanda pelo seu serviço (KOTLER; KELLER, 2006).

O marketing de serviços deve ser analisado de uma forma distinta do marketing de produtos, visto que os serviços possuem características bem diferentes dos produtos.

Além dos 4Ps já expostos, que se aplicam ao contexto dos produtos, os serviços possuem outras peculiaridades que devem ser consideradas ao abordar o mix de marketing. Os outros 4Ps que se aplicam ao contexto dos serviços são: pessoas, processos, perfil e produtividade/qualidade (LAS CASAS, 2008).

1. Pessoas

O elemento Pessoas é extremamente importante no âmbito dos serviços, visto que sua atuação influencia diretamente na qualidade dos serviços prestados (LAS CASAS, 2008). Essa influência se dá em função da grande variabilidade existente na prestação de serviços, que mudam conforme "quem" os fornece (KOTLER; ARMSTRONG, 2007).

2. Processos

Os Processos também são cruciais no fornecimento de serviços, visto que é o próprio cliente que passará por tais processos. É nos processos que a empresa pode encontrar uma forma de se diferenciar da concorrência ao tornar mais ágil a sua prestação de serviços (LAS CASAS, 2008).

3. Perfil

Já o perfil, ou *phisycal evidence*, refere-se ao ambiente onde o serviço é prestado, e "qualquer bem tangível que facilite a performance e a comunicação do serviço" (ARAUJO; GORGULHO, 2002, p. 37).

4. Produtividade/Qualidade

A produtividade se refere ao valor adicionado pelo processo produtivo da empresa ao produto ou serviço (MACEDO, 2012). Já a qualidade do serviço está diretamente ligada à satisfação do cliente, em função da intangibilidade deste (LAS CASAS, 2008). O mesmo autor complementa: "Um cliente satisfeito com o prestador de serviços estará percebendo um serviço como de qualidade [...]. Portanto, a qualidade de serviços corresponde à satisfação dos clientes" (LAS CASAS, 2008, p. 297). No caso específico de UANs, para se assegurar a satisfação dos clientes, é necessário realizar um monitoramento constante na qualidade percebida do serviço prestado (BISOGNI et al., 2011).

O Quadro 1 detalha os oito Ps de acordo com suas diretrizes e questões importantes relacionadas a cada um dos elementos, assim como ferramentas que podem auxiliar na análise e construção de cada um deles na realidade das UANs.

	Produtos e Serviços	Preço
Diretrizes e questões importantes	UAN – serviço associado a um produto físico	Dependente do mercado-alvo
	Quem eu quero servir?	Dependente do posicionamento de marca
	Qual o meu público-alvo?	Determinação de descontos e financiamentos
	O que eu vou servir?	Dependente dos custos envolvidos
		Dependente do mix de marketing
Ferramentas	Plano de Negócios	Plano Comercial
	Pesquisa de Mercado	
	Promoção	Praça
Diretrizes e questões importantes	Conexão com o público-alvo	Logística de entrega
	Diferenciação para o produto e serviço	Canais de distribuição
	Construção da marca	Localização
	Publicidade	Distribuição física
	Influência no comportamento do consumidor	Estoque e armazenagem
	Comunicação com o consumidor	Fornecedores
		Cadeia de produção
Ferramentas	Campanhas de Marketing	Planejamento de Logística
	Branding	Planejamento Estrutural
	Pessoas	Processos
Diretrizes e questões importantes	Influência na prestação do serviço	Clientes passam por processo de "transformação"
	Difícil padronização – dependência de quem executa	Influência no desempenho da organização
		Influência na agilidade na prestação do serviço
		Influência na qualidade da prestação do serviço

Ferramentas	Treinamentos e Capacitação	Descrição de Processos – Fluxogramas
	Manuais de Conduta	Descrição de Funções – Organogramas
	Programas de Desenvolvimento de Colaboradores	Padronização de Procedimentos
	Perfil	**Produtividade/Qualidade**
Diretrizes e questões importantes	Ambiente onde o serviço é prestado	Valor adicionado ao produto ou serviço
	Relação com "praça"	Qualidade do serviço = satisfação do cliente
	Materiais e equipamentos utilizados	Influência na percepção de marca
	Influência na percepção de qualidade	Determinante para o "produto final"
	Influência na percepção de marca	
	PDVs	
Ferramentas	Layout de PDV	Métricas e indicadores de controle
	Detalhamento de Materiais e Equipamentos	Normas técnicas
		Pesquisa de Satisfação dos Clientes

Quadro 1 – Oito Ps: diretrizes e ferramentas

Fonte: o autor (2017)

3. Mercado de alimentação

O mercado de alimentação é organizado em diversos tipos de operação, sendo segmentado entre operações independentes ou organizadas em forma de redes de alimentação. A segmentação, segundo a Associação Brasileira das Indústrias da Alimentação (Abia), se dá da seguinte forma:

- Institucional: inclui restaurantes e soluções de serviços de alimentação para indústria, empresas, saúde (hospitais e clínicas, entre outros), educação (escolas, faculdades e merenda escolar), entretenimento (estádios esportivos, arenas de shows e eventos) e atendimento em locais remotos (usinas, mineração, plataformas de petróleo etc.), assim como a alimentação para setores governamentais, como o exército. Também se podem incluir os serviços de alimentação e logística para aviação, ou *catering aéreo*.

- Comercial: inclui restaurantes, lanchonetes e bares, hotéis, padarias e lojas de conveniência e rotisserias, *vending machines* e *delivery*. O segmento de restaurantes e lanchonetes é normalmente segmentado e pelo tipo de serviço, menu e valor para os consumidores, entre modelo de serviço limitado (fast-food, cafeterias, restaurantes a quilo e self-service) e serviço completo (*casual dining*, restaurantes à la carte tradicionais, restaurantes de alta gastronomia). É bastante comum esses estabelecimentos serem classificados de acordo com o tema de seu cardápio, tais como pizzarias, churrascarias, comida italiana, entre outros.

3.1 O Setor em Números

Corroborando o crescimento do mercado de consumo de alimentos fora de casa, alguns indicadores demonstram que esse é um mercado que cresce de forma contínua e robusta. A figura a seguir mostra a distribuição de alimentos no Brasil, tendo o foco final o quanto em bilhões de reais é distribuído no mercado de *food service*:

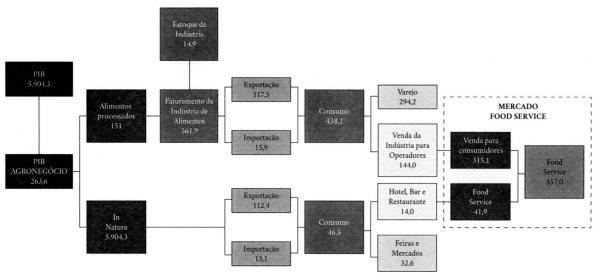

Figura 1 – Distribuição de Alimentos no Brasil, 2016.
Fonte: Abia (2016)

Além disso, segundo a Abia (2016), o mercado vem crescendo de forma contínua a taxas médias de 14,1% ao ano, enquanto o varejo alimentar (venda de alimentos diretos ao consumidor) cresce em média 10,8%. Isso nos mostra que as pessoas cada vez mais comem fora ao invés de comprar os alimentos e comer em casa. Para o gestor de UAN, isso é um dado muito importante, pois mostra que o mercado cresce cada vez mais, a taxas altas e constantes.

Corroborando isso, existem números que mostram que as refeições fora de casa estão cada vez mais difusas entre vários modelos de distribuição, como hotéis, padarias, restaurantes, redes de fast-food, entre outras. Para elucidar isso, segue tabela que mostra o perfil das refeições diárias no Brasil, separado por setores:

Tabela 1 – Perfil das refeições diárias no Brasil

Setor	Descritivo	Números de refeições/dia
Refeições coletivas industriais	Considera com refeição no local	8,5 milhões
Refeições em restaurantes (benefício-alimentação)	Considera refeições de benefícios das empresas a seus funcionários	5,2 milhões
Restaurantes em todos os formatos	Considera 200.000 estabelecimentos dos 300.300 apontados pelo IBGE	20 milhões
Redes Fastfood	Considera o sistema de franquias (aprox. 11. mil estabelecimentos)	3 milhões
Padarias	Considera 50.000 padarias das 63.500 que servem refeições	7,2 milhões
Hotéis	Considera todos os hotéis corporativvos, de lazer, incluindo todas as refeições (354.000)	0,173 milhões
Quiosques, lojas de conveniência, bares, lanchonetes	Considera, segundo IBGE, em torno de 500.000 estabelecimentos	16 milhões
	Total	60,07 milhões

Fonte: Brasil Food Trends 2020 (2010)

3.2 Tendências para o Setor

A mudança no estilo de vida da população em geral, demandando uma alimentação mais saudável, prática e conveniente, o maior número de mulheres trabalhando fora do lar, demandando serviços e produtos diferentes e uma alimentação produzida fora de casa, está mudando o mercado de alimentação – *food service* e varejo alimentar – drasticamente há algum tempo. Isso faz com que novos modelos de negócio e serviços sejam criados a cada dia, e aumenta cada vez mais a concorrência pelo cliente que demanda uma alimentação fora de sua residência.

Além do que já foi exposto, é possível identificar alguns movimentos importantes, assim como algumas tendências para o mercado da alimentação, que já se iniciaram e tomarão força nos próximos anos, tais como:

a. alimentação orgânica;

b. valorização de alimentos regionais e locais, assim como seus produtores;

c. vegetarianismo;

d. veganismo;

e. menor industrialização da alimentação;

f. consideração de alergias e intolerâncias alimentares;

Todos esses movimentos devem ser considerados ao se determinar o posicionamento de mercado e o planejamento de marketing de qualquer empresa ligada à alimentação, especialmente as UANs. Essas variáveis influenciam diretamente cada um dos elementos do mix de marketing apresentados aqui (8Ps), tornando o acompanhamento dessas tendências essencial para a sobrevivência e perpetuidade de uma organização do setor de alimentação.

Referências

AMERICAN MARKETING ASSOCIATION. *Definition of Marketing*. 2013. Disponível em: https://www.ama.org/AboutAMA/Pages/Definition-of-Marketing.aspx. Acesso em: 20 fev. 2017.

ARAUJO, C. A. S; GORGULHO, C. F. A teoria de Marketing de Serviços: Explorando os elementos do marketing de serviços. Rio de Janeiro: **Cadernos Discentes**, Coppead, n. 15, 2002. p. 32-59.

ASSOCIAÇÃO BRASILEIRA DAS INDÚSTRIAS DA ALIMENTAÇÃO. *Canais de Distribuição das Indústrias da Alimentação no Mercado Interno*. 2016. Disponível em: http://www.abia.org.br/vsn/anexos/mercadointerno2016.pdf. Acesso em: 20 fev. 2017.

BARTELS, R. *The history of marketing thought*. Columbus, Ohio: Grid, 1976.

BISOGNI, C. A.; JASTRAN, M.; BLAKE, C. E. The construction of eating episodes, food scripts and food routines. *In*: PREEDY, V. R.; WATSON, R. R.; MARTIN, C. R. *International Handbook of Behavior, Diet, and Nutrition*. New York: Springer, 2011. pp. 987-1009.

BRASIL FOOD TRENDS. *Brasil Food Trends 2020*. 2010. Disponível em: http://www.brasilfoodtrends.com.br/Brasil_Food_Trends/index.html. Acesso em: 20 fev. 2017.

BROWN, R. T. *Defining marketing in the purest sense*: a reconceptualization beginning with na understanding of the market as a communications network. 1995.

COBRA, M. *Marketing Competitivo*: uma abordagem estratégica. São Paulo: Atlas, 1993.

COSTA, J. I. P. *Marketing*: noções básicas. Florianópolis: Imprensa Universitária, 1987.

DRUCKER, Peter. Marketing and economic development. *In*: ENIS, B. M.; COX, K. K. (ed.). *Marketing classics*. 2. ed. Boston: Ally and Bacon, 1973.

KOTLER, P. A generic concept of marketing. *Journal of Marketing*, Ann Arbor, MI, v. 36, p. 46-54, 1972.

KOTLER, P. *Administração de Marketing*. 10. ed., 7. reimp. São Paulo: Prentice Hall, 2000.

KOTLER, Philip; ARMSTRONG, Gary. *Princípios de Marketing*. 12. ed. Rio de Janeiro: Pearson Prentice-All, 2007.

KOTLER, P.; LEVY, S. J. Broadening concept of marketing. *Journal of Marketing*, Ann Arbor, MI, v. 33, p. 10-15, 1969.

KOTLER, P; KELLER, K. L. *Administração de marketing*. 12. ed. São Paulo: Pearson Prentice Hall, 2006.

LAS CASAS, A. L. *Conceitos, Exercícios, Casos*. 7. ed. São Paulo: Atlas, 2005.

LAS CASAS, A. L. *Administração de Marketing*: conceito, planejamento e aplicações à realidade brasileira. 1. ed. São Paulo: Atlas, 2008.

MACEDO, M. M. Gestão da Produtividade nas Empresas. *Revista Organização Sistêmica*, v. 1, n. 1, 2012.

MASON, R. S. *Breakfast in Detroit*: economics, marketing, and 1930 to 1950. Consumer theory, Fall, 1999.

URDAN, A. T. *Qualidade de serviço*: proposição de um modelo integrativo. 1993. 355f. Tese (Doutorado) – Faculdade de Economia, Administração e Contabilidade, Universidade de São Paulo, São Paulo, 1993.

CAPÍTULO 7

INOVAÇÃO EM SERVIÇOS DE ALIMENTAÇÃO

Renata Steffens

1. Introdução à Inovação

A inovação contribui para a elevação da competitividade das empresas, o que favorece a geração de empregos e de renda e, por consequência, colabora para o crescimento econômico das nações. Inovar é uma estratégia para buscar soluções para desafios da sociedade, tais como a segurança hídrica e alimentar.

Inovar é necessário para as organizações que, periodicamente, precisam se atualizar e suprir as necessidades dos seus clientes. Para tal, devem acompanhar as mudanças do mercado e, ainda, buscar a sua diferenciação. Criar uma cultura de inovação é uma maneira de uma empresa não ficar estagnada ou, até mesmo, obsoleta.

Quando se fala em inovação, uma tendência é pensar que ela está apenas ligada à tecnologia de ponta e ao maquinário, que é cara, que é complexa, que é um talento exclusivo de gênios, ou que somente as grandes organizações podem inovar. Mas é preciso romper com esse pensamento e desmistificar a inovação, tendo em vista que ela pode, muitas vezes, ser o oposto disso. Especialmente se ocorrer em empresas de base não tecnológica e do setor de serviços, que costumam se estruturar de maneira mais informal e executar ações menos radicais. E, independentemente do porte, as empresas podem ter atividade inovadora.

Inovar é fazer algo de uma forma totalmente nova ou substancialmente aprimorada, o que não exige necessariamente criar algo extraordinário ou inédito para o mundo. Segundo o Manual de Oslo, uma das mais importantes referências mundiais sobre o tema, uma inovação é: "[...] a implementação de um produto (bem ou serviço) novo ou significativamente melhorado, ou um processo, ou um novo método de marketing, ou um novo método organizacional nas práticas de negócios, na organização do local de trabalho ou nas relações externas" (OCDE, 2005, p. 55).

A inovação pode ser classificada como radical ou incremental. A radical é quando se deixa a forma de fazer tradicional obsoleta. E a incremental é quando há apenas uma melhoria significativa. Por exemplo, os telefones celulares, quando passaram a ser smartphones, geraram uma inovação radical. Mas, depois, ocorreram diversas melhorias incrementais, como o acréscimo de funcionalidades.

É importante salientar, também, que toda a inovação contém algum grau de novidade, podendo ser nova para a empresa, nova para o mercado ou nova para o mundo. Muitas inovações são novas apenas para a empresa que as está introduzindo pela primeira vez, não importando se outras organizações já as utilizam.

Destaca-se que nem toda mudança é uma inovação. Por exemplo, simplesmente trocar um balcão de buffet que não está funcionando direito por outro novo, mas sem alterações significativas nas suas funcionalidades, pode ser só uma boa prática de manutenção. Já se for adquirido um balcão de buffet novo, e que, por exemplo, vai tornar mais ágil o processo dos clientes se servirem, reduzindo filas com dois lados de fluxo ou, até mesmo, possibilitando uma maior versatilidade na montagem das cubas, pode ser considerada uma ação inovadora.

E a inovação é dividida em quatro tipos, segundo o Manual de Oslo: produto, processo, marketing e organizacional. A inovação de produto corresponde à implementação de um bem ou serviço totalmente novo ou substancialmente aprimorado. A inovação de processo é a implantação de uma maneira de produzir ou de distribuir completamente nova ou significativamente melhorada. Já a inovação de marketing é prática de uma nova forma de marketing, com alterações expressivas na idealização do produto ou na sua embalagem, por exemplo. E a inovação organizacional diz respeito a novidades na execução dos processos que lidam fundamentalmente com as pessoas e com a organização do trabalho.

A inovação, ainda, pode ser compreendida como um processo contínuo, chamado de "processo de gestão da inovação", que é descrito de várias formas por autores diferentes. A seguir, será explicado o modelo do Serviço Brasileiro de Apoio às Micro e Pequenas Empresas (SEBRAE), que possui cinco fases:

Fase 1: Levantamento

Uma ideia é somente o gatilho da inovação. O objetivo da primeira fase é coletar as ideias que podem se transformar em inovações, por meio de planejamento e de execução, uma vez que as ideais não implementadas são apenas invenções.

As inspirações para inovar podem vir tanto do ambiente interno quanto do externo. Uma das formas de captar ideias internas é por intermédio de reuniões periódicas com a equipe. Para tal, é importante que um mediador bem preparado elabore as pautas, conduza os encontros e cuide para que não se perca o foco, com discussões muito abertas, mas, também, para que não se barre a criatividade, limitando as participações, já que, nesse primeiro momento, o foco é levantar as ideias, sem avaliar a aplicabilidade e a viabilidade da sua implementação. Uma sugestão para a execução dessas reuniões é escolher um tema específico, em que a empresa realmente precise de contribuições, por vez, canalizando a criatividade das pessoas para a solução de problemas. É muito importante não julgar as ideias e deixar todos à vontade para contribuir.

Outros canais podem ser utilizados, como as caixas de sugestões disponíveis à equipe ou, especialmente, no caso de empresas maiores, um portal interno no qual todos os colaboradores podem sugerir ideias. Essas estratégias consistem por si só em uma inovação, que é a implementação de canal formal para coleta de ideias da equipe. É extremamente importante o desenvolvimento de uma cultura organizacional forte para que os colaboradores proponham, cada vez mais, ideias alinhadas com os objetivos estratégicos da empresa.

Também é necessário abrir canais externos, para que o levantamento de ideias seja mais assertivo, contemplando a maioria dos atores envolvidos com a empresa, como por exemplo, o proprietário, os sócios, os clientes, os colaboradores, os consultores e os fornecedores. Pode-se fazer isso por meio de pesquisas de satisfação de clientes com campo aberto para contribuições, de caixas de sugestões disponíveis aos clientes e das redes sociais (ouvir as demandas e dar encaminhamento às reclamações, sugestões e demais comentários).

Muitas inspirações para inovar podem ser difundidas entre diferentes áreas de uma mesma empresa, ou entre as organizações, aumentando a circulação de ideias que podem também ser úteis a outros. A habilidade de uma organização de se comunicar com o ambiente externo (como, por exemplo, a sua rede de contatos empresarias, as entidades de classe, as de apoio ao empreendedorismo, as universidades e as consultorias) é um fator relevante para o seu desenvolvimento.

Fase 2: Seleção

O segundo passo é a seleção das ideias, mediante o estabelecimento de critérios claros para a avaliação de tudo que foi proposto. O método aplicado deve favorecer a escolha das melhores ideias. É nesse momento que se analisa a aplicabilidade e a viabilidade da implementação do que foi sugerido na fase de levantamento. A iniciativa de inovar deve ser respaldada por evidências e informações confiáveis, uma vez que se nortear apenas pela intuição pode acarretar pouca assertividade e insucesso das ideias.

É importante ter cuidado, além da forma de selecionar uma ideia, com a forma de comunicar a escolha para a equipe, uma vez que o sentimento de frustração pode surgir em quem não teve sua ideia escolhida. Também é fundamental dar um retorno para todos que deram ideias, para valorizar o ato de contribuir com a melhoria da empresa. Destaca-se que é essencial não descartar as ideias que não foram selecionadas em um determinado momento, pois elas podem ser usadas em outros ciclos de implementações. Uma forma de gerir essas informações é criar um banco documentado de ideias e revisitá-lo periodicamente.

Fase 3: Definição de Recursos

O terceiro passo é a definição de recursos, em que se devem contemplar todos os necessários para a execução de um projeto ou ação, tais como os financeiros, os humanos, os tecnológicos e os materiais. Salienta-se que a empresa pode fazer parcerias com outras organizações para reduzir custos de recursos ou adquirir um bem ou conhecimento que seja difícil ou até mesmo inviável de custear sozinha. A cooperação pode resultar no fornecimento de produtos melhores e no ganho de competitividade.

Fase 4: Implementação

O quarto passo consiste em lançar e implementar a inovação. É necessário estabelecer prazos e formas de acompanhamento da execução das ações e o responsável pelo acompanhamento periódico do cronograma. Também é importante compartilhar com a equipe as estratégias e aonde a empresa quer chegar, pois isso, ajuda a gerar senso de pertencimento e engajamento com a realização das novas ideais.

Fase 5: Aprendizagem

O último passo é a aprendizagem. É extremamente importante para uma empresa a manutenção do seu conhecimento. Sugere-se registrar o que se fez durante a implementação de uma ideia (o que foi executado, a metodologia aplicada e os resultados), possibilitando a criação de um banco de informações para consulta, quando necessário. Por exemplo, um colaborador novo pode sugerir uma ideia que já foi implementada ou, até mesmo, descartada na fase de seleção em um dado momento. Por intermédio dos registros, é possível a empresa resgatar a informação e compartilhar com o colaborador. Ou é possível que, decorrido determinado período de tempo, a empresa queira repetir uma ação e precise lembrar exatamente como ela foi executada. Ainda, é recomendável promover o reconhecimento daqueles que participaram dando ideias e executando as ações de inovação.

É aconselhável inovar constantemente, solidificando uma cultura de inovação na empresa. Mas ressalta-se que uma ação deve ter um propósito para ser realizada. Ou seja, é preciso ter cuidado para não gastar tempo e recursos concretizando ideias que não vão gerar qualquer resultado positivo para a organização. Além disso, possuir maturidade em gestão favorece o desenvolvimento da atividade inovadora, pois é mais fácil pensar em ideias novas e centralizar esforços na sua implantação se a empresa está minimamente organizada.

Outro fator importante é mensurar os resultados da inovação, o que pode ser feito por meio de indicadores, tais como o aumento do faturamento proveniente dos novos produtos, bem como o aumento do faturamento global (comparado com o mesmo período do ano anterior) e o da lucratividade da empresa. Também, após análises, é preciso retirar os produtos e serviços que não tiveram sucesso de vendas (aqueles que não geram lucro) do portfólio da empresa.

2. Inovações no setor de alimentos

Diversos exemplos de inovações marcaram a história da alimentação. Desde a pré-história, quando o homem dominou o fogo, permitindo uma transição do cru para o cozido, até o desenvolvimento da alta gastronomia. Do começo da alimentação fora do lar em ambientes mais rudimentares, como as tabernas, onde era possível se alimentar e se hospedar, em decorrência das viagens de mercadores e da necessidade de passar longos períodos fora de casa, ao desenvolvimento da hotelaria e à expansão do segmento de alimentação fora do lar como conhecemos na atualidade, após processos intensos de urbanização, industrialização e globalização.

Inovar requer um estudo do comportamento dos clientes e das suas necessidades. Quando se fala na inovação de produto, uma fonte de inspiração é, constantemente, pesquisar as tendências do segmento, seja em eventos, em boletins ou em pesquisas confiáveis. A pesquisa "Brasil Food Trends 2020", que faz uma projeção do cenário do consumo de alimentos para os próximos anos, apresenta cinco categorias de tendências:

a. **Sensorialidade e Prazer**:

É a tendência dos pratos sofisticados, com alto valor agregado, da socialização em torno da alimentação e das experiências dos clientes, que são tudo que eles veem, sentem e ouvem ao se relacionarem com a empresa. Por exemplo, comprar um sorvete na Turquia pode ser uma atividade turística, já que o sorveteiro executa uma série de movimentos entre servir o sorvete na casquinha e entregá-lo ao cliente, como uma espécie de show de mágica, entretendo o público. Esse encantamento, também, ocorre com o sorvete tailandês, feito em frente ao cliente, em chapas à temperatura fria, servido em formato de rolos dentro de um pote, tornando-se atração para quem está acostumado a consumir o produto em bolas.

Ainda, pode-se trazer como exemplo a coquetelaria, que torna o processo de preparo de drinks uma apresentação artística, bem como os cafés decorados com desenhos delicadamente elaborados na própria bebida, o que, inclusive, movimenta um mercado de cursos. É possível, também, explorar formas não convencionais de consumir um produto, como as velas de aniversário comestíveis (exceto o pavio), feitas de chocolate, que evitam cair cera no bolo e reduzem o lixo. E o ouro na comida e na bebida, em pó ou na forma de lâminas finas. Em Dubai, devido ao turismo de luxo, diversos pratos são decorados assim, transformando os produtos em pequenas obras de arte.

Podem-se explorar cores, aromas e texturas inusitados, como o chocolate naturalmente rosa, os produtos à base de mirtilo, que variam entre tons de azul e lilás, as reações químicas que causam sensações diferentes, como os pirulitos que "explodem" na língua e a harmonização entre alimentos e bebidas, inclusive, com a experimentação de itens exóticos ou completamente diferentes do tradicional. Por exemplo, no Brasil, já existem diversas opções de sushis ou até lanches, como o cachorro-quente, em sabores doces, que misturam parte da receita convencional com sobremesas.

Ainda, dentro das experiências dos clientes, fala-se em *Comfort food*, algo como a comida que conforta a partir da relação do paladar com as emoções. Ou seja, seria o resgate às memórias sensoriais, ao valor nostálgico e sentimental, que podem ser exemplificados como a "comida de vó" e o "gosto de infância". Ou, também, a cozinha afetiva pode ser elucidada como o "sabor de casa" quando frequentamos um restaurante de comida brasileira no exterior.

Outra possibilidade é "brincar" com os clientes, criando uma sensação de expectativa, como já fazem os restaurantes secretos. O cliente vai até o local, mas não sabe qual será o cardápio do dia ou, até mesmo, compra um ingresso sem saber o endereço de onde ocorrerá o evento, que é anunciado somente pouco tempo antes deste. Também há os "bares clandestinos", inspirados nos "*speakeasy*", que eram os estabelecimentos ilícitos que vendiam bebidas alcoólicas em uma época de proibição nos Estados Unidos. São bares regularizados, mas que flertam com a temática por serem, propositalmente, menores, mais escondidos, geralmente com fachadas muito discretas e divulgados mais pelo boca a boca.

Ainda, é possível implementar inovações mais simples para proporcionar experiências aos clientes, como aproveitar as datas temáticas, a exemplo do São João, do dia dos namorados e do dia das bruxas, para decorar os estabelecimentos com elementos típicos. No caso do "halloween", podem-se usar as abóboras em formato de faces com expressões assustadoras, os fantasmas, as bruxas, as aranhas e os esqueletos, bem como introduzir pratos lúdicos no cardápio. Esse tipo de ação costuma gerar, inclusive, mídia espontânea para a empresa, pois os clientes tiram fotos e compartilham em suas redes sociais. Além de agradar a própria equipe de trabalho, que também se diverte e quebra a rotina.

Outra tendência é a utilização de alimentos regionais. No Rio Grande do Sul, no inverno, é comum o consumo de pinhão, que é a semente da araucária. Normalmente, ele é consumido puro, cozido e, no máximo, temperado com sal. Uma nova forma de consumir seria no carreteiro, tradicionalmente feito com carne, substituindo-a. O Butiá é outro exemplo, comumente usado em cachaças. Mas pode-se utilizá-lo para geleias também.

O lazer e o turismo em torno da alimentação também se encaixam aqui, representados pelos circuitos e pelos polos gastronômicos. Na serra gaúcha, por exemplo, há o Vale dos Vinhedos, onde é possível visitar várias vinícolas e restaurantes. Além da degustação dos vinhos e da culinária típica, é possível aprender sobre a história e a cultura italiana.

Dentro do universo das experiências dos clientes, pode-se utilizar, nas embalagens, a realidade aumentada. São embalagens interativas, que possuem tecnologia para serem lidas por aplicativos. Personagens podem "sair" das embalagens e executar alguma ação, como se comunicar com o cliente ou, até mesmo, interagir com outros personagens. Também é possível utilizar os leitores de códigos para apresentar mais informações da empresa e dos produtos, uma vez que o espaço para isso nas embalagens é limitado.

b. **Saudabilidade e Bem-estar:**

É a tendência de comportamento de um grupo de consumidores que busca um estilo de vida mais saudável. Esse tipo de cliente valoriza os produtos mais naturais, orgânicos, funcionais, fortificados, sem aditivos e conservantes, caseiros (mas com regulamentação pelos órgãos competentes), artesanais, minimamente processados, com teores cada vez mais reduzidos ou, até mesmo, ausentes de alguns compostos, como o sódio e o açúcar. Podem preferir, ainda, alimentos em pequenas porções, como as versões mini ou em fatias. Com base nisso, as empresas podem estratificar os seus cardápios para contemplar diversos momentos de consumo do mesmo cliente ou conquistar novos clientes com diversas possibilidades e faixas de preço. Por exemplo, uma confeitaria pode vender tortas grandes, médias, pequenas e mini ou, ainda, em fatias vendidas a quilo, conforme o desejo do consumidor.

Nessa categoria, enquadra-se a busca de produtos específicos para as restrições alimentares, que são uma demanda proveniente de doenças, tais como o diabetes, a hipertensão, a obesidade, a doença celíaca, as intolerâncias e as alergias. No mercado, é possível encontrar diversas opções, como os produtos light, que possuem a redução de um nutriente (açúcares, gorduras totais, gorduras saturadas, colesterol ou sódio) e/ou de calorias, desde que de acordo com as exigências legais, quando comparados a produtos similares convencionais, tendo como exemplos o molho shoyu que tem menos sódio e os vários produtos lácteos, como o requeijão e os iogurtes, com menos gorduras. E encontram-se, também, os produtos diet, que são produtos isentos de algum nutriente, a exemplo dos doces sem açúcar.

Destacam-se também os produtos sem glúten e sem lactose. O glúten, que é uma proteína, está presente em alimentos como o trigo, a aveia, o centeio, a cevada e o malte, portanto, alimentos que contêm algum desses ingredientes na sua composição não podem ser ingeridos pelos celíacos. Por isso, muitas empresas desenvolveram alimentos como pães, bolos, bolachas, macarrão e pizzas sem glúten, a partir de farinhas de arroz, mandioca e de milho, por exemplo. Já a lactose é um açúcar presente no leite. Os indivíduos que têm níveis insuficientes da enzima que digere a lactose apresentam intolerância. É possível encontrar uma ampla gama de produtos lácteos sem lactose, bem como cápsulas com a enzima lactase, que podem, desde que com recomendação médica, ser consumidas em quantidades apropriadas, antes da ingestão de produtos com lactose e, dependendo do caso, minimizar ou evitar os sintomas da intolerância. Desenvolver esses produtos requer seriedade ao cumprimento de todas as exigências legais aplicáveis, pois falhas envolvem um risco maior de prejudicar a saúde das pessoas. É preciso garantir a segurança desde o sistema produtivo, da divulgação nos rótulos, até o consumo final.

Outra categoria de produtos muito desejados por esse perfil de consumidor são os funcionais. Para fazer uma alegação de funcionalidade, é preciso uma comprovação científica e um registro nos órgãos competentes. "Alegação de propriedade funcional é aquela relativa ao papel metabólico ou fisiológico que o nutriente ou não nutriente tem no crescimento, desenvolvimento, manutenção e outras funções normais do organismo humano" (BRASIL, 2013, p. 6).

Por exemplo, os probióticos (micro-organismos vivos) ajudam a equilibrar a microbiota intestinal, o que, por consequência, contribui para a saúde do hospedeiro. Já os prebióticos são compostos alimentares que servem de substrato para os probióticos, colaborando para a sua multiplicação no intestino. Alguns exemplos de probióticos registrados na ANVISA são o *Lactobacillus casei shirota*, o *Bifidobacterium bifidum* e o *Enterococcus faecium*. E alguns alimentos que contêm probióticos são as bebidas fermentadas, como o iogurte de kefir e as kombuchas. Já uma boa fonte de prebióticos é a batata yacon. Podemos falar, ainda, em produtos simbióticos, que combinam pro e prebióticos.

Alimentos enriquecidos também fazem parte da tendência da saudabilidade, tais como o sal iodado e as farinhas com ferro e ácido fólico, sendo utilizados, muitas vezes, como uma política pública de prevenção de doenças por carência de nutrientes.

Nota-se, também, o movimento *"Raw food"*, que incentiva o consumo de alimentos frescos e naturais, preferencialmente crus ou submetidos à cocção em temperaturas mais baixas do que o convencional, a até 42 ºC, especialmente de origem vegetal, com o intuito de preservar mais nutrientes. Ressalta-se apenas que nem toda comida crua ou submetida a baixas temperaturas é mais saudável do que a cozida. Alguns alimentos exigem um maior processamento e o fato de serem ingeridos na forma como são encontrados na natureza pode trazer menos vantagens nutricionais ou, até mesmo, ser prejudicial ao organismo. Há, também, o movimento *"Slow Food"*, que preconiza a apreciação do momento em que as refeições são consumidas, preferencialmente em locais calmos. Esse conceito se contrapõe ao "fast-food", no qual os pedidos são feitos de forma muito ágil, bem como o ato de se alimentar.

Às vezes, as leis é que se tornam o impulso para a inovação. Um exemplo é o setor de alimentação escolar, no qual um estabelecimento pode ter que mudar radicalmente sua estratégia competitiva, passando da venda de guloseimas para uma alimentação saudável, devido às novas regulamentações.

c. **Conveniência e Praticidade**:

É a tendência motivada pelo estilo de vida mais agitado nos centros urbanos, pelos novos modelos familiares e pela necessidade de produtos que tragam mais economia de tempo e menos esforços aos clientes, como os alimentos de rápido preparo, com embalagens para micro-ondas e os combos de misturas já nas medidas certas de cada ingrediente.

Com pouco tempo para realizar as refeições nos intervalos entre os turnos de trabalho, o cliente busca rapidez nos serviços. Podem ser adotadas soluções como os totens de autoatendimento para redução de filas (seja para pedidos já com pagamento antecipado ou apenas para pagamentos na saída) e até aplicativos para reservas em estabelecimentos de alimentação.

As vendas online e os aplicativos de telentrega também ganharam muita força nos últimos anos. Ainda mais se a praticidade for combinada a fatores como a violência e a sensação de insegurança pública, que podem favorecer a decisão de não sair de casa e pedir refeições por telentrega, especialmente à noite.

Também se destaca a procura por lanches e petiscos práticos para o dia a dia. Porém muitos clientes interessados nesses produtos também buscam a saudabilidade, impulsionando o desenvolvimento de *snacks* com menos teores de sódio, de açúcares e de gorduras. Um exemplo são os coffee-breaks saudáveis para as reuniões periódicas de empresas e as comidas servidas nas viagens de avião, também seguindo essa linha. Ainda, outro aspecto que deve ser considerado é a facilidade de transportar, abrir, fechar e descartar as embalagens de alimentos para quem busca conveniência e praticidade.

d. **Confiabilidade e Qualidade:**

É a tendência que retrata a preocupação dos consumidores com a segurança dos produtos que adquirem. Eles valorizam a rastreabilidade dos alimentos, a rotulagem nutricional e o máximo de informações possíveis sobre os produtos, as marcas com credibilidade no mercado e os processos seguros de produção e de distribuição, sobretudo, se atestados com selos de qualidade legitimando que o local cumpre as Boas Práticas de Fabricação ou de manipulação de alimentos, como o selo do Programa Alimentos Seguros, do SEBRAE, ou, até mesmo, com uma certificação da "International Organization for Standardization", como, por exemplo, a família de normas internacionais ISO 22000, que dispõe sobre a gestão da segurança de alimentos. Esse nicho de consumidores é, cada vez mais, informado sobre tudo que ocorre desde a escolha dos fornecedores até a comercialização final dos produtos alimentícios.

e. **Sustentabilidade e Ética:**

Reflete a preocupação com o aspecto finito de recursos naturais e os impactos da atividade humana no meio ambiente. Para esse grupo de consumidores, são muito valorizadas ações como a redução do desperdício de alimentos, o manejo e o correto descarte dos resíduos, como o óleo e o lixo, o uso de sacos e de produtos de limpeza biodegradáveis, a utilização de composteiras e a obtenção de selos ambientais. Eles preferem frequentar esse tipo de empresa àquelas que não desenvolvem ações de sustentabilidade.

Pequenas ações já podem causar um impacto positivo e há detalhes que, muitas vezes, passam despercebidos. Por exemplo, as mesas com superfície de fácil higienização, que podem até possuir algum design de comunicação para fazer marketing, permitem abolir o uso de toalhas de pano que exigem lavagem e, até mesmo, reposição frequente.

Outras práticas reconhecidas por esse perfil de clientes são a utilização de copos e canudos de plástico biodegradável, de papel, de vidro ou de metal para reduzir o lixo produzido. E, ainda, existem opções menos conhecidas, como os copos de fibra de coco ou de fécula de mandioca, por exemplo.

No que diz respeito às alternativas sustentáveis para as embalagens de plástico convencionais, alguns mercados vendem apenas a granel e a ideia é que o cliente transporte as suas compras em sacolas e recipientes ecologicamente corretos. Também há linhas de pesquisas em universidades e outras organizações desenvolvendo os biofilmes, que, além de biodegradáveis, alguns podem ser comestíveis. A solução traz, ainda, benefícios como a possibilidade de incorporação de nutrientes aos pratos, por meio da decomposição dos filmes pelo cozimento ou pela sua mistura em meios em que são solúveis.

Outra tendência é o desenvolvimento de fornecedores locais, a criação de hortas, as fazendas urbanas e, sempre que possível, as entregas sustentáveis por meio de bicicletas. No Programa Nacional de Alimentação Escolar (PNAE), por exemplo, há o incentivo ao desenvolvimento sustentável, com apoio previsto em lei para a aquisição de gêneros alimentícios locais e da agricultura familiar. Pelo menos, 30% do recurso federal, do Fundo Nacional de Desenvolvimento da Educação (FNDE), destinado aos estados, municípios e Distrito Federal, para o PNAE, deve ser investido nessa modalidade.

A introdução das Plantas Alimentícias não Convencionais (Panc) pode ser tanto uma opção sustentável, devido à valorização de espécies nativas, como, também, uma experiência diferente ao cliente. Um exemplo são os cactos, que, em geral, são utilizados como plantas ornamentais, mas algumas espécies podem ser comestíveis, como a palma (nome popular). Pode haver até certo preconceito quanto ao consumo, pois é um alimento oferecido aos animais, como o gado, em tempos de seca, como ocorre na caatinga brasileira, além de ser associado a épocas de escassez e de miséria. Por outro lado, pode servir como fonte de renda para agricultores locais.

Dentro das discussões sobre sustentabilidade e ética, com destaque, encontram-se os bens e serviços para vegetarianos e veganos, que apresentam uma demanda, cada vez mais, crescente. A ética é uma das razões que motivam as pessoas a se tornarem vegetarianas ou veganas. Segundo a Sociedade Vegetariana Brasileira (SVB), o vegetarianismo é "o regime alimentar que exclui todos os tipos de carnes". Os vegetarianos que não consomem nenhum alimento de origem animal são classificados como estritos. Já o termo vegano é mais abrangente, não diz respeito apenas à exclusão de alimentos de origem animal da dieta, mas a um estilo de vida e de consumo livre "de qualquer produto que gere exploração e/ou sofrimento animal", também conforme a SVB.

De todos os produtos que foram lançados na Europa no ano de 2015, 14% foram para esse nicho. No Brasil, esse mesmo percentual corresponde à parcela da população que se declara vegetariana, segundo pesquisa do Ibope (2018). No Reino Unido, em uma década (2005 a 2015), o número de veganos cresceu 360%, e, nos Estados Unidos, dobrou, entre 2009 e 2015, segundo o relatório de inteligência do SEBRAE (2017) sobre veganismo e vegetarianismo.

Nota-se o surgimento de estabelecimentos especializados em produtos para esse público, tais como os "açougues", nos quais não se vende nenhuma carne, mas preparações que imitam o formato de hambúrgueres, bifes e salsichas, porém feitos à base de leguminosas, como o feijão, a lentilha, a soja e o grão de bico. E as "queijarias" veganas, que comercializam produtos totalmente sem laticínios, substituindo-os pelos extratos vegetais (popularmente chamados de "leites"), por exemplo. Também surgem cada vez mais ideias criativas, como o "pão de queijo" que é feito sem o queijo tradicional, o sushi sem peixe ou qualquer fruto do mar, e a famosa coxinha que, nesse caso, não é de frango, mas de jaca ou outros recheios vegetais. Esses produtos e mais tantos outros nessa linha são inovações gastronômicas que se inspiraram em ideias já conhecidas e do gosto popular, mas que sofreram uma mudança substancial. O problema dos produtos tradicionais é, sobretudo, a natureza dos ingredientes e o que isso significa para esse grupo de consumidores. Inclusive, em alguns países, já existem supermercados de produtos veganos, não somente alimentícios, mas de materiais de higiene pessoal, como escovas e pastas de dente, por exemplo.

Em geral, para os vegetarianos e veganos, a saudabilidade também é uma característica importante. Porém vale frisar que o fato de um alimento ser vegetariano ou vegano não significa, necessariamente, que ele é mais saudável, pois isso depende de vários aspectos de um produto. Um ponto a se observar é, por exemplo, um maior risco de exposição às micotoxinas, devido a um maior consumo de grãos, sementes e extratos vegetais. O amendoim é um exemplo clássico, muitas vezes encontrado contaminado com aflatoxina, ainda mais em condições climáticas tropicais, que favorecem a proliferação de fungos.

Também há movimentos, mesmo entre os que mantêm uma alimentação com produtos de origem animal, para a redução do consumo de carnes. A campanha mundial "Segunda sem Carne" incentiva a troca da proteína animal pela vegetal, pelo menos em um dia da semana. Em escolas da rede pública de São Paulo, especialmente municipais, as opções de alimentação vegetariana já são praticadas. Restaurantes comerciais de vários países, inclusive as grandes redes de fast-food, também introduziram em seus cardápios opções sem carnes ou, até mesmo, sem qualquer ingrediente de origem animal, para os vegetarianos estritos. Por sua vez, essas ofertas impulsionaram a criação de códigos e categorias específicas nos cardápios, facilitando o processo de escolha do cliente. E até mesmo os restaurantes vegetarianos usam símbolos distintos para sinalizar as opções que são totalmente isentas de produtos de origem animal.

É, cada vez mais, comum que grupos de familiares ou de amigos tenham opções alimentares diferentes e, na hora de se reunirem para socializar em torno da comida, optem por um local que contemple a todos. Em última análise, é provável que restaurantes e similares percam clientes se não houver opções diversificadas e flexíveis. Há, ainda, quem apenas ofereça seus pratos por um preço ligeiramente menor, sem o gênero que o consumidor não quer, como a carne. Ou quem trabalhe com opções congeladas, que têm um prazo de validade bem maior do que os refrigerados, e prepare o alimento somente quando um cliente solicita.

Salientam-se os outros serviços agregados a esse nicho, como os aplicativos de telentrega para pedidos exclusivamente vegetarianos e veganos, os sites de pesquisa desses estabelecimentos pelo mundo, e as facilidades e amenidades, como os espaços *pet friendly*, onde os animais de estimação podem ficar junto com os clientes (é claro que, no caso dos serviços de alimentação, há o cuidado com o cumprimento das normas sanitárias). Além disso, alguns empreendimentos revertem parte dos lucros para causas animais ou desenvolvem outras ações para ajudar, demonstrando sua responsabilidade social.

Esse público também é bastante informado sobre os processos da cadeia produtiva do que consome e aprecia as empresas que obtêm selos, como o de isenção de crueldade, por não testarem seus produtos em animais, emitidos por organizações como a "Cruelty Free International". E que assegurem que um produto não foi desenvolvido ou fabricado com qualquer uso de animais, em todas as etapas do processo, como o "Certificado Selo Vegano", expedido pela SVB.

É importante destacar que as tendências, de alguma forma, se interligam. Um cliente que busca um prato saudável também espera por prazer, já que o sucesso comercial dos produtos está atrelado à sua qualidade em diversos aspectos, como o sensorial, então, os pratos, além de saudáveis, precisam ser saborosos. Não é porque existe uma tendência no mercado que todos os estabelecimentos terão sucesso ao implementá-la, pois isso depende de diversos fatores.

Ressalta-se que, antes de colocar um produto à venda, é preciso cuidado com diversos aspectos, tais como o estudo dos ingredientes, o modo de preparo, os aspectos toxicológicos, os nutricionais e o atendimento às exigências legais, para não colocar a saúde dos consumidores em risco, ou não utilizar nenhuma alegação falsa ou indevida como argumento de marketing. Por essa razão, em um cenário ideal, seria recomendável que uma equipe multidisciplinar trabalhasse em pesquisa e desenvolvimento. É claro que, na prática, a maioria das empresas não possui condições de arcar com uma estrutura dessa magnitude. Por outro lado, as organizações podem se aproximar dos centros de pesquisas e das universidades, por meio da contratação de empresas juniores, da participação em trabalhos acadêmicos, dos parques tecnológicos, levando demandas reais do mercado para a academia, que conta com profissionais das mais diversas áreas, tais com nutricionistas, engenheiros de alimentos, químicos, toxicologistas e engenheiros agrônomos. Ou, também, participar de programas públicos de fomento à inovação e de editais de captação de recursos para a inovação.

O empreendedorismo e as pesquisas são ferramentas para criar as inovações que solucionarão os problemas e demandas da sociedade. Não é por acaso que uma das estratégias de inovação no Brasil é aproximar a academia do mercado, o que tende a potencializar o impacto das ações desenvolvidas.

Ainda, dentro do conceito utilizado de inovação em produto, estão os serviços. Também se pode inovar agregando algum serviço ao portfólio da empresa, como, por exemplo, utilizar o espaço ocioso, em determinados horários, para a realização de eventos e de festas dos clientes, bem como criar e realizar cursos a partir dos conhecimentos da equipe da empresa. Segundo o SEBRAE (2013), a inovação de produto é o tipo mais implementado pelos micro e pequenos negócios brasileiros.

Todos os exemplos supracitados se referem apenas a um tipo de inovação: a de produto. A seguir, serão citados exemplos dos outros três tipos: processos, marketing e organizacional, que já foram conceituados no começo do capítulo.

Quanto às inovações de processos, citam-se como exemplos a aquisição de novos equipamentos necessários para lançar produtos inovadores, a instalação de uma tecnologia de fabricação nova ou substancialmente aprimorada, como a criação das cozinhas inteligentes, com equipamentos como o *"cook chill"* (processo de cozimento e resfriamento dos alimentos que objetiva evitar a alteração da qualidade e garantir a conservação após a cocção), como o *"sous vide"*, que é uma técnica culinária que consiste em aquecer os alimentos, em sacolas plásticas seladas a vácuo, sob baixas temperaturas, por um tempo maior do que o tradicional, com o objetivo de preservar mais os nutrientes, e como o forno combinado. Outro exemplo é a instalação de aparelhos computadorizados para o controle da qualidade da produção, como os termômetros que já enviam as informações para uma planilha, substituindo as de papel e a necessidade de um colaborador realizar a medição. Também se podem começar a utilizar computadores móveis para registrar saídas de bens e de estoques, códigos de barras nos produtos e sistemas novos ou bastante aperfeiçoados para as compras e para a contabilidade.

As inovações em marketing, desde que utilizadas pela primeira vez pela empresa, contemplam a idealização das embalagens, como um design que confere uma aparência única, o posicionamento, como um novo formato para a apresentação de produtos, a elaboração do preço, como as ofertas especiais reservadas, acessíveis apenas aos portadores de cartão de recompensas ou sistemas que permitem que o cliente veja o preço dos itens que selecionou (como se ele estivesse fazendo um orçamento) e, por fim, a promoção, que pode ser por intermédio de mídias sociais de personalidades da moda e que são influenciadores digitais, de propaganda em televisão ou outros veículos de comunicação, por exemplo.

E as inovações organizacionais podem se referir a qualquer processo não ligado diretamente à atividade-fim da empresa (como produzir alimentos). São exemplos dessas inovações: as práticas de negócios da empresa (como a implementação de uma base de informações disponível à equipe), a organização do local de trabalho, como a criação de um sistema anônimo de descrição de falhas ou perigos, com o intuito de mapear suas causas e diminuir a sua ocorrência. Bem como envolver as relações externas, como a participação em pesquisas de universidades.

3. Como Criar um Ambiente Favorável à Inovação

Existem fatores que dificultam a implementação de inovações, como, por exemplo, a resistência das pessoas, seja das lideranças ou dos colaboradores. A incerteza sobre os resultados que as mudanças podem trazer, também, pode ser um fator de resistência, bem como a falta de conhecimento sobre tecnologias ou mercados. Uma das estratégias que podem ser adotadas, para sensibilizar uma empresa a desenvolver um trabalho de inovação, é manter o foco em obter mais resultados com o mesmo investimento que já se faz ou, ainda, o mesmo resultado com menos investimento, o que auxilia a romper com a ideia de que inovação é sempre cara e que a empresa precisará investir um alto valor na implementação. Um ambiente favorável para a inovação é construído aos poucos. Uma alternativa é começar planejando ações pequenas, mas que vão gerar um impacto considerável, o que significa iniciar propondo metas mais tangíveis, para gerar resultados em curto prazo, o que, por sua vez, ajudará a manter a motivação da equipe da empresa com o trabalho desenvolvido. Ações mais longas podem ser fragmentadas em etapas menores para a sua execução.

Conforme já comentado, criar e manter um ambiente favorável à inovação é mais fácil quando a empresa já tem um grau mínimo de maturidade em gestão. A identificação desse indicador pode ser feita por meio de diagnósticos já validados. Uma das formas de ter acesso a eles é participando de programas e de prêmios, como o "Prêmio Qualidade RS" do Programa Gaúcho de Qualidade e Produtividade (PGQP), o "Prêmio de Competitividade para Micro e Pequenas Empresas (MPE Brasil)", realizado pelo SEBRAE, pela Gerdau, com o apoio técnico da Fundação Nacional da Qualidade (FNQ), e o Modelo de Excelência da Gestão (MEG), criado pela FNQ. Bem como se pode participar de prêmios e de programas para ter acesso a diagnósticos de inovação consolidados, como, por exemplo, o "Prêmio Nacional de Inovação (PNI)", realizado pela Confederação Nacional da Indústria (CNI) e pelo SEBRAE, e os Prêmios do PGPQ, como o "Inovação PGQP" e o "Reconhecimento Inovação na Prática". Ainda há programas de fomento à inovação, como o "Programa Agentes Locais de Inovação", que é uma parceria do SEBRAE e do Conselho Nacional de Desenvolvimento Científico e Tecnológico, no qual, no começo, um agente aplica tanto um diagnóstico de gestão (o MPE Brasil) quanto o de inovação (o Radar da Inovação). Ao iniciar um trabalho, é importante conhecer o que já foi desenvolvido e respeitar a história daquele lugar. Por intermédio dessas práticas, é possível obter uma visão sistêmica do negócio.

Pode-se usar como impulso para o desenvolvimento de ações de gestão e de inovação a própria legislação sanitária. É uma obrigação cumpri-la (nas esferas municipal, estadual e nacional), e os profissionais da área de alimentos possuem um papel essencial no auxílio às empresas para o seguimento dessas exigências. É importante saber se a empresa está com os seus alvarás (como o de saúde e o de localização e funcionamento) em dia e o que é necessário para obtê-los ou renová-los. Também é importante conhecer quais são as exigências do Ministério do Trabalho, como, por exemplo, as Normas Regulamentadoras, como o Programa de Prevenção de Riscos Ambientais (PPRA) e o Programa de Controle Médico de Saúde Ocupacional (PCMSO), que identificam e tratam os riscos relacionados à saúde e segurança no trabalho.

É essencial conhecer o alinhamento estratégico da organização, como sua missão, visão, valores e estratégias e planos, para que o plano de trabalho desenvolvido seja condizente com a sua razão de existir e com o rumo que a empresa quer seguir. É muito mais fácil pensar em caminhos para se obter um resultado quando se tem clareza de onde se quer chegar. Os gestores devem participar da construção ou da revisão do planejamento estratégico da organização. Esse alinhamento gera, também, mais autonomia para a equipe poder tomar decisões no seu dia a dia.

No que diz respeito à liderança, deve-se inspirar a equipe a partir do exemplo e ter a habilidade de desenvolver um verdadeiro time. Alinhar condutas é essencial e, para isso, é necessário haver um balizador de comportamentos dentro da organização, como um código de ética, que é um instrumento que define, por meio de regras escritas, o comportamento ético, que deve ser conhecido e seguido pelos dirigentes e pelos colaboradores. Um exemplo de conduta que pode ser inserida nesse documento é a de que as novas ideias devem ser aprovadas pelos gestores ou proprietário(s) antes de serem introduzidas na empresa.

Sobretudo, o perfil da liderança de uma organização impacta muito na liberdade para errar e para arriscar. Sabe-se que muitas inovações fracassam. Então, criar um ambiente favorável a uma inovação percorre o caminho de não penalizar os erros e que as pessoas sejam encorajadas a contribuir e a compartilhar as suas ideias, que, por sua vez, são muito valiosas. Isso porque são os colaboradores que estão diretamente envolvidos nos processos da empresa e que interagem mais com os clientes, percebendo suas demandas. Em grandes empresas, onde há muitos setores e muitos processos já arraigados e, especialmente, onde não existe muito espaço para erros, é possível executar a inovação ambidestra, em que se mantém a empresa operando de forma mais tradicional em um pilar e, em outro, mais criativo e aberto ao novo. Ainda, as grandes organizações conseguem comportar setores de pesquisa e desenvolvimento, o que é pouco comum em micro e pequenos negócios.

Trabalhar com projetos piloto e com lançamentos menores, com um protótipo ou mínimo produto viável, é fortemente indicado no processo de inovar. Sendo assim, a empresa pode ajustar o produto (bem ou serviço) à medida que vai coletando os feedbacks dos clientes, até alcançar a melhor versão.

Pessoas inconformadas enfrentaram os seus medos e superaram os desafios de cada época, permitindo-nos evoluir. Se não houvesse o desejo de fazer de um jeito novo e melhor, ainda estaríamos vivendo de forma primitiva. O processo de inovação é contínuo, portanto, novas respostas, mesmo que para desafios antigos, são necessárias em diversos setores.

E as pesquisas de inovação podem, muito além do que apenas descobrir produtos e processos com sucesso comercial, encontrar meios de contribuir verdadeiramente para a melhoria da vida das pessoas e dos animais, bem como para a preservação do meio ambiente.

Referências

AGÊNCIA NACIONAL DE VIGILÂNCIA SANITÁRIA. *Probióticos*. Disponível em: http://portal.anvisa.gov.br/resultado-de-busca?p_p_id=101&p_p_lifecycle=0&p_p_state=maximized&p_p_mode=view&p_p_col_id=column-1&p_p_col_count=1&_101_struts_action=%2Fasset_publisher%2Fview_content&_101_asse-tEntryId=2864062&_101_type=content&_101_groupId=219201&_101_urlTitle=probioticos&inheritRe-direct=true. Acesso em: 5 nov. 2018.

APAS SHOW. *Supermercado para Veganos e Vegetarianos é Tendência*. 2018. Disponível em http://apasshow.com.br/blog/index.php/2018/07/12/supermercado-para-veganos-e-vegetarianos-e-tendencia/. Acesso em: 4 nov. 2018.

ASSOCIAÇÃO DOS CELÍACOS DO BRASIL. *Doença Celíaca*. 2004. Disponível em: http://www.acelbra.org.br/2004/doencaceliaca.php. Acesso em: 4 nov. 2018.

BRASIL. Agência Nacional de Vigilância Sanitária. *Guia para Comprovação da Segurança de Alimentos e Ingredientes*. Brasília, 2013. Disponível em: http://portal.anvisa.gov.br/documents/33916/395734/Guia+para+-Comprova%C3%A7%C3%A3o+da+Seguran%C3%A7a+de+Alimentos+e+Ingredientes.pdf/f3429948-03db--4c02-ae9c-ee60a593ad9c. Acesso em: 22 set. 2018.

BRASIL. *Lei 11.947*. Programa Nacional de Alimentação Escolar. Brasília, 2009.

BRASIL. Ministério da Ciência, Tecnologia, Inovações e Comunicações. *Estratégia Nacional de Ciência, Tecnologia e Inovação* – 2016 a 2022. Brasília, 2016.

BRASIL. Ministério da Saúde. Secretaria de Vigilância Sanitária. *Portaria nº 27, de 13 de janeiro de 1998*. Regulamento Técnico referente à Informação Nutricional Complementar. Rio de Janeiro, 1998.

EAT INNOVATION. *Carne de Coco*: Inovação que Parece Carne, mas não é. Disponível em: http://eatinnovation.com/pt/carne-de-coco-inovacao/. Acesso em: 4 nov. 2018.

EAT INNOVATION. *Chega de bolo com parafina, experimente velas comestíveis*. Disponível em: http://eatinnovation.com/pt/bolo-velas-comestiveis/. Acesso em: 27 out. 2018.

EAT INNOVATION. *Chocolate branco, preto, ao leite e chocolate rosa*. Disponível em: http://eatinnovation.com/pt/chocolate-rosa/. Acesso em: 27 out. 2018.

EAT INNOVATION. *Queijarias Veganas*: Tendência que Veio pra Ficar. Disponível em: http://eatinnovation.com/pt/queijarias-veganas-tendencia. Acesso em: 27 out. 2018.

EMPRESA BRASILEIRA DE PESQUISA AGROPECUÁRIA. *Cientistas Criam Filmes Comestíveis Para Embalagens*. Disponível em: https://www.embrapa.br/agencia-de-noticias-embrapa/busca-de-noticias/-/noticia/2411923/cientistas-criam-filmes-comestiveis-para-embalagens. Acesso em: 1 nov. 2018.

ENDEAVOR. *Scale-up Endeavor Transforma*: Conheça as Empresas que Estão Transformando Setores Críticos da Sociedade. Disponível em: https://endeavor.org.br/sobre-a-endeavor/scale-up-endeavor-transforma--conheca-as-empresas-que-estao-transformando-setores-criticos-da-sociedade/. Acesso em: 3 nov. 2018.

FLANDRIN, Jean-Louis; MONTANARI, Massimo. *A História da Alimentação*. 6. ed. São Paulo: Estação Liberdade, 2009.

INSTITUTO DE TECNOLOGIA DE ALIMENTOS ITAL. *Pesquisa Brasil Food Trens 2020*. Disponível em: http://www.brasilfoodtrends.com.br/. Acesso em: 20 set. 2018.

INTERNATIONAL ORGANIZATION FOR STANDARDIZATION. *ISO 22000 family* - Food safety management. Disponível em: https://www.iso.org/iso-22000-food-safety-management.html. Acesso em: 25 nov. 2018.

OCDE. Organização para a Cooperação e Desenvolvimento Econômico. *Manual de Oslo*. 3. ed. Diretrizes para a coleta e interpretação de dados sobre Inovação. Tradução Finep, 2005. Disponível em: https://www.finep.gov.br/images/apoio-e-financiamento/manualoslo.pdf. Acesso em: 14 jan. 2018.

OCDE. Organização para a Cooperação e Desenvolvimento Econômico. *Oslo Manual 2018*. Guidelines for Collecting, Reporting and Using Data on Innovation. 4. ed. 2018. Disponível em: https://ani.pt/wp-content/uploads/Manual-de-Oslo.png. Acesso em: 31 out. 2018.

SERVIÇO BRASILEIRO DE APOIO ÀS MICRO E PEQUENAS EMPRESAS. *Curso Gestão da inovação* - Inovar para Competir do SEBRAE. Disponível em: http://www.sebrae.com.br/sites/PortalSEBRAE/ufs/ap/artigos/gestao-da-inovacao-inovar-para-competir,2910e9e62bc11510VgnVCM2000004d00210aRCRD. Acesso em: 13 set. 2017.

SERVIÇO BRASILEIRO DE APOIO ÀS MICRO E PEQUENAS EMPRESAS. *Inovação nos Pequenos Negócios*. 2013. Disponível em http://www.sebrae.com.br/SEBRAE/Portal%20SEBRAE/Estudos%20e%20Pesquisas/Inova%C3%A7%C3%A3o%20nos%20pequenos%20neg%C3%B3cios.pdf. Acesso em: 7 abr. 2018.

SERVIÇO BRASILEIRO DE APOIO ÀS MICRO E PEQUENAS EMPRESAS. *Prêmio Nacional de Inovação*. 2018. Disponível em: http://www.premiodeinovacao.com.br/?utm_source=google&utm_medium=search&utm_campaign=pni_2018. Acesso em: 25 nov. 2018.

SERVIÇO BRASILEIRO DE APOIO ÀS MICRO E PEQUENAS EMPRESAS. SEBRAE Inteligência Setorial. *Boletim de Tendência abril de 2018*. Aplicativos Reduzem Fila no Atendimento em Food Services. 2018. Disponível em: https://sebraeinteligenciasetorial.com.br/produtos/boletins-de-tendencia/aplicativos-reduzem-fila-no-atendimento-em-food-services/5b0302d1d0a9751800f2ad95. Acesso em: 26 maio 2018.

SERVIÇO BRASILEIRO DE APOIO ÀS MICRO E PEQUENAS EMPRESAS. SEBRAE Inteligência Setorial. *Boletim de Tendência março de 2017*. Restaurantes Secretos - Novo Modelo de Negócio no Mercado Gastronômico. 2017. Disponível em: https://sebraeinteligenciasetorial.com.br/produtos/boletins-de-tendencia/restaurantes-secretos-novo-modelo-de-negocio-no-mercado-gastronomico/58f8b2a137a6ad1800ab5334. Acesso em: 4 nov. 2018.

SERVIÇO BRASILEIRO DE APOIO ÀS MICRO E PEQUENAS EMPRESAS. SEBRAE Inteligência Setorial. *Boletim de Tendência setembro de 2016*. Raw Food Tendência de Alimentação que Cresce no Brasil. 2016. Disponível em: https://sebraeinteligenciasetorial.com.br/produtos/boletins-de-tendencia/raw-food-tendencia-de-alimentacao-que-cresce-no-brasil/57dabffa3553321900188c8b. Acesso em: 4 nov. 2018.

SERVIÇO BRASILEIRO DE APOIO ÀS MICRO E PEQUENAS EMPRESAS. SEBRAE Inteligência Setorial. *Boletim de Tendência setembro de 2017*. Veganismo e Vegetarianismo. 2017. Disponível em: https://sebraeinteligenciasetorial.com.br/produtos/relatorios-de-inteligencia/veganismo-e-vegetarianismo-tendencias-para-o-setor-de-alimentos/59ce377eb3fff61a0028e226. Acesso em: 3 nov. 2018.

SOCIEDADE VEGETARIANA BRASILEIRA. *Campanha Segunda Sem Carne*. Disponível em: https://www.svb.org.br/2456-segunda-sem-carne-do-brasil-e-a-maior-do-mundo. Acesso em: 3 nov. 2018.

SOCIEDADE VEGETARIANA BRASILEIRA. Mercado Vegetariano. Disponível em https://www.svb.org.br/vegetarianismo1/mercado-vegetariano. Acesso em: 3 nov. 2018.

SOCIEDADE VEGETARIANA BRASILEIRA. *O que é Vegetarianismo*. Disponível em: https://www.svb.org.br/vegetarianismo1/o-que-e. Acesso em: 3 nov. 2018.

UNIVERSIDADE DE SÃO PAULO. Centro de Pesquisa em Alimentos. *Qual a diferença entre prebiótico, probiótico e simbiótico*. Disponível em: http://www.usp.br/forc/o-cientista-responde.php?t=Qual-a-diferenca-entre-prebiotico,-probiotico-e-simbiotico-e-quais-os-beneficios-que-podem-conferir-a-saude?&cr=95. Acesso em: 15 nov. 2018.

UNIVERSIDADE FEDERAL DO RIO GRANDE DO SUL. *Embalagens Biodegradáveis são Foco de Pesquisa no Instituto de Ciência e Tecnologia de Alimentos*. Disponível em: http://www.ufrgs.br/secom/ciencia/embalagens-biodegradaveis-sao-foco-de-pesquisa-no-instituto-de-ciencia-e-tecnologia-de-alimentos/. Acesso em: 5 nov. 2018.

UNIVERSIDADE FEDERAL DO RIO GRANDE DO SUL. *Fitoecologia*. Flora Digital. Disponível em: http://www.ufrgs.br/fitoecologia/florars/open_sp.php?img=858. Acesso em: 15 nov. 2018.

UNIVERSIDADE FEDERAL DO RIO GRANDE DO SUL. Grupo Viveiros Comunitários. *Plantas Alimentícias não Convencionais (PANC)*. Disponível em: https://www.ufrgs.br/viveiroscomunitarios/viveirismo-comunitario/plantas-alimenticias-nao-convencionais-panc/. Acesso em: 5 nov. 2018.

CAPÍTULO 8

METODOLOGIA INOVADORA NO DESENVOLVIMENTO DO GESTOR EM UNIDADE DE ALIMENTAÇÃO E NUTRIÇÃO

Priscila Souza

A carreira empreendedora tem atraído muitas pessoas em busca da independência financeira, da possibilidade de inovar e de ser dono do seu próprio tempo. Na área da saúde, por exemplo, muitos têm abandonado as opções mais tradicionais e apostado em um caminho mais ousado. Então, se você deseja se tornar uma nutricionista empreendedora, este texto é para você!

O empreendedorismo, ao contrário do que muitos pensam, não é uma habilidade inata ou um talento. É uma capacidade adquirida mediante muito esforço, determinação e foco. A nutrição tem precisado bastante de profissionais com esse perfil. O Coaching pode auxiliar muito nutricionistas que desejam embarcar na onda do empreendedorismo e funcionar como um potencializador de melhores resultados na gestão como um todo, tornando os profissionais mais inovadores.

O autoconhecimento gerado por um processo de coaching para aqueles que desejam empreender é o ponto inicial para o aumento da performance. O primeiro passo para iniciar qualquer negócio é encontrar a missão pessoal e/ou profissional. Muitas pessoas idealizam um negócio pensando apenas no retorno financeiro que pode ter e acabam esquecendo o ingrediente principal para o sucesso: ter prazer naquilo que se faz, ou seja, ter amor pelo negócio. De nada adianta ter o empreendimento mais rentável e lucrativo se não houver a motivação diária para seguir em frente, se não existir o desejo inabalável de fazer o negócio acontecer.

Uma das melhores formas de se conectar com o grande Propósito de Vida é conhecer e compreender a Missão, aquilo que nos orienta a sermos o que somos e fazermos o que fazemos.

Mas o que é Missão?

Pode-se dizer que missão é a finalidade da sua existência, o porquê você está aqui, o que pretende fazer e a quem se destina essa sua existência. No meio empresarial, o significado de missão não diverge desse conceito.

Como definir a Missão?

A missão deve ser definida fazendo com que pense sobre a sua essência e o seu propósito de vida.

Ela também pode ser elaborada pensando nos fatores motivacionais que o levam a querer lutar por uma causa, uma mudança de vida, ou alguma conquista específica.

Para definir sua missão, é fundamental responder às seguintes perguntas orientadoras:

- Essência: quais são seus talentos? Suas habilidades?
- Atitudes diferenciadas: como você se comporta? Quais são seus comportamentos que diferenciam você das outras pessoas? Por que as pessoas lhe procuram no dia a dia?

- Objetivos: o que você quer realizar nesta vida?

***É importante não confundir missão com visão.

1. O que é visão?

Visão, para alguns, é o sonho que se deseja realizar, como ser humano ou como empresa. É, também, aquilo que você deseja ser, num determinado tempo e espaço. É o princípio inspirador.

2. Como definir a visão?

Diferente da missão, a visão é um desejo para o futuro e por um período de tempo determinado.

Essa etapa representa aonde queremos chegar, qual é o nosso desejo claro, único e definido para um futuro não necessariamente distante.

É preciso que seja realista ao definir a sua visão e que consiga realmente se enxergar realizando o que se propõe.

As perguntas a seguir poderão nortear essa busca, mas elas podem ser alteradas ou adaptadas de acordo com o seu nicho ou estado desejado.

1. **Quando você pensa no futuro e na marca pessoal que está imprimindo no mundo, qual é o seu maior objetivo de vida?**

2. Qual a relação existente entre sua missão e esse objetivo?

3. De que maneira os seus valores podem alavancar o atingimento desse objetivo?

4. Em uma escala de 1 a 10, quanto você está comprometido(a) com essa concretização?

5. O que você vai fazer para que isso aconteça?

3. Qual é a importância da missão e da visão?

Definirmos nossa missão e visão é fundamental para sabermos quais são os nossos desejos e ambições de maneira mais clara e específica.

Apesar de ser considerada uma forma de definição de propósitos, não deixa de ser uma ferramenta de autoconhecimento e motivação, já que com ela é possível ver claramente o que se deseja e o que se propõe a ser no futuro. Assim, você poderá se imaginar alcançando seus objetivos, o que o deixará certamente mais motivado.

No momento em que você enxerga com mais clareza o que deve ser feito para cumprir sua missão e alcançar a sua visão de futuro, você conseguirá traçar uma rota de ação com mais facilidade, a fim de passar por todas as etapas necessárias até atingir o seu objetivo.

A seguir, você encontrará a ferramenta Missão e Visão na íntegra, para que você possa começar hoje a planejar seu futuro profissional.

Missão

Talentos e habilidades

Quais são os seus talentos? Quais são as suas habilidades especiais?

Ações Diferenciadas

Como você se comporta diante dos seus talentos e habilidades?
Que comportamentos diferenciam você das outras pessoas?
Por que as pessoas o(a) procuram?

Objetivos

O que você quer realizar nesta vida?

Definição da Missão:

Ser ou Fazer (talentos/habilidades) ***por meio de*** (comportamentos) **para conquistar** (objetivos).

Minha Missão: _____
_____
_____
_____

Visão

Quando você pensa no futuro e na marca pessoal que está imprimindo no mundo, qual é o seu <u>maior objetivo de vida?</u>

Qual a relação existente entre sua missão e esse objetivo?

De que maneira os seus valores podem alavancar o atingimento desse objetivo?

Minha Visão: _____
_____
_____
_____

Estabelecer nosso propósito de vida e identificar como queremos nosso futuro são passos fundamentais para um negócio acontecer efetivamente. No entanto de nada adianta sabermos isso se não soubermos quais são os nossos valores.

Valores são todas as coisas que consideramos realmente importantes em nossa vida. Podemos dizer que são tudo aquilo pelo que acreditamos ser importante viver. Valores são construídos a partir dos nossos primeiros modelos (pai e mãe) e também pelo meio em que vivemos, como escola, trabalho, amigos. No empreendedorismo, não é diferente, os valores de um negócio são a base para o desenvolvimento e para o sucesso. Identificar e viver conforme nossos valores permite a compreensão exata de por que fazemos o que fazemos, e mais do que isso, permite que sejam traçadas estratégias realmente eficazes para fazer acontecer.

Para definir os seus valores, analise a tabela a seguir e circule cinco valores que serão a base para sustentar o que você realmente deseja:

Coloque seus valores em ordem de importância:

1.º

2.º

3.º

4.º

5.º

Humildade	Excelência	Integridade	Desafios	Solidariedade	Organização	Rotina	Harmonia
Respeito	Fidelidade	Comprometimento	Tranquilidade	Felicidade	Satisfação	Diversão	Inteligência
Perdão	Responsabilidade	Família	Conforto	União	Liberdade	Amizade	Saúde
Superação	Fidelidade	Independência Reconhecimento	Mudança	Criatividade	Amor	Contribuição	Fama
Fé	Espiritualidade	Honestidade	Comodidade	Segurança	Sucesso	Perseverança	Gratidão
Otimismo	Liderança	Conhecimento mútuo	Individualidade	Congruência	Aceitação social	Deus	Adaptação ao novo
Compaixão	Cidadania	Competitividade		Estabilidade	Poder		Humor

Agora, conhecendo os seus valores, responda:

1. **Quais valores sustentam o seu desejo?**
2. Existe algum valor impedindo você de alcançar o que deseja? Por quê?
3. Como você atende aos seus principais valores? Como pode melhorar?

Muitas pessoas e empresas buscam, constantemente, por metas para alcançar determinado resultado. Estabelecer metas parece ser uma tarefa simples e fácil, porém o que muitas pessoas não sabem é que se faz necessário pensar, elaborar, planejar e colocar em prática as estratégias essenciais para atingir as metas pré-estabelecidas. Para isso, é fundamental que, após estabelecer a missão, a visão e identificar seus valores, você pense nas metas necessárias para alcançar seu propósito. Para isso, as metas devem ser extremamente diretas, não deixando margem para dúvidas ou suposições.

Por exemplo, uma pessoa que estabelece como meta: *"ano que vem, minha empresa terá mais sucesso"* ou *"eu quero ter mais clientes"* não deixou claro o suficiente qual meta deseja alcançar. Essas são metas muito vagas e provavelmente não serão alcançadas. Uma ferramenta muito utilizada para auxiliar nessa definição de maneira mais clara é a *META SMART*, que está descrita em detalhes a seguir:

Características da META SMART: baseia-se em cinco tópicos que trazem à tona:

1. **A especificidade da meta, ou seja, a meta descrita detalhadamente;**

2. A evidência da meta, ou seja, como mensurar;

3. A possibilidade de alcance, ou seja, uma meta atingível;

4. A relevância da meta, ou seja, uma meta realmente importante;

5. O prazo da meta, ou seja, uma meta com data.

A *Meta Smart* auxilia no planejamento, motivação e concretização das metas de uma maneira simples e fácil, uma vez que facilita a identificação das melhores estratégias. Deve ser utilizada sempre para tornar as metas mais claras e objetivas. Tem como objetivo fomentar a clarificação do que fazer, como evidenciar, por que fazer e como controlar.

Para preencher corretamente sua *Meta Smart*, siga os seguintes passos:

Na letra **S**, questionar o que especificamente deseja alcançar. A meta deve conter detalhes específicos do objetivo. Por exemplo: *"Eu quero ganhar R$ 10mil por mês"* ou *"Eu quero ter 30 clientes por mês"*.

Na letra **M**, questionar como vai saber que alcançou a meta. Qual a evidência?

Na letra **A**, questionar como sabe que é possível. A meta é atingível? É fundamental que a meta faça parte da sua realidade para não gerar desânimo, frustração e desistência.

Na letra **R**, questionar qual a importância da meta. O que vai ganhar quando alcançá-la? Aqui, deve-se levantar o máximo de benefícios possíveis. É fundamental estabelecer metas que gerem um sentimento de realização e que estejam ligadas aos nossos valores de vida.

Na letra **T**, questionar qual o prazo para o alcance da meta? Lembrando que a meta deve ser atingível, para isso, deve-se estabelecer um prazo possível de ser cumprido.

Ao finalizar os questionamentos da Meta Smart, faça uma reflexão a respeito dos aprendizados gerados com a ferramenta e estabeleça pelo menos uma ação, o próximo passo, que irá aproximá-lo da meta estabelecida. É fundamental gerar uma ação, pois apenas quando fazemos coisas diferentes é que alcançamos resultados diferentes. O motor da mudança é a ação, por isso, estabeleça sua meta, trace AÇÕES para alcançá-la e comprometa-se com o seu sucesso. A única maneira de fazer o seu negócio acontecer é colocando em prática todas as estratégias definidas. Muitas pessoas almejam o sucesso e a vida do próximo, porém dificilmente querem fazer tudo o que ele fez para chegar aonde chegou. Se ficarmos sentados esperando que o sucesso bata à nossa porta, a grama do vizinho será sempre mais bonita que a nossa. Por isso, se você realmente tem um sonho, tem um objetivo que há tempos deseja alcançar, pare de ficar arrumando desculpas para não fazer o que deve ser feito. Corra atrás daquilo que faz seu coração bater mais forte, daquilo que faz você se sentir vivo. Comece hoje a estabelecer suas metas, e mais do que isso, coloque-as em prática.

Definidas minhas metas, é hora de pensar no planejamento financeiro do meu negócio. Muitas empresas não passam pelos dois primeiros anos por não realizar um correto planejamento financeiro antes mesmo de abrir o negócio.

É por meio de um bom planejamento financeiro que se consegue prever dificuldades futuras, realizar readequações imediatas no presente, evitando assim a perda definitiva do controle financeiro.

Planejar é estabelecer com antecedência ações a serem executadas, estimar recursos que serão necessários e alocados, assim como atribuir as responsabilidades em relação a um período futuro pré-determinado.

Os controles permitem que a pessoa crie hábitos saudáveis com relação às finanças, podendo gerar:

- Poupança.
- Reserva para a aposentadoria.
- Objetivos de médio e longo prazo (viajar, estudar, comprar um carro ou um imóvel etc.).

Ao contrário do que pode parecer, a estabilidade financeira depende de ações relativamente simples: basicamente de planejamento e disciplina.

Com um bom acompanhamento dos gastos e a execução do planejamento, a organização certamente terá sucesso nas suas metas financeiras.

Agora, é com você:

1º Passo

Listar todos os custos fixos e variáveis mensais do seu negócio:

- Defina quais são seus principais custos fixos mensais (aqueles que fazem parte do seu dia a dia), são os gastos que permanecem constantes, independentemente se a empresa irá funcionar.

Pergunta para identificar: abrindo a empresa hoje ou não, eu terei esse gasto?

Ex.: água e energia elétrica, telefone, salários, pró-labore, aluguel, material de limpeza, tarifas de manutenção de conta bancária, estacionamento e outros.

- Defina ainda quais são os seus custos variáveis mensais, tudo aquilo que já se gastou para produzir o serviço final. Quanto mais você vende, mais esses gastos aumentam.

Pergunta para identificar: se o número de clientes aumenta, esse gasto aumenta também?

Ex.: aluguel de sala (por hora, Coworking), taxas de boleto, taxas de cartão de crédito, comissões sobre venda, materiais indiretos consumidos, locomoção e outros.

Essas despesas muitas vezes não são contabilizadas, prejudicando a saúde financeira da empresa.

Para um melhor controle, é indicado colocar todos os custos em uma planilha, separando os custos fixos dos custos variáveis, conforme modelo:

	Descrição Custos	Jan	Fev	Mar	Abr	Mai	Jun	Jul
Fixos	Aluguel							
	Água							
	Energia Elétrica							
	Telefone							
	Pró-labore							
	Publicações							
	Total							
Variáveis	Taxas de Boleto							
	Materiais indiretos							
	Comissões							
	Locomoção							
	Total							

É importante separar pessoa física da pessoa jurídica. Indicado criar planilhas separadas. Apesar de sermos a mesma pessoa na vida pessoal e profissional, quando se fala da vida financeira, é essencial analisar de forma separada para que uma não interfira na outra.

Após conhecermos todos os custos mensais, relacione todas as entradas de recursos previstas. Listar recursos fixos (se houver) e recursos variáveis (vendas que ainda não foram fechadas, crescimento previsto); os recursos variáveis devem ser adequados à realidade do negócio e do mercado atual.

Segue exemplo:

	Descrição Receitas	Jan	Fev	Mar	Abr	Mai	Jun	Jul
Fixos	Empresa 1							
	Empresa 2							
	Paciente A							
	Paciente B							
	Total							
Variáveis	Paciente novo 1							
	Paciente novo 2							
	Paciente novo 3							
	Total							

Após definir os totais mensais, faça o cálculo do total de entradas menos o total de saídas que ocorreram mensalmente. Com esse resultado definido, é possível analisar se há necessidade de ajustes nos custos, melhora na receita, se é possível investir, quais serão as ações necessárias para se chegar ao objetivo desejado.

É extremamente importante o acompanhamento mensal do que foi previsto x realizado, inclua uma coluna conforme o fechamento de cada mês e liste tudo o que foi realizado, assim, poderá mensalmente efetuar ajustes, identificar melhorias, desvios, até chegar ao ponto de equilíbrio desejado.

Algumas dicas:

- Reserve um dia no mês para organizar a sua vida financeira, revisar fluxo de caixa, reforçar metas e objetivos referentes ao planejamento estipulado;

- Faça reserva para despesas anuais. Ex.: IPTU, IPVA;

- Compare preços;

- Caso o orçamento esteja em desequilíbrio – gastos maiores que as receitas –, o caminho é reduzir imediatamente as despesas. Defina prioridades e elimine o que não é essencial.

- Aprenda a usar o dinheiro. Nada melhor que aprender com os erros dos outros. Leia, estude, busque informação sobre finanças.

- Determine um valor, um prazo e um objetivo financeiro a ser atingido. Organize-se de forma a criar as condições para que a meta seja cumprida.

- Encare como compromisso a tarefa de guardar de 10% a 20% de sua receita mensal.

- Sempre que possível, opte por compras à vista. Controle a ânsia de consumo, junte recursos e adquira o produto ou serviço pagando de uma só vez.

- Evite linhas de crédito como a do cheque especial e a dos cartões, estas representam graves ameaças para qualquer planejamento financeiro.

Por último e não menos importante, para fazer nosso negócio acontecer, devemos analisar o máximo de variáveis que envolvem a tomada de decisão.

Muitos empreendedores e gestores quebram a cabeça em busca de um planejamento estratégico adequado que os ajude a definir ações, objetivos, metas e iniciativas para direcionar a operação de seus negócios.

E nessa busca por uma direção a dar para sua empresa, invariavelmente, uma das ferramentas que surge em seu auxílio é a matriz Swot.

Com ela, temos um diagnóstico completo sobre a empresa, o que reduz os riscos na hora de dar um passo importante, como explorar novos mercados, lançar um novo produto ou criar novas estratégias de marketing.

Portanto, a matriz Swot pode ajudar o negócio das seguintes formas:

- Dar mais segurança para a tomada de decisão;
- Conhecer profundamente o cenário;
- Compreender a posição em relação aos concorrentes;
- Antecipar-se a movimentos externos;
- Indicar alternativas de ação.

O termo Swot vem do inglês e significa:

S – Strengths (Forças): listar todos os pontos fortes.

W – Weaknesses (Fraquezas): listar tudo que acredita que limita o desenvolvimento e ascensão, esses são os pontos a serem melhorados.

O – Opportunities (Oportunidades): oportunidades são as chances reais de crescimento e evolução que o ambiente pode proporcionar.

T – Threats (Ameaças): fatores que podem comprometer o alcance do seu objetivo, pontos prejudiciais.

Após analisar os fatores internos (S+W) e externos (O+T), é hora de traçar estratégias e ações que potencializem os pontos fortes e oportunidades e minimizem as fraquezas e ameaças.

O objetivo da Matriz Swot é clarificar todos os fatores que envolvem um objetivo ou processo de mudança e permitir uma análise detalhada que auxiliará na hora da tomada de decisão e do planejamento estratégico das ações em direção ao objetivo.

4. Como analisar os fatores internos

"Conhece a ti mesmo". Essa sabedoria não vale só para a sua vida, mas também para seu negócio.

Autoconhecimento é o primeiro passo para o desenvolvimento. Então, a matriz Swot começa olhando para dentro, para as duas primeiras letras da sigla: Forças e Fraquezas.

Os pontos fortes e fracos da empresa são fatores que a colocam em vantagem ou desvantagem em relação à concorrência.

Por isso, embora a análise interna olhe para dentro de casa, é preciso estar de olho também no que os vizinhos (os concorrentes) estão fazendo.

Para entender quais características devem ser analisadas internamente, olhe especialmente para os fatores-chave de sucesso, ou seja, quais elementos são essenciais dentro do seu setor para o bom desempenho do seu negócio.

Para saber quais são eles, olhe para o líder: quais características o tornam o melhor no seu mercado?

Por exemplo, no mercado financeiro, tradição e credibilidade podem ser considerados fatores-chave de sucesso.

Para um restaurante, atendimento e localização. Para uma agência de viagens, agilidade operacional e suporte eficiente. Cada mercado tem os seus.

Identifique quais são os atributos essenciais no seu mercado e a sua situação em relação a eles.

Estes são alguns pontos que você pode analisar no seu negócio para identificar suas forças e fraquezas:

- Localização
- Tempo de mercado
- Reputação
- Recursos humanos
- Recursos financeiros
- Marketing
- Gestão
- Capacidade de operação
- Acesso à matéria-prima
- Materiais e equipamentos

5. Como analisar os fatores externos

Já as Oportunidades e Ameaças referem-se ao que está no ambiente externo, do lado de fora.

Esses fatores não são controláveis, nenhuma ação da empresa pode influenciar sua existência. Eles simplesmente estão lá.

E é na matriz Swot que você identificará se eles são relevantes, se podem impactar no seu negócio e como irá lidar com isso.

Empresas que estão atentas aos movimentos do mercado, do setor, da economia, da política, da sociedade em geral, estarão mais bem preparadas para o futuro.

Ninguém consegue prever o futuro, mas é possível identificar tendências e se preparar para elas.

Existem dois ambientes externos que a matriz Swot deve abranger: o micro e o macroambiente.

O **microambiente** refere-se ao setor em que você atua. Como são as barreiras de entrada? Há muita concorrência? Novos entrantes representam uma ameaça para o seu negócio?

Sobre o microambiente, avalie os seguintes pontos:

- Clientes (poder de barganha sobre a sua empresa)

- Fornecedores (poder de barganha sobre a sua empresa)
- Concorrentes (quantidade de empresas, rivalidade, relacionamento)
- Novos entrantes (barreiras de entrada, ameaças)
- Substitutos (barreiras de saída, ameaças)
- Intermediários (poder de barganha sobre a sua empresa)
- Entidades de classe (organização, poder de pressão)

Já o **macroambiente** refere-se ao que está além da empresa e do setor.

O que os índices econômicos estão dizendo sobre o futuro do país? O que a sociedade está fazendo hoje que pode se tornar um novo comportamento social? Como esses movimentos afetam o seu negócio?

Para analisar o macroambiente, olhe para estes cenários:

- Político-legal (projetos de lei, correntes ideológicas, novos governantes etc.)
- Econômico (inflação, níveis de consumo, renda da população etc.)
- Demográfico (crescimento da população, taxa de natalidade, escolaridade etc.)
- Tecnológico (novas tecnologias, processos operacionais, automação etc.)
- Sociocultural (crenças, valores, costumes, hábitos de consumo etc.)
- Natural (escassez de matéria-prima, aumento da poluição, sustentabilidade etc.)

Agora, pense no negócio que você deseja desenvolver e faça a Matriz Swot dele. Você terá a oportunidade de colocar no papel os principais desafios para alcançar o seu sonho.

Matriz Swot

	Pontos Fortes (Strengths)	*Pontos Fracos (Weaknesses)*
Fatores Internos		
Fatores Externos	**Oportunidades (Opportunities)**	**Ameaças (Threats)**

Fonte: http://leiturasehistoriasdeumcoach.blogspot.com/2016/01/voce-se-conhece-por-villela-da-matta-e.html

A jornada para fazer um negócio acontecer requer disciplina, foco e muita motivação para atravessar as barreiras que surgem ao longo do caminho. Muitos empreendedores já desistiram de alcançar a linha de chegada por não realizar os passos fundamentais.

Se você realmente quer FAZER ACONTECER o seu negócio, acredite na sua capacidade e vá em busca do seu sonho, afinal, *"Sonhe e realize".*

Referências

ALVARENGA, M. *et al. Nutrição Comportamental.* 2. ed. Manole, 2018

CARNEGIE, D. *Como Fazer Amigos e Influenciar Pessoas.* 2. ed. Companhia Editora Nacional, 2018 .

DILTS, R. *Crenças.* Summus Editorial, 1999.

GALLWAY, T. *O Jogo Interior do Tenis.* Texto novo, 1999.

GOLEMAN, D. *Foco*: A atenção e seu papel fundamental para o sucesso. Objetiva, 2014, 296p.

GREENBERGER, D. P.; PADESKY, C. A. *A Mente Vencendo o Humor.* Artmed, 1999.

ROBBINS, A. *Poder sem Limites.* 19. ed. Best Seller, 2014 .

TOLLE, E. *Praticando o Poder do Agora.* Sextante, 2017.

VIEIRA, P. *O Poder da Ação.* 4. ed. Gente, 2016 .

WHITMORE, J. *Coaching para Performance.* 3. ed. Qualitymark, 2006.

SEÇÃO II

CONTROLE DE QUALIDADE NOS PROCESSOS DE PRODUÇÃO DE REFEIÇÃO

CONTROLE DE QUALIDADE NOS PROCESSOS DE PRODUÇÃO E HIGIENE DOS ALIMENTOS EM UNIDADES DE ALIMENTAÇÃO E NUTRIÇÃO

Marlise Potrick Stefani
Samantha Peixoto Silva
Giuseppe Potrick Stefani

A segurança dos alimentos vem sendo apontada como um ponto crítico na saúde da população. Mesmo avançando no conhecimento da microbiologia, das doenças causadas por alimentos e dos seus tratamentos, ainda dependemos de um grande controle da cadeia produtiva dos alimentos, seja ela na agricultura, na pecuária, na indústria ou nos segmentos de produção de distribuição dos alimentos.

Novas tecnologias de produção, bem como a globalização aumentaram a oferta de alimentos em todos os países, e com isso passamos a buscar o controle real dos riscos que esses alimentos possam oferecer à população. Novos hábitos vêm tomando conta da mesa de milhares de pessoas no mundo inteiro, seja em busca de uma alimentação mais saudável, seja em busca de uma alimentação mais segura.

No Brasil, ainda muitos casos de Doenças Transmitidas por Alimentos (DTAs) vêm assolando hospitais e postos de atendimento. Acreditamos que no controle de qualidade nos macroprocessos e nos microprocessos da produção de alimentos está o caminho para abastecer a população com um alimento saudável e seguro. O cuidado começa na escolha do alimento e do fornecedor deste. Com certeza, este é um dos grandes desafios: assegurar que os seus fornecedores sejam confiáveis e que contemplem a incorporação das boas práticas de fabricação para que possam dar início a um processo objetivo e saudável dos alimentos.

Essa escolha é de fundamental importância para o gestor, equacionar o interesse comercial com a qualidade do produto oferecido. Para isso, devem-se estabelecer critérios no processo de qualificação e contratação de um fornecedor:

- Cadastro do fornecedor, levando em conta a linha de produtos, documentação, certificação, responsabilidade técnica e as boas práticas apresentadas.

- Análise técnica dos produtos oferecidos, levando em conta rendimento, apresentação, rotulagem, bem como informações nutricionais.

- Visitas técnicas para contratação, e renovação semestral destas, levando em conta a determinação das boas práticas exigidas pela Agência Nacional de Vigilância Sanitária (ANVISA) para estabelecimentos produtores de alimentação.

Acompanhamento de desempenho do fornecedor, registrando e relatando periodicamente o atendimento de qualidade, quantidade, pontualidade e preço. Em caso de não conformidades, ações corretivas deverão ser tomadas.

1. Boas Práticas de Fabricação (BPF)

As BPFs são conjunto de exigências necessárias para garantir a qualidade sanitária dos alimentos desde a seleção da matéria-prima até a sua comercialização. A adoção dessas práticas representa uma das ferramentas mais importantes para o alcance de níveis adequados de segurança alimentar, garantindo a qualidade do alimento oferecido ao consumidor final.

A Agência Nacional de Vigilância Sanitária (ANVISA) é a entidade responsável pela proteção da saúde da população. Ela faz o controle de toda a produção e comercialização de alimentos e refeições a partir de inspeções feitas por visitas técnicas, podendo interditar esses locais em caso de risco à saúde ou em violação da legislação vigente.

O Manual de Boas Práticas de Fabricação de Alimentos é o documento que define os critérios e as normas que orientam e permitem o acompanhamento dos procedimentos higiênico-sanitários nos estabelecimentos que produzem refeições. Nele, são descritos os procedimentos para as diferentes etapas de produção dos alimentos e refeições, bem como as especificações dos padrões de identidade e qualidade adotados pelo estabelecimento, devendo ser monitorados pelo responsável técnico deste. Esse manual é elaborado após a verificação das condições atuais do local, desde as instalações, higienização e todas as rotinas operacionais do serviço de alimentação.

A estrutura física é o primeiro grande capítulo tratado na RDC 216/2004, em que o ambiente destinado ao recebimento, armazenamento, preparo, e exposição dos alimentos deve evitar contaminações físicas, químicas e microbiológicas. Os principais cuidados estão destacados a seguir:

Áreas externas: o acesso deve ser independente de outros usos. As áreas adjacentes à edificação de uma UAN devem ser limpas, de preferência calçadas e livres de objetos em desuso.

Configuração do local: a estrutura deve estar isenta de obstáculos, permitindo melhor circulação dos funcionários, disposição dos equipamentos e o fluxo do alimento. Sempre retangular ou quadrada. As áreas de recebimento, preparo, armazenamento e distribuição devem ser isoladas. A área deve ser compatível com toda a operação.

Recebimento de matérias-primas: deve ser uma área de fácil acesso, próxima ao estoque, apresentando rampa e proteção contra alterações do clima, como sol e chuva. Os alimentos não podem entrar em contato direto com o piso, sendo necessário o uso de paletes ou estrados com uma distância de 10 cm das paredes e entre eles. Essa área deve ser dotada de balança e área para pré-seleção da matéria-prima e troca de caixarias.

Armazenamento: o armazenamento pode ser feito em temperatura ambiente, com porta de material de fácil higienização, com molas de fechamento automático, ajustada aos batentes. As prateleiras devem estar a 25 cm do piso, com profundidade até 45 cm. Não podem existir ralos, nem tubulações de água e vapor. Se tiver, colocar telas. Produtos descartáveis e produtos de limpeza devem ser armazenados separadamente.

O armazenamento também poderá ser feito de forma refrigerada em câmara fria. Podem ser de paredes de alvenaria, com piso e teto em concreto, ou podem ser feitas em painéis próprios desmontáveis. A porta deve ser de material liso, impermeável e lavável, e deve apresentar dispositivo para saída de emergência e deve haver um termômetro externo para controle da temperatura. Assim como os produtos refrigerados, alimentos congelados devem ser mantidos em câmara fria de congelamento, de preferência com cortinas de proteção e com antecâmara.

Vestiários e Instalações Sanitárias: não devem apresentar ligação direta com as áreas de processo. Devem ser mantidos organizados e em bom estado de conservação. Essas áreas devem possuir lavatórios e sanitários em número suficiente, dotadas de produtos de higiene pessoal, como papel higiênico, sabonete líquido inodoro e produto antisséptico, bem como toalhas de papel não reciclado para secagem das mãos. Os coletores de resíduos devem ser dotados de tampa e pedal, evitando o contato manual.

Pré-preparo e preparo: deve apresentar uma bancada para manipulação de carnes, outra para preparo e limpeza de vegetais e outra para massas e outros alimentos. A área de cocção deve estar entre o pré-preparo e a distribuição dos alimentos. Os equipamentos para preparo devem seguir um fluxo linear em balcões específicos. As superfícies dos equipamentos, móveis e utensílios devem estar isentas de rugosidades, frestas ou imperfeições que possam ser fonte de contaminação dos alimentos.

Distribuição: depende do tipo de refeição distribuída e do tipo de atendimento ao comensal. Os ventiladores não devem incidir diretamente sobre os alimentos e as plantas devem estar distantes dos balcões e mesas.

Higienização de utensílios: deve ser delimitada por paredes e estar isolada da área de produção. Deve haver água quente e fria, drenagem apropriada, local para utensílios sujos e local para guardar os utensílios limpos. Devem ser mantidos em adequado estado de conservação e resistente às repetidas operações de limpeza e desinfecção.

Depósito de lixo: deve ser isolado das outras áreas para impedir a contaminação. Se não houver espaço para criar uma nova área, utilizar contêineres apropriados nas áreas externas, higienizando periodicamente. Para o lixo orgânico, aconselha-se câmara fria refrigerada, mantida limpa e em adequado estado de conservação.

Abastecimento de gás: poderá ser feito em botijões ou por gás liquefeito de petróleo (GLP) a granel e deve obedecer às diretrizes da Associação Brasileira de Normas Técnicas (ABNT), garantindo a ventilação do local, sendo em uma área exclusiva.

Ventilação: a ventilação deve garantir a renovação de ar, a fim de evitar um ambiente com acúmulo de condensação de vapores e fungos. Nas áreas de cocção de alimentos, pode haver exaustores e coifas posicionados para reduzir a temperatura ambiente. O fluxo de ar não pode incidir sobre os alimentos.

Iluminação: deve ser de intensidade adequada e evitar sombras, sendo que a luz artificial é mais uniforme, mas deve-se levar em consideração o custo e o fato de não alterar as características do alimento. A luz fluorescente é a mais indicada. As calhas devem apresentar proteção contra explosão e quedas para que os alimentos não sejam contaminados em casos de acidentes.

Eletricidade: é proibido o uso de fios expostos, as instalações elétricas devem estar embutidas ou protegidas por tubulações. As tomadas devem estar a 1,5 m de altura do chão e podem ser utilizados protetores para evitar a entrada de água. Os espelhos devem ser bem ajustados, evitando a proliferação de pequenos insetos.

Forros: devem ser de cores claras, material de fácil higienização, com superfície lisa. Não pode haver vazamentos, infiltrações, goteiras, mofos, nem descascamento da pintura. O espaço entre a parede e o forro ou teto deve estar vedado e qualquer abertura deve estar protegida por tela.

Paredes: as paredes das áreas de processamento e armazenamento de alimentos e matérias-primas devem ser de cor clara, com material lavável, liso e impermeável, estando livres de qualquer tipo de rachaduras, mofos e descascamentos. Nos locais de movimentação de carros, pode-se utilizar cantoneiras e barras para melhor resistência do material, fazendo-se uso de silicone para melhor vedação.

Janelas: deve-se utilizar telas de proteção removíveis com orifícios de até 2 mm para evitar a entrada de animais. A janela deve ser posicionada de forma que a luz natural entre sem deixar que os raios solares incidam diretamente, evitando aquecimento e iluminação excessiva. O material deve ser fácil de limpar e a janela deve estar ajustada ao batente, sendo que os peitoris devem ser estreitos e com pequena inclinação para fora.

Portas: todas as portas devem ser mantidas fechadas e estar a menos de 1 cm do piso, tendo fechamento automático por meio de mola com fechamento automático ou sistema eletrônico. Não é permitido o uso de madeira ou ferro galvanizado, sendo que devem apresentar superfícies lisas e higienizáveis.

Bancadas: devem ser feitas de material liso, impermeável, lavável como o aço inoxidável.

Pias: o aço inoxidável é o material mais indicado por ser liso, impermeável e fácil de ser higienizado. Deve apresentar um bom sistema de drenagem e é indicado o acionamento da torneira por meio de pedal.

Hidráulica: não devem haver tubulações ou canos expostos.

Prateleiras: não podem ser de madeira e devem estar a 5 cm das paredes. O ideal é que seja construída com material impermeável e higienizável, como o aço inoxidável.

Pisos: na área do estoque, deve ser reto para permitir o empilhamento, mas no restante da produção deve apresentar um desnível de 1% no sentido dos ralos existentes. O nível do piso deve estar acima do nível da área externa para permitir a drenagem da água. O material deve ser antiderrapante, de fácil higienização, de cor clara, liso e resistente a produtos químicos.

Ralos: os ralos devem apresentar sifão e apresentam sistema de fechamento, podendo ser abertos somente para a limpeza.

Caixa d'água: deve apresentar o tamanho adequado para atender às necessidades do local, ser de fácil acesso e estar protegida contra a entrada de insetos e outros animais. Deve estar livre de vazamentos e infiltrações e apresentar filtros posicionados antes da água entrar na caixa e após a saída da água para as torneiras. Devem ser mantidos os registros de higienização, preferencialmente por empresa terceirizada.

Caixa de gordura: deve se localizar em uma área externa ao processamento de alimentos e sua limpeza e manutenção devem ser feitas periodicamente conforme a necessidade do local, por intermédio de uma empresa especializada.

Esgotos: a rede de esgoto deve estar conectada à rede pública e seu tamanho deve ser apropriado para suportar uma quantidade máxima. Os encanamentos não devem apresentar vazamentos e devem apresentar sifões apropriados.

A higienização das áreas e setores de manipulação de alimentos é de extrema importância para evitar contaminações dos alimentos. As operações de limpeza e higienização deverão ser realizadas por pessoal comprovadamente capacitado e com uma frequência que garanta as condições ideais do local.

A rotina de higienização deve cumprir um cronograma específico, conforme o Quadro 1:

Frequência	Local
Diária	Interruptores, tomadas, paredes (até a altura das bancadas), portas, bancadas, pisos, depósito de lixo, ralos e instalações sanitárias.
Semanal	Paredes (até o teto), janelas e prateleiras.
Quinzenal	Caixa de gordura.
Mensal	Luminárias, telas, forros e tetos.
Semestral	Caixa d´água.
Conforme a necessidade	Luminárias, telas, prateleiras e forros e tetos.

Quadro 1 – Periodicidade de higienização de uma UAN

Fonte: autores

2. Procedimentos Operacionais Padronizados (POPs)

Os padrões e procedimentos operacionais podem ser definidos como o estabelecimento ou prescrição de métodos a serem seguidos rotineiramente, para o desempenho de operações ou situações designadas.

As instruções de cada POP devem ser objetivas e especificadas passo a passo, para obtermos um produto final com qualidade. Um POP deve descrever todos os procedimentos operacionais de higienização definidos pelo estabelecimento; especificar a frequência dos procedimentos; identificar os responsáveis para execução e monitoramento, bem como ser assinado por estes[1].

Os POPs instaurados no Brasil pela Resolução no 275 da ANVISA (Ministério da Saúde – MS) em 2002 são a referência para o controle de procedimentos de higiene representados por requisitos de BPF considerados críticos na cadeia produtiva de alimentos. Para esses procedimentos, recomenda-se a adoção de programas de monitorização, registros, ações corretivas e aplicação constante de checklists.

Esses procedimentos vão dar suporte à confecção do mesmo manual de boas práticas, que é documental. Os POPs exigidos no controle de qualidade dos processos de produção e higiene dos alimentos, segundo a RDC 216, são:

1. **Higienização das instalações, equipamentos e móveis;**
2. Controle da potabilidade da água;
3. Higiene e saúde dos manipuladores;
4. Controle integrado de vetores e pragas urbanas.

Todos os POPs devem descrever o passo a passo dos procedimentos, a frequência, os materiais utilizados, a pessoa responsável pela execução da tarefa, a forma de monitoramento e de verificação e as ações corretivas que devem ser tomadas em caso de não conformidades. Quanto ao item número 1, refere-se a documentar os procedimentos de limpeza, desinfecção e conservação das superfícies, equipamentos e utensílios que entram em contato direto e indireto com o alimento[2].

Exemplos de instalações que necessitam de POPs para higiene das instalações: teto, piso, paredes, portas, janelas, telas, bancadas, estoque, vestiário, sanitário.

Exemplos de equipamentos e móveis que necessitam de POPs para higiene: balanças, fogão, forno, refrigerador, mesas, prateleiras, chapa, exaustor, liquidificador, batedeira, panelas, caixas, lixeiras, panos de limpeza, talheres etc.

Em relação ao item número 2, refere-se a descrever os procedimentos para higienização do reservatório de água. Muitas vezes, a higienização adequada e periódica do reservatório de água pode ser esquecida em uma UAN, o que pode causar contaminação em etapas que já são consideradas críticas para a produção do produto final.

A respeito do item número 3, o qual trata de higiene e saúde dos manipuladores, possui como objetivo principal estabelecer os procedimentos a serem adotados no controle de saúde dos manipuladores, de modo a evitar a contaminação microbiológica dos alimentos e prevenir problemas de saúde consequentes da atividade profissional[3]. Exemplos desses procedimentos importantes: lavagem e antissepsia das mãos, higiene corporal, uniformes, uso de luvas.

Quanto ao item número 4, o controle integrado de vetores e de pragas urbanas é de suma importância para o bom funcionamento de uma UAN. Seu principal objetivo ao utilizar POPs para esse tipo de ação é descrever os procedimentos adotados pela empresa para assegurar um eficiente controle integrado de pragas nas áreas internas e externas, prevenindo a contaminação dos alimentos.

Os POPs e as BPF vão dar o suporte necessário para que o sistema de Análise de Perigos e Pontos Críticos de Controle (APPCC) possa agir nos pontos críticos de controle. A Figura 1 representa aspectos que devem estar presentes ao elaborar um POP.

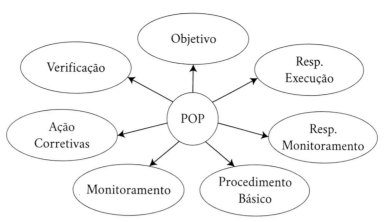

Figura 1 – POP Higienização das Instalações, equipamentos e móveis
Fonte: Autoras

O objetivo de um POP é de orientar e responsabilizar os manipuladores sobre o correto processo de higienização e sanitização dos equipamentos e utensílios, padronizando as operações entre turnos e equipes.

Exemplificamos a seguir um Procedimento Operacional Padronizado para a higienização de equipamentos e utensílios nas seguintes tabelas. A implementação dessas ferramentas deve ser verificada sistematicamente, a fim de garantir a segurança do produto final.

POP – Higienização de Instalações, Equipamentos e Móveis
Objetivo: Orientar os manipuladores sobre o correto procedimento para a higienização de instalações, equipamentos e móveis.
Responsável pela Execução:
Funcionários responsáveis pelos procedimentos de higienização das instalações, equipamentos e móveis.
Responsável pelo Monitoramento:
Supervisor, Nutricionista.

Quadro 2 – Modelo de POP Higienização de Equipamentos e Utensílios
Fonte: autores

Procedimentos Básicos para Higienização Manual:
• Retirar o excesso de sujidades;
• Umedecer uma esponja em solução detergente;
• Ensaboar os utensílios e acumular ensaboados até ocupar o espaço disponível;
• Enxaguar em água corrente até remover todo o detergente e demais resíduos;
• Imergir ou borrifar solução clorada 200 ppm, aguardar 15 minutos e enxaguar em água corrente;
• Deixar secar naturalmente.

Quadro 3 – Modelo de POP higienização manual de equipamentos e móveis
Fonte: autores

Forno de Micro-ondas		
Frequência	**Procedimento**	**Produto**
Diariamente	• Remover o prato giratório. • Limpar a superfície interna com pano embebido em solução detergente; • Enxaguar com pano embebido em água limpa; • Desinfetar em solução clorada.	Detergente neutro e solução de cloro a 200 ppm.
Responsável: Auxiliar de limpeza.		
EPIs: é recomendado o uso de luvas de borracha e óculos.		

Quadro 4 – Modelo de POP higienização de forno micro-ondas

Monitoramento:
• Acompanhamento diário, com registros de controle de higiene pessoal e acompanhamento do consumo de produtos e materiais de higienização.

Ações Corretivas:
• Corrigir problemas relacionados às não conformidades detectadas no controle de higiene de instalações, equipamentos e móveis.
• Promover treinamento básico para manipuladores novos e capacitação contínua.

Verificação:
• Inspecionar diariamente a higienização de instalações, equipamentos e móveis.
• Acompanhar o preenchimento das planilhas de higienização.

Quadro 5 – Modelo de POP para monitoramento do controle de higienização pessoal e de materiais envolvidos no processo de produção

Fonte: autores

3. Análise de Perigo e Pontos Críticos de Controle (APPCC)

O sistema APPCC, do original em inglês *Hazard Analysis and Critical Control Points* (HACCP), teve sua origem na década de 50 em indústrias químicas na Inglaterra e, nos anos 60 e 70, foi extensivamente usado nas plantas de energia nuclear e adaptado para a área de alimentos pela *Pillsbury Company*, a pedido da Nasa, para que não houvesse nenhum problema com os astronautas relativo a enfermidades transmitidas por alimentos (ETA) e equipamentos (migalhas de alimentos) em pleno voo.

O problema de migalhas foi resolvido com o uso de embalagens especiais, e de possíveis ETA, com a utilização do sistema APPCC, que, por mostrar-se altamente preventivo, evita a falsa sensação de segurança de produtos que eram, até então, inspecionados lote a lote por análises microbiológicas, sendo esta a única garantia dada por outras ferramentas de controle de qualidade.

O APPCC é baseado numa série de etapas inerentes ao processamento industrial dos alimentos, incluindo todas as operações que ocorrem desde a obtenção da matéria-prima até o consumo, fundamentando-se na utilização de APPCC na indústria de alimentos, identificação dos perigos potenciais à saúde do consumidor, bem como nas medidas de controle das condições que geram os perigos[4, 5]. É racional, por basear-se em dados científicos e registrados, lógico e compreensível, por considerar ingredientes, processos e usos dos produtos, é contínuo, isto é, os problemas são detectados e imediatamente corrigidos, e sistemático, por ser um plano completo, passo a passo desde a matéria-prima até a mesa do consumidor. É possível listar alguns benefícios como: garantia da segurança do alimento; diminuição de custos operacionais (evita destruição, recolhimento e, às vezes, reprocessamento); diminuição do número de análises; redução de perdas de matérias-primas e produtos; maior credibilidade junto ao cliente; maior competitividade na comercialização[6, 7]. É importante ressaltar que atende à obrigatoriedade na exportação e a requisitos legais internos, como a Portaria 46/98, e externos, como o *Codex*, Mercosul e Comunidade europeia.

De acordo com o *Codex Alimentarius*, as etapas que compõem a implementação de um APPCC incluem:

1. **Formação de uma equipe multidisciplinar**
2. Número de planos a serem elaborados
3. Descrição dos produtos e serviços
4. Uso e aplicação do produto final
5. Descrição das matérias-primas e ingredientes
6. Elaboração dos fluxogramas
7. Confirmação prática do fluxograma

A partir dessas definições, podemos iniciar o levantamento dos perigos em potencial; a classificação das medidas de controle e determinação das etapas críticas do processo. Na sequência, são estabelecidos os limites críticos e as formas de monitoramento do PCC. No caso de desvio, serão planejadas as correções e tomadas as ações corretivas.

Como todo o sistema de APPCC é muito dinâmico, dependendo da equipe, dos equipamentos, matéria-prima, entre outros tantos fatores que fazem parte do processo produtivo, são necessárias atividades de verificação periódicas. Todo esse processo necessita que todos os registros de cada etapa do processo sejam feitos objetivamente.

4. International Organization for Standardization (ISOs)

A normalização da qualidade nos diversos segmentos e atividades organizacionais tem sido o grande desafio da *International Organization for Standardization* (ISO)[8]. A expressão "ISO" tem o significado semântico de igualdade ou padrão. A Organização Internacional para a Normalização foi fundada em 1947, tendo sua sede em Genebra, Suíça. A missão que norteia as atividades da ISO é a de promover a normalização de produtos e serviços para que a qualidade destes seja sempre melhorada. A *International Organization for Standardization* é representada em vários países por organismos locais que seguem os procedimentos definidos por esse comite[9]. No Brasil, a organização responsável pela adaptação dos padrões internacionais, nos diversos segmentos e atividades empresariais, é da Associação Brasileira de Normas Técnicas (ABNT).

A preocupação-chave dos profissionais que atuam nesse organismo de normalização tem sido a de se estabelecer e revisar constantemente os procedimentos que podem surtir efeitos positivos no processo de qualidade das atividades organizacionais. Os focos desse comitê internacional estão centrados nas definições de padrões de qualidade e de conformidade dos produtos, bem como no estabelecimento de parâmetros adequados ou aceitáveis nos processos de prestação de serviços. O núcleo interpretativo das questões empresariais recai na variável qualidade, como fator de produtividade e bem-estar da sociedade.

Apesar de essa organização ter iniciado oficialmente as suas atividades em 1964, só em 1987 foi divulgada a primeira norma internacional denominada **NBRISO 9000:2000**, composta pelas normas **NBRISO 9000, NBRI- SO 9001, NBRISO 9002, NBRISO 9003** e **NBRISO 9004**. Essa norma tem o caráter contratual, pois é aplicável em situações contratuais que exigem da empresa fornecedora que seja administrada com qualidade, de forma que o cliente tenha a garantia da existência de um sistema de qualidade que garanta as regras de conformidade do produto/serviço.

Em um primeiro momento, o foco das chamadas ISOs foi o de garantir aspectos relacionados ao perfeito funcionamento e segura forma de utilização dos produtos fabricados, dentro da lógica da igualdade de suas operações. Tempos depois, a preocupação com o ecossistema passou a ocupar espaço com a aprovação da **NBRISO 14000** e regulamentações subsequentes[10].

Por essas razões, a *International Organization for Standardization* tem definido regras e parâmetros que reduzam os hiatos interpretativos sobre o que possa ser considerado de qualidade, igual ou semelhante, dentro de uma conformidade para o uso ou consumo. Dentre as diversas normas formatadas, algumas já são reconhecidas e implementadas em empresas, como são os casos já mencionados, por exemplo, das **NBRISO 9000:2000, NBRISO 14000**, e **NBRISO 19000**.

No entanto, mais recentemente, no dia 1º de setembro de 2005, foi publicada a norma **NBRISO 22000** (*Food safety management systems – Requirements for any organization in the food chain*), que define parâmetros relativos à cadeia dos produtos e serviços inerentes à qualidade dos alimentos. A **NBR- -ISO 22000** veio substituir a **NBRISO 14900** e complementar a **NBRISO 9000:2000**, que tem como centro das atenções a padronização e defesa dos sistemas de gestão da segurança de alimentos para qualquer organização na cadeia produtiva de alimentos. Essa conquista tem despertado o interesse dos especialistas em gestão das organizações públicas, privadas e das ONGs, em controlar e auditar os preceitos definidos pela supramencionada norma (http://www.abnt.org.br).

Dentro da visão da cadeia de fornecimento de alimentos (*food supply chain*) e no enfoque na comunicação interativa, essa norma tem como finalidade garantir que os alimentos são seguros para o consumidor final. Assim, a **NBRISO 22000** é aplicada à produção primária (agricultura, pecuária, pesca), em todas as fases de transformação intermediária, nos serviços de logística e disponibilização por grosso ou retalho, na hotelaria e restauração, bem como a todas as organizações cujas atividades se inter-relacionem com aquelas, como são os casos da produção de equipamentos para a indústria alimentar, de material de embalagem, de produtos de higienização, limpeza, controle de pragas e de aditivos e ingredientes para incorporação nos alimentos.

Como se pode verificar, a **NBRISO 22000**, com o intuito de trazer transparência aos produtos e serviços associados, é retratada pela certificação dessa norma, ou seja, um selo que dá visibilidade e credibilidade ao estabelecimento escolhido pelo cliente. A referida norma define que o acompanhamento se dê em todas as etapas do processo produtivo, desde o plantio até as fases intermediárias de industrialização e transporte dos alimentos, que sigam critérios de vistorias padronizadas na esfera internacional.

Por essas razões, nas útimas duas décadas, a auditoria dos programas de qualidade tem se ampliado, pois, por meio dessa ferramenta de análise de gestão, é possível estabelecer ações corretivas de administração.

5. Legislações que Norteiam as Boas Práticas

No Brasil, a legislação que norteia as boas práticas e o controle de qualidade na produção dos alimentos vem atualizando-se constantemente, colocando em consulta pública e orientando, por meio dos órgãos competentes, as empresas e estabelecimentos dessa área, para que cada vez mais possamos atingir a excelência do nosso produto final.

A seguir, elencamos as legislações mais relevantes, para que sejam base da implementação das boas práticas.

Resolução RDC n.º 216, de 15 de setembro de 2004 – MS

Aprova o Regulamento Técnico e estabelece procedimentos de Boas Práticas para serviços de alimentação a fim de garantir as condições higiênico-sanitárias do alimento preparado. Âmbito: federal.

Portaria n.º 2619, de 06 de dezembro de 2011 – SMS

Aprova o Regulamento Técnico de Boas Práticas. Estabelece critérios/procedimentos operacionais padronizados para a produção de alimentos. Âmbito: municipal. Revoga a Portaria n.º 1210, de 3 de agosto de 2006.

Portaria 854 / Selom de 4 de julho de 2005 – Ministério da Defesa

Aprova o Regulamento Técnico de Boas Práticas de Fabricação em Segurança Alimentar nas Organizações Militares e a Lista de Verificação das Boas práticas de fabricação em Cozinhas Militares e Serviços de Aprovisionamento. Âmbito: federal.

Portaria n.º 326, de 30 de junho de 1997 – MS_

Aprova o Regulamento Técnico "Condições Higiênico-Sanitárias e de Boas Práticas de Fabricação para Estabelecimentos Produtores Industrializadores de Alimentos". Âmbito: federal.

Portaria n.º 368, de 4 de setembro de 1997 – Mapa

Aprova o Regulamento Técnico sobre as condições Higiênico-Sanitárias e de Boas Práticas de Fabricação para Estabelecimentos Elaboradores Industrializadores de Alimentos. Âmbito: federal.

Resolução RDC n.º 91, de 11 de maio de 2001 – ANVISA_

Aprova o Regulamento Técnico Critérios Gerais e Classificação de Materiais para Embalagens e Equipamentos em Contato com Alimentos constante do Anexo dessa Resolução. Âmbito: federal. Obs.: as Boas Práticas de Fabricação são um dos critérios exigidos.

Portaria n.º 5, de 9 de abril de 2013 – CVS-SP

Aprova o regulamento técnico sobre boas práticas para estabelecimentos comerciais de alimentos e para serviços de alimentação, e o roteiro de inspeção, anexo. Âmbito: estadual – SP. Revoga a Portaria CVS n.º 6, de 10 de março de 1999. Âmbito: estadual – SP. Revoga a Portaria CVS n.º 18, de 9 de setembro de 2008.

Circular n.º 175, de 16 de maio de 2005 – CGPE/Dipoa/Mapa

Estabelece Programas de Autocontrole que serão sistematicamente submetidos à verificação oficial de sua implantação e manutenção. Esses Programas incluem o Programa de Procedimentos Padrão de Higiene Operacional (PPHO/SSOP), o Programa de Análise de Perigos e Pontos Críticos de Controle (APPCC/HACCP) e, num contexto mais amplo, as Boas Práticas de Fabricação BPFs (GMPs). Em razão de acordos internacionais existentes, são estabelecidos os Elementos de Inspeção comuns às legislações de todos os países importadores, particularmente do setor de carnes. Âmbito: federal.

Portaria n.º 1428, de 26 de novembro de 1993 – MS

Aprova o Regulamento Técnico para a inspeção sanitária de alimentos, as diretrizes para o estabelecimento de Boas Práticas de Produção e de Prestação de Serviços na Área de Alimentos e o Regulamento Técnico para o estabelecimento de padrão de identidade e qualidade para serviços e produtos na área de alimentos. Âmbito: federal. Obs.: essa Portaria estabelece como um dos objetivos específicos a avaliação da eficácia e efetividade dos processos a partir do Sistema de Avaliação dos Perigos e Pontos Críticos de Controle (HACCP/APPCC), de forma a proteger a saúde do consumidor.

Portaria n.º 40, de 20 de janeiro de 1997 – Mapa

Aprova o Manual de Procedimentos no Controle da Produção de Bebidas e Vinagres baseado nos princípios do Sistema de Analise de Perigo e Pontos Críticos de Controle (APPCC). Âmbito: federal. Obs.: essa Portaria estabelece que a adoção do HACCP/APPCC é espontânea para bebidas e vinagres.

Circular n.º 272, de 22 de dezembro de 1997 – Dipoa/SDA/Mapa

Implanta o Programa de Procedimentos Padrão de Higiene Operacional (PPHO) e do Sistema de Análise de Risco e Controle de Pontos Críticos (ARCPC) em estabelecimentos envolvidos com o comércio internacional de carnes e produtos cárneos, leite e produtos lácteos e mel e produtos apícolas. Âmbito: federal. Obs.: ARCPC era a sigla usada no passado pelo Mapa para HACCP/APPCC.

Portaria n.º 46, de 10 de fevereiro de 1998 – Mapa

Institui o Sistema de Análise de Perigos e Pontos Críticos de Controle (APPCC) a ser implantado, gradativamente, nas indústrias de produtos de origem animal sob o regime do Serviço de Inspeção Federal (SIF), de acordo com o Manual Genérico de Procedimentos, anexo a essa Portaria. Âmbito: federal.

Circular n.º 369, de 2 de junho de 2003 – DCI/Dipoa/Mapa

Estabelece instruções para elaboração e implantação dos sistemas PPHO e APPCC nos estabelecimentos habilitados à exportação de carnes. Âmbito: federal.

Portaria n.º 6, de 10 de março de 1999 – CVS-SP

Aprova o Regulamento Técnico que estabelece os Parâmetros e Critérios para o Controle Higiênico-Sanitário em Estabelecimentos de Alimentos. Âmbito: estadual – SP.

Resolução RDC n.º 275, de 21 de outubro de 2002 – ANVISA
Aprova o Regulamento Técnico de Procedimentos Operacionais Padronizados aplicados aos Estabelecimentos Produtores Industrializadores de Alimentos e a Lista de Verificação das Boas Práticas de Fabricação em Estabelecimentos Produtores Industrializadores de Alimentos. Âmbito: federal.

Referências

1. SACCOL, A. L. F.; STANGARLIN, L.; HECKTHEUER, L. H. *Instrumentos de Apoio para Implantação das Boas Práticas em Empresas Alimentícias*. Rio de Janeiro: Rubio, 2012.

2. OLIVEIRA, A. B. A.; CUNHA, D. T.; STEDEFELDT, E.; CAPALONGA, R.; TONDO, E. C.; CARDOSO, M. Hygiene and good practices in school meal services: organic matter on surfaces, microorganisms and health risks. *Food Control*, 40, p. 6, 2014.

3. BARTZ, S.; TONDO, E. C. Evaluation of two recommended disinfection methods for cleaning cloths used in food services of southern Brazil. *Braz J Microbiol*, 44(3), p. 5, 2013.

4. RIBEIRO-FURTINI, L. L.; ABREU, L. R. Utilização de APPCC na indústria de alimentos. *Ciênc agrotec*, Lavras, 30(2), p. 6, 2005.

5. CEUPPENS, S.; HESSEL, C. T.; RODRIGUES, R. Q.; BARTZ, S.; TONDO, E. C.; UYTTENDAELE, M. Microbiological quality and safety assessment of lettuce production in Brazil. *Int J Food Microbiol*, 181, p. 9, 2014.

6. BRYAN, F.; SILVA Jr, E. Aplicação do método de análise de risco por pontos críticos de controle, em cozinhas industriais. *Rev Hig Aliment*, 4, p. 7, 1993.

7. ROSSI, E. M.; SCAPIN, D.; TONDO, E. C. Microbiological contamination and disinfection procedures of kitchen sponges used in food services. *Food Nutr Sci.*, 3, p. 5, 2012.

8. ROCHA, J. M.; ROCHA, R. A.; WEISE, A.; SCHULTZ, C. A. ISO 22000: Gestão e segurança de alimentos. *Revista ADMpg Gestão Estratégica*, 2(2), p. 8, 2009.

9. MARQUES, V. A. de S. R. *ISO 22000:2005*: food safety management systems: requirements for any organization in the food chain. 2005.

10. ALMEIDA, L. T. *Política ambiental*: uma análise econômica. São Paulo: Unesp, 1998.

11. BRASIL - Ministério da Saúde - Portaria nº 1428, de 26 de novembro de 1993. D.O.U. - Diário Oficial da União; Poder Executivo, de 02 de dezembro de 1993

12. BRASIL, Ministério da Saúde. Secretaria de Vigilância Sanitária. Portaria nº 326. de 30 de julho de 1997. D.O.U. - Diário Oficial da União; Poder Executivo, Seção I – 01.08.97

13. BRASIL, Ministério da Agricultura e do Abastecimento. Gabinete do Ministro. Portaria nº 368, de 04 de setembro de 1997. D.O.U. Diário Oficial da União De 08/09/1997, seção 1, P. 19697.

14. BRASIL. Ministério da Agricultura, Pecuária e Abastecimento – MAPA. Portaria n.º 40, de 20 de janeiro de 1997 - Aprova o Manual de Procedimentos no Controle da Produção de Bebidas e Vinagres baseado nos princípios do Sistema de Analise de Perigo e Pontos Críticos de Controle (APPCC). Publicada no Diário Oficial da União de 21/01/1997..

15. BRASIL. DIPOA/DAS/MAPACircular n.º 272, de 22 de dezembro de 1997 iplantação do Programa de Procedimentos Padrão de Higiene Operacional (ppho) e do Sistema de Análise de Risco e Controle de Pontos Críticos (arcpc) Em Estabelecimentos Envolvidos Com O Comércio Internacional de Carnes e Produtos Cárneos, Leite e Produtos Lácteos e Mel e Produtos Apícolas.

16. BRASIL. Mapa, Portaria n.º 46, de 10 de fevereiro de 1998 – Institui o Sistema de Análise de Perigos e Pontos Críticos de Controle (APPCC) a ser implantado, gradativamente, nas indústrias de produtos de origem animal sob o regime do Serviço de Inspeção Federal (SIF), de acordo com o Manual Genérico de Procedimentos, anexo a essa Portaria. Âmbito: federal.

17. SÃO PAULO. Secretaria do Estado de Saúde, Centro de Vigilância. Portaria n.º 6, de 10 de março de 1999 – Aprova o Regulamento Técnico que estabelece os Parâmetros e Critérios para o Controle Higiênico-Sanitário em Estabelecimentos de Alimentos.

18. BRASIL. Ministério da Saúde. Agência Nacional de Vigilância Sanitária. Resolução RDC n.º 91, de 11 de maio de 2001. Aprova o Regulamento Técnico - Critérios Gerais e Classificação de Materiais para Embalagens e Equipamentos em Contato com Alimentos constante do Anexo desta Resolução.

19. BRASIL. Ministério da Saúde. ANVISA - Agência Vigilância Sanitária. Resolução RDC n.º 275, de 21 de outubro de 2002. Dispõe sobre o Regulamento Técnico de Procedimentos Operacionais Padronizados aplicados aos Estabelecimentos Produtores/ Industrializadores de Alimentos e a Lista de Verificação das Boas Práticas de Fabricação em Estabelecimentos Produtores/Industrializadores de Alimentos. Publicada no Diário Oficial da União de 06/11/2002.

20. BRASIL. Circular n.º 369, de 2 de junho de 2003 – DCI/Dipoa/Mapa - Estabelece instruções para elaboração e implantação dos sistemas PPHO e APPCC nos estabelecimentos habilitados à exportação de carnes.

21. BRASIL. Ministério da Saúde. Agência Nacional de Vigilância Sanitária. Resolução RDC n.º 216, de 15 de setembro de 2004. Dispõe sobre Regulamento Técnico de Boas Práticas para Serviços de Alimentação.

22. MINISTÉRIO DA DEFESA. Secretaria de Logística, Mobilização, Ciência e Tecnologia. Portaria n.º 854/SELOM, de 4 de julho de 2005. Aprova o Regulamento Técnico de Boas Práticas em Segurança Alimentar nas Organizações Militares.

23. BRASIL. MINISTÉRIO DA AGRICULTURA, PECUÁRIA E ABASTECIMENTO. Secretaria de Defesa Agropecuária. Departamento de Inspeção de Produtos de Origem Animal. Coordenação Geral de Programas Especiais. Circular Nº 175/2005/CGPE/DIPOA Brasília, 16 de maio de 2005. Procedimentos de Verificação dos Programas de Autocontrole.

24. SÃO PAULO. Portaria 2619/2011 – Secretaria Municipal da Saúde – SMS.

25. SÃO PAULO. Secretaria de Estado da Saúde. Coordenadoria de Controle de Doenças. Centro de Vigilância Sanitária. Divisão de Produtos Relacionados à Saúde. Portaria CVS 5, de 09 de abril de 2013. Aprova o regulamento técnico sobre boas práticas para estabelecimentos comerciais de alimentos e para serviços de alimentação, e o roteiro de inspeção, anexo.

26. (ABNT) ABdNT. *NBR ISO 14001* - Sistema de gestão ambiental: especificação e diretrizes para uso. Rio de Janeiro: ABNT, 1996.

27. (ABNT) ABdNT. *NBR ISO 14004* - Sistema de gestão ambiental: diretrizes gerais sobre princípios, sistemas e técnicas de apoio. Rio de Janeiro: ABNT, 1996.

CAPÍTULO 10

SEGURANÇA DOS ALIMENTOS: DO ABASTECIMENTO À DISTRIBUIÇÃO EM UNIDADES DE ALIMENTAÇÃO E NUTRIÇÃO

Valeria Hartmann
Nair Luft
Graziela De Carli

1. Recebimento de alimentos

Alimento é toda substância ou mistura de substâncias no estado sólido, líquido ou pastoso, destinado a fornecer ao organismo os elementos necessários à sua formação, manutenção e desenvolvimento[1]. Os alimentos constituem o material básico para a elaboração das preparações que fazem parte dos cardápios. São todos os produtos que serão processados e manipulados para um determinado consumidor. São classificadas em perecíveis, não perecíveis e semiperecíveis[2].

Alimentos perecíveis são produtos alimentícios que propiciam a multiplicação bacteriana de forma mais rápida e necessitam de refrigeração para manter suas características por um prazo determinado. Os alimentos não perecíveis são estáveis em sua composição, podendo ser armazenados em temperatura ambiente, mantendo suas características até o prazo de validade determinado, já os alimentos semiperecíveis possuem características intermediárias para as alterações, sendo armazenados em temperatura ambiente[2].

Em todas as etapas relacionadas ao processo produtivo, são necessários controles específicos, definidos nas unidades por meio dos procedimentos operacionais padronizados para controle de Doenças Transmitidas por Alimentos (DTAs). As DTAs são todas as ocorrências clinicas consequentes da ingestão de alimentos que possam estar contaminados com microrganismos patogênicos (infecciosos, toxinogênicos ou infestantes), substâncias químicas, objetos lesivos ou que contenham em sua constituição estruturas naturalmente tóxicas. São doenças consequentes da ingestão de perigos biológicos, químicos ou físicos presentes nos alimentos[2].

As maiores causas de transmissão de DTAs estão continuamente mudando e as bactérias nocivas são produtos de contaminação cruzada de alimentos geralmente considerados seguros, mas que exigem alterações frequentes nos métodos de controle da segurança alimentar tradicional, tornando necessário maior monitorização das práticas seguras de manipulação de alimentos[3].

O recebimento de mercadorias é realizado na plataforma de descarga, situada na área externa do serviço, próximo à estocagem e de fácil acesso a fornecedores. No recebimento, são avaliados, qualitativa e quantitativamente, os produtos entregues pelos fornecedores, seguindo os critérios pré-definidos para cada produto. A supervisão dos materiais deve ser feita por nutricionista ou técnico responsável[4]. Todos os produtos são inspecionados, a fim de verificar a qualidade e o estado de conservação, bem como seu prazo de validade[5].

A área para o recebimento de mercadorias deve ser coberta, permitindo a recepção de gêneros sem necessidade de rampas ou escadas, protegida e limpa[5], dotada de espaço adequado para o recebimento e inspeção de materiais, manipulação de caixas, transferência de mercadorias, pré-higienização de mercadorias e higienização de caixas. Deve ter espaço suficiente para acomodação da mercadoria para conferência, ser dotada de pia para higienização de mãos, balança para conferência dos produtos e mesa para o manuseio dos documentos[6]. No recebimento, são avaliados os fornecedores de alimentos, o transporte e a qualidade dos gêneros[2,4].

1.1 Etapas para o recebimento de alimentos

A conferência quantitativa deve ser realizada imediatamente após o recebimento. A checagem é feita conferindo o material recebido com o pedido de compras[4]. Na sequência, os produtos são avaliados quanto à qualidade, com verificação das características sensoriais (textura, odor, cor e aparência), da temperatura e as condições das embalagens. As características devem ser registradas em documento próprio da unidade, conforme procedimento elaborado pelo estabelecimento[7].

Para os produtos de origem animal, é verificada, também, a presença do carimbo do Serviço de Inspeção Federal (SIF) e/ou registros estaduais e municipais[2]. No recebimento de mercadorias, caso haja mais de um fornecedor aguardando, o atendimento deve ser realizado atendendo à sequência descrita a seguir[2,8].

1.º Alimentos perecíveis resfriados e refrigerados;

2.º Alimentos perecíveis congelados;

3.º Alimentos semiperecíveis;

4.º Alimentos não perecíveis.

Para avaliar a qualidade de um fornecedor, é indispensável uma triagem criteriosa que se dá, principalmente, por visitas técnicas ao local. Durante a visita técnica, devem ser observados todos os aspectos sobre manipulação dos alimentos, equipamentos e utensílios, edificações, controle de pragas, transporte e armazenamento[6,9,5,10]. No recebimento de mercadorias, a avaliação do fornecedor é realizada a partir da verificação das características dos entregadores, veículos e o prazo de entrega, sendo os critérios de qualidade descritos no Quadro 1.

Fornecedor	
Entregadores	Uniforme limpo, calçado fechado, proteção de cabelo (quando adentrar em locais de processo/armazenamento), higiene pessoal adequada.
Transporte/Descarregamento	Veículos limpos, livres de sujidades no piso ou laterais internas, bem conservados, de material que permita a correta higienização e que sejam adequados às características dos produtos (fechados, isotérmicos ou refrigerados).
	Veículos não devem transportar outras cargas que comprometam a qualidade higiênico-sanitária do alimento preparado.
	Cabine do condutor deve ser isolada da parte que contém alimentos. O acondicionamento dos alimentos deve ser em recipientes limpos.

Fornecedor	
Prazo de Entrega	O prazo de entrega deve ser respeitado conforme as especificações do pedido, preferencialmente em horário comercial.

Quadro 1 – Controle de qualidade no transporte de alimentos[2]

Fonte: autoras

A qualidade dos alimentos relacionada à rotulagem e temperatura deve ser aprovada na recepção, seguindo critérios estabelecidos para cada produto, conforme Quadro 2. Os lotes de produtos reprovados ou com prazo de validade vencido devem ser imediatamente devolvidos ao fornecedor ou, na impossibilidade de devolução, devem ser devidamente identificados e armazenados separadamente, com indicação da destinação final destes[5,9].

Produtos	
Rotulagem	Nome, ingredientes do produto e composição nutricional
	Data de fabricação, validade e lote
	CNPJ e endereço do fabricante
	Registro no órgão oficial (se aplicável)
	Quantidade
	Responsável técnico
Temperatura de gêneros perecíveis	Avaliar a temperatura dos alimentos de acordo com a orientação dada pelo fornecedor no rótulo. Se o fornecedor não estabelecer critérios de temperatura, utilizar os padrões indicados na Tabela 1.

Quadro 2 – Controle de qualidade dos produtos no recebimento

Fonte: autoras

A temperatura dos alimentos que necessitam de condições especiais de conservação deve ser verificada e registrada em formulário específico. Recomenda-se seguir a informação que consta na rotulagem ou utilizar os critérios indicados na Tabela 1[9,5,11].

Tabela 1 – Temperaturas indicadas no recebimento de gêneros

Gêneros	Temperatura Ideal
Produtos congelados	No mínimo -12 ºC
Carnes resfriadas	De 4 ºC a 7 ºC
Resfriados: frios, laticínios, embutidos, massas frescas e produtos de confeitaria.	Até 7 ºC
Pescado resfriado	De 2 ºC a 3 ºC
Verduras, raízes e tubérculos (batata, nabo, rabanete, aipim e outros)	In natura: temperatura ambiente Minimamente processados: até 10 ºC
Ovos pasteurizados	Até 10 ºC
Massas frescas	Até 7 ºC
Gêneros não perecíveis	Temperatura ambiente

Fonte: autoras:

A qualidade sensorial é importante para identificar produtos alterados do ponto de vista microbiológico ou químico e deve ser realizada com base nos critérios definidos pela ABNT – NBR ISO 5492[12]. No Quadro 3, estão apresentadas as principais características sensoriais para alimentos de origem animal e, no Quadro 4, para os alimentos de origem vegetal[2].

PRODUTO	CARACTERÍSTICAS SENSORIAIS
Carne Bovina Refrigerada/ Congelada/ Maturada	**Refrigerada:** Odor: próprio. Cor: vermelho vivo, sem escurecimento ou manchas esverdeadas. Textura: não deve ser pegajosa, não permanece contraída quando pressionada. Aparência: ausência de sujidades, hematomas, parasitas e larvas. **Congelada:** Não deve apresentar sinais de degelo nem características sensoriais que denotem alterações do produto. Carne moída só deve ser recebida se esta estiver congelada. **Maturada:** Odor: próprio. Cor: vermelho-escuro. Aparência: embalada a vácuo, sem presença de ar. Após a abertura da embalagem, suas características são idênticas às da carne refrigerada.
Carne *cray-o-vac*	Apresentam coloração vermelho-escuro (devido à ausência de oxigênio). Após abertura da embalagem, seu odor não deve ser desagradável (odor sulfídrico) e a coloração deve voltar ao vermelho vivo.
Aves	Odor: próprio da espécie. Cor: rosa claro, com elasticidade, sem manchas, principalmente nas partes ao redor da cloaca, do pescoço, do ventre, da parte interna das coxas e das asas.
Embutidos/ Frios	Odor: próprio de cada tipo. Cor: característica de cada tipo. Textura: firme. Aparência: sem manchas pardas ou esverdeadas e sem formação de bolor superficial.
Produtos Congelados	Avaliar as condições de higiene e integridade das embalagens, data de fabricação e prazo de validade. Não devem apresentar sinais de descongelamento, como formação de cristais e água condensada.
Leite e Laticínios	Odor: próprio de cada tipo. Cor: característica de cada tipo, sem formação visível de bolor. Textura: de acordo com o tipo. Embalagens íntegras, não devem estar amassadas, furadas ou estufadas.
Ovos in natura	Casca lisa, limpa, fosca, sem manchas, sem rachaduras, sem odor forte, sem fezes de aves. Devem estar acondicionados em bandejas tipo "gavetas" e identificados com prazo de validade, registro em órgão competente (Mapa) e instruções de consumo seguro.
Ovos pasteurizados	Embalagem deve ser íntegra e limpa. Apresentar registro no órgão competente (Mapa).

Quadro 3 – Controle de qualidade sensorial dos produtos de origem animal

Fonte: autoras

PRODUTO	CARACTERÍSTICAS SENSORIAIS
Massas Frescas	É necessário observar embalagens íntegras, grau de umidade, cor, odor, textura, viscosidade característica de cada tipo e ausência de mofo.
Verduras	Frescas. Aroma, tamanho, textura e cor próprios da espécie e variedade. São tolerados pequenos defeitos na conformação, ligeira descoloração e pequenos danos de origem física ou mecânica, desde que não causem alterações graves e não alterem sua conformação e aparência. Sem partes queimadas, amareladas ou "meladas".
Raízes e Tubérculos (batata, nabo, rabanete, aipim e outros)	Compactos e firmes. Tamanho, cor e aroma típicos da espécie. São toleradas ligeiras alterações, desde que não alterem a sua conformação e aparência. Não devem estar danificados por quaisquer lesões de origem física ou mecânica que afetem sua aparência, livres da maior parte possível de terra aderente à casca.
Cereais e Grãos	Grãos limpos e íntegros, sem sujidades, carunchos, parasitas e larvas. Cor e formato próprios de cada espécie.
Produtos Enlatados	Latas não devem estar amassadas, enferrujadas, estufadas e abauladas. Recipientes e rótulos íntegros com identificação do produto.
Acondicionados em Vidros/PVC	Não devem apresentar vazamentos, ferrugem na tampa ou espuma no interior do vidro. Não devem estar violados. Rótulos íntegros e claros em relação à identificação do produto.
Farináceos	Cor: característica de cada espécie. Aspecto: sem sujidades, isentos de fragmentos estranhos, carunchos, bolores ou parasitas; livres de umidade, não devendo estar empedrados.

Quadro 4 – Controle de qualidade sensorial de produtos vegetais
Fonte: autoras

1.2 Inspeção de Temperatura de Gêneros Alimentícios

No recebimento de produtos resfriados e congelados, há necessidade de utilização de termômetro para medição das temperaturas, podendo ser utilizados termômetros do tipo espeto ou laser.

Recomenda-se a utilização do termômetro tipo espeto para produtos resfriados sem embalagem, introduzindo a haste do termômetro no interior do alimento. Para os demais produtos resfriados embalados e congelados, deve-se manter a haste do termômetro entre as embalagens dos produtos sem perfurá-las. O termômetro tipo laser pode ser utilizado para produtos resfriados e congelados, disparando o laser em direção ao alimento, o mais próximo possível.

2. Armazenamento de alimentos

Após a inspeção e liberação dos gêneros, o responsável pelo estoque procede ao registro de entrada no controle de estoque e o armazenamento em local pré-determinado, de acordo com as características e recomendações contidas nas embalagens destes, podendo ser sob congelamento, refrigeração ou à temperatura ambiente[4,13]. Os produtos devem ser armazenados em local limpo, organizado, ventilado, sem receber luz solar direta, livre de entulho ou material tóxico, e de acordo com as características intrínsecas do alimento e as recomendações do produtor. Armazenar separadamente dos alimentos os materiais de limpeza, embalagens e descartáveis[11].

Armazenar os gêneros alimentares sobre paletes, estrados e/ou prateleiras, respeitando o espaçamento mínimo recomendado de 10 cm das paredes, 60 cm do forro e 25 cm do piso para garantir adequada ventilação, limpeza e, quando for o caso, a desinfecção do local ou a circulação de pessoa[5,11,13,14]. Os paletes, prateleiras e/ou estrados devem ser de material liso, resistente, impermeável e lavável[5,11].

Os produtos devem estar adequadamente acondicionados e identificados, sendo que a sua utilização deve respeitar o prazo de validade. Para os alimentos dispensados da obrigatoriedade da indicação do prazo de validade, deve ser observada a ordem de entrada destes[5,9].

Para o armazenamento, é recomendado que haja um funcionário específico para o manuseio dos alimentos. Deve ser vetada a entrada e a permanência de pessoas estranhas ao serviço, inclusive representantes de vendas. Não é permitido fumar dentro da unidade. Orientar e treinar o pessoal para efetuar a limpeza sem jogar água e não varrer a seco nessa área.

2.1 Etiquetas para Identificação de Gêneros

Os gêneros alimentícios que serão fracionados ou transferidos de suas embalagens originais devem ser acondicionados em recipientes adequados, identificados com o rótulo original ou por meio de etiquetas contendo: nome do fornecedor ou do fabricante, nome e marca do produto, modo de conservação, prazo de validade e data de transferência[11].

A etiqueta de identificação de produtos perecíveis (Quadro 5) pode ser utilizada para verificação do lote em carnes, frios, laticínios, massas frescas e semiprontas, ovos pasteurizados, salgados, legumes congelados e pré-processados, após aprovação de qualidade durante a inspeção no recebimento.

Nome do produto:	Fornecedor:
Data do recebimento:	N.º Nota fiscal:
Tempo de Conservação (rótulo):	N.º MS/Mapa:
N.º registro:	Marca:
Origem:	Prazo de validade (rótulo):
Utilizar até (conforme critérios de uso):	
Visto	

Quadro 5 – Etiqueta de identificação para produtos perecíveis
Fonte: autoras

Recomenda-se a utilização da etiqueta de validade para produtos industrializados que, após abertos, tenham a sua data de validade alterada e que possam permanecer em sua embalagem original, sendo que esta deve conter informações referentes ao nome do produto, data de fabricação, abertura e validade após abertura. Os produtos que são removidos de suas embalagens originais e transferidos para outros recipientes podem ser identificados com etiqueta de reembalagem, conforme modelo no Quadro 6.

Para garantir a adequada conservação dos produtos alimentícios utilizados pelas unidades produtoras de refeições, utilizar critérios técnicos de armazenamento para alimentos perecíveis e não perecíveis[4].

Data de abertura:	Data do recebimento:
Nome do produto:	Marca:
Fornecedor:	Data de validade (rótulo):
Modo de conservação:	
Utilizar até (conforme critérios de uso):	

Quadro 6 – Etiqueta de reembalagem
Fonte: autoras

2.2 Condições de armazenamento dos produtos perecíveis

Os gêneros perecíveis devem ser estocados adequadamente logo após o recebimento, de acordo com suas características.

Alimentos congelados não necessitam ser retirados das embalagens originais, podem ser acondicionados nas próprias embalagens, em local especifico ou em equipamento exclusivo (freezer), protegidos com sacos plásticos transparentes e estocados conforme indicação do fornecedor. Carnes em embalagem *cray-o-vac* devem ser mantidas em suas próprias embalagens, evitando perfurações. A presença de produtos armazenados em caixas de papelão sob refrigeração ou congelamento somente é permitida em local delimitado ou em equipamento exclusivo (freezer). Na impossibilidade de se eliminar as embalagens de papelão, inspecionar o produto para verificar ausência de sujidades e pragas e envolvê-lo em sacos plásticos transparentes[11].

Alimentos refrigerados devem ser empilhados trançados, devido à circulação de ar. Os hortifrútis devem ser retirados de suas embalagens originais (caixas de papelão, saco de ráfia, caixas plásticas sujas) e acondicionados em monoblocos vazados limpos ou sacos transparentes.

Critérios de armazenamento e utilização dos produtos

O prazo de validade dos produtos e a temperatura de armazenamento devem seguir a indicação do fornecedor. Quando não for possível o atendimento à temperatura indicada, seguir os critérios de uso indicados nas Tabelas 2 e 3, sendo que nestes é considerada a redução do prazo de validade dos produtos conforme a temperatura de armazenamento[2,11].

Tabela 2 – Critérios de utilização de produtos congelados

Temperatura do Produto	Tempo máximo de Armazenamento
De 0 ºC a -5 ºC	10 dias
-6 ºC a -10 ºC	20 dias
-11 ºC a -18 ºC	30 dias
< -18 ºC	90 dias

Fonte: autoras

Tabela 3 – Critérios de armazenamento e utilização para produtos refrigerados

Tipos de Produtos	Temperatura do Produto	Tempo máximo de armazenamento (dias)
Carne bovina, suína, aves	Até 4 ºC	3 dias
Espetos mistos, bife rolê, carnes empanadas cruas e preparações com carne moída	Até 4 ºC	2 dias
Alimentos pós-cocção, exceto pescados	Até 4 ºC	3 dias
Maionese e misturas de maionese com outros alimentos	Até 4 ºC	2 dias
Sobremesas, preparações e laticínios manipulados	Até 4 ºC	3 dias
	Até 6 ºC	2 dias
	Até 8 ºC	1 dia
Pescados	Até 4 ºC	1 dia
Frios e embutidos, fatiados, picados ou moídos	Até 4 ºC	3 dias
Alimentos pós-cocção	Até 4 ºC	3 dias
Frutas, verduras e legumes higienizados, sucos e polpas de frutas	Até 5 ºC	3 dias
Ovos	Até 10 ºC	7 dias
Hortifrúti	Até 10 ºC	Recomendações do fornecedor

Fonte: autoras

Os equipamentos de refrigeração e congelamento devem estar de acordo com as necessidades e tipos de alimentos a serem produzidos e armazenados. As portas dos equipamentos devem permanecer fechadas e, quando da utilização, mantidas abertas pelo menor tempo possível. Quando há necessidade de higienização, os alimentos são retirados do equipamento a ser higienizado e realocados em outro equipamento compatível. A disposição dos alimentos na refrigeração deve ser realizada de modo a evitar cruzamentos de produtos in natura com produtos prontos para o consumo, seguindo a ordem indicada no Quadro 7[5,9].

Prateleiras superiores	Colocar os alimentos já manipulados e prontos para o consumo
Prateleiras intermediárias ou centrais	Colocar os alimentos pré-preparados (semielaborados)
Prateleiras mais baixas	Colocar as matérias-primas in natura (produtos crus, separados entre si e dos demais produtos)

Quadro 7 – Disposição dos alimentos em equipamento de refrigeração
Fonte: autoras

A temperatura adequada de armazenamento é um dos fatores que podem contribuir para a garantia da qualidade das refeições servidas. Por isso, o monitoramento é essencial para minimizar os riscos de contaminação e crescimento microbiológico e melhorar a qualidade das preparações servidas nos restaurantes. Devem ser estabelecidos procedimentos de controle diário e medidas corretivas ou preventivas[15]. Os equipamentos devem estar em bom estado de conservação e funcionamento, devem operar de forma a manter a temperatura adequada, conforme recomendações descritas na Tabela 4.

Tabela 4 – Temperatura de equipamentos de armazenamento da cadeia fria

Equipamento	Temperatura
Câmaras congeladas e freezers	Inferior a -18 ºC
Câmaras resfriadas e refrigeradores	Entre 0 ºC e 4 ºC (frios, laticínios e carnes)
	Até 10 ºC (hortifrúti)

Fonte: autoras

Verificar a temperatura dos equipamentos de refrigeração, no mínimo, duas vezes ao dia e registrar a medição em planilha específica. Em unidades que operam em mais de um turno, pode ser realizada uma medição em cada turno. Em unidades com atividade em um turno de trabalho, realizar uma medição no início e outra no final do turno, atentando para que, nesses horários, não ocorra movimentação de produtos nos equipamentos.

2.3 Armazenamento de produtos não perecíveis

Os gêneros alimentícios não perecíveis devem ser armazenados a temperatura ambiente, seguindo as especificações descritas no próprio produto. Recomenda-se que a área de armazenamento a seco tenha temperatura ambiente entre 22 ºC e 26 ºC e circulação de ar, a partir do uso de janelas com telas. Os gêneros devem estar dispostos de acordo com a data de fabricação e validade, estando identificados com o nome do produto. A colocação dos gêneros deve seguir os critérios de uso "primeiro que vence, primeiro que sai" (PVPS). Os materiais descartáveis devem estar separados dos alimentos, não sendo permitida a entrada de caixas de madeira[16].

Condições de Armazenamento

Latarias: produtos como margarina, suco concentrado e óleo podem ser armazenados em sua própria embalagem original. As latas devem estar limpas, livres de poeira. Os rótulos devem ser posicionados para frente e para cima, de forma a facilitar a identificação do produto. O empilhamento deve ser feito de forma a manter as latas em segurança.

Sacarias: os gêneros devem ser separados de acordo com o tipo, dispostos sobre estrados ou prateleiras. As sacarias devem estar empilhadas de forma que possibilite uma boa ventilação e que não provoque queda do produto.

Bebidas: as garrafas e latas devem ser limpas antes de serem armazenadas e, quando possível, dispostas nas prateleiras inferiores.

Descartáveis: as caixas com descartáveis devem ser empilhadas de forma organizada, agrupando-as, conforme sua finalidade. Os descartáveis devem ser retirados das caixas e mantidos em suas próprias embalagens plásticas e fechadas, armazenados em prateleiras separadas dos alimentos.

Material de limpeza: deve ser verificada a identificação adequada e o prazo de validade dos produtos impresso na embalagem.

2.4 Critérios de Validade

Para produtos não perecíveis abertos, retirados da embalagem original e prontos para consumo, devem ser verificadas as recomendações dos fornecedores no rótulo, e quando estes não determinarem o prazo de validade do produto após abertura, é considerado o prazo estabelecido conforme a categoria de cada alimento, descrito no Quadro 8.

Item	Produtos abertos ou retirados da embalagem	Validade
Temperos secos, especiarias e pós para infusões	Sal, chá, leite em pó, café, fermento químico, suco em pó	30 dias
	Canela em pó ou casca, cravo, bicarbonato de sódio, noz-moscada, glutamato monossódico. Colorau, curry, orégano, louro, caldo de carnes/legumes/galinha.	60 dias
Sobras não manipuladas de produtos estocáveis	Açúcar, adoçante, pós para gelatina, curau, pudim, flan, sagu, achocolatado, chocolate em pó, chocolate em barra, granulado, cappuccino	30 dias
	Ervilha seca, canjica, amendoim, grão-de-bico, lentilha, feijão, arroz, soja em grãos.	
Óleos e gorduras	Margarina a granel, emulsificante, óleo de soja, azeite de oliva, azeite de dendê, óleo composto.	30 dias
Farinhas e massas secas	Farinha de trigo, rosca e mandioca, fubá, trigo para quibe, mistura para bolo. Macarrão, massa para lasanha (seca), amido de milho.	30 dias
Frutas secas e oleaginosas	Coco ralado, damasco, figo, tâmara e castanha.	15 dias

Quadro 8 – Critérios de validade para gêneros não perecíveis
Fonte: autoras

Nos alimentos industrializados não perecíveis, enlatados e embalados, após a abertura de sua embalagem original, perde-se imediatamente o prazo de validade do fabricante. Quando não utilizados na sua totalidade, devem ser retirados de sua embalagem original e transferidos para embalagens adequadas. Devem ser identificados com etiquetas, de acordo com a indicação de tempo e temperatura, conservados sob refrigeração até 4 ºC ou congelados a -18 ºC, conforme indicação pelo fabricante[17].

3. Manipulação do alimento

Os gêneros liberados para a produção são destinados às respectivas áreas, para realização das etapas de pré-preparo, cocção e resfriamento, conforme característica de cada preparação do cardápio. Em cada etapa do processo, as características sensoriais e a validade dos produtos são reavaliadas. Devem ser utilizados somente utensílios, equipamentos e superfícies devidamente higienizados para a manipulação dos alimentos. Para evitar que ocorram cruzamentos de atividades e de alimentos (in natura com alimento higienizado), deve-se garantir adequada separação das áreas de trabalho e monitorar a execução das atividades pela equipe operacional.

Devem ser utilizadas facas adequadas, constituídas de material atóxico, adequadamente higienizado, além de superfícies constituídas de material adequado, sendo que nestas é indicado o uso de placas de material impermeável, que não ofereça risco no preparo dos alimentos[8]. Para a manipulação dos alimentos, recomenda-se a utilização de placas de corte de acordo com as cores e os alimentos específicos, evitando o risco da contaminação cruzada (Quadro 9).

Cores	Alimentos indicados
Brancas	Laticínios, pães e frutas
Verdes	Hortaliças folhosas, legumes e verduras
Amarelas	Aves
Vermelhas	Carnes bovinas e suínas cruas
Azul	Peixes e frutos do mar
Bege	Alimentos cozidos, assados e embutidos

Quadro 9 – Indicação para utilização de placas de corte de acordo com as cores e os alimentos específicos

Fonte: autoras

3.1 Higiene dos Alimentos

Os alimentos podem constituir fonte de contaminação e, por essa razão, devem ser adequadamente higienizados.

Higienização de folhas, legumes e frutas

O consumo de alimentos in natura traz inúmeros benefícios para manutenção da saúde e prevenção de doenças, os quais devem ser consumidos em todas as fases da vida, levando em consideração sua segurança sanitária. Hortaliças folhosas podem conter contaminação física, química e microbiológica. Estudos apontam presença de Coliformes termotolerantes, *salmonela sp* e *Escherichia coli* em hortaliças folhosas de diferentes regiões e cultivos[18,19]. Dessa forma, para que sejam seguros para o consumo, não devem apresentar contaminantes que comprometam a saúde do indivíduo ou da população. Para que o processo de higienização de folhas, legumes e frutas garanta uma redução dos microrganismos a níveis aceitáveis, é fundamental o cumprimento das etapas do Quadro 10.

SELEÇÃO	Realizada por meio da avaliação visual, eliminando as partes ou unidades danificadas, queimadas ou deterioradas.
PRÉ-LAVAGEM	Ocorre por intermédio do enxágue em água potável corrente para a eliminação do excesso de terra ou de pequenos insetos e pragas que possam estar aderidos no produto. Esse processo é realizado em local apropriado, quando existir na unidade e, preferencialmente, antes de adentrar na área de produção. Pode-se fazer uso de fundo falso ou similar, como escorredor, recipientes gastronômicos perfurados etc.
LAVAGEM	É o refinamento da etapa de pré-lavagem. Nessa fase, lava-se cuidadosamente e criteriosamente cada parte ou unidade da matéria-prima (folha a folha/unidade por unidade), sempre em água potável e corrente.
DESINFECÇÃO	Etapa realizada em solução clorada, preparada antes da adição dos alimentos (que deverão ser imersos em um único momento) e na concentração adequada (100-250 ppm) por no mínimo 15 minutos. O recipiente utilizado para o processo de desinfecção é de uso exclusivo para esse fim (cuba, pia ou monobloco) e também cuidadosamente limpo e desinfetado antes da higienização dos hortifrútis. Podem ser clorados diferentes tipos de hortifrútis ao mesmo tempo.
ENXÁGUE	Enxaguar ou imergir em água corrente ou em vinagre a 2% (10 ml de vinagre por litro de água) por 15 minutos para remoção do residual desinfetante (agente químico) do alimento derivado da etapa de desinfecção, com eliminação de odores e sabores residuais. Deve-se apoiar em escorredor ou recipientes gastronômicos perfurados.

Quadro 10 – Processo de higienização de folhas, legumes e frutas
Fonte: autoras

Procedimentos especiais para hortifrutigranjeiros

Considerando as características de cada alimento, deve ser realizado o processo de higienização (lavar e desinfetar), cujos objetivos são eliminar ou reduzir os microrganismos a níveis que não comprometam a segurança dos alimentos. Alguns procedimentos podem ser adotados, tais como:[17]

- Alimentos que necessitam de desinfecção são legumes, frutas, hortaliças, pimenta vermelha e gêneros utilizados para decoração oferecidos crus, salsa e cebolinha (inteiros), folhas que serão servidas cruas e refogadas.

- Alimentos que não necessitam da etapa de desinfecção são frutas não manipuladas, servidas inteiras, cujas cascas não são consumidas, legumes e tubérculos que serão submetidos à cocção que atinjam a temperatura de 74 °C. Esses alimentos podem ser higienizados em água potável, um a um, dispensando o uso da solução clorada.

- Hortaliças que devem ser cloradas com casca são alimentos de consistência branda, como tomate e pepino.

- Hortaliças consistentes consumidas cruas podem ser cloradas após seleção e limpeza, como cenoura, nabo, rabanete, e remoção da casca, como beterraba, e temperos, como cebola e alho.

- As folhas devem ser desinfectadas já cortadas, conforme a preparação. As folhas refogadas também devem passar pelo processo de desinfecção, quando o processo de cocção não atingir 70 °C[10,20].

Recomendações da solução desinfectante[2,8,17,21]

- A solução clorada deve ser preparada no momento do uso, diluindo completamente o produto, sendo somente permitida a reutilização quando o monitoramento da solução indicar um mínimo de 100 partes por milhão (ppm) de cloro ativo.

- As embalagens dos produtos desinfetantes devem ser mantidas higienizadas e fechadas (tampa completamente vedada), evitando-se a perda das propriedades do produto.

- A concentração da solução clorada pode variar entre 100-200 ppm, podendo estender-se até 250 ppm, não sendo recomendada a utilização de soluções cloradas com menos que 100 ppm ou mais que 250 ppm.

- Para desinfecção de frutas, verduras e legumes, somente é permitido o uso de produtos à base de cloro inorgânico (hipoclorito de sódio) ou de cloro orgânico, formulado especificamente para essa finalidade, sendo obrigatório o enxágue posterior para ambos;

- Todos os produtos devem estar registrados no Ministério da Saúde. No caso da água sanitária, esta deve estar entre 2,0 e 2,5% cloro ativo, com pH de 13,5, ou pode estar diluída a 1% de cloro ativo com pH 11,5, conter como estabilizantes somente hidróxido de sódio ou de cálcio, cloreto de sódio ou de cálcio e carbonato de sódio ou de cálcio, e não ter adição de corantes, detergentes ou aromatizantes;

- Uma solução de água e sal a 1% (10 litros de água + 100 gramas de sal) pode ser feita para imersão de couve-flor, brócolis e folhas de modo geral, com o objetivo de desprender larvas e insetos. Esse processo deve ser feito após a lavagem e antes da desinfecção, por cerca de 10 minutos, com posterior enxágue em água corrente.

- A solução clorada pode ser utilizada observando-se as recomendações do fabricante e averiguando-se a adequação da concentração final de cloro em partes por milhão (ppm). Pode ser preparada da seguinte forma: 10 ml (1 colher de sopa rasa) de água sanitária para uso geral a 2% - 2,5% em 1 litro de água; 20 ml (2 colheres de sopa rasas) de hipoclorito de sódio a 1% em 1 litro de água.

- Produtos para desinfecção de alimentos não são estocados com material de limpeza. São guardados com descartáveis, nas prateleiras mais baixas, sendo expressamente proibido o armazenamento com produtos químicos de limpeza.

Na Tabela 5, encontram-se os produtos e concentração recomendados para desinfecção dos alimentos[17].

Tabela 5 – Produtos recomendados para desinfecção de alimentos

PRINCÍPIO ATIVO	CONCENTRAÇÃO
Hipoclorito de sódio a 2% até 2,5%	100-200 ppm*
Hipoclorito de sódio a 1%	100-200 ppm*
Cloro orgânico	100-200 ppm*

*ppm = partes por milhão
Fonte: autoras

Recomendações gerais de higienização

- Deve ser realizada a desinfecção dos utensílios utilizados para o enxágue, acondicionamento e corte dos alimentos higienizados, assim como dos equipamentos para ralar e cortar, que são previamente higienizados com álcool 70 ºGL.

- Devem ser mantidos disponíveis, na área de higienização de hortifrutigranjeiros, fluxogramas para a higienização de folhas, legumes e frutas, bem como sobre a diluição do produto desinfetante.

- Nos tanques de higienização e monoblocos utilizados exclusivamente no processo de desinfecção, deve ser demarcado o volume de água a ser utilizado, a partir do uso de adesivo ou caneta apropriada.

- Produtos minimamente processados devem ser adquiridos de fornecedores aprovados, inspecionados após a abertura da embalagem, não necessitando de nova higienização. Verificar sempre na embalagem, as informações sobre rotulagem que deve conter as informações obrigatórias, como prazo de validade, tipo de produto, local do processamento, informações nutricionais, condições ideais de utilização e conservação, cuidados na reutilização e impropriedade para o consumo, conforme a Portaria n.º 42 de 13/01/1998 do Mapa e a Resolução RDC n.º 40 de 21/03/2001[22].

Recomendações para higienização de ovos

Os ovos podem estar contaminados por *Salmonela sp.*, tanto na casca como na gema. Por maiores que sejam os esforços, não é possível garantir a inocuidade desse produto in natura, sendo imprescindível a execução de ações educativas sobre práticas seguras na manipulação de ovos[23]. Existem medidas de controle que devem ser realizadas na indústria e na produção dessa matéria-prima. Porém, no preparo e elaboração dos alimentos nas Unidades de Alimentação e Nutrição (UANs), a qualidade sanitária das preparações à base de ovos deve ser garantida, adotando-se alguns procedimentos[5,11]:

- Não é necessária a desinfecção, porém, no momento da utilização, os ovos devem ser lavados em água corrente e, quando cozidos em água, fervidos por, no mínimo, sete minutos;

- Não devem ser utilizados ovos com casca rachada, devido ao potencial risco de contaminação;

- Os ovos devem ser quebrados, um a um, em recipiente antes de serem processados, assim, evita-se que um ovo estragado comprometa toda a preparação;

- As bandejas de ovos não devem entrar em contato direto com as bancadas e não devem ser reutilizadas, sendo utilizados utensílios para apoio (ex.: bandejas);

- Não preparar para consumo ovos crus ou alimentos preparados em que estes permaneçam crus, como cremes, *mousses* e glacês, maionese caseira, ovos fritos com gema mole etc.;

- Preparações com ovos como omeletes, empanados (à milanesa, dorê), bolos e doces, bolinhos à base de ovos devem atingir a temperatura de 74 ºC e/ou 70 ºC por dois minutos e/ou 65 ºC por 15 minutos;

- Conferir o prazo de validade antes da utilização dos ovos;

- Usar somente ovos desidratados (em pó) ou pasteurizados nas preparações que não atinjam a temperatura de segurança ou que exijam ovos crus ou aquelas em que os ovos permaneçam crus após o preparo.

Recomendações de higiene para cereais e grãos

A escolha de cereais e grãos deve ser realizada a seco, a fim de garantir que corpos estranhos sejam eliminados (pedras, grãos avariados, sujidades visíveis). Quando acondicionados em recipientes, estes devem ser identificados com etiqueta de produção (inclusive a tampa). Devem ser lavados em água corrente e enxaguados três vezes, no mínimo[2], para remoção de gomas e sujidades (exceto quando descrito no rótulo: "sem necessidade de escolher e lavar").

Recomendações de higiene para alimentos enlatados e em outras embalagens

Deve ser verificado o prazo de validade e condições adequadas das latas, isto é, sem vazamentos, ferrugem e sem estar estufadas ou danificadas, e das embalagens, sem furos e violações etc. Antes de abrir, devem ser lavadas em água corrente. Utilizar abridor devidamente limpo e desinfetado, atentando para a correta higienização, nos intervalos entre a abertura de produtos diferentes[17].

Recomendação de higienização para frios e laticínios

As peças de frios e queijos devem ser manipuladas em pequenos lotes. Quando fatiados, esses lotes devem ser embalados adequadamente, identificados com etiqueta de produção e acondicionados sob refrigeração, conforme critérios de uso para produtos refrigerados. As embalagens devem ser lavadas em água corrente antes do uso[2]. O leite pasteurizado deve ser previamente fervido antes de sua utilização. Quando da adição de chocolate em pó para preparo de achocolatado, este deve ser adicionado antes do processo de fervura do leite.

Recomendações para higiene de carnes, aves e miúdos

A manipulação no pré-preparo de carnes deve ser feita em pequenos lotes, ou seja, retirar da refrigeração apenas a quantidade suficiente de matéria-prima para ser trabalhada por 30 minutos[5,11], sob temperatura ambiente, ou por duas horas em área climatizada, entre 12 °C e 16 °C. Retorná-las à refrigeração (até 4 °C), devidamente identificadas e armazenadas em monoblocos fechados e dispostos de forma a facilitar a refrigeração. Todas as carnes devem ser temperadas, no máximo, com 24 horas de antecedência[16,17].

A carne de aves não deve ser misturada com outras carnes, considerando sua vulnerabilidade às bactérias. Os utensílios utilizados na manipulação desse produto devem ser higienizados de forma adequada. A carne de aves não deve ser consumida crua, pelo risco de contaminação por salmonelose, dessa forma, devem-se ter cuidados para que na cocção esta atinja temperaturas de segurança[24].

Os miúdos ou vísceras exigem cuidados no pré-preparo e preparo, de acordo com suas características, considerando seu elevado teor de nutrientes e alta atividade de água, o que os torna mais suscetíveis a deterioração. As vísceras, como estômago, miolos e língua, também podem ser tratadas com suco de limão para redução do odor característico[21].

Recomendações para higiene de pescados

Os pescados devem ser preferencialmente manipulados parcialmente congelados. Quando da utilização de peixe fresco, estes devem ter a manipulação, tempero, preparação e consumo no mesmo dia[2,17].

Os produtos de pescados devem ser adquiridos de boa procedência, não sendo recomendada a utilização de peixes e frutos do mar crus. Na manipulação, ter cuidados com o risco de contaminação cruzada entre os utensílios, bancadas, manipuladores e outros alimentos. Dar preferência à utilização de filés, de 1 cm de espessura. Monitorar a temperatura durante a cocção, estes devem atingir 74

°C no interior do produto. No armazenamento, manter congelados em temperaturas de -15 °C ou inferiores, no entanto, para períodos curtos, de até 72 horas, podem ser mantidos entre -5° e 0 °C[2].

Para os crustáceos, a orientação é a utilização do produto limpo, devido ao risco de contaminação decorrente da excessiva manipulação. Nos moluscos, o pré-preparo é delicado, envolvendo grande manipulação e ainda correndo o risco de contaminação. A inclusão desses produtos no cardápio deve ser feita de forma criteriosa, considerando sua acelerada decomposição[21].

Descongelamento de carnes

É a etapa na qual os alimentos passam da temperatura de congelamento para até 4 °C, sob refrigeração ou em condições controladas. O descongelamento é favorecido quando a porção do alimento congelado é pequena (máximo 2 kg) e quando armazenada em recipientes com altura não superior a 10 cm. Para o descongelamento, o produto permanece em sua embalagem primária original e é armazenado dentro de caixas plásticas exclusivas para esse procedimento, ou fica totalmente protegido em sacos plásticos alimentares transparentes.

Formas de descongelamento seguro[2].

- Em equipamento refrigerado (câmara ou geladeira), em temperaturas de até 4 °C, removendo o exsudado (água, sangue);

- Em forno de convecção ou micro-ondas, se o alimento for imediatamente cozido;

- Por cocção, se o produto permitir, como hambúrgueres, quibes etc.

- Em temperatura ambiente, monitorando a temperatura da superfície do alimento, quando atingir entre 3 e 4°C, continuar o degelo na refrigeração a 4 °C.

- Em água corrente por no máximo quatro horas, com temperatura inferior a 21 °C, com o alimento protegido por embalagem adequada, bem vedado, para evitar o contato direto da água com estes.

Para o descongelamento de aves, deve ser utilizada a refrigeração até 4 °C, por três a cinco horas para cada 450 g. Para os preparos de aves ensopadas ou refogadas, estas podem ser descongeladas diretamente na cocção. As preparações fritas ou grelhadas são realizadas com as carnes descongeladas[24].

O descongelamento de pescados pode ser realizado sob refrigeração até 4 °C, em forno de convecção ou micro-ondas. O descongelamento deve completar-se no dia do preparo e consumo, em no máximo 24 horas[24].

Recomendações do descongelamento:

- Não é recomendado o descongelamento em água corrente, atendendo aos requisitos de preservação do meio ambiente (desperdício de recursos naturais);

- Deve-se dar atenção ao descongelamento das carnes, pois tendem a gotejar durante e após essa etapa, podendo oferecer risco de contaminação cruzada;

- Após o correto descongelamento (superfície do alimento até 4 °C), as carnes sem tempero devem ser utilizadas em, no máximo, 72 horas, desde que permaneçam constantemente sob refrigeração até 4 °C. Esse prazo inicia a partir do descongelamento final, incluindo a etapa de pré-preparo e cocção. Caso os requisitos de temperatura não sejam atendidos, deve-se utilizar em até 24 horas.

Para pescados, carne moída, miúdos em geral, rabadas e costelas, é obrigatório o consumo em, no máximo, 24 horas;

• Não recongelar alimentos crus ou prontos que tenham sido descongelados.

O controle do processo de descongelamento pode ser monitorado por meio do registro em etiqueta com as seguintes informações: data, horário e temperatura inicial e final, em que a carne foi submetida ao descongelamento, bem como a data de previsão de uso.

Processo de dessalgue de carnes

É a etapa de retirada do excesso de sal dos alimentos. Para o dessalgue das carnes em condições seguras, poderá ser realizado com água, sob refrigeração até 4 ºC, com até 24 horas de antecedência ao preparo ou a partir de fervura. Após dessalgue, preferencialmente dar sequência ao processo de cocção. Quando não for possível, realizar o processo de resfriamento e acondicionar em pequenos lotes sob refrigeração até 4 ºC; por intermédio de trocas de água com temperatura até 21 ºC ou a partir de fervura em solução salina, com a concentração semelhante à do produto[2].

Para a dessalga do bacalhau, deve ser utilizado um recipiente com água fria, mantido na refrigeração, com trocas de água em intervalos de duas a quatro horas. O tempo para o dessalgue varia conforme o tamanho das postas, sendo este de 24 horas para postas finas e 48 para postas altas[24].

3.2 Cocção dos alimentos

Recomendações gerais

A cocção é utilizada em alimentos para diminuir ou eliminar patógenos. Todos os alimentos submetidos à cocção devem atingir a temperatura de 74 ºC e/ou 70 ºC por dois minutos e/ou 65 ºC por 15 minutos. A temperatura de cocção dos alimentos deve ser monitorada até o final da cocção por amostragem e registrada em planilha específica. Deve-se planejar o processo de cocção para que mantenha, tanto quanto possível, todas as qualidades nutritivas dos alimentos.

Cocção por calor seco em forno

Para a cocção de carnes, as peças grandes devem ser divididas a fim de obter um cozimento uniforme, sendo que estas devem ser cozidas no turno em que serão servidas. Cozinhar as carnes em lotes adequados, retirando da refrigeração apenas a quantidade a ser manipulada por 30 minutos. Observar para que as temperaturas de espera para distribuição sejam mantidas superiores a 65 ºC[17].

Os fornos devem ser dotados de termostatos para o controle da temperatura, considerando a necessidade de atingir a temperatura de cocção adequada (74 ºC), no centro geométrico do alimento que está sendo assado. Para essa etapa, são recomendados fornos combinados que permitem o controle interno da temperatura por meio de sensor[2].

Cocção por fritura

Os óleos e gorduras utilizados nas frituras não devem ser aquecidos a temperaturas acima de 180 ºC, atentando ao funcionamento e regulagem do termostato do equipamento. O óleo deve ser desprezado quando há alteração evidente das características sensoriais (cor escura, odor não característico, modificação no sabor da fritura, viscosidade alterada etc.) ou físico-químicas (ponto de fumaça, formação de espuma etc.)[5,11], sendo que essa avaliação pode ser realizada no final de cada fritura, por intermédio de testes físico-químicos comerciais, desde que comprovada sua qualidade e eficácia, ou por avaliação sensorial.

Somente é permitida a reutilização do óleo após a fritura de pescados para fritura de outros pescados, se em condições adequadas de controle. Após a utilização e, quando for possível a reutilização, o óleo deve ser filtrado em filtros próprios ou usar pano branco fervido por 15 minutos.

Quando da utilização de fritadeiras com filtro, água e sal, seguir as recomendações do fabricante. Preferir fritar por períodos longos ao invés de usar a fritadeira por vários períodos curtos, evitando a adição de óleo novo ao usado. O óleo separado para o descarte deve ser acondicionado em tambores de plástico, mantido em temperatura ambiente, em local específico, sendo retirado por empresa especializada responsável pela coleta.

3.3 Resfriamento dos alimentos pós-cocção

É a etapa do processamento na qual o alimento passa da temperatura original ou pós-cocção (60 ºC) para temperaturas inferiores a 10 ºC, em até duas horas. Essa etapa tem a finalidade de garantir a inocuidade dos alimentos cozidos que serão resfriados para serem consumidos como saladas de legumes e saladas de grãos frias, bem como para serem consumidos como sobremesas, serem fatiados, recheados ou montados (carnes assadas).

Após a retirada do alimento da cocção, este não deve ser levado para a refrigeração. É necessário acondicioná-lo em recipiente raso (até 10 cm) e aguardar a saída do vapor, evitando a condensação. Para alimentos líquidos, acondicionar em recipientes de até cinco litros. Os alimentos não devem ser expostos à temperatura ambiente por mais de 30 minutos, após a saída do vapor. Não deve ser realizado o resfriamento forçado em água corrente ou com gelo em contato direto com o alimento.

Poderão ser utilizadas as seguintes condutas para o resfriamento forçado do alimento[2]:

- imergir o recipiente em água e gelo, sem contato do alimento com a água e/ou o gelo.

- em freezer (≤ -18 ºC), utilizados exclusivamente para a finalidade de resfriar.

- em equipamentos específicos, como resfriadores.

3.4 Porcionamento do alimento pós-cocção

O processo de porcionamento deve ser contemplado dentro do menor tempo possível, em pequenos lotes, de modo que o alimento permaneça acima de 65 ºC ou abaixo de 10 ºC. Devem-se observar rigorosamente as condições de higiene pessoal, ambiental e dos alimentos para evitar a recontaminação ou a contaminação cruzada[2].

3.5 Reaquecimento dos alimentos

A etapa do processo de reaquecimento é aplicada quando da necessidade de reaquecer o alimento para atingir novamente a temperatura de 74 ºC ou 70 ºC por dois minutos ou 65 ºC por 15 minutos. Essa etapa é aplicada quando o alimento passa pelo processo de resfriamento para atender às etapas de preparo (ex.: corte) e, após, é reaquecido até atingir a temperatura de segurança para que o alimento seja liberado à distribuição.

4. Distribuição dos alimentos

Os alimentos prontos somente devem ser liberados à distribuição após a avaliação do gerente ou pessoa designada quanto à temperatura de segurança e degustação dos alimentos. Cada unidade avalia a segurança dos alimentos durante a produção e distribuição, garantindo os utensílios e equipamentos necessários para assegurar as boas práticas. A quantidade de utensílios deve ser definida de acordo com o turno que tiver o maior número de refeições servidas.

4.1 Controle da temperatura

O controle de temperatura é uma importante ferramenta na gestão da qualidade dos produtos, sendo fundamental a medição em todas as etapas do processo produtivo até a distribuição das preparações para monitoramento, tomada de ações preventivas e corretivas necessárias, garantindo, dessa forma, a segurança do processo produtivo do alimento[15].

Durante o processo de distribuição dos alimentos, devem ser asseguradas as temperaturas dos alimentos na Tabela 6[2].

Tabela 6 – Critérios de tempo e temperatura na distribuição de alimentos

PREPARAÇÕES	TEMPERATURA	EXPOSIÇÃO MÁXIMA
Cadeia quente	≥ 60 ºC	6 horas
Alimentos pós-cocção/distribuição	≤ 60 ºC	1 hora
Cadeia fria	Até 10 ºC	4 horas
Preparações frias no momento da distribuição (saladas e sobremesas)	De 10 ºC a 21 ºC	2 horas

Fonte: autoras

No momento da medição, quando são identificadas temperaturas inadequadas das preparações, estas devem retornar para a área de produção, para realizar reaquecimento térmico ou resfriamento, quando aplicável, ou monitorar o tempo máximo de distribuição, conforme Tabela 6.

Temperatura de segurança dos equipamentos de distribuição dos alimentos

Os equipamentos devem estar em bom estado de conservação e funcionamento, operando de forma a manter a temperatura adequada dos alimentos. Deve ser realizado o monitoramento da temperatura de equipamentos uma hora antes do início da distribuição e em cada turno, sendo registrada em planilha específica. Os equipamentos de distribuição devem ter a temperatura ajustada e monitorada, adotando critérios de adequação estabelecidos em UANs[25], para atender às recomendações da RDC 216/2004, conforme a orientação indicada na Tabela 7.

Tabela 7 – Critérios de temperatura de equipamentos de distribuição de alimentos na cadeia fria e quente

Equipamento	Temperatura
Equipamento de apoio refrigerado e distribuição incluindo vitrine expositora (frio)	Máximo 4 °C
Equipamento de apoio térmico e distribuição (quente)	Mínimo 80 °C
Estufa (vitrine expositora)	Mínimo 65 °C

Fonte: autoras

Durante a medição da temperatura dos equipamentos de apoio e distribuição, quando verificada temperatura fora da faixa recomendada, deve ser solicitada a manutenção e as ações corretivas necessárias. Nessa situação, a temperatura dos alimentos deve ser monitorada e, ao apresentar temperaturas fora da faixa de segurança, os alimentos devem ser distribuídos em até uma hora. Os equipamentos de apoio (cadeia fria e quente) na linha de distribuição têm como finalidade manter a temperatura de segurança dos alimentos (quente, acima de 60 °C, e frio, abaixo de 10 °C), e não para armazenamento, aquecimento e resfriamento.

A medição da temperatura deve ser efetuada uma hora antes da montagem do balcão de distribuição, a fim de verificar se está em perfeito funcionamento ou se há necessidade de ações corretivas, sendo estas registradas em planilha específica.

4.2 Distribuição de coffe-break

Para coffee-break, os alimentos devem ser dispostos o mais próximo possível do seu consumo, dando preferência à montagem dos alimentos secos, como biscoitos, e, em sequência, os alimentos perecíveis, tais como: iogurtes, frios, produtos recheados/confeitados. Os produtos devem ser identificados a partir de um display de mesa com, no mínimo, as seguintes informações: logotipo de empresa, data e horário do coffee-break, preparações ofertadas, consumo em até uma hora.

4.3 Distribuição em cafeteria

Os produtos expostos na cafeteria devem seguir as orientações do fabricante. No caso de salgados adquiridos crus, o processo de cocção (fritura, assar etc.) deve ser realizado em lote com previsão do fluxo de venda. No caso de salgados adquiridos já prontos (congelados), procede-se ao descongelamento conforme orientação do fornecedor e o tratamento térmico conforme a seguir:

• pré-aquecer em micro-ondas ou forno antes de serem armazenados na vitrine/estufa, ou

• armazenar sob temperatura de refrigeração na vitrine/estufa e aquecer em micro-ondas antes de serem entregues aos clientes.

Para produtos elaborados na própria unidade e aqueles adquiridos de fornecedores e finalizados na unidade, o tempo de exposição na vitrine é de seis horas para alimentos armazenados à temperatura acima de 60 °C ou de até uma hora abaixo de 60 °C. Para vitrine expositora fria, os alimentos devem ser mantidos por até quatro horas sob temperatura até 10 °C, exceto produtos industrializados, embalados individualmente e que já possuem orientação do fabricante. Os produtos devem ser alocados na vitrine expositora sob temperaturas adequadas às suas características.

4.4 Alimentos em espera para distribuição

Após o processamento, caso as preparações não sejam distribuídas imediatamente, devem ser mantidas em condições adequadas de tempo e temperatura, sendo os alimentos quentes a 60 °C ou mais e alimentos frios abaixo de 10 °C[2]. As preparações devem ser mantidas com proteção adequada e, quando da utilização de bandejas para apoio das sobremesas, sugere-se que sejam cobertas com papel-manteiga, fita filme ou outro plástico para uso em alimentos, de modo a proteger as sobremesas. O fluxo da produção deve garantir que o primeiro lote de alimento produzido seja o primeiro a ser distribuído.

4.5 Sobras de alimentos

São consideradas sobras os alimentos prontos para o consumo, que são produzidos na unidade e que não tenham sido distribuídos no turno de preparo, resultantes de balcões de distribuição, *pass through* ou da produção. O reaproveitamento é permitido em situações em que os procedimentos tenham sido adotados para impedir a multiplicação bacteriana, como: alimentos porcionados crus e mantidos até 4 °C na refrigeração; alimentos porcionados cozidos mantidos na refrigeração até 4 °C ou aquecidos acima de 65 °C, preparados especificamente para cada refeição; sobras de alimentos não distribuídos mantidos sob refrigeração até 4°C por 24 horas ou mantidos acima de 65 °C por no máximo 12 horas[2]. Estas são mantidas nos recipientes nos quais foram fracionadas, sendo cobertas e identificadas por meio da etiqueta de produção.

A equipe operacional deve ser conscientizada quanto aos riscos da utilização de sobras de alimentos de um turno para outro. Deve ser realizada a ronda pelos equipamentos de apoio da distribuição (*pass through*, fornos etc.) a cada início de novo turno. A quantidade de sobra limpa deve ser analisada para, se necessário, adequar o planejamento do cardápio.

4.6 Amostras de referência

O processo de coleta de amostras é uma etapa fundamental que auxilia no estudo epidemiológico, no caso de reclamações de consumidores, suspeitas de doenças transmitidas por alimentos (DTAs), aplicação dos procedimentos técnicos, além de atender às obrigações legais.

Devem ser coletadas as amostras de todos os turnos e fornecimentos de todas as preparações ofertadas ao consumidor (desjejum, almoço, jantar, ceia, lanches, dietas, coffee-break, eventos e refeição transportada etc.). Nas refeições principais, todos os componentes do cardápio, inclusive os líquidos, devem ser coletados, individualmente, 1/3 antes do tempo de término da distribuição[8,17].

A água deve ser coletada a cada turno, sendo uma amostra de, no mínimo, 200 ml para a água utilizada na produção e uma amostra da água de bebedouro. Antes da coleta de água, a torneira deve ser desinfetada com álcool 70 °GL, deixando a água escorrer por aproximadamente 30 segundos e, após, proceder à coleta da amostra. Para sucos, chás e bebidas geladas, devem ser coletados 100 ml da preparação.

Em refeições transportadas, a coleta deve ser no momento da montagem dos recipientes gastronômicos ou marmitex. Outra amostra deve ser coletada 1/3 do tempo antes do término da distribuição, quando aplicável. Para cafeteria, devem ser coletados 100 g apenas das preparações que foram manipuladas na unidade.

Como coletar amostras

Deve-se fazer a separação de sacos descartáveis de amostras esterilizados em quantidade suficiente para o número de preparações servidas, após fazer a identificação dos sacos de amostra conforme Quadro 11[20,8]. Proceder à higienização das mãos. Abrir os sacos com auxílio de tesouras desinfetadas com álcool 70 ºGL, sem tocar no interior, nem soprá-lo. Retirar no mínimo 100 g da preparação (200 ml para água), utilizando os mesmos utensílios da distribuição, e transferir os alimentos diretamente das cubas para o interior dos sacos de amostras. Retirar o ar do saco de amostra e fechar com um nó firme. Congelar a -18ºC ou manter sob refrigeração até 4 ºC imediatamente após a retirada, mantendo por até 72 horas do término da distribuição de cada turno, ou conforme legislação vigente[8,17].

Quadro 11 – Identificação dos sacos de amostras

Amostras	Identificação
Produtos in natura	Nome da unidade, fornecedor, tipo do produto, data de recebimento e o número de nota fiscal.
Preparação	Nome da unidade, tipo da preparação, data e horário, responsável pela coleta e o turno da preparação (ex.: almoço).
Água	Nome da unidade, turno de coleta, data e horário, responsável pela coleta e origem da água, sendo bebedouro: água mineral (galão) ou água da rede (bebedouro metálico/purificador) ou produção: nome da área (torneira de saladas/sobremesa) e tipo de abastecimento alternativo (poço) ou sistema público (rede).

Fonte: autoras

Condutas em caso de suspeita de Doenças Transmitidas por Alimentos (DTA)

Em caso de suspeita de surtos, constatação de contaminações ou alterações em alimentos que possam causar toxinfecções aos consumidores, a empresa deve ter previsto ações a serem tomadas. A equipe deve estar preparada para atender aos casos, sendo estes procedentes ou não. Ações a serem tomadas em caso de suspeita[17]:

• receber o reclamante em local reservado com testemunhas;

• registrar todos os dados referentes a datas e horários das refeições realizadas no estabelecimento, alimentos e preparações consumidas, sintomas apresentados, horário do aparecimento dos sintomas;

• verificar o número de casos suspeitos e relacionar com as preparações consumidas pelos envolvidos.

Após investigação inicial, e no caso de suspeita de que algum alimento servido tenha sido responsável pelo desconforto ou mal estar, deve-se[17]:

- encaminhar as amostras dos alimentos suspeitos para análise;
- encaminhar os manipuladores de alimentos da unidade para que sejam realizados exames clínicos e laboratoriais (parasitológico de fezes, coprocultura, raspado de unhas);
- solicitar análise de amostras de água utilizada nos dias suspeitos.

4.7 Refeições transportadas

A garantia da qualidade das refeições transportadas deve ser assegurada pela empresa responsável, considerando os riscos apresentados pela proliferação de microrganismos inoculados durante a manipulação e o tempo que a refeição levará para ser consumida. O processo se caracteriza pela distância entre os locais de preparação das refeições e de distribuição destas.

A determinação do cardápio é de fundamental importância, visto que irá influenciar diretamente na segurança dos alimentos ao longo da operacionalização dos serviços. Deve-se proceder rigorosamente ao pré-preparo e processamento dos alimentos, de acordo com os procedimentos descritos para o preparo de refeições, principalmente em relação aos processos de cocção, resfriamento e manutenção da temperatura de segurança dos alimentos. Os alimentos devem ser colocados nos recipientes de transporte logo após o seu preparo final ou mantidos em equipamentos de apoio em temperaturas adequadas.

As refeições quentes e frias, distribuídas a granel ou em marmitex, devem ser transportadas em recipientes isotérmicos, com encaixe e travas nas tampas, para perfeita vedação, como *Iso Box*, *Marmibox*, entre outros. Na montagem das refeições, os recipientes isotérmicos devem ser desinfetados com solução desinfetante. Estes não devem ter contato com o chão, devendo ficar sobre estrados, carrinhos de apoio ou monoblocos emborcados. Deve-se garantir adequada higiene dos manipuladores, dos utensílios e bancadas necessários nessa etapa.

Sugere-se fazer a identificação para as refeições a granel ou refeições individuais em marmitex, individualmente com as informações: tipo de serviço (almoço/jantar/ceia/lanche), tipo do preparo (arroz, feijão etc.), data da fabricação, local de distribuição e a observação "consumo dentro do turno de fabricação". Esta tem a finalidade de identificar externamente a preparação a fim de evitar a abertura desnecessária e a perda da temperatura.

As temperaturas dos alimentos devem ser monitoradas e registradas durante a montagem dos recipientes de transporte e no momento de recebimento dos alimentos no local de distribuição, que devem estar de acordo com os parâmetros de tempo e temperatura indicados na Tabela 6[2].

O meio de transporte de alimentos destinados ao consumo humano deve garantir integridade e a qualidade, a fim de impedir a contaminação e deterioração dos produtos. Não deve ser realizado o transporte de alimentos com outras cargas que comprometam a qualidade higiênico-sanitária. Devem ser observadas as exigências previstas em legislações específicas de cada região, tais como licença sanitária para transporte de alimentos e do veículo[5,9,11].

Referências

1. ORNELLAS, L. H. *Técnica dietética*: seleção e preparo de alimentos. 7. ed. São Paulo: Atheneu, 2001.

2. SILVA JÚNIOR, E. A. *Manual de controle higiênico-sanitário em serviços de alimentação*. 7. ed. São Paulo: Varela, 2014.

3. MARUCHECK, A.; GREIS, N.; MENA, C.; CAI, L. Product safety and security in the global supply chain: issues, challenges, and research opportunities. *J. Oper. Manag*, 29 (7), p. 707-720, 2011.

4. ISOSAKI, M.; NAKASATO, M. *Gestão de serviço de nutrição hospitalar*. Rio de Janeiro: Elsevier, 2009.

5. RIO GRANDE DO SUL. *Portaria n°78*. Dispõe sobre a lista de verificação em boas práticas para serviços de alimentação, aprova normas para cursos de capacitação em boas práticas para serviços de alimentação e dá outras providências. Secretaria da Saúde. Porto Alegre, 2009.

6. ABREU, E. S.; SPINELLI, M. G. N.; PINTO, A. M. S. *Gestão de unidades de alimentação e nutrição*: um modo de fazer. 5. ed. São Paulo: Metha, 2013.

7. VIEIRA, M. N. C. M.; JAPUR, C. C. (coord.). *Gestão de qualidade na produção de refeições*. Rio de Janeiro: Guanabara Koogan (Nutrição e metabolismo), 2012.

8. SANTOS JUNIOR, J. C. *Manual de Segurança Alimentar*. Rio de Janeiro: Rúbio, 2008.

9. BRASIL. Ministério da Saúde. Agência Nacional de Vigilância Sanitária. *Resolução da Diretoria Colegiada* – RDC nº 216, de 15 de setembro de 2004. Regulamento Técnico de Boas Práticas para Serviços de Alimentação. Brasília, 2004.

10. TONDO, E. C.; BARTZ, S. *Microbiologia e sistemas de gestão da segurança de alimentos*. Porto Alegre: Sulina, 2011.

11. SÃO PAULO. *Portaria CVS 5*. Dispõe sobre o regulamento técnico de boas práticas para estabelecimentos comerciais de alimentos e para serviços de alimentação. Secretaria do Estado da Saúde. São Paulo, 2013.

12. ABNT – Associação Brasileira de Normas Técnicas. *NBR ISSO 5492*. 2014.

13. GERMANO, P. M. L.; GERMANO, M. I. S. *Higiene e vigilância sanitária de alimentos*: qualidade das matérias-primas, doenças transmitidas por alimentos, treinamento de recursos humanos. 4. ed. São Paulo: Varela, 2011.

14. ZANELLA, L. C. *Instalação e administração de restaurantes*. São Paulo: Metha, 2007.

15. MONTEIRO, M. A. M.; RIBEIRO, R. C.; FERNANDES, B. D. A.; SOUSA, J. F. R.; SANTOS, L. M. Controle das temperaturas de armazenamento e de distribuição de alimentos em restaurantes comerciais de uma instituição pública de ensino. *Demetra*, 9(1), p. 99-106, 2014.

16. TEIXEIRA, S. M. F. G. *Administração aplicada às unidades de alimentação e nutrição*. Rio de Janeiro: Atheneu, 1990.

17. MANZALLI, P. V. *Manual para serviços de alimentação*: implementação, boas práticas, qualidade e saúde. São Paulo: Metha, 2006.

18. HARTMANN, V.; GALVÃO M. M. R.; DE CARLI, G.; RODRIGUES, L. B. Avaliação da qualidade de alface (*lactuca sativa*) de diferentes cultivares comercializadas em Passo Fundo. *RS Higiene Alimentar*, 27, p. 3075-3078, 2013.

19. LUFT, N.; MORAES, C. B.; HARTMANN, V. Análise microbiológica do agrião sanitizado com cloro e vinagre. *Higiene Alimentar*, 27, p. 3035-3037, 2013.

20. CARVALHO, L. *Programa Boas* – Alimento Seguro. Curitiba: Iesde Brasil S.A., 2007.

21. DOMENE, S. M. A. *Técnica dietética*: teoria e aplicações. Rio de Janeiro: Guanabara Koogan, 2011.

22. SILVA, C. A. B.; FERNANDES, A. R. Gestão da Qualidade. *In*: SILVA, C. A. B.; FERNANDES, A. R. (ed.). *Projetos de empreendimentos agroindustriais*: produtos de origem vegetal. Viçosa: Universidade Federal de Viçosa, 2003.

23. BARANCELLI, G. V.; MARTIN, J. G. P.; PORTO, E. *Salmonella* em ovos: relação entre produção e consumo seguro. *Segurança Alimentar e Nutricional*, Campinas, 19(2), p. 73-82, 2012.

24. ABREU, E. D.; SPINELLI, M. G. N. *Seleção e preparo de alimentos*: gastronomia e nutrição. São Paulo: Metha, 2014.

25. SÃO JOSÉ, J. F. B.; COELHO, A. I. M.; FERREIRA, K. R. Avaliação das boas práticas em unidade de alimentação e nutrição no município de Contagem-MG. *Alim. Nutr.*, Araraquara, 22(3), p. 479-487, 2011.

CAPÍTULO 11

HIGIENE DO MANIPULADOR EM UNIDADE DE ALIMENTAÇÃO E NUTRIÇÃO

Marlise Potrick Stefani
Samantha Peixoto Silva
Giuseppe Potrick Stefani

O manipulador é qualquer pessoa do serviço de alimentação que entra em contato direto ou indireto com o alimento. O seu trabalho envolve higienizá-los, descascá-los, cortá-los, ralá-los, cozinhá-los e distribuí-los. É muito comum encontrar em unidades de alimentação e nutrição irregularidades relativas aos manipuladores de alimentos. Em função dessas irregularidades, o manipulador pode não apenas ser portador de doenças que comprometam a higiene do produto final, como também pode prejudicar a sua saúde e, portanto, a sua produtividade.

O controle da saúde deve ser realizado e registrado de acordo com a Norma Regulamentadora NR 7 – Programa de Controle Médico de Saúde Ocupacional –, do Ministério do Trabalho, e existem diversos cuidados que devem ser tomados em relação à sua higiene.

As Resoluções RDC ANVISA n.º 216/04 e Portaria SVS/MS n.º 326/97, entre outras, estabelecem normas para as Boas Práticas para Serviços de Alimentação: a serem aplicadas em todo e qualquer serviço de alimentação a fim de garantir as condições higiênico-sanitárias do alimento preparado.

1. Doenças Transmitidas por Alimentos (DTAs)

As Doenças Transmitidas por Alimentos (DTAs) compõem um dos maiores problemas de saúde pública[3, 4]. As DTAs são doenças causadas por alimentos que estão contaminados por diferentes formas. Milhares de pessoas contraem doenças após consumirem alimentos contaminados por micro-organismos patogênicos (vírus, bactérias ou fungos), bem como por parasitas e/ou outras substâncias tóxicas[5]. Sendo assim, diversas regras de vigilância sanitária devem ser cumpridas para assegurar qualidade higiênico-sanitárias dos alimentos. Entre 1999 e 2004, o Sistema de Informações Hospitalares (SIH) do Ministério da Saúde demonstrou mais de 500 mil casos por ano[6]. Em relação às fatalidades oriundas de DTAs, de 1999 a 2002, foram registrados 25.281 óbitos, o que representa aproximadamente mais de 6 mil óbitos por ano[6].

As DTAs podem ser causadoras de surtos, os quais são caracterizados por episódios em que dois ou mais indivíduos apresentam doença similar após ingerir alimentos de origem comum[7]. Um surto originado por DTA pode ser investigado por três aspectos principais: investigação epidemiológica, investigação laboratorial e investigação ambiental. A investigação epidemiológica tem o objetivo de encontrar o veículo de transmissão, bem como o provável agente causador de DTA. A investigação laboratorial busca analisar amostras de pacientes, água e alimentos contaminados.

Por fim, a investigação ambiental procura detectar não apenas o local de ocorrência, mas também elencar fatores que contribuíram para o surgimento da contaminação[8].

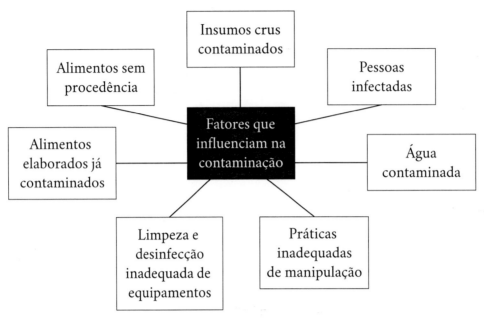

Figura 1 – Fatores que influenciam na contaminação dos alimentos
Fonte: autores

Os sintomas mais comuns dessas doenças envolvem vômitos e diarreia e os secundários podem ser dores abdominais, de cabeça, alterações nos olhos, entre outros. Os cuidados devem ser redobrados com crianças, idosos, gestantes e enfermos, uma vez que as consequências podem ser mais graves do que em adultos saudáveis. Seguem algumas DTAs comumente encontradas:

Salmonelose (Salmonella enterica): Trata-se de um grupo de bactérias Gram-negativas extremamente heterogêneo, em forma de bacilo, majoritariamente móveis (flagelos) e são lactase negativas. A Salmonelose refere-se a um tipo de Salmonella que é capaz de infectar o ser humano (*Salmonella enterica*), no entanto existem mais de 2.500 sorotipos desse subgrupo de bactérias já descritas[9, 10]. A salmonelose apresenta como sintomas mais comuns náusea, vômitos, febre, calafrios, dor abdominal e mialgia. O meio de transmissão é orofecal (fecal-oral), que pode ser disseminada pela ingestão de alimentos contaminados ou água contaminada[11]. A bactéria pode ser facilmente inativada com o cozimento adequado de ovos, peixes, bem como a pasteurização de leite[12]. É de extrema importância salientar que a higiene do manipulador responsável pelo pré-preparo e preparo do alimento deva lavar frequentemente e adequadamente as mãos ao manusear os insumos.

Escherichia coli (E. coli): Refere-se a um grupo de bactérias Gram-negativas, anaeróbias facultativas com forma bacilar[13]. Em seres humanos, esse tipo de bactéria pode causar sintomas de febre, apesar de em outros animais não causar efeitos prejudiciais[14]. Um dos sintomas mais comuns é a flatulência em sujeitos infectados por *E. coli* por alimentos contaminados. Como esse grupo de bactérias são lactase positiva (enzima fermentadora de açúcares), portanto, possuem a enzima responsável por lisar a lactose em glicose e galactose, a maioria dos indivíduos que contraem a doença por *E. coli* apresentam flatulência, especialmente após o consumo de leite e derivados por consequência da alta concentração de lactose[15]. A forma de contaminação mais comum de *E. coli* é por via orofecal, a transmissão geralmente ocorre pelo consumo de água sem tratamento, carne mal cozida (menos de 71 °C), leite ou queijos não pasteurizados, vegetais e legumes lavados com água contaminada e/ou mal lavados.

Estafilococos (Staphylococcus aureus): São bactérias Gram-positivas. Geralmente, estão localizados na pele e nas fossas nasais de pessoas saudáveis[16]. A bactéria em si não causa a infecção, nesse caso, o *Staphylococcus aureus* produz uma endotoxina que contamina o alimento e dá origem à DTA ao indivíduo. Os principais sintomas da DTA causada pelo estafilococos são náuseas, vômitos, câimbras abdominais e diarreia[17]. Apesar de ser muito comum, a DTA causada por estafilococos pode ser facilmente prevenida pela higiene do manipulador[18]. É destacada a higiene correta e frequente de mãos, bem como o uso de máscaras faciais.

Clostrídios (Clostridium perfringens): Bactérias Gram-positivas, em forma de bastão cujo metabolismo predominante é anaeróbio, também são formadores de esporos[19]. Esse tipo de bactéria está presente em diferentes locais na natureza, pois pode ser um componente normal de vegetações apodrecidas, bem como no trato gastrointestinal de humanos e insetos[20]. A infecção por clostrídio pode ser muito séria, pois os sintomas podem aparecer em horas após a contaminação e, se não tratado, a sua enterotoxina é capaz de induzir necrose celular, colecistite (infecção na vesícula biliar) e até mesmo gangrena gasosa[21]. Diversos casos de infecção por clostrídios foram reportados com fatalidades. A inativação de sua enterotoxina pode ser obtida ao atingir temperaturas de pelo menos 74 °C[22]. Portanto, alimentos mal cozidos são produtos elencáveis para sua contaminação.

Bacilos (Bacillus cereus): São bactérias Gram-positivas, de forma cilíndrica, cujo metabolismo baseia-se em anaerobiose facultativa[23]. A maioria das infecções por Bacillus cereus são contraídas por alimentos cozidos e mantidos à temperatura ambiente por horas, mais comumente encontrado em serviços do tipo buffet[24]. Os principais sintomas apresentados por contaminação de *Bacillus cereus* são náusea, vômito e diarreia. Sua proliferação pode ser prevenida evitando longos períodos de exposição dos alimentos à temperaturas entre 10 e 50 °C[25]. Pela natureza do *Bacillus cereus* de competir com outros micro-organismos, é possível que a presença desse tipo de bactéria reduza o número de outras bactérias no intestino, como a *Salmonella* e *Campylobacter*.

2. Higiene e aparência pessoal

O funcionário de um serviço de alimentação deve seguir alguns critérios que contemplam a sua aparência pessoal, bem como a sua higiene de um modo geral. O fato de o manipulador estar trabalhando sem uniforme ou com sapatos/chinelos abertos não apenas é prejudicial para a higiene do produto final, como demonstra, inclusive, falta de controle do responsável técnico da UAN.

Alguns itens devem ser seguidos rigorosamente, a fim de não tornar todo o esforço a outros pontos críticos da cozinha em vão, como:

- Higiene Geral: não é permitido, na manipulação dos alimentos, o uso de perfumes, loções, pós--barba e cremes de qualquer tipo, tanto na pele como nos cabelos.

- Roupas e objetos pessoais: devem estar guardados em armários fechados em vestiário reservado para esse fim. Todos os objetos de adorno pessoal, como anéis, brincos, colares, relógios, piercings e a maquiagem devem ser removidos. Esses objetos podem desprender-se e cair no alimento. Cabe salientar a importância de manter telefones celulares nesses armários.

- Cabelos e unhas: os cabelos devem estar limpos, presos e protegidos por toucas, e as unhas devem estar curtas, limpas e sem uso de esmalte ou base. Os homens não podem utilizar barba nem bigode.

- Uniformes: devem estar conservados e limpos e estar de acordo com a atividade realizada. Eles devem ser trocados diariamente e usados somente nas dependências internas do local. O uniforme deve ser próprio e limpo, de cor clara, com mangas e sem botões acima da cintura. Esses devem ser utilizados apenas nas áreas de manipulação dos alimentos, não sendo permitido usá-los ao chegar ou sair do trabalho. Os sapatos utilizados devem ser fechados, antiderrapantes, emborrachados, sempre mantidos em bom estado de conservação e higiene.

- Higiene de mãos: a empresa deverá oferecer pia própria para a higienização das mãos, abastecida com sabonete líquido antisséptico, bem como álcool gel para finalização da higienização. O procedimento deve ser realizado de forma cuidadosa, esfregando-se todas as regiões das mãos e secando-as bem com papel toalha não reciclado ou sistema de secagem automático. A higienização e antissepsia devem ser realizadas antes e após a manipulação, após qualquer interrupção da atividade, após tocar algum material contaminado e após usar o sanitário. A lavagem deve durar pelo menos 20 segundos e devem ser colocados cartazes com orientações corretas sobre a higiene de mãos em locais visíveis. Os produtos utilizados na higienização deverão ser adequados ao uso, registrados e aprovados pelo Ministério da Saúde.

- Conduta pessoal: grande parte dos micro-organismos patogênicos é encontrada em locais do corpo, como boca, nariz e ouvido, por isso, para evitar a contaminação dos alimentos durante as atividades, os manipuladores não devem fumar, cantar, assobiar, espirrar, tossir, comer, manipular dinheiro ou praticar outros atos que possam contaminar o alimento.

3. Lesões ou sintomas de enfermidades pelo manipulador

Os sintomas de enfermidades que puderem comprometer a qualidade higiênico-sanitária dos alimentos devem ser comunicados à chefia imediata, que avaliará a necessidade de o funcionário ser afastado da atividade enquanto persistirem os sintomas. Exemplos: diarreia, vômito, gripe, dor de garganta, conjuntivite, cortes, feridas ou arranhões, principalmente nas mãos.

Esses profissionais devem ser devidamente supervisionados e capacitados periodicamente em relação à higiene pessoal, manipulação de alimentos e doenças transmitidas por alimentos (DTAs), sendo que a capacitação deve ser comprovada a partir de documentação.

Os visitantes devem cumprir as mesmas regras dos manipuladores de alimentos, visando à qualidade higiênico-sanitária dos alimentos.

4. Exames laboratoriais pertinentes para manipuladores de alimentos

Os exames devem ser realizados com periodicidade anual, a qual pode ser reduzida de acordo com a Vigilância Sanitária e Epidemiológica locais, dependendo das ocorrências endêmicas de algumas doenças.

Uma das formas pela qual o controle de saúde pode ser realizado para os funcionários dos estabelecimentos é por intermédio da realização do Programa de Controle Médico de Saúde Ocupacional (PCMSO) do Ministério do Trabalho a partir da NR-7, o qual tem por objetivo avaliar e prevenir problemas de saúde decorrentes do exercício profissional. Esse controle deve ser realizado em exame admissional, periódico, demissional, de retorno ao trabalho e na mudança de função, por um médico com especialização em medicina do trabalho.

Já o controle de saúde exigido pela Vigilância Sanitária tem por objetivo a saúde do manipulador, bem como sua aptidão para a tarefa, não podendo ser portador de doenças infecciosas ou parasitárias. Deverão ser realizados os exames médicos admissionais, periódicos, podendo incluir análises laboratoriais como:

- Hemograma (sangue): avaliação geral de funcionários, anemias, alergias, parasitose, infecção aguda ou crônica, discrasias sanguíneas.
- VDRL (sangue): pesquisa de sífilis aguda ou crônica.
- EPF (fezes): Exame parasitológico de fezes.
- Coprocultura (fezes): investigação de portadores de *Salmonella sp* e *Shigella sp*.
- Coproparasitológico (fezes): investigação de protozoários e helmintos de importância médica.
- Micológico Subungueal: investigação de micoses e fungos.

Podem ser realizadas outras análises de acordo com avaliação médica.

O Atestado de Saúde Ocupacional (ASO) é liberado, desde que o paciente submeta-se aos procedimentos padrão citados. Caso o resultado esteja alterado, e necessitar de repetição, o paciente deverá ser convocado novamente.

5. Segurança do Trabalho

5.1 Equipamentos obrigatórios no ambiente da cozinha

Os equipamentos de proteção individual (EPIs) possuem a função de proteger a integridade física do manipulador. Os EPIs protegem o indivíduo de fatores de risco ambientais, como queimaduras, cortes, ação de produtos químicos, doenças oriundas da umidade do ambiente de trabalho, entre outros. Cabe salientar que todos os manipuladores não devem apenas usar os EPIs, mas também é de extrema importância serem treinados e orientados sobre a importância do uso de cada EPI, dependendo de sua função laboral.

Todos os EPIs utilizados na manipulação adequada dos alimentos deverão ser aprovados pelo Ministério do Trabalho e Emprego, por meio do código Certificado de Autorização (C.A.) emitido pelo mesmo órgão.

Toucas descartáveis manterão os cabelos presos e protegidos, e devem ser trocadas sempre que possível. No caso de redes e toucas não descartáveis, deverão ser de cor clara, mantidas limpas e em ótimo estado de conservação, trocadas diariamente. Máscaras descartáveis serão utilizadas em situações críticas de manipulação, determinadas caso a caso. Protetores auriculares poderão ser oferecidos ao manipulador sempre que houver determinação do PCMSO, por excesso de ruído no local. Alguns itens apresentados, como a jaqueta para câmara fria, são de extrema importância para prevenção de infecções respiratórias. Em uma UAN, o manipulador irá frequentemente se dirigir à câmara fria para buscar alimentos armazenados em temperaturas que permeiam de 4 a 8 °C. Sem a jaqueta, será fácil o indivíduo contrair uma doença respiratória por imunossupressão transitória causada pelo frio. Nos locais onde há contato direto com água, possibilitando que o funcionário molhe a roupa do uniforme, o manipulador deverá dispor de avental impermeável longo. Botas de borracha de cano longo deverão ser utilizadas na mesma circunstância. Óculos de proteção poderão ser utilizados em situações de manipulação de alimentos quentes que possam respingar, ou mesmo em situações de higienização de coifas e ambientes altos, evitando que produtos químicos possam entrar em contato com os olhos dos funcionários. O mangote de proteção poderá ser utilizado para proteção da umidade das mangas dos uniformes.

Outro exemplo importante de EPIs que podem ser esquecidos facilmente por parte do manipulador é o uso de luvas de látex ou nitrílicas. É quase um consenso intrínseco por parte de funcionários que ao utilizar luvas para manipular alimentos, o produto estará isento de contaminantes. No entanto as luvas descartáveis de látex ou nitrílicas protegem de fato o manipulador, mas o alimento cru pode estar sendo inclusive mais contaminado, dependendo das condições de trabalho. Por isso, é recomendado utilizar o mínimo possível de luvas descartáveis para manipular alimentos. Recomenda-se inclusive utilizar talheres, pegadores. O uso das luvas pode ser restrito apenas a alimentos que serão servidos in natura ou que foram previamente cozidos. Ao terminar a ação de manuseio, o colaborador deve descartar a luva. No caso das luvas de aço, deverão ser higienizadas e sanitizadas sempre, após o uso.

6. Órgãos fiscalizadores

A fiscalização é essencial para assegurar a higiene das indústrias produtoras de alimentos no Brasil. Ela pode ser realizada a partir de uma Inspeção Sanitária. Caso haja alguma irregularidade, essa pode ser considerada uma Infração Sanitária, que consiste no descumpriomento das normas legais destinadas aos cuidados com a saúde.

No Brasil, a fiscalização nas indústrias de alimentos é realizada por dois tipos de órgãos: os vinculados ao Ministério da Agricultura, Pecuária e Abastecimento (Mapa) e os vinculados ao Ministério da Saúde (MS). O Mapa envolve as Secretarias Estaduais e Municipais de Agricultura.

No caso de UANs, a orientação e fiscalização cabem à Agência Nacional de Vigilância Sanitária (ANVISA), incluindo as Vigilâncias Sanitárias Estaduais e Municipais. A inspeção das boas práticas de cada estabelecimento cabe à Vigilância Sanitária Municipal, que fará a liberação do Alvará Sanitário e acompanhará o funcionamento da UAN. A cada ano, a empresa ou instituição deverá solicitar ao órgão a renovação do alvará. Com a entrada do pedido, os fiscais da Vigilância Municipal farão a vistoria baseados na legislação, relacionando as não conformidades e solicitando as correções, se necessárias. As visitas também poderão ser desencadeadas por denúncia, ou mesmo em caso de suspeita de surtos de intoxicações alimentares.

7. POPs obrigatórios

Os POPs sobre a higiene e saúde dos manipuladores devem conter as etapas, a frequência e os princípios ativos usados na higienização das mãos dos profissionais. Os exames de saúde e sua periodicidade devem ser especificados. Também devem estar descritas as medidas adotadas caso os manipuladores apresentem sintomas ou suspeitas de problemas de saúde que possam comprometer a qualidade sanitária dos alimentos. A carga horária, o conteúdo e a frequência das capacitações dos manipuladores em higiene devem ser descritos, arquivando-se os registros de participação dos funcionários.

A seguir, a Figura 2 representa um POP de higiene pessoal do manipulador, cujo objetivo é registrar os procedimentos básicos para garantir uma boa higiene dos manipuladores, de modo a reduzir os riscos de contaminação microbiológica dos alimentos. O responsável pela execução são todos os manipuladores. O responsável pelo monitoramento é o responsável técnico pela UAN. O procedimento básico deve ser descrito detalhadamente com a frequência de cada etapa deste, como por exemplo, a higienização correta das mãos do manipulador.

O monitoramento é o acompanhamento diário, com registros de controle de higiene pessoal e acompanhamento do consumo de produtos e materiais de higienização.

As ações corretivas devem ser descritas de forma a corrigir problemas relacionados às não conformidades detectadas no controle de higiene pessoal, bem como promover treinamento básico para manipuladores novos e capacitação contínua. Para a verificação, o responsável deverá inspecionar diariamente a higienização das mãos, acompanhar diariamente a higiene pessoal e observar adequação de uniformes e uso de adornos.

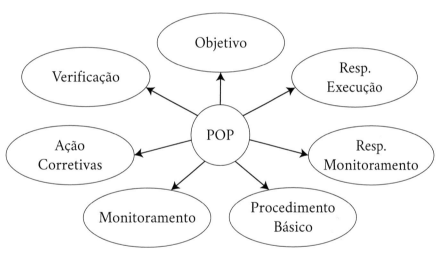

Figura 2 – POP de Higiene Pessoal do Manipulador de Alimentos
Fonte: autores

No Quadro 1, podemos destacar de forma objetiva os procedimentos básicos a serem repassados aos manipuladores de alimentos.

Lavagem e Antissepsia das Mãos	Higiene Corporal	Uniformes	Hábitos de Higiene
Umedecer as mãos e antebraços com água; Lavar com sabonete líquido, neutro, inodoro ou sabonete líquido antisséptico, massageando as mãos e antebraços por pelo menos um minuto; Enxaguar bem as mãos e antebraços; Secar as mãos com papel toalha descartável não reciclado, ar quente ou outro procedimento adequado; Aplicar antisséptico, deixando secar naturalmente, ao ar, quando não utilizado sabonete antisséptico. Pode ser aplicado o antisséptico com as mãos úmidas. Obs.: o antisséptico é o álcool 70%, aprovado pelo MS para esse fim. *Frequência* Quando chegar ao trabalho; Depois de utilizar os sanitários; Depois de tossir, espirrar ou assoar o nariz; Depois de usar esfregões, panos e materiais de limpeza; Depois de fumar (preferencialmente, não fumar durante a jornada de trabalho); Depois de recolher lixo ou outros resíduos; Depois de tocar em sacarias, caixas, garrafas e alimentos não higienizados ou crus; Depois de pegar em dinheiro ou tocar em sapatos depois de qualquer interrupção do serviço, especialmente entre alimentos crus e cozidos (contaminação cruzada);	Tomar banho diariamente; Preferencialmente, tomar outro banho antes de iniciar o trabalho; Não usar perfumes e/ou desodorantes com cheiro forte; Manter as unhas curtas e aparadas; Não usar esmalte; Manter a barba aparada; Os homens devem ter o cabelo curto e aparado, cobertos por touca ou rede, sem o uso de bigode e/ou costeletas; As mulheres devem prender o cabelo e cobri-lo totalmente com a touca ou rede;	Ao chegar, colocar o uniforme, que deve estar limpo e passado; Conservar o vestuário em boas condições de apresentação e conservação, sem rasgos, manchas, furos ou partes descosturadas; Manter o uniforme limpo, bem passado e trocados diariamente ou sempre que necessário; Adotar o uso de avental de PVC; Garantir que o uniforme seja usado apenas nas dependências internas do serviço; Impedir que os funcionários uniformizados sentem-se ou deitem-se no chão, degraus ou outros locais impróprios; Impedir carregar no vestuário: caneta, lápis espelhinhos, pentes, cigarros, relógios etc.; Adotar o uso de calçados fechados apropriados, em boas condições de higiene e conservação; Adotar o uso de meias próprias, limpas e trocadas diariamente; Não utilizar adornos (brincos, pulseiras, correntes, fitas, alianças etc.); Manter os cabelos totalmente cobertos e protegidos, por meio de rede própria, touca ou similar, não utilizando grampos para fixação das redes, toucas e outros; Equipamentos de Proteção Individual (EPIs) servem de proteção contra acidentes pessoais, usar sempre que a condição de trabalho assim exigir:	Comunicar a chefia direta a ocorrência de ferimento ou doenças transmissíveis por alimentos ou acidentes de trabalho; Quando os manipuladores apresentarem algum tipo de possibilidade de contaminação dos alimentos, devem ser transferidos para outra função ou ficar afastados do serviço; Não é permitido o uso de curativos como esparadrapo; Evitar a contaminação oro--nasal (assoar ou tocar no nariz, espirrar, tossir, isso não é proibido, mas o manipulador deverá obrigatoriamente lavar as mãos após esse contato); Não falar, cantar ou assobiar sobre os alimentos; Evitar fumar, mas se ocorrer, preferencialmente, apenas nos intervalos e em áreas próprias; Não circular sem uniforme; Não passar as mãos no cabelo, assim como não colocar os dedos na boca e no ouvido; Não enxugar o suor com as mãos, panos de pratos, panos de copa, guardanapos, aventais ou qualquer outra peça da vestimenta; Nunca experimentar a comida nas mãos ou com os dedos, assim como provar alimentos em talheres e devolvê-los à panela sem prévia higienização; Não fazer uso de utensílios sujos;

Lavagem e Antissepsia das Mãos	Higiene Corporal	Uniformes	Hábitos de Higiene
Antes de manipular alimentos; Antes de iniciar um novo serviço e toda vez que mudar de atividade; Antes de tocar em utensílios higienizados; Antes de tocar em alimentos já preparados; Antes e após o uso de luvas; Cada vez que as mãos estiverem sujas.	Escovar os dentes após as refeições, fazendo uso do fio dental para remover a placa bacteriana.	Capa antitérmica: deve ser utilizada sempre que o funcionário necessitar acessar a câmara fria. Deve ser atentado para que esta seja higienizada, frequentemente para que não se torne focos de contaminação;	Não sair do local de trabalho com o uniforme da empresa; Não mascar goma, palito, fósforos ou similares e/ou chupar balas, comer etc.; Não manipular dinheiro; Não tocar maçanetas com as mãos sujas; Visitante: não deve acessar o setor de produção de alimentos sem autorização de um responsável, deve utilizar touca e avental; Manter as boas condições de higiene, conservação e limpeza, além da correta utilização de banheiros e vestuários.

Quadro 1 – Procedimentos básicos que devem ser passados ao manipulador de alimentos

Fonte: Autores

7. Treinamento dos manipuladores de alimentos

Todos os manipuladores de alimentos devem ser periodicamente supervisionados e capacitados a partir de treinamento na área de Boas Práticas em serviços de alimentação. Os treinamentos devem ser ministrados por profissional capacitado na área e devem ser comprovados mediamente documentação. Essa prática é importante para a conscientização dos funcionários em relação à importância de seu papel dentro da equipe de trabalho e para prevenir e reparar possíveis erros que possam ser cometidos no ambiente de manipulação de alimentos.

A capacitação do manipulador deve envolver as orientações para higiene pessoal, manipulação higiênica de alimentos e doenças transmitidas por alimentos. Além de ser feito o treinamento inicial na admissão do funcionário, devem ser realizadas capacitações periódicas. A falta de controle higiênico-sanitário por parte dos manipuladores de alimentos é uma das principais fontes de disseminação de bactérias patogênicas, caracterizando esse grupo de alto risco de transmissão devido às atividades que realizam[27].

Vantagens em se fazer o treinamento: melhora na produtividade, segurança no desempenho das tarefas, alimento seguro do ponto de vista higiênico-sanitário, maior durabilidade dos utensílios e equipamentos, funcionário mais satisfeito, diminuição do desperdício de matéria-prima, redução da rotatividade da mão de obra, diminuição dos custos, menos conflitos entre os funcionários, maior satisfação do consumidor final.

O sucesso de um treinamento depende tanto do profissional que fará a capacitação quanto do comprometimento por parte dos funcionários da equipe. É importante que todos os manipuladores possam expressar suas opiniões para se sentirem valorizados e demonstrarem melhor adesão à boas práticas. As reclamações e queixas devem ser ouvidas para que possam ser propostas soluções para melhorar o trabalho da equipe.

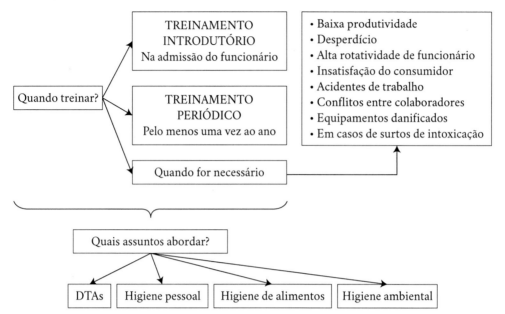

Figura 3 – Fluxograma de Organização de Treinamento para Manipuladores de Alimentos

Fonte: Autores

Como treinar?

1. **Identificar os principais problemas que devem ser corrigidos na manipulação de alimentos, por meio de observação prévia do ambiente de trabalho.**

2. Organizar um horário no qual todos os manipuladores possam participar sem interrupções. Se não for possível, dividir em duas ou mais equipes.

3. Determinar a duração do treinamento de forma que não seja muito longo. Uma opção é dividi-lo em dois dias.

4. Fazer uma parte teórica e uma parte prática para fixar o conteúdo (*ver quadro "Fatores que Influenciam na Retenção do Conteúdo"*). Quanto mais dinâmico for, melhor.

5. Deixar um espaço aberto ao funcionário para expressar suas dúvidas e opiniões.

6. Entregar material escrito com os principais aspectos abordados para posterior consulta.

7. Aplicar uma avaliação dos conhecimentos adquiridos ao final do treinamento.

Registro e documentação

- Fazer uma lista de presença assinada por todos os funcionários, incluindo a data do treinamento, o tempo de duração, os assuntos abordados e o nome e assinatura do capacitador.

- Guardar a documentação em local seguro por pelo menos um ano.

- **Forma como o conteúdo é transmitido**. Quando maior for o envolvimento do ouvinte com a atividade, maior será a sua retenção. As pessoas podem reter 10% do que leem, 20% do que ouvem, 30% do que veem, 50% do que veem e ouvem e 80% do que veem, ouvem e falam

- **Quantidade de informação**. A quantidade de informação transmitida em um treinamento teórico deve ser limitada. Quanto mais informação se passa, menos informações são retidas. O tempo deve ser utilizado para que as poucas informações sejam transmitidas com o maior grau de exemplos e ilustrações possíveis para ampliar a retenção.

- **Duração da exposição**. Quanto mais longa for a atividade, menor será a retenção do conteúdo. Outras atividades didáticas, como aulas práticas, podem ser mais efetivas para cumprir os objetivos.

- **A retenção varia ao longo da exposição**. Geralmente, ela é maior no começo e menor no final da atividade. Sendo assim, para garantir a atenção do ouvinte, deve-se considerar na elaboração da aula que a retenção é flutuante e transmitir os conceitos mais importantes nos momentos de maior retenção.

- **Postura e expressão do palestrante**. As variações na gesticulação e no tom de voz influenciam na atenção do ouvinte. Alternar momentos de explicação com um pequeno filme ou figuras ou com alguma pequena atividade envolvendo a plateia aumenta as chances de reter a atenção. Lembrando que as características da plateia devem ser consideradas na escolha da intervenção mais adequada.

Quadro 2 – Fatores que Influenciam na Retenção do Conteúdo
Fonte: Agência Nacional de Vigilância Sanitária, 2014

A seguir, a Figura 4 ilustra a montagem de um POP para a capacitação dos manipuladores.

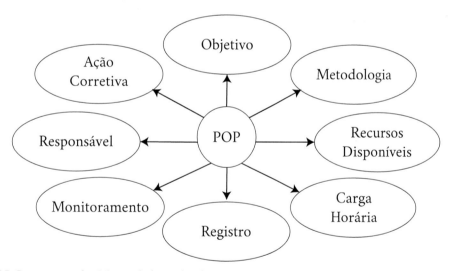

Figura 4 – POP Capacitação dos Manipuladores de Alimentos
Fonte: Autores

O objetivo desse POP é apresentar o programa de treinamento para funcionários com o objetivo de adequar o processamento e a manipulação dos alimentos de acordo com as normas atuais em relação às condições higiênico-sanitárias necessárias para evitar os surtos de toxinfecções alimentares. São realizados treinamentos de toda a equipe anualmente e treinamento introdutório, para funcionários novos, com base no manual de boas práticas e registro em planilha.

A metodologia e recursos a serem utilizados poderão ser aula expositiva com recursos audiovisuais, com dinâmicas, estudos de caso, bem como atividades práticas.

A carga horária deve ser breve, em torno de duas horas por encontro.

O programa de treinamento deve incluir:

1. **Higiene Pessoal: higienização das mãos (limpeza e antissepsia), informações importantes sobre a higiene corporal, uniforme e cuidados gerais.**

2. **Higiene Ambiental**: adequação dos métodos e utilização dos produtos de limpeza mais adequados para a higienização dos equipamentos, utensílios de preparação e de mesa, superfícies de manipulação, pisos, paredes, câmaras e ralos.

3. **Higiene Alimentar**: utilização de desinfetantes próprios para alimentos e aplicação das técnicas corretas de higienização dos vegetais, perecíveis e não perecíveis.

4. **Controle do Tempo e Temperatura**: informações importantes e desenvolvimento técnico adequado em relação ao tempo de manipulação e temperatura limites para evitar a multiplicação de microrganismos. Manutenção da cadeia quente e cadeia fria durante a manipulação, armazenamento e distribuição.

5. **Controle Técnico**: aplicação das técnicas corretas na recepção das mercadorias, armazenamento, pré-preparo, preparo final, tempo de espera e distribuição.

6. **Doenças Transmitidas por Alimentos (DTAs)**: classificação das principais doenças de origem alimentar, ocorrência dos agentes nos alimentos e principais agentes de doenças transmitidas por alimentos.

7. **Curso Técnico de Atendimento**: tipos de serviço, técnicas de serviço de garçom, higiene pessoal, técnicas de atendimento.

8. **Boas Práticas em Alimentação**: legislações vigentes e análise situacional da empresa em relação a estas.

9. **Treinamento Introdutório de Higiene**: com base no manual do manipulador e registro em planilha.

8. Legislações que regulamentam as Boas Práticas dos Manipuladores

Nos últimos anos, muito vem evoluindo na questão de legislação na manipulação de alimentos. A Vigilância Sanitária Municipal, que está subordinada hierarquicamente à Agência Nacional de Vigilância Sanitária, tem a função principal de preservar as condições de saúde da comunidade.

Para cumprir o objetivo de garantir a produção e comercialização de alimentos seguros, a Vigilância Sanitária conta com a legislação, que, se aplicada, poderá prevenir a ocorrência de surtos ou intoxicações alimentares.

- **Resolução RDC n.º 275, de 21 de outubro de 2002** – Essa Resolução foi desenvolvida com o propósito de atualizar a legislação geral, introduzindo o controle contínuo das BPF e os Procedimentos Operacionais Padronizados, além de promover a harmonização das ações de inspeção sanitária por meio de instrumento genérico de verificação das BPF. Portanto, é ato normativo complementar à Portaria SVS/MS n.º 326/97.

- **Portaria SVS/MS n.º 326, de 30 de julho de 1997** – Baseada no Código Internacional Recomendado de Práticas: Princípios Gerais de Higiene dos Alimentos CAC/v. A, 2. ed. (1985), do *Codex Alimentarius*, e harmonizada no Mercosul, essa Portaria estabelece os requisitos gerais sobre as condições higiênico-sanitárias e de Boas Práticas de Fabricação para estabelecimentos produtores/industrializadores de alimentos.

- **Resolução RDC n.º 216, de 15 de setembro de 2004** – Dispõe sobre Regulamento Técnico de Boas Práticas para Serviços de Alimentação (alguns aspectos foram alterados pela Resolução RDC n.º 52, de 29 de setembro de 2014).

- **PORTARIA V.S. 1428/93** – Aprovar, na forma dos textos anexos, o "Regulamento Técnico para Inspeção Sanitária de Alimentos" – COD-100 a 001.0001 –, as "Diretrizes para o Estabelecimento de Boas Práticas de Produção e de Prestação de Serviços na Área de Alimentos" – COD-100 a 002.0001 –, e o "Regulamento Técnico para o Estabelecimento de Padrão de Identidade e Qualidade (PIQ's) para Serviços e Produtos na Área de Alimentos" – COD-100 a 003.0001 e COD-100 a 004.0001.

- **Resolução RDC n.º 275, de 21 de outubro de 2002 (*)** – Republicada no DOU de 06/11/2002 – Dispõe sobre o Regulamento Técnico de Procedimentos Operacionais Padronizados aplicados aos Estabelecimentos Produtores/Industrializadores de Alimentos e a Lista de Verificação das Boas Práticas de Fabricação em Estabelecimentos Produtores/Industrializadores de Alimentos.

- **PORTARIA RS n.º 78/2009** – Aprova a Lista de Verificação em Boas Práticas para Serviços de Alimentação, aprova Normas para Cursos de Capacitação em Boas Práticas para Serviços de Alimentação e dá outras providências.

- **PORTARIA n.º 325/2010** – Aprova procedimentos para prevenir a disseminação do vírus H1N1 na área de exposição do alimento preparado em Serviços de Alimentação e dá outras providências.

- **Portaria CVS 5, de 9 de abril de 2013** – DOU de 19/04/2013, n. 73, Poder Executivo, Seção I, p. 32-35 – Aprova o regulamento técnico sobre boas práticas para estabelecimentos comerciais de alimentos e para serviços de alimentação, e o roteiro de inspeção, anexo.

- **PORTARIA 2619/11** – SMS – Publicada em DOC 06/12/2011, p. 23 – Regulamento de Boas Práticas e de Controle de condições sanitárias e técnicas das atividades relacionadas à importação, exportação, extração, produção, manipulação, beneficiamento, acondicionamento, transporte, armazenamento, distribuição, embalagem, reembalagem, fracionamento, comercialização e uso de alimentos, águas minerais e de fontes, bebidas, aditivos e embalagens para alimentos.

- **NORMA REGULAMENTADORA NR 7** – Programa de Controle Médico de Saúde Ocupacional, do Ministério do Trabalho, contida da Portaria n.º 3.214/78.

- **PORTARIA 1210/06** – Município de São Paulo. Regulamento Técnico de Boas Práticas, que estabelece os critérios e parâmetros para a produção/fabricação, importação, manipulação, fracionamento, armazenamento, distribuição, venda para o consumo final e transporte de alimentos e bebidas.

Referências

1. BRASIL, Ministério da Saúde. Vigilância Sanitária , Portaria SVS/MS nº 326. de 30 de julho de 1997. Condições HigiênicosSanitárias e de Boas Práticas de Fabricação paraEstabelecimentos Produtores/Industrializadores de Alimentos. Publicado no *DOU*. DE 01/08/97.

2. BRASIL, Ministério da Saúde.Vigilância Sanitária , Resolução RDC nº 216, de 15 de setembro de 2004. Dispõe sobre Regulamento Técnico de Boas Práticas para Serviços de Alimentação. D.O.U. - *Diário Oficial da União*; Poder Executivo, de 16 de setembro de 2004.

3. FAUSTINO, J. S.; PASSOS, E. C.; MELLO, A. R. P.; ARAÚJO, A. L. M.; SOUZA, C. V.; JORGE L. I. F. *et al*. Análises microbiológicas de alimentos processados na Baixada Santista, envolvidos em doenças transmitidas por alimentos, no período de 2000 – 2006. *Rev Inst Adolfo Lutz*, 66(1), p. 5, 2007.

4. MARCHI, D. M.; BAGGIO, N.; TEO, C. R. P. A.; BUSATO, M. A. Ocorrência de surtos de doenças transmitidas por alimentos no Município de Chapecó, Estado de Santa Catarina, Brasil, no período de 1995 a 2007. *Epidemiol Serv Saúde*, 20(3), p. 8, 2011.

5. ALMEIDA, C. F.; ARAÚJO, E. S.; SOARES, Y. C.; DINIZ, R. L. C.; FOOK, S. M. L.; VIEIRA, K. V. M. Perfil epidemiológico das intoxicações alimentares notificadas no Centro de Atendimento Toxicológico de Campina Grande, Paraíba. *Rev Bras Epidemiol.*, 11(1), p. 7, 2008.

6. CARMO, G. M. I.; OLIVEIRA, A. A.; DIMECH, C. P.; SANTOS, D. A. Vigilância epidemiológica das doenças transmitidas por alimentos no Brasil, 1999-2004. *Boletim Eletrônico Epidemiológico*, 6, p. 7, 2005.

7. PREVENTION CfDCa. Surveillance for foodborne-disease outbreaks - United States, 1993-1997. Appendix B - Guidelines for confirmation of foodborne-dis-ease outbreaks. *CDC Surveillance Summaries*, 49 (SS-1), p. 8, 2000.

8. WELKER, C. A. D.; BOTH, J. M. C.; LONGARAY, S. M.; HASS, S.; SOEIRO, M. L. T.; RAMOS, R. C. Análise microbiológica dos alimentos envolvidos em surtos de doenças transmitidas por alimentos (DTA) ocorridos no estado do Rio Grande do Sul, Brasil. *R bras Bioci.*, 8(1), p. 5, 2010.

9. BRYAN, C.; GRASSL, G. A.; FINLAY, B. B. Salmonella, the host and disease: a brief review. *Immunology and Cell Biology*, 85, p. 6, 2007.

10. FIERER, J.; GUINEY, D. G. Diverse virulence traits underlying different clinical outcomes of Salmonella infection. *The Journal of clinical investigation*, 107, p. 5, 2001.

11. ANDINO, A.; HANNING, I. Salmonella enterica: Survival, Colonization, and Virulence Differences among Serovars. *The Scientific World Journal*, p. 16, 2015.

12. BORSOI, A.; MORAES, H. L. S.; SALLE, C. T. P.; NASCIMENTO, V. P. Número mais provável de Salmonella isoladas de carcaças de frango resfriadas. *Ciência Rural*, 40(11), p. 5, 2011.

13. FRIEDMAN, M. Antibiotic-resistant bacteria: prevalence in food and inactivation by food-compatible compounds and plant extracts. *Journal of agricultural and food chemistry*, 63(15), p. 3805-22, 2015.

14. CAPRIOLI, A.; SCAVIA, G.; MORABITO, S. Public Health Microbiology of Shiga Toxin-Producing Escherichia coli. *Microbiology spectrum*, 2(6), 2014.

15. BRYAN, A.; YOUNGSTER, I.; MCADAM, A. J. Shiga Toxin Producing Escherichia coli. *Clinics in laboratory medicine*, 35(2), p. 247-72, 2015.

16. TONG, S. Y. C.; DAVIS J. S.; EICHENBERGER, E.; HOLLAND, T. L.; FOWLER, V. G. Staphylococcus aureus Infections: Epidemiology, Pathophysiology, Clinical Manifestations, and Management. *Clinical Microbiology Reviews*, 28(3), p. 603-61, 2015.

17. SANTANA, E. H. W.; BELOTI, V.; ARAGON-ALEGRO, L. C.; MENDONÇA, M. B. O. C. Estafilococos em alimentos. *Arq Inst Biol.*, 77(3), p. 10, 2010.

18. BORGES, M. F.; ARCURI, E. F.; PEREIRA, J. L.; FEITOSA, T.; KUAYE, A. Y. Staphylococcus enterotoxigênicos em leite e produtos lácteos, susas enterotoxinas e genes associados: revisão. *BCPPA*, 26(1), p. 16, 2008.

19. MIYAMOTO, K.; LI, J.; MCCLANE, B. A. Enterotoxigenic Clostridium perfringens: detection and identification. *Microbes and environments* / JSME, 27(4), p. 343-9, 2012.

20. LIU, H.; MCCORD, K. D.; JONATHON, H.; DAVID, P. L.; JENSEN, R. V.; MELVILLE, S. B. Hypermotility in Clostridium perfringens Strain SM101 Is Due to Spontaneous Mutations in Genes Linked to Cell Division. *Journal of Bacteriology*, 196(13), p. 8, 2014.

21. LINDSTROM, M.; HEIKINHEIMO, A.; LAHTI, P.; KORKEALA, H. Novel insights into the epidemiology of Clostridium perfringens type A food poisoning. *Food microbiology*, 28(2), p. 192-8, 2011.

22.FREEDMAN, J. C.; SHRESTHA, A.; MCCLANE, B. A. Clostridium perfringens Enterotoxin: Action, Genetics, and Translational Applications. *Toxins*, 8(3), 2016.

23.CEUPPENS, S.; BOON, N.; UYTTENDAELE, M. Diversity of Bacillus cereus group strains is reflected in their broad range of pathogenicity and diverse ecological lifestyles. *FEMS microbiology ecology*, 84(3), p. 433-50, 2013.

24.TEWARI, A.; ABDULLAH, S. Bacillus cereus food poisoning: international and Indian perspective. *Journal of food science and technology*, 52(5), p. 2500-11, 2015.

25.LOGAN, N. A. Bacillus and relatives in foodborne illness. *Journal of applied microbiology*, 112(3), p. 417-29, 2012.

26.SILVA Jr, E. A. *Manual de Controle Higiênico Sanitário em Alimentos*. São Paulo: Livraria Varela, 1995.

27.NOLLA, A. C.; CANTOS, G. A. Relação entre a ocorrência de enteroparasitoses em manipuladores de alimentos e aspectos epidemiológicos em Florianópolis, Santa Catarina, Brasil. *Cad Saúde Pública*, 21(2), p. 5, 2005.

28.PAZIN FILHO, A.; SCARPELINI, S. Estrutura de uma aula teórica I: conteúdo. *Medicina Ribeirão Preto* (Online), 40(1), p. 11, 2007.

29.BRASIL, MS - Ministério da Saúde, Portaria nº 1428, de 26 de novembro de 1993. Publicação: *D.O.U. - Diário Oficial da União*; Poder Executivo, de 02 de dezembro de 1993.

30. BRASIL. Ministério da Saúde. Agência Nacional de Vigilância Sanitária . ANVISA. Resolução RDC n.º 275, de 21 de outubro de 2002– Republicada no *DOU* de 06/11/2002.

31. Rio Grande do Sul, Secretaria da Saúde. Portaria RS nº 78. 2009. Porto Alegre, 28 de janeiro de 2009.

32. São Paulo. SECRETARIA DE ESTADO DA SAÚDE. GABINETE DO SECRETÁRIO. PORTARIA 2619/2011. Publicada em DOC 06/12/2011, página 23.

33.São Paulo. SECRETARIA DE ESTADO DA SAÚDE COORDENADORIA DE CONTROLE DE DOENÇAS CENTRO DE VIGILÂNCIA SANITÁRIA Divisão de Produtos Relacionados à Saúde Portaria CVS 5, de 09 de abril de 2013 . DOE de 19/04/2013 - nº. 73 - Poder Executivo – Seção I – pág. 32 - 35.

34.BRASIL. Ministério da Saúde. Agência Nacional de Vigilância Sanitária. RESOLUÇÃO DA DIRETORIA COLEGIADA - RDC Nº 52, DE 29 DE SETEMBRO DE 2014. Publicado no D.O.U, 1 de outubro de 2014.

CAPÍTULO 12

PREVENÇÃO DE RISCOS AMBIENTAIS E SAÚDE OCUPACIONAL NAS UNIDADES DE ALIMENTAÇÃO E NUTRIÇÃO

Jéssica Petersen Kruel
Simone Morelo Dal Bosco
Maria Trezinha Antunes

De acordo com a Organização Mundial da Saúde (OMS): "Saúde é um estado de completo bem-estar físico, mental e social e não somente a ausência de enfermidades"[1]. A qualidade de vida no trabalho pode ser avaliada por meio do questionário WhoQol[2]. Ele é o único instrumento validado, atualmente disponível no idioma português, capaz de fazer esse diagnóstico do indivíduo[2]. Ele é uma ferramenta do programa de saúde mental da OMS[2]. O questionário aborda questões sobre como o indivíduo se sente a respeito da sua qualidade de vida e de outras áreas dela[2].

Embora a qualidade de vida geral não seja assegurada em lei, é obrigatório, a qualquer empresa, assegurar a qualidade (composta por: remuneração, plano de carreira, relações humanas, autonomia, reconhecimento, entre outros) e a segurança do trabalho ao seu funcionário.[3,4]

Para isso, existem métodos e estratégias fundamentadas para auxiliar na qualidade de vida e de saúde dos trabalhadores.

1. Programa de Prevenção de Riscos Ambientais (PPRA)

1.1 Conceito

PPRA é um programa de cunho federal, o qual estabelece a metodologia de ação, com intuito de preservar a integridade física do trabalhador e do meio ambiente (local de trabalho)[3,5]. A sigla se refere a "Programa de Prevenção de Riscos Ambientais", que é regulamentado pela Normativa n.º 9 do Ministério do Trabalho[3,5]. O PPRA gera um mapa indicador de riscos contra o funcionário, assim como gradua a intensidade destes, de cada estabelecimento do local de trabalho[3,5]. Todas as empresas devem ter um PPRA, o qual, unicamente, o técnico de Segurança do Trabalho, o Serviço Especializado em Engenharia de Segurança ou o Médico do Trabalho são legalmente capazes de desenvolver. Nesse documento-base, contemplam-se todos os aspectos estruturais do local de serviço[3,5].

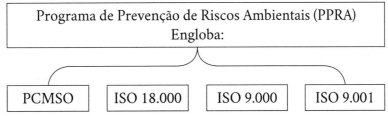

Figura 1 – Programa de Prevenção de Riscos Ambientais
Fonte – Autores

A Figura 1 retrata o amplo espectro de atuação do PPRA[5], sendo ele norteador para os demais programas os quais são ferramentas para a empresa atingir e, sistematicamente, controlar e melhorar o nível de saúde e segurança do trabalho.

Por isso, o PPRA está relacionado à preservação da saúde, da integridade física dos trabalhadores e do meio ambiente[3]. Isso por meio da antecipação e reconhecimento dos riscos, estabelecimento de prioridades e metas de avaliação e controle, avaliação dos riscos e da exposição dos trabalhadores, implantação de medidas de controle e avaliação de sua eficácia, monitoramento sistemático da exposição aos riscos, e do registro e divulgação dos dados[3,5].

É importante que os Nutricionistas gestores conheçam os objetivos principais de cada International Organization for Standardization (ISO), assim como as relações que possuem diretas e indiretas dentro de uma Unidade de Alimentação e Nutrição.

Brevemente, neste capítulo, abordaremos um pequeno resumo destas. Lembrando que todas as ISOs compõem um sistema de gestão integrado.

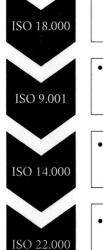

ISO 18.000	• É um sistema de gestão de segurança e saúde ocupacional, possui objetivos, indicadores, metas e planos. É adaptado à realidade de cada empresa. É uma ferramenta focada, fundamentalmente, na saúde e segurança ocupacional.
ISO 9.001	• São normas que estabelecem uma padronização, o intuito é a melhora da gestão nos âmbitos de saúde ocupacional, segurança no trabalho e meio ambiente. É um requisito para o Sistema de Gestão de Qualidade.
ISO 14.000	• É um sistema de gestão ambiental. Esta ISO estabelece diretrizes para auditorias ambientais, avaliação do desempenho ambiental, rotulagem ambiental e análise do ciclo de vida. Tem como objetivo equilibrar as necessidades econômicas com a poluição ambiental.
ISO 22.000	• Essa norma possui foco na segurança alimentar. A organização deve controlar os pontos críticos de controle; a fim de evitar contaminação. É baseada na APPCC.

Figura 1.1 – Quadro resumo de ISOs.[6,7,8,9]

Fonte – Autores

2. Programa de Controle Médico de Saúde Ocupacional (PCMSO)

2.1 Conceito

O Programa de Controle Médico de Saúde Ocupacional (PCMSO), regulamentado pela Normativa n.º 7, do Ministério do Trabalho, faz parte do PPRA, como ilustra Figura 1.[4,5] Portanto, é parte integral, e obrigatória, desse conjunto mais amplo de iniciativas as quais visam à preservação da saúde do trabalhador[4]. Sua atuação possui um olhar mais clínico, voltado à saúde física do funcionário[5,10]. As práticas do PCMSO englobam: a prevenção, o rastreamento e o diagnóstico precoce dos agravos à saúde do empregado relacionados ao trabalho[4,10]. Inclusive os de natureza subclínica, pois constatam a existência de doenças profissionais e/ou danos irreversíveis à saúde do trabalhador, invariavelmente causados pelos riscos ambientais, cuja detecção é feita pelo PPRA[10]. Por isso, o PCMSO visa, integralmente, ao campo da saúde dos profissionais, evitando, assim, danos laborais, doenças, bem como processos judiciais civis, trabalhistas e previdenciários[10].

O PCMSO é obrigatório e contempla todos os procedimentos médicos de avaliação clínica necessários para efetivar a admissão, a demissão, o retorno ao trabalho após 30 dias de ausência e na modificação de função[4,5,10]. Além disso, deve ser feito com periodicidade, a cada dois anos, para indivíduos entre 18 e 45 anos, e um ano para pessoas com idade menor que 18 e maiores que 45 anos[4,5,10].

O programa deve ser implantado baseado nos riscos que o trabalho pode oferecer ao profissional[4,5], estes identificados pelo PPRA, ou pelo próprio PCMSO[11]. A avaliação clínica médica engloba anamnese ocupacional, exame físico e mental e exames complementares de acordo com os riscos[4,5,10]. Além disso, o programa deve obedecer a um planejamento em que estejam previstas as ações de saúde e condutas preventivas a serem executadas durante o ano, e, também, é obrigatório possuir equipamentos de primeiros socorros considerando as características das atividades desenvolvidas[4,5,10].

3. A diferença entre PPRA e PCMSO

Há íntegra correlação e complementação, entre os programas, no âmbito da segurança no trabalho. O PPRA é o embasamento na elaboração e implementação do PCMSO[5].

	PPRA	PCMSO
Lei Regulamentadora	Normativa n.º 9, Ministério do Trabalho.	Normativa n.º 7, Ministério do Trabalho.
Foco de Atuação	Preservação da integridade, identificação dos riscos ao trabalhador em cada estabelecimento do local.	Rastreamento, prevenção e diagnóstico da saúde do trabalhador, por meio de avaliação clínica
Quem deve ter	Todas as empresas	Todas as empresas
Caráter	Obrigatório	Obrigatório
A quem/ao que se aplica	Ao local de trabalho	Ao indivíduo
Frequência	Sempre que necessário. No mínimo, uma vez por ano.	Na admissão, demissão, mudança de função, retorno ao trabalho após 30 dias de ausência. Com periodicidade.
Profissional apto a realizar	Técnico em segurança do trabalho / Médico do Trabalho / Especialização Engenharia do Trabalho	Médico

Quadro 1 – Diferenças e semelhanças entre PPRA e PCMSO[3,4,5,10]

Fonte – Autores

4. PPRA e Auan

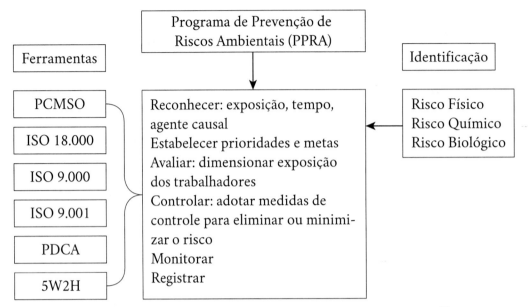

Figura 2 – Organograma da relação entre o PPRA, algumas ferramentas disponíveis e objetivo[3,5]

Fonte – Autores

É de fundamental importância o profissional nutricionista compreender a relevância desse tema e sua aplicabilidade dentro de uma UAN. Visto que, ao utilizarmos as ferramentas de gestão como o PDCA e 5W2H, percebemos que o trabalhador é o ponto mais frágil, imprescindível e vulnerável na UAN[12,13].

A Administração de Unidade de Alimentação e Nutrição (Auan) baseia-se na gestão da prestação de serviço dos funcionários. Toda UAN deve ter o PPRA, concomitantemente ao PCMSO, identificando os riscos, o grau destes, em cada área da unidade[3,4,5]. Isso é primordial para que qualquer plano de ação, voltado à saúde e à segurança, seja assertivo. O PDCA é capaz de identificar o problema, e o PPRA constata onde agir e como atuar[12].

O absenteísmo está associado à má qualidade de vida e de trabalho, sendo, infelizmente, o reflexo de uma gestão pouco engajada na excelência para seus colaboradores e na segurança do trabalho[14]. Além disso, está intimamente relacionada à baixa produtividade, alta rotatividade de funcionários e a equipes desmotivadas (Figura 3).

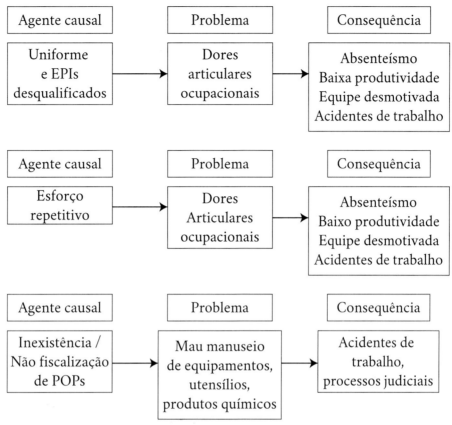

Figura 3 – Correlação entre agente causal e consequência na UAN
Fonte – Autores

É possível identificar, corrigir e monitorar as intervenções propostas para corrigir os problemas supracitados, por meio da utilização do 5W2H ou do PDCA[12,13].

A sigla PDCA refere-se a "PLAN-DO-CHECK-ADJUST/ACT", que em português significa: planejar, executar, checar, ajustar/agir. É um método de gestão interativo com quatro passos simples, utilizado para aperfeiçoamento contínuo dos processos. Essa ferramenta deve ser utilizada com frequência[12].

Planejar: esta etapa é basicamente coleta de informações e levantamento de aspectos fundamentais a serem pontuados.

Executar: utilização de uma metodologia pedagógica de ensino (palestra, treinamento lúdico reflexivo).

Checar: conferir se ocorreu melhora após a etapa de intervenção, se foi eficiente e eficaz.

Ajustar/agir: atuar conforme o resultado da checagem.[12]

Já o 5W2H, também, é outra ferramenta de gestão utilizada para identificar empecilhos e propor soluções pontuais e factíveis a cada um. A sigla se refere a: 5W – Who, When, What, Where, Why (quem, quando, o quê, onde, por quê); 2H: How, How much (como e quanto). A seguir, exemplo de aplicação da ferramenta 5W2H na solução de absenteísmo por queimaduras na UAN[13].

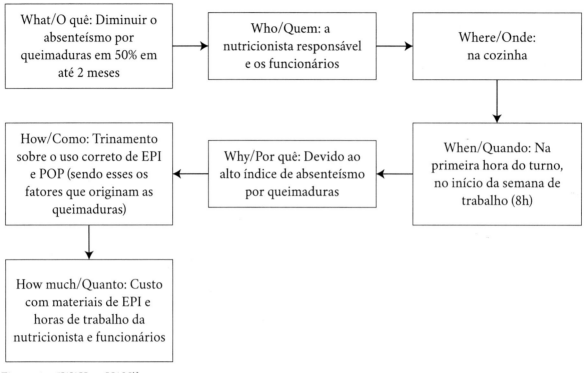

Figura 4 – 5W2H na UAN[13]

Fonte – Autores

5. Determinação dos riscos da UAN (PPRA)

Riscos Físicos: Os problemas ergonômicos são grande motivo de abstenções, e de alto custo, devido às consultas e aos procedimentos médicos, além de serem um risco de incapacitação do indivíduo. Estão associados ao baixo rendimento e desmotivação da equipe. O esforço repetitivo, a postura e mobiliário inadequado, a movimentação e reposição de caixas de alimentos, as queimaduras, os cortes, o arranjo físico deficiente, as quedas e o alto ruído proveniente de equipamentos e lavagem de panelas e utensílios, são alguns dos mais corriqueiros riscos dentro da UAN[3,5].

Riscos Químicos: manuseio de hipoclorito e outros produtos químicos, como detergentes alcalinos[3,5].

Riscos Biológicos: manuseio de alimentos contaminados[3,5].

6. O PCMSO na UAN

Esse programa gera um documento o qual interage com as áreas de segurança, meio ambiente, administrativo e de relações humanas[10]. E, associado ao PPRA, identifica os agentes de risco[5,4,11]. Esse documento deve conter inúmeros aspectos, abrangendo toda a rotina, detalhada, da empresa e do trabalho dos funcionários[4,10]. Além disso, nele, há o estabelecimento de condutas práticas para a promoção de saúde no decorrer dos 12 meses subsequentes à emissão e o agendamento das visitas ao local de trabalho para vistoria deste[10,4]. Também gera um relatório anual, o qual deve ser atualizado anualmente[4,10].

Portanto, o PCMSO, regulamentado pela Normativa 7 do Ministério do Trabalho, tem como objetivo a promoção de saúde e a prevenção de acidentes de trabalho[4,10].

No intuito de se concretizar esse objetivo do PCSMO, é de fundamental importância o estabelecimento de um pacto mútuo entre: funcionários, empresa e o médico de trabalho[10].

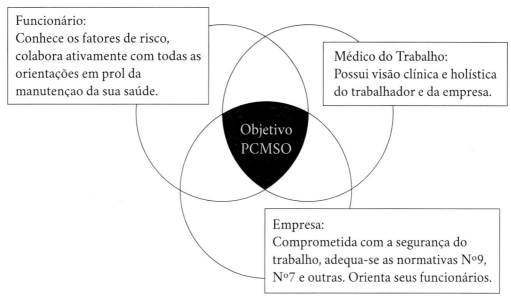

Figura 5 – Ilustra a intersecção das três variáveis
Fonte – Autores:

A Figura 5 evidencia, por meio do Diagrama de Venn, o papel imprescindível que o médico do trabalho detém, sendo necessário que ele possua amplo conhecimento acerca do cargo a ser assumido pelo funcionário e acerca dos riscos deste[10]. Da mesma forma, evidencia a responsabilidade legal da empresa em assegurar segurança e qualidade de trabalho[4]. Também ilustra a fundamental participação do trabalhador, de forma ativa, na autorregulação do cuidado com sua saúde e na obediência às orientações estabelecidas. A intersecção positiva desses três pontos-chave repercute na prevenção de doenças e acidentes de trabalho. Já em Figura 5, há ilustração de algumas atitudes básicas, a se esperar de cada parte, no intuito de se atingir o objetivo do PCMSO[10].

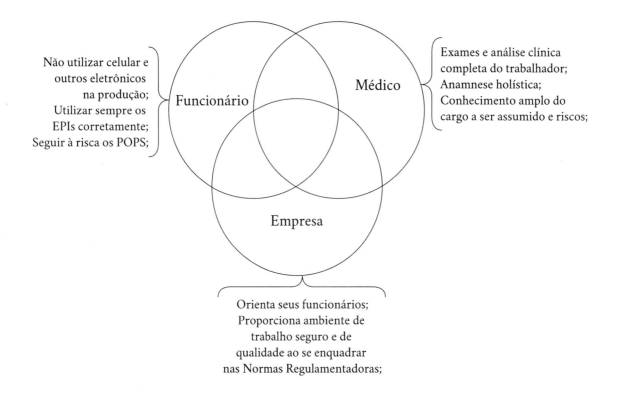

Não utilizar celular e outros eletrônicos na produção; Utilizar sempre os EPIs corretamente; Seguir à risca os POPS;

Funcionário

Médico

Exames e análise clínica completa do trabalhador; Anamnese holística; Conhecimento amplo do cargo a ser assumido e riscos;

Empresa

Orienta seus funcionários; Proporciona ambiente de trabalho seguro e de qualidade ao se enquadrar nas Normas Regulamentadoras;

Figura 6 – Quadro de atribuições a cada ponto-chave para atingir objetivo PCMSO na UAN

Fonte – Autores:

O PCMSO deve cuidar da saúde dos trabalhadores e da preservação desta[4,5,10]. Por isso, realiza treinamentos na empresa, anamnese e exames clínicos periódicos (na admissão, demissão, retorno à função após 30 dias ausente, mudança de função)[4,5,10]. Esses cuidados devem ser críticos e individuais para cada funcionário da empresa (Figura 6). São alguns exames importantes na admissão para uma UAN: saúde no aspecto geral, capacidade laborativa, atenção dada a hábitos e condições de vida, anamnese ocupacional: horário de trabalho, carga horária semanal, levantamento e transporte manual de alimentos, exposição ao calor e a produtos químicos[4,10].

O PCMSO bem desenvolvido e executado contribui com inúmeros benefícios ao empregador, ao empregado e sua família e à sociedade. Sendo eles[10]:

Ao empregador: mantém a equipe motivada, aumenta a produtividade e competitividade pelo não adoecimento. Além disso, o PCMSO pode ser a defesa jurídica da empresa[10].

Ao trabalhador: tem sua saúde preservada como direito[10].

À família do trabalhador: beneficia-se pela manutenção da integridade e bem-estar do indivíduo que executa, diariamente, um trabalho e que colhe os louros deste[10].

À sociedade: beneficia-se por não arcar com indivíduos adoentados e que se aposentam por invalidez, já que é ela que mantém o sistema único de saúde e a previdência[10].

7. PCMSO: prevenção de acidentes

Na fase de elaboração do PCMSO e do PPRA, há o levantamento das condições de trabalho que demandam prevenção[3,4]. Com elas, o médico do trabalho pode apresentar recomendações a serem executadas no âmbito da promoção de saúde e prevenção de acidentes, reiterando, assim, sua postura preventiva (Figura 7)[10].

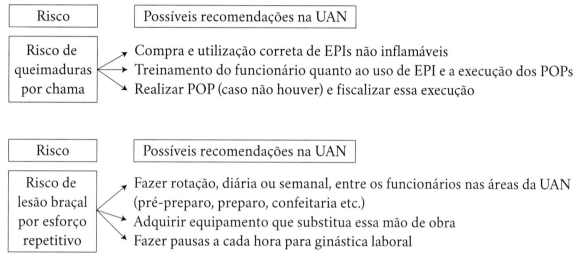

Figura 7 – Riscos e recomendações

Fonte – Autores

8. Gerenciando os riscos: a legislação vigente aplicada à UAN

As normas regulamentadoras provêm do Ministério do Trabalho. Elas regem sobre as condições e procedimentos no âmbito da segurança e medicina do trabalho, dos riscos e da proteção ambiental. Obrigatoriamente, as NR devem ser seguidas por qualquer empresa, seja pública ou privada, e em qualquer circunstância em que se estabeleça vínculo com a CLT.

Atualmente, são 36 normas regulamentadoras. E elas são, paulatinamente, atualizadas. As mais associadas à UAN são[10]:

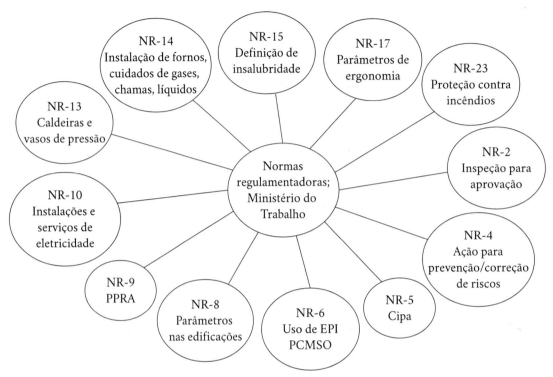

Figura 8 – Organograma elencando 13 das 36 normas regulamentadoras[15,16,17,18,19,20,21,22,23,24]

Fonte – Autores

Norma Regulamentadora número 2: Inspeção prévia. Esta norma ilustra a necessidade de um estabelecimento obter inspeção prévia antes de iniciar as atividades, orienta sobre como proceder ao encaminhamento da inspeção das instalações[15].

Norma Regulamentadora número 4: Serviços especializados em Engenharia de Segurança e Medicina do Trabalho. Torna obrigatório a qualquer empresa manter serviço especializado em Engenharia de Segurança e em Medicina do Trabalho, no intuito de promover saúde e proteger o trabalhador. Também diferencia as atribuições dessas duas profissões[16].

Norma Regulamentadora número 5: Comissão Interna de Prevenção de Acidentes (Cipa). O objetivo desta NR é a prevenção de acidentes e doenças decorrentes do trabalho. Esta norma regulamentadora aborda a organização da Cipa, dimensionamento, atribuições, funcionamento, treinamento, processo eleitoral, contratantes e contratadas[17].

Norma Regulamentadora número 6: Equipamentos de Proteção Individual (EPI). Esta NR conceitua EPI. Aborda atribuições do empregador e do empregado, obrigatoriedades da empresa, validade do EPI, restauração, lavagem e higienização dos EPIs, e compila uma lista de equipamentos de proteção individual para cada região do corpo humano[18].

Norma Regulamentadora número 7: Programas de Controle Médico de Saúde Ocupacional. Esta NR estabelece diretrizes do PCMSO, funcionamento, obrigatoriedades[4].

Norma Regulamentadora número 8: Edificações. Esta NR estabelece requisitos mínimos que devem ser observados nas edificações para garantir conforto e segurança ao funcionários[19].

Norma Regulamentadora número 9: Programa de Prevenção de Riscos Ambientais. Estabelece as diretrizes e frentes de atuação do PPRA[3].

Norma Regulamentadora número 10: Segurança em Instalações e Serviços de Eletricidade. Estabelece requisitos mínimos e condições mínimas que um local deva proporcionar a fim de implementar medidas preventivas (de acidentes de trabalho)[20].

Norma Regulamentadora número 14: Esta NR aborda os fornos, tipo de combustível destes e os locais próprios para instalações deles[21].

Norma Regulamentadora número 15: Atividade e operações insalubres. Esta NR conceitua insalubridades e aborda o recebimento de adicional (%)[22].

Norma Regulamentadora número 17: Ergonomia. Esta NR estabelece parâmetros de ergonomia para diversas profissões, assim como parâmetros de conforto[23].

Norma Regulamentadora número 23: Proteção contra incêndios. Esta NR estabelece prioridades e responsabilidades quanto à prevenção de incêndios[24].

Referências

1. WHO – World Health Organization. Disponível em: http://www.who.int/en/ . Acesso em: 23 jun. 2017.

2. WHOQOL – Abreviado, Versão em Português. *Programa de Saúde Mental.* Organização Mundial da Saúde. Disponível em: http://www.who.int/en/. Acesso em: 23 jun. 2017.

3. Normativa nº 9. Disponível em: http://normativasaude.com.br/index.php/p-p-r-a/. Acesso em: 18 jun. 2017.

4. BRASIL. Ministério do Trabalho. *Normativa nº7.* Brasil (Portaria 3.214/78). 1978.

5. AS NORMATIVAS e os Treinamentos em Segurança do Trabalho. Santa Catarina: Inbep, 30p., 2010.

6. ISO. International Organization for Standardization. *18.000.* Disponível em: http://www.iso.org/iso/home.html. Acesso em: 25 jun. 2017.

7. ISO. International Organization for Standardization. *9.001.* Disponível em: http://www.iso.org/iso/home.html. Acesso em: 25 jun. 2017.

8. ISO. International Organization for Standardization. *14.000.* Disponível em: http://www.iso.org/iso/home.html. Acesso em: 25 jun. 2017.

9. ISO. International Organization for Standardization. *22.000.* Disponível em: http://www.iso.org/iso/home.html. Acesso em: 25 jun. 2017.

10. SUGESTÃO 5: Elaboração e desenvolvimento do PCMSO. SCMA – ABAMT, 2003.

11. Normativa 17PPRA. Disponível em: http://www.guiatrabalhista.com.br/legislacao/nr/nr17_anexoII.htm. Acesso em: 18 jun. 2017.

12. GONÇALVES, Liliana Machado. *Aplicação da Metodologia PDCA*: Etapa P (plan) com suporte das ferramentas de qualidade. Janeiro 2007.

13. SILVA, Alisson O.; RORATTO, Lucas; SERVAT, Marcos Eduardo *et al. Gestão da qualidade*: aplicação da ferramenta 5W2H como plano de ação para projeto de abertura de uma empresa. 2013.

14. SATISFAÇÃO no trabalho e absenteísmo: uma análise de clima organizacional na empresa Tramontina TEEC. S.A. s/d. Disponível em: http://www.ucs.br/etc/conferencias/index.php/mostraucsppga/mostra-ppga2013/paper/viewFile/3583/1100. Acesso em: 23 jun. 2017.

15. Norma Regulamentadora número 2: Inspeção prévia. Disponível em: http://www.trabalhoseguro.com/NR/nr02.html. Acesso em: 20 jun. 2017.

16. Norma Regulamentadora número 4: Serviços especializados em Engenharia de Segurança e Medicina do trabalho. Disponível em: http://trabalho.gov.br/images/Documentos/SST/NR/NR4.pdf. Acesso em: 18 jun. 2017

17. Norma Regulamentadora número 5: Comissão Interna de Prevenção de Acidentes. Didponível em: http://trabalho.gov.br/images/Documentos/SST/NR/NR5.pdf. Acesso em: 18 jun. 2017.

18. Norma Regulamentadora número 6: Equipamentos de Proteção Individual (EPI). Disponível em: http://trabalho.gov.br/images/Documentos/SST/NR/NR6.pdf. Acesso em: 18 jun. de 2017.

19. Norma Regulamentadora número 8: Edificações. Disponível em: http://www.camara.gov.br/sileg/integras/839945.pdf. Acesso em: 18 jun. 2017.

20. Norma Regulamentadora número 10: Segurança em Instalações e Serviços de Eletricidade. Disponível em: http://www.ccb.usp.br/arquivos/arqpessoal/1360237189_nr10atualizada.pdf. Acesso em: 18 jun. 2017.

21. Norma Regulamentadora número 14: FORNOS. Disponível em: http://invecap.com.br/normas-regulamentadoras-nrs/nr-14-fornos. Acesso em: 18 jun. 2017.

22. Norma Regulamentadora número 15: Atividade e operações insalubres. Disponível em: http://sislex.previdencia.gov.br/paginas/05/MTB/15.htm. Acesso em: 20 jun. 2017.

23. Norma Regulamentadora número 17: Ergonomia. Disponível em: http://www.guiatrabalhista.com.br/legislacao/nr/nr17.htm. Acesso em: 20 jun. 2017.

24. Norma Regulamentadora número 23: Proteção contra incêndios. Disponível em: http://www.guiatrabalhista.com.br/guia/nr23.htm. Acesso em: 20 jun. 2017.

CAPÍTULO 13

GESTÃO DE RESÍDUOS EM UNIDADE DE ALIMENTAÇÃO E NUTRIÇÃO

Elaine de Fátima Adorne
Karen Freitas Bittencourt
Luciane Janaína Carvalho

"A água de boa qualidade é como a saúde ou a liberdade: só tem valor quando acaba."

Guimarães Rosa

A responsabilidade com as questões ambientais tem evoluído muito, fazendo com que as empresas racionalizem a utilização de recursos naturais e energéticos, procurando novas tecnologias de preservação do meio ambiente[1, 2, 3].

Em qualquer UAN, o manejo de resíduos é considerado um dos aspectos mais importantes, pois devemos garantir formas seguras de acondicionamento primário (recebimento, fracionamento, produção e empacotamento de produtos) e secundário (quando os resíduos são deixados para o recolhimento ser feito por empresa especializada)[4].

Medir os efeitos da gestão verde nos sistemas de alimentação e controlar as questões que envolvem a sustentabilidade é fundamental para a solidificação das cozinhas ecologicamente corretas[3], uma vez que a disposição dos resíduos de forma inadequada pode provocar graves danos ao meio ambiente.

Empresas verdes são aquelas que pensam em seu sistema produtivo, mensurando da entrada à saída do produto os impactos ambientais, buscando fornecedores, insumos, equipamentos, processos, consumos de água e energia que reduzam esse impacto e gerem resíduos que possam ser reciclados, reutilizados ou adequadamente depositados.

A redução de resíduos pode também otimizar custos. As empresas economizam no custo com descarte em aterros sanitários se produzirem menos lixo. Muitos adeptos da gestão verde reduziram drasticamente a produção de resíduos, redesenhando produtos e processos e aumentando esforços em reciclagem[5].

1. Manejo de resíduos

A concentração demográfica nas grandes cidades e o elevado consumo de bens gera uma enorme quantidade de resíduos de todo tipo, procedentes tanto das residências como das atividades públicas e dos processos industriais. Todos esses materiais recebem a denominação de lixo, ou seja, qualquer material sem valor ou utilidade, ou detrito oriundo de trabalhos domésticos, industriais etc. que se joga fora, considerado sem utilidade, e sua eliminação e possível reaproveitamento é um desafio ainda a ser vencido pelas sociedades modernas.

De acordo com sua origem, há quatro tipos de lixo: residencial, comercial, público e de fontes especiais, em que se incluem, por exemplo, o lixo industrial, o hospitalar e o radioativo, que exigem cuidados especiais em seu acondicionamento, manipulação e disposição final. Juntos, os tipos doméstico e comercial constituem o chamado lixo domiciliar, que, com o lixo público (resíduos da limpeza de ruas e praças, entulhos de obras etc.), representam a maior parte dos resíduos sólidos produzidos nas cidades.

O lixo coletado pode ser processado, isto é, passar por algum tipo de beneficiamento a fim de reduzir custos de transporte e inconvenientes sanitários e ambientais. As opções de tratamento do lixo urbano, que podem ocorrer de forma associada, são: compactação que reduz o volume inicial dos resíduos em até um terço, trituração e incineração, esta, porém, é condenada por acarretar poluição atmosférica.

A disposição final do lixo pode ser feita em aterros sanitários, visando à compostagem ou à reciclagem.

O resíduo gerado na produção de alimentos pode ser reciclado nas usinas de compostagem, transforma-se em gás natural ou em adubo para plantações de vegetais[3].

No acondicionamento primário, o resíduo deve ser depositado em recipiente apropriado, identificado, com tampa com ou sem acionamento manual (lixeiras com pedal, sensores, tampas vaivém, alças com acionamento com os cotovelos), revestido com saco plástico resistente (aço inoxidável ou plástico) e que não permita vazamentos[4].

Em áreas de preparo de alimentos, as lixeiras devem estar separadas para resíduos orgânicos e materiais recicláveis, e também devidamente identificadas[4] e afastadas do espaço de manipulação de alimentos.

O manejo adequado dos resíduos sólidos, líquidos e gasosos dos processos de elaboração de alimentos é fundamental na prevenção da contaminação dos alimentos[6].

1.1 Recipientes para Depósito de Resíduos Sólidos (lixeiras)[6]

Os reservatórios de resíduos sólidos devem:

- Ser dimensionados para comportar as atividades;
- Ser padronizados e identificados;
- Ser utilizados para armazenar exclusivamente os resíduos;
- Ser material resistente, impermeável, liso, sem ranhuras ou fendas;
- Possibilitar a higienização adequada;
- Ser colocados distantes do chão;
- Ser mantidos tampados;
- Protegidos do sol e da chuva, impedir o acesso de líquidos ou vetores aos resíduos;

1.2 Manejo do Lixo dos Sanitários[6]

Nos sanitários de uso dos manipuladores de alimentos, devem existir recipientes próprios com tampas de acionamento não manual e sacos plásticos internos para depósito de papel higiênico e papel- toalha.

O resíduo dos sanitários deve ser retirado de acordo com o cronograma de manejo, de modo que não seja permitida a permanência de lixeiras cheias.

O manejo dos recipientes dos sanitários deve ser realizado por colaborador que não seja responsável pela manipulação de alimentos e ter rotinas específicas e vias de coleta independentes.

1.3 Manejo de Gorduras e Óleos Comestíveis[6]

A ANVISA emitiu em 5 de outubro de 2004 o Informe Técnico n.º 11, que aborda o modo de destinação dos resíduos de gorduras e óleos comestíveis utilizados em estabelecimentos alimentícios. As orientações são:

- É proibido despejar os resíduos de gorduras e óleos comestíveis diretamente nos ralos, canaletas, no ambiente ou nas lixeiras.

- Devem ser depositados em recipientes próprios, não utilizados previamente, rígidos, adequadamente fechados;

- Devem ser mantidos em áreas específicas, localizadas fora das áreas de manipulação de alimentos, diferente dos locais dos demais resíduos, protegidos do sol, chuva, sujidades e pragas;

- Os resíduos desses recipientes devem ser destinados exclusivamente à coleta e ao reprocessamento, executados por empresas, órgãos ou entidades licenciadas pelos órgãos competentes;

- O recipiente deve ser identificado com o Cadastro Nacional de Pessoa Jurídica (CNPJ) da empresa, órgão ou entidade responsável pela coleta e "Resíduo de óleo comestível".

1.4 Manejo dos Resíduos Líquidos[6]

- Os resíduos líquidos devem ser escoados para o serviço público de coleta de resíduos, em tubulações exclusivas, dimensionadas, identificadas, para receber e conduzir adequadamente todos os resíduos das atividades de elaboração de alimentos.

- As caixas de gordura e a rede de esgoto devem ser localizadas fora das áreas produtivas, evitando refluxo e contaminação da água potável ou das instalações.

2. Métodos de eliminação dos resíduos:

- Aterro sanitário: esse método consiste em armazenar resíduos dispostos em camadas, em locais escavados. Cada camada é prensada por máquinas, até alcançar uma altura de 3m. Em seguida, é coberta por uma camada de terra e volta a ser comprimida[7].

- Incineradores: são fornos nos quais se queimam os resíduos. Além do calor, gera dióxido de carbono, óxido de enxofre e nitrogênio, entre outros contaminantes gasosos, cinzas voláteis e outros sólidos que não se queimam. A incineração é um sistema de tratamento que consiste num processo de combustão controlada para transformação de resíduos sólidos, líquidos e gases combustíveis em dióxido de carbono, outros gases e água. Isso reduz significativamente os volumes e pesos iniciais, sendo esses gases diluídos na atmosfera por meio de chaminés. O processo de incineração também produz resíduo, as escórias, que são encaminhadas para os aterros sanitários[7].

- Compostagem: consiste na degradação da matéria orgânica por micro-organismos aeróbicos, para a fabricação de fertilizantes e adubos. É definida como o ato ou ação de transformar os resíduos sólidos orgânicos, a partir de processos físicos, químicos e biológicos, em uma matéria biogênica mais estável e resistente à ação das espécies consumidoras. O produto final é definido como adubo preparado com restos e considerado um material condicionador de solos[7].

- Reciclagem: é o conjunto de técnicas que tem por finalidade aproveitar os detritos e reutilizá-los, materiais que se tornariam resíduos são desviados, coletados, separados e processados para serem usados como matéria-prima na manufatura de novos produtos. Também pode ser definido como um processo por intermédio do qual materiais que se tornariam resíduo são desviados para serem utilizados como matéria-prima na manufatura de bens normalmente elaborados com matéria-prima virgem. Embora não possa ser vista como a principal solução, a reciclagem pode ser considerada uma alternativa num sistema de gerenciamento de resíduos sólidos urbanos[7].

- Biodigestão: A digestão anaeróbia é um processo que pode ser realizado a partir de qualquer matéria orgânica proveniente de biomassa, para isso, é necessário que o material seja mantido nas condições de desenvolvimento das bactérias anaeróbias responsáveis pela fermentação. Esse processo pode ser empregado com as finalidades de tratamento de rejeitos poluidores, obtenção de combustível alternativo (biogás) e /ou como método de obtenção de adubo ou ração[7].

3. Resíduo hospitalar

Resíduo que apresenta risco potencial à saúde e ao meio ambiente, devido à presença de material biológico, químico, radioativo e perfurocortante. O tratamento adequado previne infecções cruzadas, proporciona conforto e segurança à clientela e à equipe de trabalho, bem como mantém o ambiente limpo e agradável.

De acordo com a Resolução n.º 283 – 12/07/2001 – do Conama, são considerados resíduos de serviços de saúde[8]:

- Provenientes de qualquer unidade que execute atividades de natureza médico-assistencial humana ou animal;
- Provenientes de centros de pesquisa, desenvolvimento ou experimentação na área de farmacologia e saúde;
- Medicamentos e imunoterápicos vencidos ou deteriorados;
- Provenientes de necrotérios, funerais e serviços de medicina legal;
- Provenientes de barreiras sanitárias.

Os estabelecimentos deverão ter um responsável técnico devidamente registrado em conselho profissional para o gerenciamento de seus resíduos.

Classificação do resíduo:

GRUPO A – Resíduos que apresentam risco à saúde pública e ao meio ambiente devido à *presença de agentes biológicos.*

- sangue e derivados;
- excreções, secreções e líquidos orgânicos;

- meios de cultura;
- tecidos, órgãos, fetos e peças anatômicas;
- filtros de gases retirados de áreas contaminadas;
- resíduos advindos de áreas de isolamento (incluindo alimentares);
- resíduos de laboratórios de análises clínicas;
- resíduos de sanitários de áreas de internação.

Resíduos sólidos do grupo A deverão ser acondicionados em saco plástico grosso, branco leitoso e resistente, com simbologia de substância infectante. Devem ser esterilizados ou incinerados, não podem ser reciclados. Os restos alimentares nesse caso não poderão ser encaminhados para a alimentação de animais.

RISCO BIOLÓGICO

GRUPO B – Resíduos que apresentam risco à saúde pública e ao meio ambiente devido às suas características *físico-químicas*.

- resíduos de antibióticos, antimicrobianos, quimioterápicos, hormônios sintéticos, e materiais descartáveis por eles contaminados;
- medicamentos vencidos ou parcialmente utilizados;
- mercúrio e outros resíduos de metais pesados como amálgamas, lâmpadas, termômetros, esfigno-manômetros, pilhas, baterias etc.;
- líquidos reveladores e filmes;
- saneantes;
- resíduos do grupo D que possam estar contaminados.

Devem ser descartados em saco branco leitoso com simbologia de risco químico. Quando em estado líquido, manter na embalagem original.

RISCO QUÍMICO

RISCO QUÍMICO

GRUPO C – Resíduos radioativos ou contaminados com radionuclídeos (emissores de radiações ionizantes), provenientes de laboratórios de análises clínicas, serviços de medicina nuclear e radioterapia.

- resíduos do grupo A, B e D contaminados com radionuclídeos, como seringas, equipos, fármacos, compressas, vestimentas, luvas e objetos perfuro-cortantes (isolados).

Devem ser manuseados por pessoal especializado/capacitado devido à sua alta periculosidade, e acondicionados em recipientes blindados identificados com rótulo universal com a inscrição "rejeito radioativo".

REJEITO RADIOATIVO

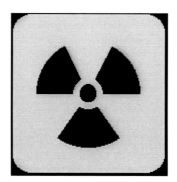

GRUPO D – Resíduos com características similares às dos resíduos domésticos comuns, como por exemplo, lixo administrativo, limpeza de pátios e jardins, restos de alimentos.

É recomendada a segregação desse lixo de acordo com a Resolução n.º 273 do Conama, que estabelece o seguinte código para identificar o tipo de resíduo:

Recipiente → VERDE – vidros

VERMELHO – plásticos

AMARELO – metais

AZUL – papel

MARROM – orgânicos

CINZA – resíduos não aproveitáveis

GRUPO E – Objetos perfurocortantes, como agulhas, seringas, bisturis, estiletes, lâminas.

Os perfurocortantes deverão ser acondicionados em recipientes rígidos, estanques, vedados e identificados com a simbologia de substância infectante.

Esses recipientes não devem ser preenchidos em mais de 2/3 do seu volume total, devem ser bem vedados e descartados em saco branco leitoso.

INFECTANTE

4. Legislações

Dentre as legislações que regulamentam a gestão de resíduos, podemos citar a Resolução do Conselho Nacional do Meio Ambiente (Conama) n.º 275/2001[9]:

Estabelece o código de cores para os diferentes tipos de resíduos, a ser adotado na identificação de coletores e transportadores, bem como nas campanhas informativas para a coleta seletiva.

As campanhas de educação ambiental, providas de um sistema de identificação de fácil visualização, de validade nacional e inspirado em formas de codificação já adotadas internacionalmente, tornam-se essenciais para efetivarem a coleta seletiva de resíduos, viabilizando a reciclagem de materiais.

Os programas de coleta seletiva, criados e mantidos no âmbito de órgãos da administração pública federal, estadual e municipal, direta e indireta, e entidades paraestatais, devem seguir o padrão de cores estabelecido:

AZUL: papel/papelão;

VERMELHO: plástico;

VERDE: vidro;

AMARELO: metal;

PRETO: madeira;

LARANJA: resíduos perigosos;

BRANCO: resíduos ambulatoriais e de serviços de saúde;

ROXO: resíduos radioativos;

MARROM: resíduos orgânicos;

CINZA: resíduo geral não reciclável ou misturado, ou contaminado não passível de separação. Resolução do RDC n.º 306, de 7 de dezembro de 2004[10]:

Dispões sobre o Regulamento Técnico para o Gerenciamento de Resíduos de Serviços de Saúde e institui o Programa de Gerenciamento de Resíduos em Serviços de Saúde (PGRSS).

O PGRSS é um plano para gerenciar os resíduos provenientes dos Serviços de Saúde, seguindo, rigorosamente, as legislações ANVISA RDC 306 e Conama 358.

O plano estabelece que compete a todo gerador de resíduos em serviços de saúde elaborar seu PGRSS, este constando em documento que aponta e descreve as ações relativas ao manejo de resíduos sólidos, observadas suas características e riscos, no âmbito dos estabelecimentos, contemplando aspectos referentes à geração, segregação, acondicionamento, coleta, armazenamento, transporte, tratamento e disposição final, bem como as ações de proteção à saúde pública e ao meio ambiente.

Resolução do RDC n.º 358, de 29 de abril de 2005 [11]:

Dispõe sobre o tratamento e a disposição final dos resíduos dos serviços de Saúde e dá outras providências.

Lei 12.305, de 2 de agosto de 2010 – Política Nacional de Resíduos Sólidos[12]

Institui a Política Nacional de Resíduos Sólidos, dispondo sobre seus princípios, objetivos e instrumentos, bem como sobre as diretrizes relativas à gestão integrada e ao gerenciamento de resíduos sólidos, incluindo os perigos, às responsabilidades dos geradores e do poder público e aos instrumentos econômicos aplicáveis.

O parágrafo 1 do Art. 1 define que estão sujeitas à observância dessa lei as pessoas físicas ou jurídicas, de direito público ou privado, responsáveis, direta ou indiretamente, pela geração de resíduos sólidos, e as que desenvolvam ações relacionadas à gestão integrada ou gerenciamento de resíduos sólidos.

Essa Lei estabelece uma diferenciação entre resíduo e rejeito, sendo considerado rejeito os resíduos sólidos que, depois de esgotadas todas as possibilidades de tratamento e recuperação por processos tecnológicos disponíveis e economicamente viáveis, não apresentem outra possibilidade que não a disposição final ambientalmente adequada. Assim, estimula o reaproveitamento e a reciclagem dos materiais, admitindo a disposição final apenas dos rejeitos. Inclui entre os instrumentos da Política as coletas seletivas, os sistemas de logística reversa, e o incentivo à criação e ao desenvolvimento de cooperativas e outras formas de associação dos catadores de materiais recicláveis.

A Resolução do Conselho Nacional do Meio Ambiente (Conama) n.º 430/2011[13] dispõe sobre as condições e padrões de lançamento de efluentes.

Para complementar a gestão de resíduos na área de alimentos, faz-se necessário o conhecimento de mais duas legislações específicas, a RDC 275, de 21 de outubro de 2002, que dispõe sobre o Regulamento Técnico de Procedimentos Operacionais Padronizados aplicados aos Estabelecimentos Produtores / Industrializadores de Alimentos e a Lista de Verificação das Boas Práticas de Fabricação em Estabelecimentos Produtores / Industrializadores de Alimentos, e a RDC 216, de 15 de setembro de 2004, que ementa sobre o Regulamento Técnico de Boas Práticas para os Serviços de Alimentos, abrangendo os procedimentos que devem ser adotados nos serviços de alimentação, a fim de garantir as condições higiênico-sanitárias do alimento preparado[12, 13].

5. Cadeia dos resíduos em UANS

A redução do consumo de água pode ser feita a partir da conscientização dos colaboradores e clientes, mas também de um programa de reutilização, escolha adequada de equipamentos que apresentam menor gasto de água e de energia. Atualmente, existem em algumas UANs opções mais econômicas de consumo de água e de energia, facilidade de limpeza[1, 2, 3].

Também se pode optar por torneiras de acionamento mecânico por pedais ou acionamento por meio de raios infravermelhos, que ajudam no desperdício de água. As torneiras com bocais dotados de chuveiros dispersantes arejadores aumentam a área de contato com os alimentos que necessitam ser lavados[1, 2, 3].

As lavadoras de louças automáticas utilizam sistema de tanque de acumulação e chegam a obter uma redução de 50% a 90% no consumo de água em relação à lavagem manual[1, 2, 3].

Uma adequação do projeto, utilizando meias paredes e o restante com a utilização de vidros, pode tornar os ambientes mais amplos e integrados, melhorando a iluminação e permitindo maior aproveitamento da luz natural[1, 2, 3].

A colocação de janelas ou a utilização de aberturas nos setores permite melhorias no conforto térmico e visual, maior qualidade dos serviços, e contribui para a preservação ambiental[1, 2, 3].

Em relação à economia de energia, os equipamentos a gás (fornos, fritadeiras, chapa, máquinas de lavar louça), preferencialmente a gás natural, começaram a ganhar espaço nas UANs, pois apresentam vantagem significativa na redução de emissão de poluentes[1, 2, 3].

O resíduo sólido compreende a matéria orgânica gerada pelos restos de matéria-prima ou alimentos de origem vegetal ou animal do pré-preparo, preparo, pós-preparo e pós-consumo das refeições, e todo o tipo de embalagens, como a biodegradável (papel, papelão e derivados) e não biodegradável (plásticos, papéis, laminados, vidros, latas, isopor)[6].

A retirada dos resíduos das áreas de produção deve ser feita diariamente ou sempre que necessário, evitando a contaminação dos alimentos. Os horários de retirada dos resíduos e os de entrada dos alimentos não devem coincidir[4].

A área de depósito final dos resíduos não deve se comunicar com a área por onde entram as matérias-primas ou qualquer área de armazenamento ou preparo dos alimentos[4].

Após a retirada do resíduo das áreas de produção, os recipientes, piso e equipamentos que tenham tido contato devem ser higienizados[4].

Quando a coleta externa dos resíduos orgânicos não acontece todos os dias, devem ser mantidos em locais com climatização apropriada, para evitar a proliferação de micro-organismos e chamariz de pragas[4].

Uma área separada deve ser usada para o depósito de lixo reciclável, este deve ser previamente higienizado e organizado de maneira a não prejudicar sua reutilização ou reaproveitamento[4].

A implementação de ações de sustentabilidade em UAN exige que o nutricionista se envolva, influencie e apoie o desenvolvimento. Essas ações repercutem positivamente no aspecto financeiro e toda equipe deve estar envolvida, e o monitoramento deve ser constante do ponto de vista econômico, ambiental e social[14, 15, 5].

Para que a equipe de trabalho perceba a problemática da questão ambiental e mude atitudes tanto individuais como coletivas em relação às questões socioambientais, faz-se necessário planejar estratégias para a educação ambiental, como capacitações no local de trabalho. Percebe-se a necessidade de assumir novos valores, implementando procedimentos e ações voltadas a uma harmonização nas relações socioambientais e políticas, seja no âmbito individual ou no coletivo[16].

5.1 Destinação Definitiva do Resíduo

Os resíduos sólidos devem ser prioritariamente destinados ao serviço público de coleta. Quando a natureza dos resíduos não for autorizada ou não for possível, deve-se contratar uma empresa especializada devidamente licenciada pelos órgãos competentes[6].

Um contrato deve ser firmado com essa empresa, informando a natureza dos resíduos, a frequência de coleta e o destino a ser dado ao material recolhido[6].

5.2 Manejo dos Resíduos Líquidos

Os resíduos líquidos devem ser escoados para o serviço público de coleta de resíduos, em tubulações exclusivas, dimensionadas, identificadas, para receber e conduzir adequadamente todos os resíduos das atividades de elaboração de alimentos[6].

As caixas de gordura e a rede de esgoto devem ser localizadas fora das áreas produtivas, evitando refluxo e contaminação da água potável ou das instalações[6].

5.3 Manejo dos Resíduos das Atividades de Higienização

A água residual decorrente dos procedimentos de higienização deve ser escoada para a rede de coleta de água residual no próprio setor. A empresa deve neutralizar os efeitos nocivos desses resíduos, antes de destiná-los à rede de esgoto[6].

5.4 Manejo dos Resíduos Gasosos

Os resíduos gasosos (vapores e gases) devem ser eliminados das áreas de manipulação de alimentos por meio de coifas, equipamentos de exaustão e chaminés[6].

5.5 Limpeza das Caixas de Gordura

A empresa deve assegurar que as caixas de gordura sejam higienizadas periodicamente, na frequência adequada e sistematizada, para evitar entupimentos, refluxos, transbordamento ou emissão de odores indesejáveis[6].

A limpeza das caixas de gordura deve ser feita em horário em que não haja manipulação de alimentos[6].

Experiências aplicadas à ISO 14001 demonstram a redução significativa dos custos fixos quando são desenvolvidos trabalhos para incentivar a coleta seletiva e diminuir o consumo de água, de energia elétrica e a geração de lixo[3].

5.6 Fontes de Energia

Os serviços de alimentação que tenham comprometimento com a sustentabilidade do planeta devem utilizar o gás natural, composto majoritariamente por metano, um hidrocarboneto extraído do solo, cuja maior vantagem é a redução significativa da emissão de poluentes, pois os produtos de sua combustão são inodoros, isentos de óxido de enxofre e fuligem, evitando gastos com sistemas antipoluentes[3].

Equipamentos que aproveitam a energia solar também estão sendo pesquisados e desenvolvidos. Em algumas cidades das Regiões Norte e Nordeste do país, a energia solar já começa a ser usada como fonte de aquecimento para a água de torneiras da cozinha e dos balcões térmicos de distribuição[3].

Devemos divulgar para os clientes políticas de redução do desperdício dos alimentos[3].

O compactador de resíduos é um equipamento eletro-hidráulico destinado a reduzir volumes e capaz de processar materiais sólidos descartados pelos clientes e restos do processo dos alimentos (cascas, caixas de papelão, latas, garrafas plásticas, sacos). O resíduo deve ser separado por tipos de reciclagem e compactado, variando a redução volumétrica, reduzindo o custo de armazenamento e de transporte[3].

O extrator de sólidos tritura os resíduos e envia para o extrator de sólidos, que separa a parte líquida da parte sólida. A água utilizada para o processo é tratada e reaproveitada, e as partes sólidas, totalmente inodoras, adquirem aspecto de papel moído, sendo transportadas mais facilmente para os locais apropriados[3].

A gestão de uma produção industrial pode gerar grande desperdício de energia elétrica, gás, água. A necessidade de ações que incentivem o respeito e a preservação dos recursos naturais representa uma obrigação mundial[3].

As UANs representam uma importante fonte de produção de resíduos em toda a sua cadeia de produção. É necessário que as operações desenvolvidas estejam inseridas no contexto de gerenciamento do resíduo gerado[17].

A UAN que optar por implantar um sistema de gestão ambiental deve identificar os problemas prioritários, por meio de uma auditoria interna, checando a linha de produção, verificando o fluxo de resíduos, as possibilidades de reaproveitamento e reciclagem, informando e incentivando a participação dos colaboradores e informando o que está sendo feito em outras empresas/instituições. A gestão ambiental deve ter caráter sistêmico e integrador[17].

6. Implantação de estratégias e questões ambientais

6.1 Global Compact

Iniciativa desenvolvida pela Organização das Nações Unidas (ONU) com o objetivo de mobilizar a comunidade empresarial para adoção de valores fundamentais na área dos direitos humanos, das relações de trabalho, do meio ambiente e do combate à corrupção[18].

6.2 Metas do milênio:

Várias metas estabelecidas nas conferências mundiais ocorridas ao longo dos anos 1990, estabelecendo um conjunto de objetivos para o desenvolvimento tecnológico e a erradicação da pobreza no mundo; ensino básico; promover a igualdade de gêneros e a autonomia das mulheres; reduzir a mortalidade infantil; melhorar a saúde materna; combate à HIV/Aids; a malária; garantir a sustentabilidade ambiental; estabelecer uma parceria mundial para o desenvolvimento[18].

6.3 ISO 14.001

Norma de sistema de gestão ambiental que visa identificar e controlar os aspectos e impactos ambientais das instalações, dos processos e dos produtos das organizações[18]. Regulamenta as questões ambientais, fundamenta sistemas e processos, certificando a cozinha ecologicamente correta. Experiências demonstram a redução significativa dos custos fixos quando são desenvolvidos trabalhos para redução no consumo de água, energia elétrica, geração de lixo e coleta seletiva[1,2].

6.4 Global Reporting Initiative (GRI)

Diretrizes para elaboração de relatórios de sustentabilidade (materiais, energia, água, biodiversidade, emissões, efluentes, resíduos, produtos, serviços, conformidade legal) que podem ser utilizados como instrumentos de gestão organizacional[18].

7. Os desafios da gestão de resíduos na produção de alimentos

A gestão de uma produção industrial pode gerar grande desperdício de energia elétrica, gás, água. A necessidade de ações que incentivem o respeito e a preservação dos recursos naturais representa uma obrigação mundial[3].

Para uma gestão ambiental eficiente, indicamos que os resíduos sólidos sejam separados dos líquidos, facilitando as etapas posteriores[19].

Algumas estratégias na redução dos resíduos e no impacto ambiental[18,20,17]:

- Observação dos cortes utilizados no pré-preparo das refeições, checando possíveis erros ou desperdício;
- Cuidado com a etiqueta que identifica as sobras, para utilizar antes de ser descartadas;

- A diminuição dos per capita, a partir da abordagem e acompanhamento dos clientes, mostrando o desperdício;
- Oferecer cardápios atrativos e saborosos;
- Despertar os colaboradores para a minimização do desperdício;
- Adequação no planejamento dos cardápios: ajustes no pedido e utilização dos gêneros;
- Disponibilizar alimentos seguros, saudáveis e de baixo impacto ambiental;
- Impactos nas mudanças climáticas;
- Impactos da exaustão de recursos naturais e dependência de recursos naturais;
- Consequências da exaustão de recursos naturais já escassos;
- Uso consciente de embalagens e avaliação dos impactos associados no meio ambiente e na saúde;
- Avaliar formas de reaproveitar água, como por exemplo, da sanitização de vegetais para limpeza de equipamentos ou higienização de piso;
- Utilize os 4Rs:

Reduzir – pense antes de comprar e racionalize o consumo, recuse embalagens desnecessárias e prefira as recicláveis, evite desperdícios, gere menos lixo, escolha produtos duráveis.

Reutilize – o que for possível, use a criatividade para reaproveitar embalagens, utilize os dois lados da folha de papel, faça doações.

Recicle – ajude a produzir um novo material a partir do material usado, permitindo que o lixo volte ao ciclo produtivo como matéria-prima e economizando recursos naturais.

Reeduque – se cada um se esforçar para mudar seus hábitos, fará a sua parte para preservar o planeta. Seja um multiplicador dessas informações fazendo parte de uma corrente para conscientização, e assim estimular a mudança de atitude.

8. Relato de experiência:

Projeto de implantação de carros térmicos de transporte de alimentos em um Hospital Universitário

Objetivo do projeto: melhoria no atendimento ao cliente, aumento na satisfação, no consumo total da refeição ofertada, visando contribuir para a recuperação do paciente, garantia da qualidade e segurança sanitária, bem como a redução da utilização de materiais descartáveis em colaboração ao meio ambiente e sustentabilidade.

Visando atender a legislação sanitária, citamos:

RDC 216 / 4.9.2 – "O armazenamento e o transporte do alimento preparado, da distribuição até o consumo, deve ocorrer em condições de tempo e temperatura que não comprometam sua qualidade higiênico-sanitária. A temperatura do alimento preparado deve ser monitorada"[14].

Port. 78 / 10.6 – "Veículos utilizados para transporte do alimento preparado, refrigerado ou congelado, providos de meios que garantam essas condições durante todo o tempo de duração do trajeto e utilizados somente para este fim."

O Projeto contemplou a migração de alguns materiais descartáveis para materiais de uso único, podendo ser citados copos descartáveis por canecas plásticas no restaurante de colaboradores, copos isotérmicos por canecas térmicas para o atendimento ao paciente, assim como talheres descartáveis por talheres em inox, bandejas térmicas em isopor por prato em polipropileno e sopeiras isotérmicas por sopeiras em inox.

Seguem cálculos de custos antes e no decorrer do projeto:

Tabela 1 – Consumo de descartáveis em 2015 – inicio do projeto

Unidade	Média pacientes	Copo R$	Patro isotérmico R$	Sopeira R$	R$ dia	R$ mês
7º	100	22,00	87,00	16,00	250,00	7.500,00
6º	145	31,90	136,15	23,30	326,50	10.875,00
5º	75	16,50	65,25	12,00	187,50	5.625,00
						30.375,00

Fonte: autoras

Tabela 2 – Consumo de descartáveis em 2016 – projeto em andamento

Unidade andar	Média pac.	Copo (R$ 0,20)	Prato (R$ 1,00)	Sopeira (R$ 0,16)	R$ dia	R$ mês
7º	100	0	0	0	0	0
6º	145	0	0	12,80	12,80	384,00
5º	75	0	70,00	24,00	94,00	2.820,00
3º	85	34,00	170,00	27,20	231,20	6.936,00
R$ total	17.760,00					
Redução em torno de 41% (maio de 2016)						
Unidade	Média pac.	Garfo (R$ 0,10)	Faca (R$ 0,10)	Colher (R$ 0,09)	R$ dia	R$ mês
7º	100	0	0	10,00	10,00	300,00
6º	145	29,00	29,00	58,00	116,00	3.480,00
5º 75	15,00	15,00	30,00	60,00	1.800,00	
3º	85	17,00	17,00	34,00	68,00	2.040,00

Fonte: autoras:

Observou-se uma redução de 41% nos custos da UAN e uma considerável redução no volume de resíduos, reduzindo assim o impacto ambiental e colaborando para a sustentabilidade da instituição.

Referências:

1. MONTEIRO, R. Z. *Serviços profissionais de alimentação*: uma perspectiva. Dissertação (Mestrado). São Paulo: Universidade Presbiteriana Mackenzie, 2004.

2. MONTEIRO, R. Z. *Cozinhas profissionais*. São Paulo: Senac São Paulo, 2013.

3. MORAES, Allan Robledo Fialho e. Gestão de Resíduos Sólidos e Sustentabilidade. *In*: OLIVEIRA, Tatiana Coura; SILVA, Daniela Alves. *Administração de unidades produtoras de refeições*: desafios e perspectivas. 1. ed. Rio de Janeiro: Rubio, 2016.

4. ASSIS, Luana de. *Alimentos seguros*: ferramentas para gestão e controle da produção e distribuição. Rio de Janeiro: Senac Nacional, 2011.

5. ESTY, Daniel C.; WINSTON, Andrew S. *O Verde Que Vale Ouro*. Rio de Janeiro: Elsevier, 2008.

6. SPINELLI, M. G. N.; CALE, L. R. Avaliação de resíduos sólidos em uma unidade de alimentação e nutrição. *Simbio-Logias*, 2(1), p. 21-30, 2009.

7. OLIVEIRA, Cibele Cristina Bueno de. *Caracterização dos resíduos sólidos do serviço técnico de nutrição e dietética da Faculdade de Medicina – UNESP*/Botucatu: uma contribuição para educação e gestão. Dissertação (Mestrado em Energia na Agricultura) – Faculdade de Ciências Agronômicas da Unesp – Campus de Botucatu. Botucatu – SP, ago. 2002.

8. BRASIL. Ministério da Saúde. Conselho Nacional do Meio Ambiente – CONAMA, Resolução nº 358, de 29 de abril de 2005. Publicada no *DOU* nº 84, de 4 de maio de 2005, Seção 1, páginas 63-65

9. BRASIL. Ministério da Saúde. Resolução Conselho Nacional do Meio Ambiente – CONAMA, nº 275 de 25/04/2001. Pubicado no D.O.U em 19 de jun de 2001

10. BRASIL. Ministério da Saúde. Agência Nacional de Vigilância Sanitária – ANVISA. RDC Nº 306 de 7 de Dezembro de 2004. Publicada no DOU Nº 237 seção 01, de 10/12/2004

11. SANTOS JUNIOR, Clever Jucene dos. *Manual de Segurança Alimentar*: Boas Práticas para os Serviços de Alimentação. 2. ed. Rio de Janeiro: Rubio, 2013.

12. BRASIL. Presidência da República. Casa Civil. Subchefia para Assuntos Jurídicos. Lei 12.305 de 2 de agosto de 2010. Política Nacional de Resíduos Sólidos. Publicado no DOU de 3.8.2010.

13. BRASIL. Ministério da Saúde. Resolução Conselho Nacional do Meio Ambiente – CONAMA, Resolução do Conselho Nacional do Meio Ambiente – CONAMA, nº 430 de 2011. Publicado no D.O.U.16 de maio de 2011.

14. BRASIL, Ministério da Saúde.Viglilancia Sanitária , Resolução RDC nº 216, de 15 de setembro de 2004. Dispõe sobre Regulamento Técnico de Boas Práticas para Serviços de Alimentação. D.O.U. - Diário Oficial da União; Poder Executivo, de 16 de setembro de 2004.

15. ARAÚJO, Elicimone Lopes Martins; CARVALHO, Ana Clara Martins e Silva. Sustentabilidade e geração de resíduos em uma unidade de alimentação e nutrição da cidade de Goiânia-GO. *Demetra*, 10(4), p. 775-796, 2015.

16. MUNARETTO, Lorimar Francisco; BUSNELLO, Solange. Um Estudo sobre inserção da educação Ambiental nos Projetos Pedagógicos dos Cursos do CESNORS/UFSM. *Rev. Adm. UFSM*, Santa Maria, v. 7, Edição Especial, p. 24-39, set. 2014.

17. SANT'ANA, Helena Maria Pinheiro. *Planejamento físico-funcional de unidades de alimentação e nutrição*. Rio de Janeiro: Rubio, 2012.

18. HERNANDEZ, Alexandre Lopez. Integração de sistemas de Gestão: A Questão da Gestão Ambiental e Responsabilidade Social. *In*: BALCHIUNAS, Denise (org.). *Gestão de UAN*. Um resgate do binômio: alimentação e nutrição. 1. ed. São Paulo: Roca, 2014.

19. CARNEIRO, C. M. L.; LIMA, A. M.; AZEVEDO, J. B.; CASTRO, M. G.; SILVA, K. M. B. Diagnóstico dos resíduos sólidos produzidos no restaurante universitário da UFRN. *In*: XXX ENCONTRO NACIONAL DE ENGENHARIA DE PRODUÇÃO. Brasil, *[Anais...]* São Carlos, 2010.

20. Site: Abrace o Planeta. Disponível em: http://www.abraceoplaneta.com.br. Acesso em 27 de nov de 2017.

SEÇÃO III

PLANEJAMENTO E PRODUÇÃO DE REFEIÇÃO

CAPÍTULO 14

PLANEJAMENTO DE REFEIÇÃO PARA COLETIVIDADE SADIA

Fernanda Guidi Colossi de Paris

1. Introdução

A alimentação possui características e repercussões nas várias esferas da vida. Envolve questões sobre nutrição e seus determinantes biológicos, ambientais, culturais, psicológicos, sociais, econômicos, entre outros[1,2,3].

Mundialmente, tornou-se habitual alimentar-se fora de casa[4,5]. No Brasil, adquirir e consumir alimentos fora do domicílio também integra a realidade atual. Em função da crescente demanda, a alimentação passou a disponibilizar serviços variados à população por meio de Unidades de Alimentação e Nutrição (UANs) com fins comerciais e institucionais. As UANs podem ser a atividade-fim de um negócio, como ocorre em restaurantes, lanchonetes, bares, cafeterias e padarias, mas também como atividade-meio inserida em instituições escolares, de hotelaria, hospitalares, e no exército. A UAN deve divulgar e promover escolhas saudáveis por intermédio de preparações com menor densidade energética e maior teor nutritivo, que atendam às preferências da clientela, aliadas a um menor custo para o serviço. Essa ação é imprescindível para conter o agravo da obesidade e de outras doenças crônicas não transmissíveis (DCNTs) associadas à qualidade nutricional das refeições realizadas fora do ambiente doméstico[6,7].

Qualquer que seja a missão das UANs, a qualidade deve ser objetivo central. Nas diferentes etapas do processo produtivo, incluindo o momento do consumo, a meta está em demonstrar a qualidade higiênico-sanitária, nutricional, sensorial e do serviço a partir das características intrínsecas do alimento, suas condições da venda e o custo para o consumidor. Em UANs, o nutricionista é o profissional tecnicamente habilitado para garantir o preparo de refeições de qualidade em todos os seus aspectos. Sua função é planejar, organizar, dirigir, supervisionar e avaliar todo o processo produtivo. Como profissional de saúde, espera-se também que execute atividades de assistência e educação nutricional[6,7].

O planejamento dentro de uma UAN é ponto inicial de qualquer processo, destacando-se aqui o planejamento de cardápio. Como cardápio, entende-se uma lista de preparações culinárias que compõem uma refeição ou todas as refeições de um dia ou de um período em determinado local. Na UAN, o planejamento é atividade essencial para a garantia da qualidade, pois integra o agrupamento de normas e direcionamento de ações para aperfeiçoar o uso dos recursos materiais e humanos existentes na unidade. O objetivo é o de elevar a produtividade do serviço com redução de custos, ou seja, aumentar a eficiência por meio da melhor utilização dos recursos[6,8].

Os aspectos administrativos no planejamento do cardápio são embasados em: planejamento, coordenação, direção e controle. Planejar um cardápio pressupõe a seleção de preparações que serão executadas e também todas as suas implicações operacionais. Essa etapa do processo exige que o profissional responsável realize a programação técnica das refeições, atendendo às leis da alimentação, levando em consideração os aspectos da população atendida e o compromisso de inovar com novos sabores, combinação de ingredientes e utilização de alimentos variados a fim de estimular o consumo de refeições sadias[1,3,5,9].

Para esse fim, o planejamento de cardápios deve estar embasado nas Leis da Nutrição, ou seja[6,10]:

- LEI DA QUANTIDADE: a dieta deve fornecer diariamente ao indivíduo a quantidade de alimentos necessária ao funcionamento do organismo, à preservação da espécie e manutenção da saúde.

- LEI DA QUALIDADE: os alimentos devem ser fornecidos no grau de maturação adequado, ser isentos de contaminação de qualquer espécie e ser armazenados sob condições específicas e consumidos sob condições adequadas de higiene, ainda apresentando a preservação de seus componentes nutricionais.

- LEI DA HARMONIA: esta característica diz respeito ao EQUILÍBRIO que deve haver no consumo de alimentos, a fim de fornecer os nutrientes em distribuição proporcional para o equilíbrio entre eles.

- LEI DA ADEQUAÇÃO: dieta deve ser adequada ao indivíduo, levando-se em consideração: peso, altura, idade, gênero, gasto energético, clima, disponibilidade de alimentos, condições socioeconômicas e culturais do povo, estado fisiológico do indivíduo e ao tipo de coletividade.

Além das variações dos comportamentos alimentares, existem aspectos fisiológicos, emocionais e regionais que orientam as escolhas alimentares. O cliente faz sua escolha de um local para alimentação por razões diversas, pois almeja não só encontrar algo para saciar a fome, mas considera também formas de preparo, tamanho das porções, qualidade do alimento, disponibilidade de horários, o custo, a localização e a ambientação. Todos esses fatores são determinantes das práticas alimentares[5,7,11].

As UANs devem se preparar para ofertar cardápios com aspectos culturais e sensoriais coerentes com seu público-alvo. O incentivo ao consumo de alimentos regionais como forma sustentável de promoção da saúde é apresentado com o objetivo de fornecer alimentos de alto valor nutritivo, fácil acesso e baixo custo. A aceitação sensorial de preparações sempre norteou as ações das UANs e traz a tarefa complexa de unificar ações de promoção da qualidade nutricional e sensorial no planejamento de cardápios[6,12].

Além das características da clientela, devem ser analisados antes da decisão de preparações a serem servidas aspectos como: condições operacionais (número de funcionários; qualificação da mão de obra; equipamentos e utensílios disponíveis), mercado fornecedor, objetivos da empresa e orçamento disponível. Dessa forma, no planejamento de cardápio, deve haver seleção de alimentos e preparações de forma a se obter uma refeição equilibrada e agradável, respeitando-se hábitos e preferências alimentares e ainda objetivando a racionalização no uso dos recursos envolvidos para obtenção de maior eficiência[6,7,8,9,12].

Um planejamento de cardápios adequado exige que sejam considerados aspectos como: tipo de serviço oferecido na UAN; ciclo do cardápio; dia e horário de funcionamento; número de refeições, tamanho de porções adotadas, sistema de distribuição (centralizada ou descentralizada); sistema de aquisição de produtos; processos de estocagem; custos dos materiais; técnicas de produção; existência de receituário padrão; alimentos de baixa aceitação; safra dos alimentos escolhidos (alimentos na safra reduzem o custo da refeição e disponibilizam alimentos de melhor qualidade), estação do ano e datas comemorativas, além de outros itens não menos relevantes, como[6,8,10,15]:

- Cores – o aspecto visual é determinante para uma boa aceitação. Utilizar cores contrastantes para não gerar monotonia, evitando sempre repetição de cores, como por exemplo: salada de chuchu, peixe ao molho branco, arroz branco;

- Formas – variações no tipo de corte, assim como na apresentação dos pratos. Ex.: tiras, cubos, em fatias etc.;

- Sabores e gostos – cada preparação deve apresentar seu destaque: ácido, salgado, doce, amargo, picante, suave etc.

- Texturas: em conjunto com as cores, contribuem para aspecto visual do alimento: consistência líquida, macia, cremosa, áspera, crocante, úmida, seca, fibrosa etc.;

- Temperos – utilizados diferencialmente para destacar ou melhorar o sabor das preparações.

- Ingredientes – escolha cuidadosa, evitando monotonias.

- Tipos de preparo – buscar variedade nos métodos, principalmente para não ter um cardápio repetitivo;

- Temperaturas – adequadas de acordo com o tipo de preparação; ano.

O planejamento de cardápio, quando possível, deve preceder a montagem da estrutura física da UAN para que determine espaços, seleção e disposição dos equipamentos necessários para o preparo das refeições escolhidas. O fluxograma para os diferentes gêneros deve ser baseado nas preparações que serão ofertadas, considerando-se as temperaturas, os procedimentos, os equipamentos e os utensílios necessários em cada etapa. A não observação das necessidades estruturais específicas para o atendimento ao padrão do cardápio e suas características poderá incorrer em danos, como diminuição da produtividade, aumento de acidentes de trabalho, e consequente redução da qualidade do serviço e da refeição ofertada[16,17,18,19].

A área física, espaço reservado para a produção e distribuição dos alimentos preparados, juntamente com os equipamentos e utensílios, compõem o material físico necessário para a transformação do alimento em comida. Em conjunto com o cardápio, devem ser avaliados dados sobre os serviços de gás, eletricidade e água; orçamento disponível; forma de aquisição da matéria-prima; equipamentos disponíveis; legislação vigente; projeto e decoração do ambiente. As condições de uso dos equipamentos e dos utensílios precisa ser analisada, pois a sobrecarga desses materiais pode resultar em danos importantes para a qualidade do alimento, além de contribuir para a redução da vida útil destes[6,7,9,10,12].

Atualmente, embora o acesso a diferentes tipos de alimento seja facilitado pela modernidade (transporte, tecnologia de produção etc.), o custo pode estar comprometido diante da tecnologia exigida para sua obtenção. É necessário, portanto, observar a relação entre disponibilidade dos insumos para as preparações selecionadas no planejamento de cardápio[2,5].

Os recursos humanos disponíveis para a execução do cardápio, a habilidade e o envolvimento da mão de obra devem ser compatíveis entre si. As UANs devem ser competentes no gerenciamento dos seus recursos humanos. A seleção de funcionários comprometidos e capacitados para suas funções refletem diretamente no desempenho da produtividade, e na satisfação dos clientes[6,7,9,15,18].

Também é importante para o êxito do serviço a participação dos funcionários, envolvendo-os diretamente na elaboração do cardápio e produção da refeição. Funcionários podem contribuir com informações para a seleção de preparações que irão compor o cardápio, tanto por saberem as limitações operacionais do serviço como por verificarem a aceitação da clientela em relação às preparações ofertadas[12,20,21].

A padronização do processo de produção de refeição beneficia o trabalho do nutricionista, facilitando o treinamento de funcionários e o planejamento do trabalho diário. Essa padronização facilita para o funcionário a execução de tarefas sem a necessidade de ordens frequentes, e também propicia mais segurança no ambiente de trabalho. A Ficha Técnica de Preparo (FTP) e o Receituário Padrão são instrumentos indispensáveis às atividades administrativas[1,4,5,10].

2. Aspectos nutricionais no planejamento de cardápios

Para integrar a questão saúde ao planejamento do cardápio, algumas etapas preliminares são indispensáveis à escolha das preparações, assim como o critério das porções adotadas. A questão é conhecer o público e suas necessidades. A avaliação nutricional, sempre que possível, deve servir de base para o planejamento de cardápio. Consiste no diagnóstico nutricional do indivíduo ou da população por meio de indicadores diretos (bioquímicos, antropométricos) e indiretos (consumo alimentar, renda, disponibilidade de alimentos e outros). Com os resultados obtidos por meio da avaliação nutricional, é possível estimar as demandas nutricionais e compor um cardápio condizente com a realidade[64,7,9,11].

Apesar de em UANs termos um conjunto de indivíduos, a diferenciação a partir da avaliação nutricional é relevante para detectar qual a prevalência de ingestão inadequada entre os componentes do grupo. Para os Estados Unidos e Canadá, existem recomendações próprias a serem utilizadas para macro e micronutrientes para a população. O uso destas foi ampliado para outras populações[7,11,15,19,22].

Essas referências, denominadas Dietary Reference Intakes (DRIs), são apropriadas para o planejamento e avaliação da ingestão de nutrientes por coletividades. O Guia Alimentar brasileiro é um instrumento oficial que define as diretrizes alimentares para a população brasileira e incorpora as sugestões da Estratégia Global da Organização Mundial de Saúde (OMS). O guia tem o propósito de contribuir para a orientação de práticas alimentares que visem à promoção da saúde e à prevenção de doenças relacionadas à alimentação, tanto por excesso como por deficiência de nutrientes[11,23,24,25].

Ao planejar cardápios para coletividades, é necessário o conhecimento do conjunto das referências nutricionais, apresentadas a partir dos critérios de sexo e idade:

- Cota Diária Recomendada (RDA): meta de ingestão para os indivíduos saudáveis, pois é suficiente para cobrir os requerimentos em determinada faixa etária, estado fisiológico e sexo. Interessam-nos mais quando se avaliam as necessidades diárias e planejamento dietético individualmente.

- Adequate Intake – Ingestão Adequada (AI): é o nível de ingestão recomendado de determinado nutriente que deve ser utilizado como base quando as evidências científicas não são suficientes para se estabelecer a sua Cota Diária Recomendada (RDA).

- Estimated Average Requirement – Necessidade Média Estimada (EAR): representa o valor de ingestão de um nutriente que seria necessário para cobrir as necessidades de 50% dos indivíduos saudáveis, de acordo com a sua faixa etária, estado fisiológico (exemplo: gravidez, lactação etc.) e sexo. É mais indicado para avaliações de grupos populacionais do que para medir a ingestão de indivíduos.

- Tolerable Upper Intake Level – Nível de Ingestão Máxima Tolerável (UL): é o mais alto nível de ingestão diária de nutrientes isento de risco de efeitos adversos à saúde para quase todos os indivíduos de uma população. A UL é um meio de se observar a possibilidade de uma ingestão excessiva de um determinado nutriente, o que está relacionado a riscos de efeitos adversos para a saúde.

- Energy Estimate Requirement – Necessidade Estimada de Energia (EER) – estimativa de ingestão energética.

O planejamento de cardápios pode ser realizado para grupos homogêneos ou heterogêneos. No primeiro caso, as recomendações são claras e devem ser utilizadas para o atendimento específico da clientela. Quando a população-alvo é heterogênea, para estimar as necessidades, poderão ser utilizados dois critérios. Primeiramente, serão atendidas as necessidades do subgrupo mais vulnerável, considerando assim que todos os demais teriam suas necessidades supridas. A outra abordagem menos utilizada consiste no planejamento de cardápios que permitam melhorar a distribuição das densidades de nutrientes dentro do grupo[26,27].

Estima-se que grandes refeições, como o almoço e jantar, devam contemplar 30 a 40% das recomendações diárias de energia (VET), e, consequentemente, dos macronutrientes, respeitando-se suas proporções. Para refeições do tipo desjejum, estima-se um percentual calórico entre 20 e 25% das calorias totais do dia, e as refeições tipo colação, entre 5 e 10% do VET. Para os micronutrientes, a avaliação deve considerar que algumas refeições são mais representativas em relação a alguns nutrientes[6,9,11,28,29].

A etapa da seleção das preparações é determinante, pois, caso a aceitação do cardápio seja baixa ou o dimensionamento das porções não represente o que foi determinado no planejamento, os resultados representarão as deficiências ou excessos indesejados e suas consequências. Além dos aspectos sensoriais e culturais, características inerentes à população atendida devem ser consideradas para a seleção das preparações e de estratégias, como a inclusão ou a exclusão de preparações com ingredientes fonte de algum nutriente específico ou modificação da receita, para atingir a meta estipulada[2,4,9,15,21,30].

A inclusão de ingredientes de baixa densidade energética (frutas e hortaliças) nas preparações é relevante alternativa, pois a redução das porções, normalmente, não é bem aceita pelos clientes. Elaborar e executar um cardápio saudável, inicialmente, é mais árduo e trabalhoso, pois modificar os hábitos alimentares requer trabalho educativo frequente[9,11,31,32].

3. Cardápios:

3.1 Apresentação do cardápio: deve apresentar padrão no formato da UAN que representa, e demonstrar clareza das informações. Conforme o público-alvo, o cardápio pode ser[28,34,35,36]:

a. **Cardápio Qualitativo:** direcionado ao comensal, contendo os nomes das preparações, sem especificar os alimentos e quantidades. Para estruturação de cardápio, deverá existir uma sequência ordenada. Nesse caso, consideramos partes permanentes do cardápio:

- **Entrada/Salada:** preparações feitas à base de hortaliças cruas ou cozidas, de frios com ou sem frutas e de sopas. Podem ainda ser sopas, quentes ou frias, caldo de vegetais e/ou de carnes. Variam com a época do ano em que são oferecidas, padrão do cardápio e custo estabelecido. São geralmente pratos leves.

- **Prato principal:** preparação responsável pelo aporte proteico da refeição. Geralmente, são as carnes de gado, frango ou frutos do mar. A carne branca precede a carne escura quando as duas são servidas numa mesma refeição. Para os cardápios vegetarianos, ou ainda como opção à carne, pode-se oferecer pratos à base de ovos ou à base de leguminosas, principalmente a soja, na forma de proteína texturizada, também conhecida como "carne de soja".

- **Guarnição**: é o acompanhamento quente do prato principal. Pode ser preparado com farináceos, massas e hortaliças nas diferentes formas de preparo, mantendo equilíbrio de sabores e texturas. Sua composição está associada ao prato principal, pois se considera que seja um acompanhamento deste.

- **Prato base**: preparações à base de cereais, leguminosas, para atender hábito da coletividade e proporcionar ajuste de energia do cardápio. No Brasil, é o arroz e feijão ou outra leguminosa. Recomenda-se que, na programação de massas, seja substituída a preparação de arroz e feijão.

- **Sobremesa:** geralmente doce e/ou fruta, de acordo com o padrão do cardápio. Precisamos ficar atentos à combinação de sabor, consistência e cores, mesmo ao programar esta parte do cardápio.

- **Complementos:** variados (dependem do padrão do cardápio). São opções de bebidas, pães, temperos para entrada ou alimentos complementares específicos para o acompanhamento de uma preparação. As bebidas poderão ser suco, refresco, refrigerante ou água mineral com ou sem gás, não sendo permitido o uso de bebidas alcoólicas, com exceção apenas nos cardápios superiores. O café ou chá, quando oferecidos, representam o término da refeição.

b. **Cardápio Quantitativo**: direcionado às pessoas responsáveis pela preparação das refeições, em que se especifica o nome das preparações, os ingredientes utilizados na produção e suas respectivas medidas caseiras e quantidades.

3.2 Padrão de Cardápios – Podem ser elaborados cardápios para utilização em curto, médio e longo prazo, definido por diário (podendo ser apenas uma refeição), mensal e semestral ou anual, respectivamente. E devem adequar-se à forma e finalidade do serviço oferecido (cardápio institucional, comercial modo à la carte ou self-service/buffet, fast-food, infantil).

3.2.1 Cardápios institucionais – Devem apresentar nome das refeições à disposição no buffet. Os cardápios podem ser classificados em três categorias que se diferem pelo número de opções e custo:

a. *Cardápio Básico:* caracteriza-se por disponibilizar preparações de menor custo e baixa complexidade no preparo; oferece menor número de opções na mesma refeição.
Composição: oferece apenas um tipo de sobremesa, revezando doces e frutas, um tipo de bebida e uma entrada, preferencialmente composta; um tipo de prato principal, e se houver uma segunda opção, normalmente é de custo bem baixo; os temperos para entrada são azeite, vinagre e sal ou molhos também de baixo custo.

- Exemplo de Cardápio Básico:

	Segunda-feira	Terça-feira	Quarta-feira	Quinta-feira	Sexta-feira
Entrada ou Salada	Escarola com cubos de pepino	Tomate com pimentão	Alface lisa com rabanete	Chicória com cenoura em cubos	Agrião com beterraba cozida
Prato principal	Almôndegas ao sugo	Bife acebolado	Frango assado	Bife Hambúrguer	Filé de peixe à milanesa
Opção	Ovo frito	Salsichão assado	Omelete simples	Steak de frango	Guisado com milho

	Segunda-feira	Terça-feira	Quarta-feira	Quinta-feira	Sexta-feira
Guarnição	Batata assada	Couve à mineira	Berinjela à parmegiana	Acelga refogada	Couve-flor refogada
Prato básico	Arroz + Feijão	Arroz + Feijão	Arroz + Feijão	Arroz + Feijão	Arroz + Feijão
Sobremesa	Melancia	Gelatina de uva	Pudim de baunilha	Banana caramelada	Mamão
Bebida	Suco de Uva	Suco de laranja	Suco de manga	Suco de limão	Suco de maçã

b. **Cardápio Intermediário:** sem requinte, mas apresenta inclusão de preparações com maior grau de complexidade em seu preparo, em relação ao cardápio básico.

Característica: cardápio mais elaborado e com maior número de opções do que o básico; pode ousar na combinação de novas preparações.

Composição: oferece dois tipos de entradas e, quando salada, normalmente é composta de no mínimo dois itens; são programadas duas opções para o prato principal, em que o cliente pode optar por uma ou outra; uma opção de guarnição que combine com as duas opções de prato principal; o prato base pode variar com a programação ou não de feijão devido à harmonia de toda a refeição; o arroz pode ser composto e, ao programar massas, se possível, não oferecer arroz e feijão. As sobremesas doces apresentam porções menores, pois junto é oferecida uma opção de fruta; esse tipo de cardápio é bastante utilizado em UAN devido à maior oferta de variedade para o cliente.

- Exemplo de Cardápio Intermediário:

	Segunda-feira	Terça-feira	Quarta-feira	Quinta-feira	Sexta-feira
Saladas	Croutons de alho Mix Folhas	Batata Chips Tomate temperado	Pão com orégano Alface	Fundo de alcachofra Escarola com cenoura	Alface mimosa Salpicão de cebola
Prato principal	Lombo de porco ao molho agridoce	Bife ao molho roty	Steak de Frango	Filé de peixe ao molho de alcaparras	Bife à parmegiana
Opção do prato principal	Panqueca de carne ao sugo	Rolê de frango ao sugo	Bife com pimentão	Bife grelhado acebolado	Frango assado
Guarnição	Batata corada	Couve à mineira	Jardineira de legumes	Purê Moranga Cabotiá	Repolho refogado
Prato básico	Arroz Integral + Feijão carioca	Arroz + Feijão-preto	Arroz + Feijão vermelho	Arroz à grega + Feijão	Arroz + Feijão
Sobremesa	Mamão	Salada de frutas	Manga	Melancia	Uvas rosadas
Opção de sobremesa	Pudim de leite	Torta de limão	Manjar com calda de ameixa	Sorvete crocante	Mousse de maracujá
Bebida	Suco de acerola	Suco de laranja	Suco de morango	Limonada	Suco de goiaba

c. **Cardápio Superior:** caracterizado pelo refinamento de ingredientes e técnicas, inclui itens de custo mais elevado. Suas preparações podem ser de elevado grau de complexidade. Diferencia-se pelo custo, apresentação e composição. Planejado para atendimento de pequenos grupos dentro de uma empresa, que geralmente é a chefia e a direção. Apresenta grande investimento em gastronomia. Composição: no mínimo três entradas e pratos principais; três guarnições combinando com os pratos principais; a programação de arroz é variada e o feijão pode ser substituído por outra leguminosa ou não ser programado. Sugere-se o planejamento diário de um tipo de massa ou risoto. As sobremesas são servidas "a la carte" ou em bufê no qual o número é bastante variado. Os sucos são naturais; há inclusão de garrafas individuais de água mineral. Café e chá não podem faltar. Esse cardápio exige normalmente a presença de garçons para o atendimento e organização do salão.

- Exemplo de Cardápio Superior:

	Segunda-feira	Terça-feira	Quarta-feira	Quinta-feira	Sexta-feira
Salada	Torradas com patê de azeitonas; Escarola picada com palmito; Cebolas em rodelas;	Antepasto de berinjela; Rúcula com alface lisa; Tomate com manjericão e queijo mussarela	Casquinha de siri; Alface americana com rabanete; Beterraba ralada com ervilhas	Provoleta Mix Folhas verdes; Salada Waldorf (maçã em cubos com salsão, nozes e creme de leite)	Pão de queijo com catupiry; Chicória a espanhola; Rodelas de palmito e tomate-italiano
Prato principal I	Filé mignon recheado com bacon e cebola caramelada	Estrogonofe de frango com cogumelos	Rosbife ao molho tártaro	Pernil de cordeiro	Bife de peito de peru com molho laranja
Prato principal II	Sobrecoxas de frango em creme de cebola	Lombo assado ao molho agridoce	Linguado ao molho de alcaparras	Bife à parmegiana	Escalope ao molho madeira
Prato principal III	Posta de badejo no vapor com alecrim	Omelete de queijo com alho poró	Peito de frango grelhado	Frango Xadrez	Maminha assada
Guarnição I	Purê de batatas	Batata chips	Quiche de espinafre	Creme de milho verde	Penne ao pesto
Guarnição II	Couve-manteiga refogada	Ervilhas frescas com salsinha	Jardineira de legumes	Repolho com ervas aromáticas	Brócolis com minicenouras
Prato básico	Arroz branco	Arroz + Feijão-preto	Arroz verde	Arroz com açafrão	Arroz com passas
Sobremesa I	Papaya com passas	Melancia	Manga	Melão	Pera Argentina
Sobremesa II	Pudim de leite	Torta de limão	Merengue de morango com chantilly	Pavê de abacaxi com cerejas	Mousse de maracujá
Sobremesa III	Sorvete	Sorvete	Sorvete	Sorvete	Sorvete

3.2.2 Cardápios comerciais – Este gênero é típico de restaurante. Nesse caso, a intenção do estabelecimento é vender a refeição.

a. **À La Carte**: o cardápio deve descrever apropriadamente as características dos pratos e ser equivalente ao cartão de visitas. As iguarias são discriminadas em uma "carta" (cardápio) e os clientes escolhem aquelas lhes convêm. O cardápio ou menu deve ser conciso e atraente, apresentar tamanho médio, cores agradáveis, conteúdo bem distribuído e letras de tamanho e formato bem legíveis, e os preços.

Para elaboração do cardápio, deve-se:

- Separar os itens por grupos: grupos das entradas, massas, carnes etc.;
- Ter a descrição dos pratos de modo a enaltecer o preparo. Ex.: Robalo à moda da casa (generosos filés de peixe grelhado, acompanhados de delicadas lâminas de champignon passados na manteiga com alcaparras e polvilhadas de ervas aromáticas);
- Apresentar tempos de preparo especiais em pratos específicos;
- Propiciar fácil manuseio, respeitando uma sequência frequente de consumo;
- Reservar espaço para destacar as promoções, que devem ser renovadas frequentemente;
- Conter informações sobre taxas de serviços, formas de pagamento aceitas e telefones de órgãos fiscalizadores.

b. **SELF-SERVICE: POR QUILO OU BUFFET LIVRE:** Modalidade muito comum de apresentar refeições, também chamado autoatendimento ou autosserviço. Atualmente, esse tipo de serviço é muito empregado tanto em restaurantes comerciais como em institucionais. Para esse serviço, as preparações são expostas em balcões térmicos (à temperatura quente ou fria), com suas respectivas identificações. O cliente é o responsável por servir-se e, em seguida, faz o pagamento mediante o seu consumo (peso do alimento). Alguns restaurantes ainda podem fixar preço único para esse tipo de serviço (buffet livre) e/ou ainda acrescentar um taxa extra, caso o comensal desperdice o alimento presente em seu prato. Sugere-se um máximo de 24 tipos de pratos para restaurantes de até 300 refeições por dia.

Exemplo de buffet com 24 opções de pratos:

Buffet de pratos frios:

- Salada com maionese;
- Salada de raízes e tubérculos;
- Salada de laticínios/frios e conservas;
- Salada de legumes cozidos;
- Salada de grãos e cereais;
- Salada composta;
- Salpicão;
- Salada de folhas;
- Salada de frutas com creme de leite;
- Salada de tomate.

Buffet de pratos quentes

- Arroz Parboilizado;
- Arroz Integral com cebolinha;
- Feijão vermelho;
- Talharim a Bolonhesa;
- Pastel de queijo;
- Batata Sauté com ervas;
- Souflê de vegetais;
- Seleta de legumes ao molho bechamel;
- Folhas verdes refogadas;
- Peito de frango acebolado com champignon;
- Sobrecoxa de frango assada;
- Iscas de carne com molho.
- Filé de peixe à milanesa;
- Bife;

3.3 <u>Atualização dos cardápios</u>: É natural que o cardápio com o tempo vá perdendo a atratividade. A atualização é muito importante, e o cliente percebe a preocupação na busca por novidades. Entretanto os pratos considerados "estrelas", "especialidades da casa" e os mais vendidos devem ser mantidos, pois eles vão garantir a identidade do estabelecimento, trazendo fidelização do cliente e boas vendas. Para dar mais destaque ao cardápio sem fazer grandes alterações, devem ser seguidas sugestões práticas de variações rotineiras, tais como:

- Exemplos de variações de cardápio

Entradas/ Saladas	**Folhas:** alface (lisa, crespa, americana, romana ou roxa), rúcula, almeirão, agrião, radicchio. **Grãos:** grão-de-bico, grão de trigo, trigo quebrado, feijão branco, cuscuz marroquino, tremoço, milho verde, ervilhas, lentilhas. **Legumes:** abobrinha italiana, berinjela, beterraba, rabanete, cenoura, vagem, ervilha-torta, cebola, pepino, pimentões, pimentas doces, mandioquinha, couve-flor, brócolis, chuchu, moranga cabotiá.
Guarnições	**Massas:** talharine, fettuccine, espaguete, penne, fusilli, tortiglioni, massas recheadas (ravióli, capelete, tortellini, canelone, rondele). **Molhos:** branco, sugo, bolonhesa, carbonara, rosé, quatro queijos, pesto, funghi. **Derivações de arroz e feijão:** arroz à grega, arroz à milanesa, arroz integral, arroz biro-biro, arroz com passas, feijoada, feijoada light, feijão preto, feijão vermelho, feijão branco. **Legumes:** fritos, à milanesa, sauté, cozidos no vapor, gratinados, suflês.
Carnes vermelhas	**Para grelhar e assar:** alcatra, contrafilé ou entrecot, picanha, costela, ponta de peito, filé mignon, fraldinha ou vazio, maminha. **Para ensopar:** coxão mole, coxão duro, lagarto, acém, paleta, músculo. **Para fritar:** patinho, filé mignon, coxão mole.
Aves	Frango, galeto, codorna, peru.
Peixes e frutos do mar	Água salgada: Pescada, merluza, cação, abadejo, robalo, linguado, tainha, anchova e sardinha; Água doce: pintado, pacu, tilápia, curimbatá, tambaqui; Frutos do mar: camarão, lula, polvo.
Sobremesas	Compotas, gelatinas, doces cremosos, mousses, sorvetes, pudins, manjares, frutas e sobremesas especiais, como petit gateau, brownie e tortas.

3.4. Avaliação dos Cardápios

A avaliação do cardápio deve ser realizada antes da implementação deste com objetivo de minimizar ao máximo eventuais falhas, e também após sua implementação, para identificar a real eficácia do planejamento, identificando os erros nas escolhas das preparações e/ou no porcionamento. Os resultados da avaliação posterior servem para verificar as falhas ou as dificuldades no processo para então reorganizar o planejamento[6,36,37].

A qualidade de um alimento pode ser percebida em múltiplas dimensões: nutricional, sensorial, higiênico-sanitárias, de serviço, regulamentar e simbólica. Portanto, cabe ao profissional Nutricionista criar alternativas e estratégias para servir alimentos saborosos, mas que agreguem valor nutricional e não prejudiquem o nível de saúde, pelo contrário, que contribuam para beneficiá-la, mantê-la ou recuperá-la[28,38].

Vários instrumentos de avaliação podem ser usados com objetivo de analisar a qualidade nutricional e sensorial das preparações, bem como a aceitação das refeições por parte dos comensais. A avaliação é essencial para refinar o processo de planejamento e, consequentemente, assegurar que as metas sejam atingidas e a população-alvo beneficiada com a ingestão adequada de nutrientes[5,7,15,39].

A qualidade de uma dieta está vinculada à interação entre os nutrientes que a compõem. A avaliação pode ser atribuída ao cálculo de índices dietéticos (qualidade do alimento e de interação nutriente-nutriente); o grau de aceitação das refeições e pelo método de Avaliação Qualitativa das Preparações do Cardápio (AQPC). O método AQPC consiste numa avaliação detalhada do cardápio em parâmetros que irão definir se os cardápios se encontram repetitivos em termos de preparações, se há um consumo exacerbado do valor calórico, se têm apresentação agradável e atraente, método de cocção empregado, entre outros[40,41,42].

A análise da composição nutricional pode ser detectada por diferentes formas: análise laboratorial da composição química; cálculo segundo utilização de tabelas de composição química de alimentos; comparação com parâmetros de grupos de alimentos preconizados em guias alimentares (leite e substitutos, carnes, cereais, frutas e hortaliças); quantidade de diferentes gêneros alimentícios presentes na dieta. Procura-se estabelecer índices dietéticos que possam servir de instrumento para a análise da qualidade da dieta, tais como: Ingestão Adequada de Nutrientes (AI); Índice de Qualidade do Alimento (IQA); Índice de Interação entre Nutrientes (NDPcal%) e Índice de Rejeição ou Resto-Ingestão (RI)[40,41,42].

O IQA pode expressar a qualidade de uma dieta ou de um alimento em particular em relação a qualquer nutriente. Qualquer nutriente que apresente um IQA ≥ 1 será adequado para satisfazer as necessidades de um determinado grupo, quando a dieta ou o alimento atenderem aos requerimentos energéticos. Desde que o denominador da equação seja uma recomendação de nutrientes, o IQA informará sobre o potencial nutricional de dietas para grupos de indivíduos classificados segundo a idade, estado fisiológico, atividade física, entre outros. É expresso pela seguinte equação:

$$IQA = \frac{\text{Quantidade do nutriente por Kcal da dieta oferecida}}{\text{Recomendação diária do nutriente por Kcal}}$$

O Índice de Interação entre Nutrientes (NDPcal%) deverá estar entre 6% e 10%, avaliado por meio do cálculo com a seguinte fórmula:

$$NDPcal\% = \frac{NPU \times 4}{VCT} \times 100 \text{ ou } \frac{NPCal}{VCT} \times 100$$

Onde:

- VCT = Valor Calórico Total;
- NPU = utilização proteica líquida (UPL), o cálculo se dá por calcular em gramas a quantidade de proteína ingerida e separar as de origem animal; as de origem de leguminosa; as de origem de cereais. A cada tipo de fonte proteica será aplicado o seguinte fator de correção: proteínas de origem animal = 0,7; proteínas de leguminosas = 0,6; proteínas de cereais = 0,5. Assim, para obtenção da utilização proteica líquida, basta multiplicar a quantidade de proteína de cada fonte pelo fator de correção correspondente.
- Após soma do NPU total da dieta em gramas, pode ser calculado o NDPCal – multiplicando-se NPU por 4, que é o valor da Kcal da proteína.

Fórmula:
NDPCal = NPU x 4

228

A avaliação de aceitação das refeições pode ser realizada de forma direta (por Questionário de Preferências) ou indireta (avaliação do índice de rejeição ou Resto-Ingestão). Nesse último caso, utiliza-se das informações de peso da refeição distribuída, peso das sobras (correspondem aos alimentos produzidos e não distribuídos) e o peso dos restos (alimentos distribuídos e não consumidos). O RI é utilizado para avaliar o consumo real da refeição, correspondendo à razão percentual entre o peso do rejeito e o da preparação distribuída[41,42,43].

São aceitáveis, como percentual de resto-ingestão, taxas inferiores a 10%. Há serviços que conseguem taxas inferiores ao preconizado pela literatura, perfazendo valores entre 4 e 7%. Quando o resultado apresenta-se acima de 10% em coletividades sadias e 20% em enfermas, pressupõe-se que os cardápios estão inadequados ou por serem mal planejados ou mal executados. No entanto é importante, segundo alguns autores, que o restaurante deverá medir as sobras ao longo do tempo e estabelecer um parâmetro próprio para a unidade.

A quantidade de sobras traz parâmetros para indicar: eficiência de planejamento; falhas na determinação do número de refeições; falhas de porcionamento; preparações incompatíveis com padrão da clientela ou com hábitos alimentares; má aparência ou apresentação dos alimentos.

Fórmulas:

- Peso Refeição Distribuída (PRD) = Peso Total Produzido – Peso Sobras
- % sobras = (Peso total produzido – quantidade servida) x100

  Peso Total produzido
- Índice de Resto (IR) = Peso da Refeição Rejeitada (PR) x 100 (((desconfigurou. Colocar

---

Atenção: a fórmula desconfigurou. Colocar na mesma linha: IR=------ x 100 . Acima , Peso total produzido e abaixo, Peso da refeição rejeitada

FICHA TÉCNICA DE PREPARAÇÃO (FTP)

As fichas técnicas de preparação, quando bem desenvolvidas, fornecem informações e instruções claras, que orientarão a forma e o uso dos produtos, equipamentos e utensílios no processo de elaboração. A FTP registra todos os recursos necessários para execução da preparação, desde matérias-primas e suas eventuais alterações no decorrer do processo, composição nutricional, custos, até equipamentos e utensílios adequados[28].

Com a FTP, é possível obter também os seguintes dados: per capita, fator de correção e cocção, composição em macro e micronutrientes da preparação, o rendimento e o número de porções desta. A definição de fatores de correção das preparações facilita o planejamento e a confecção da lista de compras e efetivas aquisições aleatórias que elevam custos. Os fatores de correção também são importantes formas de avaliar a necessidade de treinamento para os funcionários e de controlar o desperdício na unidade[32,34,35,36].

A FTP permite combinar itens, respeitando as distintas determinações nutricionais, sensoriais, operacionais e financeiras do estabelecimento. A descrição dos equipamentos utilizados no processo ajuda no planejamento do cardápio, possibilitando a execução de preparações adequadas aos equipamentos, pessoal e tempo disponíveis. Como cada ficha possui a composição nutricional da preparação, é possível combiná-las de tal forma que se obtenha um cardápio equilibrado e balanceado, e também garante que determinada preparação tenha sempre o mesmo aspecto físico e sensorial. Instrumento que pode direcionar a seleção das preparações a serem servidas no cardápio, uma vez que se caracteriza como um importante instrumento de controle, tanto dos aspectos nutricionais quanto administrativos, devendo ser utilizada em todas as UANs para cada preparação. A partir da FTP, é possível estimar os nutrientes presentes na receita e, consequentemente, modificar possíveis desequilíbrios, provenientes ou da escolha das preparações ou das técnicas de cocção. Sua implementação beneficia todas as categorias envolvidas no processo de produção: promove o aperfeiçoamento dos funcionários e, principalmente, na medida em que nos permite controlar o valor energético total e os nutrientes, promove a melhoria da saúde da população atendida[35,37].

A FTP é um instrumento gerencial de apoio operacional, pelo qual se fazem o levantamento dos custos, a ordenação do preparo e o cálculo do valor nutricional da preparação, sendo, portanto, útil para subsidiar o planejamento de cardápio. É também uma ferramenta de controle dos gêneros e cálculo do cardápio, na qual aparecem discriminados todos os ingredientes e os tipos de equipamentos a serem utilizados, são descritas todas as etapas e o tempo do processamento, bem como a ordem e as quantidades dos gêneros, além do detalhamento da técnica de preparo para cada uma das seleções[34].

Consta na Ficha Técnica de preparo o tempo total de preparo, incluindo o pré-preparo e o preparo, que, por ser um indicador indireto da complexidade da preparação, permite avaliar se a unidade dispõe de tempo hábil para a execução desta. Também pode conter formas de preparo, tempo de preparo, análise nutricional da receita, características organolépticas. A forma verbal recomendada na FTP é o infinitivo (cortar) ou terceira pessoa (corte), que permite uma abordagem impessoal[34].

Não possui uma estrutura rígida, pode conter mais ou menos indicadores culinários e de custos da preparação de acordo com o interesse gerencial. A composição da ficha técnica deve se adequar conforme a necessidade e o perfil de cada local. O modelo mais usado é o da ficha única, na qual constam medidas e custos de cada ingrediente, modo de preparo, rendimento e custo final do prato. O ideal seria usar três tipos diferentes de ficha dentro do estabelecimento: receita, custos e produtos.

Em sua estrutura mais comumente utilizada, traz: nome da preparação; listagem detalhada dos ingredientes, que permite a separação prévia de todos os alimentos a serem utilizados; descrição das quantidades, em medidas caseiras ou padronizadas e em gramas, para facilitar a mensuração dos ingredientes; descrição detalhada do modo de preparo, a fim de facilitar o entendimento da receita; tempo de pré-preparo e preparo da receita; temperatura de cozimento e rendimento da receita (em número de porções); informações sobre o custo (total e por porção) e valor nutritivo da preparação[35,36].

FICHA TÉCNICA DE PREPARAÇÃO DE ALIMENTOS

NOME DA PREPARAÇÃO:							Nº DE COMENSAIS:		
							CUSTO TOTAL: R$		
Alimentos	Medida caseira	PB Total (g/ml)	FC	PL Total (g/ml)	PB *per capita* (g/ml)	PL *per capita* (g/ml)	R$ Unitário (R$ COMPRA E UNIDADE DE COMPRA)	R$ Parcial (R$ PARA A QTDE USADA RECEITA)	R$ PC
							Custo PER CAPITA – R$		

TÉCNICAS DE PREPARO

1.
2.
3.
Tempo de Pré-preparo:
Tempo de preparo c/ cocção:
Tempo de preparo s/ cocção:
Tempo total:

CÁLCULO NUTRICIONAL

ALIMENTOS	PC (Liq/g)	HC (g)	PROT (g)	GORD TOTAIS (g)
TOTAIS (g)				
TOTAIS (kcal)				

VET :

FOTO PREPARAÇÃO

QUADRO DE ANÁLISE DE VALORES ENCONTRADOS

NUTRIENTES	%	Kcal	gramas
HC			
PROTEÍNA			
GORDURAS TOTAIS			

100%

CARACTERÍSTICAS ORGANOLÉPTICAS OBSERVADAS

APRESENTAÇÃO	
CONSISTÊNCIA	
SABOR	
TEMPERATURA (ºC)	

Figura 1 – Exemplo ficha técnica de preparo (FTP)

Fonte: Autora

4. Receituário padrão

O Receituário Padrão, também denominado como "Manual de Receitas", permite unir todas as fichas técnicas utilizadas na unidade. Juntamente com a FTP, todo Serviço de Alimentação deve ter um Receituário, em que estarão descritas as receitas padronizadas e adequadas às necessidades da população. Deve ser mantido em local de fácil acesso aos funcionários para consultarem sempre que necessário[34,35].

O Serviço de Alimentação tem o dever de servir uma alimentação saudável para o público por ela atendido, pois o alimento tem, portanto, um importante papel na manutenção de boa saúde. O receituário precisa conciliar a nutrição e a gastronomia no preparo das refeições. O receituário, a partir das informações do processo de preparo detalhadamente descritas, proporciona padrão de preparo e apresentação das preparações. Assim, mesmo que tenhamos diferentes pessoas preparando a refeição, o estabelecimento serve um alimento que proporcione sabor, aparência e equilíbrio nutricional padronizados, mantendo a qualidade do serviço[6,7,15].

O mercado de produção de refeições não admite o empirismo, cada vez mais se trabalha com padrão rígido de fiscalização nos custos. O receituário padrão é um dos principais instrumentos de controle, pois permite estabelecer uma programação de custos e manter um percentual para cada componente do cardápio, favorecendo o gerenciamento dos recursos[4,5].

É importante enfatizar também que a criação do receituário padrão não deve ser considerada a finalização do processo. É necessário haver constantes atualizações e inclusões de novas receitas para que seja possível atender, de forma satisfatória, à crescente tendência do mercado de exigir qualidade total, afinal, não é a partir de uma única receita ou de um grupo destas que se tem um receituário padrão finalizado[15,24,28].

5. Indicadores de controle gerencial e culinários[34,35,36]

5.1 Peso Bruto (PB): é o volume de matéria-prima (ingrediente) a ser requisitada para compra no preparo de um prato ou produto. É a matéria-prima bruta adquirida junto aos fornecedores antes de ser submetida às operações preliminares para sua preparação.

5.2 Peso Líquido (PL): Peso do alimento depois de tratado, parte que pode ser utilizada para a preparação.

$$FCG = \frac{\text{Peso alimento adquirido}}{\text{Peso alimento pronto para servir}}$$

Fórmula:

5.3 Fator de Correção Global dos Alimentos (FCG) = Diferença entre o peso do alimentos in natura e o peso do alimento pronto para servir ao usuário; o FCG é composto pela relação entre Fator de Correção (FC) e Índice de Cocção (IC).

5.4 Fator de correção (FC): é decorrente da relação entre peso bruto (PB) e peso líquido (PL), é a perda que ocorre entre o alimento adquirido e:

a. Alimento após o pré-preparo e pronto para servir – refere-se às perdas inevitáveis que sofrem alguns alimentos, como cascas, sementes, talos etc. (saladas cruas e frutas);

b. Alimento após o pré-preparo e pronto para passar para o processo de cocção (carnes e guarnições).

O FC muda de acordo com o alimento utilizado, a quantidade de casca e polpa retirada, técnicas utilizadas no pré-preparo e preparo, habilidade do operador e apresentação. É importante salientar que é diretamente proporcional ao tempo decorrido após a colheita e a oferta, ou seja, quanto mais recente a colheita, mais íntegro o alimento e, consequentemente, menor a perda por partes amassadas, machucadas ou estragadas.

Esse valor também pode variar dependendo do que se deseja obter do produto. No caso do brócolis, pode ser utilizado só o buquê ou com o talo e as folhas juntos, e isso interferirá no FC. O tipo de utensílio utilizado também pode interferir. Utilizar o descascador significa retirar apenas a fina camada de casca da cenoura ou do chuchu, por exemplo. Com a faca, há um desperdício maior, já que partes do legume são cortadas junto com a casca, aumentando o Fator de Correção. Então, é sempre válido considerar qual o instrumento correto para cada tipo de trabalho a ser feito.

Pela variação que esses valores podem ter (por causa da origem do alimento, fornecedor, grau de maturação e forma de preparo), é recomendado que cada UAN tenha sua própria lista de fatores. Se for adotada uma lista pronta, é necessário saber como os valores foram obtidos.

Fórmulas:

$$FC = \frac{PB}{PL} \qquad PB = PL \times FC \qquad PL = \frac{PB}{FC}$$

5.5 Índice de Cocção (IC) ou Fator de Rendimento (FR): Leva em conta as mudanças que os alimentos sofrem de acordo com o modo de preparo. Se o alimento foi congelado, descongelado, se foi cozido ou assado, se perdeu ou ganhou água. O tipo de calor, utensílio e equipamento também alteram o índice de cocção.

São fatores determinantes do índice de cocção:

a. Método de preparo;

b. Tempo e temperatura de cocção;

c. Grau de subdivisão.

OBS.: em preparações em que a água entra como hidratante dos alimentos, ela não é contabilizada no cálculo do FCG.

O IC é imprescindível para:

a. Definir a quantidade de alimento in natura a ser comprado, considerando o que será perdido ao longo da produção;

b. Comparar preços de alimentos in natura e alimentos adquiridos prontos para servir;

c. Definir a quantidade de alimentos que será servida ao usuário, com base no peso in natura.

d. Caracterizar perda com Degelo: carne bovina, suína e frango perdem em média 5% no degelo, e peixe, 10%;

e. Qualificar o Armazenamento: quando inadequado, perdas como folhas amareladas e queimadas pelo frio, partes estragadas;

f. Perdas no Pré-preparo: considerar as retiradas de gorduras, sebos, peles, ossos, nervos, talos, cascas, sementes, folhas e partes estragadas;

g. Perdas na Cocção: considerar as perdas por forma de cocção (assar, grelhar ou fritar);

h. Perda da parte Óssea: só considerar como perda se a preparação servida for consumida sem eles.

Fórmula:

$$IC = \frac{\text{Peso Cozido}}{\text{Peso cru e Limpo}}$$

- Interpretação do I.C./FR

IC < 1 – perda na cocção

Exemplo de cálculo: Suponhamos que devam ser servidas 200g de carne nobre ao cliente por um restaurante. Se o Índice de Cocção (IC) já é conhecido para o preparo almejado, sendo de 0,65 para a carne ao ponto, logo, para ter porção de 200g para servir ao cliente, é necessário fazer a seguinte conta e comprar conforme o resultado:

IC = PC / PL

0,65 = 200 / PL

PL = 200 / 0,65 = PL 307,69g

5.6 Per Capita (PC) = É a quantidade de cada alimento a ser oferecido por pessoa para uma preparação ou cardápio, ou seja, é a quantidade necessária a atender uma pessoa. Geralmente se refere ao peso líquido da preparação. O per capita será calculado de acordo com a clientela, valores nutricionais determinados e tipo de preparação. Além de garantir o equilíbrio dos cardápios, orienta na previsão de compras e requisições.

- **Exemplo de Previsão de compras de alimentos in natura**

Quantidade de Compras = Quantidade *PC* in natura X n.º de usuários

Ex: UAN que fornece 500 refeições/dia;

Per capita de peito de frango in natura: 200 g;

Previsão de compra: 200g x 500 refeições = 100kg

- **Exemplo de Previsão de Compra de Alimento in natura com base na quantidade de per capita de alimentos *prontos e FCG***

Quantidade *PC* in natura = Quantidade *PC* do alimento pronto X FCG

Ex: Quantidade de refeições/dia: 500

Consumo per capita de peito de frango pronto para servir: 150 g

FCG na UAN: 1,9355

Quantidade per capita do alimento in natura= 290,32g

Previsão de compras = 145kg

5.7 Porção: quantidade de alimento pronto para o consumo por pessoa. Considerar as mudanças físico-químicas dos alimentos no processo de cocção e manipulação. A quantidade de ingredientes utilizados no preparo de uma receita pode gerar mais de uma porção. Assim, podem-se desenvolver fichas técnicas para uma porção ou várias porções. A ficha técnica já pode estar desenvolvida com quantidades da receita para o número total de clientes atendidos usualmente pela UAN.

5.8 Indicador de Reidratação (IR): utilizado para cereais e leguminosas que precisam ser deixadas de molho antes de serem preparadas. Quanto *maior* o tempo de molho, *menor* o tempo de preparação. A absorção de água pelo alimento pode nos mostrar se ele está velho ou novo, isso porque, com o passar do tempo, o alimento absorve cada vez menos água. Assim, também auxilia a avaliar o fornecedor.

Considerando o peso do alimento reidratado, após o remolho (Pr), e o peso do alimento seco, que é o mesmo que peso líquido (PL):

$$\text{Fórmula:}$$
$$IR = \frac{\text{Peso remolho}}{\text{Peso Limpo}}$$

Exemplo de cálculo: Peso inicial do feijão (alimento seco): 200g
Peso após 20 minutos de remolho em água fervida (reidratado): 349,05g
IR= 349,05g/200g = 1,74

5.9 Indicador de Absorção (IA): também utilizado sobre cereais e leguminosas, mas esse indicador também serve para os demais alimentos. Ele mede o grau de absorção de água do alimento depois do cozimento. Também pode ser usado para ver o rendimento, junto com o índice de reidratação. Essa informação auxilia no planejamento de cardápios e previsão de compra de ingredientes.

A conta é parecida com o Índice de Cocção, porém, nesse caso, temos o peso do alimento cozido sem caldo (Pc) e o peso do alimento antes de cozinhar, tendo ele passado pelo remolho ou não (Pr ou PL).

$$\text{Fórmula:}$$
$$IA = \frac{\text{Peso Cozido sem caldo}}{\text{Peso remolho ou Limpo}}$$

Exemplo de cálculo: Peso inicial do feijão (alimento seco): 200g
Peso após 20 minutos de cocção: 491,5g
Quantidade de água: 1 L

IA= 491,5g/200g = 2,4

- O peso do feijão, desconsiderando o caldo, após a hidratação e cocção, aumentou em 2,5 vezes, aproximadamente.

5.10 Desperdício: Para determinação do percentual de desperdício, são necessários o peso bruto (PB) e o peso líquido (PL) do alimento. Importante para gerenciamento de custos na unidade. É a avaliação do FC obtido na unidade.

Fórmula:

$$\text{Desperdício (\%)} = \frac{(PB - PL) \times 100}{PB}$$

Exemplo de cálculo: Peso inicial da batata (alimento com casca): 2000g

Peso após descascar: 1860g

FC = 1,07

%D = (2000-1900) x 100 / 2000

%D = 5%

5.11 Custos: Periodicamente, deve-se fazer um levantamento do custo de cada produto (ingrediente) na produção.

- **Custo Unitário (CU) ou Valor Unitário (VU) ou Preço Aparente (PA):** é o valor de custo de cada produto na forma que está disponível no mercado. Pode ser apresentado em: gramas (quando o produto é vendido em kg); mililitros ou litro (quando líquido); ou unidade (quando o produto é vendido por molho, unidade ou dúzia).
  Exemplo: Leite R$3,00/litro; Ovos R$ 4,80/dúzia;

- **Custo Bruto (CB) ou Custo Total de Ingrediente ou Preço Real (PR):** é o custo da quantidade bruta de cada ingrediente da ficha técnica, o preço correspondente à parte que consumimos do alimento. Exemplo: 1. Se o quilo da carne custar R$ 10,00 e forem utilizadas 300g no preparo, teremos:

Custo bruto = Custo unitário x quantidade bruta
CB = R$ 10,00 x 0,300 Kg = R$ 3,00

- **Valor Total da Ficha Técnica de Preparação (VT):** é o somatório do custo bruto de todos os ingredientes.

VT = Σ do CB de todos os ingredientes

- **Custo da Porção (CP):** é o valor ou custo de cada prato que a receita rende, ou seja, o custo total do preparo da ficha técnica dividido pelo número de porções indicadas no "N.º de porções". Será considerado como o custo da mercadoria que será vendida (CMV).

Custo da porção = VT da FTP ÷ N.º de Porções

CP = R$ 10,00 ÷2 = R$ 5,00

- **Percentual de Participação (%P):** é o valor de cada matéria-prima utilizada no preparo em relação ao total da ficha técnica. Detecta quais itens possuem maior influência e com que percentual.

% de participação = custo bruto do ingrediente ÷ valor total da ficha técnica

---

Exemplo de Cálculo do Fator de Correção Global (FCG)

Considere os dados: Produto: peito de frango congelado com osso

Preparação: filé de frango grelhado

Quantidade comprada: 90 kg

Total de perdas: 4,5 kg de perda de degelo

25 kg de perda com pele e osso

14 kg de perda ao grelhar

Cálculo do FCG =

1. Definir o TOTAL DE PERDAS e o PERCENTUAL DE PERDAS do peito de frango:

TOTAL DE PERDAS: perda no degelo + perda no pré-preparo + perda na cocção

TOTAL DE PERDAS: 4,5 + 25 + 14 = 43,5 Kg

PERCENTUAL DE PERDAS: 43,5 X 100 / 90 = 51,66%

2. Definir a QUANTIDADE DO ALIMENTO PRONTO PARA SERVIR:

Quantidade comprada – total de perdas = 46,5 Kg

3. Definir o FATOR DE CORREÇÃO GLOBAL (FCG):

FGC = peso alimento adquirido / peso do alimento pronto para servir

FCG = 90 /46,5 = 1,93

Observação 1 = Quando conhecemos FC, FCG e Fator de Cocção, é possível definir a QUANTIDADE A SER COMPRADA de alimento.

Qtd a comprar = Qtd do alimento pronto para servir X FCG

Observação 2 = *IMPORTANTE*: adquirir em torno de 10% a mais como reserva, tendo em vista várias causas que podem alterar o FCG, tais como: tempo e temperatura de cocção, excesso de limpeza das carnes, qualidade da mercadoria recebida etc.

Referências

1. ABREU, E. S. de; SPINELLI, M. G. N.; ZANARDI, A. M. P. *Gestão de unidades de alimentação e nutrição* – um modo de fazer. 3. ed. São Paulo: Metha, 342p, 2009.

2. ARAÚJO, W. M. *et al. Alquimia Dos Alimentos*. Brasília: Senac – DF, 2011.

3. GARCIA, R. W. D. Reflexos da globalização na cultura alimentar: considerações sobre as mudanças na alimentação urbana. *Rev. Nutr.*, v. 16, n. 4, p. 483-492, 2003.

4. PROENÇA, R. P. da C. Alimentação e globalização: algumas reflexões. *Cienc. Cult.*, v. 62, n. 4, p. 43-47, 2010.

5. FERNANDEZ-ARMESTO, F. *Comida*: Uma Historia. Rio de Janeiro: Record, 2004. p. 364. 2004.

6. GINANI, V. C.; PINELI, L. A Estética Do Gosto. *In*: ARAÚJO, W. M. C. *et al. Alquimia dos alimentos*. 2. ed. Brasília: Senac, 2011. p. 57-78.

7. BLEIL, S. I. O Padrão Alimentar Ocidental: Considerações sobre a mudança de hábitos no Brasil. *Cadernos de Debate*, Campinas, v. 6, p. 1-25, 1998.

8. ANTUNES, M. T.; HOPPEN, C. Como Promover a Saúde Através da Alimentação. *In*: DORNELES, Beatriz; COSTA, Gilberto José Corrêa da (org.). *Investindo no Envelhecimento Saudável*. v. 1. Porto Alegre: EDIPUCRS, 2003. p. 211-228.

9. CFN – Conselho Federal de Nutricionista. *Resolução CFN nº 380/05*. Dispõe sobre definição das áreas de atuação do nutricionista e suas atribuições, estabelecem parâmetros numéricos de referência, por área de atuação e dá outras providências. Inserção profissional dos nutricionistas no Brasil. CFN, gestão 2003-2006, Brasília, DF, 2006. Disponível em: http://www.cfn.org.br/novosite/pdf/res/2005/res380.pdf. Acesso em: 17 mar. 2016.

10. GINANI, V. C. *et al.* Reducing fat content of brazilian traditional preparations does not alter food acceptance development of a model for fat reduction that conciliates health and culture. *Journal Of Culinary Science & Technology*, v. 8:4, p. 229-241, 2010.

11. IOM – Institute of Medicine. *Dietary Reference Intakes*. Applications In Dietary Assessment. Washington, DC: National Academy Press, 2000.

12. ABERC – Associação Brasileira das Empresas de Refeições Coletivas. *Manual aberc de práticas de elaboração e serviço de refeições para coletividades*. 8. ed. São Paulo: Aberc, 2009. p. 221.

13. TEIXEIRA, S. M. F. G.; OLIVEIRA, Z. M. G. de; REGO, J. C. do; BISCONTINI, T. M. B. *Administração aplicada às unidades de alimentação e nutrição*. Rio De Janeiro: Atheneu, 2003. p. 219.

14. ALVES, F. S. *A Organização da Produção de Unidades de Alimentação*. Dissertação (Mestrado em Administração) – Universidade Federal de Santa Catarina. Florianópolis, 2005.

15. Kimura, A. Y. *Planejamento e administração de custos em restaurantes industriais*. São Paulo: Varela, 2003.

16. KINTON, R.; CESERANI, V.; FOSKETT, D. *Enciclopédia de Serviços de Alimentação*. São Paulo: Varela, 1999. p. 703.

17. MAGNEÉ, H. *Administração Simplificada para pequenos e médios restaurantes*. São Paulo: Livraria Varela, 2005.

18. MANZALLI, P. V. *Manual para Serviços de Alimentação* – Implementação, Boas Práticas, Qualidade e Saúde. Metha, 2006. p. 193.

19. MARICATO, P. *Como montar e administrar bares e restaurantes*. 3. ed. São Paulo: Senac, 2001.

20. OLIVEIRA, N. F. W. *Alimentação Institucional*: uma visão moderna. São Paulo: Passos, 2007.

21. WHO. World Health Organization. *Cinco Chaves para uma alimentação mais segura*: Manual. Tradução: Instituto Nacional de Saúde; Dr. Ricardo Jorge. Portugal, 2006. p. 28.

22. WHO. World Health Organization. Global Strategy on diet, physical activity and health. *Food Nutr. Bull.*, v. 25(3), p. 292-302, 2004.

23. PROENÇA, R. P. C. *Inovações tecnológicas na produção de alimentação coletiva*. 3. ed. Florianópolis: Insular, 2009.

24. VAZ, C. S. *Alimentação de coletividade*: uma abordagem gerencial – Manual prático do gestor de serviços de refeições coletivas. Brasília, 2002. p. 208.

25. VAZ, C. S. *Restaurantes controlando custos e aumentando lucros*. Brasília: LGE; 2006.

26. VIEIRA, M. N. C. M.; JAPUR, C. C. *Gestão de qualidade na produção de refeições*. Rio de Janeiro: Guanabara Koogan, 2012. p. 294.

27. SILVA, S. M. C. S.; BERNARDES, S. M. *Cardápio*: guia prático para a elaboração. 2. ed. São Paulo: Roca, 2008.

28. ZANELLA, L. C. *Instalação e administração de restaurantes*. São Paulo: Metha, 2007.

29. FILHO, A. R. A. S. *Manual Básico para Planejamento e Projeto de Restaurantes e Cozinhas Industriais*. São Paulo: Livraria Varela, 1996.

30. CATES, S. C. *et al*. Gestão de pessoas em unidades produtoras de refeições comerciais e a segurança alimentar. *Rev. Nutr.*, v. 20, n. 6, p. 657-667, 2007.

31. OBBAGY, J. E.; CONDRASKY, M. D. *et al*. Chefs' opinions about reducing the calorie content of menu items in restaurants. *Obesity* (Silver Spring), v. 19(2), p. 332-337, Feb. 2011.

32. MACHADO, F. M. S.; SIMÕES, A. N. Análise custo-efetividade e índice de qualidade da refeição aplicados à estratégia global da OMS. *Revista De Saúde Pública*, São Paulo, v. 42, n. 1, p. 21-26, fev. 2008.

33. MEZOMO, I. F. B. *Os Serviços de Alimentação* – Planejamento e Administração. 5. ed. São Paulo: Manole, 2002. p. 413.

34. ABREU, E. S.; SPINELLI, M. G. N.; ZANARDI, A. M. P. Planejamento de cardápio e receituário padrão. *In*: Gestão de unidade de alimentação e nutrição: um modo de fazer. 2. ed. São Paulo: Metha, 2003. p. 77-85.

35. AKUTSU, R. C.; BOTELHO, R. A.; CAMARGO, E. B.; SÁVIO, K. E. O.; ARAÚJO, W. C. A ficha técnica de preparação como instrumento de qualidade na produção de refeições. *Revista de nutrição*, Campinas, v. 18, n. 3, p. 277-279, 2005.

36. DOMENE, S. M. A. *Técnica Dietética*: teoria e aplicações. Rio de Janeiro: Guanabara Koogan, 2011. p. 249.

37. BOTELHO, R. B. A.; CAMARGO, E. *Técnica Dietética* - pré-preparo e preparo de alimentos. São Paulo: Atheneu, 2012.

38. RIBEIRO, C. S. G. *Análise de perdas em unidades de alimentação e nutrição (UANs) industriais*: Estudo de caso em restaurantes industriais. Dissertação (Mestrado em Engenharia da Produção) – UFSC, Florianópolis, 2002.

39. SAELENS, B. E.; GLANZ, K.; SALLIS, J. F.; FRANK, L. D. Nutrition Environment Measures Study in Restaurants (NEMS-R): Development and Evaluation. *American JournalofPreventive Medicine*, 32(4), p. 273-281, 2007.

40. GANDRA, Y. R.; GAMBARDELLA, A. M. D. *Avaliação de serviços de nutrição e alimentação*. São Paulo: Sarvier, 1983.

41. MATTOS, P. F. Avaliação da adequação do almoço de uma unidade de alimentação e nutrição (uan) ao programa de alimentação do trabalhador (PAT). *Caderno UniFOA*, 7. ed., p. 54-59, 2008.

42. PROENÇA, R. P. C. *et al. Qualidade nutricional e sensorial na produção de refeições*. Florianópolis, Ed. UFSC, 2005. p. 221.

43. RIBEIRO, S. *Gestão e procedimentos para atingir qualidade* – ferramentas em unidades de alimentação e nutrição – UAN's. São Paulo: Varela, 2005. p. 96.

CAPÍTULO 15

PLANEJAMENTO DE REFEIÇÃO PARA PACIENTES HOSPITALIZADOS

Karen Freitas Bittencourt
Maria Terezinha Antunes
Raquel Milani El Kik

Necessidades nutricionais dos usuários, equipe, equipamentos e utensílios, avaliação sensorial, cardápios, receituário padrão, ficha técnica de preparo, per capita, desperdício, distribuição de refeições, pesquisa de satisfação.

1. Introdução

A internação hospitalar caracteriza-se como uma ruptura dos hábitos e o cotidiano dos pacientes, que precisam adaptar-se às normas do hospital, revelando, possivelmente, falta de identificação da alimentação hospitalar com a sua história alimentar.[1]

A aceitação das refeições hospitalares é baixa, uma vez que a dieta, na percepção do paciente, tem função primordialmente terapêutica. A alimentação representa uma função importante na manutenção e recuperação da saúde dos pacientes, que podem apresentar necessidades nutricionais específicas durante a internação hospitalar.[2] A organização de unidades de alimentação hospitalar brasileiras teve grande desenvolvimento nas últimas décadas, mediante a introdução da dietoterapia, com a participação de nutricionistas.[3]

A alimentação hospitalar é reconhecida por sua importância no tratamento aos pacientes, em conjunto com outros cuidados de saúde. Essa consideração é particularmente importante em função da prevalência de desnutrição intra-hospitalar, aliada ao aumento da expectativa de vida e às mudanças nos perfis de morbidade da população.[4] A desnutrição é considerada um sério problema entre pacientes hospitalizados, a qual leva a um aumento na morbimortalidade.[1]

As refeições hospitalares devem agregar qualidade nutricional e sanitária, garantindo também contemplar os aspectos psicossensoriais e simbólicos aos pacientes, pois a alimentação vai além do atendimento às necessidades fisiológicas. O fornecimento de alimentos de boa qualidade e aporte nutricional adequado é parte integrante da assistência terapêutica em um hospital. Otimizar o planejamento de cardápios, adaptando e melhorando a forma de apresentação das refeições, é passo vital para uma boa aceitação da dieta e redução do desperdício de alimentos.[5]

A área hospitalar demanda de nutricionistas habilitados em nutrição clínica e em gestão de unidades de alimentação hospitalar, pois compete a cada segmento responsabilidades específicas que, em conjunto, garantem a qualidade da assistência prestada.[6]

O conceito de hotelaria vem sendo incorporado à área hospitalar, fazendo com que a ideia de comida sem gosto seja transformada em coisa do passado, tratando o usuário cada vez mais como cliente e menos como paciente.[3]

Dessa forma, os serviços de alimentação devem buscar estratégias para que a alimentação hospitalar tenha maior aceitação pelo paciente.[4]

2. Necessidades nutricionais dos usuários

A dieta hospitalar deve oferecer composição nutricional adequada ao paciente, visando à manutenção ou recuperação do estado nutricional.[7]

O planejamento alimentar do paciente inicia na admissão hospitalar, quando ocorre a identificação e análise da prescrição dietoterápica realizada pelo profissional da equipe que realizou o atendimento. A apropriação das informações presentes no prontuário integra a coleta inicial dos dados relativos à história clínica do paciente.[8]

Para a efetivação do cuidado de nutrição, é necessário um conjunto de ações integradas entre os setores de produção de refeições e de nutrição clínica. No ambiente hospitalar, o nutricionista tem o objetivo de prover o cuidado de nutrição do paciente, segundo o nível de atendimento de nutrição.[9] Compete ao nutricionista a prescrição dietética como parte da assistência hospitalar e deve ser elaborada com base nas diretrizes estabelecidas na avaliação e no diagnóstico de nutrição.[10]

A definição dos diagnósticos de nutrição deve ser feita com base nos dados clínicos, bioquímicos, antropométricos e dietéticos, e a elaboração da prescrição dietética deve ser determinada com base nas diretrizes desse diagnóstico.[9] Para o planejamento da intervenção de nutrição, faz-se necessário definir os objetivos da intervenção para cada diagnóstico de nutrição, selecionar as estratégias e os métodos de intervenção e adequar as recomendações conforme as diretrizes e os consensos atualizados.[11]

A conduta nutricional deverá ser individualizada de acordo com o motivo da internação e a situação de cada paciente.[8]

Para o desenvolvimento prático do planejamento, é necessário definir o tipo de intervenção, como via de acesso, e considerar a adequação de macronutrientes e micronutrientes e o planejamento das refeições.[11]

Salienta-se a importância do registro da prescrição dietética e da evolução nutricional no prontuário, de acordo com protocolos preestabelecidos pelo serviço e aprovados pela instituição.[9]

Ainda, para a execução da intervenção de nutrição, é importante desenvolver o plano de nutrição em conjunto com o paciente (Manual Asbran), envolvendo-o em seu tratamento nutricional.[1]

A integralidade da atenção em unidades hospitalares preconiza que os profissionais envolvidos devem assegurar a maior autonomia possível ao longo do ciclo vital ao paciente. Trata-se de uma nova forma de pensar e fazer saúde diferenciada, que objetiva maior aproximação entre profissionais e assistidos.[12]

O estado nutricional do paciente hospitalizado é diretamente influenciado pela conduta nutricional implementada. Em geral, os pacientes não ingerem alimentação suficiente para atender às necessidades nutricionais durante a hospitalização.[4]

Além disso, o hospital muitas vezes é o local em que os comensais descarregam as suas emoções, por meio de grandes consumos de alimentos ou simplesmente desperdiçando-os, como uma forma de protesto para com a situação em que se encontra. A escolha do alimento a ser ingerido e a quantidade adequada das necessidades devem ser atitudes respeitadas.[5]

Observa-se a vulnerabilidade dos pacientes quando a qualidade no atendimento hospitalar baseia-se somente na eficiência técnico-científica, focalizando apenas as doenças e os procedimentos. Nesse sentido, o setor hospitalar, ambiente caracterizado pela alta tecnologia, tem se preocupado com elementos de avaliação sobre o tipo de atendimento prestado, destacando-se a necessidade de ações com ênfase no cuidado humanizado.[4]

Destaca-se ainda a importância do monitoramento nutricional, que tem como objetivo avaliar a resposta à intervenção nutricional, quando poderão ser redefinidos novos diagnósticos e objetivos.[11] O acompanhamento das refeições aos pacientes pelos profissionais torna-se uma estratégia de avaliação da aceitação e o consumo alimentar do paciente, sendo que os aspectos avaliados devem ser discutidos entre os nutricionistas das áreas clínica e da produção de refeições.

Apesar dos avanços que possibilitam ofertar uma dieta adequada, saudável e saborosa, a garantia da ingestão do plano alimentar calculado e desenvolvido pelo nutricionista pode apresentar algumas limitações ocasionadas pelos tabus relacionados com a comida hospitalar, que estigmatizam as refeições como pouco saborosas.[8]

3. Equipe

O cuidado no atendimento com responsabilidade e envolvimento afetivo, tanto dos copeiros ou atendentes de nutrição como dos nutricionistas, é considerado uma ação humanizada. O processo de humanização da assistência busca o reencontro entre o acolhimento e o diálogo, por permitir a abertura à escuta do outro, destacando a importância da dimensão dialógica do encontro. A educação permanente está relacionada à necessidade de formação da equipe, envolvendo a dimensão nutricional e sensorial e a organização do serviço.[4]

A formação da equipe é fundamental na atenção adequada aos pacientes hospitalizados, no estímulo alimentar e até mesmo no suporte para garantir que o paciente seja alimentado, sobretudo aqueles com mais dificuldade para o autocuidado.[1]

Nesse contexto, o dimensionamento de recursos humanos é um dos fatores que deve ser observado. Os colaboradores devem ser quantitativamente suficientes para produzir e distribuir adequadamente as refeições. Aspectos como tipo de hospital, número de leitos e de especialidades, estrutura física, disponibilidade de equipamentos, jornada de trabalho[7], número de funcionários do hospital e número de refeições diárias servidas devem ser considerados.[13]

4. Equipamentos e utensílios

A definição dos equipamentos essenciais para a produção de refeições hospitalares deve considerar o cardápio, a qualidade e a complexidade do serviço, a quantidade de refeições e a velocidade de atendimento.[3]

Para um porcionamento padronizado, adequado de acordo com as necessidades do paciente, é necessário que haja qualificação dos funcionários que realizam essa atividade, boa qualidade da matéria-prima e utensílios apropriados para cada tipo de preparação. O tamanho e a funcionalidade dos utensílios pode interferir no porcionamento correto.[2] Os utensílios devem ser padronizados para medirem as quantidades de determinados alimentos que serão utilizados para preparar e servir as refeições. Assim, para pesar os ingredientes secos como farinhas, açúcares e alimentos em pó, e os ingredientes líquidos, podem ser utilizadas xícaras, copos medidores e colheres.[14]

Os equipamentos e utensílios definem os tipos de preparações que poderão estar presentes no cardápio, permitindo a aplicação de técnicas gastronômicas e influenciando a apresentação final das preparações. Entre os equipamentos utilizados em serviços de alimentação hospitalar, destacam-se: balança digital, fogão, caldeirão, chapa/grelha/*char broiler*, fritadeira, liquidificador, batedeira, mix industrial, forno convencional, forno micro-ondas, forno a vapor, forno com cocção mista, sistema de exaustão, *Sous-vide, Cook and Chill*, descascador de legumes, processador de legumes, refrigeradores, freezers, câmaras frias, seladoras, descascador, centrífuga, espremedor de frutas, banho-maria, balcão térmico, mesa fria ou pista refrigerada, *pass through* aquecido, refrigerado ou neutro, lavadora de louças, triturador de lixo.

Entre os utensílios amplamente utilizados em cozinhas hospitalares, observam-se: colheres, garfos, copos, panelas, pratos, bandejas, recipientes plásticos, papéis de cozinha, jarra medidora, peneira, espátula angular, rolo de massa, batedor de claras, termômetro, tábuas de cortes coloridas de polipropileno ou de vidro, formas, conchas, facas coloridas, fatiador, escumadeira, boleador de manteiga, estilete, frigideira, espátulas, abridor de lata, tabuleiro, proveta, cuscuzeira, saco para confeitar, palitos, escorredor de massa.[3,14,15]

Além disso, diversos tipos de pratos podem ser utilizados para servir as refeições aos pacientes, a escolha dependerá do efeito esperado em relação à harmonia da preparação servida, à praticidade, à simplicidade e ao custo. Seguem alguns exemplos de pratos:

- **Prato raso redondo**: emoldura o alimento e oferece o espaço necessário para a apresentação. Também podem ser utilizadas as bordas para decoração e disposição dos alimentos.

- **Prato retangular ou oval**: indicado para sobremesas, utilizando também pequenos recipientes sobre ele, como elemento decorativo e complementar da receita.

- **Prato fundo, tigela ou sopeira**: opção para massas, sopas, feijões, purês, saladas e molhos.

- **Panelas pequenas**: podem ser utilizadas para servir porções individuais.

- **Xícaras**: adequadas para entradas, caldos ou sobremesas. Indicadas para alimentos de sabor intenso quando for servido em pequena quantidade.

- **Prato térmico**: mantém a temperatura da comida e algumas versões trazem divisórias.[15]

A apresentação da refeição é um dos fatores fundamentais que contribuem para a percepção negativa do paciente e para atitudes em relação às refeições de instituições hospitalares.[1]

A avaliação visual, observando cores, texturas, estimula o cliente/paciente a provar e desfrutar um prato, podendo também oportunizar a colocar em segundo plano a doença, os problemas e aborrecimentos, oferecendo prazer, alegria, relaxamento e satisfação. Na montagem de pratos, devem ser considerados o equilíbrio entre as cores, a harmonização das texturas, os sabores dos ingredientes e a adequação do tamanho da porção.[15] Fatores como consistência, sabor e temperatura do alimento, tamanho da porção, ambiente, necessidade de ajuda e de utensílios especiais para a alimentação, interferem diretamente no consumo alimentar de pacientes hospitalizados. Para estimular o consumo alimentar hospitalar, é necessário investir na qualidade e palatabilidade do alimento, na assessoria ao paciente, na adequação à prescrição dietética, nas etapas de recebimento, preparo, transporte, distribuição, porcionamento e apresentação da dieta hospitalar.[2]

5. Avaliação sensorial

A avaliação sensorial utiliza técnicas que são fundamentais para a percepção psicológica e fisiológica. A qualidade sensorial não é uma característica própria do alimento e sim o resultado da interação entre o alimento, o indivíduo, com suas características intrínsecas, como a aparência, sabor, textura, interagindo com as condições fisiológicas, psicológicas e sociológicas do indivíduo.[16]

A qualidade sensorial da alimentação é monitorada pela degustação das dietas e deve ser valorizada e implementada, tratando-se de uma responsabilidade da equipe.[1] Cozinhas experimentais que valorizam as técnicas dietéticas e gastronômicas, a realização de testes de degustação, investimento em pessoas para um atendimento mais qualificado, horários adaptáveis de refeições, para os pacientes, são meios para o estabelecimento de melhorias na qualidade técnica e sensorial da alimentação.[4]

6. Cardápios

O planejamento de cardápios, na área hospitalar, constitui-se em uma valiosa ferramenta, que pode proporcionar maior prazer relacionado às refeições e adesão dos pacientes ao seu tratamento nutricional.[2]

Cabe ao nutricionista da unidade de alimentação hospitalar o planejamento, elaboração e avaliação dos cardápios, adequando-os ao perfil epidemiológico da clientela atendida, respeitando os hábitos alimentares.[9]

A partir da identificação da prescrição dietética dos pacientes, a unidade de alimentação dá início ao processo complexo de produção das refeições.[8]

Os cardápios hospitalares podem apresentar um grande número de restrições, entretanto devemos ter em mente a importância do alimento como fonte de prazer e como facilitador para ajudar o paciente no processo de internação hospitalar. A técnica dietética, a gastronomia e a qualidade do serviço prestado são aliados nesse processo complexo.[17]

As refeições hospitalares devem ser elaboradas unindo-se os conceitos da gastronomia aos preceitos da Nutrição, de forma indissociada.[18]

O planejamento dos cardápios depende do perfil da instituição e do paciente e dos recursos humanos, materiais e financeiros disponíveis.[8]

Além disso, os cardápios hospitalares devem considerar a complexidade e o número de preparações, variedades de consistências, devido à diversidade de dietas que são necessárias para o atendimento de todos os pacientes. Entre as dietas hospitalares mais frequentes, destacam-se as líquidas, dieta para disfagia, pastosa, branda, normal, pobre em resíduos, rica em fibras, hipercalórica e hiperproteica, hipossódica, pobre em potássio, isenta de lactose, para doença celíaca, para diabetes mellitus, para dislipidemia, dieta para pacientes imunodeprimidos e cirurgia bariátrica.[19]

A maioria dos cardápios hospitalares apresenta limitações em sua estrutura, em função do utensílio principal no qual a refeição é oferecida, sendo na maioria das vezes um prato com três ou quatro divisórias, que comporta um prato principal, um acompanhamento e uma guarnição, sendo o feijão e a sopa oferecidos em utensílios separados, assim como a salada.

- **Entrada:** se estiver presente no cardápio, deve ser planejado o que será ofertado como pratos proteicos, vegetais, frutas, caldos ou sopas;
- **Prato principal**: deverá ser definido qual tipo de carne será utilizado como base da preparação;
- **Acompanhamentos:** deverá ser definido se será ofertada uma ou mais opções, como arroz branco ou arroz elaborado, e que tipos de leguminosas;
- **Guarnições**: é preciso definir quantas opções serão oferecidas, se serão à base de vegetais ou farinhas e os tipos de preparações;
- **Saladas:** deve-se definir se serão compostas por vegetais crus, cozidos ou folhosos e os tipos de preparações;
- **Sobremesas:** deve-se definir se será à base de frutas ou com receitas elaboradas;
- **Bebidas:** é preciso definir se será oferecido água ou sucos naturais ou concentrados.[8]

A padronização de um manual de dietas pode qualificar a assistência nutricional, racionalizar o serviço e reduzir seus custos, mas a flexibilização com a inclusão de opções nos cardápios de rotina deve estar contemplada no atendimento nutricional.[1]

Mapas de dietas são fundamentais, pois indicam a quantidade de pacientes e tipos de dietas prescritas. O sistema informatizado de prescrições possibilita uma síntese com dados referentes aos tipos de dietas que serão oferecidas para cada refeição, possibilitando uma estimativa quantitativa.

É recomendado padronizar o cardápio, iniciando o planejamento a partir da dieta de maior volume de produção que, geralmente, é a dieta normal e, a partir dela, fazer as adaptações para as dietas especiais. Para a dieta hipossódica, poderá ser ofertado o mesmo cardápio, produzindo as preparações sem a adição de sal, por exemplo, e garantindo a presença de alimentos pobres em sódio. Nesse caso, os temperos naturais devem ser bem aplicados às preparações, garantindo uma melhor palatabilidade da dieta. Entre vantagens importantes desse processo, estão a redução da quantidade de itens de gêneros a serem cotados, orçados e adquiridos e a redução do processo de produção da refeição com a otimização da produtividade do trabalho da equipe.[8]

Para evitar a monotonia alimentar, é fundamental que os pratos que compõem os cardápios sejam diversificados quanto aos ingredientes, técnicas de preparo e apresentação. O planejamento dos cardápios deve ser previsto para um período específico, que pode ser semanal, quinzenal, mensal, de acordo com as características dos pacientes, considerando tempo médio de internação do hospital. Essa modalidade é possível nos hospitais, uma vez que os pacientes são transitórios.[8]

Ainda, a possibilidade de fazer adaptações individualizadas aos pacientes, com atendimento a pedidos especiais, troca do horário da refeição e escolha de um alimento de preferência, além de aumentar o grau de satisfação, pode potencializar a aceitação das dietas hospitalares.[4]

7. Receituário padrão

O receituário padrão é uma ferramenta que desencadeia o processo de compras, que norteia toda a logística de prever e prover os gêneros a serem produzidos e a ordem de produção, que determina toda a produção propriamente dita. As receitas que compõem o receituário padrão devem ser definidas a partir da sua composição nutricional, integrando a área da nutrição clínica nesse processo. Somente deverão ser incluídas receitas preparadas, testadas, degustadas e adaptadas para cada realidade. A diversidade das receitas que o compõem pode evitar a monotonia alimentar. A organização do receituário padrão deve ser adaptada a cada realidade, sugerindo-se um sistema de classificação de fácil entendimento. O receituário padrão também é considerado um patrimônio institucional.[8]

8. Ficha técnica de preparo

A variabilidade no processo de produção e porcionamento das refeições podem acarretar perdas na qualidade nutricional e aumento do desperdício de alimentos.[20] A ficha técnica de preparação é uma ferramenta que facilita o controle do processo em diversas etapas, como armazenamento de alimentos e elaboração de preparações[21], sendo considerada como principal instrumento de avaliação do trabalho para padronizar receitas que integram os cardápios.[22] Além disso, são importante fonte de informações sobre a composição nutricional das preparações.[23]

9. Quantidades Per Capita

O planejamento das quantidades per capita das preparações é complexo e deve contemplar as necessidades nutricionais do comensal, considerando também seus aspectos socioculturais e religiosos. A provisão do valor calórico de um dia é distribuído de acordo com o número de refeições, e as porções são definidas como a quantidade per capita referente a um alimento ou preparação, considerando a composição da dieta.[22]

A definição do per capita permite assegurar o equilíbrio entre os nutrientes nos cardápios e adequação das necessidades nutricionais ofertadas.[23]

10. Desperdício

Desperdício é sinônimo de falta de qualidade na produção das refeições. Em relação ao desperdício de alimentos, existem três fatores principais:[24]

- fator de correção: é uma constante que determina as quantidades certas para a aquisição de alimentos que apresentam perdas inevitáveis, como cascas, sementes e aparas. Sugere-se que cada unidade de alimentação hospitalar determine a sua tabela de fator de correção para cada tipo de alimento, devido às suas particularidades, para maior êxito no planejamento das compras, redução de desperdício e controle de custos. A fórmula do fator de correção (FC) considera a divisão do peso bruto (PB), que indica o alimento conforme é adquirido, pelo peso líquido (PL), que indica o alimento depois de limpo e preparado para utilizar, conforme se observa:[20]

$$FC = \frac{PB}{PL}$$

- - sobras: é a quantidade de alimentos produzidos e não consumidos. É um indicador importante para verificar a eficiência do planejamento e da produção de alimentos. Pode ser aplicado a partir da equação:

$$\% \text{ Sobras} = \frac{(\text{total produzido - total distribuído}) \times 100}{\text{total produzido}}$$

- índice de resto: é a relação entre o resto devolvido pelo cliente e a quantidade de alimentos fornecida expressa em percentual. É um indicador eficiente para identificar a qualidade da refeição servida, além de auxiliar no controle do desperdício e do custo. É uma das maneiras diretas de avaliar a aceitação dos pacientes. Pode ser aplicado a partir da equação:[24]

$$\text{Índice de Resto} = \frac{\text{peso da refeição rejeitada} \times 100}{\text{peso da refeição distribuída}}$$

Quando o índice de resto encontra-se acima de 20% em coletividades enfermas, pressupõe-se que os cardápios estejam mal planejados e executados, embora também possa ter ocorrido falha no porcionamento ou oferta de preparações inadequadas aos pacientes.[7]

Uma estratégia para reduzir o desperdício de alimentos deve incluir o aperfeiçoamento na gestão de cardápios e mais rápido sistema de comunicação entre as equipes multidisciplinares e o serviço de alimentação.[5]

$$\% \text{ Desperdício: } \frac{\text{PB - PL} \times 100}{\text{Peso da bandeja}}$$

11. Distribuição de refeições

O fluxo que as refeições seguem desde sua produção até a entrega aos pacientes é representado pelo sistema de distribuição adotado.[7] O sistema de distribuição de refeições adotado deve considerar a forma que mais se adapta às demandas do local. Entre os tipos de distribuição, destacam-se os seguintes:

- sistema centralizado: a refeição é preparada, porcionada, identificada e distribuída pela própria unidade de alimentação do hospital. É considerado o melhor, pois minimiza a manipulação dos alimentos, reduzindo a possibilidade de contaminação. Além disso, permite maior racionalização do sistema, melhor supervisão dos processos, podendo utilizar pequenas copas de apoio para distribuição das dietas fracionadas.

- sistema descentralizado: a refeição é preparada na unidade de alimentação do hospital, os alimentos são acondicionados em carros térmicos e transportados para as copas das unidades de internação, onde são feitos o porcionamento, a identificação e a distribuição das refeições.

- sistema misto: parte da distribuição é centralizada e parte descentralizada. A dieta normal e a dietoterapia padrão podem apresentar distribuição descentralizada, enquanto a dietoterapia especial ou combinada têm distribuição centralizada. Também pode ocorrer distribuição centralizada no almoço e jantar e distribuição descentralizada no desjejum e lanches, ou distribuição centralizada da parte quente das refeições e descentralizada da parte fria (sucos, saladas e sobremesas).[3]

12. Pesquisa de Satisfação

A imagem negativa da refeição hospitalar é generalizada e não necessariamente relacionada aos alimentos por si só. A avaliação da satisfação do paciente de serviços hospitalares tem sido valorizada na busca da qualidade do atendimento. A percepção da qualidade tem sido apontada como um fator determinante para a competitividade e a sobrevivência das instituições de saúde. Por meio de questionamento a usuários acerca da satisfação com o cuidado nutricional, é possível obter noções das fragilidades do serviço.[5]

Referências

1. DIEZ-GARCIA, R. W.; PADILHA, M.; SANCHES, M. Alimentação hospitalar: proposições para a qualificação do Serviço de Alimentação e Nutrição, avaliadas pela comunidade científica. *Ciênc. saúde colet.*, 17(2), p. 473-480, 2012.

2. CONTRI, P. V.; JAPUR, C. C.; MARTINEZ, E. Z.; VIEIRA, M. N. C. M. Porcionamento e consumo de saladas por mulheres com dieta geral em unidade de internação hospitalar. *Alim. Nutr.*, v. 21, n. 1, p. 141-147, jan./mar. 2010.

3. MONTEIRO, R. S. *Cozinhas profissionais*. São Paulo: Senac, 2013.

4. SOUSA, A. A.; SALLES, R. K.; ZILIOTTO, L. F.; PRUDÊNCIO, A. P. A.; MARTINS, C. A.; PEDROSO, C. G. T. Alimentação hospitalar: elementos para a construção de iniciativas humanizadoras. *Demetra*, 8(2), p. 149-162, 2013.

5. ROLIM, P. M.; SOUZA, K. M.; FILGUEIRA, L. P.; SILVA, L. C. Apresentação da refeição versus desperdício de alimentos na alimentação de pacientes oncológicos. *Alim. Nutr.*, v. 22, n. 1, p. 137-142, jan./mar. 2011.

6. SANTOS, R. C. L. dos; DIEZ-GARCIA, R. W. Dimensionamento de recursos humanos em serviços de alimentação e nutrição de hospitais públicos e privados. *Rev. adm. pública*, Rio de Janeiro, 45(6), p. 1805-19, nov./dez. 2011.

7. VIEBIG, R. F. *Gestão de Unidades de Alimentação e Nutrição Hospitalar. In*: ABREU, E. S.; SPINELLI, M. G. N.; PINTO, A. M. S. São Paulo: Metha, 2013. p. 193-205.

8. ANTUNES, M. T.; FEOLI, A. M. Assistência nutricional hospitalar na síndrome metabólica: da elaboração do plano alimentar à produção de refeições. *In*: GOSTTSCHALL, C. B. A.; BUSNELLO, F. M. *Nutrição e Síndrome Metabólica*. São Paulo: Atheneu, 2009. p. 243-269.

9. CONSELHO FEDERAL DE NUTRICIONISTAS. *Resolução CFN no 380/2005*. Brasília: CFN, 2005. Disponível em: http://www.cfn.org.br/novosite/pdf/res/2005/res380.pdf. Acesso em: 17 nov. 2014.

10. CONSELHO FEDERAL DE NUTRICIONISTAS. *Resolução CFN n° 304/2003*. Brasília: CFN, 2005. Disponível em: http://www.crn9.org.br/uploads/file/res304.pdf. Acesso em: 17 nov. 2014.

11. ASSOCIAÇÃO BRASILEIRA DE NUTRIÇÃO. *Manual orientativo*: sistematização do cuidado de nutrição / organizadora: Marcia Samia Pinheiro Fidelix. São Paulo: Associação Brasileira de Nutrição, 2014. Disponível em: http://www.asbran.org.br/arquivos/PRONUTRI-SICNUT-VD.pdf. Acesso em: 13 dez. 2015.

12. BONFADA, D.; CAVALCANTE, J. R. L. P.; ARAUJO, D. P.; GUIMARÃES, J. A integralidade da atenção à saúde como eixo da organização tecnológica nos serviços. *Ciênc saúde coletiva*, 17(2), p. 555-60, Feb. 2012.

13. BISCONTINI, T. M.; MILET, Z. Recursos humanos para unidades de alimentação e nutrição. *In*: TEIXEIRA, S.; MILET, Z.; CARVALHO, J.; BISCONTINI, T. M. *Administração aplicada às unidades de alimentação e nutrição*. São Paulo: Atheneu, 2004. p. 116-163.

14. CAMARGO, E. B.; BOTELHO, R. B. A. *Técnica dietética*: pré-preparo e preparo de alimentos: manual de laboratório. 2. ed. São Paulo: Atheneu, 2012.

15. HOBDAY, C.; DENBURY, J.; WHITE, R.; RODRIGUES, E. C. O. *Segredos da apresentação de pratos*: food styling passo a passo. São Paulo: Marco Zero, 2010.

16. DUCCOSKY, S. D. *Análise Sensorial de Alimentos*. 3. ed. Curitiba: Champagnat, 2011.

17. BALCHIUNAS, D. *Gestão de UAN*/ Um resgate do binômio: alimentação e nutrição / organização. São Paulo: Roca, 2014.

18. ROSA, C. O. B.; MONTEIRO, M. R. P.; SOUZA, I. B.; TINÔCO, A. L. A. Gastronomia hospitalar. *In*: ROSA, C. O. B.; MONTEIRO, M. R. P. *Unidades produtoras de refeições* - uma visão prática. Rio de Janeiro: Rubio, 2014. p. 307-316.

19. SIMON, M. I. S. S. *et al. Manual de Dietas*. São Paulo: Atheneu, 2014.

20. ORNELLAS, L. H. *Técnica dietética*: seleção e preparo de alimentos. 7. ed. São Paulo: Atheneu, 2001.

21. AGUIAR, O. B. de; KRAEMER, F. B.; MENEZES, M. F. G. de. *Gestão de Pessoas em Unidades de Alimentação e Nutrição*. Rio de Janeiro: Rubio, 2013.

22. SOUZA, I. B.; BEZERRA, V. M. Adequação de quantidades per capitas em unidades produtoras de refeições. *In*: ROSA, C. O. B.; MONTEIRO, M. R. P. *Unidades produtoras de refeições* - uma visão prática. Rio de Janeiro: Rubio, 2014. p. 217-228.

23. TEIXEIRA, S. M. F. G. Funcionamento das unidades de alimentação e nutrição. Recursos humanos para unidades de alimentação e nutrição. *In*: TEIXEIRA, S.; MILET, Z.; CARVALHO, J.; BISCONTINI, T. M. *Administração aplicada às unidades de alimentação e nutrição*. São Paulo: Atheneu, 2004. p. 116-163.

24. ABREU, E. S.; SPINELLI, M. G. N. Avaliação da produção. *In*: ABREU, E. S.; SPINELLI, M. G. N.; PINTO, A. M. S. *Gestão de unidades de alimentação*: um modo de fazer. São Paulo: Metha, 2013. p. 177-192.

CAPÍTULO 16

DIETAS NO CONTEXTO DE UNIDADES DE ALIMENTAÇÃO E NUTRIÇÃO HOSPITALARES

Aline Marcadenti de Oliveira
Catarina Bertaso Andreatta Gottschall
Fernanda Michielin Busnello

1. Introdução

As dietas hospitalares são parte integrante do planejamento e funcionamento de uma unidade de alimentação e nutrição (UAN) no âmbito hospitalar e são importantes por garantir o aporte de nutrientes ao paciente internado, preservando seu estado nutricional. Além disso, pode atenuar o sofrimento e a ansiedade gerados pelo período de internação hospitalar, em que o indivíduo está separado de suas atividades e papéis desempenhados na família, na comunidade e nas relações de trabalho[1].

A prevalência de desnutrição hospitalar é elevada tanto no Brasil[2] quanto em nível mundial[3], e está associada com maiores períodos de internação, bem como maiores taxas de mortalidade[3,4]. O estado nutricional e a aceitação das dietas hospitalares apresentam estreita relação, visto que indivíduos em risco nutricional e/ou desnutridos frequentemente ingerem menores quantidades de alimentos, gerando desperdícios[5], e a baixa aceitação da dieta contribui consequentemente para a piora do estado nutricional[6], bem como suas consequências clínicas[7].

A adequação das dietas aos pacientes internados pode representar tanto modificações qualitativas quanto quantitativas na alimentação normal (consistência, volume, temperatura, valor calórico, proporção de nutrientes etc.)[8]. O ajuste das dietas hospitalares às diversas patologias e/ou condições clínicas dos pacientes observando restrições e particularidades, preservando a palatabilidade, bem como as características organolépticas adequadas é, sem dúvida, um desafio para o profissional nutricionista. O sucesso ou o fracasso da terapia nutricional está diretamente relacionado a esses fatores, e, consequentemente, ao favorecimento da evolução clínica do paciente. Nesse sentido, as técnicas dietéticas e gastronômicas são essenciais para elaboração de cardápios nutritivos e que estimulem a ingestão dietética dos indivíduos[5].

A padronização das dietas hospitalares pelos serviços de alimentação e nutrição facilita a operação do trabalho de produção e distribuição das refeições. O treinamento da equipe, a elaboração de um receituário padrão e de fichas técnicas é fundamental para que essa padronização ocorra de forma adequada[8]. Neste capítulo, serão apresentados os diferentes tipos de dietas hospitalares, bem como sua relação com o desperdício de alimentos em uma UAN.

2. Desperdício de alimentos e dietas hospitalares

O desperdício de alimentos (*rest-ingestion index, plate waste*) em nível hospitalar é definido como a quantidade de alimento servida e que permanece não ingerida pelo paciente. Nos hospitais, a mediana de desperdício é de aproximadamente 30%, chegando a 65%, e é significativamente superior em comparação a outros serviços de alimentação[9]; o desperdício é aferido tipicamente por pesagem dos alimentos não ingeridos ou por meio de estimativa visual.

Uma série de fatores contribui para o aumento do desperdício de dietas no ambiente hospitalar. A condição clínica dos pacientes, que influencia diretamente na possibilidade de receber ou não a alimentação por via oral (ou exige modificações na dieta prescrita), no apetite, na capacidade de ingerir os alimentos de modo adequado e na aceitação da dieta[5, 10], contribui fortemente para as variações no desperdício. Além disso, a falta de comunicação entre os profissionais responsáveis pelo manejo da dieta do paciente na unidade de internação (enfermeiros, copeiras) e o nutricionista e/ou serviço de alimentação, a falta de monitoramento do que não é ingerido pelo paciente e a falta de um tempo protegido para as refeições (horários inadequados, interrupções para banhos, administração de medicamentos etc.) também contribuem para o aumento do desperdício dos alimento[9, 11].

Níveis de desperdício tendem a ser menores em hospitais que utilizam sistemas de entrega de alimentos "a granel" (no qual o paciente solicita a quantidade a ser servida) em comparação aos que servem as porções/quantidades de alimentos pré-determinadas em pratos ou bandejas[9]. Entretanto pacientes em risco nutricional tendem a solicitar menores porções de alimentos nas principais refeições, como almoço e jantar, desperdiçando maiores proporções de energia e proteínas em comparação aos pacientes sem risco nutricional. Estudo conduzido em um hospital dinamarquês identificou correlação negativa entre a quantidade de alimentos servida e desperdiçada no jantar servido aos pacientes bem nutridos (β= −3,328, EP= 0,960; P= 0,001), e o contrário foi observado entre os indivíduos em risco: quanto maior a porção servida no jantar, maior o desperdício de alimentos[12]. Resultados semelhantes foram observados em um hospital holandês, onde indivíduos com menor apetite em função de sua doença de base solicitavam aproximadamente 50% da quantidade de suas principais refeições (desjejum, almoço e jantar), e que o desperdício de alimentos na cozinha dietética representava uma redução em torno de 38% da energia e proteínas prescritas para os pacientes[13].

A presença de copas (cozinhas satélite) nos hospitais também parece contribuir para a variabilidade do desperdício de alimentos. Em um hospital europeu de grande porte, a quantidade de alimentos não servidos e desperdiçados no almoço e no jantar em uma unidade de internação com a presença de uma cozinha satélite (gastroenterologia clínica) foi de 50,2 e 50,3%, respectivamente; já na unidade sem a copa (gastroenterologia cirúrgica), o desperdício foi de 41,8% no almoço e de 64,6% no jantar, independentemente da condição clínica dos pacientes[11]. E, interessantemente, as percepções e implicações acerca do desperdício de alimentos diferem de acordo com a equipe de trabalho do hospital: profissionais que não estão envolvidos em uma unidade de alimentação e nutrição (e desconhecem os procedimentos de segurança alimentar) entendem que os alimentos produzidos e não servidos podem ser reaproveitados[11, 14]; os gestores focam suas discussões do ponto de vista financeiro, e os funcionários das cozinhas dietéticas preocupam-se com as implicações sociais e ambientais[9, 14].

A cultura da dieta hospitalar ainda exige maior atenção e importância, visto que é parte do tratamento do paciente e contribui com a qualidade da experiência de internação[1]. Estudo que teve como objetivo validar proposições para qualificar a alimentação hospitalar em nível nacional identificou que as prioridades mais citadas se referiram à infraestrutura e à capacitação de recursos humanos (40%), seguida da qualidade da alimentação hospitalar (27%)[15]. Essa, de fato, é uma proposição citada em estudos que tentam identificar os motivos para a baixa aceitação das dietas hospitalares independentemente do estado clínico do paciente: na Holanda, 60% dos indivíduos hospitalizados gostariam que suas refeições fossem similares às de restaurantes[13]; no sul do Brasil, a falta de sabor, a monotonia das preparações e as grandes quantidades oferecidas foram os principais motivos relacionados à baixa adesão à dieta citados por pacientes hospitalizados[5].

Entre as estratégias identificadas na literatura para minimizar o desperdício, cita-se a redução do tamanho das porções dos alimentos (suplementadas, se necessário, para garantir o aporte calórico e proteico aos pacientes), a adoção de um sistema de entrega de refeições "a granel", monitoramento frequente da aceitação e ingestão da dieta hospitalar, a garantia de horários protegidos para a realização da refeição, a adoção de planilhas de controle e de ingredientes pré-preparados, e a implementação das técnicas gastronômicas em nível hospitalar[9,14]. Entretanto as particularidades dos diferentes hospitais e respectivas UAN dificultam a implementação de algumas dessas estratégias; ademais, a condição clínica do paciente deve ser incluída como um fator implicado na aceitação e consequente desperdício de alimentos, e é independente das proposições citadas anteriormente.

3. Os diferentes tipos de dietas hospitalares

Apesar de não existir uma classificação oficial acerca dos diferentes tipos de dietas hospitalares, estas podem ser padronizadas a partir das principais características, indicações terapêuticas e dos alimentos/preparações pelos quais são compostas[8]. Como regra geral, podem ser subdivididas em dietas com modificação de consistência, modificação de nutrientes e/ou restrição de alimentos e dietas especiais[16]; outra classificação sugerida é: dietas com modificação de consistência, com adequação do valor calórico, com modificação na proporção de macronutrientes, com restrição ou modificação de nutrientes específicos, dietas de jejum e destinadas ao preparo de exames[8]. Porém, na prática clínica, é comum essas dietas apresentarem várias classificações ao mesmo tempo, principalmente em relação à consistência concomitante à modificação de macronutrientes e/ou valor calórico (por exemplo: dieta branda hipercalórica e hiperproteica).

A seguir, serão descritas as principais dietas hospitalares de acordo com as suas características, propriedades e indicações clínicas[8,16].

4. Dietas com modificação de consistência (ou dietas de progressão)

4.1 Dieta normal

Características: Dieta sem modificações, sem restrições no tipo do alimento, método ou preparo. Composição nutricional: VET entre 1800 kcal e 2200 kcal, e proteínas entre 60g e 90g. Fracionamento de cinco refeições ao dia. Distribuição normal em todos os nutrientes.

Indicações: É indicada para pacientes que não apresentem restrições alimentares.

Alimentos permitidos: São permitidos todos os alimentos da dieta usual e que estejam em conformidade com as diretrizes relativas à alimentação saudável[17].

4.2 Dieta branda

<u>Características:</u> Dieta com as fibras abrandadas pela cocção ou por ação mecânica, e moderada em resíduos.

<u>Composição nutricional:</u> VET entre 1.800 kcal e 2.200 kcal, e proteínas entre 60g e 90g. Fracionamento de cinco a seis refeições ao dia.

<u>Indicações:</u> É indicada como dieta de progressão; para doenças do trato digestivo, como problemas mecânicos de mastigação, deglutição e digestão, e no pós-operatório.

<u>Alimentos permitidos:</u> São permitidos caldo de leguminosas, frutas (como maçã e pera sem casca, banana, melão e mamão), suco natural coado e diluído, suco concentrado, molhos com pouca quantidade de gordura, legumes cozidos.

<u>Alimentos excluídos:</u> São excluídos da dieta branda as frituras e alimentos gordurosos, pimenta e condimentos picantes, pimentão, alimentos flatulentos (como repolho, brócolis, couve), frutas cítricas, doces concentrados, bebidas gasosas, café e chá preto, chimarrão, vegetais e hortaliças cruas, embutidos, conservas e cereais integrais.

4.3 Dieta pastosa

<u>Características:</u> Dieta com modificação na textura dos alimentos, com objetivo de facilitar a mastigação, a deglutição e a digestão.

Apresenta preparações em forma de purê, flans, pudins, pastas, cremes, carnes moídas e desfiadas. Composição nutricional: VET entre 1.800 kcal e 2.200 kcal, e proteínas entre 60g e 80g. Fracionamento de cinco a seis refeições ao dia.

<u>Indicações:</u> É indicada como dieta de progressão; para pacientes com dificuldade de mastigação e deglutição, na doença esofágica, nos distúrbios neuromotores, no retardo mental e para pacientes com alterações anatômicas na boca e/ou esôfago.

<u>Alimentos permitidos:</u> São permitidos pães de forma macios ou sem casca, bolo caseiro; papa de bolachas; iogurtes; arroz papa; polenta mole; caldo de leguminosas; vegetais em forma de purê, suflê ou creme; carnes moídas, desfiadas ou liquidificadas; frutas macias inteiras (como banana e mamão).

<u>Alimentos excluídos:</u> São evitados na dieta pastosa todos os alimentos duros; carnes inteiras; grãos.

4.4 Dieta líquida pastosa (ou liquidificada)

<u>Características:</u> É composta por alimentos líquidos e liquidificados, com consistência líquida e homogênea. As fibras vegetais são modificadas pelo cozimento e/ou fracionamento. Composição nutricional: VET entre 1.800 kcal e 2.200 kcal, e proteínas entre 60g e 80g. Fracionamento de seis a sete refeições ao dia.

<u>Indicações:</u> É indicado como dieta de progressão, e para indivíduos com dificuldade severa de mastigação e deglutição.

Alimentos permitidos: São permitidos todos os alimentos que possam ser liquidificados e coados, tais como sopas cremosas, preparações em forma de papa, purês e cremes; papa de frutas, suco de frutas; mingau; batida/vitamina de frutas; sorvete.

4.5 Dieta líquida completa

Características: Dieta líquida, incluindo alimentos com lactose e sacarose, que sejam coados e de rápida digestão. Composição nutricional: VET entre 1.500 kcal e 1.600 kcal, e proteínas entre 40g e 60g. Fracionamento de sete refeições ao dia. É nutricionalmente incompleta.

Indicações: É utilizada no pós-operatório; como dieta de progressão; em pacientes que não tenham condições de ingerir alimentos sólidos por dificuldade de mastigação e deglutição.

Alimentos permitidos: São permitidos sucos de frutas, gelatina, batidas/vitaminas de frutas, sorvete, leite e bebidas lácteas, iogurtes líquidos, caldos de leguminosas e sopas liquidificadas.

Alimentos excluídos: Qualquer alimento sólido ou pastoso e bebidas gasosas.

4.6 Dieta líquida sem resíduos (ou líquida restrita)

Características: Dieta líquida, isenta de lactose e sacarose, com baixo teor de resíduos. Composição nutricional: VET entre 900 kcal e 1.000 kcal/dia, com utilização de suplementação cerca de 1.300 kcal. Fracionamento entre seis e sete refeições ao dia. Baixo teor de fibra alimentar, de proteína e de lipídios. Não atinge recomendações nutricionais.

Indicações: É indicada no pré e pós-operatório; para preparo para exame; como dieta de progressão e nas doenças do TGI.

Alimentos permitidos: São usados chás claros (camomila, erva doce, cidró), caldo de sopas; caldo de carne ou de frango, suco de fruta natural coado e/ou pasteurizado (como maçã, melão e pera); gelatina; água de coco; isotônicos. Podem ainda ser utilizados: açúcar, TCM, suplementos orais sem lactose e com baixo teor de fibras.

Alimentos excluídos: Chá preto e café; chimarrão; leite e derivados; sucos de frutas cítricos; caldo de leguminosas; caldo de ameixa e bebidas gasosas.

4.7 Dieta para disfagia

Características: Dieta composta por alimentos viscosos, em que alimentos líquidos podem ser engrossados por meio de um agente espessante. A composição nutricional deve ser ajustada às necessidades do paciente, o mais semelhante possível a uma dieta normal. Em uma escala de evolução de dietas, a dieta espessada antecede a dieta líquida.

Indicação: Pacientes com dificuldade de deglutição e/ou risco de aspiração.

Alimentos permitidos: A orientação acerca dos alimentos permitidos dependerá do grau de disfagia identificado no paciente. Com o objetivo de padronizar as dietas modificadas e os líquidos espessados, em 2002, a National Dysphagia Diet Task Force (NDDTF), estabeleceu a National Dysphagia Diet (NND), que classifica os alimentos e líquidos de acordo com a textura, viscosidade e consistência (Tabela 1)[18,19]:

Tabela 1 – Textura, viscosidade e consistência dos alimentos para indivíduos com disfagia[18,19].

Líquidos	Viscosidade (cP)	Sólidos
Consistência tipo Néctar Líquido espessado Beber com ajuda de um canudo. Beber diretamente em um copo/caneca	Néctar 51-350	**Textura A – Macio** Os alimentos devem ser naturalmente macios, ou devem ser cozidos ou cortados para alterar sua textura
Consistência tipo Mel Pastoso fino Não beber com um canudo. Beber diretamente em um copo/caneca	Mel 351-1750	**Textura B – Moída e Úmida** O alimento é macio e úmido, facilmente amassado com o garfo. Os grumos/pedaços são lisos e redondos
Consistência tipo Pudim Pastoso grosso Ingerido com uma colher	Pudim >1750	**Textura C – Purê Homogêneo e liso** Os alimentos são lisos, homogêneos, úmidos e sem grumos ou pedaços. Pode ter aparência granulosa/farinácea

Fonte: adaptada do *National Dysphagia Task Force* (NDD)[18] e de Wittke *et al.*[19]

Apesar de necessária, a modificação da consistência das dietas hospitalares pode impactar nos percentuais de aceitação, e, consequentemente, no desperdício de alimentos, bem como alteração na oferta calórica e proteica e prejuízo do estado nutricional. Comparativamente à dieta normal, idosos submetidos a dietas com diferentes consistências apresentaram um déficit calórico de aproximadamente 550 kcal/dia, e um déficit proteico em torno de 20g/dia[20]. Em outro estudo conduzido na Espanha, demonstrou-se uma adaptação inadequada da dieta hospitalar aos pacientes com disfagia, com reduzido valor calórico e proteico e deficiente em cálcio, ferro e vitamina C[21].

5. Dietas de jejum

Conhecida também por dieta zero, é caracterizada pela ausência de alimentos ingeridos por via oral. É indicada em períodos de pré e pós-operatórios, ou no preparo de exames agendados.

A ingestão de líquidos no pré-operatório imediato (duas a três horas antes da cirurgia) acrescidos de carboidratos, bem como o retorno precoce à alimentação pós-operatória, parecem seguros e vêm sendo estimulados nos últimos anos. Revisões sistemáticas e metanálises sugerem que o tratamento pré-operatório com líquidos acrescidos de carboidratos associa-se com o tempo de permanência hospitalar reduzido e melhora na resistência a insulina em cirurgias de grande porte[22,23]. Entretanto, na presença de situações especiais e em emergências, o protocolo tradicional deve ser seguido.

6. Dietas com adequação do valor calórico

Basicamente, as dietas com adequação do valor calórico são classificadas em dietas hipocalóricas e hipercalóricas. As dietas hipocalóricas caracterizam-se pela redução do aporte energético em função da redução da quantidade de alimentos ingeridos e são indicadas em situações nas quais a perda de peso é necessária[24]; dietas com menos de 25kcal/kg de peso atual/dia são consideradas hipocalóricas (considerando que dietas entre 25 e 30 kcal/kg/dia seriam suficientes para a manutenção do estado nutricional)[25]. Já as dietas hipercalóricas objetivam aumentar o aporte energético por meio do aumento da quantidade de alimentos ingeridos ou da elevação da densidade energética da dieta; dietas com mais de 30kcal/kg de peso atual/dia são consideradas hipercalóricas e são indicadas, por exemplo, para os pacientes em estado hipercatabólico (desnutrição, queimaduras, câncer etc.)[26].

7. Dietas com modificação na proporção de macronutrientes

Dietas hospitalares devem apresentar uma distribuição normal de macronutrientes quando comparadas às referências [pressupõe-se que uma dieta "normal" seja composta por 55 a 75% de carboidratos (destes, 45% a 65% a partir de carboidratos complexos e fibras, e menos de 10% de açúcares), 15 a 30% por gorduras e 10 a 15% de proteínas][17,25]. Assim, quaisquer modificações acerca desses percentuais classificam as dietas como modificadas em relação aos macronutrientes.

Considerando que as necessidades proteicas recomendadas para indivíduos adultos são de 0,8 a 1,2g proteína/kg peso atual/dia[25], dietas hipoproteicas apresentam valores menores que 0,8g/kg peso atual/dia (em média 0,6g/kg/dia) e são recomendadas para situações clínicas nas quais a restrição proteica é necessária, como no tratamento conservador da doença renal crônica[27]. Já as dietas ≥ 1,5g proteína/kg peso atual/dia são classificadas como hiperproteicas (média 1,5 a 2,5g/kg/dia), e são utilizadas em situações nas quais há necessidade de uma maior oferta de proteínas (reparo de tecidos corporais, desnutrição, hipercatabolismo, melhora do sistema imune etc.)[28].

Dietas com restrição de carboidratos são utilizadas em situações em que há necessidade de perda de peso em curto prazo[29], e dietas hipolipídicas são indicadas para indivíduos em situações como pancreatite crônica[30].

8. Dietas com restrição ou modificação de nutrientes específicos

8.1 Dieta pobre em resíduos

Características: Dieta pobre em resíduos e com baixo teor de fibras alimentares, isenta de lactose. Composição nutricional: VET entre 1.800 kcal e 2.000 kcal. Proteínas entre 60g e 80g. Fibras entre 10g e 15g. Fracionamento: cinco a seis refeições/dia.

Indicação: Na diarreia; na obstrução intestinal; no pré e pós-operatório de cirurgias intestinais; nas fístulas do TGI, e na fase aguda de doenças inflamatórias intestinais.

Alimentos permitidos: São utilizadas frutas cozidas (como maçã, pera e banana); legumes cozidos (como cenoura e chuchu); caldo de legumes; sucos de frutas naturais sem resíduos (como maçã, pera e melão) e pasteurizados; água de coco; compota de frutas e gelatina.

Alimentos excluídos: leite e derivados; frutas e legumes crus; alimentos integrais; alimentos flatulentos; leguminosas e alimentos com alto teor de lipídios.

8.2 Dieta pobre em potássio

Características: Dieta com preparações com teor reduzido de potássio, normal em sódio. Composição alimentar: VET entre 1.800 kcal e 2.200 kcal. Proteínas entre 60g e 90g. Potássio: 40 a 70 mEq. Fracionamento: cinco a seis refeições/dia.

Indicação: É indicada para pacientes com insuficiência renal e para aqueles com altos níveis de potássio circulante.

Alimentos permitidos: Abacaxi, acerola, amora, bergamota, caqui, figo, goiaba, maçã, melancia, morango, pera, pêssego, pitanga, arroz, aipim, macarrão, polenta, chuchu, ervilha-torta.

Alimentos excluídos: Alimentos integrais, amendoim, avelãs, banana, castanhas, nozes, frutas secas, gérmen de trigo, gergelim, soja, ervilha seca, feijão, lentilha, fava, café, chá mate, chá preto, erva mate, chocolate, cacau, cereja em calda, caldas de compotas e enlatados, melado, rapadura de cana, mamão, beterraba, cenoura, batata inglesa, batata doce, mandioquinha, aipo, almeirão, couve--manteiga, brotos, espinafre, tomate, rúcula, chicória, abacate, ameixa, carambola, cereja, damasco, coco, graviola, jaca, kiwi, laranja, lima, maracujá, nectarina, uva.

Obs.: Os vegetais devem ser cozidos em água, e esta deve ser desprezada. Esse procedimento reduz em, pelo menos, 50% do teor de potássio dos alimentos. O mesmo pode ser feito com as frutas e leguminosas, em situações em que há uma necessidade de restrição mais severa[31].

8.3 Dieta pobre em iodo

Características: dieta composta por alimentos ou preparações com teor reduzido de iodo e isenta de sal iodado. Composição nutricional: 1.800 a 2.200 kcal/dia; 60 a 85g de proteínas; < 50 mcg/dia de iodo. Fracionamento: cinco a seis refeições ao dia.

Indicação: pacientes em tratamento com iodoterapia.

Alimentos permitidos: sal não iodado, peixes de água doce, leite em pó desnatado, margarina e manteiga sem sal, clara de ovo, carne fresca de frango ou gado, frutas frescas e sucos, alface, batata sem casca, beterraba, brócolis, cebola, cenoura, couve, ervilha, espinafre, pepino, tomate, vagem, pão e biscoitos sem sal, macarrão, massas simples, arroz, aveia, farinha, feijão, milho, trigo, açúcar, mel, geleia e balas não vermelhas, café de filtro.

Alimentos evitados: sal iodado e marinho, salgadinhos, batata frita industrializada, bacalhau, atum, frutos do mar, camarão, ostras, algas, leite, sorvete, requeijão, iogurte, queijo, carne defumada, carne de sol, caldo de carne, embutidos, chucrute, patês, gema de ovo, maionese, mostarda, ketchup, frutas enlatadas ou em calda, agrião, alho, couve-de-bruxelas, repolho, enlatados, pães industrializados, pizza, cereais em caixas, doces com gemas de ovos, chocolate, café solúvel, chá preto, chá verde, chá mate, leite de soja, tofu, alimentos que contenham corante vermelho n.º 3 FD&C (E127 – eritrosina).

8.4 Dieta hipossódica

Características: Dieta composta de alimentos com baixo teor de sódio. Composição alimentar: VET entre 1.800 kcal e 2.200 kcal. Proteínas entre 60g e 90g. Fracionamento: cinco a seis refeições/dia.

Indicação: É indicada para pacientes que necessitam de restrição de sódio alimentar, aqueles com edema, com ascite, com doença cardiovascular descompensada, e para pacientes com diagnóstico de hipertensão arterial.

Alimentos evitados: Embutidos, conservas doces e salgadas, preparações com sal, temperos industrializados, caldo e extrato de carne, carne defumada, conservas, queijos, bolachas com sal, alimentos congelados, aditivos à base de sódio, enlatados.

De acordo com o teor de sódio, as dietas podem ser classificadas em sem restrição de sódio [aproximadamente 4.000mg de sódio (Na) ao dia, ou 173 mEq de Na], com restrição de 3.000mg [7,5g de cloreto de sódio (NaCl) ou 130 mEq de Na], com restrição de 2.000mg (5g de NaCl ou 87 mEq de sódio) e com restrição de 1.000mg (2,5g de cloreto de sódio ou 45 mEq de Na)[32]. Em um hospital geral do sul do Brasil, 71% dos indivíduos com diagnóstico de cardiopatia e com prescrição de dieta restrita em sódio (em diferentes níveis) relataram não aceitar plenamente a refeição (almoço ou jantar) fornecida, contribuindo para uma quantidade considerável de alimentos desprezados pela cozinha dietética[33].

8.5 Dieta isenta de lactose

Características: Dieta isenta de lactose. Composição alimentar: VET entre 1.800 kcal e 2.200 kcal. Proteínas entre 60g e 90g. Fracionamento: cinco a seis refeições/dia.

Indicação: Pacientes que apresentam intolerância à lactose, e pacientes com doença inflamatória intestinal e aqueles com ressecção intestinal.

Alimentos permitidos: alimentos com proteína de soja, isentos de lactose, como extrato de soja, isolado de soja ou fórmulas hidrolisadas. Iogurte sem lactose, queijo de soja (tofu), leite condensado sem lactose, creme de leite sem lactose.

Alimentos excluídos: leite, iogurte, queijos, requeijão, ricota, queijo tipo cottage, creme de leite, leite condensado, manteiga, maionese, ricota, e todos aqueles que contenham leite no preparo e composição.

Obs.: As dietas sem lactose possuem valores reduzidos em cálcio. Observar a quantidade de cálcio com vistas à suplementação, se necessário.

8.6 Dieta isenta de glúten

Característica: Dieta isenta de glúten. Composição nutricional: VET entre 1.800 kcal e 2.500 kcal. Normoproteica.

Indicação: É indicada para pacientes com doença celíaca ou intolerância ao glúten.

Alimentos permitidos: Frutas, verduras, legumes, arroz, milho, mandioca, fécula de batata ou mandioca, araruta, polvilho doce, polvilho azedo, tapioca, amido de milho, soja, sarraceno, quinoa, amaranto.

Alimentos excluídos: Produtos e preparações que contenham trigo, centeio, cevada, aveia e malte. Gérmen de trigo e flocos de cereais, temperos prontos e extrato de tomate que contenha glúten, embutidos, carnes empanadas com os cereais que contêm glúten (carne empanada, croquetes, bolinhos), patês.

8.7 Rica em fibras

Característica: Dieta rica em fibras solúveis e insolúveis e com aumento na oferta hídrica. Composição nutricional: VET entre 1.800 kcal e 2.500 kcal. Proteínas: entre 70g e 95g. Fibras: >30g/dia.

Indicação: É indicada na constipação intestinal e na diverticulose.

<u>Alimentos permitidos</u>: Pães integrais, frutas (mínimo de três porções/dia), saladas cruas (duas vezes/dia). Se necessário, utilizam-se módulos de fibras ou suplementos nutricionais ricos em fibras.

As fibras podem ser classificadas de acordo com sua solubilidade, sendo as solúveis representadas pela pectina (frutas) e pelas gomas [aveia, cevada e leguminosas (feijão, grão de bico, lentilha e ervilha)] e as insolúveis pela celulose (trigo), hemicelulose (grãos) e lignina (hortaliças). Fibras insolúveis aumentam a saciedade (auxiliando na redução da ingestão calórica) e contribuem para a regularização intestinal; já as fibras solúveis retardam o esvaziamento gástrico e reduzem a absorção de glicose e de colesterol.

8.8 Dieta para dislipidemias[34]

<u>Características:</u> Composta por alimentos com baixos teores de colesterol, gordura saturada e sacarose, bem como teor aumentado de fibras solúveis. Composição nutricional: VET entre 1.800 e 2.200 kcal. Gordura saturada: ≤ 7%. Colesterol dietético: < 200mg/dia. Fibras: 20 a 30g/dia. Normal em relação à distribuição de macronutrientes.

<u>Indicação:</u> pacientes com diagnóstico de dislipidemias e/ou cardiopatias.

<u>Alimentos permitidos:</u> Leite desnatado, queijo branco, carne magra, pão integral, frutas, vegetais.

<u>Alimentos evitados:</u> Alimentos ricos em gordura animal (banha, bacon, embutidos, creme de leite, queijos gordos, nata, frituras, amanteigados, pele de frango), doces em geral.

8.9 Dieta do tipo Dash[35]

<u>Características:</u> Dieta rica em frutas, vegetais e alimentos integrais, pobre em colesterol, gordura saturada e alimentos processados. Composição nutricional: VET 1.800 a 2.200 kcal. Sódio: 2400mg/dia. Normal em relação à distribuição de macronutrientes.

<u>Indicação:</u> pacientes com hipertensão arterial sistêmica e/ou doença cardiovascular.

<u>Alimentos permitidos:</u> Pães integrais, frutas, vegetais, cereais integrais, carnes magras, leite e derivados com baixo teor de gordura.

<u>Alimentos evitados:</u> Embutidos, alimentos processados, industrializados, frituras, doces concentrados, bebidas com açúcar, pão branco, queijo, pele de frango.

9. Dietas para preparo de exames

As dietas especiais utilizadas no preparo de alguns exames (bioquímicos e/ou funcionais, invasivos ou não) são adaptadas para garantir que os resultados destes não sejam alterados em função da ingestão de determinados alimentos/nutrientes. Essas dietas podem necessitar de modificações mais brandas ou em alguns casos de restrições alimentares mais severas e/ou prolongadas. Para cada exame, há uma indicação nutricional específica, desde o estado de jejum até a possibilidade de ingestão plena da dieta prescrita (situações em que não há necessidade de preparo).

Em muitos casos, não existem protocolos universalmente estabelecidos acerca dos alimentos a serem excluídos da dieta, sendo que cada laboratório e/ou local designado para exames de imagem orientam os pacientes de maneira individualizada e de acordo com as próprias condutas padronizadas. A seguir, alguns exemplos de exames e de alimentos que devem ser evitados/excluídos durante o período de preparo[36]:

Enema opaco (clister opaco): dieta branda pobre em resíduos nas 48 horas antecedentes ao exame; dieta líquida restrita nas 24 horas antecedentes ao exame.

Coprologia funcional: evitar a ingestão de bebidas gasosas e alcoólicas nas 72 horas antecedentes ao exame; consumir no desjejum/lanche da tarde alimentos como manteiga, leite e queijos e no almoço/jantar carnes, arroz, feijão, batata e banana nas 72 horas antecedentes ao exame.

Avaliação urinária da D-xilose: excluir frutas, doces e geleias nas 24 horas antecedentes ao exame.

Avaliação urinária do ácido vanilmandélico (VMA): alimentos não permitidos: chás, café e alimentos com cafeína, essência de baunilha, chocolate, refrigerantes, banana, frutas cítricas, enlatados e condimentos industrializados.

Gordura fecal: ingestão de uma dieta com 35% do VET na forma de gorduras de cinco a sete dias antecedentes ao exame.

Pesquisa de sangue oculto nas fezes: alimentos não permitidos: fígado, mariscos, ostras, rim, coração, carnes vermelhas, aves, peixes, feijão, soja, lentilha, grão-de-bico, ervilha, broto de feijão, ovo, frutas secas, beterraba, abacate, embutidos, brócolis, couve-flor, espinafre, nabo, rabanete, laranja, limão, acerola, caju, goiaba, manga, morango, tomate, maracujá, abacaxi, cenoura, abóbora, beterraba, mamão, tomate, bebidas alcoólicas.

Preparo para colonoscopia: dieta pobre em resíduos nas 48 horas que antecedem o exame; manutenção da dieta sem resíduos até cinco horas antes do exame, e manter a ingestão de líquidos por até quatro horas antes do exame (o uso de medicações laxativas também faz parte do preparo durante as 24 horas que antecedem o exame de colonoscopia).

10. Dietas especiais

10.1 Dieta para diabete *mellitus*[37]

Características: Dieta isenta de açúcares de adição e de alimentos açucarados, rica em alimentos integrais e pobre em carboidratos refinados, gordura saturada, colesterol e alimentos processados. Composição nutricional: VET de acordo com o estado nutricional do paciente; carboidratos: 45-60%; fibras: >20g/dia; lipídios: até 30%; sódio: até 2.000mg/dia. Fracionamento: seis refeições ao dia.

Indicação: é indicada para pacientes diabéticos.

Alimentos permitidos: Pães e cereais integrais, frutas, vegetais, carnes magras, leite e derivados com baixo teor de gordura, leguminosas, adoçantes artificiais, alimentos dietéticos.

Alimentos evitados: Açúcares, mel, doces em geral, chocolate, balas, bolos com alta concentração de açúcares, pães e biscoitos refinados, refrigerantes e bebidas açucaradas, embutidos, alimentos processados, industrializados, sucos naturais.

10.2 Dieta para hepatopatias

Características: Historicamente, a utilização de dietas aproteicas ou hipoproteicas para pacientes hepatopatas em encefalopatia hepática foi desaconselhada a partir de 2004. Os autores da publicação que descreve as referidas evidências concluem que a utilização de dietas aproteicas é desnecessária, pois contribuem para a desnutrição nessa população; assim, a utilização de dietas normoproteicas nessa situação clínica é aceitável[38].

As recomendações para indivíduos com hepatopatias seguem as recomendações atuais conforme a condição e estado nutricional do paciente, indicando-se dieta hipossódica, normo a hiperproteica, normolípídica e normoglicídica. A utilização de lanche noturno com pelo menos 40g de carboidratos demonstrou benefício no balanço nitrogenado[39].

10.3 Dieta para nefropatias

Características: Dieta de acordo com a condição clínica e fase de tratamento da doença renal crônica. Para indivíduos em tratamento conservador, é indicado dieta com 0,8 a 1 g/proteínas/kg de peso corporal; para pacientes com terapia de substituição da função renal (Hemodiálise ou Diálise peritoneal), é indicada dieta hiperproteica de 1,2 a 1,4 g/ptn/kg de peso corporal. Em todas as situações, é indicada dieta hipossódica. Em algumas situações, é indicado controle ou restrição de potássio.

Composição nutricional: VET de acordo com o estado nutricional do paciente. Proteínas: 30, 40, 50, 60, 70 gramas ou mais, de acordo com a situação clínica e tratamento do paciente. Carboidratos: 50-60%; lipídios: 25 a 35%; sódio: até 3.000mg/dia; cálcio: 1.000 a 1.500 mg; fósforo: 800mg dia[40]. Fracionamento: seis refeições ao dia.

Indicação: Pacientes com doença renal crônica.

10.4 Dieta para neutropenia ou para pacientes imunodeprimidos[16, 41]

Características: Dieta composta por alimentos com menor risco de contaminação, com rigoroso controle dos processos de manipulação, preparo, armazenamento e distribuição. Composição nutricional: 1.800 a 2.200 kcal/dia; 60 a 80g de proteínas. Fracionamento: cinco a sete refeições ao dia.

Indicação: Pacientes neutropênicos com valores de neutrófilos < 1000 células/mm^3.

Alimentos permitidos:

Laticínios: leite pasteurizado fervido ou longa vida, leite em pó preparado com água fervida ou mineral (a ser consumido imediatamente), queijo pasteurizado em embalagens pequenas e individualizadas, creme de leite ou requeijão (consumir em até 24 horas), iogurte ou queijo tipo *petit suisse* em embalagem individual sem lactobacilos vivos (a ser consumido imediatamente), achocolatado pronto para beber, pasteurizado, em embalagem pequena ou em pó.

Farináceos: pão de forma industrializado (em embalagem fechada), pão francês aquecido, bolos sem cobertura, biscoitos em embalagens pequenas.

Cereais: industrializados em flocos (embalagens pequenas), barras de cereais sem frutas secas.

Sucos: sempre pasteurizados (em pó ou embalados: diluir em água mineral ou fervida).

Frutas: cozidas, sem a casca; enlatadas do tipo compotas ou em calda, frutas de casca grossa (laranja, banana com a ponta fechada, bergamota poncã, abacaxi, melão, melancia, maracujá).

Carnes: gado, porco, frango, miúdos, hambúrguer, linguiça ou salsichão embalado, peito de peru ou chester, salsicha ou presunto cozido (embalado a vácuo); sempre bem cozidos, fritos, assados ou grelhados. Frutos do mar (comprar frescos e observar as normas de segurança alimentar), atum e sardinha enlatados.

Ovos: cozidos ou fritos sempre com a gema dura, merengue assado ou cozido, maionese industrializada (embalagens pequenas).

Grãos e cereais: todos muito bem cozidos.

Legumes: cozidos ou refogados, enlatados ou conservas cruas (ervilha, milho, pepino, azeitona).

Sobremesas: conservar em geladeira, consumir em até 12 horas após o preparo (gelatina: ferver o pó).

Líquidos: chá solúvel (ferver o saquinho com a água e após retirar), café fresco ou solúvel, água fervida ou mineral (garrafa pequena), água de coco pasteurizada (embalagens pequenas).

Alimentos evitados:

Laticínios: queijo colonial ou a granel, nata, manteiga caseira, leite fermentado, iogurte com bioativos.

Farináceos: pães ou cucas com frutas, embutidos ou creme de ovos de padarias ou confeitarias, biscoitos caseiros, farelos integrais, granola a granel.

Sucos: de frutas naturais.

Frutas: cruas de casca fina ou secas (uva-passa, oleaginosas, ameixa preta).

Carnes: carnes moídas em mercados, charque a granel, *nuggets*, embutidos coloniais, patês, churrasco na brasa.

Peixes e frutos do mar: bacalhau (cozinhar antes), comida oriental com peixes crus.

Ovos: crus ou quentes, merengue cru, gemada, maionese caseira, chantili.

Legumes: crus ou cozidos no vapor, conserva de palmito cru.

Sobremesas: com ingredientes não permitidos, de restaurantes ou sorvetes de máquina.

Líquidos: em latas ou embalagens após abertas, chimarrão, chá a granel.

Produtos industrializados após embalagem aberta.

O Instituto Nacional do Câncer (Inca) reforça ainda outras orientações acerca da dieta para neutropenia, de acordo com a condição clínica do paciente[41]:

Neutropenia moderada (neutrófilos entre 1.500 e 500 células/mm^3): não indicar o uso de probióticos; orientar o paciente a higienizar frutas e verduras com sanitizantes, utilizar água potável filtrada ou fervida, ingerir frutas de casca grossa (consumir apenas a polpa) e de casca fina somente cozidas, ingerir vegetais, condimentos, oleaginosas, grãos, carnes e ovos somente bem cozidos, ingerir leites e derivados somente pasteurizados; utilizar preparações produzidas por estabelecimentos que apresentem todos os cuidados adequados à segurança alimentar.

Neutropenia grave (neutrófilos < 500 células/mm3): utilizar a dieta "baixa bactéria" (alimentos muito bem cozidos); não indicar o uso de probióticos; orientar o paciente a ingerir alimentos processados em embalagens individuais e utilizar preparações produzidas por estabelecimentos que apresentem todos os cuidados adequados à segurança alimentar.

Considerações finais

Além de integrarem o planejamento de UAN em nível hospitalar, as dietas hospitalares são ferramentas importantes no contexto do tratamento dos pacientes. Apesar da importância acerca da manutenção de suas características de base, a elaboração de cardápios diferenciados com o auxílio das técnicas gastronômicas é fundamental para garantir a adesão a essas dietas por parte dos indivíduos, independentemente de sua cultura alimentar.

A seguir, ilustramos alguns exemplos de dietas hospitalares oferecidas em diversos países em nível mundial, de acordo com a cultura e as tradições[42]. E para finalizar, ilustramos alguns exemplos de dietas hospitalares oferecidas em hospitais terciários de Porto Alegre, Rio Grande do Sul.

Estados Unidos

Alemanha

Indonésia

Dubai

Japão

Polônia

Noruega

Austrália

Malásia

Grã Bretanha

Canadá

Estônia

França

Dieta normal, Brasil

Dieta para diabetes, Brasil

Café da manhã para diabetes, Brasil

Referências

1. GARCIA, R. W. D. Hospital diet from the perspective of those involved in its production and planning. *Rev. Nutr.*, 19(2), p. 129-144, 2006.

2. WAITZBERG, D. L.; CAIAFFA, W. T.; CORREIA, M. I. Hospital malnutrition: the Brazilian national survey (IBRANUTRI): a study of 4000 patients. *Nutrition*, 17(7-8), p. 573-80, 2001.

3. CORREIA, M. I.; HEGAZI, R. A.; HIGASHIGUCHI, T.; MICHEL, J. P.; REDDY, B. R.; TAPPENDEN, K. A. *et al.* Evidence-Based Recommendations for Addressing Malnutrition in Health Care: An Updated Strategy From the feedM.E. Global Study Group. *J Am Med Dir Assoc.*, 15(8), p. 544-50, 2014.

4. MARCADENTI A.; VENCATTO, C.; BOUCINHA, M. E.; LEUCH, M. P.; RABELLO, R.; LONDERO, L. G. *et al.* Desnutrição, tempo de internação e mortalidade em um hospital geral do Sul do Brasil. *Revista Ciência & Saúde*, 4 (1), p. 7-13, 2011.

5. FERREIRA, D.; GUIMARÃES, T. G.; MARCADENTI, A. Acceptance of hospital diets and nutritional status among inpatients with cancer. *Einstein*, São Paulo, 11(1), p. 41-6, 2013.

6. RICARDI, J. L.; MARCADENTI, A.; SOUZA S. P. de; RIBEIRO, A. S. Oral nutritional supplements intake and nutritional status among inpatients admitted in a tertiary hospital. *Nutr Hosp.*, 28(4), p. 1357-60, 2013.

7. AGARWAL, E.; FERGUSON, M.; BANKS, M.; BATTERHAM, M.; BAUER, J.; CAPRA, S. *et al.* Malnutrition and poor food intake are associated with prolonged hospital stay, frequent readmissions, and greater in-hospital mortality: Results from the Nutrition Care Day Survey 2010. *Clin Nutr.*, 32(5), p. 737-45, 2013.

8. DIAS, M. C. G.; STELUTI, J.; YOSHIMURA, T. M.; MACULEVICIUS, J. Dietas orais hospitalares. *In*: WAITZBERG, D. L. *Nutrição Oral, Enteral e Parenteral na Prática Clínica*. 2 Volumes. 4. ed. São Paulo: Atheneu, 2009.

9. WILLIAMS, P.; WALTON, K. Plate waste in hospitals and strategies for change. *Clinical Nutrition ESPEN*, 6(6), p. e 235-41, 2011.

10. LEANDRO-MERHI, V. A.; SREBERNICH, S. M.; GONÇALVES, G. M.; AQUINO, J. L. In-hospital weight loss, prescribed diet and food acceptance. *Arq Bras Cir Dig.*, 28(1), p. 8-12, 2015.

11. OFEI, K. T.; HOLST, M.; RASMUSSEN, H. H.; MIKKELSEN, B. E. How practice contributes to trolley food waste. *Appetite*, 83, p. 49-56, 2014.

12. OFEI, K. T.; HOLST, M.; RASMUSSEN, H. H.; MIKKELSEN, B. E. Effect of meal portion size choice on plate waste generation among patients with different nutritional status. An investigation using Dietary Intake Monitoring System (DIMS). *Appetite*, 91, p. 157-164, 2015.

13. VAN BOKHORST-DE VAN DER SCHUEREN, M. A.; ROOSEMALEN, M. M.; WEIJS, P. J.; LANGIUS, J. A. High Waste Contributes to Low Food Intake in Hospitalized Patients. *Nutr Clin Pract.*, 27(2), p. 274-80, 2012.

14. GOONAN, S.; MIROSA, M.; SPENCE, H. Getting a Taste for Food Waste: A Mixed Methods Ethnographic Study into Hospital Food Waste before Patient Consumption Conducted at Three New Zealand Foodservice Facilities. *J Acad Nutr Diet.*, 114(1), p. 63-71, 2014.

15. DIEZ-GARCIA, R. W.; PADILHA, M.; SANCHES, M. Alimentação hospitalar: proposições para a qualificação do Serviço de Alimentação e Nutrição, avaliadas pela comunidade científica. *Ciênc. saúde coletiva*, 17(2), p. 473-480, 2012.

16. SIMON, M. I. S. S.; ADOME, E.; SEGABINAZZI, L.; CORBELLINI, N. M.; SELISTRE, R. L. C.; PEREZ, M. P. *et al. Manual de dietas hospitalares.* 1. ed. São Paulo: Atheneu, 2014.

17. BRASIL. Ministério da Saúde. Secretaria de Atenção à Saúde. Departamento de Atenção Básica. *Guia alimentar para a população brasileira.* 2. ed. Brasília: Ministério da Saúde, 2014.

18. NDD. *National Dysphagia Task Force*: national dysphagia diet: Standardization for optimal care. Chicago, IL: American Dietetic Association, 2002. 47 p.

19. WITTKE, E. I.; OLIVEIRA, A. M.; VIEIRA, P. J. C.; KARST, F. P.; CHIAPPA, G. R. S. Nutrição e exercício físico no acidente vascular cerebral. *In*: OLIVEIRA, A. M.; TAVARES, A. M. V.; DAL BOSCO, S. M. *Nutrição e Atividade Física*: do adulto saudável às doenças crônicas. Atheneu, 2015, *in press.*

20. WRIGHT, L.; COTTER, D.; HICKSON, M.; FROST, G. Comparison of energy and protein intakes of older people consuming a texture modified diet with a normal hospital diet. *J Hum Nutr Diet.*, 18(3), p. 213-9, 2005.

21. MORENO, C.; GARCÍA, M. J.; MARTINEZ, C. Grupo de Estudio de la Alimentación del Mayor. Análisis de situación y adecuación de dietas para disfagia en un hospital provincial. *Nutr Hosp.*, 21(1), p. 26-31, 2006.

22. PINTO ADOS, S.; GRIGOLETTI, S. S.; MARCADENTI, A. Fasting abbreviation among patients submitted to oncologic surgery: systematic review. *Arq Bras Cir Dig.*, 28(1), p. 70-3, 2015.

23. AWAD, S.; VARADHAN, K. K.; LJUNGQVIST, O.; LOBO, D. N. A meta-analysis of randomised controlled trials on preoperative oral carbohydrate treatment in elective surgery. *Clinical Nutrition*, 32, p. 34-44, 2013.

24. SEAGLE, H. M.; STRAIN, G. W.; MAKRIS, A.; REEVES, R. S. American Dietetic Association. Position of the American Dietetic Association: Weight Management. *J Am Diet Assoc.*, 109(2), p. 330-46, 2009.

25. INSTITUTE OF MEDICINE. *DRIs – Dietary Reference Intakes*: Applications in Dietary Planning. National Academy Press. Washington, D.C., 2003.

26. WEEKES, C. E. Controversies in the determination of energy requirements. *Proc Nutr Soc.*, 66(3), p. 367-77, 2007.

27. DUKKIPATI, R.; NOORI, N.; FEROZE, U.; KOPPLE, J. D. Dietary protein intake in patients with advanced chronic kidney disease and on dialysis. *Semin Dial.*, 23(4), p. 365-72, 2010.

28. ROUSSEAU, A. F.; LOSSER, M. R.; ICHAI, C.; BERGER, M. M. ESPEN endorsed recommendations: Nutritional therapy in major burns. *Clin Nutr.*, 32(4), p. 497-502, 2013.

29. JOHNSTON, B. C.; KANTERS, S.; BANDAYREL, K.; WU, P.; NAJI, F.; SIEMIENIUK, R. A. *et al.* Comparison of weight loss among named diet programs in overweight and obese adults: a meta-analysis. *JAMA*, 312(9), p. 923-33, 2014.

30. RASMUSSEN, H. H.; IRTUN, O.; OLESEN, S. S.; DREWES, A. M.; HOLST, M. Nutrition in chronic pancreatitis. *World J Gastroenterol*, 19(42), p. 7267-7275, 2013.

31. CUPPARI, L.; AMANCIO, O. M. S.; NÓBREGA, M.; SABBAGA, E. Preparo de vegetais para utilização em dieta restrita em potássio. *Nutrire*: Rev Soc Bras Alim Nutr., 28, p. 1-7, 2004.

32. MAHAN, L. K. *Krause*: Alimentos, Nutrição e Dietoterapia. Apêndice 37. 13. ed. Elsevier, 2013. p. 1130.

33. SANTOS, B. F.; CAMMERER, M. A.; MARCADENTI, A. Aceitação de dietas com reduzido teor de sódio entre cardiopatas em um hospital terciário. *Revista Ciência & Saúde*, 5(2), p. 79-86, 2012.

34. SOCIEDADE BRASILEIRA DE CARDIOLOGIA. IV Diretriz Brasileira sobre Dislipidemias e Prevenção da Aterosclerose: Departamento de Aterosclerose da Sociedade Brasileira de Cardiologia. *Arq Bras Cardiol.*, 88 (supl), p. S2-19, 2007.

35. APPEL, L. J.; MOORE, T. J.; OBARZANEK, E.; VOLLMER, W. M.; SVETKEY, L. P.; SACKS, F. M. *et al.* A clinical trial of the effects of dietary patterns on blood pressure. DASH Collaborative Research Group. *N Engl J Med.*, 336(16), p. 1117-24, 1997.

36. CALIXTO-LIMA, L.; REIS, N. T. Dietas de prova e em preparo de exames. *In*: REIS, N. T.; CALIXTO--LIMA, L. *Nutrição Clínica*: bases para prescrição. 1. ed. Rio de Janeiro: Rubio, 2015.

37. SOCIEDADE BRASILEIRA DE DIABETES. Diretrizes da Sociedade Brasileira de Diabetes: 2014-2015 / organização: José Egidio Paulo de Oliveira, Sérgio Vencio. São Paulo: AC Farmacêutica, 2015.

38. CÓRDOBA, J.; LOPEZ-HELLIN, J.; PLANAS, M.; SABI, P.; SANPEDRO, F.; CASTRO, F. *et al.* Normal protein diet for episodic hepatic encephalopathy: results of a randomized study. *Journal of Hepatology*, 41, p. 38-43, 2004.

39. TSIEN, C. D.; MCCULLOUGH, A. J.; DASARATHY, S. Treatment to Improve Nutrition and Functional Capacity Evaluation in Liver Transplant Candidates. *J Gastroenterol Hepatol.*, 27(3), p. 430-41, 2012.

40. RIELLA, M. C.; MARTINS, C. *Nutrição e o Rim.* 2. ed. Guanabara Koogan, 2013.

41. BRASIL. Ministério da Saúde. Instituto Nacional de Câncer. *Consenso nacional de nutrição oncológica.* Rio de Janeiro: Inca, 2009.

42. DEBAISE, Chelsea. Disponível em: http://www.facebook.com/l.php?u=http%3A%2F%2F www.dose.com%2Flists%2F3547%2F17-Photos-That-Show-How-Different-Hospital-Food-Is-From-Country-To-Country-This-Is-Wild&h=ZAQGpljip. Acesso em: 23 jun. 2015.

CAPÍTULO 17

LACTÁRIO E SONDÁRIO – ORGANIZAÇÃO E GESTÃO

Ana Cristina Riehs Camargo
Francielly Crestani
Renata Ongaratto

O lactário é uma unidade do Serviço de Nutrição hospitalar responsável pelo preparo, envase e distribuição de fórmulas lácteas e não lácteas infantis. O sondário se destina à realização dessas mesmas atividades no que diz respeito às dietas enterais. A manipulação de fórmulas enterais pode ser realizada no ambiente do lactário, desde que em área específica para esse fim ou em momento distinto, conforme a Resolução n.º 63, de 6 de julho de 2000[1,2,3].

A implementação do lactário/sondário deve atender à legislação específica no que envolve o dimensionamento da área física, instalações, equipamentos, utensílios, matéria-prima, processos e recursos humanos.

Este capítulo irá abordar essas questões, fornecendo informações importantes para a implantação de um lactário/sondário. O esclarecimento de algumas definições é pertinente para o adequado entendimento do exposto no decorrer do capítulo:

Nutrição Enteral (NE): alimento para fins especiais, com ingestão controlada de nutrientes, na forma isolada ou combinada, de composição definida ou estimada, especialmente formulada e elaborada para uso por sondas ou via oral, industrializado ou não, utilizada exclusiva ou parcialmente para substituir ou complementar a alimentação oral em pacientes desnutridos ou não, conforme suas necessidades nutricionais, em regime hospitalar, ambulatorial ou domiciliar, visando à síntese ou manutenção dos tecidos, órgãos ou sistemas[1].

Nutrição Enteral em Sistema Aberto: NE que requer manipulação prévia à sua administração, para uso imediato ou atendendo à orientação do fabricante[1].

Prescrição dietética da NE: determinação de nutrientes ou da composição de nutrientes da NE, mais adequada às necessidades específicas do paciente, de acordo com a prescrição médica. A prescrição dietética é de responsabilidade do profissional nutricionista[1,4].

Prescrição médica da Terapia de Nutrição Enteral (TNE): determinação das diretrizes, prescrição e conduta necessárias para a prática da TNE, baseadas no estado clínico nutricional do paciente[1].

Sala de manipulação de NE: sala sanitizada, específica para a manipulação de NE, atendendo às exigências das Boas Práticas de Preparação de Nutrição Enteral (BPPNE)[1].

1. Infraestrutura

1.1 Localização

O lactário deve estar localizado próximo à Unidade de Alimentação e Nutrição, de modo a facilitar a supervisão das atividades, e afastado de áreas infectocontagiosas e com grande circulação de pessoal[5]. Todas as unidades hospitalares que possuam atendimento pediátrico devem possuir um lactário[6].

1.2 Área Física

Todos os estabelecimentos assistenciais de saúde deverão ser elaborados em conformidade com as disposições na Resolução n.º 50, de 21 de fevereiro de 2002[3]. Incluem-se projetos para a construção, complementação, reforma ou ampliação de uma edificação[3].

Dentro da organização físico-funcional desenvolvida nos estabelecimentos assistenciais, cabe ao lactário[3]:

- Proporcionar condições de assistência alimentar a crianças e neonatos enfermos, por meio do controle, preparação, porcionamento, envase e distribuição de fórmulas lácteas e não lácteas, além de promover a higienização de utensílios, equipamentos e área física;
- Desenvolver atividades relacionadas ao leite humano, como distribuir leite humano coletado e processado por Banco de Leite Humano.

Em estabelecimentos assistenciais de saúde com até 15 leitos pediátricos, a área mínima para o lactário é de 15m², com distinção entre área "suja e limpa", com acesso independente à área limpa, realizado a partir de vestiário de barreira[3].

Em hospitais que possuam mais de 15 leitos pediátricos, o lactário deve ser composto pelas seguintes áreas[3,5]:

- Área de recepção e lavagem de mamadeiras e outros utensílios: destinada para higienização de mamadeiras, bicos, arruelas e tampas. Deve ter uma dimensão de no mínimo 8m².
- Área para desinfecção de alto nível de mamadeiras: deve possuir uma dimensão mínima de 4m² e deve conter a definição dos equipamentos utilizados para tal atividade.
- Área para preparo e envase de fórmulas lácteas e não lácteas: destina-se à pesagem, preparo, envase do volume prescrito, identificação e aquecimento das fórmulas. Deve apresentar dimensão mínima de 7m².
- Área para estocagem e distribuição de fórmulas lácteas e não lácteas: local onde ocorre a separação e o armazenamento das fórmulas prontas até o momento da distribuição conforme horários estabelecidos. Deve possuir dimensão mínima de 5m².
- Área para esterilização terminal: deve apresentar dimensão de no mínimo 1m².

São considerados ambientes de apoio ao lactário[3]:

- Depósito de material de limpeza (DML): Sala destinada exclusivamente à guarda de material de limpeza e sanitização dos ambientes da unidade.

- Vestiários de barreira para sala de preparo, envase e estocagem: destinados à paramentação do funcionário e higienização de mãos.
- Sala administrativa.

Uma área para preparo de NE, também denominado sondário, deve existir em estabelecimentos assistenciais de saúde que utilizam NE em sistema aberto[3]. O ambiente pode ser compartilhado com o lactário desde que satisfeitas as seguintes condições[1]:

a. existência de sala separada para fogão, geladeira, micro-ondas e freezer;

b. existência de procedimentos escritos quanto a horários distintos de utilização.

Os ambientes destinados à preparação de NE devem se adequar às operações desenvolvidas e assegurar a qualidade das preparações. Os seguintes ambientes são necessários[1,3]:

- Área de Armazenamento: destinada para a estocagem ordenada das diversas categorias de insumos, materiais de embalagem e NE industrializada. Quando exigidas condições especiais de armazenamento, relacionadas à temperatura e umidade, estas devem ser providenciadas.
- Sala de recebimento de prescrições e dispensação de NE: local onde ocorrem as atividades de inspeção final e acondicionamento da NE para transporte. Deve possuir no mínimo 7m².
- Sala de limpeza e sanitização de insumos: ambiente destinado à assepsia das embalagens dos insumos antes da manipulação de NE. Deve ser localizada ao lado da sala de manipulação de NE, possuindo passagem exclusiva (guichê ou similar) para a entrada de insumos e materiais de embalagem em condições de segurança, distinta daquela destinada à saída de NE pronta. Sua dimensão deve ser de, no mínimo, 4,5m².
- Sala de preparo de alimentos "in natura": área destinada ao processamento de alimentos in natura, que necessitem cozimento para manipulação de NE. O preparo deve ser realizado em ambiente específico e distinto do local destinado à manipulação de NE. Deve possuir dimensão mínima de 6m².
- Sala de manipulação e envase de NE: sala segregada e destinada para esse fim, livre de trânsito de materiais. Deve possuir duas passagens (guichê ou similar) distintas para entrada de insumos limpos e saída de NE pronta. A entrada para a sala deve ser realizada exclusivamente por meio do vestiário de barreira. A dimensão deve ser de, no mínimo, 7m². Nesse local, não é permitida a instalação de fogão, micro-ondas, geladeira e freezer de qualquer tipo.
- Vestiário de barreira: sala destinada à paramentação do funcionário, constituindo-se em uma barreira às salas de limpeza e sanitização e de manipulação e envase de NE. Deve possuir pia com torneira que dispensa o contato das mãos quando do fechamento da água e dispensador para sabão líquido ou antisséptico para a lavagem das mãos, além de recursos para secagem das mãos.
- Sanitários de funcionários (masculino e feminino).
- DML: sala destinada exclusivamente à guarda de material de limpeza e sanitização dos ambientes da unidade.

Os ambientes devem ter dimensões suficientes ao desenvolvimento das operações, dispondo de todos os equipamentos e materiais de forma organizada e racional, objetivando evitar os riscos de contaminação, misturas de componentes e garantir a sequência das operações[1].

Os materiais de revestimento utilizados em paredes, pisos, tetos e bancadas devem ser resistentes aos agentes de limpeza e sanitização. Todos os ralos de esgotos devem ser sifonados e com tampas escamoteadas[1].

Os ambientes devem ser protegidos contra a entrada de aves, insetos, roedores e poeira. A iluminação e a ventilação devem ser suficientes e adequadas. A temperatura e umidade relativa devem ser adequadas para a manutenção dos insumos e precisão e funcionamento dos equipamentos[1].

2. Equipamentos, utensílios e mobiliários

Os equipamentos devem ser projetados, localizados, instalados, adaptados e mantidos de forma adequada às operações a serem realizadas, impedindo a contaminação cruzada, o acúmulo de poeira e sujeira e qualquer efeito adverso sobre a qualidade do produto final[1].

Os equipamentos empregados para medir parâmetros que possam afetar a qualidade do produto final, como os termômetros, devem ser validados e periodicamente verificados e calibrados por pessoal capacitado, utilizando padrões da Rede Brasileira de Calibração, devendo haver registros de tais ações[1].

Todos os equipamentos devem ser submetidos à manutenção corretiva, quando necessário, e à manutenção preventiva, conforme programação formal descrita em procedimentos operacionais elaborados com base nas especificações dos manuais dos fabricantes. Devem ser realizados registros das manutenções preventivas e corretivas realizadas[1].

Procedimentos operacionais de limpeza e sanitização de equipamentos, utensílios e materiais devem estar descritos. Após o término do trabalho, os equipamentos e utensílios devem ser limpos e sanitizados, efetuando-se os respectivos registros desses procedimentos[1].

3. Pessoal

O lactário/sondário deve contar com pessoal qualificado e em número suficiente para o desempenho de todas as tarefas pré-estabelecidas, para que todas as operações sejam executadas corretamente[1]. O número de funcionários depende do número de leitos pediátricos do hospital, dos equipamentos disponibilizados, do número de mamadeiras e sondas produzidas e das atividades que serão desenvolvidas[5].

Os profissionais devem receber treinamento inicial e contínuo, inclusive instruções de higiene, além de motivação para a manutenção dos padrões de qualidade. Torna-se imprescindível haver um programa de treinamento com os respectivos registros para todas as pessoas envolvidas nas atividades que possam afetar a qualidade do produto final[1].

Na admissão, os profissionais devem realizar exames médicos para avaliar seu estado de saúde, sendo obrigatória a realização de avaliações médicas periódicas atendendo à NR 7 – Programa de Controle Médico de Saúde Ocupacional (PCMSO). Em caso de suspeita ou confirmação de enfermidade ou lesão exposta, o profissional deve ser encaminhado ao serviço de saúde ocupacional (Medicina do Trabalho), o qual tomará as providências necessárias[1].

O nutricionista é responsável pela avaliação da prescrição dietética e pela supervisão dos processos de preparação, manipulação, controle de qualidade, conservação, transporte e distribuição das fórmulas e NE. Além disso, é de sua responsabilidade participar, promover e registrar as atividades de treinamento operacional e de educação continuada, garantindo a atualização e motivação de seus colaboradores[1].

4. Matéria-prima

Todos os insumos e recipientes adquiridos industrialmente para o preparo das formulações devem ser registrados nos órgãos competentes e acompanhados do Certificado de Análise emitido pelo fabricante[1]. Compete ao nutricionista a supervisão do processo de aquisição. A comprovação de segurança de alimentos e ingredientes é exigência legal estabelecida pela ANVISA, como forma de proteger a saúde da população[2].

A regulamentação dos produtos utilizados pelo lactário/sondário está disposta nas seguintes resoluções:

- Resolução RDC n.º 02/2002[7]: probióticos
- Resolução RDC n.º 21/2015[8]: fórmulas para nutrição enteral
- Resoluções RDC n.º 42/2011[9] e RDC n.º 45/2014[10]: compostos de nutrientes para alimentos destinados a lactentes e a crianças de primeira infância
- Resoluções RDC n.º 43/2011[11] e RDC n.º 46/2014[12]: fórmulas infantis para lactentes
- Resoluções RDC n.º 44/2011[13] e RDC n.º 47/2014[14]: fórmulas infantis de seguimento para lactentes e crianças de primeira infância
- Resoluções RDC n.º 45/2011[15] e RDC n.º 48/2014[16]: fórmulas infantis destinadas a necessidades dietoterápicas específicas.

5. Preparação

A preparação envolve a avaliação da prescrição dietética, a manipulação, o controle de qualidade, a conservação e o transporte, tanto das fórmulas lácteas e não lácteas infantis quanto da NE, e exige a responsabilidade e a supervisão direta do nutricionista[1]. Procedimentos operacionais escritos devem existir para todas as etapas do processo de preparação[1].

6. Manipulação

A manipulação das formulações no ambiente do lactário/sondário deve ser realizada com técnica asséptica, seguindo procedimentos escritos e validados. O acondicionamento deve ser em recipiente atóxico, de modo que mantenha a qualidade físico-química e microbiológica do seu conteúdo[1].

Após a manipulação, as formulações devem passar por inspeção visual, garantindo a ausência de partículas estranhas, precipitações, separação de fases e alterações de cor não previstas[1].

7. Amostras

Durante o processo de manipulação, devem ser colhidas, aleatoriamente, amostras para avaliação microbiológica laboratorial. As amostras devem ser estatisticamente representativas +1 de uma sessão de manipulação. Devem ser guardadas para contraprova, sob refrigeração (2 ºC a 8 ºC), durante 72 horas após o seu prazo de validade[1].

8. Controle microbiológico

A qualidade microbiológica da área de manipulação deve ser baseada em um programa de controle ambiental (superfícies, utensílios e equipamentos) e de funcionários, elaborado de comum acordo com os padrões estabelecidos pela Comissão de Controle de Infecção Hospitalar (CCIH)[1].

A água utilizada no preparo das formulações deve ser avaliada quanto às características microbiológicas, pelo menos uma vez por mês, ou conforme orientações da CCIH, mantendo-se os respectivos registros[1].

A avaliação microbiológica em amostra representativa das preparações realizadas em uma sessão de manipulação deve atender aos seguintes limites microbiológicos[1]:

- Micro-organismos aeróbicos mesófilos: menor que 103UFC/g antes da administração
- *Bacillus cereus*: menor que 103UFC/g
- Coliformes: menor que 3UFC/g
- *Escherichia coli*: menor que 3UFC/g
- *Listeria monocytogenes*: ausente
- *Salmonella s*: ausente
- *Sthaphylococcus aureus*: menor que 3UFC/g
- *Yersinia enterocolitica*: ausente
- *Clostridium perfrigens*: menor que 103UFC/g

9. Conservação

Toda a formulação preparada deve ser conservada sob refrigeração, em geladeira exclusiva, com temperatura entre 2 ºC e 8 ºC. A administração deve ocorrer imediatamente após a sua manipulação ou conforme as recomendações do fabricante[1].

10. Transporte

O transporte das fórmulas lácteas ou não lácteas infantis e das dietas enterais deve ser feito em recipientes térmicos exclusivos obedecendo a critérios pré-estabelecidos e constantes em manuais de Boas Práticas de Preparo. A NE deve ser transportada protegida da incidência direta da luz solar e de modo a garantir que a temperatura se mantenha entre 2 ºC e 8 ºC durante o tempo de transporte, que não deve ultrapassar duas horas[1].

O nutricionista é responsável pela manutenção da qualidade das formulações até a sua entrega ao profissional responsável pela administração. O treinamento dos funcionários que realizam o transporte das dietas também é de responsabilidade do nutricionista[1].

11. Rotulagem e embalagem

As formulações devem apresentar rótulo com as seguintes informações: nome do paciente, número do leito, registro hospitalar, composição qualitativa e quantitativa de todos os componentes, volume total, velocidade de administração (quando dietas enterais), via de acesso, data e hora da manipulação, prazo de validade, número sequencial de controle e condições de temperatura para conservação, nome e número no Conselho Profissional do respectivo responsável técnico pelo processo[1].

12. Procedimentos operacionais, manual de boas práticas e garantia de qualidade

Todas as etapas descritas devem atender a procedimentos escritos específicos e serem devidamente registradas, evidenciando as ocorrências na execução dos procedimentos[1].

Os Manuais de Boas Práticas estabelecem as orientações gerais para aplicação nas operações de preparação das formulações, bem como critérios para aquisição de insumos, materiais de embalagem e NE industrializada[1].

Todos os aspectos relativos aos insumos, materiais de embalagem, formulações, procedimentos de limpeza, higiene e sanitização, conservação e transporte das formulações devem ser avaliados, de modo a garantir os critérios de qualidades estabelecidos pela regulamentação técnica. O nutricionista é o responsável pela qualidade das fórmulas lácteas e não lácteas infantis e pelas dietas enterais que processa, conserva e transporta[1].

13. Higienização, lavagem e desinfecção

As infecções relacionadas à assistência à saúde representam um risco importante à segurança do paciente em serviços de saúde. Evidências apontam que muitos patógenos resistentes a antibióticos contaminam superfícies e equipamentos mais frequentemente manuseados pelos profissionais e pacientes[17].

Para compreender o processo de lavagem, desinfecção e higienização, torna-se importante esclarecer suas definições[5]:

- Lavagem: utiliza água, sabão e detergente, permitindo diminuir resíduos orgânicos nas superfícies;
- Desinfecção: utiliza calor ou produtos desinfetantes para reduzir o número de micro-organismos patogênicos a níveis aceitáveis;
- Higienização: compreende uma simples lavagem ou até um processo de desinfecção e esterilização.

Falhas nos processos de lavagem e desinfecção de superfícies podem ter como consequência a disseminação e transferência de microrganismos nos ambientes dos serviços de saúde, colocando em risco as atividades desenvolvidas no setor[17].

O lactário está classificado como área crítica, ou seja, ambiente onde existe risco aumentado de transmissão de infecção e onde se realizam procedimentos de risco[17].

Para que a limpeza atinja seus objetivos, torna-se imprescindível a utilização de produtos saneantes, como sabões e detergentes na diluição recomendada. Em locais onde há presença de matéria orgânica, é necessária a utilização de desinfetantes[17].

No lactário, por ser considerado área crítica, deve-se realizar limpeza concorrente três vezes ao dia, em horário preestabelecido e/ou sempre que necessário, e limpeza terminal uma vez por semana, em data e horário preestabelecido[17].

A limpeza concorrente é o procedimento de limpeza realizado, diariamente, com a finalidade de limpar e organizar o ambiente, repor os materiais de consumo diário, como sabonete líquido e papel toalha, e recolher os resíduos, de acordo com a sua classificação[17].

A limpeza terminal é uma limpeza mais completa, incluindo todas as superfícies horizontais e verticais, internas e externas. Nesse tipo de limpeza, devem-se utilizar máquinas de lavar piso e kits de limpeza para vidros, paredes e teto[17].

Os produtos usados na limpeza e sanitização não devem contaminar as instalações e equipamentos de manipulação com substâncias tóxicas, químicas, voláteis e corrosivas, devendo obedecer às normas do fabricante e serem avaliados sistematicamente quanto à contaminação microbiana[1].

Programas e procedimentos operacionais de limpeza e sanitização das áreas e instalações devem estar disponíveis ao pessoal responsável e operacional, devendo, também, existir registros de todas as operações realizadas[1].

14. Higiene pessoal

Todos os manipuladores envolvidos no processo de preparação de fórmulas e NE devem seguir as normas de boas práticas de manipulação.

Os profissionais devem realizar paramentação para a realização de atividade dentro das áreas de manipulação e envase de fórmulas lácteas e não lácteas e de NE. A paramentação compreende touca, máscara, protetor de calçados e avental fechado e com mangas compridas[1].

O manipulador deve tomar banho diariamente, manter os cabelos presos e arrumados e unhas limpas, aparadas e sem esmalte. Não deve utilizar adornos (anéis, pulseiras, relógios, colares, piercing, brincos), perfumes e maquiagens durante o período de trabalho. Os profissionais do sexo masculino devem manter os cabelos curtos e barba feita[5,17].

Durante o processo de manipulação, não é permitido falar, cantar, assobiar, tossir, espirrar, cuspir, fumar, mascar goma, chupar balas, comer, tocar o corpo, assoar o nariz, mexer no cabelo, manipular dinheiro e fumar. Não é permitido trabalhar diretamente com alimento quando apresentar problemas de saúde, como ferimentos e/ou infecção na pele, resfriado ou gastroenterites[18].

É necessário proceder à lavagem das mãos e antebraços e escovação das unhas, com antisséptico apropriado e recomendado em legislação do Ministério da Saúde, antes do início de qualquer atividade. O procedimento de lavagem das mãos e antebraços deve ser validado e verificado sistematicamente[1].

A higienização das mãos tem como finalidade remover os microrganismos que colonizam as camadas superficiais da pele, retirando a sujidade para evitar a sua proliferação. O procedimento faz uso de sabonete líquido e deve ser realizado por um período de 40 a 60 segundos[19].

A higienização antisséptica das mãos promove a remoção de sujidades e de microrganismos, reduzindo a carga microbiana das mãos, com auxilio de um antisséptico, como degermante. O procedimento deve ser realizado por um período de 40 a 60 segundos[19].

A fricção antisséptica das mãos reduz a carga microbiana das mãos a partir da utilização de gel alcoólico, preferencialmente a 70%. Nesse procedimento, não ocorre a remoção de sujidades. O procedimento deve ser realizado por um período de 20 a 30 segundos[19].

Referências

1. BRASIL, Agência Nacional de Vigilância Sanitária. *Resolução nº 63 de 6 de julho de 2000*. Brasília, 2000.

2. BRASIL, Agência Nacional de Vigilância Sanitária. *Guia para Aprovação da Segurança e Alimentos e Ingredientes*. Brasília, fev. 2013.

3. BRASIL, Agência Nacional de Vigilância Sanitária. *Resolução*: RDC nº 50 de 21 de fevereiro de 2002. Dispõe sobre o Regulamento Técnico para planejamento, programação, elaboração e avaliação de projetos físicos de estabelecimentos assistenciais de saúde. Brasília, 2002.

4. CONSELHO FEDERAL DE NUTRICIONISTAS. *Resolução CFN 304/2003*. Dispõe sobre critérios para prescrição dietética na área de nutrição clínica e dá outras providências. 2003.

5. DA SILVA, A. P. A.; GIL, L. P.; TRIDA, V. C. Lactário Hospitalar. *In*: FEFERBAUM, R.; DA SILVA, A. P. A.; MARCO, D. *Nutrição Enteral em Pediatria*. São Paulo: Yendis, 2012. p. 413-37.

6. BRASIL, Agência Nacional de Vigilância Sanitária. *Resolução*: RDC nº 307 de 14 de novembro de 2002. Altera a Resolução - RDC nº 50 de 21 de fevereiro de 2002 que dispõe sobre o Regulamento Técnico para planejamento, programação, elaboração e avaliação de projetos físicos de estabelecimentos assistenciais de saúde. Brasília, 2002.

7. BRASIL, Agência Nacional de Vigilância Sanitária. *Resolução RDC nº 02/2002*. Aprova o Regulamento Técnico de Substâncias Bioativas e Probióticos Isolados com Alegação de Propriedades Funcional e ou de Saúde. Brasília, 2002.

8. BRASIL, Agência Nacional de Vigilância Sanitária. *Resolução RDC nº 21/2015*. Dispõe sobre o regulamento técnico de fórmulas para nutrição enteral. Brasília, 2015.

9. BRASIL, Agência Nacional de Vigilância Sanitária. *Resolução RDC nº 42/2011*. Dispõe sobre o regulamento técnico de compostos de nutrientes para alimentos destinados a lactentes e a crianças de primeira infância. Brasília, 2011.

10. BRASIL, Agência Nacional de Vigilância Sanitária. *Resolução RDC nº 45/2014*. Altera a Resolução da Diretoria Colegiada - RDC nº 42, de 19 de setembro de 2011, que dispõe sobre o regulamento técnico de compostos de nutrientes para alimentos destinados a lactentes e a crianças de primeira infância. Brasília, 2014.

11. BRASIL, Agência Nacional de Vigilância Sanitária. *Resolução RDC nº 43/2011*. Dispõe sobre o regulamento técnico para fórmulas infantis para lactentes. Brasília, 2011.

12. BRASIL, Agência Nacional de Vigilância Sanitária. *Resolução RDC nº 46/2014*. Altera a Resolução da Diretoria Colegiada - RDC nº 43, de 19 de setembro de 2011, que dispõe sobre o regulamento técnico para fórmulas infantis para lactentes. Brasília, 2014.

13. BRASIL, Agência Nacional de Vigilância Sanitária. *Resolução RDC nº 44/2011*. Dispõe sobre o regulamento técnico para fórmulas infantis de seguimento para lactentes e crianças de primeira infância. Brasília, 2011.

14. BRASIL, Agência Nacional de Vigilância Sanitária. *Resolução RDC nº 47/2014*. Altera a Resolução da Diretoria Colegiada - RDC nº 44, de 19 de setembro de 2011, que dispõe sobre o regulamento técnico para fórmulas infantis de seguimento para lactentes e crianças de primeira infância. Brasília, 2014.

15. BRASIL, Agência Nacional de Vigilância Sanitária. *Resolução RDC nº 45/2011*. Dispõe sobre o regulamento técnico para fórmulas infantis para lactentes destinadas a necessidades dietoterápicas específicas e fórmulas infantis de seguimento para lactentes e crianças de primeira infância destinadas a necessidades dietoterápicas específicas. Brasília, 2011.

16. BRASIL, Agência Nacional de Vigilância Sanitária. *Resolução RDC nº 48/2014*. Altera a Resolução da Diretoria Colegiada - RDC nº 45, de 19 de setembro de 2011, que dispõe sobre o regulamento técnico para fórmulas infantis para lactentes destinadas a necessidades dietoterápicas específicas e fórmulas infantis de seguimento para lactentes e crianças de primeira infância destinadas a necessidades dietoterápicas específicas. Brasília, 2014.

17. BRASIL, Agência Nacional de Vigilância Sanitária. *Segurança do Paciente em Serviço de Saúde*: Limpeza e Desinfecção de Superfícies. Brasília, 2010.

18. BRASIL, Centro de Vigilância Sanitária. *Portaria CVS-6/99, de 10 de março de 1999*. Dispõe sobre o regulamento técnico que estabelece os Parâmetros e Critérios para o Controle Higiênico-Sanitário em Estabelecimentos de Alimentos. Brasília, 1999.

19. BRASIL, Agência Nacional de Vigilância Sanitária. *Segurança do Paciente*: Higienização das Mãos. Brasília. Brasil. Agência Nacional de Vigilância Sanitária. Segurança do Paciente em Serviços de Saúde: Higienização das Mãos / Agência Nacional de Vigilância Sanitária. Brasília: ANVISA, 2009, 105p.

CAPÍTULO 18

PLANEJAMENTO E GESTÃO DE BANCO DE LEITE HUMANO_

Francielly Crestani
Renata Ongaratto

Amamentar envolve interação entre mãe e filho, repercutindo no estado nutricional da criança, no seu desenvolvimento cognitivo e emocional, e em sua saúde em longo prazo[1]. Práticas adequadas de amamentação previnem a morbidade infantil por diarreia, infecções respiratórias e otite média. Além disso, diminuem a mortalidade por causas como a enterocolite necrotizante e a síndrome da morte súbita na infância[2].

Os inúmeros benefícios fornecidos pelo leite materno (LM) são bem estabelecidos e indiscutíveis. Dentro desse contexto, considera-se de extrema importância dispor de leite humano (LH), em quantidades suficientes, que permitam o atendimento, nos momentos de urgência, aos lactentes que, por motivos clinicamente comprovados, não disponham de aleitamento ao seio[3].

Os Bancos de Leite Humano (BLH) viabilizam essa prática por meio de iniciativas de promoção e apoio ao aleitamento materno (AM) e de execução de atividades de coleta, processamento e distribuição de LH aos bebês de acordo com os critérios de prioridade e necessidades[4].

O capítulo a seguir tratará de todos os aspectos pertinentes ao funcionamento de um BLH.

1. Definições

Banco de Leite Humano (BLH): é um serviço especializado vinculado a um hospital de assistência materna e/ou infantil onde são executadas as atividades de coleta, seleção, classificação, processamento, controle de qualidade e distribuição de leite humano. É fundamental para o desenvolvimento das estratégias da política pública em favor da amamentação, sendo responsável por ações de promoção, proteção e apoio ao aleitamento materno[4,5].

Posto de coleta de leite humano (PCLH): unidade vinculada tecnicamente a um BLH e administrativamente a um serviço de saúde ou ao próprio banco. Pode ser fixa ou móvel, intra ou extra-hospitalar. Da mesma forma que o BLH, tem responsabilidade de ações de promoção, proteção e apoio ao AM e execução de atividades de coleta da produção lática da nutriz e sua estocagem. Entretanto não pode executar atividades de processamento do leite, que são exclusivas do BLH[5,6].

Para o funcionamento, ambos o BLH e o PCLH devem possuir licença sanitária atualizada, emitida pelo órgão de vigilância sanitária competente[5].

2. Histórico[4,7]

1943: implantação do primeiro BLH do Brasil, no então Instituto Nacional de Puericultura, atual Instituto Fernandes Figueira (IFF). Tinha como objetivo coletar e distribuir LH atendendo casos considerados especiais, como prematuridade, distúrbios nutricionais e alergias a proteínas heterólogas. O Banco de Leite Humano do Instituto Fernandes Figueira / Fundação Oswaldo Cruz / Ministério da Saúde (BLH-IFF/Fiocruz) tornou-se, posteriormente, o Centro de Referência Nacional e para o estado do Rio de Janeiro.

1981: criação do Programa Nacional de Incentivo ao Aleitamento Materno (PNIAM).

1984: instituição do Grupo Técnico de BLH, com vistas a monitorar a implantação e o funcionamento de BLHs em todo o território nacional.

1985: expansão de unidades de BLH, a partir desse período.

1988: elaboração e publicação da primeira legislação sanitária federal sobre BLH, a Portaria GM/MS n.º 322/1988[8]. A portaria aprovou normas gerais destinadas a regular a instalação e o funcionamento dos BLH.

1992: realização do I Encontro Nacional de Bancos de Leite Humano, no Rio de Janeiro/RJ. Nessa ocasião, surgiu a necessidade do desenvolvimento de um planejamento estratégico integrado, o que seria o primeiro passo para a construção da Rede Brasileira de Bancos de Leite Humano[4,9].

Início da década de 90: criação, em Brasília, de uma parceria entre Corpo de Bombeiros Militar e a Rede BLH-BR para coleta de LH. O Fundo das Nações Unidas para a Infância (Unicef) premiou a corporação do Distrito Federal com o título de Bombeiro Amigo da Amamentação, em 1998.

1998: criação da Rede Brasileira de Bancos de Leite Humano, por iniciativa conjunta do Ministério da Saúde e Fundação Oswaldo Cruz.

2002: realização do III Congresso Brasileiro de BLH em Petrópolis/RJ. Foi proposta de revisão da Portaria GM/MS n.º 322/88[8].

2003: com apoio da Organização Pan-Americana de Saúde, teve início um processo de ampliação da Rede Brasileira de Bancos de Leite Humano para o continente americano. Instituiu-se em 1º de Outubro o Dia Nacional de Doação de Leite Humano no Brasil, a partir da Portaria n.º 1.893[10], de 2 de outubro de 2003.

2005: assinatura da **Carta de Brasília**, que materializou a política de expansão por meio do compromisso de criação da Rede Latino Americana de Bancos de Leite Humano.

2006: publicação novo regulamento para funcionamento de BLH, a RDC n.º 171/2006[5].

2009: premiação ao Centro de Referência Nacional para Bancos de Leite Humano, com sede no Instituto Fernandes Figueira (IFF/Fiocruz), pela Organização Mundial da Saúde e pelo Programa das Nações Unidas para o Desenvolvimento como uma das iniciativas que mais contribuíram para o desenvolvimento humano no Hemisfério Sul.

2010: instituição da Comissão Nacional de Bancos de Leite Humano (CNBLH) pelo Ministério da Saúde por intermédio da Portaria n.º 696[11], de 16 de dezembro de 2010.

2015: 220 bancos de leite humano e 177 postos de coleta estavam cadastrados no sistema de produção da Rede BLH-BR[7].

Assinatura da Carta de Brasília 2015, que instituiu a denominação de Rede Global de Bancos de Leite Humano (rBLH), com a missão de ampliar o compartilhamento do conhecimento e tecnologias voltadas para a segurança alimentar e nutricional na atenção neonatal e a lactentes, gerando condições para otimização do funcionamento dos BLH.

3. Organização do BLH

É de responsabilidade da direção do serviço de saúde, da coordenação e do responsável técnico (RT) do BLH ou do PCLH o planejamento, a implementação e a garantia da qualidade dos processos, em conformidade com a legislação vigente[5].

Todos os procedimentos realizados devem dispor de normas e rotinas escritas, assim como descrição dos cargos e das funções de pessoal e da estrutura organizacional. BLH e PCLH devem seguir as orientações do Programa de Controle e Prevenção de Infecção e de Eventos Adversos (PCPIEA) dos serviços de saúde aos quais estão vinculados e implantar as Boas Práticas de Manipulação do leite humano ordenhado (LHO)[4].

São atividades pertinentes ao PCLH[4]:

- Desenvolver ações de promoção, proteção e apoio ao aleitamento materno, e de incentivo e sensibilização sobre a doação de LH.

- Prestar assistência à gestante, puérpera, nutriz e lactente na prática do AM, como por exemplo: preparar a gestante para a amamentação; orientar manejo da amamentação; orientar ordenha, coleta e armazenamento do LHO a domicílio; operacionalizar o controle clínico da doadora; coletar, armazenar e repassar o LHO para o BLH ao qual está vinculado; assegurar o registro e rastreabilidade do leite ordenhado.

O BLH, além das atividades descritas, executa o processamento e distribuição do LH, respondendo pelo controle de qualidade do LHO e de todo o processo, em obediência às regulamentações específicas publicadas pela Agência Nacional de Vigilância Sanitária. O BLH responde, também, pelo funcionamento dos PCLH vinculados a ele.

3.1 Recursos humanos

A equipe do BLH e do PCLH pode ser composta por: médicos, nutricionistas, enfermeiros, farmacêuticos, engenheiros de alimentos, biólogos, biomédicos, médicos veterinários, psicólogos, assistentes sociais, fonoaudiólogos, terapeutas ocupacionais, auxiliares e técnicos (de enfermagem, laboratório e nutrição), dentre outros profissionais[4].

Os recursos humanos necessários para o funcionamento do BLH vão depender do seu tamanho e da complexidade das atividades, além de possíveis questões burocráticas da própria instituição.

A responsabilidade técnica pelo serviço de BLH e PCLH perante a vigilância sanitária deve ser assumida por um dos profissionais de nível superior[5]. Um programa de educação permanente deve ser disponibilizado a todos os profissionais.

Profissionais que atuam em BLH e PCLH, em conformidade com as portarias[12] do Ministério do Trabalho e Emprego (MTE) e da RDC/ANVISA n.º 171/2006[5], devem passar por avaliação da saúde no momento da admissão e anualmente, na mudança de função e na demissão, com vistas a garantir que o LHO manipulado seja um produto isento de riscos para a saúde dos receptores. Além da avaliação clínica e laboratorial, recomenda-se vacinação contra tétano, difteria, hepatite B e outras doenças imunopreveníveis, a critério do médico do trabalho[12].

3.2 Infraestrutura física

A infraestrutura física necessária para BLH e PCLH deve ser planejada correlacionando-a com as atividades e funções desenvolvidas.

O layout deve obedecer a um fluxo unidirecional de pessoas e produtos, evitando cruzamento de fluxos e facilitando a higienização[4,5]. O projeto arquitetônico de um BLH e de um PCLH deve ser avaliado e aprovado pela Vigilância Sanitária local previamente à execução da obra, de acordo com a RDC/ANVISA n.º 189/2003[13]. Reformas ou ampliações estão condicionadas às disposições da RDC/ANVISA n.º 171/2006[5].

O BLH deve dispor de[4,5]:

- Área para arquivo de documentos de doadoras

- Área para estocagem de leite cru coletado. A estocagem pode ser realizada na sala de processamento, desde que haja área específica para isso, com geladeira ou freezer exclusivos para o leite cru.

- Área para recepção da coleta externa

- Laboratório de controle de qualidade microbiológico, que pode estar nas dependências do BLH ou em outro setor do serviço em que o BLH estiver localizado

- Sala para ordenha

- Sala para processamento para as atividades de degelo, seleção, classificação, reenvase, pasteurização, estocagem e distribuição

- Sala para recepção, registro e triagem das doadoras

- Vestiário de barreira

São necessários, ainda:

- Depósito de material de limpeza (DML) com tanque

- Sanitário para deficientes, de acordo com o Decreto Federal n.º 5296/2004[14] e a NBR/ABNT 9050[15] da Associação Brasileira de Normas Técnicas (ABNT)

- Sanitários (masculino e feminino)

Materiais de acabamento para pisos, paredes, bancadas e tetos: devem obedecer ao preconizado na RDC/ANVISA n.º 50/2002[16], sendo resistentes à lavagem e ao uso de saneantes. Devem ser priorizados materiais que tornem as superfícies monolíticas, ou seja, sem ranhuras ou perfis aparentes, mesmo após o uso e limpeza frequentes.

Paredes e divisórias: não é permitido o uso de divisórias removíveis (biombos, por exemplo) na sala de processamento. Paredes pré-fabricadas podem ser usadas, desde que tenham acabamento monolítico. Não deve haver tubulações aparentes nas paredes e tetos nos ambientes críticos e semicríticos[16].

Rodapé: a execução da junção entre o rodapé e o piso ou a parede deve ser feita de forma que permita a completa limpeza. Rodapés com arredondamento acentuado não facilitam o processo de limpeza do local[16].

Teto: em ambientes críticos, o teto deve ser contínuo, sendo proibidos forros falsos removíveis. Nos demais ambientes, é permitido desde que sejam resistentes aos processos de limpeza e desinfecção[16].

Ralos: devem ter fechos hídricos (sifões) e tampa com fechamento escamoteável[16].

Instalações elétricas e iluminação: o uso de películas protetoras nos vidros para proteção contra o sol e redução do acúmulo de poeira pode ser adotado.

As instalações elétricas precisam ser embutidas ou protegidas por material resistente a impactos, à lavagem e ao uso de saneantes. Não é permitida a utilização de um mesmo ponto para alimentar mais de um aparelho, por meio de extensões, tomadas múltiplas ou benjamins (tês)[16].

Sistemas de climatização: equipamentos de ar condicionado de janela e mini splits somente podem ser instalados no BLH e no PCLH acompanhados por um sistema de ventilação e/ou exaustão complementar, para garantir a renovação de ar exterior necessária nesses ambientes[4]. Ventiladores de teto e circuladores de ar não são permitidos nas salas de processamento e de ordenha do BLH e do PCLH[4].

Instalações hidrossanitárias: no mínimo a cada seis meses, deve ser realizada limpeza dos reservatórios e a análise da qualidade da água.

O lavatório deve ser equipado com sabonete líquido, porta papel-toalha e lixeira com tampa, acionada por pedal. Nos ambientes em que se executam procedimentos, os lavatórios devem possuir torneiras ou comandos do tipo que dispensem o contato das mãos quando do fechamento da água[16].

3.3 Equipamentos

Os materiais, equipamentos e instrumentos necessários para uso no BLH e no PCLH devem estar regularizados junto à ANVISA/MS e de acordo com a legislação vigente[5]. Devem possuir manual de funcionamento e programação de manutenção preventiva, além de passarem por calibragem em intervalos regulares, sendo esses procedimentos devidamente registrados[5].

Os principais equipamentos e materiais requeridos são[4,17]:

- Agitador para tubos tipo vórtex
- Autoclave vertical
- Balança eletrônica
- Banho-maria para aquecimento do LHO com vistas ao preparo das amostras para análise laboratorial
- Banho-maria para degelo de LHO
- Banho-maria para pasteurização do leite humano
- Bico de Bunsen ou de Mecker **45**
- Bomba manual
- Bomba para ordenha elétrica
- Borosilicato
- Caixas isotérmicas
- Computador e impressora
- Cremômetro ou similar para leitura do crematócrito
- Deionizador

- Dispensador automático
- Estufa para cultura bacteriológica
- Estufa para secagem de material para uso no laboratório
- Freezer vertical destinado à estocagem e à conservação do LHO
- Lavador automático de pipetas
- Microcentrífuga
- Micropipeta automática de 1 mL e de 5 mL ou pipetas sorológicas
- Refrigerador destinado à estocagem e à conservação do LHO
- Resfriador para leite humano ordenhado pasteurizado (LHOP)
- Termômetro calibrado pela Rede Brasileira de Calibração
- Termômetro de estufa calibrado pela Rede Brasileira de Calibração
- Termômetro digital

3.4 Higiene, cuidados e saúde do trabalhador

Todas as pessoas que manipulam LHO devem ser continuamente orientadas quanto às condições higiênico-sanitárias envolvidas desde a coleta até a administração.

Práticas de higienização e antissepsia das mãos e antebraços devem ser orientadas de forma oral e escrita tanto para profissionais quanto para doadoras[5]. A higienização das mãos deve ser feita com água e sabonete ou outro produto antisséptico indicado pela Comissão de Controle de Infecção Hospitalar (CCIH) do serviço de saúde ao qual o BLH ou o PCLH está vinculado[18].

No local onde se realiza a ordenha, nas salas de recepção da coleta externa, higienização, processamento e nos ambientes de porcionamento e de distribuição do LHO é proibido fumar, comer, beber, manter plantas e objetos pessoais ou em desuso e o uso de cosméticos voláteis e adornos pessoais[4,5].

Os profissionais envolvidos na manipulação do LHO devem utilizar Equipamento de Proteção Individual (EPI), conforme a atividade desenvolvida. O acesso a essas áreas deve ser restrito ao pessoal diretamente envolvido e devidamente paramentado e é proibida a realização de atividades de outros setores durante o processamento do leite ordenhado[5].

4. Doadoras e doações de leite humano

São consideradas doadoras as nutrizes saudáveis que apresentam produção de LH superior às necessidades de seu filho e se dispõem a ordenhar e doar o excedente; as nutrizes que realizam ordenha para manter a lactação e/ou para alimentar seu filho[5], e as nutrizes que estão, por motivos relacionados ou não à saúde de seus filhos, impedidas de amamentar diretamente ao seio, mas são consideradas compatíveis com a amamentação[4]. A doação de LH deve ser voluntária, altruísta e não remunerada[5].

O controle clínico das doadoras é indispensável para a segurança na doação do LH. O BLH e o PCLH devem dispor de registro do estado de saúde da doadora, visando assegurar o cumprimento dos critérios para doação[5].

A seleção de doadoras é de responsabilidade do médico responsável pelas atividades médico-assistenciais do BLH ou PCLH[5]. É importante estar atento para possíveis doenças que podem ser transmitidas aos recém-nascidos, as quais impedem a amamentação e a doação do LH. Do mesmo modo, as nutrizes que, por algum motivo, fazem uso de medicações devem ser rigorosamente avaliadas pelo médico responsável[4].

A candidata a ser doadora de LH deve passar por um processo de triagem, em sua primeira visita ao BLH ou PCLH, a ser realizado por profissional capacitado, a partir do preenchimento de um cadastro, que deverá ser arquivado no setor, e que contenha as seguintes informações: nome completo, data de nascimento, endereço, local onde realizou o pré-natal, número de consultas, peso no início e final da gestação, resultados de exames (hematócrito, VDRL e sorologias realizadas), intercorrências no pré-natal e tratamento, data e local do parto, intercorrências e tratamento durante internação na maternidade[4].

Podem ser consideradas aptas para doação as nutrizes que atendam aos seguintes requisitos[5]:

* Estar amamentando ou ordenhando LH para o próprio filho
* Ser saudável
* Apresentar exames pré ou pós-natal compatíveis com a doação de LH
* Não fumar mais que 10 cigarros por dia
* Não usar medicamentos incompatíveis com a amamentação
* Não usar álcool ou drogas ilícitas
* Realizar exames (hemograma completo, VDRL, anti-HIV) quando o cartão de pré-natal não estiver disponível ou a nutriz não tiver realizado pré-natal
* Realizar outros exames conforme perfil epidemiológico local ou necessidade individual da doadora.

5. Ordenha e coleta de leite humano

A ordenha e a coleta de LH devem ser realizadas de forma segura, para que sejam mantidas as características químicas, físico-químicas, imunológicas e microbiológicas do leite humano[5].

A ordenha é o ato de manipular a mama da lactante, pressionando-a para a retirada do leite. A manipulação pode ser realizada pela própria nutriz, por um profissional de saúde ou por alguém de escolha da lactante[4].

As principais indicações de ordenha são[4]:

* Manter a lactação
* Aliviar o ingurgitamento mamário
* Aliviar a tensão na região mamilo-areolar, visando a uma pega adequada
* Alimentar bebês que não têm condição de sugar diretamente no seio da mãe, por prematuridade, doença ou outras dificuldades relacionadas à amamentação
* Fornecer leite para o próprio filho, no caso de volta ao trabalho ou separação temporária por outras causas
* Tratar mastite
* Coletar leite para ser doado a um BLH

O BLH, o PCLH e o domicílio da doadora são locais onde a ordenha pode ser realizada. Os ambientes devem apresentar condições higiênico-sanitárias adequadas, isentos de fatores de risco que ocasionem possíveis não conformidades no LHO. Caso a ordenha não seja conduzida de forma adequada, o LH poderá apresentar sujidades ou odores estranhos, não sendo possível sua utilização no BLH[4].

É importante ressaltar que todos os tratamentos aplicáveis ao LHO no BLH podem ser eficazes para manter sua qualidade, porém não são capazes de reverter falhas que ocorreram em fases anteriores, como no momento da ordenha e coleta[4].

O BLH é responsável pelo fornecimento de material adequado para a realização da ordenha, devendo garantir que todo material que entre em contato direto com o LHO esteja esterilizado[4].

Os seguintes procedimentos devem ser adotados para a realização da ordenha e coleta do LH[4]:

- Desaconselhar a utilização de acessórios (relógios, pulseiras, anéis) e produtos que possam exalar cheiros (perfumes, cremes);
- Higienizar cuidadosamente as mãos e antebraços com água e sabão;
- Higienizar as mamas apenas com água;
- Utilizar toucas e máscaras;
- Utilizar luvas se a ordenha não for realizada pela própria nutriz;
- Realizar a coleta do LH por meio da ordenha manual (preferível), por bombas de sucção manual ou elétrica;
- Desprezar os primeiros jatos do leite coletado, a fim de eliminar possíveis microrganismos patogênicos;
- Evitar conversar durante a ordenha.

6. Transporte do leite humano ordenhado

Quando o LH é ordenhado no domicílio da doadora, na unidade de internação ou no PCLH, necessita ser transportado ao BLH sob condições adequadas. Da mesma forma, esse transporte precisa ocorrer de forma correta quando o LH já pasteurizado é encaminhado do BLH a uma unidade receptora[4].

O LHO, seja ele cru ou pasteurizado, deve ser transportado sob cadeia de frio e o tempo de transporte não deve ultrapassar seis horas[5]. Cadeia de frio é a condição em que os produtos são mantidos sob refrigeração ou congelamento desde a coleta até o consumo, com o objetivo de impedir alterações químicas, físico-químicas, microbiológicas e imunológicas, e representa importante ação preventiva para a preservação da qualidade do LH[4,5].

O momento de transporte sempre agrega riscos de elevação de temperatura, favorecendo a ocorrência de não conformidades. Frascos contendo LH refrigerado devem ser transportados separados dos que contêm LH congelado, para que não ocorra troca de calor. A manutenção do LH a baixas temperaturas evita a proliferação de micro-organismos, resultando em um produto de melhor qualidade[4].

O leite humano ordenhado cru (LHOC) e o LHOP devem ser transportados de modo que a temperatura máxima não ultrapasse 5 ºC para os produtos refrigerados e -1 ºC para os produtos congelados[5].

O LH deve ser transportado em recipientes isotérmicos exclusivos, constituídos por material liso, resistente, impermeável, de fácil limpeza e desinfecção, contendo gelo reciclável na proporção de três litros deste para cada litro de leite[4,5]. Durante a realização da coleta externa, deve-se verificar e registrar, em planilhas exclusivas, a temperatura dos recipientes isotérmicos na saída do BLH ou PCLH, antes da abertura da caixa em cada domicílio e no momento de chegada à recepção do BLH ou PCLH[4].

O veículo para o transporte do LH deve apresentar condições higiênico-sanitárias adequadas, de modo que garanta a integridade e qualidade do produto. Deve ser exclusivo no momento do transporte conforme rota estabelecida, não transportando outros produtos que não o LHO. O motorista condutor deve ser treinado para desenvolver a atividade de coleta domiciliar ou estar acompanhado por profissional capacitado[4,5].

7. Recepção do leite humano ordenhado

A recepção se refere ao ato de receber os frascos de LHOC congelados provenientes de coletas externas, ou refrigerados, quando coletados em ambiente próprio, com ordenha conduzida sob supervisão e quando coletados imediatamente antes do transporte[4].

No ato do recebimento do LHO, deve ser realizada desinfecção na parte externa das embalagens com auxílio de um pano umedecido com álcool a 70%, que deve ser friccionado por 15 segundos em toda a superfície da embalagem. Depois, deve ser verificado e registrado se o transporte, o controle da temperatura e a embalagem estão de acordo com o preconizado pela legislação[4,5], devendo ser descartado o produto que não estiver em conformidade[5].

Os frascos de LHO coletado devem ser rotulados com informações que permitam a sua rastreabilidade. Informações mínimas importantes são a identificação da doadora e a data da primeira coleta[5].

8. Estocagem do leite humano ordenhado

A estocagem a partir de uma condição adequada de tempo e temperatura permite conservar o LHO, garantindo sua qualidade. O LHO cru e o pasteurizado devem ser estocados sob congelamento[5], pois amplia a vida de prateleira do produto, por meio da diminuição da probabilidade de ocorrência de reações químicas indesejáveis, como a oxidação dos lipídios[4].

A cadeia de frio deve ser mantida durante a estocagem do LHO, respeitando o prazo de validade estabelecido. O LHOC congelado pode ser estocado por um período máximo de 15 dias, a uma temperatura máxima de -3 ºC. O LHOC pode ser refrigerado por um período máximo de 12 horas à temperatura máxima de 5 ºC. O LHOP deve ser estocado sob congelamento a uma temperatura máxima de -3 ºC, por até seis meses. O LHOP, uma vez descongelado, deve ser mantido sob refrigeração a temperatura máxima de 5 ºC com validade de 24 horas. Já o LHOP liofilizado e embalado a vácuo pode ser estocado em temperatura ambiente pelo período de um ano[5].

As temperaturas máximas e mínimas dos equipamentos destinados à estocagem do LHO devem ser verificadas e registradas diariamente[5].

9. Degelo do leite humano ordenhado

O degelo do LHOC é o processo controlado que visa transferir calor ao produto congelado em quantidade suficiente para mudança de fase sólida para líquida. A temperatura final do produto submetido a degelo não deve exceder 5 °C[5].

O tempo necessário para degelo do LHO varia de acordo com o volume, o tipo de embalagem e o equipamento utilizado. O degelo pode ser realizado em banho-maria ou em forno de micro-ondas[4].

Para degelo no banho-maria, é necessário confeccionar uma tabela de degelo com o equipamento regulado para uma temperatura de 40 °C, e deve ser refeita a cada 30 ciclos[4]. O degelo em micro--ondas pode ser utilizado desde que se conheça a potência do equipamento. O volume de leite a ser degelado deve ser correlacionado com o tamanho e o formato dos frascos, para se calcular o tempo de exposição. É necessário elaborar tabela de degelo, considerando as seguintes variáveis: potência, volume, tipo e número de frascos. Cada BLH deve confeccionar suas próprias tabelas de degelo[4].

Em relação ao processo de degelo no domicílio, o BLH deve fornecer instruções em linguagem acessível ao responsável pelo bebê que receberá o alimento. Os seguintes cuidados devem ser informados: não aquecer ou ferver o leite, não descongelar o leite diretamente ao fogo, não recongelar o leite, não manter o leite em banho-maria após o degelo, não manter o leite em temperatura ambiente[4].

10. Seleção e classificação do leite humano ordenhado

As mudanças na composição do LHO implicam modificações de suas propriedades físico--químicas, sem que isso necessariamente represente a ocorrência de não conformidades. Contudo é preciso que se obtenham meios capazes de detectar essas modificações no momento em que o produto é submetido aos processos de seleção e classificação[4,5].

A seleção compreende a verificação das condições da embalagem, presença de sujidades, cor, *off-flavor* e acidez Dornic. A classificação compreende a verificação do período de lactação, acidez Dornic, e conteúdo energético (crematócrito)[5].

10.1 Condições da embalagem

Utiliza-se como embalagem para acondicionamento do LHO recipiente de vidro, estéril, com boca larga, tampa plástica rosqueável e volume de 50 a 500 mL, previamente testado[4].

Devem ser descartadas as embalagens que apresentarem manchas, sujidades, rachaduras e trincas, entre outras[4].

10.2 Verificação de sujidades

A avaliação da presença de sujidades deve ser realizada por profissional capacitado, com o objetivo de determinar possíveis alterações que caracterizem o LHO como impróprio para consumo.

São considerados exemplos de sujidades comumente encontradas no LH: pelos, cabelos, fragmentos de pele, fragmentos de unha, insetos, pedaços de papel, vidro etc.[4,5]

Todo o conteúdo do frasco em que se encontrou a sujidade deve, obrigatoriamente, ser descartado[4].

10.3 Verificação da cor

A cor do LH pode variar conforme os seus constituintes e fase da lactação. O colostro varia da cor semelhante à água de coco ao amarelo-alaranjado. O leite de transição muda de cor de forma gradual, em aproximadamente duas semanas, para um branco azulado/opaco até se tornar leite maduro. A coloração do leite maduro pode ser alterada por fatores como a dieta materna e o uso de medicações. O LH quando congelado pode adquirir uma cor mais amarelada[4].

Dependendo do momento da ordenha, o LH varia sua coloração, no entanto essas modificações na cor do leite não configuram situações de não conformidade. As oscilações entre o "vermelho-tijolo" e o marrom-escuro devem ser avaliadas, pois podem indicar a presença de sangue, não sendo possível realizar a doação. Entretanto esse leite pode ser consumido pelo filho da doadora, desde que ocorra avaliação médica da mãe e do bebê e da quantidade de sangue presente[4,5].

São considerados aceitáveis aqueles leites que apresentam coloração que varie do esbranquiçado ao amarelo mais intenso, podendo passar pelo esverdeado e azulado. O LH que estiver fora dos padrões referidos deve ser descartado, pois não é adequado para consumo[4,5].

10.4 Verificação do *off-flavor*

O *flavor* primário do LH, inicialmente, é levemente adocicado, e a partir do quinto mês de lactação tende para um padrão ligeiramente salgado. O *flavor* secundário pode aparecer no LH decorrente de alterações em sua composição, como devido à incorporação de substâncias químicas voláteis (provenientes do meio externo ou resultantes do crescimento microbiano indesejável). Nesse caso, o *flavor* secundário passa a ser denominado *off-flavor*, e sua presença desqualifica o leite para consumo[4,5].

O *Off-flavor* é a característica organoléptica não conforme com o aroma original do LHO[5]. A determinação do *off-flavor* se configura como importante instrumento na detecção de não conformidades no LHO[4].

A seguir, estão descritos os principais *off-flavor* e seus significados[4]:

- Rancificação – cheiro de sabão de coco: os microrganismos lipolíticos promovem o desenvolvimento de ranço hidrolítico e oxidativo, facilmente perceptível em sua fase inicial.
- Peixe ou ovo em fase de decomposição: decorrente da presença de microrganismos proteolíticos.
- Cloro, plástico, borracha e remédio: decorrem da capacidade de sorção da lactose.

10.5 Determinação da acidez Dornic

A Acidez Dornic do LH é a acidez titulável do LHO expressa em Graus Dornic (°D)[5].

A acidez desenvolvida do LH é consequência do crescimento bacteriano com produção de ácido láctico, que leva a um aumento da osmolaridade e à diminuição da biodisponibilidade do cálcio e do fósforo presentes[4].

A determinação da acidez Dornic é utilizada como parâmetro classificatório para o LH. Considera-se normal para a acidez do LH qualquer valor situado na faixa de 1 a 8 °D, inclusive. Acidez maior que 8 °D desqualifica o produto para o consumo[5,6].

10.6 Período da lactação

O LH deverá ser classificado em colostro, leite humano de transição e leite humano maduro. Para determinar a classificação, deve-se levar em conta a idade gestacional no momento do parto e a idade da lactação em dias em que o leite foi coletado[4]:

- Colostro: até sete dias após o parto
- Leite de transição: sete a 14 dias após o parto
- Leite maduro: a partir de 14 dias após o parto

Crematócrito

O crematócrito é a técnica analítica que permite o cálculo estimado do conteúdo energético do LHO[5].

O método consiste em centrifugar amostras de LH, realizar aferição da quantidade de gordura e a partir de cálculos específicos, determinar o seu conteúdo energético[19]. O parâmetro de conformidade para o crematócrito é de 250 quilocalorias por litro ou mais[5].

11. Reenvase do leite humano ordenhado

O reenvase do LHO refere-se à operação de transferência do LH da embalagem em que foi colocado após a realização da ordenha para a embalagem em que será pasteurizado, com o objetivo de uniformizar volumes e embalagens. É realizado após degelo, seleção e classificação do LHO, e antes da pasteurização[5].

O reenvase deve ser realizado sobre superfície de material liso, lavável e impermeável, resistente aos processos de limpeza e desinfecção e sob campo de chama ou cabine de segurança biológica, de modo a garantir a qualidade higiênico-sanitária do LHO[5].

O profissional deve certificar-se de que as embalagens e os materiais que entrarão em contato direto com o LHO foram corretamente esterilizados e encontram-se dentro do prazo de validade da esterilização. Além disso, é indispensável verificar se as embalagens estão rotuladas de forma a possibilitar a rastreabilidade do LH[4].

12. Pasteurização do leite humano ordenhado

A pasteurização do LHO é o tratamento térmico ao qual o LH deve ser submetido para inativar sua microbiota[5].

O LHO destinado ao consumo de recém-nascidos, particularmente os internados em Unidades de Terapia Intensiva, não deve apresentar microrganismos em quantidade ou qualidade capazes de representar agravos à saúde. São necessários procedimentos capazes de assegurar a qualidade sanitária do LHO, e a pasteurização representa uma alternativa eficaz[4].

A pasteurização, conduzida a 62,5 ºC por 30 minutos, não visa à esterilização do LHO, mas a uma letalidade que garanta a inativação de 100% dos microrganismos patogênicos passiveis de estar presentes por contaminação primária ou secundária, além de 99,99% da microbiota saprófita ou normal[4,5].

Todo o LH coletado pelo BLH deve ser obrigatoriamente pasteurizado. A exceção pode ser admitida em situações particulares de doação exclusiva da mãe para o próprio filho. Nesse caso, o leite deverá ser coletado em ambiente específico para esse fim, com ordenha conduzida sob supervisão e para consumo em no máximo 12 horas, desde que mantida a temperatura máxima de 5 ºC[4].

A pasteurização do LH deverá ser monitorizada a cada cinco minutos, com registro da temperatura no momento da averiguação. Não se permite oscilação da temperatura superior a 0,05 ºC[4].

13. Aspectos microbiológicos do leite humano ordenhado pasteurizado

O LHOP deve ser submetido à análise microbiológica para determinação da presença de microrganismos do grupo coliforme[5]. Uma vez que o objetivo da pasteurização é eliminar 100% das bactérias patogênicas, a presença de coliforme em amostra de LHOP caracteriza o produto como impróprio para consumo, devendo todo o seu conteúdo ser desprezado. Os resultados são expressos como ausência e presença de coliformes totais[4].

14. Distribuição do leite humano ordenhado pasteurizado

Após a realização dos processos de pasteurização e controle de qualidade, o LHOP próprio para consumo é liberado para distribuição de acordo com os critérios de prioridade e necessidades do receptor, para posterior porcionamento[4].

A distribuição do LHOP a um receptor fica condicionada[5]:

a. à inscrição do receptor no BLH;

b. à prescrição ou solicitação de médico ou de nutricionista contendo volume, horário diário e necessidades do receptor;

c. ao atendimento dos seguintes critérios de prioridade: recém-nascido prematuro ou de baixo peso que não suga; recém-nascido infectado, especialmente com enteroinfecções; recém-nascido em nutrição trófica; recém-nascido portador de imunodeficiência; recém-nascido portador de alergia a proteínas heterólogas; e casos excepcionais, a critério médico.

15. Porcionamento do leite humano ordenhado pasteurizado

O porcionamento do LHO refere-se à aliquotagem do LH para consumo de acordo com a prescrição médica e/ou de nutricionista[5]. O porcionamento do LHOP destinado ao consumo deve ser realizado no BLH, lactário, serviço de nutrição enteral ou ambiente fechado exclusivo para esse fim, de forma a manter a qualidade higiênico-sanitária do produto. Quando realizado no lactário ou no serviço de nutrição enteral, deve ser em horários distintos da manipulação de fórmulas lácteas e não lácteas[5,6].

Unidades de internação, como neonatologia, enfermaria pediátrica e alojamento conjunto, são os setores nos quais o LHO é utilizado com maior frequência. Esses são considerados locais de risco para infecções hospitalares, devido à veiculação de microrganismos patogênicos. Dessa forma, o porcionamento do LH não deve ser realizado nesses locais[4].

O porcionamento pode ser identificado como sendo um ponto crítico da manipulação do LHO, principalmente se o consumo deste não for imediato, já que não há etapas posteriores que possam reduzir ou eliminar uma possível contaminação[4].

Referências

1. BRASIL. Ministério da Saúde. Secretaria de Atenção à Saúde. Departamento de Atenção Básica. *Saúde da Criança*: Aleitamento materno e alimentação complementar. Brasília-DF, 2015.

2. VICTORA, C. G.; BARROS, A. J. D.; FRANÇA, G. V. A.; BAHL, R.; ROLLINS, N. C.; HORTON, S. *et al.* Breastfeeding in the 21st century: epidemiology, mechanisms, and lifelong effect. *The Lancet*, 387, p. 475-90, 2016.

3. GALVÃO, M. T. G.; VASCONCELOS, S. G.; PAIVA, S. S. Mulheres Doadoras de Leite Humano. *Acta Paul Enferm.*, 19(2), p. 157-61, 2006.

4. BRASIL. Agência Nacional de Vigilância Sanitária. *Banco de leite humano*: funcionamento, prevenção e controle de riscos. Brasília: ANVISA, 2008.

5. BRASIL. Agência Nacional de Vigilância Sanitária. Resolução RDC nº 171, de 4 de setembro de 2006. Dispõe sobre o Regulamento Técnico para o Funcionamento de Bancos de Leite humano. *Diário Oficial da União*, Brasília, DF, 5 set. 2006.

6. BRASIL. Ministério da Saúde. *Recomendações técnicas para o funcionamento de bancos de leite humano.* 4. ed. Brasília, DF, 2001. (Série A. Normas e Manuais Técnicos, n. 117).

7. Disponível em: http://www.redeblh.fiocruz.br.

8. BRASIL. Ministério da Saúde. *Portaria nº 322, de 26 de maio de 1988.* Aprova Normais Gerais para instalação e funcionamento dos Bancos de Leite Humano. Brasília, DF, 1988.

9. MAIA, P. R. S.; ALMEIDA, J. A. G. de; NOVAK, F. R.; SILVA, D. A. da. Rede Nacional de Bancos de Leite Humano: gênese e evolução. *Rev Bras Saúde Matern Infant*, 6(3), p. 285-92, 2006.

10. BRASIL. Ministério da Saúde. *Portaria nº 1.893, de 02 de outubro de 2003.* Institui o dia 1º de outubro como o "Dia Nacional de Doação do Leite Humano". Brasília, DF, 2003.

11. BRASIL. Ministério da Saúde. Secretaria de Atenção à Saúde. *Portaria nº 696, de 16 de dezembro de 2010.* Institui a Comissão Nacional de Bancos de Leite Humano (CNBLH). Brasília, DF, 2010.

12. BRASIL. Ministério do Trabalho e Emprego. Portaria MTE nº 485, de 11 de novembro de 2005. Aprova a Norma Regulamentadora n.º 32 (NR-32): segurança e saúde no trabalho em estabelecimentos de saúde. *Diário Oficial da União*, Brasília, DF, 16 nov. 2005.

13. BRASIL. Agência Nacional de Vigilância Sanitária. Resolução RDC n.º 189, de 18 de julho de 2003. Dispõe sobre a regulamentação dos procedimentos de análise, avaliação e aprovação dos projetos físicos de estabelecimentos de saúde no Sistema Nacional de Vigilância Sanitária, altera o Regulamento Técnico aprovado pela RDC n.º 50, de 21 de fevereiro de 2002, e dá outras providências. *Diário Oficial da União*, Brasília, DF, 21 jul. 2003a.

14. BRASIL. Decreto n.º 5.296, de 2 de dezembro de 2004. Regulamenta as Leis no 10.048, de 8 de novembro de 2000, que dá prioridade de atendimento às pessoas que especifica, e 10.098, de 19 de dezembro de 2000, que estabelece normas gerais e critérios básicos para a promoção da acessibilidade das pessoas portadoras de deficiência ou com mobilidade reduzida, e dá outras providências. *Diário Oficial da União*, Brasília, DF, 4 dez. 2004b.

15. BRASIL. *NBR 9050*: acessibilidade a edificações, mobiliário, espaços e equipamentos urbanos. Rio de Janeiro, 2004.

16. BRASIL. Agência Nacional de Vigilância Sanitária. Resolução RDC n.º 50, de 21 de fevereiro de 2002. Dispõe sobre o Regulamento Técnico para Planejamento, Programação, Elaboração e Avaliação de Projetos Físicos de Estabelecimentos Assistenciais de Saúde. *Diário Oficial da União*, Brasília, DF, 20 mar. 2002.

17. BRASIL. Ministério da Saúde. Secretaria de Atenção à Saúde. Departamento de Ações Programáticas Estratégicas. Área Técnica de Saúde da Criança e Aleitamento Materno. *Relatório de Gestão*: lista de material para bancos de leite humano. Brasília, DF, 2005.

18. BRASIL. Agência Nacional de Vigilância Sanitária. *Higienização das mãos em serviços de saúde*. Brasília, 2007.

19. VIEIRA, A. A.; MOREIRA, M. E. L.; ROCHA, A. D.; PIMENTA, H. P.; LUCENA, S. L. Análise do conteúdo energético do leite humano administrado a recém-nascidos de muito baixo peso ao nascimento. *J Pedriatr*, Rio de Janeiro, 80(6), p. 490-4, 2004.

CAPÍTULO 19

PRINCÍPIOS BÁSICOS PARA PLANEJAMENTO FÍSICO E ORGANIZACIONAL DE INSTITUIÇÕES DE EDUCAÇÃO INFANTIL

Paulo César da Silva

1. Introdução

De acordo com a Resolução 5 de 17 de dezembro de 2009, a educação infantil é definida como a primeira etapa da educação básica, oferecida em creches e pré-escolas, as quais se caracterizam como espaços institucionais não domésticos que constituem estabelecimentos educacionais públicos ou privados que educam e cuidam de crianças de 0 a 5 anos de idade no período diurno, em jornada integral ou parcial, regulados e supervisionados por órgão competente do sistema de ensino e submetidos a controle social.

A construção de uma unidade de Educação Infantil demanda planejamento e envolve os estudos de viabilidade, a definição das características ambientais e a elaboração do projeto arquitetônico, incluindo o projeto executivo, o detalhamento técnico e as especificações de matérias e acabamentos.

Nesse sentido, a concepção do projeto deve ser antecedida da formação de uma equipe interdisciplinar, que envolva professores, arquitetos, engenheiros, administradores, profissionais de educação e saúde, e especialmente o nutricionista, no que diz respeito às áreas de produção, armazenamento e distribuição da alimentação. A interação desses profissionais permite que os diferentes saberes e objetivos sejam por eles compartilhados e produzam um ambiente mais qualificado e que atenda aos anseios e necessidades dos usuários da instituição.

Este capítulo apresenta alguns parâmetros básicos de infraestrutura, equipamentos e materiais para as Instituições de Educação Infantil na perspectiva de subsidiar os gestores em adaptações, reformas e construções de espaços para a realização da educação infantil, sugerindo aspectos construtivos e ressaltando a importância da existência de espaços que privilegiam as crianças de 0 a 5 anos, seu desenvolvimento integral e o processo de ensino e aprendizagem. Especificamente, no que se refere ao serviço de alimentação, o objetivo é apresentar as normas e recomendações atuais para construção e funcionamento do setor.

2. Caracterização das Instituições de Educação Infantil no Brasil

A educação infantil no Brasil funciona em creches, pré-escolas, centros ou núcleos de educação infantil, como também em salas anexas a escolas de ensino fundamental que atendem crianças de 0 até 5 anos de idade. Todas as instituições de educação infantil localizadas em um município, sejam públicas ou privadas, compõem, juntamente com as instituições de ensino fundamental e médio, mantidas pelo poder público, e os órgãos de educação, o sistema de ensino correspondente (municipal ou estadual). Cabe aos conselhos municipais de educação, visando desenvolver ações específicas para garantir a normatização da legislação em âmbito municipal, dentre outras atribuições, estabelecer normas e regulamentações para o credenciamento e o funcionamento das instituições de educação infantil no âmbito do município, em consonância com a legislação e as diretrizes nacionais e estaduais.

As instituições públicas de educação infantil no Brasil são gratuitas, laicas e apolíticas, ou seja, não professam credo religioso e político-partidário. De acordo com o artigo 20 da LDB, as instituições privadas podem ou não ter finalidade lucrativa e se enquadram nas seguintes categorias: particulares, comunitárias, confessionais e filantrópicas. As particulares "são instituídas e mantidas por uma ou mais pessoas físicas ou jurídicas de direito privado". As comunitárias "são instituídas por grupos de pessoas físicas ou por uma ou mais pessoas jurídicas, inclusive cooperativas de professores e alunos que incluam na sua entidade mantenedora representantes da comunidade". As confessionais "são instituídas por grupos de pessoas físicas ou por uma ou mais pessoas jurídicas que atendem a orientação confessional e ideologia específicas". As filantrópicas são instituídas por grupos de pessoas físicas ou por uma ou mais pessoas jurídicas e visam atender a comunidade carente, sem fins lucrativos. As instituições privadas sem fins lucrativos podem se manter por meio de convênios com as prefeituras municipais, com os governos dos estados ou com o governo federal, com empresas privadas ou ainda com recursos próprios.

As instituições de educação infantil destinam-se às crianças, brasileiras e estrangeiras, sem distinção de gênero, cor, etnia, proveniência social, credo político ou religioso, com ou sem necessidades especiais. Cabe às gestoras e aos gestores das instituições de educação infantil permitirem a matrícula ao longo de todo o ano letivo, sempre que houver vaga disponível. Entretanto matricular ou não uma criança de 0 até 3 anos na instituição de educação infantil é um ato de livre vontade das mães e dos pais e/ou responsáveis pelas crianças. Já a partir dos 4 anos de idade, a Lei 12.796, de 4 de abril de 2013, que altera a LDB, determina que essas crianças sejam, obrigatoriamente, matriculadas na educação básica.

A Educação Infantil "tem como finalidade o desenvolvimento integral da criança até 5 anos de idade em seus aspectos físico, psicológico, intelectual e social, complementando a ação da família e da comunidade" (art. 29 da LDB). A Política Nacional de Educação Infantil parte dessa finalidade para estabelecer como uma de suas diretrizes a indissociabilidade entre o cuidado e a educação no atendimento às crianças da Educação Infantil (BRASIL, 2005a).

Os professores e os demais profissionais que atuam nessas instituições devem, portanto, valorizar igualmente atividades de alimentação, leitura de histórias, troca de fraldas, desenho, música, banho, jogos coletivos, brincadeiras, sono, descanso, entre outras tantas propostas realizadas cotidianamente com as crianças.

3. Espaço para crianças de 0 a 1 ano

Assim como os demais espaços da instituição, o espaço destinado a essa faixa etária deve ser concebido como local voltado para cuidar e educar crianças pequenas, incentivando o seu pleno desenvolvimento. As crianças de 0 a 1 ano, com seus ritmos próprios, necessitam de espaços para engatinhar, rolar, ensaiar os primeiros passos, explorar materiais diversos, observar, brincar, tocar o outro, alimentar-se, tomar banho, repousar, dormir, satisfazendo, assim, suas necessidades essenciais. Recomenda-se que o espaço a elas destinado esteja situado em local silencioso, preservado das áreas de grande movimentação, e proporcione conforto térmico e acústico. Compõem esse ambiente sala para repouso, sala para atividades, fraldário, lactário e solário.

3.1 Sala para repouso

Espaço destinado ao repouso, contendo berços ou similares, onde as crianças possam dormir com conforto e segurança. Recomenda-se que sua área permita o espaçamento de no mínimo 50 cm entre os berços para facilitar a circulação dos adultos entre estes. Deve ter área mínima de 12m² e 2m² por criança atendida.

Sugestões para os aspectos construtivos: piso liso, mas não escorregadio e de fácil limpeza, paredes pintadas com cores suaves e alegres. As janelas devem ter abertura mínima de 1/5 da área do piso, permitindo a ventilação e a iluminação natural, visibilidade para o ambiente externo, com possibilidade de redução da luminosidade pela utilização de veneziana (ou similar) vedada com telas de proteção contra insetos, quando necessário. No caso de iluminação artificial, que seja preferencialmente indireta. As portas devem contar com visores, largas, que possibilitem a integração entre as salas de repouso e de atividades, facilitando o cuidado com as crianças.

3.2 Sala para atividades

Espaço destinado a atividades diversas, organizado de forma estimulante, confortável, aconchegante, segura, adequada à proposta pedagógica da instituição e que permita o desenvolvimento da criança, dando-lhe suporte para a realização de explorações e brincadeiras. Deve ter área mínima de 12m² e 1,2m² por criança atendida. Pode acomodar no máximo 15 crianças em um mesmo compartimento. Deve ter acesso facilitado ao solário, sendo recomendável a separação por faixa etária.

Considerar também que nessa sala as crianças serão alimentadas pelos professores e, para tanto, são necessárias cadeiras com bandeja ou carrinhos de bebê. O espaço deve comportar colchonetes amplos para as crianças engatinharem, almofadas e brinquedos de porte médio e grande.

Sugestões para os aspectos construtivos: piso liso, mas não escorregadio, de fácil limpeza e que propicie conforto térmico para as crianças engatinharem; paredes revestidas com material de fácil limpeza e manutenção, de cores claras e alegres; janelas com abertura mínima de 1/5 da área do piso, permitindo a ventilação e a iluminação natural, possibilitando visibilidade para o ambiente externo, com peitoril de acordo com a altura das crianças, garantindo a segurança; portas que possibilitem a integração com a área externa (que pode ser um solário, parque, pátio etc.), para banho de sol. Dispor de bancadas, prateleiras e/ou armários, tanto para guarda de fraldas, roupas de cama e banho quanto para guarda de brinquedos e materiais utilizados pelas crianças. As bancadas, as prateleiras e os armários destinados à guarda de brinquedos devem ser acessíveis às crianças, mantendo-se uma altura em torno de 65cm. Deve contar também com um lavatório para os professores, com altura em torno de 85cm e, ainda, prever espaço para colocação de espelho amplo que possibilite a visualização das crianças.

3.3 Fraldário

Local para higienização das crianças, troca e guarda de fraldas e demais materiais de higiene.

Sugestões para aspectos construtivos: piso e paredes de fácil limpeza e manutenção, sendo o piso liso, mas não escorregadio, e as paredes revestidas em material impermeável até uma altura mínima de 1,50m. As janelas devem ter abertura mínima de 1/8 da área do piso, propiciando uma boa ventilação, de preferência cruzada, iluminação natural, que possam ser facilmente fechadas quando houver necessidade de se evitar correntes de ar. Deve contar ainda com bancada para troca de fraldas, com dimensões mínimas de 100 cm x 80 cm e altura em torno de 85 cm, acompanhada de colchonete (trocador); banheira confeccionada em material térmico, contígua à bancada, com ducha de água quente e/ou fria (dependendo das condições climáticas locais); armários/prateleiras para guarda de fraldas e material de higiene das crianças e cabides para pendurar toalhas e sacolas.

3.4 Lactário

Local destinado à higienização, ao preparo e à distribuição das mamadeiras, prevendo técnicas de higiene alimentar, de forma que se ofereça às crianças uma dieta saudável, sem risco de contaminação.

Esse local poderá ser implantado separadamente ou junto da cozinha da instituição. A escolha da localização do lactário, quando implantado separadamente, deverá prever o maior afastamento possível das áreas de lavanderia e banheiros e a proximidade da sala de atividades, facilitando o transporte de utensílios.

No planejamento do lactário, deve-se prever local e equipamentos adequados para recepção, lavagem, preparo, esterilização e distribuição de mamadeiras e alimentos das crianças de 0 a 2 anos. O local destinado deve possuir: equipamento que permita o aquecimento de mamadeiras e bicos, bem como sua esterilização; pia e bancada independente para a lavagem de mamadeiras e utensílios; local refrigerado, onde possam ser acondicionados e isolados os alimentos especiais de uso do berçário; armários para acondicionamento de materiais e equipamentos de uso exclusivo do berçário; liquidificador e instrumentos de uso exclusivo. Proíbe-se a troca de bicos no berçário ou alargamento deste e ainda orienta-se que o local seja dotado, sempre que possível, de sistema de filtragem da água com monitoramento da troca periódica do filtro, de forma a garantir a sua potabilidade. Além disso, adotar rotina de esterilização com as seguintes etapas: remover excessos de resíduos individualmente com água corrente; imergir e deixar de molho em solução detergente, conforme recomendações do fabricante; lavá-los um a um usando escova apropriada e de uso exclusivo. Os bicos devem ser lavados cuidadosamente por dentro e por fora, e virados pelo avesso para a retirada de qualquer resíduo aderente, certificando-se de que estão desentupidos; enxaguar com água morna corrente até que estejam limpos e livres de resíduos; ferver por 10 a 15 minutos e, depois, escorrê-los em local apropriado; armazenar em local apropriado. No que diz respeito ao preparo das fórmulas infantis (lácteas, sopas e papas) de crianças de 0 a 2 anos, adotar rotina de preparo diferenciada daquele do preparo da alimentação das demais crianças, sendo que o prazo para consumo dos produtos do lactário após manipulados deverá ser de 12 horas sob refrigeração a 4 °C, sendo recomendado diminuir ao máximo o tempo entre preparação e distribuição, evitando as etapas de resfriamento e reaquecimento.

Sugestões para aspectos construtivos: piso (cerâmico) e paredes (azulejo ou cerâmica, por exemplo) revestidas com material liso, resistente, impermeável e de fácil limpeza. Não é recomendável a colocação de ralos nos setores de higienização e preparo dos alimentos. Estes podem ser colocados na área de acesso, com tampa rotativa, para maior proteção contra insetos. Recomenda-se que o teto seja de laje, revestido e pintado com tinta impermeabilizante, e a iluminação essencialmente sem sombras e de boa intensidade. As janelas devem ser em número e dimensões adequadas, com área mínima equivalente a 1/8 da área do piso. As aberturas das janelas devem ser protegidas do sol e da chuva e devem possuir tela de proteção contra insetos.

Como alternativa a esse ambiente, sugere-se o preparo dos alimentos na própria cozinha. O importante é que seja feita a higienização dos utensílios com todos os cuidados necessários.

Solário (área livre e descoberta para banho de sol)

Deve possuir dimensões compatíveis com o número de crianças atendidas, recomendando-se 1,50 m² por criança, orientação solar adequada e estar contíguo à sala de atividades, de uso exclusivo para essa faixa etária. Seu acesso deverá permitir o trânsito de carrinhos de bebê, evitando-se desníveis que possam dificultar essa circulação.

4. Salas de atividades para crianças de 1 a 6 anos

O espaço físico para a criança de 1 a 6 anos deve ser visto como um suporte que possibilita e contribui para a vivência e a expressão das culturas infantis – jogos, brincadeiras, músicas, histórias que expressam a especificidade do olhar infantil. Assim, deve-se organizar um ambiente adequado à proposta pedagógica da instituição, que possibilite à criança a realização de explorações e brincadeiras, garantindo-lhe identidade, segurança, confiança, interações socioeducativas e privacidade, promovendo oportunidades de aprendizagem e desenvolvimento.

Sugestões para aspectos construtivos: piso liso e paredes de cores claras e alegres, de fácil conservação, manutenção e limpeza, sendo o piso confortável termicamente, de acordo com as condições climáticas regionais; janelas com abertura mínima de 1/5 da área do piso, permitindo a ventilação e a iluminação natural e garantindo visibilidade para o ambiente externo, com peitoril de acordo com a altura das crianças, garantindo a segurança. Devem ser previstas portas que possibilitem a integração com a área externa, quadro e cabides acessíveis às crianças e, quando possível, contemplar também quadro azulejado onde os trabalhos das crianças possam ser afixados, bancadas, prateleiras e/ou armários, tanto para guarda das fraldas, das roupas de cama e de banho quanto para guarda de brinquedos e materiais utilizados pelas crianças. As bancadas, as prateleiras e os armários destinados à guarda de brinquedos devem ser acessíveis às crianças, mantendo-se uma altura em torno de 65 cm. Acima dessa altura devem ficar os materiais de uso exclusivo dos adultos. É recomendável que as salas para as crianças de 1 a 2 anos estejam localizadas próximas ao fraldário ou que contenham local apropriado para a troca de fraldas. Deve-se prever, ainda, espaço para colocação de espelho amplo que possibilite a visualização das crianças e espaço para montagem e organização de cantos de atividades.

5. Sala multiuso

Embora as salas de atividades sejam concebidas como espaços multiuso, prevendo-se a organização de cantos de leitura, brincadeiras, jogos, dentre outros, ressaltamos a importância da organização de um espaço destinado a atividades diferenciadas, planejadas de acordo com a proposta pedagógica da instituição, como alternativa para biblioteca, sala de televisão, vídeo ou DVD e som. É recomendável que tenha capacidade mínima para atendimento à maior turma da instituição.

Sugestões para aspectos construtivos: piso e paredes revestidas com material de fácil conservação, manutenção e limpeza, sendo o piso liso, mas não escorregadio, confortável termicamente, de acordo com as condições climáticas regionais. As janelas devem ter abertura mínima de 1/5 da área do piso, permitindo a ventilação e a iluminação natural e garantindo visibilidade para o ambiente externo, com peitoril de acordo com a altura das crianças, garantindo a segurança. As bancadas baixas com prateleiras e quadro azulejado, onde os trabalhos das crianças possam ser afixados. Fazer a previsão de espaço para colocação de livros, brinquedos, fantasias infantis, além de, quando possível, computador, televisão, vídeo ou DVD, aparelho de som ou outros equipamentos necessários à implementação da proposta pedagógica.

6. Área administrativa

Recepção – espaço destinado a acolher os familiares e a comunidade. Deve ser planejado como um ambiente agradável, aconchegante, contando com cadeiras e quadro de informes. Espaço para entrada e saída das crianças, devendo possibilitar a segurança destas.

Secretaria – deve ter área mínima de 6m², é um espaço de fluxo e arquivo de documentos, bem como de recepção dos que chegam à instituição. Deve contar, se possível, com: computador e impressora, mesa e cadeira, arquivos, telefone, quadro de chaves.

Sala de atendimentos – deve ter área mínima de 7,50m² e lavatório anexo. Pode ser utilizado para atendimento nas áreas médica, psicopedagógica e social. Considerando o possível revezamento, será tolerado o acúmulo da função de sala de amamentação, desde que fiquem garantidas as funções, atividades e área física mínima, considerando ambos os compartimentos.

Almoxarifado – espaço para a guarda de material pedagógico e administrativo. Além do almoxarifado, as instituições devem prever espaços para a guarda de brinquedos maiores, colchonetes, cenários, ornamentos, dentre outros.

Sala de professores – espaço de encontro, reflexão, formação, troca de experiência, planejamento individual e coletivo, momentos de privacidade para o professor. Deve contar, se possível, com equipamentos e mobiliários como: computador e impressora, mesa para reunião, cadeiras, armário individualizado e bancada para pequenos lanches.

Sala de direção e coordenação – a direção deve ter área mínima de 7,5 m² e na mesma linha de discussão sobre a sala dos professores, os dirigentes da instituição precisam igualmente de um espaço mais privado para seu trabalho, para realizar reuniões com pais e professores, entre outras atividades.

Sugere-se que o piso e paredes sejam de material de fácil conservação, manutenção e limpeza, sendo o piso liso e as paredes revestidas ou pintadas de cores alegres. As janelas com abertura mínima de 1/5 da área do piso, permitindo a ventilação e a iluminação natural e garantindo visibilidade para o ambiente externo.

7. Banheiros

Os banheiros infantis devem ser implantados próximos às salas de atividades, não devendo ter comunicação direta com a cozinha e com o refeitório. Devem ser de uso exclusivo das crianças e ser dotados dos seguintes equipamentos, preferencialmente de cores claras, com altura compatível à faixa etária a que se destinam: vasos sanitários, lavatórios, e chuveiro com água quente e fria na proporção de um para cada 20 crianças; sabonete ou produto similar para a higienização das mãos; toalhas de papel descartáveis ou dispositivo mecânico para secagem das mãos; local adequado e individualizado para guarda de escovas, sendo recomendável que acima do lavatório exista espelho para a visualização e aprendizagem do ato da escovação.

Devem ser previstos banheiros de uso exclusivo dos adultos, podendo acumular a função de vestiário, próximos às áreas administrativas, de serviços e pátio coberto.

Os sanitários dos funcionários deverão ter no mínimo um conjunto de lavatório, vaso e chuveiro na proporção de um para cada 20 funcionários; ser dotados de sabonete líquido ou em barra acondicionado em saboneteira vazada, ou então produto similar para a higienização das mãos; possuir toalhas de papel descartáveis ou dispositivo mecânico para secagem das mãos e lixeiras com tampa de acionamento mecânico.

Sugestões para aspectos construtivos: paredes (até uma altura mínima de 1,50m) e piso de material impermeável, de fácil conservação, manutenção e limpeza, sendo o piso de preferência antiderrapante; janelas com abertura mínima de 1/8 da área do piso, permitindo a ventilação e a iluminação natural; as portas das cabines sanitárias individuais não devem conter chaves ou trincos; as divisórias devem ser mais baixas, em torno de 1,50 m; os chuveiros para crianças de 1 a 3 anos devem, sempre que possível, ser alteados, em torno de 40 cm, para facilitar o trabalho dos professores no momento do banho das crianças; as bancadas dos lavatórios devem ter altura em torno de 60 cm; previsão de vaso sanitário, chuveiro, cadeira para banho e lavabo para crianças e vaso sanitário e lavabo para adultos com necessidades especiais.

8. Pátio coberto

Deve ser condizente com a capacidade máxima de atendimento da instituição, contando com bebedouros compatíveis com a altura das crianças. Quando possível, contemplar no projeto a construção de palco e quadros azulejados. Esse espaço deve ser planejado para utilização múltipla, como, por exemplo, festas e reuniões de pais.

9. Áreas necessárias ao serviço de alimentação

Define-se como serviço de alimentação aquele que engloba todas as atividades relacionadas ao preparo e à distribuição das refeições, incluindo atividades de recepção, estocagem de alimentos, limpeza de utensílios e registro de dados. Esse espaço possibilita, ainda, o desenvolvimento de atividades educativas para crianças e adultos.

O serviço de alimentação deve, preferencialmente, estar localizado em pavimento térreo, o que facilita o acesso, ventilação e iluminação naturais, além de reduzir custos com monta cargas e elevadores.

A edificação deve ser projetada de modo a garantir o não cruzamento dos fluxos de produção e alimentos, com leiaute e dimensões que garantam a satisfatória realização das tarefas, além de garantir o conforto ambiental. Cada etapa do processo de produção deve ter um local próprio destinado para cada processo, com acesso controlado e individual e separados por meio físico ou outro meio eficaz que evite a contaminação cruzada. Também devem ser evitados os usos de materiais que não possam ser facilmente limpos e desinfetados, com o uso preferencial para superfícies de aço inoxidável e materiais laváveis.

Quando se fala em cozinhas de instituições, deve-se pensar que o trabalho depende do transporte de um grande número de utensílios, objetos, equipamentos, que requerem espaços de circulação bem estudados. O espaço de que um usuário necessita individualmente depende de fatores influenciadores, como: número de pessoas trabalhando no mesmo espaço, quantidade, porte e tipo de equipamento, tipo de comida a ser preparada, e espaço necessário para estocagem do produto. Assim, as áreas de circulação devem ter no mínimo 1,20m de largura, as áreas de circulação entre os equipamentos devem ter cerca de 0,90m, e diante dos caldeirões, 1,20m.

A área de serviço de alimentação deve prever, sempre que possível, refeitório, cozinha e áreas de apoio, tais como: despensa geral, despensa fria, áreas de recebimento e pesagem de alimentos e cômodo de gás.

De modo geral, as instalações necessárias aos serviços de alimentação e nutrição são as áreas básicas e o refeitório.

Áreas básicas

- Área de produção (cozinha)
  - pré-preparo (vegetais cereais e carnes);
  - cocção;
  - distribuição;
  - higienização de equipamentos e utensílios;
- Áreas de recepção e estocagem (despensas) – devem ser concebidas de acordo com a capacidade de atendimento da instituição:
  - Área de recebimento e pesagem dos alimentos, quando necessário;
  - Área de estocagem de não perecíveis;
  - Área de estocagem fria com previsão de freezer e geladeira;
  - Depósito de material de limpeza (DML).

9.1 Áreas básicas

A cozinha deve ter área mínima de 10 a 15m², acessar facilmente o refeitório e a despensa e ser em compartimento exclusivo para o fim que se destina, sendo vetado o acesso de crianças. Não é permitido o acesso direto à cozinha a partir de banheiros ou similares. Deve estar localizada no andar térreo, configurada geometricamente no formato que propicie um maior aproveitamento de bancadas e permita, sempre que possível, o posicionamento central do fogão (em ilha). Nas paredes até a altura de 1,60m do piso, devem ser usados revestimentos impermeáveis, de fácil limpeza e resistentes. Acima de 1,60m, podem ser apenas impermeabilizadas com pintura, preferencialmente de cores claras. A pintura do teto deve ser de fácil limpeza, resistente à temperatura e impermeável ao vapor. Os pisos utilizados na cozinha devem suportar tráfego intenso e pesado, ser antiácidos, antiderrapantes, e de fácil limpeza e higienização, com caimentos adequados, de maneira que impeçam empoçamentos. As portas de acesso devem ser amplas (largura mínima de 0,90 cm e altura mínima de 2,10 m), simples ou em seções, em material resistente à umidade, com vedação de borracha. Devem permitir a passagem dos equipamentos a serem utilizados. As janelas devem estar situadas de maneira que proporcionem uma boa iluminação natural, uniformemente distribuída, sem deixar sombras sobre as áreas de trabalho, devendo ainda ser protegidas com tela contra insetos. A iluminação deve ser distribuída uniformemente, evitando ofuscamentos, contrastes excessivos e incidência de raios solares diretamente sobre os alimentos estocados e as superfícies de trabalho. Faz-se necessária a instalação de exaustores sobre os equipamentos de cocção. As janelas das despensas e da cozinha devem ser em número e dimensões adequadas, com área mínima equivalente a 1/8 da área do piso, permitindo eficiente circulação de ar. As aberturas das janelas devem ser protegidas do sol e da chuva e devem possuir tela de proteção contra insetos. É necessária a instalação de lavatórios de mãos próximos aos principais setores. Sanitários e vestiários não devem dar acesso direto para as áreas de armazenamento e produção de alimentos. A cozinha deve ficar adjacente ao refeitório e possuir abertura por onde devem ser distribuídos os alimentos (balcão) com altura acessível às crianças, entre 60 e 80 cm. As bancadas e os bojos devem ser confeccionados em material liso, impermeável, antiácido, íntegro e de fácil limpeza e manutenção. Nas despensas, as prateleiras para armazenamento deverão estar localizadas a 30 cm do piso, com profundidade não superior a 45cm, preferencialmente moduladas para permitir flexibilidade de novos arranjos. Os estrados fenestrados para sacarias deverão estar elevados do piso até 40 cm, com pés protegidos com canoplas. As despensas deverão contar com boa iluminação, ventilação cruzada ou mecânica que permita ampla circulação de ar às mercadorias.

9.2 Detalhamento das áreas de preparo e cocção

Entre os equipamentos e utensílios necessários ao funcionamento do trabalho na cozinha, podemos listar: fogão industrial de quatro ou seis bocas com grelha e forno, forno a gás combinado, forno micro-ondas, coifa, exaustor, freezer, geladeira, purificador de água, balança digital com prato, batedeira industrial de seis ou 20 litros, espremedor de frutas, esterilizador de mamadeiras, liquidificador semi-industrial ou industrial, mix de alimentos com duas velocidades, processador de alimentos/centrífuga, colheres, garfos, facas, conchas, escumadeiras, pegadores, garfos grandes para carne, colheres de servir, facas de corte (carnes, legumes e pães), travessas, badejas, bacias plásticas tamanhos grande, médio e pequeno, caixas plásticas fechadas para mantimentos, pratos, canecas, copos, cumbucas, tábuas ou placas para corte de alimentos crus e cozidos, saladeiras de servir, panelas de alumínio com alças laterais e tampa com capacidade para 8, 12 e 16 litros, caldeirões de alumínio com alças laterais e tampa com capacidade para 20 e 30 litros, canecões com cabo, com capacidade para quatro e seis litros, chaleiras com tampa e alça de três e cinco litros, assadeiras com alças e formas de alumínio, escorredores de massa, cortador de legumes com tripé, tamanho médio, e lixeiras plásticas com tampa e pedal para área interna, coletores de lixo.

De forma estrutural, também se faz necessária a existência dos seguintes itens: uma bancada com duas cubas de 560 x 340 x 150 mm para pré-preparo; uma bancada com uma cuba de 500 x 400 x 200mm para serviços; mesa de apoio para cocção, com gaveta para a guarda de facas; uma bancada para lavagem de panelas, com cuba com dimensões de 600 x 550 x 450mm, com esguicho pré-lavagem; uma bancada para lavagem de utensílios com uma ou duas cubas de 500 x 400 x 200mm.

9.3 Refeitório

Além de se constituir em um espaço para alimentação, o refeitório deve ainda possibilitar a socialização e a autonomia das crianças. Recomenda-se que seja articulado com a cozinha, contando com mobiliário móvel, que viabilize diferentes organizações do ambiente. Deve seguir o dimensionamento de 1m² por usuário e capacidade mínima de 1/3 do maior turno, uma vez que não é necessário nem recomendável que todas as crianças façam as refeições ao mesmo tempo.

Quando as refeições forem realizadas nas salas de atividades, é dispensável a existência do refeitório. Devem ter área mínima de 10m². Para cálculo da área mínima, pode-se considerar um revezamento de no máximo 50% do total de crianças da faixa etária a que se destinam. O Refeitório poderá ser utilizado como sala de reuniões ou sala de atividades múltiplas, desde que em horários em que não exista prejuízo para nenhuma das funções.

Deve ser localizado no andar térreo, ter as paredes revestidas de material de fácil limpeza e resistentes, assim como os pisos utilizados, que, além disso, devem suportar tráfego intenso. As janelas com abertura mínima de 1/5 da área do piso, permitindo a ventilação e a iluminação natural, possibilitando visibilidade para o ambiente externo, com peitoril de acordo com a altura das crianças, garantindo a segurança. Deve ainda possuir portas que possibilitem, sempre que possível, sua integração com a área externa e o pátio coberto, de maneira que propiciem maior flexibilidade de uso dos espaços. Deve também contar com pelo menos um lavatório de mãos para as crianças, que deve ser acessível, mantendo-se uma altura em torno de 60 cm e prever bebedouros com altura apropriada às crianças.

10. Lavanderia

A lavanderia deve ter acesso independente da cozinha, contemplando tanque; local para máquina de lavar; secadora, quando necessária e possível; varal; bancada para passar roupas; prateleiras e armários fechados, em alvenaria. Suas dimensões devem ser compatíveis com o número de crianças atendidas pela instituição. Deve ser prevista uma área, externa ou interna, para secagem de roupas.

11. Área de serviços gerais

Deve contemplar tanque; armário para guarda de vassouras, rodos e similares; depósito de material de limpeza. Este último deverá ter 2m² com dimensão mínima de 1m. Pode ser um armário em local apropriado, desde que não permita o acesso das crianças aos materiais de limpeza. Deve ser fora do ambiente da cozinha.

12. Depósito de lixo

Deve existir sempre que a geração de resíduos sólidos exceder a 100 litros diários; estar situado em local desimpedido, de fácil acesso à coleta, isolado de áreas de maior circulação, sem ligação direta com as dependências, tais como cozinha, despensa, salas de atividades, pátio coberto e refeitório; ter área mínima de 2,40m² para conter até 300 litros de resíduos sólidos, acrescentando-se 0,40m² a essa área mínima para cada 100 litros de resíduos adicionais e ter dimensão mínima de 1,20m.

Sugestões de aspectos construtivos: material de alvenaria, fechado, coberto, dotado de janelas ou aberturas com tela de proteção contra insetos, devendo permitir a ventilação natural, com área mínima da abertura equivalente a 1/10 da área do piso diretamente para o exterior; paredes, pisos e tetos revestidos com material liso, resistente, lavável, impermeável, de cor clara, com piso sem degraus e antiderrapante; pé-direito mínimo de 2,40m; porta com largura mínima de 0,80m e altura mínima de 2,10m; dispor de ponto de luz e interruptor para iluminação artificial interna; dotado de ponto de água, piso com caimento máximo de 2% em direção ao ralo sifonado, com tampa de vedação e ligado à rede coletora de esgoto; equipado com extintor de incêndio.

Deve ser usado exclusivamente para o grupo de resíduos ao qual se destina, não sendo recomendado seu uso para a guarda ou a permanência de qualquer outro objeto. O efluente de lavação do abrigo deve ser direcionado para a rede coletora e de tratamento público de esgoto, atendidos os padrões de lançamento estabelecidos pelo órgão competente. Sugere-se, quando possível, a implantação do sistema de compostagem e coleta seletiva.

13. Área externa

Deve corresponder a, no mínimo, 20% do total da área construída e ser adequada para atividades de lazer, atividades físicas, eventos e festas da escola e da comunidade. Deve ser pavimentada, ensaibrada ou gramada, e, além disso, ter local para brincadeiras, brinquedos, ter o piso da área destinada a brinquedos flexível, não sendo tolerados pisos rígidos como os constituídos de materiais, como: concreto, pedra ou lajota; ter parafusos, pregos e fixações dos equipamentos embutidos de forma a evitar acidentes. Deve ser ensolarada e sombreada, prevendo a implantação de área verde, que pode contar com local para pomar, horta e jardim.

14. Recomendações

- Referenciar a capacidade máxima das instituições de educação infantil no atendimento a 150 crianças em regime de horário integral ou por turno, considerando-se as especificidades do atendimento;
- Garantir que terreno propicie, preferencialmente, o desenvolvimento da edificação em um único pavimento;

- Contemplar a área mínima para todas as salas para crianças de 0 a 5 anos de 1,50 m² por criança atendida, considerando a importância da organização dos ambientes educativos e a qualidade do trabalho. Recomenda-se que a metragem das salas seja a mesma, independentemente da faixa etária, possibilitando alterações nos agrupamentos, de acordo com a demanda da comunidade;

- Garantir a acessibilidade por meio de rampas de acesso ou plataforma de percurso vertical com as adaptações necessárias para garantir total segurança, conforme NBR 9050. Assegurar a existência de banheiros com sanitários, chuveiros e cadeiras para banho, brinquedos e equipamentos adaptados para a utilização de crianças com necessidades especiais;

- Planejar a construção do berçário e as salas de atividades para que sejam voltados para o nascente;

- Permitir que todos os espaços utilizados pelas crianças, os acessórios e os equipamentos, como maçanetas, quadros, pias, torneiras, saboneteiras, porta-toalhas e cabides, sejam colocados ao alcance destas para sua maior autonomia. Os interruptores devem possuir protetores contra descarga elétrica;

- Prever barreiras protetoras (guarda-corpo) em locais que necessitem de maior segurança, sem possibilidade de as crianças escalarem;

- Evitar quinas vivas na edificação;

- Pintar todas as paredes com tinta lavável;

- Instalar ralos com tampa rotativa para maior proteção contra insetos;

- Utilizar vidros lisos nas áreas que propiciem maior visibilidade, e vidros "fantasia" somente nas áreas onde a privacidade seja imprescindível;

15. Recursos Humanos

Conforme a regulamentação dada pela Portaria 172/2005, de 03/05/2005, da Secretaria Estadual da Saúde, em que estabelece o Regulamento Técnico para Licenciamento de Estabelecimentos de Educação Infantil (EEI), todos os profissionais dos EEI devem ter formação compatível com a função que exercem, conforme legislação existente para cada função.

O Responsável Técnico (RT) pela área da saúde é responsável pela implantação e implementação das ações preconizadas nessa Portaria. Admite-se como RT pela área de saúde do EEI profissionais com formação superior em Enfermagem, Medicina e Nutrição, sendo também admitidos profissionais com especialização em saúde pública, e profissionais da educação com especialização em saúde infantil.

É permitida a assistência sistemática por parte do RT pela área de saúde do EEI, desde que não haja prejuízo do atendimento de suas atribuições. Entende-se por assistência sistemática para fins dessa Portaria aquela prestada quando necessário, não obrigatoriamente em jornada integral de trabalho.

É obrigatória a supervisão em tempo integral das atividades das crianças, por no mínimo um dos profissionais do EEI. O número de profissionais por aluno para crianças na faixa etária de 0 a 2 anos incompletos deve ser de um para cada cinco crianças. As proporções de profissionais por aluno para as demais faixas etárias devem respeitar a proporção estabelecida pelo Conselho Estadual ou Municipal de Educação.

Conforme a Portaria citada, em função do seu porte, os EEI são classificados em: pequeno, médio e grande porte, quando estes atendem, respectivamente, até 50, de 51 a 100 e acima de 101 crianças.

Em EEI que atenda mais de 25 crianças de 0 a 2 anos incompletos, é obrigatória a existência de um profissional específico no preparo de mamadeiras, nos demais casos, a(o) cozinheira(o) poderá acumular essa função. Em EEI onde o preparo das refeições seja feito no próprio estabelecimento, é obrigatória a existência de cozinheira(o) exclusiva(o) para a função, não sendo tolerado que esta acumule atividade de limpeza ou de lavagem de roupas.

Todos os EEI onde seja ofertada alimentação devem atender a regulamentos específicos da área de alimentos, tais como Resolução RDC 216, de 15 de setembro de 2004, e o Decreto Estadual 23430/74, além de ter como responsável um Nutricionista conforme Lei Federal n.º 8234, de 17 de setembro de 1991.

No caso de o estabelecimento receber alimentação preparada por terceiro, o fornecedor deverá possuir licença sanitária de funcionamento.

Compete ao Nutricionista, no exercício de suas atribuições na Alimentação Escolar, planejar, organizar, dirigir, supervisionar e avaliar os serviços de alimentação e nutrição. Realizar assistência e educação nutricional à coletividade ou indivíduos sadios ou enfermos em instituições públicas e privadas.

No âmbito da Alimentação Escolar na rede privada de ensino, o nutricionista deverá desenvolver as seguintes atividades obrigatórias:

- Calcular os parâmetros nutricionais para atendimento da clientela com base em recomendações nutricionais, avaliação nutricional e necessidades nutricionais específicas;

- Programar, elaborar e avaliar os cardápios, adequando-os às faixas etárias e perfil epidemiológico da população atendida, respeitando os hábitos alimentares;

- Planejar, orientar e supervisionar as atividades de seleção, compra, armazenamento, produção e distribuição dos alimentos, zelando pela qualidade dos produtos, observadas as boas praticas higiênicas e sanitárias;

- Identificar crianças portadoras de patologias e deficiências associadas à nutrição, para o atendimento nutricional adequado;

- Planejar e supervisionar a execução da adequação de instalações físicas, equipamentos e utensílios, de acordo com as inovações tecnológicas;

- Elaborar o plano de trabalho anual, contemplando os procedimentos dotados para o desenvolvimento das atribuições;

- Elaborar e implantar o Manual de Boas Práticas, avaliando e atualizando os procedimentos operacionais padronizados sempre que necessário;

- Desenvolver projetos de educação alimentar e nutricional para a comunidade escolar, inclusive promovendo a consciência social, ecológica e ambiental;

- Coordenar o desenvolvimento de receituários e respectivas fichas técnicas, avaliando periodicamente as preparações culinárias;

- Planejar, implantar, coordenar e supervisionar as atividades de pré-preparo, preparo, distribuição e transporte de refeições/preparações culinárias;

- Colaborar e/ou participar das ações relativas ao diagnóstico, avaliação e monitoramento nutricional do escolar;

- Efetuar controle periódico dos trabalhos executados;

- Colaborar com as autoridades de fiscalização profissional e/ou sanitária.

Referências

1. ANVISA. Agência Nacional de Vigilância Sanitária. *RDC nº 216*: regulamento técnico de boas práticas para serviços de alimentação. Brasília, DF, 2004. Disponível em: http://portal.anvisa.gov.br/documents/33880/2568070/res0216_15_09_2004.pdf/9b74835c-83e2-4940-9f9c-3a1e3359c192. Acesso em: 20 set. 2016.

2. BRASIL. Ministério da Educação. Secretaria de Educação Básica. *Diretrizes curriculares nacionais para a educação infantil*. Brasília: MEC, SEB, 2010.

3. BRASIL. Ministério da Educação. Secretaria de Educação Básica. *Parâmetros básicos de infraestrutura para instituições de educação infantil*: Encarte 1. Brasília: MEC, SEB, 2008.

4. BRASIL. Ministério da Educação. Secretaria de Educação Básica. *Parâmetros nacionais de qualidade para a educação infantil*. v. 2. Brasília: MEC, SEB, 2008.

5. BRASIL. *Resolução CFN N° 380/2005*. Dispõe sobre a definição das áreas de atuação do nutricionista e suas atribuições, estabelece parâmetros numéricos de referência, por área de atuação, e dá outras providências. Disponível em: http://www.cfn.org.br/novosite/pdf/res/2005/res380.pdf. Acesso em: 20 set. 2016.

6. FNDE – Fundo Nacional de desenvolvimento da Educação. Portal de Compras. *Kit cozinha e Refeitório Escolar*. AP 06/2012. Disponível em: http://www.fnde.gov.br/portaldecompras/index.php/component/phocadownload/category/tag?tagid=41. Acesso em: 20 set. 2016.

7. MONTEIRO, R. Z. *In*: Orientações técnicas, legais e normativas para projetos de espaços destinados a serviços de alimentação coletiva. *Revista de Arquitetura da IMED*, v. 2, n. 2, p. 112, 2013.

8. RIO GRANDE DO SUL. Secretaria Estadual da Saúde. *Portaria nº 172 de 03 de maio de 2005*: Estabelece o regulamento técnico para licenciamento de Estabelecimentos de Educação Infantil. 2005. Disponível em: www.saude.rs.gov.br/upload/20120425143852portaria_estadual_n__172_05.doc. Acesso em: 19 set. 2016.

9. SILVA FILHO, A. R. A. da. *In*: Orientações técnicas, legais e normativas para projetos de espaços destinados a serviços de alimentação coletiva. *Revista de Arquitetura da IMED*, v. 2, n. 2, p. 112, 2013.

CAPÍTULO 20

GESTÃO DO PROGRAMA DE ALIMENTAÇÃO DO TRABALHADOR (PAT) EM UNIDADES DE ALIMENTAÇÃO E NUTRIÇÃO

Fernanda Guidi Colossi de Paris
Simone Morelo Dal Bosco
Maria Trezinha Antunes

1. Introdução

Oferecer uma alimentação adequada e equilibrada a seus trabalhadores é dever de toda empresa, seja qual for o vínculo de trabalho entre eles. O tipo de benefício pode variar desde refeição no próprio local de trabalho, até o vale-refeição para casos de incapacidade de o trabalhador se alimentar no local de trabalho. A CLT, Consolidação das Leis do Trabalho, inclui parte da composição salarial destinada à alimentação, mas não obriga as empresas a fazê-lo. Os sindicatos de classe, por sua vez, preveem a obrigatoriedade ou não de vale refeição de acordo com a atividade e número de funcionários. Todavia, atualmente, quase todas as categorias têm obrigação, por força do contrato de trabalho, de fornecer vale alimentação ou refeição[1,2].

O PAT foi criado pela Lei n.º 6.321, de 14 de abril de 1976, regulamentada pelo Decreto n.º 5, de 14 de janeiro de 1991. Instruções complementares sobre a execução do PAT encontram-se na Portaria SIT/DSST n.º 3, de 1º de março de 2002. Esse Programa é estruturado na parceria entre Governo, empresa e trabalhador. O PAT é destinado a estimular os empregadores a fornecer alimentação adequada aos trabalhadores em troca de incentivos fiscais. Os benefícios ligados ao programa, de natureza não salarial, podem ser fornecidos na forma de refeições preparadas, cestas de alimentos, vales ou cartões-refeição ou alimentação[3].

O objetivo do PAT é fornecer alimentação adequada aos trabalhadores, em especial à camada mais sujeita à deficiência alimentar – a parcela cuja renda é inferior a cinco salários-mínimos. O PAT é um programa vinculado ao trabalho formal, sem cobertura no mercado informal e nas zonas rurais, populações que, geralmente, representam os maiores percentuais de carência nutricional e subalimentação. Com isso, o trabalhador pode realizar de forma mais eficiente o esforço físico, intelectual e social necessários para o exercício de suas funções no ambiente de trabalho. Os resultados da melhoria das suas condições nutricionais e de saúde geram, portanto, repercussões positivas para a qualidade de vida, a redução de acidentes de trabalho e o aumento da produtividade[2,3,4].

Os benefícios ao trabalhador envolvem a melhoria de suas condições nutricionais e de qualidade de vida, aumento da capacidade física, da resistência à fadiga, prevenção de doenças e redução dos riscos de acidente de trabalho e doenças ocupacionais. Para as empresas cadastradas no programa, percebe-se um aumento na produtividade, redução do absenteísmo e da rotatividade, isenção de encargos sociais sobre o valor da alimentação fornecida e incentivo fiscal. Na outra ponta, o governo também é beneficiado com a redução de despesas e investimentos na área da saúde, crescimento da atividade econômica e o bem-estar social[4,5].

Para o bom acompanhamento do programa e, consequentemente, a medição de seus resultados, é essencial a presença de um responsável técnico: o profissional nutricionista. Esse profissional é responsável por assegurar que todas as refeições servidas contenham os nutrientes e calorias expressos na legislação do PAT. Também é responsável pela implantação complementar, de um programa de Educação Alimentar, visando à promoção da saúde e o incentivo às boas práticas alimentares[6]. O valor do benefício concedido por meio de documento de legitimação deve ser suficiente para atender às exigências nutricionais fixadas na legislação do PAT, tanto no sistema de refeição convênio como no de alimentação-convênio, considerando-se, nesse último caso, as necessidades mensais[7].

O Ministério do Trabalho e Emprego publicou no Diário Oficial da União um balanço do Programa de Alimentação do Trabalhador (PAT) no ano de 2015. Segundo o ministério, nesse ano, 19,5 milhões de brasileiros foram beneficiados. Desse total, 16,2 milhões, ou 83,2%, têm renda de até cinco salários mínimos, atendendo ao perfil prioritário do programa[8].

De acordo com a pasta, o número de empresas com trabalhadores no programa, até dezembro de 2015, era 223,4 mil. Também foram registradas 13,8 mil empresas fornecedoras de alimentação; 249 empresas prestadoras de serviços em alimentação coletiva e 22,2 mil profissionais habilitados em nutrição vinculados ao programa. Houve 36 cancelamentos de inscrições e registros[8].

2. O PAT – Afiliação e execução do programa

O programa foi instituído por lei em 1976 e regulamentado por decreto em 1991, sob responsabilidade do Ministério do Trabalho. Tem atualmente como gestora a Secretaria de Inspeção do Trabalho / Departamento de Segurança e Saúde no Trabalho. Uma comissão denominada Comissão Tripartite do Programa de Alimentação do Trabalhador (CTPAT) é responsável pela fiscalização das ações do programa. É formada por membros do governo, dos empregadores e dos trabalhadores[9]. Segue a composição da CTPAT[9]:

I. **um representante do Ministério do Trabalho e Emprego, que a presidirá;**

II. um representante do Ministério da Fazenda;

III. um representante do Ministério da Saúde;

IV. um representante do Ministério da Previdência Social;

V. um representante do Ministério do Desenvolvimento Social e Combate à Fome;

VI. um representante do Ministério do Planejamento, Orçamento e Gestão;

VII. seis representantes dos trabalhadores;

VIII. seis representantes dos empregadores.

Somente pessoa jurídica pode se cadastrar no PAT. Empresas de qualquer porte podem se filiar ao programa e beneficiar seus funcionários. O foco de abrangência são os trabalhadores com renda de até cinco salários mínimos. Trabalhadores com renda superior poderão ser incluídos no programa, desde que todos os trabalhadores de baixa renda sejam atendidos pelo programa. Os recursos para execução do programa são divididos entre empresa e governo (80%) e o próprio trabalhador (20%), o que o descaracteriza como um programa assistencialista. Além da economia em gastos diretos com a alimentação, o governo concede incentivos fiscais às empresas cadastradas[2,5,9].

Quadro 1 – Benefícios do PAT

O PAT tem por objetivo melhorar as condições nutricionais dos trabalhadores, com repercussões positivas para a qualidade de vida, a redução de acidentes de trabalho e o aumento da produtividade. Entre os principais benefícios estão:
Para o trabalhador
• Melhoria das condições nutricionais e de qualidade de vida;
• Aumento da capacidade física;
• Aumento da resistência à fadiga;
• Aumento da resistência a doenças;
• Redução dos riscos de acidentes de trabalho.
Para Empresas
• Aumento de produtividade;
• Maior integração entre trabalhador e empresa;
• Redução do absenteísmo, ou seja, atrasos e faltas;
• Redução da rotatividade;
• Isenção de encargos sociais sobre o valor da alimentação fornecida;
• Incentivo fiscal com a dedução de até 4% no imposto de renda devido.
Para o Governo
• Redução das despesas e investimentos na área da saúde;
• Crescimento da atividade econômica;
• Bem-estar social.

Fonte: adaptado pelas autoras da Portaria Interministerial no 66 de 25/8/2006[4]

A afiliação ao Programa de Alimentação do Trabalhador (PAT) é feita diretamente pelo site do Ministério do Trabalho, no endereço: www.mte.gov.br/pat, por meio de formulário eletrônico, ou por formulário oficial enviado pelos correios. A adesão ao PAT poderá ser efetuada a qualquer tempo e, uma vez realizada, terá validade por prazo indeterminado, podendo ser cancelada por iniciativa da beneficiária ou pelo Ministério do Trabalho e Emprego, em razão da execução inadequada do Programa[10].

As empresas cadastradas no PAT devem prestar informações anualmente ao Ministério do Trabalho (TEM), por meio da Relação Anual de Informações Sociais (Rais). O comprovante de inscrição, emitido pelo site do Ministério do Trabalho, deverá ser mantido nas dependências da empresa para fins de fiscalização federal. A fiscalização é de responsabilidade das Superintendências Regionais de Trabalho e Emprego. No caso de constatação de irregularidades na execução do PAT, o auditor fiscal do trabalho deve apresentar relatório circunstanciado à chefia imediata, para a instauração de processo de cancelamento da inscrição ou do registro, quando for o caso[10,11].

3. Modalidades do PAT

De acordo com o site do Ministério do Trabalho, as modalidades de fornecimento de refeição/alimentação que poderão ser adotadas pela empresa são[4,6,11,12]:

a. **Autogestão (serviço próprio):** A empresa beneficiária assume toda a responsabilidade pela elaboração das refeições, desde a contratação de pessoal até a distribuição aos usuários.

b. **Terceirização (serviços de terceiros):** O fornecimento das refeições é formalizado por intermédio de contrato firmado entre a empresa beneficiária e as concessionárias que também devem ser registradas no Programa de Alimentação do Trabalhador. A terceirização possui variações de prestação do serviço, podendo ser:

- **Refeição transportada**: a refeição é preparada em cozinha industrial e transportada até o local de trabalho;
- **Administração de cozinha e refeitório:** a empresa beneficiária contrata os serviços de uma terceira, que utiliza as instalações da primeira para o preparo e distribuição das refeições;
- **Refeição Convênio:** os empregados da empresa beneficiária fazem suas refeições em restaurantes conveniados com empresas operadoras de vales, tíquetes, cupons ou cheques.
- **Alimentação convênio:** a empresa beneficiária fornece senhas, tíquetes para aquisição de gêneros alimentícios em estabelecimentos comerciais;
- **Cesta de Alimentos:** A empresa beneficiária fornece os alimentos em embalagens especiais, garantindo ao trabalhador ao menos uma refeição diária.

A Organização Mundial da Saúde considera que o local de trabalho deve dar a oportunidade e estimular os trabalhadores a fazerem escolhas saudáveis. Nesse sentido, a consolidação do PAT como um programa que visa à promoção da alimentação saudável no ambiente de trabalho demanda que seus gestores diretos, responsáveis por sua execução nas empresas, compreendam e aceitem essa questão. Normalmente, é na empresa que os trabalhadores realizam a principal refeição do dia. Isso demonstra a importância da alimentação planejada quantitativa e qualitativamente. A escolha dos cardápios deve levar em consideração, além dos parâmetros nutricionais estabelecidos pelo PAT, as preferências regionais e os recursos disponíveis, a fim de disponibilizar ao trabalhador uma refeição atrativa e nutritiva. Um trabalho mais efetivo na elaboração do cardápio seria a análise prévia do estado de saúde perfil antropométrico dos trabalhadores atendidos pelo programa[1,2,5,10,13,14].

4. O nutricionista como agente da promoção da saúde e educação alimentar dos trabalhadores atendidos pelo PAT

De acordo com o Conselho Nacional dos Nutricionistas (CFN, 1998), o nutricionista é um profissional da saúde, com formação de nível universitário na área de nutrição, de caráter generalista, com uma percepção crítica da realidade dentro de áreas próprias de atuação, constituindo-se num agente de mudança. O objeto de trabalho do nutricionista é a alimentação e nutrição do homem, sob ponto de vista individual e social.

Em seu código de ética, publicado em 1993, é atribuída a responsabilidade ao profissional nutricionista de contribuir para promover, preservar e recuperar a saúde do homem. "Tem, ainda, como princípio básico, o bem-estar do indivíduo e da coletividade, empenhando-se na promoção da saúde, em especial quanto à assistência alimentar e nutricional."[9,10,11,12]

O Programa de Alimentação do Trabalhador orienta às empresas da importância de se contar com um profissional nutricionista como responsável pela execução do cardápio, bem como elaboração de programas de educação alimentar, a fim de promover a saúde e bons hábitos dos trabalhadores. As empresas fornecedoras e prestadoras de serviços de alimentação coletiva do PAT, bem como as pessoas jurídicas beneficiárias na modalidade autogestão, deverão possuir responsável técnico pela execução do programa[14,15].

O responsável técnico do PAT é o profissional legalmente habilitado em Nutrição, que tem por compromisso a correta execução das atividades nutricionais do programa, visando à promoção da alimentação saudável ao trabalhador. O nutricionista, como profissional da área da saúde, trabalha como educador em qualquer área de atuação, com enfoque e incentivo na formação de bons hábitos alimentares[8,9].

A Resolução CFN n.º 419, de 19 de março de 2008, limita genericamente a assunção de responsabilidade técnica pelo nutricionista a um estabelecimento. No caso específico do PAT, permite-se que o nutricionista seja responsável técnico por até duas empresas. O nutricionista precisa ter um registro específico no Programa, que pode ser realizado exclusivamente com a utilização de formulários eletrônicos disponíveis para acesso público no endereço eletrônico: http://trabalho.gov.br/pat.

Os estabelecimentos vinculados ao PAT deverão promover educação nutricional, inclusive mediante a disponibilização, em local visível ao público, de sugestão de cardápio saudável aos trabalhadores[8,9].

As empresas beneficiárias deverão fornecer aos trabalhadores portadores de doenças relacionadas à alimentação e nutrição, devidamente diagnosticadas, refeições adequadas e condições amoldadas ao PAT, para tratamento de suas patologias, devendo ser realizada avaliação nutricional periódica desses trabalhadores[2,3,5,8].

Os cardápios deverão oferecer, pelo menos, uma porção de frutas e uma porção de legumes ou verduras, nas refeições principais (almoço, jantar e ceia), e pelo menos uma porção de frutas nas refeições menores (desjejum e lanche).

O conceito de promoção da saúde abrange um conjunto de ações exercidas contínua e globalmente sobre um indivíduo ou uma determinada população, com os objetivos de diminuir a morbimortalidade, propiciar os melhores níveis de crescimento e desenvolvimento físico, intelectual e emocional e conduzir a uma vida mais longa, saudável e produtiva.

É crescente em todo o mundo a preocupação das empresas com a prevenção da saúde de seus funcionários. Outra forma de acompanhar a eficácia do PAT é por meio do acompanhamento do perfil nutricional dos trabalhadores, com avaliações antropométricas, variações de peso, pressão arterial e perfis sanguíneos de colesterol, triglicérides e glicose.

5. Exigências nutricionais do PAT

Os parâmetros nutricionais para a alimentação do trabalhador (segundo o PAT) estabelecidos na Portaria Interministerial n.º 66, de 25 de Agosto de 2006, visam atender às necessidades nutricionais, bem como energéticas, dos trabalhadores adultos. Quando houver situações especiais que acarretem recomendações divergentes, os parâmetros nutricionais e valores energéticos utilizados deverão estar em conformidade com as referências das *Dietary Reference Intakes* (DRIs) para a população em questão. Os parâmetros nutricionais para a alimentação do trabalhador estabelecidos nessa Portaria deverão ser calculados com base nos seguintes valores diários de referência para macro e micronutrientes:

Nutrientes	Valores diários
Valor Energético Total	2000 calorias
CARBOIDRATO	55-75%
PROTEÍNA	10-15%
GORDURA TOTAL	15-30%
GORDURA SATURADA	< 10%
FIBRA	> 25 g
SÓDIO	≤2400mg

Tabela 1 – Parâmetros nutricionais para a alimentação do trabalhador

Fonte: adaptado pelas autoras da Portaria Interministerial no 66 de 25/8/2006[4]:

Segundo as recomendações do PAT, as refeições principais (almoço, jantar e ceia) devem conter de 600 a 800 calorias, admitindo-se um acréscimo de 20% (400 calorias) em relação ao valor energético total (VET) de 2.000 calorias por dia, e devem corresponder à faixa de 30-40% do VET diário. O percentual proteico-calórico (NDPCal%) das refeições deve ser no mínimo 6% e no máximo de 10%[2,3,4].

As refeições principais devem seguir a seguinte distribuição de macronutrientes, fibras e sódio:

Refeições (%)	CHO (%)	Proteínas (%)	Gorduras totais (%)	Gorduras saturadas (%)	fibras (g)	sódio (mg)
Desjejum / lanche	60	15	25	<10	4-5	360-480
Almoço / jantar / ceia	60	15	25	<10	7-10	720-960

Quadro 2 – Distribuição de Macronutrientes, Fibras e Sódio nas Refeições.

Fonte: adaptado pelas autoras da Portaria Interministerial no 66 de 25/8/20064

Além das recomendações nutricionais, existem outras exigências estabelecidas pelo programa, tais como: os estabelecimentos vinculados ao PAT devem promover educação nutricional; o cálculo do VET pode ser alterado, em cumprimento às exigências laborais, em benefício da saúde do trabalhador, desde que baseado em estudos de diagnóstico nutricional; as empresas beneficiárias deverão fornecer aos trabalhadores portadores de doenças relacionadas à alimentação e nutrição, devidamente diagnosticadas, refeições adequadas e condições amoldadas ao PAT para tratamento de suas patologias, devendo ser realizada avaliação nutricional periódica desses trabalhadores; os cardápios deverão oferecer, pelo menos, uma porção de frutas e uma porção de legumes ou verduras nas refeições principais (almoço, jantar e ceia) e pelo menos uma porção de frutas nas refeições menores (desjejum e lanche), entre outras definições. Dessa forma, quando a sobremesa é doce, em conformidade com que está previsto na portaria, deverá também ser oferecida fruta. A oferta de doces de frutas embalados (goiabinha, marmelada ou outros tipos) não pode ser considerada como "fruta" nem nas refeições principais nem nas refeições menores, pois a inserção da fruta tem por objetivo inserir fontes de vitaminas e minerais, além das fibras nas refeições. Também não é permitido fazer substituição da porção de fruta exigida por suco, pois a troca possibilitaria servir polpa de fruta, um suco de menor valor nutritivo que a fruta devido ao tempo de armazenagem e ao processo de industrialização. O que se pretende com a alimentação do trabalhador é também propiciar uma alimentação saudável, por meio da reeducação alimentar e nutricional[3].

Destaca-se a importância do fracionamento de refeições, sempre adaptadas à disponibilidade do indivíduo, em função de suas atividades profissionais. A seguir, são apresentadas referências para a distribuição de calorias nas refeições:

Refeição % VET
Desjejum 20%
Almoço 30 a 40%
Lanche 10%
Jantar 30 a 40%

Quadro 1 – Distribuição percentual do VET nas principais refeições
Fonte: adaptado pelas autoras

Exemplo de cardápio oferecido aos trabalhadores da empresa "X":

	Segunda-feira	Terça-Feira	Quarta-Feira	Quinta-Feira	Sexta-Feira
SALADA	Vagem	Rúcula	Pepino	Repolho	Alface
	Repolho	Brócolis	Cenoura	Alface	Chuchu
	Beterraba	Alface	Alface	Rúcula	Pimentão
	Cebola	Beterraba	Pimentão	Beterraba	Tomate
	Alface	Tomate	Repolho	Brócolis	Rúcula
ARROZ	Arroz branco	Arroz Colorido	Arroz branco	Arroz com tempero Verde	Arroz branco
FEIJÃO	Feijão preto	Feijão carioca	Feijão preto	Feijão vermelho	Feijão preto
CARNE 1	Bife acebolado	Sobrecoxa frango assada	Guisado com legumes	Bife à milanesa	Estrogonofe de frango
CARNE 2	Almôndegas de Frango	Chuleta de porco	Frango grelhado	Frango xadrez	Bife grelhado
GUARNIÇÃO	Purê de Batata	Polenta com molho	Macarrão na manteiga de ervas	Couve-flor ao molho branco	Batata com tempero verde
FRUTA	Melancia	Maçã	Laranja	Bergamota	Melão
BEBIDA	Suco artificial de laranja	Suco artificial de uva	Suco artificial de maçã	Suco artificial de manga	Suco artificial de tangerina

Referências

1. ABREU, E. S. de; SPINELLI, M. G. N.; ZANARDI, A. M. P. *Gestão de unidades de alimentação e nutrição* – um modo de fazer. 3. ed. São Paulo: Metha, 342p, 2009.

2. FURTADO, T. B. Relações entre saúde e trabalho: alimentação do trabalhador. *Revista Alimentação & Nutrição*, São Paulo, n. 9, p. 56-57, jun. 1982.

3. COLARES, L. G. T.; FREITAS, C. M. Processo de trabalho e saúde de trabalhadores de uma unidade de alimentação e nutrição: entre a prescrição e o real do trabalho. *Caderno de Saúde Pública*, v. 23, n. 12, Rio de Janeiro, dec. 2007.

4. BRASIL. Portaria Interministerial N. 66, de 25 de agosto de 2006. Altera os parâmetros nutricionais do Programa de Alimentação do Trabalhador - PAT. *Diário Oficial da Republica Federativa do Brasil*, Brasília, 28 de agosto de 2006. Disponível em: http://acesso.mte.gov.br/data/files/FF8080812BCB2790012BD4ABD-1F559C0/p_20060825_66.pdf. Acesso em: 22 mar. 16.

5. BRASIL. Ministério do Trabalho e Previdência Social. *Decreto N. 5, de 14 de janeiro de 1991*. Regulamenta a Lei Nº 6.321, de 14 de abril de 1976, trata do programa de alimentação do trabalhador, revoga o Decreto Nº 78.676, de 8 de nov. de 1976, e dá outras providências. Disponível em: http://www.planalto.gov.br/ccivil_03/decreto/1990-1994/d0005.htm. Acesso em: 17 fev. 2016.

6. BRASIL. Ministério Do Trabalho. *Decreto N. 2.101, de 26 de dezembro de 1996*. Dá nova redação ao caput do art. 4º do decreto nº 5, de 14 de janeiro de 1991, que dispõe sobre o programa de alimentação do trabalhador. Disponível em: http://www.planalto.gov.br/ccivil_03/decreto/1996/d2101.htm. Acesso em: 15 fev. 2016.

7. BRASIL. Ministério Do Trabalho. *Decreto N. 2.101, de 26 de dezembro de 1996*. Dá nova redação ao caput do art. 4º do decreto nº 5, de 14 de janeiro de 1991, que dispõe sobre o programa de alimentação do trabalhador. Disponível em: http://www.planalto.gov.br/ccivil_03/decreto/1996/d2101.htm. Acesso em: 15 fev. 2016.

8. BRASIL. Ministério Do Trabalho. *Portaria N. 3, de 22 de março de 2010*. Disponível em: http://www.planalto.gov.br/ccivil_03/decreto/1996/d2101.htm. Acesso em: 15 fev. 2016.

9. BRASIL. Ministério Do Trabalho. *Portaria N. 70, de 22 de julho de 2008*. Disponível em: http://www.planalto.gov.br/ccivil_03/decreto/1996/d2101.htm. Acesso em: 15 fev. 2016.

10. CFN – Conselho Federal de Nutricionista. *Resolução CFN nº 380/05*. Dispõe sobre definição das áreas de atuação do nutricionista e suas atribuições, estabelecem parâmetros numéricos de referência, por área de atuação e dá outras providências. Inserção profissional dos nutricionistas no Brasil. CFN, gestão 2003-2006, Brasília, DF, 2006. Disponível em: http://www.cfn.org.br/novosite/pdf/res/2005/res380.pdf. Acesso em: 17 mar. 2016.

11. CFN – Conselho Federal de Nutricionista. *Resolução CFN nº 419, de 19 de março de 2008*. Disponível em: www.cfn.org.br/novosite/pdf/res/2008/res419.pdf. Acesso em: 17 mar. 2016.

12. CFN – Conselho Federal de Nutricionista. Resolução CFN nº 141/1993. *Diário Oficial da União*, Seção 1, 15 dez. 1993. Dispõe sobre código de ética profissional do nutricionista. Disponível em: www.cfn.org.br/novosite/pdf/res/90_99/res141.pdf . Acesso em: 11 mar. 2016.

13. BRASIL. Ministério do Trabalho. *Instrução Normativa Nº 83, de 28 de maio de 2010.* Dispõe sobre procedimentos para a fiscalização e divulgação de execução do programa de alimentação do trabalhador. Disponível em: http://www.normaslegais.com.br/legislacao/instrucaonormativsit83_2010.htm. Acesso em: 20 fev. 2016.

14. BRASIL. Ministério do Trabalho. *Portaria Nº 193, De 05 De Dezembro De 2006.* Altera os parâmetros nutricionais do programa de alimentação do trabalhador. Disponível em http://acesso.mte.gov.br/data/files/FF8080812BCB2790012BD4AB165E3291/p_20061205_193.pdf. Acesso em 11 mar. 2016.

15. GERALDO, A. P. G.; BANDONI, D. H.; JAIME, P. C. Aspectos Dietéticos das refeições oferecidas por empresas participantes do programa de alimentação do trabalhador na cidade de São Paulo, Brasil. *Rev Panam Salud Publica,* v. 23, n. 1, p. 19-25, 2008.

16. MATTOS, P. F. Avaliação da adequação do almoço de uma unidade de alimentação e nutrição (uan) ao programa de alimentação do trabalhador (PAT). *Caderno UniFOA,* 7. ed., 2008. p. 54-59.

17. SAVIO, K. E. O.; COSTA, T. H. M.; MIAZAKI, E.; SCHMITZ, B. A. S. Avaliação do almoço servido a participantes do programa de alimentação do trabalhador. *Rev. Saúde Pública,* São Paulo, v. 39, n. 2, 2005.

CAPÍTULO 21

GESTÃO, GASTRONOMIA E NUTRIÇÃO: UM DIÁLOGO A PARTIR DO ALIMENTO

Valdeni Terezinha Zani
Ricardo Yudi
Tainá Bacellar Zanetti
Isabel Cristina Kasper Machado

Homem, alimento e comida

A visão do gestor de Unidades de Alimentação e Nutrição (UANs) ou de Alimentação Comercial, que utiliza o alimento como matéria-prima para a elaboração de refeições, vem sendo desafiada pelo grande número de estudos desenvolvidos sobre a relação do homem com o alimento nos diversos contextos de origem dos produtos e processamentos para utilização na alimentação humana nas últimas décadas.

Uma coletânea de estudos sobre os aspectos socioculturais da alimentação traz à tona a reflexão sobre a necessidade de ampliar o espectro da visão sobre a alimentação do homem (CANESQUI; GARCIA, 2005), em que "Os costumes e hábitos de uma população e de um lugar são conhecidos também através da culinária praticada, que contribui para a formação de seu patrimônio imaterial" (SANTOS, 2012, p. 8). É assim, a partir da relação entre comida e cultura, que se pode entender o motivo que leva saberes e práticas alimentares a serem considerados bens culturais (SANTOS, 2012).

Alimentação e nutrição: aspectos culturais e sociológicos

A alimentação humana com vistas à nutrição saudável ganha alguns componentes fundamentais a serem considerados que não se restringem apenas aos aspectos fisiológicos e nutricionais, mas resgata conhecimentos importantes sobre a identificação cultural e representação sociológica dos alimentos e da comida para o indivíduo e comunidade.

O localismo, entre outros aspectos, tem sido a palavra de ordem da gastronomia contemporânea. O uso de ingredientes frescos, preferencialmente orgânicos, produzidos por atores locais, com alusão à sua trajetória e seu território, tem sido referência de qualidade, técnica e excelência de chefs, que acreditam que essas características são essenciais para obtenção do sabor do alimento. A regionalização das cozinhas e a busca por produtos nativos têm agregado não apenas os valores simbólicos, como também valores comerciais, que impulsionam a experiência gastronômica como uma boa oportunidade de negócio. A demanda dos chefes de cozinha por esse tipo de ingredientes tem valorizado e ressignificado a oferta de produtos que evidenciem o saber fazer e as características particulares do local onde são produzidos. Como efeito desse cenário, cada vez mais, novos espaços para esses produtos e seus produtores têm sido consolidados.

3. Saberes e sabores da gastronomia

As técnicas, os instrumentos e utensílios culinários integram os sabores e saberes da gastronomia, bem como "o comer" como um ato cultural, social e cognitivo relacionado a um dos cinco sentidos, como o paladar.

O paladar, que também pode ser denominado de gosto, é diferenciado de acordo com as condições sociais, religiosas, econômicas e geográficas de cada ser humano e, por meio dele, obtêm-se referências das tradições e costumes alimentares de um povo (MACIEL, 2001; SANTOS, 2005).

A sociedade se encontra inserida em um momento único na alimentação: a valorização de produtos e ingredientes regionais caminha lado a lado à demanda por novas experiências de consumo. Isso se deve ao fato de que há uma procura, por parte dos consumidores, de alimentarem-se melhor e, ainda, de maneiras diferentes. O *alimentar-se* simplesmente para o suprimento de necessidades fisiológicas não corresponde a uma parcela de nossa realidade, conforme Pollan (2006) e Dória (2009) apontam:

> [...] perceberemos que, hoje, culinária e gastronomia englobam fenômenos novos, em parte inexplicados, que determinam comportamentos derivados da mudança do eixo da alimentação da casa para o trabalho, ou comportamentos anômicos, como a bulimia e a anorexia; então, é forçoso reconhecer que gastronomia e culinária são também portas de acesso para compreender o presente de uma maneira nova. (DÓRIA, 2009, p. 16)

Embora o ato de consumir um alimento seja simples e natural, pesquisar e compreender essa nova realidade é tão complexo quanto interpretar, por exemplo, um vírus da gripe. Excluindo-se as propriedades nocivas à saúde, um vírus da gripe possui capacidades de mutações radicais que se assemelham às evoluções de padrões comportamentais e de julgamento dos indivíduos. Ou seja, nossas escolhas nem sempre foram as mesmas e, provavelmente, não serão durante as próximas décadas. Influenciadas por questões nutricionais, valores e simbolismos, estas são mutantes e evoluem de acordo com estímulos, ambos tão intrínsecos quanto extrínsecos ao corpo e à psique individual.

Há muita informação a respeito de padrões de escolha de alimentos. Nosso paladar, por exemplo, apresenta-se como o guia mestre de nossas decisões. Entre inúmeras razões, Brillat-Savarin (1995), em sua obra *Fisiologia do Gosto* (*Physiologie du Goût*), escrita em 1825, relata-nos que o paladar é um dos grandes responsáveis por filtrar alimentos seguros ao nosso organismo. Essa filtragem, inconsciente e naturalmente realizada pelo organismo, parte de dois pontos básicos: o positivo e o negativo. A premissa positiva é de que todos os alimentos que apresentem nuances doces sejam ótimos ao consumo humano. A explicação é simples: um sabor doce sinaliza uma fonte rica em carboidratos, ou seja, energia para o corpo sobreviver. A premissa negativa é de que alimentos com nuances amargas sejam inadequados ao consumo. O sabor amargo remete a toxinas produzidas por plantas, por exemplo. Brillat-Savarin (1995) teoriza que talvez seja uma maneira de o corpo proteger o feto que está se desenvolvendo, e esses vigilantes do organismo o autor denomina de *faithful sentries*[1].

Com o passar dos anos e devido ao avanço nas pesquisas acadêmicas, sabe-se que as premissas discutidas por Brillat-Savarin (1995) já não se restringem a apenas duas: positiva e negativa. Observamos que fatores como valor de imagem ou marca (LINDSTROM, 2005), status (DOUGLAS; ISHERWOOD, 2006) e valores emocionais (IZARD, 1977; LAZARUS, 1966; DESMET;

---

[1] "Sentinelas de confiança". Referência de Brillat-Savarin ao discorrer sobre mecanismos do organismo que possam impedir o consumo de alimentos não seguros.

SCHIFFERSTEIN, 2008) apresentam-se como caminhos para a ampliação da discussão acerca da gastronomia contemporânea.

Um bom exemplo para ilustrar a importância das emoções nos processos de decisões alimentares é o papel do desgosto ou nojo. Aparentemente, antônimo ao que se imagina quando falamos sobre alimentos, pois mentalmente associamos alimentos a ingredientes ou preparos perfeitos, o nojo foi e é vital à sobrevivência do homem ao longo da história. Pinker (2002), inclusive, relata que nojo poderia ser considerado uma microbiologia intuitiva. A razão por trás da afirmação pode ser compreendida quando pedimos a um indivíduo imaginar e tomar decisões alimentares sobre excreções e carnes podres. O nojo, ou desgosto, é definido por Rozin (1996) como o medo de incorporar certos tipos de substância; obviamente, em certos casos, o desgosto pode ter sido culturalmente pré-estabelecido, porém, no exemplo citado anteriormente, conclui-se que ele possuía papel determinante para a não escolha de ingestão do alimento.

Outros estudos sugerem que a baixa aceitabilidade por pacientes internados em hospitais está diretamente relacionada à insatisfação com as preparações alimentares no ambiente hospitalar (GARCIA, 2006; DEMÁRIO, 2010).

Diante dessas evidências, a gastronomia que representa uma arte em constante evolução pode contribuir para a melhora da aceitabilidade da alimentação saudável e das dietas hospitalares, colaborando com a terapêutica e agregando prazer ao valor nutricional do alimento (GINANI; ARAÚJO, 2002; MORIMOTO; PALADINI, 2009).

4. Planejamento de Cardápios, Ingredientes e Fornecedores

Transpondo o alimento e a alimentação para diferentes espaços privados e públicos, os ingredientes a serem considerados no planejamento de cardápios para clientela saudável e/ou na prescrição dietética para pacientes em tratamento perpassam pela observância de vários aspectos, como: aceitabilidade dos alimentos, a manutenção da identidade cultural do indivíduo, as políticas públicas para alimentação saudável, a sustentabilidade no contexto de ingredientes e a observância da biodiversidade.

Quando se planeja um cardápio ou se cria uma nova receita, o chefe de cozinha, o nutricionista ou gestor de Unidades de Alimentação e Nutrição (UANs) ou de Alimentação Comercial precisam estipular a lista de ingredientes, utensílios e estrutura necessária para executá-lo. Nesse planejamento, uma das etapas é definir a lista de fornecedores desses ingredientes que estejam aptos a entregar produtos com as características e qualidades exigidas pelos responsáveis pelos preparos. Segundo estudo do Centro de Pesquisas Aplicadas em Economia (CEPEA, 2014), o frescor, a singularidade e a tipicidade do ingrediente são as principais exigências dos chefes, atualmente. Por isso, os restaurantes têm optado progressivamente pela compra direta com o produtor, evitando a aquisição por intermediários, supermercados ou centros de abastecimentos, reduzindo, assim, o uso de alimentos processados. O que se percebe é que o chefe de cozinha ou gestor da Unidade de Alimentação cada vez mais procuram estar conscientes de todas as etapas da trajetória do ingrediente da produção ao consumo.

Esses fatores têm impactado, também, a forma de gerenciar o cardápio das Unidades de Alimentação e Nutrição (UANs) ou de Alimentação Comercial. Com a preocupação de se ter ingredientes frescos e locais, os cardápios da gastronomia contemporânea têm sido, cada vez mais, enxutos e dinâmicos, evidenciando o uso de técnicas e criatividade em ingredientes disponíveis em cada época (FREIXA; CHAVES, 2008).

Apesar de ser uma tendência notada em ambientes gastronômicos e incentivada por políticas públicas e diferentes mídias, trabalhar com produtos locais apresenta algumas particularidades. Em pesquisas relacionadas ao uso de produtos locais e espécies nativas em restaurantes, Inwood (2007), Zaneti (2012) e Cepea (2014) identificaram que a utilização desses produtos configura uma inovação para os estabelecimentos, possibilitando a agregação de valor à marca e distinção e identidade ao chefe.

Essas pesquisas, realizadas em países e épocas diferentes, identificaram como principais entraves a falta da oferta regular desses produtos tanto em relação à constância quanto em relação à quantidade e qualidade, o que exige um grande poder de gestão e flexibilidade de cardápio para se adaptar a esses pontos. Do lado do produtor, o fato de os restaurantes demandarem pequena quantidade e muitas vezes não formalizarem um contrato de compra desses ingredientes torna esse mercado pouco viável e arriscado, estimulando o produtor a participar de diferentes tipos de canais de comercialização, como feiras, agroindústrias, fornecimento para centros de abastecimento, além de oferecimentos de serviços, como turismo rural. As pesquisas ressaltam que as relações estabelecidas em longo prazo entre as UANs e os produtores geram laços de confiança e adaptação, reduzindo os riscos e estimulando uma relação ganha-ganha entre ambos.

5. Políticas públicas, segurança alimentar e nutricional: escolha e aquisição dos alimentos

Para além das demandas dos chefs e comensais, no Brasil, políticas públicas voltadas para o fortalecimento da agricultura familiar e segurança alimentar e nutricional têm auxiliado na constituição de canais de comercialização diferenciados. A Lei 11.346, sancionada em 2006, que cria o Sistema Nacional de Segurança Alimentar e Nutricional, prevê que haja a

> [...] ampliação das condições de acesso aos alimentos por meio da produção, em especial da agricultura tradicional e familiar; a conservação da biodiversidade e a utilização sustentável dos recursos e o estimulo de práticas alimentares e estilos de vida saudáveis que respeitem a diversidade étnica e racial e cultural da população. (SISAN, 2006, s/p)

A partir disso, podem-se notar alguns esforços que têm sido feitos com vistas a informar e transformar o setor alimentar brasileiro. Como exemplos, pode-se destacar o lançamento, em 2014, do novo Guia Alimentar Para a População Brasileira, que indica que a alimentação tenha como base alimentos frescos (frutas, carnes, legumes) e minimamente processados (arroz, feijão e frutas secas), além de evitar os ultraprocessados (como macarrão instantâneo, salgadinhos de pacote e refrigerantes). Recomenda, também, que as pessoas cozinhem mais em casa com produtos regionais. Na mesma época, o Instituto Brasileiro de Defesa do Consumidor (Idec) lançou um aplicativo que mapeia e sinaliza as feiras orgânicas em cada cidade brasileira com o objetivo de informar e facilitar o acesso dos consumidores a esses espaços. No início do ano de 2015, o Ministério da Saúde lançou o livro *Alimentos Regionais Brasileiros*, que, segundo o Ministério do Desenvolvimento Social, "reúne características, usos e valor nutricional de frutas típicas, hortaliças, leguminosas, tubérculos, raízes, cereais, temperos e condimentos das cinco regiões brasileiras" (MS, 2015).

O que se nota é uma integração cada vez maior, com apoio governamental e baseado nos preceitos do Sisan, entre saúde, nutrição, alimentação, gastronomia, desenvolvimento social e rural e redes alternativas de alimentos, como cadeias curtas que evidenciam a comercialização direta entre produtor e consumidor.

Somado a isso, percebe-se cada vez mais a incidência de mídias como programas de televisão, guias, revistas, livros e sites que evidenciam a importância da origem, modo de produção e preparo para a qualidade do alimento.

Esse panorama demonstra que há uma tendência crescente no setor alimentício em ressaltar o caminho do alimento como fator de diferenciação e qualidade. Portanto, para uma boa gestão de recursos e competitividade de Unidades de Alimentação, é essencial que se adéquem a esse novo momento da comercialização dos alimentos e entendimento da alimentação na sociedade contemporânea.

A tendência pela busca de bons alimentos reforça a busca pelo prazer e qualidade da alimentação, estimulando o fenômeno da gastronomização (BARBOSA, 2009), que implica tanto a busca de alimentos de qualidade quanto a busca por conhecimentos de técnicas culinárias para o melhor aproveitamento dos ingredientes. A partir dos discursos dos chefes, é possível identificar que a busca por sabores intensos e diferenciados tem impulsionado a demanda por frutos nativos e frescos, determinando a origem do alimento como ponto essencial para garantia da qualidade do produto e do preparo final. Segundo o chefe catalão Santi Santamaria (2006), um produto de qualidade representa 50% do sucesso de um prato, os outros 50% estão relacionados às técnicas de preparo do ingrediente que deve ressaltar seus sabores, faz-se necessário aliar o domínio sobre o caminho do alimento às técnicas culinárias para melhor aproveitá-lo.

6. Técnicas gastronômicas: agregando qualidade no preparo dos alimentos

Com relação ao sabor, pensou-se nesta parte do capítulo sugerir alguns pontos importantes para a construção deste, sem ter a pretensão de fazer um livro ou manual de técnicas culinárias, pois sabemos da vasta e interessante literatura disponível no mercado. Ao cozinhar, espera-se que o prato seja elaborado com bons insumos, que estes sejam naturais, sempre que possível, e que a preparação seja bonita, saudável e, claro, muito saborosa. Julga-se que, para a construção desse sabor, alguns pontos devem ser considerados, como o uso adequado da forma de cocção e a maneira como temperar o alimento.

7. Falando de cocção e tipos de calor

Para o antropólogo francês Lévi-Strauss (1964), em sua obra *As Mitológicas*, a passagem do alimento cru para o alimento cozido representa sua transformação de um elemento natural para um elemento cultural. Em outras palavras, aparentemente, cozinhar um alimento é algo trivial, porém a utilização do fogo para a transformação dos alimentos é o que torna o homem um ser social. Passar o alimento do estado de cru para cozido é uma questão de entendimento do resultado que se quer alcançar. Primeiramente, precisa-se conhecer o tipo de calor que é o elemento responsável pela transformação de um alimento, independentemente da maneira que ele seja produzido sob a forma de fogo, eletricidade, indução ou outros. Na maioria das vezes, utilizamos o calor úmido proveniente da água ou outros tipos de líquidos; o seco, em que não há a presença de umidade; ou a combinação dos dois tipos de calor.

> "A cocção faz passar os alimentos do estado cru ao cozido, fenô-
> meno que modifica seu aspecto exterior, por vezes sua coloração,
> consistência e sabor, fazendo aparecer uma combinação de aromas
> e sabores que despertam o apetite".
> (GUÉRARD, 1976, p. 25)

Torna-se imperativo saber o que se quer como resultado de cocção. O calor seco dará o aspecto de dourado ao alimento, e o úmido, ao contrário, não dará essa coloração, embora contribua para o fornecimento de umidade, principalmente, nas cocções mais demoradas.

Tão importante quanto conhecer os tipos de calor é conhecer os princípios dos diferentes tipos de cozimento, como por exemplo: bloquear e trocar. *Bloquear* consiste em tentar manter os líquidos do alimento em seu próprio interior. Esse método pode fornecer ou não a coloração ao alimento. Para alcançar o objetivo de reter os líquidos, é fundamental que o calor seja intenso. Pode-se bloquear com *coloração*, que é quando se doura o alimento, dando aquela tonalidade atraente e desejada, como acontece nas frituras, nos grelhados e nos assados, por exemplo.

Importante: nas cocções em que se utiliza algum tipo de gordura, deve-se lembrar, primeiramente, de esquentar a panela para depois colocar o óleo; você utilizará, com certeza, uma quantidade bem menor de gordura do que se esta estivesse fria, pois o calor faz com que o óleo fique mais fluido.

Como fazer um bife de peito de frango perfeito?

O peito de frango é um dos cortes mais utilizados nas preparações de restaurantes. Manter a umidade da peça é uma tarefa fácil, desde que haja conhecimento da técnica correta a utilizar. O Bloqueio com coloração é a técnica mais indicada. Primeiramente, aqueça a frigideira e, depois, acrescente um fio de óleo, deixando este esquentar (sem queimar). Adicione o bife de peito previamente temperado. Deixe que doure e que a carne adquira uma coloração esbranquiçada até a metade, conforme a figura a seguir. Somente neste momento, vire-a deixando que o mesmo aconteça do outro lado. Pronto, a carne, ao ser cortada, deve estar suculenta e não oferecer resistência ao corte.

8. Como fazer um assado macio?

Uma porção de carne assada no forno pode ser feita de duas maneiras. Uma delas se chama assado aberto, na qual, inicialmente, eleva-se a temperatura do forno a 250 °C para dourar a carne e, depois, reduz-se a temperatura a 180 °C para terminar de assar. O importante nessa técnica é regar (com fundo, suco de laranja, ou outro) o assado constantemente para manter a umidade.

A outra maneira, que se chama assado fechado, consiste em iniciar do mesmo modo, dourando a carne em temperatura alta, porém, depois, adicionar algum tipo de líquido e cobrir a carne com papel alumínio, por exemplo, deixando que esta termine de assar. Essa técnica conferirá umidade à carne.

Importante: tanto no assado aberto como no fechado é fundamental, após retirar a carne do forno, deixá-la repousar, pelo menos, por 10 minutos antes de cortá-la, coberta com papel alumínio. Isso fará com que os líquidos internos se distribuam de maneira uniforme e que as fibras musculares contraídas pelo calor distendam-se, tornando a carne mais macia.

Além do *bloqueio com coloração*, também podemos bloquear sem coloração. Esse bloqueio é feito a partir de um líquido fervente ou vapor.

9. Como deixar os vegetais coloridos e al dente?

Pode-se usar essa forma de bloqueio para cozinhar os vegetais, por exemplo. Estes são alimentos que dão cor ao prato, sendo assim, nada mais importante do que cozinhá-lo de forma correta. Para executar a técnica, primeiramente, o líquido deve estar em ebulição. Depois, adiciona-se o vegetal previamente cortado, deixando este cozinhar até o ponto desejado. O ideal é resfriá-lo, se este não for consumido na hora, para retirar o calor e parar a cocção. Para resfriar, usa-se água gelada ou um resfriador rápido.

Importante: na cocção dos vegetais verdes, cujo principal pigmento é a clorofila, não coloque a tampa para não os escurecer.

10. Princípio para cocção de alimentos: troca com coloração

Outro importante princípio para cocção é o da troca, ou seja, os sucos dos alimentos vão sendo liberados aos poucos. Como no bloqueio, existe a *troca com coloração* na qual, primeiramente, o alimento vai ser dourado, sofrendo um bloqueio inicial, e depois será adicionado um líquido para que os sucos retidos no interior do alimento sejam liberados pouco a pouco, juntando-se ao líquido em que é processado o alimento.

Esse é o exemplo da cocção de uma carne de panela. O ideal seria dourá-la no início (sem perder os líquidos internos) para depois adicionar algum tipo de líquido (o ideal é um fundo) e tampar a panela para terminar a cocção, ou até que a carne fique macia. Nas grandes cozinhas, essa coloração inicial pode ser feita no forno combinado e finalizado na panela.

Outra maneira de realizarmos a troca é a *sem coloração*, por meio da qual o alimento é submetido a uma cocção lenta a partir de pouco calor ou até mesmo a partir de um líquido frio, como é o caso dos fundos e caldos.

11. Fundo ou caldo "santo remédio"

Fundo ou caldo é um líquido saboroso utilizado nas cozinhas para ajudar na construção do sabor, isto é, para ser utilizado no lugar da água. Se você utilizar o fundo para cozinhar arroz, fizer uma polenta, um molho ou uma sopa, por exemplo, essas preparações vão ficar saborosas e, provavelmente, a quantidade de sal será menor do que se usássemos água como líquido de cozimento. O fundo é composto basicamente de água, ossos, cebola, salsão, cenoura e mais alguns temperos, como talos de salsa, louro e tomilho. Pode ser feito com a carcaça de frango, aparas de vegetais, ou seja, não necessariamente com ingredientes nobres.

Importante: Começar com líquido frio, para possibilitar a liberação de elementos saborosos, aromáticos e nutrientes no fundo elaborado.

12. Espessantes: a arte de usá-los em molhos

Um bom molho é um saboroso e útil parceiro na cozinha. Confere sabor, umidade, textura, além de contribuir para uma bela apresentação de um prato. Muitos molhos são elaborados a partir de um líquido saboroso como o fundo e/ou outros elementos e, na maioria das vezes, necessita de um agente espessante. A seguir, serão abordados brevemente os tipos mais utilizados na cozinha.

12.1 Farinha de Trigo

Uma das maneiras de utilizá-la é por intermédio do *roux*: uma pasta feita a partir da combinação de partes iguais de um amido e uma gordura, quase sempre farinha de trigo e manteiga, levados à cocção. Pode ser feito, também, com óleo, azeite de oliva e outros tipos de farinha. Ele é utilizado em vários molhos, como, por exemplo, o Molho *Béchamel*.

12.2 Farinha de trigo dextrinizada

Outra forma de utilizar a farinha de trigo, obtendo um rápido resultado sem necessitar de muito tempo de cocção, é polvilhando esta sobre o molho. Para tal, esta deverá ter sido dextrinizada, ou seja, dourada em forno ou frigideira sem adição de gordura. Essa farinha pode ser guardada em recipiente fechado por até três meses.

12.3 Amido de milho

Para utilizar o amido, este deverá ser dissolvido em um *líquido frio,* na proporção de um de amido para dois de líquido. A mistura deve sempre ser adicionada, lentamente, a um líquido quente, mexendo-o constantemente para evitar a formação de grumos, até que atinja a consistência desejada.

12.4 Legumes

Purês de legumes são ótimos espessantes, como, por exemplo, a batata, cenoura, batata doce e outros.

13. O Sal não é "bandido"...

...em geral, as pessoas é que não o utilizam na quantidade adequada. O uso do sal em uma preparação deveria servir para potencializar os sabores do próprio alimento e não ser o único sabor.

Ao cozinhar, deve-se pensar em iniciar com uma pitada de sal e terminar com o ajuste necessário. Nesse trajeto, podem-se utilizar métodos de cocção corretos, *mantendo* o sabor do próprio alimento, e/ou usar algumas ervas e especiarias de acordo com a necessidade. O resultado deverá ser uma quantidade menor de sal utilizada.

Importante – O sal refinado é muito fino, escapando das mãos, propiciando que se utilize mais sal do que o necessário. Aconselha-se usar o sal grosso na água da massa, por exemplo, e o moído nas demais preparações.

14. Sal de ervas e/ou especiarias

Os sais temperados são um ótimo recurso na cozinha, porém alguns pontos devem ser levantados. Primeiramente, não devemos preparar apenas um tipo de sal e usá-lo em todas as preparações, pelo simples motivo de que os pratos vão ficar com sabor de um mesmo tempero. O interessante é ter vários tipos de sais, como por exemplo, um sal de alecrim, um de coentro em grão, outro com erva doce, entre outros.

14.1 Sais aromatizados

Para aromatizar sais, coloque sal grosso em uma frigideira e a erva e/ou especiaria desejada. Aqueça por alguns minutos até que o aroma das ervas comece a aparecer. Bata no liquidificador e guarde em um vidro fechado por pelo menos dois dias antes de usar. Lembre-se de utilizar com parcimônia, pois a preparação contém sal.

14.2 Ervas e especiarias vivendo a experiência

As ervas e as especiarias são parceiras importantes na construção do sabor. Tanto uma quanto a outra provêm de plantas aromáticas. As ervas são a parte das folhas dessas plantas, enquanto as especiarias seriam todo o resto: caule, frutos, raízes e sementes.

Esses alimentos devem ser manuseados com tato e precaução, pois jamais estes devem deixar o alimento que estiver sendo preparado em segundo plano.

A melhor maneira de acertar o uso é usando. É vital conhecer as nuances e intensidade dos aromas e sabores de cada uma. A partir do uso, além da opção de salsa, cebola e alho, passamos a perceber que existe um mundo a ser descoberto. Ressalta-se que não existe uma regra básica para a utilização destas. Um ingrediente não é exclusivo para o uso de sobremesas. A canela, por exemplo, utilizada amplamente em doces, em pratos como a moussaka (uma receita grega que utiliza berinjela, carne de cordeiro e especiarias), é um dos seus principais ingredientes, o que a torna tão única e aromática.

Fica a dica

Experimente usar um pouco de canela no preparo de ragus (técnica de cocção lenta de carnes).

Não deixe de conhecer o tomilho fresco, nos molhos, confere um sabor fino e agradável.

Os talos da salsa são tão nobres quanto as folhas, não os descarte. Use-os para aromatizar molhos, arroz e feijão.

Para aproveitar o manjericão fresco, liquidifique-o ou macere-o em pilão com azeite e guarde na geladeira.

As especiarias que necessitem ser transformadas em pó, como, por exemplo, a pimenta do reino, têm seu aroma e sabor intensificados quando trituradas no momento do uso.

O quadro a seguir pode servir de diretriz para a utilização de certas ervas e especiarias.

Especiaria	Utilização
Açafrão da terra (cúrcuma)	Confere cor aos pratos
Açafrão espanhol	Confere cor e sabor aos pratos (cremes, bases para sopas, massas, risotos, sobremesas)
Estragão	Peixes, frango e ovos
Anis estrelado	Geleias, molhos, infusões
Erva-doce	Geleias, pães, doces
Baunilha (em fava)	Bases para sobremesas e outros doces, infusões
Canela	Sobremesas e carnes com molhos encorpados
Cravo	Sobremesas e carnes (especialmente embutidos)
Cominho	Carnes brancas e vermelhas
Mostarda	Bases para marinadas de carnes e geleias
Tomilho	Sopas, legumes e carnes em geral
Noz-moscada	Bases de molho e sobremesas com derivados de leite
Louro	Refogados e marinadas de carnes
Pimenta do reino	Pratos salgados, com queijos, saladas, carnes etc.
Manjericão	Legumes, massas. É sensível ao calor, sendo mais adequado acrescentar no final.
Óleo de gergelim	Refogados de legumes, carnes, molhos agridoces.
Gengibre	Molhos para saladas, peixes, carnes em geral, sobremesas, geleias.
Louro	Feijões, molhos e ensopados.
Manjerona	Arroz, batata, frango.
Folha de lima *kaffir*	Refogados, marinadas para carnes e sopas.
Alecrim	Cordeiro, frango, tubérculos.

Quadro de utilização de ervas e especiarias
Fonte: Formulação dos autores (2015).

14.3 Azeite de oliva

O azeite de oliva, quando seu uso for possível, torna-se um item interessante na construção do sabor. Como se trata de um produto de custo elevado, torna-se importante medir a relação entre o custo e o benefício.

Primeiramente, azeite de oliva é um produto obtido exclusivamente da prensagem de azeitonas. Existe uma só prensagem e esta é feita a frio. É importante salientar que dessa prensagem das azeitonas podemos obter três tipos de azeite. O azeite de oliva *extravirgem*, que é aquele com uma acidez menor que 0,8%, com aroma e sabor desejáveis; *o virgem*, com acidez acima de 0,8% e abaixo de 2%; e o lampante, acima de 2%, que é muito ácido e necessita ser refinado. Do bagaço, pode-se extrair o restante do azeite esquentando-o. Esse azeite não é mais virgem, pois foi aquecido.

Importante: No mercado, encontram-se três tipos de azeite: extravirgem, virgem e azeite de oliva. A mistura de azeite de oliva com outro tipo de óleo é chamada de óleo composto, não podendo ser comercializada como azeite de oliva.

Com relação à cocção, sabe-se que o azeite de oliva aquecido perde parte de sua capacidade antioxidante. Outro fato importante é que o azeite de oliva, seja qual for a sua classificação, suporta temperaturas de até 180 ºC, como outros óleos. Sugere-se para cocção o azeite de oliva ao invés do extravirgem.

Para temperar salada, o melhor seria o azeite de oliva extravirgem, em função de sua capacidade antioxidante. Um ótimo molho para salada pode ser feito a partir de uma parte de ácido para três partes de azeite extravirgem. Juntando os ingredientes, basta bater com um garfo para emulsionar.

15. Receitas

Receita de Fundo (caldo) de frango

Ingredientes Quantidades

Água 10 litros

Carcaça de frango 2 kg

Cebola 1 kg

Cenoura 1 kg

Alho-poró (folhas) quanto baste (q.b.)

Aipo (salsão) (opcional) 1 talo

Louro/talos de salsa/tomilho q.b.

Modo de preparo:

1- Colocar, na água fria, as carcaças previamente lavadas.

2- Adicionar os vegetais cortados e deixar cozinhar em fogo baixo (sem ferver e sem tampar a panela).

3- Reduzir, pelo menos, pela metade o líquido e, depois, coá-lo e guardá-lo.

Sugestões:

No fundo, devem ser aproveitadas as aparas dos vegetais, talos e cascas, desde que tenham sido lavados.

Não se esqueça de iniciar na água fria para obter melhor resultado em termos de sabores.

Não deixe de fazer o fundo na falta de algum dos ingredientes, ele com certeza também ficará saboroso.

O fundo pode ser guardado em refrigeração por 48 horas ou congelado por 30 dias.

Receita de Molho *Béchamel*

Ingredientes Quantidades

Manteiga ou óleo 60g

Farinha de Trigo 40g

Leite 1 litro

Folhas de Louro 1 und

Cebola ½ und

Cravo 2 und

Noz-moscada q.b.

Sal q.b.

Modo de preparo

Fincar os cravos e a folha de louro na metade da cebola. Colocar no leite e ferver. Desligar e reservar.

Derreter a manteiga em fogo brando e misturar a farinha, mexendo sempre por dois minutos.

Adicionar aos poucos o leite, batendo sempre, formando uma pasta;

Continuar adicionando o leite, até a farinha estar bem desmanchada. Colocar uma pitada de sal.

Cozinhar até que a farinha esteja bem cozida.

Ajustar o sal e colocar a noz moscada.

Importante:

Quando utilizar o roux, o ideal é ir acrescentando o líquido aos poucos, mexendo sempre para não formar grumos.

A farinha de trigo necessita de pelo menos 20 minutos de cocção, ou seja, mesmo que o roux espesse rapidamente, ainda precisa de um tempo de cocção.

16. Considerações finais

Este capítulo teve como principal objetivo ampliar o enfoque sobre a gestão do alimento no universo da gastronomia e da nutrição humana. O alimento foi o foco central de identificação de uma rede de interações e representações do ato de comer e nutrir de forma sustentável, que integra o planejamento e a gestão de Unidades de Alimentação e Nutrição ou espaços gastronômicos dos diversos contextos socioeconômico-culturais, conforme ilustrado na Figura 1.

Figura 1 – Histograma-Gestão, gastronomia e Nutrição a partir do alimento
Fonte: elaborado pelos autores (2015).

Nessa abordagem, o alimento é considerado elemento cultural, formador de identidade, hábitos e memórias coletivas. Assim, deve ser preservado como princípio básico nos projetos relacionados à alimentação humana, como a nutrição como um fator relevante para a sobrevivência. Outro aspecto relevante foi a importância de promover uma alimentação que oportunize experiências prazerosas, a partir de emoções positivas, que possam gerar recordações valorosas, de acordo com o simbolismo do alimento que está sendo preparado e/ou consumido.

Nesse contexto, o gastrólogo é visto como integrante da equipe de profissionais que respondem pelo planejamento e a execução dos cardápios das UANs, que deve pautar suas atividades baseado numa visão de 360 graus, contemplando de forma integrada os aspectos aqui abordados, no sentido de não apenas assegurar as necessidades nutricionais do indivíduo, mas também valorizar os ingredientes ao empregar técnicas corretas de cocção, na construção de sabores e texturas nos mais diferentes pratos da Gastronomia. Além disso, o caráter socioambiental na escolha dos ingredientes, dando preferência por alimentos de base agroecológica, com a aquisição direta ao produtor, mostra-se como uma tendência para as UANs.

Os diferentes aspectos aqui contemplados não esgotam e nem encerram as discussões sobre o tema, visto que a todo o momento surgem pesquisas e resultados que contribuem direta ou indiretamente no surgimento de novas perspectivas e tendências alimentares que podem influir na alimentação humana, assim como na gestão e processamento desta.

Referências

ARAÚJO, Wilma. *Alquimia dos Alimentos*. Brasília – DF: Senac, 2011.

BARBOSA, L. Tendências da alimentação contemporânea. *In*: PINTO, Michele de Lavra; PACHECO, Jane K. (org.). *Juventude, consumo e educação 2*. Porto Alegre: ESPM, 2009. p. 15-64.

BRADACZ, D. C. *Modelo de gestão de qualidade para o controle de desperdício em unidades de alimentação e nutrição*. 2003. 110 f. Dissertação (Mestrado em Engenharia de Produção) – Universidade Federal de Santa Catarina, Florianópolis, 2003.

BRAGA, D.; LORENZI, C. O. Da roça ao chef. *Revista Hortifruti Brasil*. CEPEA – ESALQ – USP, 2014.

BRASIL. *Lei nº 11.346, de 15 de setembro de 2006.* Disponível em: http://www.planalto.gov.br/ccivil_03/_ato2004-2006/2006/lei/l11346.htm. Acesso em: 23 jun. 2015.

BRILLAT-SAVARIN, Jean-Anthelme. *Fisiologia do gosto.* São Paulo: Companhia das Letras, 1995.

CANESQUI, A. M.; GARCIA, R. W. D. *Uma introdução à reflexão sobre a abordagem sociocultural da alimentação.* Fiocruz, 2005.

CARROLL, E. *Human Emotions.* Nova Iorque e Londres: Plenum Press, 1977.

CEPEA. Centro de Estudos em Economia Aplicada. Da roça ao *chef. Revista Hortifruti Brasil.* ESALQ – USP, 2014.

DEMÁRIO, R. L.; SOUZA, A. A.; SALLES, R. K. Comida de hospital: percepções de pacientes em um hospital público com proposta de atendimento humanizado. *Ciência & Saúde Coletiva,* 15(Supl. 1), p. 1275-1282, 2010.

DESMET, Pieter M. A.; SCHIFFERSTEIN, Hendrick. Sources of positive and negative emotions in food experience. *Appetite,* v. 50, n. 2-3, p. 290-301, 2008.

DÓRIA, Carlos. *A culinária materialista.* São Paulo: Senac, 2009.

DOUGLAS, Mary; ISHERWOOD, Baron. *O mundo dos bens.* Rio de Janeiro: UFRJ, 2006.

FREIXA, Dolores; CHAVES, Guta. *Gastronomia no Brasil e no mundo.* Rio de Janeiro: Senac Nacional, 2008. p. 253-255.

GARCIA, R. W. D. A dieta hospitalar na perspectiva dos sujeitos envolvidos em sua produção e em seu planejamento. *Rev. Nutr.,* Campinas, 19(2), p. 129-144, mar./abr. 2006.

GIANI, V.; ARAÚJO, W. Gastronomia e dietas hospitalares. *Nutrição Pauta,* X(56), p. 49-52, set./out. 2002.

GUERARD, Michel. *La grand cuisine minceur.* Editions Robert Laffont, S.A, 1976.

INWOOD, S. M.; SHARP, J. S.; STINNER, D.; MOORE, R. Restaurants, Chefs and Local Foods: Insights Drawn from a Diffusion of Innovation Framework. *Journal of Agriculture and Human Values,* 26 (3), p. 177-191, 2009.

INWOOD, Shoshana; SHARP, Jeff; MOORE, Richard; STINNER, Deborah. Restaurants, chefs and local foods: insights drawn from application of a diffusion of innovation framework. *Agriculture Human Values,* 26, p. 177-191, 2007.

IZARD, C. *Emoções humanas.* New York: Plenum, 1977.

LAZARUS, Richard S. *Psychological Stress and the Coping Process.* Nova Iorque: McGraw-Hill, 1966.

LÉVI-STRAUSS, Claude. *Mythologiques,* v.1: «Le cru et le cuit». Paris: Plon, 1964.

LINDSTROM, Martin. *Brandsense.* Nova Iorque: Free Press, 2005.

MACIEL, Maria Eunice. Cultura e alimentação ou o que têm a ver os macaquinhos de Koshima com Brillat-Savarin? *Horizontes Antropológicos,* Porto Alegre, v. 7, n. 16, 2001.

MORIMOTO, I. M. I.; PALADINI, E. P. Determinantes da qualidade da alimentação na visão de pacientes hospitalizados. *Mundo Saúde,* 33(3), p. 329-34, jul./set. 2009.

PINKER, Steven. *The blank slate*: The modern denial of human nature. Nova Iorque: Viking Penguin, 2002.

POLLAN, Michael. *The Omnivore's Dilemma*: A natural history of four meals. Londres: Penguin Books, 2006.

ROZIN, Paul. Towards a psychology of food and eating: From motivation to module to model to marker, morality, meaning, and metaphor. *Current Directions in Psychological Science*, v. 5, p. 18-24, 1996.

SANTAMARIA, S. Entrevista. *In*: DÓRIA, C. A. *Estrelas no céu da boca*. São Paulo: Senac São Paulo, 2006. 268 p.

SANTOS, Carla S.; CRUZ, Rebeca P.; CUNHA, Sara C. Effect of cooking on olive oil quality attributes. *Food Research International*, v. 54, n. 2, p. 2016-2024, 2013.

SANTOS, Carlos Roberto. *A alimentação e seu lugar na história*: os tempos da memória gustativa. Ed. UFPR, 2005.

SANTOS, Vagner José Rocha. O Acarajé nas Políticas Públicas: Reconhecimento do Ofício das Baianas de Acarajé como Patrimônio Cultural do Brasil. *In*: SEMINÁRIO SOBRE ALIMENTOS E MANIFESTAÇÕES CULTURAIS TRADICIONAIS, 1, 2012, São Cristovão-SE. *Anais [...]*. São Cristovão-SE: UFS, 2012.

THIS, Hervé. *Um cientista na cozinha*. São Paulo: Ática, 2006.

ZANETI, T. B. Das panelas das nossas avós aos restaurantes de alta gastronomia: os processos sociais de valorização de produtos agroalimentares tradicionais. Dissertação de mestrado. (Mestrado) Agronegócios - Programa de Pós-Graduação em Agronegócios: Faculdade de Agronomia e Medicina Veterinária, Universidade de Brasília, 2012.

SEÇÃO IV

GESTÃO DE PROCESSOS

CAPÍTULO 22

GESTÃO DE PESSOAS PARA ÁREA DE UNIDADES DE ALIMENTAÇÃO E NUTRIÇÃO

Ana Claudia Souza Vazquez
Maria Terezinha Antunes

1. Práticas e Processos de trabalho em UANs: o desenvolvimento de equipes para obtenção do alto desempenho

A qualidade e o sucesso na gestão de pessoas em estabelecimentos ou setores que lidam com a produção e distribuição de refeições, como o que está se tratando neste capítulo, estão relacionados ao estabelecimento e ao gerenciamento eficiente dos processos que envolvem esse primordial e complexo recurso de uma empresa. Dentre os processos de gerenciamento de pessoas, pode-se destacar:

1. **Descrição de Atividades e Competências. É a etapa inicial do processo, quando se propõe a gerenciar as pessoas como sendo uma oportunidade para alcançar bons resultados em relação ao produto final da empresa a ser entregue ao cliente, o usuário do negócio.**

Entende-se que as atividades sejam as tarefas do dia a dia, pré-estabelecidas, e que sejam realizadas de forma rotineira por um individuo. É uma atividade estática. Já por competência entende-se que indivíduo pode apresentar o diferencial demonstrando a capacidade própria para gerar resultados esperados pela empresa (DUTRA; HIPÓLITO; SILVA, 1998).

As competências, de acordo com Gramigna (2002), compreendem três dimensões: conhecimento (informação e saber o que e por que fazer); atitude (querer fazer, ter identidade e ter determinação), e habilidade (técnica, capacidade e saber como fazer).

Como o trabalho com produção de refeição é muito dinâmico e o imprevisível está bastante presente, as pessoas que compõem a equipe precisam ser flexíveis e ter competência para atingir os objetivos do serviço. É preciso acreditar que as pessoas poderão se desenvolver individualmente e transformar-se em talentos e que, no conjunto, formarão uma equipe na qual cada um é parte fundamental do todo.

Na descrição das atividades e das competências, são identificadas e descritas, em uma ficha, todas as funções necessárias para o desenvolvimento de todas as tarefas ou ações dos processos da produção até a distribuição de refeições.

Cada empresa ou restaurante, de acordo com suas especificidades, definirá o número de funções e o tamanho da equipe. Porém, de maneira geral, as principais funções num serviço de alimentação são: nutricionista, técnico de nutrição, estoquista, auxiliar administrativo, cozinheiro, auxiliar de cozinha, auxiliar de alimentação, copeiros, serviços gerais, entre outros.

Definindo-se as funções, passa-se a descrever, na ficha, as atividades e as competências, o que a pessoa ocupante do cargo irá desenvolver (Quadro 1), qual será a sua tarefa, quais os atributos físicos e intelectuais desejados. Entre os atributos físicos, pode-se exemplificar: altura, porte físico, idade, entre outros, e como atributos intelectuais, exemplifica-se: escolaridade mínima, saber calcular, conhecer informática, ter cursos específicos como o de cozinheiro ou de técnico em nutrição, capacidade de comunicação, relacionamento interpessoal, entre outros.

É recomendável, ainda, que essa ficha contenha informações como: a relação da função com o setor de trabalho, o cargo, a natureza hierárquica, relações permanentes e eventuais, qualificação específica, equipamentos a serem utilizados, conhecimento necessário, possibilidade de promoção.

Imagine o que deveria constar na ficha de Descrição de Atividades e Competências para a função de estoquista. Essa pessoa irá receber e pesar mercadorias pesadas, conferir notas, guardar produtos em prateleiras, muitas vezes alta, distribuir as mercadorias para a produção. Irá manter contato com fornecedores, com a equipe de produção e com a chefia do serviço. Irá trabalhar com balança, calculadora e computador. Nesse caso, qual o perfil de funcionário desejado? Estatura média ou alta, capaz de suportar certo peso, saber ler, fazer contas, trabalhar com computador, comunicar-se bem, ser firme, ser exigente e controlador.

Essas informações são importantes para definir o perfil do funcionário a ser recrutado, selecionado e contratado. É preciso evitar o erro. Este diagnóstico facilitará trazer novos componentes para compor com a equipe já em andamento. Os dados que constam nessa ficham devem ser de conhecimento de todos os envolvidos. Da chefia imediata, dos colegas, do serviço de Recursos Humanos, quando há, e, principalmente, do próprio funcionário. Assim, fica transparente o que se espera do novo funcionário a ser contratado.

PERFIL DE CARGO
Cargo: Classificação Brasileira de Ocupações (CBO): **Cozinheiro:** (Em nível hierárquico: segundo escalão, a quem se reporta: nutricionista)
Principais atribuições: (informações gerais sobre as atividades realizadas nessa função) receber alimentos do estoque, planejar o pré-preparo e o preparo das refeições. Produzir refeição (cozinhar), organizar a higienização do ambiente de trabalho.
Nível de Responsabilidade: cumprir horário da entrega de refeição. Controle de qualidade na produção da alimentação. Planejar a produção do dia seguinte. Checar se toda a mercadoria está à disposição para a produção. Delegar tarefas à equipe de produção.
Competências Desejadas
Conhecimentos: saber cozinhar, conhecer receitas culinárias, ter noções de higiene pessoal e do ambiente, noções de segurança no trabalho.
Habilidades: lidar com pessoas, planejar as tarefas.
Atitudes: ser flexível, dinâmico, responsável, comprometido.
Experiência
Mínimo de três anos de atuação em cozinha industrial.
Demais Especificações
Nível de escolaridade para o cargo: primeiro grau completo **Outras características importantes:** trabalha aos domingos com folgas a cada 15 dias e uma folga em dia de semana.

Quadro 1 – Modelo de Formulário para descrição de cargo

Fonte: Adaptado de Muller e Vazquez (2016, p. 50).

2. Recrutamento

O recrutamento é uma ferramenta utilizada para buscar pessoas com disposição a concorrer a uma vaga na empresa, é captar e estimular pessoas em perspectiva de conseguir trabalho na instituição.

O recrutamento é precedido pela identificação da existência da vaga. Depois, é analisada a Ficha de Descrição de Atividades e Competências para se definir as formas e os meios de realizar o recrutamento. A partir dessa etapa, é feita a divulgação da existência de vaga para captar inscritos, culminando com a inscrição efetuada.

A escolha pela maneira de captar funcionários é uma definição institucional, ligada à política de Recursos Humanos. Algumas empresas optam por um recrutamento interno, aproveitando o próprio pessoal já contratado em perspectiva de crescimento ou de troca de setor. Outra forma é a divulgação em quadros de aviso, intranet. O recrutamento também poderá ser externo à instituição. Nesse caso, recorre-se aos meios de comunicação (rádios, jornais) ou às redes sociais ou, ainda, contratam-se empresas para esse fim.

3. Seleção:

Seleção é o processo de escolher, dentre os candidatos inscritos, aquele que possuir as qualificações mais adequadas ao desempenho do cargo.

Ao iniciar o processo seletivo, é necessário saber as informações da Ficha de Descrição de Atividades e Competências do cargo em seleção. São diversas as técnicas hoje utilizadas para contribuir para que o processo seletivo atenda às necessidades da instituição: a) entrevista e a análise de experiências anteriores são as técnicas mais empregadas, por serem mais econômicas e de mais fácil realização. Porém requer da pessoa que irá realizá-las preparo, planejamento, como, por exemplo, para a entrevista, será necessário preparar um local reservado e adequado para que o entrevistado se sinta confortável e à vontade. Preparar o que será perguntado, ter empatia, saber ouvir e anotar os itens mais relevantes da entrevista; b) a análise de experiências anteriores poderá ser analisando a Carteira de Trabalho. Observar empregos anteriores, tempo de permanência nos empregos. Essa análise terá mais utilidade quando realizada antes da entrevista, pois poderá subsidiar o entrevistador com solicitações de esclarecimentos, como, por exemplo, que o candidato comente como se sentia no emprego anterior e os motivos de demissão. Muitas empresas complementam o processo seletivo com a aplicação de testes; c) testes são utilizados quando é necessário contratar um funcionário com conhecimento específico, como, por exemplo, cozinheiro, padeiro, confeiteiro, açougueiro, entre outros. Nesses casos, o candidato se veste adequadamente e, no local apropriado, manipula alimentos e produz um ou mais pratos num determinado tempo. No caso de padeiro, poderá produzir um ou mais tipos de pães, e para o açougueiro, dar uma peça de carne para que este limpe, prepare para o corte fatiando a peça em bifes numa determinada gramatura, por exemplo; d) da mesma forma, os testes teóricos são empregados para cargos mais específicos, como nutricionistas, técnico em nutrição, auxiliares que irão trabalhar em lactário, sondário ou no preparo de dietas. Nesses casos, prepara-se uma prova que poderá ser aplicada na forma escrita ou oral. Outros testes poderão ser aplicados, mas será necessário profissional com conhecimento específico para aplicá-los, como. É o caso dos testes de personalidade.

Os testes, quando utilizados, proporcionam melhores condições de conhecimentos sobre a capacidade, habilidade ou conhecimento de escrita, de vocabulário, ou ainda de conhecimentos teóricos e práticos.

4. Processo de Admissão de Funcionários

É o estabelecimento de Contrato de Trabalho entre duas partes, o empregador e o empregado. Esse contrato é elaborado norteado por normas e diretrizes oriundas da Consolidação das Leis do Trabalho (CLT). Constam as responsabilidades entre empregador e empregado em relação à sua função, mediante assinatura do Contrato e da Carteira de Trabalho.

No contrato a ser preenchido em duas vias, sendo uma entregue ao empregado, deverá constar o nome da empresa, o nome do empregado, a data de inicio das atividades, a função, carga horária, folgas, salários e outros, a critério de cada empresa.

Os documentos que acompanham o contrato de trabalho são: Carteira de Trabalho e Previdência Social (CTPS), CPF, Carteira de Identidade, Cadastro no Pis/Pasep (se o empregado não for cadastrado, a empresa deve cadastrá-lo), título de eleitor para ambos os sexos, certificado de reservista ou prova de alistamento militar, ou ainda qualquer outro documento que comprove a regularidade do trabalhador com o serviço militar, quando do sexo masculino, conforme a idade do trabalhador a ser admitido, duas fotos 3x4, certidão de casamento, certidão de nascimento dos filhos e carteira de vacinação de filhos menores que 5 anos.

Os Exames Médicos Admissionais, quando solicitados, são para fins de controle da saúde do empregado na função que irá exercer. Não poderão ter caráter seletivo e discriminatório. O tipo de exame a ser solicitado serão os recomendados pela Secretaria de Vigilância Sanitária, pelo Ministério do Trabalho ou a critério da empresa, de acordo com a atividade a ser exercida pelo funcionário, ou, ainda, pelas normas de segurança e Medicina do Trabalho da empresa, ou por cláusulas de documento coletivo de trabalho da categoria profissional pertinente.

Após a admissão, o novo funcionário passará a integrar a equipe de trabalho. Equipe esta que se encontra em plena atividade, com domínio da rotina e das funções. Nesse sentido, a chefia deverá dispor de atenção na recepção desse novo integrante, garantindo uma acolhida e integração harmoniosa, bem como prepará-lo para realizar com desenvoltura as suas funções. Para que isso ocorra de forma efetiva, é recomendável o planejamento de um Programa de Treinamentos e Desenvolvimento de Pessoas.

5. Treinamento

O conceito de treinamento é a preparação do funcionário para a execução das suas tarefas no cargo que ocupa, visando à redução do esforço e eficiência com segurança (BORGES-ANDRADE, 2002).

Dentre os objetivos do treinamento, pode ser destacado: mostrar ao funcionário a organização onde ele atuará; buscar bom desempenho do funcionário nas tarefas de rotina; conscientizar os funcionários de suas responsabilidades, deveres e direitos; desenvolver habilidades para melhorar a produtividade; ensinar o uso adequado do equipamento; orientações de segurança; padronizar conhecimento e informação; reduzir taxas de absenteísmo, e melhorias técnicas e dos padrões de execução, entre outros.

O planejamento do treinamento requer levantamento das necessidades, ou seja, ter um diagnóstico da real necessidade e as justificativas para o treinamento. É a partir do diagnóstico que se estabelecem os objetivos, os conteúdos programáticos, as metodologias didáticas e a avaliação para medir a aprendizagem.

Para o planejamento do treinamento, algumas perguntas deverão ser respondidas:

- Por que treinar?
- Quem será treinado?
- O que deve ser ensinado?
- Qual o método de ensino a ser utilizado?
- Quem ministrará o treinamento?
- Quando ocorrerá o treinamento?
- Onde ocorrerá o treinamento?

Quantos aos tipos de treinamentos a serem utilizados, podem ser destacados:

a. Treinamento Individual – Treinamento específico, utilizado quando identificado uma situação em que o apresenta uma dificuldade de difícil superação ou irá desenvolver nova função ou atividade. Exemplos: Dificuldade em manipular um equipamento; aprender novo programa de computador, etc.

b. Treinamento Coletivo – Utilizado para passar a mesma informação a várias pessoas da equipe visando a uniformidade, integração e a troca de informação. Exemplos: Motivacionais; novas rotinas ou tecnologias de trabalho, entre outros.

c. Treinamento Presencial -Trata-se do treinamento realizado com a presença física do ou dos funcionários e do treinador.

d. Treinamento à Distância: É o tipo de treinamento que o treinador e o funcionário (s) encontram-se em ambientes distantes. Esta modalidade tornou-se comum e acessíveis devido aos recursos tecnológicos hoje disponíveis.

e. Treinamento em Serviço- é o tipo de treinamento que é realizado no próprio local de trabalho do funcionário, utilizando os recursos que o funcionário utiliza no dia-a-dia. Tem a finalidade de corrigir falhas operacionais, de produtividade, da tarefa. Poderá ser realizado individualmente ou para os envolvidos na tarefa. Mesmo sendo de simples aplicação deverá ser planejado e avaliado a sua eficácia após a aplicação do mesmo. Exemplos: higiene de verduras; cortes de frutas; montagem de pratos, entre outros.

f. Treinamento Externo ao Serviço - é o tipo de treinamento realizado em local diferente do local do trabalho. Poderá ser dentro da empresa, em salas específicas para treinamentos ou de reuniões ou fora da empresa em ambientes alocados. Estes treinamentos são para temas de interesse a grupos maiores da empresa ou do setor requerem planejamentos mais completos. Exemplo: Satisfação do Cliente; Redução de custos; Motivacional; Planejamento da empresa ou setor para o próximo ano; conhecimentos técnicos e científicos, entre outros.

Nas modalidades acima apresentadas, quanto as finalidades o treinamento poderá ser:

a. Treinamento de Integração – aplicado pela instituição na recepção aos novos funcionários, preferencialmente presencial. Geralmente planejado pelo setor de Gestão de Pessoas e tem por objetivo apresentar a instituição visando o acolhimento, fazer com que o novo funcionário parte da instituição, conheça a sua missão, seus valores.

b. Treinamento Introdutório – aplicado pelo setor onde o funcionário irá desenvolver suas atividades, no caso, no setor de nutrição ou no restaurante. Dá-se preferência ao presencial. Oportunidade onde será apresentado a equipe de trabalho, receberá informações sobre as atividades a serem desenvolvidas, conhecerá como utilizar os equipamentos, as normas de segurança do trabalho, as rotinas de trabalhos e as normas e regras do serviço. Oportunidade de se falar dos direitos e deveres, expectativas e oportunidades.

c. Treinamento Geral – Utilizando qualquer das modalidades acima apresentadas, abordará temas mais abrangentes e comuns as áreas do setor de alimentação ou a instituição. Exemplo: Satisfação do Cliente; Produtividade; Motivacional; Planejamento da empresa ou setor; Planejamento Estratégico, Processos de Trabalho; entre outros.

d. Treinamento Específico - Utilizando qualquer das modalidades acima apresentadas, abordará temas específicos e comuns as áreas do setor de alimentação ou a instituição. São os treinamentos operacionais e técnicos.

6. Educação ou Desenvolvimento de Pessoal

O conceito de Educação ou Desenvolvimento de Pessoas já representa um aspecto mais abrangente, diferente do treinamento, que visa ensinar a pessoa a fazer melhor a sua atividade diária. Nesse sentido, compreende ações que promovam e estimulem o crescimento pessoal do individuo ou da equipe (BORGES-ANDRADE, 2002).

Para que ocorra efetivo desenvolvimento dos funcionários, deve-se buscar, além do aprimoramento estritamente técnico, desenvolver a competência pessoal e interpessoal, facilitando, dessa forma, o dinamismo organizacional, no tocante à revisão de sua estrutura, seu funcionamento e seu relacionamento com o ambiente externo à organização.

Segundo Campos, 2014 — a educação busca a preparar o funcionário para além das atarefas diárias. Tem a finalidade em desenvolver o funcionário para o futuro. Visa ampliar e aperfeiçoar o indivíduo para crescimento na carreira tanto na empresa como fora dela.

Entre os objetivos para que as empresas promovam a educação ou desenvolvimento, destaca-se: capacitar os funcionários para novas oportunidades internas e externas, aumentar o nível de comprometimento do funcionário, reduzir o índice de absenteísmo e reduzir o índice de "Turnover".

7. Segurança do Trabalho

A Segurança do Trabalho pode ser considerada como "um conjunto de medidas adotadas visando minimizar os acidentes de trabalho, doenças ocupacionais, bem como proteger a integridade e a capacidade de trabalho das pessoas envolvidas" (PEIXOTO, 2011, p. 15). Os acidentes de trabalho e as doenças ocupacionais são responsáveis pela diminuição da produtividade, problemas de saúde e insatisfação do trabalhador (MATOS, 2000).

De acordo com a Portaria n.º 3/214 do Ministério do Trabalho do Brasil, NR9, os riscos ambientais à saúde do trabalhador podem ser causados por agentes físicos, químicos e biológicos (BRASIL, 1978).

Em Unidades de Alimentação e Nutrição, os riscos causados por agentes são:

a. Agentes físicos: ruídos, vibrações, pressões atmosféricas, temperatura, radiações etc.

b. Agentes químicos: substâncias ou produtos sob forma de pó, fumaça, névoa, gases, vapor, que são absorvidos pelo organismo.

c. Agentes biológicos: bactérias, fungos, bacilos, parasitas, vírus, entre outros.

7.1 Doenças Ocupacionais

As doenças ocupacionais são aquelas que são desenvolvidas em decorrência da atividade de trabalho desenvolvida pelo empregado. São as que causam alteração na saúde do empregado.

As cozinhas são locais onde os funcionários realizam diversas atividades de repetição para produzir e distribuir as refeições e executar a higienização do local, dos equipamentos e dos utensílios. Tais trabalhos, muitas vezes, são realizados em pé. No ambiente da cozinha, que tem como característica ser quente e úmido, os funcionários, na grande maioria mulheres, necessitam carregar peso, lidar com equipamentos que exigem cuidados como eletricidade, cortes ou calor. Os equipamentos, na maioria, são pesados, de difícil e perigosa manipulação.

As cozinhas são ambientes propícios às doenças que causam Lesões por Repetição (LER). Um estudo realizado por Casarotto e Mendes (2003) analisou cinco cozinhas industriais e constatou que as doença apresentadas pelos funcionários foram as Ósteomusculares Relacionadas ao Trabalho (Dort), seguidas de dor na coluna, doenças reumáticas, alergias, distúrbios visuais e distúrbios auditivos.

7.2 Medicina do Trabalho

A Medicina do Trabalho pode ser considerada como um setor ou departamento que agrega um ou mais profissionais com especialidade médica e conhecimentos específicos para executar um conjunto de atividades de identificação, avaliação e controle dos riscos à saúde do trabalhador no desenvolvimento das atividades do trabalho.

7.3 Acidentes de Trabalho

É a ocorrência de um ato ou fato não programado, inesperado, que interfere no progresso ordenado do trabalho ou o interrompe. Um acidente de trabalho pode envolver qualquer pessoa, sendo causado por uma ou a combinação dos seguintes itens: homens; material; maquinaria; equipamento; tempo.

Uma lesão é o resultado de um acidente. O acidente em si é controlável; a lesão que resulta do acidente, porém, é difícil de ser controlada. Os acidentes produzem cortes, queimaduras, lacerações, fraturas, amputações, entre tantos outros. Portanto, os esforços na prevenção de acidentes devem ser controlados antes que o acidente ocorra.

Os acidentes de trabalho mais comuns de ocorrer em cozinha são cortes, queimaduras, traumas, preensão, choque elétrico e amputações.

7.4 Comissão Interna de Prevenção de Acidentes (Cipa)

A Cipa foi criada como órgão obrigatório nas empresas pela Lei n.º 6.514, de 22 de dezembro de 1977, e regulamentada pela NR-5 da Portaria n.º 33, de 27 de outubro de 1983, do Ministério do Trabalho – Secretaria da Segurança e Medicina do Trabalho (SSMT-MTB).

As determinações da NR-5 são transcritas a seguir:

As empresas privadas e públicas e os órgãos governamentais que possuem empregados regidos pela Consolidação das Leis do Trabalho (CLT) ficam obrigados a organizar e manter em funcionamento, por estabelecimento, uma comissão Interna de Prevenção de Acidentes (Cipa).

A Cipa tem como objetivo observar e relatar condições de risco nos ambientes de trabalho e solicitar medidas para reduzir e até eliminar os riscos existentes e/ou neutralizá-los, discutir os acidentes ocorridos, encaminhando aos Serviços Especializados em Engenharia de Segurança e em Medicina do Trabalho e ao empregador o resultado da discussão, solicitando medidas que previnam acidentes semelhantes e, ainda, orientar os demais trabalhadores quanto à prevenção de acidentes.

Avaliação de Desempenho é observar e analisar o desempenho dos funcionários nas atividades diárias. Essa avaliação ocorre de forma sistematizada e planejada, em reuniões pré-agendadas, específica para este fim. Os resultados e os acordos estabelecidos com o funcionário, devem ser registrados em documentos específicos e de conhecimento por parte do funcionário.

Entre os objetivos da Avaliação de Desempenho destaca-se:

1. **Identificar baixo desempenho no trabalho e estabelecer acordos de melhorias;**
2. identificar os funcionários, cujas capacidades não correspondem ou ultrapassa com as suas atribuições;
3. desenvolver as pessoas;
4. melhorar as relações humanas no trabalho;
5. fornecer critérios para o recrutamento, seleção, treinamento, promoção, transferência e demissão de empregados;
6. estimar o potencial de cada indivíduo;
7. identificar os funcionários que precisam de treinamento específicos.

Entre outros.

8. Demissões

O processo de demitir funcionários não é uma situação desejável para a empresa. É oneroso tanto do ponto de vista emocional quanto financeiro. Significa destituir o funcionário do emprego, ato em que ocorre o rompimento do contrato entre as partes (empregador e empregado) firmado no momento da admissão.

A rescisão de Contrato de Trabalho ocorre de duas formas: 1) o funcionário pede a sua demissão do emprego e 2) quando o empregador demite o funcionário. Em ambos os casos, há necessidade de cumprimento de aviso prévio.

O aviso prévio é um período de até 30 dias que o empregador terá para fazer as adaptações necessárias para a continuidade das atividades que o funcionário demitido realizava, quando o funcionário solicita demissão. Já quando o funcionário é demitido, ele terá esse mesmo período para buscar nova colocação. O não cumprimento desse período previsto em lei deverá ser indenizado, por ambas as partes, em dinheiro.

O funcionário que solicitou demissão poderá ser liberado do cumprimento do aviso prévio ao apresentar comprovante de outro emprego.

A demissão poderá ocorrer com ou sem justa causa. No caso de sem justa causa, a legislação vigente prevê que o funcionário será liberado do cumprimento do aviso prévio por duas horas diariamente para buscar um novo emprego e, ainda, o empregador paga multa de 40% sobre o valor depositado no Fundo de Garantia Por Tempo de Serviço (FGTS) no período em que esteve na empresa. Nessa condição, o funcionário poderá retirar o saldo do FGTS.

A demissão por justa causa só ocorre quando o funcionário cometer alguma falta grave prevista em lei ou nas normas da empresa. Nesse caso, a empresa fica isenta de pagar os 40% de multa sobre o Fundo de Garantia e o aviso prévio. E o funcionário não poderá sacar o saldo do FGTS.

Há situações nas quais o funcionário detém estabilidade, não podendo ser demitido sem justa causa. As condições são:

- Mandato sindical – três anos;
- Delegado Sindical (ano de mandato e/ou um ano após mandato);
- Acidente de trabalho (um ano após a data do acidente);
- Comissão Interna de Prevenção de Acidentes (Cipa). Da candidatura para eleição até um ano após o mandato;
- Gravidez (do momento da gravidez até cinco meses após o parto);
- Reintegração ao quadro (juiz define o tempo).

Referências

BORGES-ANDRADE, J. E.. Desenvolvimento de medidas em avaliação de treinamento. *Estudos de Psicologia* (UFRN), Natal, RN, v. 7, n.Especial, p. 31-43, 2002.

BRASIL. Ministério do Trabalho do Brasil. *Portaria n'3.214, de 8 de junho de 1978.* Aprova Normas Regulamentadoras – NR- do Capítulo V, Título II, da Consolidação das Leis Trabalhistas, relativas à Segurança e Medicina do trabalho.

CAMPOS, F.V. *TQC Controle de Qualidade Total No Estilo Japones.* 9ª edição. Falconi Editora. 2014.

CASAROTTO, R. A.; MENDES, L. F. Queixas, Doenças Ocupacionais e Acidentes de Trabalho em Trabalhadores de Cozinha Industriais. *Rev. Brasileira de Saúde Ocupacional*, São Paulo, v. 28, n. 107-108, 2003.

DUTRA, J. S.; HIPÓLITO, J. M.; SILVA, C. M. Gestão de pessoas por competências. *In*: ENCONTRO NACIONAL DA ASSOCIAÇÃO NACIONAL DOS PROGRAMAS DE PÓS-GRADUAÇÃO EM ADMINISTRAÇÃO, 22., 1998, Foz do Iguaçu. *Anais* [...]. Foz do Iguaçu: Anpad, 1998.

GRAMIGNA, Maria Rita. *Modelo de competência e Gestão de Talentos.* São Paulo: Makron Books, 2002.

MATOS, C. H. *Condições de Trabalho e Estado Nutricional de Operadores do Setor de Alimentação Coletiva* [dissertação]. Dissertação (Mestrado) Nutrição em Produção de Refeições Programa de Pós-Graduação em Nutrição (PPGN/UFSC)– Florianópolis, Universidade Federal de Santa Catarina, 2000.

PEIXOTO, N. H. *Curso Técnico em Automação Industrial*: Segurança do Trabalho. 3. ed. Santa Maria: Universidade Federal de Santa Maria: Colégio Técnico Industrial de Sta Maria, RS, 2011.

CAPÍTULO 23

GESTÃO DO ESPAÇO FÍSICO EM UNIDADES DE ALIMENTAÇÃO E NUTRIÇÃO

Simone Morelo Dal Bosco
Maria Terezinha Antunes
Carine Fabiana Saul
Diandra Valentini
Kathleen Krüger Peres

A Unidade de Alimentação e Nutrição (UAN) é o local de trabalho ou órgão de uma empresa que tem como finalidade o desempenho de atividades relacionadas à alimentação e nutrição, independentemente da situação na escala hierárquica ocupada na empresa.

A estrutura física da UAN, bem como o seu processo de manipulação, deve seguir um "fluxo higiênico" adequado e ininterrupto. O dimensionamento da edificação e das instalações deve ser compatível com todas as operações, devendo existir separação entre as diferentes atividades por meios físicos ou por outros meios eficazes, a fim de evitar a contaminação cruzada. O teto, a parede e o piso devem possuir revestimento liso, impermeável e lavável, sendo mantidos íntegros, conservados, livres de rachaduras, trincas, vazamentos, infiltrações, bolores, descascamentos e outros que não devem transmitir contaminantes aos alimentos.

As áreas de uma UAN incluem aquelas destinadas ao recebimento de mercadorias, armazenamento à temperatura ambiente e à temperatura controlada (câmaras frigoríficas e refrigeradores), ao pré-preparo e preparo, à cocção, à expedição das preparações, à higienização de utensílios, à distribuição das refeições, refeitório, higienização de bandejas, ao depósito de lixo, à guarda de botijões de gás, ao depósito e higienização do material de limpeza, às instalações sanitárias e vestiários e à administração. A área de processamento ou produção é dividida em unidades operacionais de pré-preparo, preparo e cocção. Cada tipo de preparação deve possuir uma área distinta. O pré-preparo e preparo são as operações preliminares de confecção de preparações que incluem lavar, descascar, escolher, fatiar, aparar e picar. Para cada tipo de produto a ser manipulado, deverá haver áreas e mesas separadas e específicas, para que os serviços tenham um melhor desenvolvimento, e os produtos finais, melhor qualidade. As áreas destinadas a essas operações são subdivididas para os vegetais, as carnes, as sobremesas e as pequenas refeições. Recomenda-se, portanto, que a localização destas seja adjacente às câmaras frigoríficas, próximo à despensa e à área de cocção. Todas as áreas de pré-preparo e preparo devem ser constituídas de bancada com tampo inox ou outro material adequado e balcões com cubas. As áreas destinadas às carnes vermelhas aves e pescados devem ser dotadas de balcão com pia dupla, mesa de trabalho e equipamentos específicos. Já aquelas destinadas aos vegetais devem ser confeccionadas em área que possua balcão com pia, trituradores de lixo (se possível), equipamentos (como descascadores), mesa e placas de 3x3m de etileno para corte de frutas e hortaliças. As áreas destinadas à padaria e confeitaria são centros quase independentes, devendo ser, praticamente, autossuficientes em material e equipamentos. A área de cocção é o local onde os alimentos são cozidos, fritos, grelhados ou assados. Recomenda-se que essa área esteja situada entre a área de preparo prévio e a de expedição dos equipamentos, seguindo um fluxo racional. É importante que essa área disponha de pia exclusiva para lavagem das mãos dos manipuladores. Nessa área, deve haver somente equipamentos destinados ao preparo de alimentos quentes, não devendo haver refrigeradores ou congeladores, porque o calor excessivo compromete o funcionamento de seus motores. O planejamento físico de uma UAN é importante tanto na questão econômica como na funcionalidade da cozinha, pois evita cruzamentos desnecessários de gêneros alimentícios e funcionários; má utilização de equipamentos ou a falta destes, limitando o cardápio; localização desapropriada e falta de ventilação.

Conforme a Lei 8.234/91, o Nutricionista planeja, organiza, direciona, supervisiona e avalia. E as Unidades de Alimentação e Nutrição são classificadas em:

1. **Institucionais, situadas dentro de empresas, escolas, os clientes são fixos;**
2. Comerciais, restaurantes abertos ao público (coletividade sadia);
3. Cozinhas dos estabelecimentos de saúde (coletividade enferma);
4. O gerenciamento das Unidades de Alimentação e Nutrição pode ser:

   AUTOGESTÃO: a própria empresa possui e gerencia a UAN, produzindo refeições que serve aos funcionários;

   CONCESSÃO: a empresa cede seu espaço de produção e distribuição para um particular, livrando-se do cargo de gestão.

1. Ambiência em unidades de alimentação e nutrição:

É o "conjunto de elementos envolventes que condicionam as atividades administrativas e operacionais e determinam em grande parte a quantidade e a qualidade do trabalho produzido".

Faz parte da Ambiência:

- PLANEJAMENTO DO *LAYOUT* (áreas necessárias para implementar uma UAN);
- PROCESSAMENTO (produção);
- ÁREAS DE DISTRIBUIÇÃO E CONSUMO (refeitório).

Fatores que interferem na ambiência:
- Diretamente: iluminação, cor, sonorização, ventilação, temperatura e umidade;
- Indiretamente: localização, configuração geométrica, revestimento de paredes e pisos, instalações hidráulicas e elétricas.

Ambiência:

- Iluminação;
- Ventilação, Temperatura e Umidade;
- Sonorização;
- Cor.

Interfere diretamente na produção.

Contribui para a qualidade e quantidade de trabalho produzido.

Iluminação:

- Influência no comportamento das pessoas;
- Evita doenças visuais;
- Aumenta a eficiência do trabalho;
- Previne acidentes de trabalho;
- Deve ser distribuída uniformemente pelo ambiente;
- Deve garantir boa visibilidade;
- Deve evitar ofuscamento, sombras, reflexos fortes e contrastes excessivos;
- Deve incidir numa direção que não prejudique os movimentos nem a visão dos funcionários;
- Não pode alterar as características sensoriais (visuais) dos alimentos;
- A luz solar não deve incidir diretamente sobre a superfície de trabalho e sobre os alimentos.

Figura 1 – Cozinha industrial
Fonte: https://www.google.com/search?q=fotos+de+cozinhas+industriais&sxsrf=ACYBGNSXlwTw5584Zg5UJws-wpFuUO0IokQ:1574831195718&tbm=isch&source=iu&ictx=1&fir=cwIDCAvEr7HVfM%253A%252Cm4B7SNjgI-VoYcM%252C_&vet=1&usg=AI4_-kTg2ew1kaqiN4d8UMXF_GTGfehQJg&sa=X&ved=2ahUKEwjlx4Gwz4nmAh-XcHbkGHTgXAyIQ9QEwA3oECAgQCg#imgrc=cwIDCAvEr7HVfM. Acesso em: 10 jan. 2018.

Iluminação – luz natural:

- Iluminação mais recomendada;
- Bactericida, devido aos raios ultravioletas;
- Estimula as funções do organismo;
- Propicia sensações de alegria;
- Maior disposição para o trabalho;

- Está diretamente relacionada ao nível de trabalho produzido;
- Mais econômica;
- Aberturas equivalentes de 1/5 a 1/4 da área do piso;
- Não dispensa a instalação da rede elétrica.

Figura 2 – Cozinha industrial
Fonte: https://www.google.com/search?q=fotos+de+cozinhas+industriais&sxsrf=ACYBGNSXlwTw5584Zg5UJws-wpFuUO0IokQ:1574831195718&tbm=isch&source=iu&ictx=1&fir=cwIDCAvEr7HVfM%253A%252Cm4B7SNjgI-VoYcM%252C_&vet=1&usg=AI4_-kTg2ew1kaqiN4d8UMXF_GTGfehQJg&sa=X&ved=2ahUKEwjlx4Gwz4nmAh-XcHbkGHTgXAyIQ9QEwA3oECAgQCg#imgrc=bna8iHgVHY62ZM. Acesso em: 10 jan. 2018.

Iluminação – legislação:

- Refeitórios: lâmpadas incandescentes de 150 W/6m²;
- Área de produção: lâmpadas incandescentes de 150 W/4m²;
- Pé direito de 3m.

Iluminação – lâmpadas fluorescentes:

- Maior tendência de uso;
- Fornece iluminação branca;
- Mantém a cor natural dos alimentos;
- Não contribui para a elevação da temperatura no local.

Ventilação, Temperatura e Umidade:

- Temperatura ideal: 22 a 26 °C;
- Umidade ideal: 50 a 60%.

Ventilação adequada:

- Assegura conforto térmico;
- Renovação do ar;
- Mantém o ambiente livre de fungos, gases, fumaça, gordura e condensação de vapores.

Conforto térmico:

- Assegurado pela abertura de paredes (janelas) que permitem a circulação natural do ar;
- Área equivalente a 1/10 da área do piso.

Ventilação artificial:

- Ventiladores;
- Circuladores;
- Exaustores;
- Nas áreas de manipulação e produção, a circulação de ar deve ser assegurada por meios naturais ou por sistemas de exaustão, não sendo permitido o uso de ventiladores, circuladores e/ou aparelhos de ar condicionado.

Falta de ventilação:

- Causa confinamento;
- Prostração;
- Dor de cabeça;
- Mal-estar;
- Tonturas;
- Náuseas;
- Vômitos;
- Compromete a produtividade;
- Dificulta a qualidade do trabalho.

Como amenizar o calor:

- Instalação de coifas e exaustores;
- Uniformes (modelo, tecido e cor).

Sonorização:

Locais com altos ruídos:

- São irritantes;
- Interferem na execução das tarefas;
- Podem causar doenças psicológicas, como neurose;
- Podem desenvolver Hipertensão Arterial Sistêmica (HAS);
- Podem reduzir as secreções salivares e gástricas;
- Podem ocasionar perda da audição.

Boa sonorização:

- Paredes paralelas não devem ficar a mais de 17m de distância, a fim de evitar o eco;
- Não instalar equipamentos nos cantos ou junto às paredes, para evitar a reflexão do som;
- Empregar materiais acústicos e isolantes para o teto e paredes;
- Aplicar material isolante nas bancadas de inox, antes de sua fixação no concreto;
- Dar preferência para equipamentos silenciosos e carros que se movam sobre rodízios de borracha;
- Instalar sistema de som com música ambiente.

Cor:

- Está relacionada ao seu índice de reflexão;
- Tem o poder de absorver a luz em maior ou menor intensidade.

Escolha da cor certa:

- Teto e alto das paredes (acima da altura dos olhos) – índice de reflexão acima de 80%;
- Paredes (abaixo da altura dos olhos) – índice de reflexão entre 50 e 75%;
- Pisos: índice de reflexão de 15 a 30%.

CORES	ÍNDICE DE REFLEXÃO
Branco	80 – 85%
Creme	55 – 70%
Amarelo-palha	55 – 70%
Amarelo	45 – 60%
Ouro-velho	35 – 40%
Verde-claro	35 – 55%
Verde-escuro	10 – 35%
Azul-claro	30 – 50%
Azul	10 – 25%
Preto	05 – 10%
Azul-escuro	05 – 15%
Rosa-claro	55 – 60%
Rosa	45 – 55%
Vermelho-claro	25 – 40%
Vermelho-escuro	10 – 25%
Bege	40 – 45%
Havana-claro	35 – 40%
Cinza-claro	40 – 50%

CORES	ÍNDICE DE REFLEXÃO
Cinza-escuro	15 – 25%

- BRANCO: em UANs com muitos materiais e equipamentos de aço inoxidável, pois interferem no índice de reflexão da luz, favorecendo a ocorrência de ambientes escuros;

- Cores claras, como por exemplo: creme, areia.

Normas da ABNT – cores para prevenir acidentes:

Vermelho: identifica perigo:

- Caixas de alarme;

- Hidrantes;

- Extintores de incêndio;

- Portas de saída de emergência.

Amarelo: indica cuidado:

- Parapeitos;

- Corrimões;

- Partes baixas de escadas.

Verde: indica segurança:

- Caixas e equipamentos de socorro;

- Quadros de avisos;

- Exposições de cartazes.

Preto: indica coletores de resíduos.

Piso:

- Boa carga estática;

- Resistente ao tráfego;

- Facilidade de higienização;

- Mantido em bom estado de conservação – livre de defeitos, rachaduras, trincas, buracos;

- Não permitindo o acúmulo de alimentos e sujidades;

- Antiderrapante;

- Não corrosivo;

- Impermeável;

- Coloração adequada;

- Em um único nível, com inclinação suficiente para o escoamento da água;

- Instalações de ralos sifonados;

- Pisos monolíticos;

- Cerâmicas.

Piso monolítico:

- Favorece a higienização.

Piso de cerâmica:

- Possui rejunte de cimento poroso, dificultando a higienização e favorecendo a proliferação de micro-organismos patogênicos;

- Ao usar rejunte de asplit, não poroso, o piso cerâmico é mais higiênico, porém tem o custo mais elevado.

Piso antiderrapante:

- Quando não for possível, deve-se fornecer aos funcionários calçados antiderrapantes, impermeáveis e de coloração branca.

Paredes e Divisórias:

- Revestidas de material liso, resistente e impermeável;

- Lavável em toda a sua extensão;

- Coloração adequada;

- Em bom estado de conservação;

- Livres de falhas, rachaduras e descascamentos;

- Isentas de fungos e bolores;

- Devem ter ângulos arredondados no contato com o piso e o teto;

- Azulejo – melhor material;

- De alvenaria sem azulejo – tinta plástica;

- Quando azulejadas, devem ser revestidas até a altura mínima de 2 metros.

Portas:

- Revestidas de material liso, lavável e impermeável;

- Ajustadas aos batentes e fechamento automático (mola ou sistema eletrônico);

- Com largura mínima de 1m;

- Com altura mínima de 2,10m;

- Abertura máxima de 1cm do piso;

- Devem ter borracha de vedação na extremidade inferior, principalmente nas portas de acesso à UAN e na despensa;

- De comunicação entre as áreas, devem ter visor e sistema de vaivém;
- Acessos principais e às câmaras frigoríficas podem ter cortinas de ar como proteção contra insetos e roedores;

- Com cantoneiras de alumínio ou aço inox nas extremidades ou com barras de aço em locais de abalroamentos;

- Com coloração adequada;

- De ferro: revestidas com tinta a óleo;

- De madeira: tinta especial retardante à ação do fogo.

Janelas:

- Providas de vidro transparente e liso;
- Superfícies lisas e laváveis;
- Em bom estado de conservação;
- Ausência de falhas de revestimento;
- Ajustes perfeitos aos batentes;
- Fixas e usadas, preferencialmente, para iluminação;
- Quando usadas para ventilação, devem ser providas de telas milimétricas (2mm);
- As telas devem ser mantidas em bom estado de conservação, ser de fácil remoção para facilitar a limpeza.

Localizadas na parte superior das paredes:

- Para garantir conforto térmico;
- Facilitar a saída do ar quente;
- Evitar a incidência de raios solares sobre os alimentos;
- Evitar a corrente de ar sobre o fogão.
- Madeira – tinta especial retardante à ação do fogo;
- Alumínio;
- Ferro – tinta a óleo.

Forros e Tetos:

- Livres de trincas, rachaduras, umidade, bolor e descascamentos;
- Isentos de vazamentos e goteiras;
- Devem estar em perfeitas condições de limpeza;
- Acabamentos em material liso, impermeável, lavável;
- Em bom estado de conservação;
- Coloração adequada;
- Se possuir aberturas, devem estar protegidas com telas milimétricas ou material similar, removíveis.

Abastecimento de água:

- Água potável – límpida, transparente, insípida e inodora;
- Ligado à rede pública ou outra fonte;
- Com potabilidade atestada por meio de laudo de análise periódica, válido por seis meses, emitido por laboratório próprio ou terceirizado;
- O gelo deve ser fabricado com água potável.

Abastecimento de água alternativo – águas de poços:

- Deve ser comunicado à Vigilância Sanitária local;

- Devem estar livres de risco de contaminação (fossa, lixo, pocilga);
- Devem ser submetidas ao tratamento de desinfecção, de acordo com orientação da Vigilância Sanitária local.

Caixas d'água:

- Isentas de rachaduras;
- Livres de infiltrações;
- Sempre tampadas.
- Devem ser limpas e desinfetadas na instalação, a cada seis meses e na ocorrência de acidentes que possam contaminar a água (animais, sujeiras, enchentes).

Lavagem e desinfecção:

- Utilizar metodologias oficiais.

Sistema de drenagem das águas:

- Ralos, canaletas ou grelhas sifonadas, com proteção telada ou outro dispositivo que permita o seu fechamento;
- Peneiras removíveis.

Rede de esgoto:

- Dejetos devem ter ligação direta com a rede de esgoto;
- Quando eliminados em rios ou lagos, devem ser, primeiramente, tratados de forma adequada.

Caixa de gordura e de esgoto:

- Não podem localizar-se dentro das áreas de processamento de alimentos.

Caixas de inspeção:

- Com tampas vedadas.
- Devem ser estudadas, a fim de propiciar à UAN uma infraestrutura capaz de favorecer a produção de refeições, garantindo sua operacionalidade dentro dos padrões técnicos assegurados pela legislação vigente.

Instalações:

- Rede elétrica;
- Rede hidráulica (águas quente e fria);
- Rede de exaustão;
- Rede de emergência;
- Rede contra incêndio;
- Rede de comunicações.

Tubulações de vapor:

- Devem ser de alumínio;

- Revestidas de lã, de vidro ou de rocha;
- Localização externa para facilitar a manutenção;
- O vapor que entra em contato com as superfícies e alimentos não pode apresentar riscos de contaminação.

Sistema elétrico:

- Apresentar-se em bom estado de conservação;
- Deve possuir conexões isoladas que possibilitem a limpeza;
- Suprimento de eletricidade monofásica e trifásica.

Tipos de energia:

- Diversificados: gás, luz, vapor etc.;
- Para evitar sobrecargas;
- Para evitar interrupção total de serviço na eventual ausência de um tipo de energia.

Tomadas:

- Individuais para cada equipamento;
- Do tipo blindado para facilitar a higienização das paredes e evitar a entrada de água na rede elétrica.

2. Áreas e subáreas

RECEBIMENTO: matérias-primas serão entregues e controladas qualitativa e quantitativamente.

ARMAZENAMENTO

- - Estocagem neutra: cereais, latarias, descartáveis, produtos de limpeza;
- - Estocagem refrigerada: reservada a alimentos perecíveis;

- Hortifrutigranjeiros: 4 a 60 ºC;
- Carnes: 0 a 20 ºC;
- Laticínios: 2 a 40 ºC;
- Congelados: -18 a -22 ºC;
- Estocagem de produtos de limpeza.

PRÉ-PREPARO

- Legumes/vegetais: reservado para lavagem e corte de legumes, tubérculos, verduras e frutas.
- Carnes: reservado ao corte, tratamento e preparo de carnes em geral.

COCÇÃO

- *Calor úmido:* caldeiras com aquecimento a vapor;
- *Calor seco:* frituras e assados.

ESPERA PARA DISTRIBUIÇÃO:

Os alimentos preparados ficam acondicionados nas cubas em temperatura controlada até o momento da distribuição.

DISTRIBUIÇÃO – CLIENTE

• Lavabo com água, sabão líquido e papel- toalha.

HIGIENIZAÇÃO E TRATAMENTO DO LIXO

• Lavagem das panelas;

• Lavagem dos utensílios;

• Depósito de lixo preferencialmente em câmara fria, fora do setor de alimentação.

Importante na estrutura física da UAN haver:

• Sala do nutricionista;

• Instalações sanitárias e vestiários;

• Área de guarda de recipientes vazios;

• Central de Gás.

Composição da área

Área das UANs:

Deve ser planejada seguindo uma linha racional de produção com fluxo coerente, evitando cruzamentos e retrocessos que comprometem a produção das refeições.

• Áreas de aprovisionamento;

• Áreas de processamento;

• Áreas de distribuição;

• Área para higienização e guarda de carros-transporte;

• Sala do(s) nutricionista(s);

• Área para instalações sanitárias e vestiários;

• Área para guarda de recipientes vazios;

• Área para guarda de coletores de resíduos;

• Área para guarda de botijões de gás;

• Área para higienização de material de limpeza em uso.

• Áreas para recebimento de mercadorias;

• Plataforma de descarga;

• Área de inspeção, pesagem e higienização dos gêneros;

• Áreas para estocagem;

• Área para armazenamento de alimentos à temperatura ambiente;

• Área para armazenamento de alimentos refrigerada.

Sala do(s) nutricionista(s):

- Situada em local que facilite a supervisão do processo de produção;
- Colocação do piso em nível mais elevado que o da área de produção;
- Dotada de visor em toda a extensão da sala, a partir de um metro do piso.
- Locais com nutricionistas de produção, clínica e chefia, a primeira deverá ter sua sala na área de produção, a segunda junto às unidades de internação e a terceira junto às demais chefias da empresa.

Área para instalações sanitárias e vestiários:

- Exclusivas para a UAN;
- Isoladas, nunca se comunicando diretamente com as unidades operacionais, principalmente de processamento e distribuição;
- Em bom estado de conservação;
- Submetidas à higienização permanente;
- Desprovida de odores;
- Providos com água corrente;
- Conectada com rede de esgoto;
- Piso de material liso, resistente, impermeável;
- Coloração adequada até 1,5 metros para os vestiários e 2 metros para os sanitários;
- Boa iluminação;
- Boa ventilação;
- Aberturas teladas;
- Portas com molas ou sistema de fechamento automático e protetores inferiores contra insetos e roedores.

Área para instalações sanitárias e vestiários:

- Separadas por sexo – F e M;
- Providas de armários para a guarda de roupas e materiais de higiene corporal;
- Na quantidade de um armário para cada funcionário;
- Pias com sabão líquido, substâncias bactericidas, toalhas de papel ou secadores para mãos;
- Coletores acionados por pedal, com tampas e sacos plásticos para o descarte exclusivo de papéis--toalha usados para a higienização das mãos;
- Gabinetes com vasos sanitários com tampa, papel higiênico sempre disponível;
- Chuveiros fechados com box individual e em número adequado ao de funcionários.

Área para instalações sanitárias e vestiários masculinos:

- um vaso sanitário com tampa;
- um mictório;
- um lavatório;
- um chuveiro.

Para cada 20 funcionários.

<u>Área para guarda de recipientes vazios:</u>

• Destinada à guarda de caixas, caixotes, latas, vidros antes de serem vendidos, devolvidos aos fornecedores ou descartados.

<u>Área para guarda de coletores de resíduos:</u>

• Destinada ao armazenamento diário de lixo;
• Localizada em ponto que facilite a sua remoção;
• Fechada e revestida de material lavável;
• Dotada de esguicho de pressão com água fria e quente para limpeza dos latões;
• Quando possível, deve ser substituído por unidade refrigerada a 10 ºC, prevenindo proliferação de bactérias, putrefação e fermentação com odores desagradáveis.

<u>Área para guarda de botijões de gás:</u>

• Área EXCLUSIVA à guarda de botijões de gás;
• Dimensionada conforme o consumo de gás;
• Localizada na parte externa da UAN;
• Com cerca de tela, grades ou outros processos construtivos que evitem a transposição de pessoas estranhas à instalação, permitam e assegurem a constante ventilação dessa área.

<u>Áreas para recebimento de mercadorias:</u>

• O recebimento de mercadorias é feito na plataforma de descarga.

<u>Plataforma de descarga:</u>

• Deve estar localizada na área externa;
• Próxima à estocagem;
• De fácil acesso aos fornecedores;
• Provida de rampas que facilitem o transporte das cargas;
• Provida de marquise para proteção das mercadorias durante a entrega.

<u>Área de inspeção, pesagem e higienização dos gêneros:</u>

• Provida de um prolongamento da plataforma de descarga;
• Evitar áreas de circulação;
• Dispor de espaço suficiente para acomodar a mercadoria;
• Aparelhada com balança tipo plataforma, carros-plataforma para transporte das mercadorias;
• Conter tanques ou calhas para higienização das verduras e frutas antes do seu armazenamento;
• Contar com existência de um esguicho de pressão para auxiliar a higienização das frutas e verduras com o uso de substância bactericida no processo de higienização;
• O esguicho deve ser dotado de suporte próprio adequado para guardar a mangueira longe do piso, quando fora de uso.

Áreas para estocagem:

- Localizadas junto à área de recepção;
- Acessível à área de processamento;
- Evitar o transporte de gêneros à longa distância;
- Constituída de dispensas e câmaras e/ou refrigeradores.

Características da dispensa ou almoxarifado:

- Porta única, larga e alta, simples ou em sessões, com borracha de vedação na parte inferior, fechamento com mola ou automático;
- Piso em material lavável e resistente;
- Sem ralos;
- Boa iluminação;
- Ventilação cruzada ou mecânica;
- Janelas e aberturas teladas;
- Temperatura ≤ 26 °C, umidade relativa do ar em torno de 50 a 60%;
- Prateleiras localizadas a 30cm do piso e profundidade de ≤ 45cm, preferencialmente moduladas;
- Estrados fenestrados para sacarias, móveis ou fixos, elevados a 40cm do piso, com pés protegidos com canoplas;
- Extintor de incêndio;
- Lavatório;
- Não devem existir equipamentos, como refrigerador, freezer, aquecedor e tubulações aparentes de água e vapor, salvo se muito bem isoladas;
- Móveis de escritório para os processos administrativos.

Áreas para armazenagem de alimentos à temperatura ambiente:

- Chamadas de dispensa ou almoxarifado;
- Periodicidade de armazenamento quinzenal ou semanal;
- Devem garantir condições para conservação dos gêneros;
- Permitir controle eficaz das mercadorias.

Áreas para armazenamento de alimentos refrigerada:
Instalação de três câmaras frias:

- Uma com temperatura de 0 °C a 4 °C para carnes e alimentos prontos;
- Outra com temperatura de 10 °C para frutas e verduras e ovos;
- Outra com temperatura de até 8 °C para sobremesas, massas, frios e laticínios.

Câmaras frias:

- Dotadas de antecâmara para proteção térmica;
- Revestimento de material lavável e resistente (azulejo, tinta látex ou epóxi);

- Nível do piso igual ao da área externa para o transporte de mercadorias pelos carros;
- Sem ralos;
- Dotadas de termômetro, permitindo a leitura pelo lado externo;
- Com lâmpada-piloto indicativa da condição "ligado" e "desligado";
- Dotadas de prateleiras com aço inox, moduladas;
- Dotadas de bandejas de alumínio ou plástico não poroso para guardar miúdos, carne moída, entre outros;
- Dotadas de ganchos para peças de carne grandes;
- Porta hermética revestida de aço inox, ferragens cromadas e dispositivos de segurança, permitindo abertura por dentro.

Composição da área:

- Áreas de processamento:
- Área para preparações prévias;
- Área para cocção;
- Área para higienização das mãos;
- Área para expedição das preparações;
- Área para higienização dos utensílios utilizados no processamento;
- Área para cozinha dietética, em caso de hospitais.

Áreas de processamento:

- Com exceção da área de higienização dos utensílios utilizados no processamento das refeições, não há necessidade de subdivisão por paredes completas, pois elevam o custo e prejudicam a iluminação e ventilação, dificultando a supervisão.

Área para preparações prévias:

- Subdivididas em preparo de carnes, aves e pescados, verduras, sobremesas, sucos, entre outras, conforme o número de refeições e o padrão dos cardápios, que define a necessidade de mão de obra e a diversificação das operações;
- Dotadas de balcão, cubas e gavetas;
- Com material de aço inox ou outro material apropriado;
- Em quantidades conforme o contingente de mão de obra.

Área para preparação de carnes vermelhas, aves e pescados:

- Dispor de bancada com tampo inox ou outro material adequado (liso, impermeável, de fácil higienização);
- Balcão com cuba;
- Equipamentos necessários;
- Climatizada entre 12 ºC e 18 ºC.

Área para preparação de hortifrutigranjeiros:

- Dispor de bancada com tampo de inox ou outro material adequado;
- Cubas suficientes para a correta lavagem, desinfecção e enxágue dos vegetais;
- Mesas de apoio;
- Locais para dispor os equipamentos.

Na impossibilidade de áreas separadas para cada gênero, deve-se prever um local para preparo de produtos crus e outro para produtos cozidos, de forma que impeçam a contaminação cruzada entre os alimentos e/ou utensílios limpos com o retorno de utensílios sujos.

Área para cocção:

- Situada entre a área de preparo prévio e a área de expedição das preparações, com equipamentos necessários a essa fase, organizados conforme um fluxo racional;
- Deve dispor de uma cuba para higienização das mãos do cozinheiro, dotada de torneira acionada sem o uso das mãos e toalhas de papel;
- Não devem existir equipamentos que não sejam destinados à produção de alimentos quentes.

Área para higienização das mãos:

- Localizada na área de manipulação para lavagem e antissepsia das mãos;
- Dotada de lavatórios exclusivos para a higienização das mãos;
- Água corrente quente a 42 ºC, com misturador quente e frio;
- Torneiras acionadas por pedal ou outro meio não manual;
- Saboneteiras específicas para sabão líquido e para antisséptico alcoólico (álcool gel 70% ou similar) ou apenas uma para sabão antisséptico;
- Suporte para papel toalha ou secagem com ar quente.

Área para expedição das preparações:

- Local onde as preparações prontas são levadas para as áreas de distribuição;
- Pode ser mínima, apenas com espaço necessário para o estacionamento dos carros de transporte ou "PASS-THROUGH".

Área para higienização dos utensílios utilizados no processamento:

- Deve ser delimitada por parede completa;
- Água fria e quente;
- Dispor de sistema de drenagem;
- Conter local para dispor os utensílios que aguardam a higienização;
- Cubas profundas de inox;
- Local para guarda de materiais já higienizados.

Área para cozinha dietética, em caso de hospitais:

- Todo hospital deve prever uma área para elaboração de dietas especiais equipada com fogão, pequeno refrigerador, banho-maria, panelas basculantes, sistema de exaustão e depósito para detritos.

Composição da área:

Áreas de distribuição:

- Área para distribuição das refeições ou copa de apoio;
- Refeitório/salão de refeições/área de consumação;
- Área para higienização das bandejas;
- Área para distribuição de cafezinho;
- Copa de distribuição nas unidades de internação (hospitais).

Área para distribuição das refeições ou copa de apoio:

- Dimensionamento relacionado ao sistema e tipo de distribuição e ao padrão de atendimento ao cliente;
- Área separada do salão de refeições pelo balcão de distribuição e da área de processamento por uma parede que não deve ser completa.

Refeitório/salão de refeições/área de consumação:

- Situado em ponto que facilite o transporte da refeição pronta;
- Fácil acesso aos comensais;
- Local agradável, dispensa cuidados especiais;
- Espaço suficiente para mesas e cadeiras e circulação entre elas;
- Cuidados com o tipo de mobiliário, como número de lugares e tipos de assentos;
- Dispor de lavatórios;
- Dispor de equipamentos: balcão térmico (água entre 80 e 90 ºC), estufa ou *pass-through* (65 ºC), balcão refrigerado (10 ºC), balcão para guarda de utensílios de mesa, refresqueiras, cafeteiras, bebedouros, geladeiras para bebidas;
- Permitem-se ventiladores desde que o fluxo de ar não incida diretamente sobre os alimentos.

Área para higienização das bandejas:

- Deve ser adjacente ao salão de refeições;
- Comunica-se com o salão de refeições a partir de guichê para recepção do material utilizado;
- O layout dessa área é igual ao sistema da higienização dos utensílios;
- Dotada de armário fechado para a guarda do material após a higienização;
- O retorno das bandejas sujas não deve oferecer risco de contaminação às que já foram higienizadas e guardadas.

Área para distribuição de cafezinho:

- Incluir no espaço físico da UAN um espaço para confecção e distribuição do café.

Copas de distribuição nas unidades de internação (hospitais):

- Estão relacionadas com o sistema de distribuição;
- Na distribuição descentralizada, as copas são indispensáveis, pois nelas as refeições dos pacientes são porcionadas;
- Devem ser dotadas de todas as condições que assegurem a qualidade da refeição;
- Ser de fácil acesso às enfermarias;
- Possuir comunicação direta com a área de processamento.

Dimensionamento da área:

Etapa complexa de planejamento por envolver muitas variáveis.

Variáveis:

- Número de refeições;
- Padrão dos cardápios;
- Sistema e tipo de distribuição;
- Política de compras e de abastecimento;
- Dependências.

Número de refeições:

- Número de refeições oferecidas no dia ou no maior turno.

Esse número determina:

- A composição da área;
- A quantidade e a capacidade dos equipamentos;
- O contingente de pessoal.

Padrão dos cardápios:

O padrão das refeições está estreitamente relacionado ao dimensionamento e à composição da área, por definir o número de preparações de um mesmo cardápio, assim como sua complexidade.

- Determina o quadro de pessoal e os equipamentos necessários.

CARDÁPIO ALMOÇO DIETAS							
	Segunda-feira	Terça-feira	Quarta-feira	Quinta-feira	Sexta-feita	Sábado	Domingo
LIVRE	Arroz	Arroz	Arroz	Arroz	Arroz	Arroz	Arroz
	Feijão	Feijão	Feijão	Feijão	Feijão	Feijão	Feijão
	Peito de frango	Sobrecoxa de frango ensopada	Estrogonofe de carne	Peito de frango à milanesa	Peixe ensopado	Lombo assado	Peito de frango à milanesa
	Purê de batata	Purê de abóbora	Batata palha	Seleta de legumes	Purê de abóbora	Farofa com cenoura	Batata doce caramelada
BRANDA	Arroz	Arroz	Arroz	Arroz	Arroz	Arroz	
	Sopa de legumes	Canja	Sopa de legumes	Sopa de abóbora	Canja	Caldo verde	Sopa de legumes
	Peito de frango grelhado	Pixadinho de sobrecoxa cozida	Picadinho de carne ensopada	Iscas de frango grelhada	Peixe cozido	Picadinho de carne assada	Iscas de peito de frango grelhado
	Purê de batata	Purê de abóbora	Purê de batata	Aipim sautê	purê de abóbora	Purê de aipim	Batata doce
PGS	Arroz	Arroz	Arroz	Arroz	Arroz	Arroz	Arroz
	Feijão	Feijão	Feijão	Feijão	Feijão	Feijão	Feijão
	Peito de frango grelhado	Sobrecoxa de frango grelhada	Iscas de carne grelhada	Iscas de frango grelhada	Peixe cozido	Piscadinho de carne assada	Peito de frando grelhado
	Purê de batata	Purê de abóbora	Purê de batata	Seleta de legumes	Purê de abóbora	Purê de aipim	Batata doce cozida
DM	Arroz integral	Arroz	Arroz	Arroz	Arroz	Arroz	Arroz
	Feijão	Feijão	Feijão	Feijão	Feijão	Feijão	Feijão
	Peito de frango grelhado	Sobrecoxa de frango grelhada	Iscas de carne grelhada	Iscas de frango grelhada	Peixe cozido	Piscadinho de carne assada	Peito de frando grelhado
	Abóbora sautê	Vagem refogada	Couve - flor cozida	Abóbora sautê	Seleta de legumes	Abóbora sautê	Vagem refogada

CARDÁPIO ALMOÇO DIETAS							
	Segunda-feira	Terça-feira	Quarta-feira	Quinta-feira	Sexta-feita	Sábado	Domingo
PASTOSA	Arroz papa	Arroz papa	Arroz papa	Arroz papa	Arroz papa	Arroz papa	Arroz papa
	Caldo de feijão	Caldo de feijão	Caldo de feijão	Caldo de feijão	Caldo de feijão	Caldo de feijão	Caldo de feijão
	Frango desfiado	Sobrecoxa ensopada desfiada	Carne desfiada ensopada	Peito de grando desfiado	Peixe cozido desfiado	Carne assada desfiada	Peito de frango cozido
	Purê de batata	Purê de abóbora	Purê de batata	Purê de cenoura	Purê de abóbora	Purê de aipim	Purê de cenoura

Sistema e tipo de distribuição:

- Sistemas centralizado ou descentralizado determinam a área total da UAN;

- Em hospitais, quando o sistema de distribuição é centralizado, há necessidade de aumentar a área de distribuição e diminuir as copas;

- No tipo cafeteria, há necessidade de uma área dotada de balcão térmico no salão de refeições;

- No tipo à americana, o salão de refeições será acrescido conforme o número de ilhas.

Política de compras e abastecimento:

- A periodicidade de abastecimento interfere no dimensionamento da área de armazenamento;

- A forma de aquisição dos gêneros (verduras pré-preparadas, carnes em peças, quartos inteiros) interfere na área de processamento.

Dependências:

- Em hospitais, tomam-se por base o número de leitos para o dimensionamento da área da UAN.

Índices de empregados para restaurantes populares, de escolas e de indústrias:

Conforme a Consolidação das Leis Trabalhistas, na Portaria 3.214, de 08/06/78:

- Área prevista para a cozinha: 35% da área do refeitório;

- Área prevista para depósito de gêneros: 20% da área do refeitório;

- Área do refeitório: 1m² por usuário, abrigando de cada vez 1/3 do total de comensais por turno de trabalho, tomando por base o turno que recebe maior número de comensais.

Número de pessoas	m² por pessoa
250	0,80
500	0,80
600	0,75
700	0,72

800	0,70
900 a 1000	0,60
> 1000	0,50

Quadro 1 – Índices para dimensionamento da área para restaurantes populares, de escolas e de indústrias:
Fonte: Haydée (1973 *apud* TEIXEIRA *et al.*, 2004).

Conforme o cardápio oferecido, pode-se acrescer:

- 5% da área em restaurantes de cardápio médio e popular;
- 10% da área em restaurantes de cardápio de luxo.

Setorização da UAN relacionada com a área total, segundo Haydée (1973 *apud* TEIXEIRA *et al.*, 2004):

- Estocagem...10 a 12%
- Preparo de refeições........................16 a 20%
- Higiene e limpeza................................6 a 8%
- Distribuição das refeições.................45 a 48%
- Administração e segurança......................12%

Índices empregados para hospitais:

- A dimensão da área da UAN varia conforme o número de leitos.

Índices empregados para hospitais:

Segundo o Ministério da Saúde:

- Até 50 leitos, calcula-se 1,50m²/leito;
- De 51 a 150 leitos, calcula-se 1,20m²/leito com área mínima de 75m²;
- > 150 leitos, calcula-se 1m²/leito, com área mínima de 180m².

Tamanho das UANs:

- UAN de pequeno porte: até 500 refeições/dia;
- UAN de médio porte: de 500 a 3.000 refeições/dia;
- UAN de grande porte: mais de 3.000 refeições/dia.

Referências

TEIXEIRA, S. M. F. G. *et al. Administração aplicada às unidades de alimentação e nutrição*. São Paulo: Atheneu, 2011.

ASSOCIAÇÃO BRASILEIRA DAS EMPRESAS DE REFEIÇÕES COLETIVAS – ABERC. Manual ABERC de Práticas de Elaboração e Serviço de Refeições para Coletividades. Editora: ABERC. São Paulo: 2003.

Imagens

Ambiência:
https://atualstore.wordpress.com/2013/11/11/anvisa-legislacao-cozinha-industrial/

Lâmpada fluorescente:
http://www.duarteneves.com/pt/70-lampadas-fluorescentes

Iluminação natural:
http://heloraemhotelaria.blogspot.com.br/2012/09/cozinha-industrial-e-estrutura-de-um.html

Ventilação artificial:
http://www.inovarequipamentos.ind.br/exaustores-industrial-ventilador.php
http://www.airfan.com.br/loja/index.php?route=product/product&product_id=260

Coifa:
http://www.solucoesindustriais.com.br/empresa/instalacoes_e_equipamento_industrial/imperial-brasil/produtos/refrigeracao-ventilacao-e-exaustao/coifa-industrial-de-exaustao

Carrinho com rodinha:
http://paequipamentos.com.br/

Extintor:
http://br.freepik.com/vetores-gratis/extintor-de-incendio-ilustracao_760145.htm

Porta saída de emergência:
http://www.tecnoportas.ind.br/porta-saida-emergencia

Escada:
http://wpedron.com.br/produtos/industrial/escada/

Quadro de aviso:
https://jmangabeiras.wordpress.com/2012/03/23/proibido-objetos-nas-escadas-dos-blocos-e-areas-comnuns/

Coletor de resíduo:
http://www.larplasticos.com.br/produtos/containers-de-lixo/container-de-lixo-lar-500L

Calçado antiderrapante:
http://www.superepi.com.br/calcado-profissional-soft-works-tipo-crocs-ca-27921-p890/

Paredes:
http://innovationetwork.com/normas-para-projetos-de-cozinhas-industriais/

Porta:
http://www.danicacorporation.com/sfDanica2/web/index.php/produto/index/id/109

Caixa d'água:
https://www.ademilar.com.br/blog/construcao-civil/conheca-os-tipos-de-caixa-dagua/

Tubulação de vapor:
http://www.cantosdamata.com.br/portfolio/cozinha-industrial/

Estocagem neutra:

https://gestaoderestaurantes.wordpress.com/category/estoque/

Estocagem refrigerados:
https://consultoradealimentos.com.br/boas-praticas/armazenamento-alimentos/

Calor úmido:
http://g1.globo.com/ro/rondonia/noticia/2012/08/mais-de-24-mil-refeicoes-diarias-sao-servidas-em-canteiro-de-obras-em-ro.html

Calor seco:
https://www.google.com.br/url?sa=i&rct=j&q=&esrc=s&source=images&cd=&ved=0ahUKEwiD26eRktXWAhWHlZAKHfa0DyIQjxwIAw&url=http%3A%2F%2Fperfecta.itwfeg.com.br%2Fblog%2F%3Fattachment_id%3D5496&psig=AOvVaw25BD2AFRCzwfksUmeTjBDW&ust=1507143747240908

Área para cozinha dietética, em hospitais:
http://www.jaymedafonte.com.br/instalacoes/copa-cozinha

Refeitório:
http://www.markaeng.com.br/site/servicos/construcao-e-manutencao-civil-industrial/

Cardápio:
https://pt.slideshare.net/cristiane1981/relatrio-de-uan-hospital-caridade

CAPÍTULO 24

GESTÃO DE EQUIPAMENTOS EM UNIDADES DE ALIMENTAÇÃO E NUTRIÇÃO

Maria Terezinha Antunes
Simone Morelo Dal Bosco
Diandra Rosa Valentini
Kathleen Krüger Peres
Carine Fabiana Saul
Regina Catarina de Alcantara
Eduardo Ongaratto

1. Introdução

Como temos visto nos capítulos anteriores, uma Unidade de Alimentação e Nutrição (UAN) se caracteriza como um dos cenários de atuação do profissional nutricionista em que a saúde deve ser o grande objetivo final. Isso tornar-se realidade a partir da associação de diversos fatores, entre eles os equipamentos, quando planejados, dimensionados e adquiridos corretamente.

Pensar em uma Unidade de Alimentação e Nutrição (UAN) como uma organização de trabalho, na perspectiva da qualidade de vida, envolve pensar no tripé: pessoas, trabalho e empresas, buscando o bem-estar dos trabalhadores, a eficácia nos processos de trabalho e os resultados das organizações e objetivos. Nesse sentido, o planejamento de equipamentos que proporcione aos funcionários condições de atingir os objetivos com eficácia associado ao bem-estar físico e mental torna-se fundamental ao gestor.

O planejamento de equipamentos em uma UAN deve ser realizado pelo nutricionista, o qual encontra-se respaldo legalmente na Lei 8234/1991, que regulamenta a profissão, na qual o artigo 4º, item XI, diz: "participação em projetos de equipamentos e utensílios na área de alimentação e nutrição". Da mesma forma, a Resolução do Conselho Federal de Nutricionistas (CFN) 380/2005 informa ser da competência do Nutricionista, no exercício de suas atribuições em Unidades de Alimentação e Nutrição, "planejar, organizar, dirigir, supervisionar e avaliar os serviços de alimentação e nutrição". Para dar conta dessas atribuições, é recomendável que o profissional nutricionista trabalhe em associação a outros profissionais técnicos que possam contribuir e qualificar as atividades de planejar e adequar as instalações físicas, equipamentos e utensílios, considerando as particularidades de cada espaço de trabalho, com suas características e necessidades, buscando as inovações tecnológicas e visando ao bem-estar dos funcionários.

Ainda na perspectiva da legislação, cita-se a RDC 216/2004, Regulamento Técnico de Boas Práticas para Serviços de Alimentação, que diz, em seu item 4.8.2, que "o quantitativo de funcionários, equipamentos, móveis e/ou utensílios disponíveis devem ser compatíveis com volume, diversidade e complexidade das preparações alimentícias", e em seu item 4.10.3 diz que "os equipamentos necessários à exposição ou distribuição de alimentos preparados sob temperaturas controladas, devem ser devidamente dimensionados, e estar em adequado estado de higiene, conservação e funcionamento". Já a NR 17, Ergonomia, Portaria GM n.º 3.214/1978, no item 17.4.1, traz que todos os equipamentos que compõem um posto de trabalho devem estar adequados às características psicofisiológicas dos trabalhadores e à natureza do trabalho a ser executado, de modo a proporcionar um máximo de conforto, segurança e desempenho eficiente. Por fim, a Resolução RDC n.º 275/2002 dispõe sobre o Regulamento Técnico de Procedimentos Operacionais Padronizados (POPs), que traz, entre seus oito itens: a) Higienização das instalações, equipamentos, móveis e utensílios; b) Higiene e saúde dos manipuladores, e c) Manutenção preventiva e calibração de equipamentos, mostrando a preocupação e o controle sobre equipamentos, móveis e utensílios, respectivamente, tanto no que diz respeito à sua segurança quanto à higienização.

Para que se possa pensar em qualidade de processos em uma Unidade de Alimentação e Nutrição, é imprescindível, também, que as Boas Práticas sejam implantadas. E, para que isso aconteça, o planejamento físico-funcional deve garantir equipamentos e materiais adequados em cada uma das etapas de trabalho desenvolvidas na produção de uma alimentação saudável. Essa qualidade poderá ser percebida pelos funcionários que, com equipamentos adequados e bem dimensionados, atingem a produtividade esperada aliada à sua segurança e conforto, e pelo cliente, que vem em busca de uma alimentação saudável e de um ambiente acolhedor, que lhe proporcione momentos de prazer.

Os equipamentos adequados à área física vêm complementar o planejamento inicial, pois sua localização vai determinar a existência ou não de cruzamentos durante as operações realizadas na UAN. A não existência desses cruzamentos durante o processo de produção é necessária para que as contaminações sejam evitadas e, também, para que o trabalho possa acontecer de forma sequencial e adequada, reduzindo o desperdício de tempo e o excesso de esforço por parte dos funcionários.

A qualidade e tecnologia dos equipamentos e utensílios e, principalmente, a funcionalidade e adequação desses instrumentos às características de cada UAN facilitam a operacionalização e eficiência do restaurante. As novas tecnologias, nesse segmento, trazem também a possibilidade de uma alimentação mais saudável e trazem processos e demandas sempre maiores por parte dos trabalhadores, tornando necessário pensar continuamente no treinamento em serviço para que os equipamentos sejam utilizados e mantidos de forma adequada, atingindo a otimização e melhor aproveitamento e rendimento.

2. Caracterização dos equipamentos

Equipamento, segundo a Portaria MS 1.428/11993, é aquele que "em contato direto com os alimentos é utilizado durante a elaboração, funcionamento, armazenamento, comercialização e consumo. Estão incluídos nesta denominação os recipientes, máquinas, aparelhagem, acessórios, utensílios e similares".

Os equipamentos e utensílios devem ser fabricados com material não tóxico, sem odor ou gostos e que não seja absorvente, resistes à corrosão e que possam ser limpos e desinfetados frequentemente, como o inox, materiais sintéticos ou derivados de borracha. As superfícies devem ser lisas, isentas de fendas, rachaduras, buracos, ser impermeáveis e com bordas arredondadas. O equipamento ainda deve ser fabricado sem que nenhuma de suas partes possa cair nos alimentos, como parafusos, brocas e graxa. Quanto aos balcões e superfícies de manipulação, é recomendado que sejam de aço inoxidável, por ser de grande durabilidade e de fácil higiene.

O uso de materiais em madeiras, como espátulas e colheres de pau, tábuas ou suportes de cortar e picar, estrados, prateleiras, deve ser evitado devido à capacidade de absorção de resíduos orgânicos e dificuldades da correta higienização e desinfecção, tornando-se uma fonte de contaminação e risco à saúde.

Buscando o conforto dos funcionários, otimização do tempo de trabalho, os equipamentos pesados, como liquidificador, batedeiras, processadores de alimentos, descascadores de legumes, devem estar sobre bancadas ou no piso sobre rodízios, assim como as mesas de apoio, para facilitar a mobilidade e deslocamento e permitir a higienização adequada destes e dos ambientes da cozinha. Pelas mesmas razões, é recomendado que as bancadas e pias tenham pés reguláveis.

3. Planejamento, seleção e aquisição

Na cozinha moderna, os equipamentos apresentam papel fundamental. Com a redução da equipe e a necessidade de redução dos custos, a produtividade está relacionada diretamente com estrutura física e funcional dessa cozinha e, nesse caso, dos equipamentos disponíveis. Para o planejamento, seleção e aquisição de equipamentos, é recomendado analisar criteriosamente fatores como:

1. **Fonte de energia:**
   Verificar se serão utilizados equipamentos que tenham como fonte de energia eletricidade, gás butano e vapor. Mais raramente, podem ser utilizados como fontes de energia o óleo e a lenha.
   Os elétricos e a gás butano são os mais utilizados. A cozinha deverá dispor de rede elétrica com capacidade para a instalação dos equipamentos a serem adquiridos, assim como rede de gás. As demais fontes de energia são menos comuns, mas, dependendo da característica do local, como em hotéis e hospitais, é comum o uso de caldeirões a vapor, já que dispõem de caldeiras as quais podem ser alimentadas com energia proveniente do óleo ou da lenha. Já as padarias e pizzarias podem utilizar fornos à lenha. É recomendado que a UAN tenha equipamentos com mais de uma fonte de energia pra que, em caso de manutenção ou pane, possa-se dispor de outro recurso.

2. Necessidades de redes de água, esgoto e para a instalação dos equipamentos:
   Durante o planejamento de aquisição de equipamentos, verificar se estes irão necessitar da rede de água e/ou esgoto, para ser previsto nas obras de construção, ou se a rede já em funcionamento permitirá a instalação. Por exemplo, para instalar um forno combinado elétrico, além da rede elétrica com capacidade adequada, o local deverá ter rede de água e de esgoto para a higienização deste.

3. Tipos de materiais utilizados para construção e revestimentos:
   Cada equipamento, dependendo da sua funcionalidade, será construído por tipos de materiais diferentes. Dentro do possível, adquirir os de aço inox, ou ferro galvanizado ou esmaltado. Porém os fogões, chapas bifeteiras, são construídos, de maneira geral, com as estruturas em ferro fundido com as superfícies externas em aço inoxidável em lâminas esmaltadas. Os caldeirões são construídos em aço inox ou chapas esmaltadas. Para as bancadas ou mesas de apoio, as estruturas podem ser de ferro fundido ou galvanizado, e as superfícies em polietileno de alta densidade. O aço inox é o mais resistente e durável, permite a higienização mais adequada, entretanto é o mais caro.

4. Qualidade de fabricação, reposição de peças e manutenção:

O fator preço é um ponto importante na seleção e aquisição do equipamento, porém a qualidade do produto deve ser priorizada. A facilidade de manutenção tanto pelos fornecedores quanto pelos técnicos da casa, assim como o custo na aquisição de peças de manutenção e o tempo de depreciação, são fundamentais.

5. Dimensões internas e externas e peso:
Conhecer as especificações do equipamento disponibilizadas pelo fabricante, analisando se o local onde este será instalado está adequado.

6. Produtividade:
Da mesma forma que no item anterior, conhecer as precificações e verificar se a relação da quantidade produzida por minuto ou hora corresponde à necessidade.

7. Custo:
Como já citado anteriormente, não basta ver o preço de venda na aquisição de equipamentos ou outro material. Recomenda-se que seja feito um estudo cuidadoso em relação às marcas e fabricantes, manutenção, produtividade, ruído, conforto para os funcionários, avaliando o custo-benefício antes de realizar a compra.

8. Prazo de entrega:
Muitas vezes, equipamentos adquiridos direto da fábrica são mais baratos, porém o prazo de entrega é maior. Analisar essa relação antes da tomada de decisão.

9. Aspectos ergonômicos:
O equipamento deve oferecer conforto ao funcionário na sua utilização. Altura, profundidade, profundidade das cubas, ruído, deslocamento sobre rodas, facilidade de higienização são pontos a considerar.

10. Facilidade de manuseio e higienização:
Apresentar facilidade de desmontagem e montagem, peças inteiras, fiação protegida, dispor de travas de segurança, termostato quando necessário, permitindo a correta higienização e segurança do funcionário.

4. Dimensionamento e tipos de equipamentos

O dimensionamento de equipamento de uma UAN dependerá de alguns fatores, como: número de refeições, volume de produção, per capita de consumo, tempo de produção total e picos da produção, o tipo de cocção e o tempo disponível para produção, padrão dos cardápios, tipos de gêneros alimentícios utilizados, utilização de alimentos pré-processados, sistemas de distribuição, quantidade e qualidade dos funcionários, a capacidade máxima de atendimento aos clientes por horários, capacidade financeira para investir na aquisição desse bem, entre outros. Por essas razões, as reais necessidades de cada unidade variam, e cada caso deve ser analisado na sua particularidade.

A realização de um fluxograma das operações, agrupar as preparações conforme a similaridade das etapas, número de equipamentos utilizados em cada preparação e tempo de preparo são facilitadores para uma melhor organização e dimensionamento dos equipamentos.

Entretanto, a título de sugestão, será apresentada uma relação dos principais equipamentos que devem compor as áreas da UAN para refeição em indústria e de médio porte.

4.1 Área de Recepção de Mercadorias

É uma área externa à cozinha, onde as mercadorias são entregues pelos fornecedores, descarregados, conferidas quanto à qualidade do produto, temperatura e quantidade solicitada e conferência de notas fiscais. Nesse local, é realizada uma pré-seleção dos alimentos, transferência dos produtos do recipiente do fornecedor para os recipientes próprios da UAN. Principais equipamentos:

1. **Balança tipo Plataforma**
   Disponíveis nos modelos mecânicos e eletrônicos fabricados em ferro ou aço inox. As de aço inox e eletrônicas apresentam maior precisão, entretanto requerem maior cuidado no uso. Estão disponíveis nas capacidades de 100, 200, 300, 500, 700, 1.000 ou 1.500kg.

Figura 1 – Balança digital – capacidade 500kg
Fonte: https://www.balancasfilizola.com.br. Acesso em: 10 jan. 2018.

Figura 2 – Balança Mecânica – capacidade 500Kg
Fonte: https://www.balancasfilizola.com.br. Acesso em: 10 jan. 2018.

2. Balança de Mesa
   Estão disponíveis no mercado as do tipo leque, que são mecânicas, e as eletrônicas, que, como já foi referido, são mais precisas, mas requerem maior cuidado no manuseio. Ambos os tipos podem ser adquiridos nas capacidades de 5, 10, 15, 20 ou 25kg.

Figura 3 – Balança digital de mesa – capacidade 15kg

Fonte: https://www.balancasfilizola.com.br. Acesso em: 10 jan. 2018.

3. Termômetro
   Os termômetros para utilização em ambientes de manipulação de alimentos estão disponíveis em diversos modelos e materiais. Com haste de penetração em inox, resistente à água e a laser.

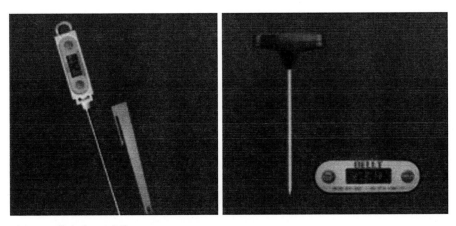

Figura 4 – termômetro digital portátil

Fonte: https://www.dellt.com.br/. Acesso em: 10 jan. 2018.

4. Bancadas

Fabricadas sob medida, totalmente em aço inox, ou estrutura em ferro galvanizado e tampo em aço. Servem para apoio a equipamentos menores, como balanças e mercadorias durante a contagem ou pesagem, antes de serem armazenadas nos locais adequados.

Figura 5 – Bancada em aço inox, com duas prateleiras e pés ajustáveis, garantindo segurança e estabilidade

Fonte: https://mesulinox.com.br/wp/bancadas-de-inox-para-cozinha/. Acesso em: 10 jan. 2018.

5. Bancada com duas cubas

Fabricada sob medida em aço inox, possuindo uma ou duas pias acopladas, para a higiene de produtos. É importante ter orifício na bancada para eliminar os detritos.

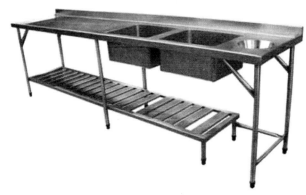

Figura 6 – bancada com duas cubas em aço inox

Fonte: http://www.nobreinox.com.br/mesa-inox-cozinha-industrial. Acesso em: 10 jan. 2018.

6. Pia para higiene das mãos

Junto a esta, deverá ser instalado: porta papel toalha; recipiente dosador de sabonete e sanitizante; torneira com acionamento não manual (sensor térmico, pedal, cotovelo ou joelho).

Figura 7 – Pia para higiene de mãos em aço inox

Fonte: http://www.coldkit.com/en/cat/markets-cat-en/. Acesso em: 10 jan. 2018.

7. Carro tanque em inox para higienização de recipientes e estrados

Figura 8 – Carro tanque – em aço inox, com rodízios

Fonte: http://www.cozil.com.br. Acesso em: 10 jan. 2018.

8. Carro tipo Plataforma ou Chassi
   Servem para o transporte de mercadorias, caixarias e monoblocos. Devem ser fabricados de preferência em inox ou ferro galvanizado ou aço pintado, com capacidade para 100, 200, 300, 500 ou 600kg.

Figura 9 – carro tipo plataforma

Fonte: http://www.cozil.com.br/16-carros. Acesso em: 10 jan. 2018.

Figura 10 – carro tipo chassi

Fonte: http://www.cozil.com.br/16-carros. Acesso em: 10 jan. 2018.

9. Carro Porta Detritos
Revestido em inox, com tampa acionada por pedal, capacidade para 25, 50 ou 80l.

Figura 11 – Carro para detritos – em aço inox, com rodízios e pedal para acionar a tampa

Fonte: http://www.cozil.com.br/16-carros. Acesso em: 10 jan. 2018.

10. Caixa Plástica Fenestrada (monobloco)
Em polietileno de alta densidade, reforçada, empilhável, cor branca, com frestas laterais, nas dimensões de 0,17m x 0,36m x 0,56m (38l); 0,31m x 0,36m x 0,56m (49l) ou 0,40m x 0,49m x 0,59m (100l): para cada 25 a 50 refeições diárias, o indicado é uma unidade, dependendo da periodicidade de entrega e estilo do cardápio.

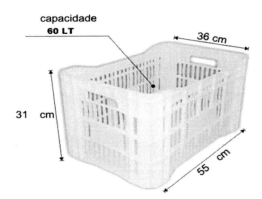

Figura 12 – Caixa Plástica Branca para armazenamento de vegetais

Fonte: http://www.dimovesc.com.br/moveis-de-plastico/caixa-agricola/. Acesso em: 10 jan. 2018.

11. Caixa Plástica Fechada com Tampa
Própria para armazenamento de carnes congeladas, fabricada em polietileno de alta densidade, reforçada, empilhável, com tampa, cor branca.

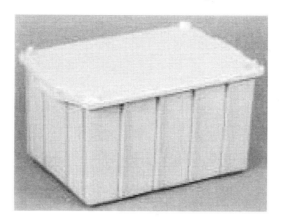

Figura 13 – Caixa Plástica Branca com Tampa

Fonte: http://www.alternativacoletores.com.br/produtos-hoteleiros/caixa-plastica-marfinite-1014-com-tampa-28l. Acesso em: 10 jan. 2018.

12. Caixas Plásticas (monobloco)
Em polietileno de alta densidade, reforçada, empilhável, sem tampa, cor branca, dimensões de 0,17m x 0,36m x 0,56m (38l); 0,31m x 0,36m x 0,56m (49l) ou 0,40m x 0,49m x 0,59m (100l).

Figura 14 – Caixa Plástica Branca sem tampa para produtos frigoríficos

Fonte: http://www.maringaplasticos.com.br/loja/productimage.php?product_id=1033Strados. Acesso em: 10 jan. 2018.

13. Pallet Estrado Plástico Modular

Disponível em diversos modelos e cores, possui encaixe macho e fêmea, que permite uma fácil montagem e desmontagem. Utilizado para acomodar caixas de produtos, latas e, principalmente, o armazenamento das caixas monoblocos.

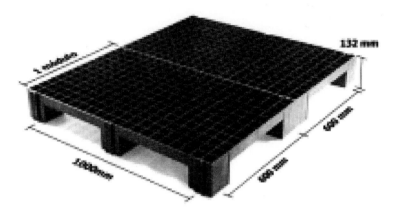

Figura 15 – Estrados de plástico modular

Fonte: http://www.maisplastico.com.br/produtos/73921/pallet-estrado-plastico-modular. Acesso em: 10 jan. 2018.

14. Mangueira com jato d'água com pressão

Utilizado para a lavagem de caixas, chão, plataforma, principalmente após o recebimento de mercadorias.

Figura 15 – Esguicho em alumínio tipo gatilho para adaptar em mangueiras

Fonte: https://produto.mercadolivre.com.br/MLB-856513914-esguicho-pistola-metalico-p-mangueira-jardim--12-pol-_JM. Acesso em: 10 jan. 2018.

15. Pontos de Água Quente e Fria

Necessários para a higienização dos materiais e do ambiente.

16. Bebedouros

Próprio para locais com grande fluxo de pessoas, como cozinhas, a instalação desse equipamento promove o bem-estar dos funcionários. Acionamento elétrico por meio de botões. Atende ambientes de até 40 pessoas. Refrigeração por compressor, econômico e silencioso.

Figura 16 – Bebedouro de pressão em coluna

Fonte: http://www.centermaqjf.com.br/loja/product_info.php?products_id=596. Acesso em: 10 jan. 2018.

17. Extintor de incêndios

A quantidade de extintores a serem instalados dependerá do tamanho da área e do risco. Importante ter um plano realizado com auxílio da Equipe de Segurança do Trabalho e/ou Engenheiros de Segurança.

4.2 Área de Armazenamento de Mercadoria

Essa área destina-se à estocagem de material perecível, não perecível e de higiene. O ideal é que essa área possa contar com, pelo menos, três subáreas: controle, estoque seco e refrigerado.

4.2.1 Controle

Nessa área, há a previsão de, pelo menos, um funcionário para exercer a função de estoquista ou outra nomenclatura semelhante, responsável pelos registros e controles do material e gêneros alimentícios que ficam estocados nesse local. Para melhor exercer essa função, esse ou esses funcionários irão utilizar os seguintes materiais:

1. **calculadora de mão e de mesa;**

2. arquivos com gavetas;

3. mesa de escritório;

4. cadeiras;

5. prancheta;

6. telefone;
7. computador;
8. impressora.

4.2.2 Armazenamento de Produtos não Perecíveis

Essa área é também identificada como área de Estocagem de Material e de Alimentos Secos. Em uma UAN de médio e grande porte, requer subdivisões de pelo menos três subáreas distintas: uma destinada ao armazenamento exclusivo de alimentos não perecíveis, outra para os materiais e outra para os produtos de limpeza. Nas UANs de pequeno porte, muitas vezes todo o material e alimentos secos ficam estocados num mesmo ambiente, porém requer uma separação física por meio de balcões e/ou prateiras e os materiais de limpeza ficam armazenados em armários com portas. Essa área deverá ter conexão com a área de recepção de mercadoria, com a área de estocagem de material perecível e com a área de produção, mantendo o fluxo de mercadorias. Cada subárea deverá contar com os seguintes equipamentos e materiais:

1. **Estrado em polietileno de alta resistência**
   Esse material já foi descrito no item 4.1 deste capítulo. Destina-se a acomodar a mercadoria de forma transitória, já que estas deverão ficar acondicionadas em prateleiras ou estrados com altura de 0,4m.

2. Prateleiras
   De acordo com a RDC 216/2004, item 4.7.6,

   > As matérias-primas, os ingredientes e as embalagens devem ser armazenados sobre paletes, estrados e ou prateleiras, respeitando-se o espaçamento mínimo necessário para garantir adequada ventilação, limpeza e, quando for o caso, desinfecção do local. Os paletes, estrados e ou prateleiras devem ser de material liso, resistente, impermeável e lavável.

As prateleiras em aço inox são produtos duradouros, são resistentes à corrosão e à ação da ferrugem, e auxiliam na praticidade da limpeza e na certeza de uma perfeita higienização. Entretanto as de aço inox pintadas e em ferro galvanizado também podem ser utilizadas. Há no mercado prontas em tamanhos padrão, ou podem ser confeccionadas sob medida.

Figura 17 – Prateleira em aço inox, com três planos, vazadas
Fonte: http://www.nobreinox.com.br/prateleiras-aco-inox. Acesso em: 13 jan. 2018.

Figura 18 – Prateleira em aço inox, com planos em plástico resistente na cor branca. Sob o plástico (indicadas para área de higienização, cocção e câmaras)
Fonte: http://paequipamentos.com.br/estantes-em-aco-inox-para-cozinha-industrial. Acesso em: 13 jan. 2017.

Figura 19 – Prateleira em aço inox pintado

Fonte: https://www.liderequipamento.com.br/estante-de-aco-com-4-prateleiras-1-40x50x1-80-pintada-imeca/. Acesso em: 13 jan. 2018.

3. Bancadas.
   Para essa área, é recomendado prover pelo menos uma bancada que servirá de apoio de mercadorias. Ver Figura 5 do item 4.1.

4. Escada em alumínio ou aço inox ou ferro galvanizado, com degraus antiderrapantes ou borracha do tipo dobrável e plataforma.

Figura 20 – Escada tipo plataforma de alta resistência

Fonte: https://mesulinox.com.br/wp/escada-plataforma-em-aco-inox/. Acesso em: 13 jan. 2018.

5. Podem ser previstos um ou dois armários, de preferência em inox ou aço pintado, especialmente para casos de UAN de pequeno porte, para a guarda de material específico, como os de limpeza, quando não há previsão de três áreas distintas.

Figura 21 – Armário em aço, com prateleiras e pés reguláveis
Fonte: http://www.abcsteel.com.br/armario-aco-inox-cozinha-industrial. Acesso em: 13 jan. 2018.

6. Extintor de incêndios:
A quantidade de extintores a serem instalados dependerá do tamanho da área e do risco. Importante ter um plano realizado com auxílio da Equipe de Segurança do Trabalho e/ou Engenheiros de Segurança.

7. Bebedouro
Em unidades pequenas, não há necessidade de um em cada área. Poderá ser instalado um para atender a área de recebimento e estoque/armazenamento. Caso seja necessário, verificar o indicado na Figura 16, item 4.1.

4.2.3 Armazenamento de Produtos Perecíveis

Essa área é também identificada como Área de Estocagem Fria, onde se trabalha com alimentos que requerem rigoroso controle de temperatura e umidade.

Para armazenagem das diferentes categorias de alimentos in natura, pré-preparados e prontos para o consumo, recomenda-se a utilização de diferentes instalações e/ou equipamentos refrigerados, como refrigeradores e freezers, para casos de UANs de pequeno porte.

Essa área deverá manter acesso com: a área de estoque seco ou de recebimento de mercadorias, e a área de produção de refeição, mantendo o fluxo das mercadorias. Para uma UAN de médio e grande porte, o recomendável é dispor das seguintes áreas: antecâmaras, câmara fria para o estoque de carnes/peixes/frangos, câmara fria para o estoque de laticínios e ovos, câmara fria para o estoque de produtos prontos para o consumo e pré-preparados, câmara fria para estoque de vegetais e frutas, e, ainda, câmara de Congelamento.

<u>Antecâmara:</u>

Essa área, localizada entre as câmaras e o estoque, serve de segurança para a preservação da temperatura das câmaras e adaptação de temperatura dos alimentos entre a temperatura ambiente e a refrigerada. Essa área deverá dispor dos seguintes materiais e equipamentos:

1. **Bancada em inox, para apoio de produtos. Semelhante ao indicado na Figura 5 do item 4.1.**

2. Gancho para pendurar os equipamentos de proteção individual (japonas).

3. Estrado em polietileno de alta resistência. Semelhante ao indicado na Figura 15, item 4.1.

4. Ponto de água fria e quente, com mangueira e esguicho e pressão.

5. Termômetro:

<u>Para alimentos</u> – semelhantes aos indicados na Figura 4 do item 4.1, com haste de penetração, em inox, resistente à água ou a laser, conforme figura a seguir:

Figura 22 – Termômetro Laser com sensor medidor de temperatura digital à distância. Faixa de temperatura: -50 a 380 ºC
Fonte: https://www.americanas.com.br/produto/9912605/termometro. Acesso em: 13 jan. 2018.

<u>Para ambientes</u> – com duplo indicador de temperatura, com possibilidade de medição em até dois ambientes simultaneamente, com memória de temperatura mínima e máxima e alarme sonoro configurável, ideal para monitoração de salas controladas, geladeiras de alimentos.

Figura 23 – Termômetro indicador de temperatura ambiente
Fonte: https://www.dellt.com.br/. Acesso em: 13 jan. 2018.

Câmaras

Devem ser construídas sob medida no próprio local, ou moduladas na fábrica e montadas na UAN. Podem ser construídas totalmente em aço inox, ou aço pintado ou aço galvanizado, ou ainda, a externa em aço inox e a interna em aço galvanizado ou pintado. Devem estar equipadas com: controlador eletrônico digital com indicador de temperatura e degelo automático; interruptores de segurança; portas com dispositivo de abertura de segurança, permitindo a abertura de dentro para fora; alarmes de segurança; cortinas de ar ou plásticas para impedir a perda de temperatura durante a abertura da porta. Recomenda-se, ainda, não possuir ralos internamente e o piso ser do mesmo nível do piso externo.

Para casos de UANs de pequeno porte, estão disponíveis no mercado câmaras em tamanho padrão prontas para uso.

a. Câmara fria para estoque de carnes/peixes/frangos
   Utilizada para peças resfriadas, pré-preparadas e para o descongelamento.
   As temperaturas indicadas são de -2 ºC a 2 ºC.

b. Câmara fria para estoque de laticínios e ovos.
   As embalagens de leite e dos derivados e os ovos devem ser lavados antes de serem armazenados na câmara, bem como não utilizar o recipiente oriundo da parte externa da UAN.
   As temperaturas indicadas são de 4 ºC a 6 ºC.

c. Câmara fria para estoque de produtos prontos para o consumo e pré-preparados
   Para armazenamento de sobremesas elaboradas, fiambres, alimentos cozidos ou pré-cozidos, feijão em remolho, entre outros. Os alimentos não devem ser colocados em altas temperaturas.
   As temperaturas indicadas são de 2 ºC a 4 ºC.

d. Câmara fria para estoque de vegetais e frutas
   Tanto os vegetais folhosos, as verduras em geral como as frutas devem ser higienizadas e acondicionadas em recipientes próprios e limpos antes de ingressarem na câmara.
   As temperaturas indicadas são de 6 ºC a 8 ºC.

e. Câmara de congelamento
   Higienizar as embalagens de origem externa, como as diretamente do fornecedor, e não colocar caixas de papelão e madeiras na câmara.
   As temperaturas indicadas são de -18 ºC.

Cada câmara deve ser composta por:

1. Estrados

Figura 24 – Estrado em polietileno de alta resistência na cor branca
Fonte: http://www.maisplastico.com.br/. Acesso em: 13 jan. 2018.

2. Prateleiras
As prateleiras devem ser em aço inox, ou plástico ou aço galvanizado com três a seis planos. Seguir a indicação da Fig.18, item 4.2.2.

A título de ilustração, segue modelo de câmara elaborada sob medida:

3. Câmara modulada

Figura 25 – Câmara modular
Fonte: http://www.eos.com.br/camaras-frias/. Acesso em: 20 jan. 2018.

Para UANs de pequeno porte onde não há possibilidade da instalação das quatro câmaras, os alimentos perecíveis podem ser armazenados em minicâmaras, freezers e refrigeradores, como segue.

4. Câmaras fabricadas

Figura 25 – Minicâmara Refrigerada – Fechada
Fonte: https://www.narcel.com.br/. Acesso em: 20 jan. 2018.

Figura 26 – Minicâmara – aberta

Fonte: http://www.cozil.com.br/linha-premium/281-mini-camara-vertical.html. Acesso em: 20 jan. 2018.

5. Refrigeradores industriais

Fabricados em aço inox ou aço pintado, há disponíveis no mercado com uma, duas, quatro, seis ou oito portas, sendo que estas podem ser em vidro com capacidade para 400, 800 ou 1.200l, ou conforme a necessidade, pois podem ser fabricadas sob medida. Devem dispor de controlador eletrônico de temperatura variando entre 2 e 8 °C. Recomendado estar sobre rodízios para facilitar a higienização.

Figura 26 – Refrigerador vertical em aço inox

Fonte: http://www.vinhedosequipamentos.com.br/produto/Cozinha-industrial. Acesso em: 20 jan. 2018.

Figura 27 – Refrigerador vertical, porta de vidro
Fonte: http://www.metalfrio.com.br/site/brasil. Acesso em: 20 jan. 2018.

Figura 28 – Refrigerador horizontal com gaveta
Fonte: http://www.cozil.com.br/linha-premium/277-refrigerador-horizontal-com-gaveta.html. Acesso em: 20 jan. 2018.

6. Freezer

Freezers construídos em aço inox ou aço pintado, verticais ou horizontais em capacidades variadas de 210, 310, 410 e 510l. Recomendado estar sobre rodízios para facilitar a higienização.

Figura 29 – freezer vertical – branco

Fonte: http://www.vinhedosequipamentos.com.br/produto/Cozinha-industrial. Acesso em: 20 jan. 2018.

4.3 Área de pré-preparo de alimentos

As áreas de pré-preparo de alimentos podem variar de tamanho, número e quantidade de equipamentos e materiais de apoio, de acordo com os fatores já elencados no item 4 deste capítulo. Para UANs de médio e grande porte, como está sendo demonstrado, é recomendável que haja pelo menos cinco áreas: uma área de pré-preparo de carnes/peixes/frango; uma de pré-preparo de vegetais e preparo de saladas; uma para pré-preparo de guarnições; uma para pré-preparo e preparo de sobremesas e confeitaria, e outra para o preparo de lanches e bebidas. Em UANs de pequeno porte, algumas dessas áreas podem ser aglutinadas e, nesses casos, será necessária maior atenção para o fluxograma dos processos de trabalho.

Alguns equipamentos e materiais de apoio são comuns a todas as cinco áreas referidas, como: bancada de apoio; bancada com duas cubas; prateleiras com três a quatro divisórias, carro de transporte de mercadoria, carro para detritos de alimentos, pia para higiene de mãos, tábuas de polietileno coloridas, pontos de água quente e fria, bebedouro, extintores de incêndio, termômetro de alimento, termômetro para ambientes, como segue:

1. **Bancada de apoio:**
   Seguir o recomendado na Figura 5, item 4.1.

2. Bancada com duas cubas:
   Seguir o recomendado na Figura 6, item 4.1.

3. Prateleiras com três a quatro divisórias com rodízios:
   Seguir o recomendado na Figura 17, item 4.2.2.

4. Carro auxiliar para transporte de mercadoria.

CARXL-2P

Figura 30 – Carro plataforma lisa em aço inox, com rodízios reforçados, capacidade de 150 kg

Fonte: http://www.cozil.com.br/carros/147-carro-auxiliar.html. Acesso em: 13 jan. 2018.

5. Carro porta detritos:
   Seguir o recomendado na Figura 11, item 4.1.

6. Tábuas de Corte de polietileno coloridas:
   Tábuas retangulares de corte em polietileno para uso em cozinhas industriais permitem que seja mantida a organização e reduzem a contaminação, estabelecendo uma cor para cada tipo de alimento.

Figura 31 – Tábuas de Corte de polietileno coloridas

Fonte: http://www.plastireal.com.br/produtos/cozinha-profissional/tabua-corte-polietileno-1. Acesso em: 13 jan. 2018.

7. Bandejas Plásticas Brancas

    Fabricadas com material resistente e impermeável para facilitar a higienização e desinfecção, são utilizadas para armazenar os alimentos pré-processados. Disponíveis em diversos tamanhos, de cinco a 18 litros.

Figura 32 – Bandeja Branca – 11,5l

Fonte: http://www.maringaplasticos.com.br/loja/products. Acesso em: 13 jan. 2018.

8. Pontos de água quente e fria

9. Bebedouro:

    Não há necessidade de ser instalado um bebedouro para cada área de pré-preparo. Conforme o tamanho das áreas e o número de funcionários, poderá ser instalado um para atender mais de uma área.

    Seguir o recomendado na Figura 16, item 4.1.

10. Extintor de incêndio:

    A quantidade de extintores a serem instalados dependerá do tamanho da área e do risco. Importante ter um plano realizado com auxílio da Equipe de Segurança do Trabalho e/ou Engenheiros de Segurança.

11. Termômetro para Alimentos:

    Seguir ao recomendado na Figura 22, item 4.2.3.

12. Termômetro para ambientes:

    Seguir o recomendado na Figura 23, item 4.1.

Serão apresentados a seguir os equipamentos e materiais de apoio necessários, especificamente para cada área, além das comuns a todas as apresentadas anteriormente.

4.3.1 Pré-Preparo de carnes/peixes/frango

No pré-preparo de carnes, peixes e frangos, a finalidade principal é de preparar as peças, higienizar, retirada de excessos, como gorduras ou tecido conjuntivo, o fatiamento, aplicação de temperos para marinar ou repousar, além de processos como empanar ou rechear. Segundo a legislação vigente, é recomendado que o ambiente de pré-preparo desses alimentos possua climatização de 12 ºC a 18 ºC, podendo ser por uso de equipamentos de ar refrigerado. Tais equipamentos requerem manutenção preventiva constante.

Para a realização adequada do pré-preparo dessa área, além das já apresentadas, deverá possuir moedor/picador de carnes e amaciador de bifes. Cabe ressaltar que se a UAN trabalha com a compra de carnes já fatiadas, picadas, moídas e bifes já cortados e amaciados, não haverá necessidade de aquisição desses equipamentos.

1. **Moedor/Picador de Carnes**
   Fabricado em aço inox ou aço pintado, disponível em diversos tamanhos. Possui diversas peças que, ao adaptadas ao aparelho, realizam diversos tipos de picados, do mais grosso ao mais fino.

Figura 33 – Picador de carne

Fonte: https://www.narcel.com.br/. Acesso em: 13 jan. 2018.

2. Amaciador de Bifes
   Fabricado em aço inox ou aço pintado, disponível em diversos tamanhos.

Figura 34 – Amaciador de carnes

Fonte: https://www.narcel.com.br/. Acesso em: 20 jan. 2018.

4.3.2 Pré-Preparo de Vegetais e Saladas

Área destinada à seleção, higienização, descascamento, fatiamentos, cortes, temperos de hortaliças em geral e frutas, bem como a montagem em bandejas próprias para o setor de distribuição de refeição.

O ambiente necessita de climatização, além da separação entre as áreas de higienização de hortaliças e frutas; em UAN de grande porte, a separação dessas áreas é mais adequada. Cabe considerar que muitas UANs adquirem os vegetais já descascados e fatiados, o que reduz significativamente o tamanho da área e a quantidade de equipamentos.

1. **Bancada com Cuba com Fundo Falso para higienização de verduras ou Carro com Fundo Falso**
   Fabricada em inox, a cuba deverá ser grande e profunda e possuir um fundo falso removível, perfurado, também em inox, para a pré-higienização de vegetais. O fundo falso permite que durante a lavagem os resíduos se acumulem no fundo da cuba sob o fundo falso, facilitando a higienização dos vegetais.

Figura 35 – Cuba para remolho de vegetais

Fonte: http://www.cozil.com.br/16-carros. Acesso em: 13 jan. 2018.

2. Descascador de Legumes

Disponível no mercado em aço inox, aço pintado ou alumínio e em diversos tamanhos e potências. Muito utilizado para descascar batatas, porém podem ser descascadas cenoura, beterraba, entre outros.

Figura 36 – Descascador de Legumes Industrial Alumínio 1kg

Fonte: https://www.skymsen.com.br/produtos-categoria.php?familia=43. Acesso em: 20 jan. 2018.

3. Processador de Alimentos

Equipamento fabricado em aço inox, em diversos tamanhos e capacidade, apresenta grande produtividade no preparo de legumes, frutas, folhas verdes, queijos, chocolate, castanhas, entre outros alimentos. Possuem diversos acessórios que realizam diversos tipos de cortes, como: cortar em cubos ou palito, fatiar e ralar. Deve possuir trava de segurança.

Figura 37 – Processador de Alimentos
Fonte: http://hobart.itwfeg.com.br/produtos/pre-preparo. Acesso em: 20 jan. 2018.

4.3.3 Pré-preparo de guarnições:

Área destinada à seleção, higienização de leguminosas, arroz e vegetais que serão utilizados como guarnição. Essa área também poderá servir como auxiliar para a área de cocção em casos de preparo de alimentos que necessitam de maior espaço e bancadas, como ocorre na montagem de lasanhas, pastéis, panquecas, corte de polenta para frituras, entre outras.

Dos equipamentos indicados para essa área, recomenda-se um carro para remolho de feijão.

1. **Carro Basculante para Lavagem e Transporte de Cereais**
   Esse carro tem fabricação em inox, material que permite adequada higienização, possui sistema de cuba tipo báscula (move-se sobre um eixo, facilitando a retirada do alimento de seu interior) com peneira em aço inoxidável, permitindo a lavagem e retirada da água de remolho dos cereais. Possui rodas e freios, o que facilita o transporte até a câmara fria e o retorno desta até a área de cocção.

Figura 37 – Carro Basculante Lavagem e Transporte de Cereais
Fonte: http://www.cozil.com.br/carros/153-carro-basculante-lavagem-e-transporte.html. Acesso em: 20 jan. 2018.

4.3.4 Pré-preparo e preparo de sobremesas e confeitaria

Essa área é recomendável ser a mais próxima possível da área de cocção, para utilizar os fogões para o preparo de sobremesas que necessitem de calor, preparo de recheios e coberturas e assar bolos. O envase das sobremesas em potes descartáveis ou de outro material é realizado nessa área. Os equipamentos específicos dessa área são:

1. **Batedeira Planetária**
Fabricado em material resistente, como aço, esse equipamento apresenta versatilidade e é de fácil e segura operação, além de permitir boa condição de higiene. Permite bater sobremesas em geral, bolos e pães.

Figura 38 – Batedeira Planetária

Fonte: http://hobart.itwfeg.com.br/produtos/pre-preparo. Acesso em: 20 jan. 2018.

2. Liquidificador Industrial
Fabricado em material resistente, como aço inox, há diversos modelos, capacidades disponíveis no mercado. Possibilita a preparação de massas leves, molhos, maioneses, sopas, cremes, sucos de frutas, vitaminas etc.

Figura 39 – Liquidificador Industrial

Fonte: https://www.skymsen.com.br/produtos. Acesso em: 20 jan. 2018.

4.3.5 Preparo de lanches e bebidas

Nessa área, são preparados os lanches e bebidas para desjejum, lanches da manhã e/ou tarde, lanche noturno, entre outros.

Os equipamentos específicos são:

1. **Cortadores de Fiambres e Queijos**
   Fabricado com material resistente, como o aço, está disponível no mercado em diversos modelos e capacidade, manual ou elétrico. É um equipamento muito útil para essa área, principalmente quando a UAN não adquire esses produtos já fatiados; caso contrário, o equipamento é totalmente descartável.

Figura 40 – Cortadores de Frios
Fonte: http://hobart.itwfeg.com.br/. Acesso em: 21 jan. 2018.

2. Cafeteira Elétrica

Figura 41 – Cafeteira Elétrica
Fonte: https://www.narcel.com.br/produto/552-cafeteira-eletrica-10l. Acesso em: 21 jan. 2018.

3. Extrator de Suco

Equipamento produzido em aço inox ou alumínio, para espremer laranjas e castanha pequena, espremer limões; deve ser equipado com chave liga e desliga e trava de segurança para garantir a segurança. Normalmente, as UANs distribuem sucos no restaurante juntamente com as refeições para os clientes, nesse caso, o local de distribuição de refeição será equipado com equipamento de maior capacidade, como as refresqueiras.

Figura 42 – Extrator de Suco

Fonte: https://www.skymsen.com.br/produtos. Acesso em: 21 jan. 2018.

4.4 Área de cocção

A área de cocção é onde ocorre o cozimento dos alimentos pelas variadas técnicas empregadas. Cocção é o processo pelo qual se aplica calor ao alimento, a fim de modificar a estrutura, alterar ou acentuar o sabor ou torná-lo adequado à digestão. O calor é o princípio básico utilizado na cocção de alimentos. Pode ser direto ou indireto e gerado a partir de diversas fontes, entre elas gás, eletricidade, ondas eletromagnéticas, radiação solar etc. Os meios comumente utilizados para o cozimento dos alimentos são: água, gordura e ar seco ou úmido.

As formas de transmissão de calor são: condução, convecção e radiação:

1. **Condução (transmissão direta). É a propagação do calor, do exterior para o interior, numa superfície sólida.**
   Técnicas de cozinha por meio do contato direto, nesse caso, do alimento com o calor. Esse é o meio mais lento de transmissão de calor. Existem diversos materiais condutores. A água conduz calor melhor do que o ar. Metais como o cobre, ferro, aço e alumínio são ótimos condutores. O calor aquece a superfície de metal e a partir do contato nela se cozinha o alimento.

2. Convecção (transferência de calor a partir de um fluido líquido ou gasoso). É um método pelo qual as moléculas de um fluido, líquido ou gasoso movem-se de uma área mais quente para uma mais fria. A convecção pode ser natural ou artificial.

   • Natural – o movimento das moléculas do fluido acaba por movimentar também as moléculas do alimento. As moléculas quentes sobem e as frias descem, provocando uma movimentação contínua e circular, que faz o alimento se aquecer. Um exemplo prático: a água em ebulição no cozimento de uma batata ou o ar quente assando um bolo.

- Artificial – uso de recursos artificiais para acelerar a movimentação do meio líquido ou gasoso a fim de promover uma maior agitação das moléculas. Um exemplo prático: fornos com circulação de ar.

3. Radiação (a energia é transferida por ondas de luz ou calor) É um processo que dispensa o contato direto do alimento com a fonte de calor, já que a transmissão se dá por meio de ondas. Há basicamente dois tipos de radiação: por raios infravermelhos e por micro-ondas.

  - Infravermelhos – consiste no aquecimento de materiais com alta retenção de calor a altas temperaturas, fazendo com que o calor se solte em ondas e cozinhe os alimentos. Um exemplo prático: um pão na torradeira ou um prato sendo gratinado na salamandra.

  - Micro-ondas – se dá por meio da radiação de ondas geradas pelo forno micro-ondas que aquecem as partículas de água presentes no alimento. A velocidade de cocção é muito alta, pois a radiação atinge todo o alimento e aquece de uma vez só todas as partículas de água. Materiais como papel, plásticos, cerâmica e porcelana não são afetados pelo micro-ondas, já que não contêm água na sua composição.

As áreas de cocção foram se tornando, com a evolução e com o avanço das tecnologias empregadas na fabricação desses equipamentos, mais condensadas e funcionais, promovendo maior conforto aos funcionários. É recomendável o uso de equipamentos modulares, em função da disposição em forma de "ilha", otimizando o espaço e o tempo dos funcionários. Os mais utilizados, considerando o padrão de médio porte até aqui utilizado, são:

1. **Bancada em inox para apoio das atividades desenvolvidas na área de cocção. Deve ser localizada perto dos fogões, caldeirões, frigideiras, fritadeiras e fornos, junto à parede. Seguir a recomendada na Figura 5, item 4.1.**

2. Bancada em inox com duas cubas em inox.
   Seguir a recomendada na Figura 6, item 4.1.

3. Pia para higienização de mãos em inox.
   Seguir a recomendada na Figura 7, item 4.1.

4. Carro porta detritos, revestido de inox, com tampa acionada por pedal.
   Seguir a recomendada na Figura 11, item 4.1.

5. Carro auxiliar para transporte de mercadoria.
   Seguir a recomendada na Figura 30, item 4.3.

6. Prateleiras suspensas.
   Fabricadas em aço inox ou aço pintado, disponível em diversos modelos e tamanhos. Recomendado o modelo com estante tubular para facilitar a visualização e higienização. Podem se confeccionadas sob medida, são úteis para guardar utensílios como panelas e tábuas de corte. Devem ser instaladas em altura que possibilite o conforto dos funcionários.

Figura 43 – Prateleira vazada suspensa em aço inox

Fonte: http://www.inoxval.com.br/prateleiras-inox-cozinha-industrial. Acesso em: 20 jan. 2018.

7. Fogão

Os fogões são fabricados em ferro fundido de alta resistência e aço, com a utilização de energia elétrica ou a gás, com acabamento com tinta esmaltada e anticorrosiva ou em chapas de aço inox, com quatro a oito queimadores, com prateleira inferior para apoio de utensílios. As quantidades de queimadores ("bocas") devem ser dimensionadas baseadas nos outros equipamentos de cocção disponíveis e, ainda, dos fatores até aqui utilizados, já citados no item 4 deste capítulo. Quanto maior o número de equipamentos de cocção, menor o número de queimadores necessários. Geralmente, um fogão com quatro a oito queimadores é suficiente para uma UAN de médio porte.

FGCIL-4-6D

Figura 44 – Fogão Modular a Gás

Fonte: http://www.cozil.com.br/industrial-line/78-fogao-modular-1000-a-gas.html. Acesso em: 20 jan. 2018.

8. Chapas Bifeteiras

Disponíveis em diversos modelos e materiais, a gás ou elétricas.

Figura 45 – Chapa Bifeteira a gás

Fonte: http://www.cozil.com.br/industrial-line/71-chapa-a-gas.html. Acesso em: 20 jan. 2018.

9. A frigideira do tipo basculante

Fabricada com a estrutura em ferro fundido, bico vazador e revestimento de inox, aquecimento a gás ou elétrico, regulado por termostato, com capacidade para 20, 40, 60 ou 100 litros.

Figura 46 – Frigideira basculante elétrica

Fonte: http://www.inecom.com.br/portfolio-items/frigideira-basculante-eletrica/. Acesso em: 20 jan. 2018.

10. Banho-Maria

Equipamento formado por um tanque com água aquecida. É importante para compor a cozinha, uma vez que serve para manter quentes ou em cozimento lento molhos, caldos, sopas e diversas preparações.

Figura 47 – Banho-maria elétrico

Fonte: http://www.cozil.com.br/industrial-line/61-banho-maria-eletrico.html. Acesso em: 20 jan. 2018.

11. Caldeirão ou panelão

Fabricado em inox, deve ser equipado com válvulas de segurança, manômetro, controle de nível e torneiras para a entrada e escoamento de água, os modelos têm capacidade de 50, 100, 200, 250, 300, 400 ou 500 litros. Esses modelos podem ser autoclavados ou americanos; a gás autogerador de vapor ou vapor direto de caldeira.

Para dimensionar os panelões e caldeirões, sugere-se seguir os cálculos apresentados pelo Eng. Antônio Romão da Silva Filho, segundo o qual se deve considerar a densidade aparente dos alimentos e das preparações que serão produzidas. Essa informação será útil para calcular o volume ocupado pelos alimentos e a capacidade necessária para alguns equipamentos.

Esse processo é feito em etapas:

1. **Calcular a quantidade de alimento cru a ser preparada. QT = PC (desempenho físico dos clientes) x MNR (número máximo de refeições).**

2. Determinar em quantas etapas será a cocção de todo o alimento e a quantidade de alimento cru a ser preparado por etapa. Quantidade de alimento por etapa = QT/número de etapas.

3. Determinar o número de caldeirões necessários para uma etapa. Número de caldeirões = quantidade de alimento cru por etapa / capacidade máxima de um caldeirão.

4. Determinar o volume ocupado pelo alimento cozido em cada caldeirão. D (aparente) = massa do alimento / volume ocupado por este.

5. Calcular o volume dos caldeirões. Volume do caldeirão = (0,5 x volume do alimento cru) + (o volume de água a ser adicionada x o volume do alimento cru) x 1,1 (a camada para evaporação) + água de evaporação (volume(L)/horas).

Exemplo de dimensionamento de caldeirão para o preparo de feijão

Deve-se considerar que o fator de cocção do feijão com caldo é aproximadamente seis partes (uma parte de feijão + duas partes de água incorporada aos grãos + três partes de água para diluição ou caldo).

O mais importante é que a capacidade do caldeirão seja suficiente para cozinhar o feijão envolto de água. Baseia-se que o tempo médio para cozinhar feijão (depois de temperar) em uma UAN é de 3,5h para feijão novo ou com maior % de umidade, e de 5,5h para feijão velho ou com menor % de umidade.

Figura 48 – Caldeirão Modular a gás

Fonte: http://www.cozil.com.br/18-industrial-line. Acesso em: 20 jan. 2018.

12. Fritadeira

Fabricada em aço inox, o mercado apresenta diversos fabricantes e modelos com tanque em aço inoxidável com capacidade para diversos volumes de óleo, com zona fria, aquecimento por meio de queimadores, cuba com um, dois ou três cestos, termostato de acionamento. Deve dispor de painel frontal para controle de temperatura de trabalho e pés com ajuste de nivelamento de altura.

Figura 49 – Fritadeira Elétrica

Fonte: http://www.inecom.com.br/portfolio-items/fritadeira-a-gas-2/. Acesso em: 19 jan. 2018.

13. Forno

Disponível no mercado em diversos modelos, como:

- Forno convencional, aquecido a gás ou elétrico, produz calor seco, com revestimento externo em inox, acabamento interno esmaltado a fogo, com uma, duas ou três câmaras com capacidade para duas, quatro e seis assadeiras.

- Forno de convecção, com revestimento externo e câmara de inox, aquecimento elétrico ou a gás, produz calor seco conjuntamente com ar quente. Funcionamento automático com termostato e timer, câmara com regulagem de saída de vapores, sistema de umidificação, capacidades variadas.

- Forno combinado, com revestimento interno e externo em inox, aquecimento elétrico ou a gás, combina calor seco, ar quente e vapor. Com capacidade para 6, 10 e 20 gastronorms (GN). A combinação é controlada por um computador que recebe informações de sensores distribuídos dentro da câmara de cocção. São capazes de assar, fritar, grelhar, gratinar, aquecer sem ressecar, cozinhar em banho-maria e a vapor, com o auxílio do sistema computadorizado que o controla, além de ajustar ponto de cocção, grau de cozimento, ajuste de tempo, temperatura e umidade. E preparam diversos alimentos ao mesmo tempo, de forma mais eficiente e rápida que em forno convencional, além de possibilitar uma maior economia de energia. Possuem diversas funções, sendo as mais características: Vapor Limpo (atuando como vaporizadores), Ar Seco (como forno de convecção), Função Combinada (quando a cocção se dá de forma combinada de calor úmido e seco), Banho-Maria e Regeneração (permite que alimentos prontos ou semiprontos possam manter suas características e propriedades originais). Outra função importante desse equipamento é que ele é autolimpante, com acionamento automático e, por isso, esse forno deve estar ligado à energia elétrica, água e esgoto.

Para o dimensionamento da cozinha que estamos apresentando, o recomendável é a aquisição de pelo menos um forno combinado para 20 gastronorms.

Figura 50 – Forno combinado com 20 GN

Fonte: http://www.smartcozinhas.com.br/forno-combinado-rational.php. Acesso em: 20 jan. 2018.

14. Carros Cantoneiras

O forno combinado de 20 GN já está equipado com esse tipo de carro e as cubas gastronômicas. Entretanto, para otimizar o trabalho, recomenda-se a aquisição de pelo menos mais um carro e diversas cubas gastronômicas em diversos tamanhos e modelos.

CARGN1-11

Figura 51 – carros cantoneiras

Fonte: http://www.cozil.com.br/carros/171-carro-cantoneira.html. Acesso em: 20 jan. 2018.

15. Exaustão

As coifas exaustoras estão disponíveis em diversos modelos e tamanhos. Podem ser fabricadas sob medidas em inox ou aço galvanizado, com sistema de autolimpeza, filtros removíveis descartáveis, dutos, pingadeiras, chapéu difusor de exalação dos gases, calha coletora de gordura, e deve ser convencional ou com tratamento de poluentes.

Figura 52 – Coifa de Exaustão

Fonte: http://www.inecom.com.br/portfolio-items/coifa. Acesso em: 19 jan. 2018.

16. *Pass-through*

O *Pass Through* é um equipamento utilizado em cozinhas industriais que, como seu nome indica (passar através), permite a passagem dos alimentos prontos para o consumo, da cozinha onde foi produzido para a distribuição no restaurante ou de distribuição. Além de proporcionar estética agradável para os dois ambientes (cozinha e restaurante), ele exerce um papel protetor e conservador dos alimentos, já que serve para alimentos quentes, refrigerados e em temperatura ambiente.

Esse equipamento é dotado de corpo monobloco, com revestimento externo em aço inox e isolamento térmico. Possui duas portas, uma de cada lado, permitindo o contato com os dois ambientes e, internamente, possui divisórias, como cantoneiras em L, que acomodam os recipientes gastronorms (GNs). As portas possuem vedação com aba e imã, o que permite a manutenção da temperatura desejada em seu interior. Possui sistemas de rodízios que facilitam a higienização do local.

Disponível em diversos modelos, equipamento para alimentos quentes, equipamento para alimentos sob refrigeração e equipamento de temperatura neutra, cuja finalidade é permitir a passagem de alimentos e materiais que não necessitam nem de aquecimento e nem de refrigeração, e ainda cubas que foram esvaziadas no bufê de distribuição prontas para a reposição.

Figura 53 – *Pass-through*, aquecido e refrigerado, em inox
Fonte: http://aefequipamentos.com.br/produto/pass-through-refrigerado-aquecido/. Acesso em: 19 jan. 2018.

17. Pontos de água quente e fria;

18. Bebedouro:
    Não há necessidade de ser instalado um bebedouro para cada área. Conforme o tamanho das áreas e o número de funcionários, poderá ser instalado um para atender mais de uma área. Seguir o recomendado na Figura 16, item 4.1.

19. Extintor de incêndio:
    A quantidade de extintores a serem instalados dependerá do tamanho da área e do risco. Importante ter um plano realizado com auxílio da Equipe de Segurança do Trabalho e/ou Engenheiros de Segurança.

20. Termômetro para Alimentos:
    Seguir o recomendado na Figura 22, item 4.2.3.

21. Termômetro para ambientes:
    Seguir o recomendado na Figura 23, item 4.1.

4.5 Área de distribuição de refeições

O dimensionamento dessa área depende de fatores como:

1. **Número de funcionários a serem atendidos ao mesmo tempo;**
2. Horários de distribuição de refeições;
3. Picos de maior fluxo de funcionários;
4. Tempo em que os funcionários permanecem no restaurante.

Entretanto o objetivo da UAN é, além de oferecer alimentação adequada, segura e de boa palatabilidade, prezar pelo conforto e bem-estar dos usuários enquanto estiverem realizando as refeições e desfrutando do ambiente.

Os principais tipos de serviços utilizados na distribuição de refeições, de acordo com Silva Filho (1996), são:

Distribuição convencional

Nesse tipo de distribuição, os funcionários da UAN servem os usuários do restaurante. Pode contar com dois tipos de serviços: com bandeja estampada, que são aquelas com separação de quatro a cinco locais onde são depositados os alimentos – apesar de serem práticas e econômicas, pois em um único recipiente a alimentação é servida, esse é um serviço bastante antigo e está em desuso –, ou com o uso de bandeja lisa, que serve de apoio para o prato de servir, prato de sobremesa, talher, copo de bebida – este, por sua vez, é utilizado em larga escala, pois permite que o usuário se sirva em prato de louça e aproxima-se da refeição feita em casa. Entretanto esse tipo de distribuição recebe muitas criticas e é pouco empregado pela impessoalidade e falta de autonomia do usuário na escolha do alimento e da quantidade.

Para esse serviço, os equipamentos utilizados são: balcões de distribuição quente, com aquecimento tipo banhos-maria ou a seco; balcão refrigerado, balcão de apoio; distribuidores de líquidos e distribuidores de pães; bandejas e talheres.

Autosserviço

No autosserviço ou self-service, como é comumente identificado, o usuário tem autonomia em servir-se. Nessa modalidade, o alimento poderá ser servido tanto em bandeja estampada quanto em bandeja lisa. É mais econômico, pois necessita de menor número de funcionários da UAN, os quais estariam envolvidos por longo tempo servindo as refeições.

Misto

Esse tipo de serviço é a junção dos serviços anteriormente apresentados. Geralmente, as carnes são servidas pelos funcionários da UAN e os demais livremente pelos usuários.

Os utensílios utilizados para esse serviço são: prato para sobremesa, bandeja lisa, prato de mesa, cumbuca ou travessa e talheres.

Nesse sentido, os equipamentos que permitem o autosserviço são os mais indicados. Uma atenção importante deve ser dispensada à escolha das mesas e cadeiras do restaurante, as quais devem ser confortáveis, além do ambiente, que deverá ser acolhedor, agradável e provido de ar condicionado, prevendo refrigeração para os períodos de calor e aquecimento para os períodos frios.

Além dos *Pass-through* já previsto, os equipamentos e materiais de apoio recomendados para essa área são os que seguem:

1. **Balcão de Distribuição de Refeição**

   O mercado oferece diversos modelos e padrões de fabricação desses equipamentos e, ainda, podem ser feitos sob medida, de acordo com a necessidade de cada UAN. Geralmente, são fabricados totalmente em aço inox, que são mais duráveis e permitem a higienização mais adequada, porém são pouco acolhedores em se tratando de restaurante. Nesse sentido, os projetos se valem de recursos para a parte externa em outros tipos de metal, madeira tratada ou pedra.

   O equipamento é composto por módulos neutros, quentes e resfriados. O módulo neutro permite acondicionar pratos, talheres e bandejas, temperos, pães, entre outros. O módulo quente deverá possuir aberturas para acomodar os gastronorms com os alimentos quentes e os refrigerados para acondicionar as saladas e sobremesas. Deve conter protetores salivares, apoio de bandejas, iluminação, entre outros.

   Os balcões planejados em peça única para acondicionar todos os alimentos e materiais de uso na refeição apresentam praticidade, porém, em restaurantes de alto fluxo de usuários, poderá formar filas, pois o tempo para os usuários percorrerem todo o balcão poderá ser longo. Nesse caso, avaliar se o módulo neutro para apoio de bandeja e/ou pratos e/ou pães e/ou temperos e farinha de mesa e/ou café; o refrigerado para sobremesas ou saladas não ficariam mais funcionais estando separados em espaços próprios. O mercado disponibiliza diversos módulos para essa finalidade.

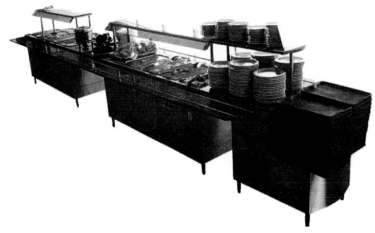

Figura 54 – balcão de distribuição de refeição em aço inox e pedra

Fonte: http://www.marisacozinhas.com.br/pt-sort-categ/linhas-de-atendimento-balcoes/. Acesso em: 15 jan. 2018.

2. Refresqueiras para Sucos

   O mercado dispõe de diversos modelos, capacidade e padrão de fabricação. Fabricadas em aço inox, alumínio ou patê em aço e outra em acrílico, devem possuir compressor hermético de refrigeração, termostato marcador de temperatura, ser silenciosas, ter baixo consumo de energia, possuir rodízio giratório com travas, para facilitar no deslocamento da refresqueira, e permitir a higiene tanto do equipamento quanto do ambiente.

Figura 55 – Refresqueira Inox – dois depósitos 15L para bebidas

Fonte: https://www.narcel.com.br/departamento/equipamentos_refresqueiras. Acesso em: 15 jan. 2017.

Figura 56 – Refresqueira com cilindro único em inox para suco ou água

Fonte: https://www.frimex.com.br/refresqueira-industrial-50-litros-begel. Acesso em: 15 jan. 2017.

3. Pia para higienização de mãos em inox.
   Seguir a recomendada na Figura 7, item 4.1.

4. Pontos de água quente e fria.

5. Bebedouro.
   Instalar pelo menos um bebedouro.
   Seguir o recomendado na Figura 16, item 4.1.

6. Extintor de incêndio:

A quantidade de extintores a serem instalados dependerá do tamanho da área e do risco. Importante ter um plano realizado com auxílio da Equipe de Segurança do Trabalho e/ou Engenheiros de Segurança.

7. Termômetro para Alimentos:
   Seguir o recomendado na Figura 22, item 4.2.3.

8. Termômetro para ambientes:
   Seguir o recomendado na Figura 23, item 4.1.

4.6 Área de higienização

Essa área apresenta como característica ser úmida e quente, odor de produtos de limpeza, e possui um volume de trabalho extenuante para os funcionários que ali trabalham, principalmente durante e logo após o funcionamento do restaurante. Por essas razões, o ambiente deve ser projetado para proporcionar o maior conforto possível, prevendo um bom sistema de ventilação e de exaustão. Outro ponto a considerar é a questão ergonômica das atividades. Dessa forma, os equipamentos devem ser rigorosamente pensados e instalados de forma segura e adequada, visando ao bem-estar dos funcionários.

Os equipamentos para essa área são os que seguem:

1. **Bancada em inox para apoio dos utensílios e materiais utilizados no restaurante. Deve ser localizada em uma das paredes da área de higienização.**
   Seguir a recomendada na Figura 5, item 4.1.

2. Bancada em inox com duas cubas em inox. Recomendado duas unidades alocadas em uma das paredes, destinadas para a retirada manual de resíduos alimentares. Devem ser instaladas junto às cubas e esguichos de lavagem.
   As bancadas devem seguir o recomendado na Figura 6, item 4.1. Já o esguicho, ver Figura 58.

3. Prateleira em aço inox, com três planos, vazadas. Servirá para guarda de material higienizado.
   Seguir o recomendado na Figura 17, item 4.2.2.

4. Carro porta detritos, revestido de inox, com tampa acionada por pedal. Pelo menos duas unidades, uma para cada balcão com as cubas.
   Seguir a recomendada na Figura 11, item 4.1.

5. Carro auxiliar para transporte de mercadoria
   Seguir a recomendada na Figura 30, item 4.3.

6. Máquina de lavar louças em inox
   É um equipamento fundamental para a UAN, pois oferece economia de tempo e energia, otimizando a produtividade destes além de reduzir esforço físico.
   Equipamento disponível no mercado em diversos modelos, capacidade e fabricantes. Produzidas em material resistente como o aço inox, possui sistema de aquecimento a vapor ou elétrico. Os modelos são o convencional com uma câmara, indicada para UAN de pequeno porte ou restaurantes comerciais, e, ainda, as com esteira com duas ou três câmaras. Dotadas de dispositivos de segurança, painéis de comando e controladores automáticos de nível e de temperatura da água. Podem ser instaladas em ângulo ou em linha. São fabricadas visando à redução de ruídos e de temperatura.
   Possuem dois ou três ciclos de lavagem: pré-lavagem, lavagem e enxágue. As louças, caixas, cubas gastronorms, talheres são dispostos em bandejas específicas da máquina e estas chegam ao seu interior por meio do sistema de elevação da tampa frontal e que preza por diminuir os esforços, reduzindo a fadiga do operador.

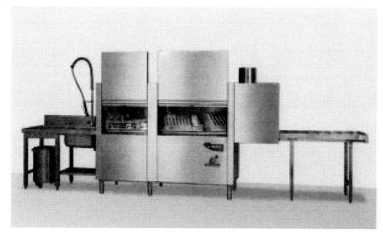

Figura 57 – Máquina de lavar louças em inox com duas câmaras
Fonte: http://www.lavadorasebone.com.br/maquina-lavar-louca-cozinha-industrial. Acesso em: 15 jan. 2018.

7. Esguicho de Lavagem de Pressão
Instalado junto às cubas para higienização de materiais e retirada do excesso de resíduos.

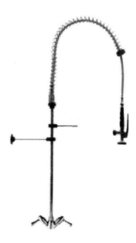

Figura 58 – Esguicho de Lavagem de Pressão
Fonte: https://www.narcel.com.br/departamento/cozinhaindustrial_esguicho-de-lavagem. Acesso em: 15 jan. 2018.

8. Sistema de exaustão em inox para máquina de lavar
O sistema de exaustão deverá seguir o determinado na NBR 14518/200 – ABNT.
Por tratar-se de área que produz muito calor pelo uso constante de água quente e da máquina de lavar louças, há também uma produção excessiva de vapor. Assim, o exaustor deverá ser capaz de promover a retirada do ar e dos vapores. Como o ar quente é mais leve e, portanto, concentra-se na região superior do ambiente, o exaustor desloca esse ar quente para fora do ambiente, seja por meio de coifas ou de janelas.
O equipamento de exaustão deve ser adequado à produção de calor da área e ser instalado bem junto à máquina de lavar louças, para promover o controle eficiente da temperatura e promover o bem-estar e a segurança dos empregados.

Figura 59 – Coifa industrial

Fonte: http://buffalogrill.com.br/produto/coifa-cozinha-industrial-2/. Acesso em: 15 jan. 2018.

9. Pontos de água quente e fria

10. Bebedouro
    Instalar pelo menos um bebedouro.
    Seguir o recomendado na Figura 16, item 4.1;

11. Extintor de incêndio:
    A quantidade de extintores a serem instalados dependerá do tamanho da área e do risco.
    Importante ter um plano realizado com auxílio da Equipe de Segurança do Trabalho e/ou
    Engenheiros de Segurança.

4.7 Área de depósito de lixo

As UAN devem dispor de coletores (lixeiras) de fácil higienização e transporte, em número e capacidade suficientes para conter os resíduos, identificados e em bom estado de conservação (RDC 216/2004).

Os resíduos, principalmente os orgânicos, devem ser retirados de dentro da cozinha com frequência suficiente para evitar acúmulo. Os resíduos orgânicos, antes de serem transferidos para a área externa, deverão ser alocados em área refrigerada para retardar a sua decomposição e evitar mau cheiro e a atração de insetos. É recomendável que seja previsto no projeto da UAN uma área específica para acomodar esse tipo de resíduo até a sua transferência definitiva para área externa, que deverá ser próxima do horário de coleta pública. Essa área será equipada com aparelho de ar refrigerado e possuir portas com trava.

A área externa de uma UAN deverá possuir um ambiente para que sejam acondicionados os resíduos que serão retirados da área interna. Essa área deverá estar protegida da chuva e do sol, isolada da área de produção, manipulação e armazenamento dos alimentos, e, ainda, ser de fácil acesso para sua remoção.

Haverá a necessidade de contêineres fechados, ou lixeiras que possuam tampa, proteção para que não haja propensão de acúmulo de vetores e odores. Por estarem na área externa e esta possuir grande relação com sujidades que irão atrair vetores, os contêineres ou lixeiras deverão estar sempre fechados e limpos.

O material desses contêineres necessita ser de revestimento lavável para facilitar sua periódica higienização. Os resíduos acondicionados nesses contêineres deverão ser armazenados até a coleta separados por tipo: lixo orgânico (restos de alimentos) e lixo reciclável (papel, vidro, plástico e metal), para auxiliar na coleta seletiva.

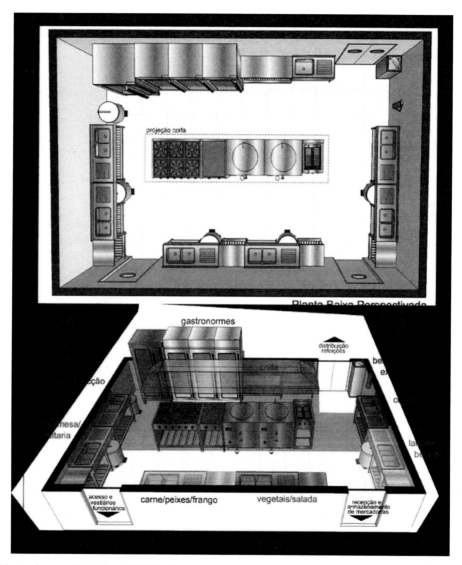

Figura 60 – Planta de uma Cozinha de Médio Porte

Fonte: Acervo Arquiteto Eduardo Ongaratto - CAU A 56740-0.

Referências

BRASIL. Agência Nacional de Vigilância Sanitária. *Portaria MS nº 1.428, de 26 de novembro de 1993 – ANVISA.* Aprova o "Regulamento Técnico para Inspeção Sanitária de Alimentos", as "Diretrizes para o Estabelecimento de Boas Práticas de Produção e de Prestação de Serviços na Área de Alimentos" e o "Regulamento Técnico para o Estabelecimento de Padrão de Identidade e Qualidade (PIQ) para Serviços e Produtos na Área de Alimentos".

BRASIL. Agência Nacional de Vigilância Sanitária. Resolução – RDC nº 275, de 21 de outubro de 2002: Regulamento Técnico de Procedimentos Operacionais. *Diário Oficial da União*, Brasilia, 23 out. 2002. Republicada no DOU em 06/11/2002. Disponível em: http://portal.anvisa.gov.br/legislacao#/visualizar/27002. Acesso em: 28 dez. 2017.

BRASIL. Agência Nacional de Vigilância Sanitária. *Resolução RDC nº 216 de 15 de setembro de 2004*: Regulamento Técnico de Boas Práticas para Serviços de Alimentação. Diponível. Disponível em: http://portal.anvisa.gov.br/legislacao#/. Acesso em: 3 dez. 2017.

BRASIL. Lei nº 8234, de 17 de setembro de 1991. Regulamenta a profissão de nutricionista e determina outras providências. *Diário Oficial da União*, Brasilia, 18 de setembro de 1991. Disponível em: http://www.cfn.org.br/index.php/legislacao/leis/. Acesso em: 28 nov. 2017.

BRASIL. Ministério do Trabalho. Portaria GM n.º 3.214, de 08 de junho de 1978 NR 17. Ergonomia. *Diário Oficial da União*, Brasilia, 06 de julho de 1978. Disponível em: http://trabalho.gov.br/seguranca-e-saude-no-trabalho/normatizacao/normas-regulamentadoras/norma-regulamentadora-n-17-ergonomia. Acesso em: 12 dez. 2017.

BRASIL. *Resolução CFN Nº 380/2005*. Dispõe sobre a definição das áreas de atuação do nutricionista e suas atribuições, estabelece parâmetros numéricos de referência, por área de atuação, e dá outras providências. Brasilia, 2005. Disponível em: http://www.cfn.org.br/wp-content/uploads/resolucoes/Res_380_2005.htm. Acesso em: 10 dez. 2012.

INMETRO. Instituto Nacional de Metrologia. *Normalização e Qualidade Industrial*. Comitê Codex Alimentarius do Brasil (CCAB). Disponível em: http://www.inmetro.gov.br/qualidade/comites/ccab.asp. Acesso em: 10 dez. 2017.

KINTON, Ronald; CESERANI, Victor; FOSKETT, David. *Enciclopédia de serviços de alimentação*. São Paulo: Varela, 1998.

LÔBO, Alexandre. *Manual de estrutura e organização do restaurante comercial*. 2. ed. rev. ampl. São Paulo: Atheneu, 2009.

OCCI, C. C.; MIGUEL, P. A. C. Um estudo de caso de implementação das boas práticas de fabricação em uma empresa de médio porte do setor farmacêutico – dificuldades e recomendações. *In*: XII SIMPÓSIO DE ENGENHARIA DE PRODUÇÃO, 2006. *Anais* [...]. 21 de outubro de 2002.

SANT'ANA, Helena Maria Pinheiro. *Planejamento Físico-Funcional de Unidades de Alimentação e Nutrição*. Rio de Janeiro: Rubio, 2012

SILVA FILHO, Antonio A. *Manual básico para planejamento e projeto de restaurante e cozinhas industriais*. São Paulo: Varela, 1996.

TEIXEIRA, Suzana Maria Ferreira Gomes *et al*. *Administração aplicada às unidades de alimentação e nutrição*. São Paulo: Atheneu, 2005.

ZANELLA, L. C. *Instalação e Administração de restaurantes*. São Paulo: Metha, 2007.

CAPÍTULO 25

GESTÃO DE MATERIAIS E LOGÍSTICA DE ABASTECIMENTO NAS UNIDADES DE ALIMENTAÇÃO E NUTRIÇÃO

Luísa Rihl Castro
Virgílio José Strasburg
Luciane Carvalho

1. Introdução

Gestão de materiais trata-se do conjunto de processos desenvolvidos dentro de uma unidade (ou serviço) de alimentação coletiva, de forma centralizada ou não, destinada a suprir os diversos serviços. A gestão de materiais contempla os insumos e materiais necessários ao atendimento e desempenho das respectivas atividades e serviços, incluindo gêneros alimentícios e de limpeza, descartáveis, utensílios e equipamentos.

As unidades de alimentação e nutrição devem ser responsáveis pela previsão de materiais, bem como sua orientação técnica durante a aquisição[1], assim como pelo gerenciamento dos insumos e materiais. Esse gerenciamento deve abranger as etapas de recebimento, armazenamento, utilização, consumo e controles de estoque. Dependendo do organograma da empresa, deve-se trabalhar em parceria com setores de apoio, como Compras, Almoxarifado, Suprimentos e Faturamento, para que forneçam as diretrizes necessárias para a padronização da qualidade e o fluxo contínuo do abastecimento.

Para a garantia desse processo, a unidade de alimentação deve realizar como atribuições:

- Planejamento e previsão de materiais e insumos.
- Acompanhamento e atualização de relatórios gerenciais de produção e consumo, embasados em:
  - Pesquisa, captação e aprovação técnica do fornecedor;
  - Pedido de compra ou aquisição;
  - Recebimento com controle de qualidade e registros técnicos;
  - Armazenamento;
  - Dispensação para a produção;
  - Controle de estoque.

2. Equipe e atribuições

As unidades de alimentação e nutrição podem ser classificadas em duas modalidades, a saber: comerciais e institucionais. Na modalidade comercial, incluem-se estabelecimentos como bares, cafés, lanchonetes, restaurantes e afins. No segmento institucional, o atendimento de fornecimento de refeições abarca um tipo de público mais habitual e que frequenta estabelecimentos como escolas, hospitais, empresas, forças armadas, entre outros (EDWARDS, 2013).

Por conta dessa diversidade, cada tipo de serviço poderá contar com uma diferente para operacionalizar os processos, tanto em funções como em quantidades de colaboradores. A seguir, destacamos as funções mais recorrentes e as respectivas atribuições.

Equipe

- Nutricionista;
- Técnico em Nutrição e Dietética (TND);
- Cozinheiro;
- Atendentes ou auxiliares em nutrição.

Atribuições

Nutricionista

- Planejamento e previsão de materiais e insumos;
- Pesquisa, captação e aprovação técnica do fornecedor;
- Pedido de compra ou aquisição;
- Acompanhamento e atualização de relatórios gerenciais de produção e consumo.

Técnico em Nutrição e Dietética

- Pedido de compra ou aquisição;
- Recebimento com controle de qualidade e registros técnicos;
- Organização e padronização do armazenamento;
- Dispensação para a produção (também poderá ser o atendente);
- Controle de estoque;
- Acompanhamento e atualização de relatórios gerenciais de produção e consumo.

Cozinheiro

- Utilizar adequadamente os insumos destinados para a produção das refeições, seguindo as fichas técnicas de preparação.

Atendente ou auxiliar de nutrição

- Recebimento e conferência;
- Armazenamento;
- Dispensação para a produção;
- Auxiliar no controle de estoque.

3. Previsão, orçamento e aquisição

O planejamento de cardápios e compras deve ser regido pelo perfil do cliente (contratante do serviço), tipo de público, quantidade de refeições a serem servidas, equipamentos disponíveis para pré-preparo, preparo, armazenamento e distribuição, disponibilidade financeira do serviço/empresa/instituição, considerando ainda fatores específicos, como região e sazonalidade de produtos.

A partir da composição do cardápio, será realizada a previsão de gêneros para aquisição, e, a partir desta, define-se a padronização do receituário e confecção de fichas técnicas para definição do per capita que ditará a quantidade estimada para a compra de cada gênero.

De acordo com a dinâmica da Instituição, é importante estabelecer margens de segurança mínimas no planejamento das quantidades[1], assim como de produtos "coringas", ou seja, aqueles utilizados fora do planejamento, para suprir falhas de entregas, cancelamentos de última hora e demandas inesperadas. Esses alimentos devem ser de fácil e rápido preparo, que não exijam muita manipulação ou já prontos, ter boa aceitação e longa validade.

Outro fator importante é a política de compras da instituição, se compra direta ao fornecedor qualificado, licitação, cotação física ou eletrônica, a definição dessa política influencia no sistema de planejamento, orçamento e aquisição dos insumos.

Para o serviço público, seja em âmbito federal, estadual ou municipal, os critérios para as compras seguem o requisito da licitação. Este é definido como um procedimento administrativo, prévio à contratação, que visa escolher a proposta mais vantajosa para a administração, com base em parâmetros antecipadamente definidos. As modalidades de licitação são: I - concorrência; II - tomada de preços; III - convite; IV – concurso, e V - leilão.

A Lei Federal n.º 8.666, de 1993, detalha os modelos de licitação possíveis para todas as esferas (federal, estadual e municipal) e também o que pode ser dispensado de licitações. No ano de 2002, foi promulgada a Lei Federal n.º 10.520, que regularizou uma nova modalidade de licitação, definida como pregão.

Tipos de insumos:

Alimentar – deste grupo fazem parte alimentos perecíveis, como carnes, hortifrutigranjeiros, leites e derivados, e os não perecíveis, como cereais e leguminosas secas, farináceos e enlatados. Além desses, dependendo da modalidade de serviço, podem ser incluídos também temperos, sobremesas, sucos e refrescos.

Um fator de extrema importância na gestão de materiais é a correta descrição dos insumos que devem ser adquiridos. Descrever o item de maneira adequada evita diversos problemas e garante um padrão de qualidade do serviço. Para exemplificar essa questão, são expostos a seguir dois exemplos.

Exemplo 1: Arroz. Ao se escrever a palavra "arroz", é possível que a primeira definição que venha à mente seja a do grão polido branco. No entanto essa descrição pode remeter ao produto branco, parboilizado, integral, ou, ainda, selvagem. Outro detalhe importante é se certificar da classificação vegetal do produto (BRASIL, 2000; BRASIL, 2007). Classificar é realizar uma análise física comparando o produto com padrões de qualidade previamente estabelecidos por normas do Ministério da Agricultura Pecuária e Abastecimento (Mapa) ou outros padrões, enquadrando-o conforme a sua qualidade. No exemplo do arroz, este pode ser classificado como tipo 1, tipo 2 etc. Quanto maior o número, maior será a quantidade de grãos quebrados e outros atributos não desejáveis que irão comprometer o rendimento e apresentação do produto.

Empresas privadas ou estatais realizam o serviço de classificação vegetal dos alimentos. O produto que passa por classificação vegetal recebe um número de Certificado de Classificação para o respectivo lote inspecionado. Esse número deve constar nas notas fiscais. O tipo de produto, decorrente de sua classificação vegetal, também deve constar na embalagem de produtos como: arroz, feijão, lentilha, farinha de mandioca e óleo de soja.

Exemplo 2: Produtos de hortifrutigranjeiros, como vegetais folhosos, hortaliças e frutas, também conhecidos como frutas, legumes e verduras (*FLV*). Nesses casos, a classificação determina o produto por variedade, tamanho, cor e qualidade, de modo que tenha a aparência igualada. Exemplos relacionados com o tipo ou variedade: alface (lisa, crespa, americana); goiaba (polpa branca ou vermelha). Exemplos quanto à cor: pimentão (verde, vermelho, amarelo), e quanto à maturação: tomate (molho, vermelho, salada, verde).

Para auxiliar nessas questões, existem websites que podem auxiliar nesse processo de descrição. O website *HORTIESCOLHA* (http://www.hortiescolha.com.br/) é um bom guia para auxiliar no descritivo desse grupo de gêneros. Outro auxílio é a consulta aos websites das Centrais de Abastecimento (Ceasa).

Além desses detalhes, deve ser considerada a padronização de comercialização de alguns produtos. Isso porque os fabricantes padronizam embalagens de comercialização tanto em embalagens individuais como também em fardos ou caixas. O quadro a seguir descreve alguns itens comumente utilizados em unidades de alimentação coletiva.

Produto	Embalagem individual	Embalagem Institucional
Açúcar	1 kg; 5 kg	Fardo de 10 kg ou 30 kg
Arroz	1 kg; 5 kg	Fardo de 10 kg ou 30 kg
Café	250 g; 500 g	Caixa de 5 kg ou 10 kg
Farinha de milho	1 kg	Fardo de 10 kg ou 30 kg
Farinha de trigo	1 kg; 5 kg	Fardo de 10 kg ou 25 kg
Massa (espaguete)	500 g	Fardo de 10 kg
Massas (cortes diversos)	500 g	Fardo de 7,5 kg ou de 8 kg
Óleo de soja	900 ml; 6 litros; 18 litros	Caixa com 20 unidades; caixa com três unidades; lata ou galão individual de 18 litros.

Produtos de origem animal, como cortes de carne bovina, aves, suínos e pescados, também possuem padrões de comercialização de pedidos. Deve ser verificado esse padrão de acordo com cada tipo de fornecedor.

Descartáveis – embalagens, copos, guardanapos, papel toalha, sacos plásticos, filme PVC e o que mais for necessário para acondicionamento e distribuição de alimentos, sendo estes de uso único.

Higiene e limpeza – detergentes e sanificantes para higiene do ambiente, equipamentos, utensílios, hortifrútis e higiene pessoal do colaborador, como sabonete bactericida para higiene de mãos, assim como sacos de lixo, esponjas, MOP e panos. Entram nessa categoria também materiais para indicadores de qualidade, como a fita dosadora de cloro, fita para medir a saturação do óleo, fita para mensurar pH. Fornecedores de produtos químicos devem possuir o registro dos produtos junto da Agência Nacional de Vigilância Sanitária (ANVISA), além de responsável técnico.

Utensílios de distribuição ou serviço – alguns utensílios como copos, xícaras, pratos e talheres, devido ao desgaste, quebra e desvios durante o atendimento, exigem reposição, muitas vezes mensal, sendo esse controle de pedido, compra, entrada, estoque e saída extremamente necessário para o equilíbrio financeiro da unidade de alimentação e nutrição.

Produtos e Serviços: nesta modalidade se encontram os fornecedores de combustível, a saber, de gás para o abastecimento dos equipamentos. Esse gás pode ser o natural ou ainda o liquefeito de petróleo (GLP). Na modalidade do GLP, os padrões de comercialização são o P13, P45 e a granel (P190).

O serviço de alimentação coletiva deve possuir ainda fornecedores para o controle integrado de pragas e limpeza de caixa d'água. Nos controles químicos feitos por empresas de controle de pragas, deve constar o nome dos produtos e princípios ativos, o descritivo das pragas a ser combatidas, e, por fim, a empresa deve possuir registro em órgão de saúde competente e ter profissional responsável técnico.

Outra possibilidade é o serviço possuir cadastro de prestadores de serviço para a modalidade de manutenção predial e de equipamentos. A definição desse contrato pode ser por demanda ou preventiva.

4. Qualificação e avaliação de fornecedores

Quando falamos em alimentação para a coletividade, a segurança dos alimentos sob o aspecto higiênico sanitário e a qualidade do produto fornecido são cruciais, sendo assim, a seleção e qualificação de fornecedores é fator importante e merecedor de metodologia e processos que garantam sua qualidade no fornecimento inicial e no decorrer de toda a relação comprador/fornecedor.

O conceito *"from farm to fork"* (do campo ao garfo) ou *"from farm to table"* (do campo à mesa) foi definido pelo comitê de agricultura da *Food and Agriculture Organization* (FAO) no ano de 2003 (*FAO's Strategy for a Food Chain Aproach to Food Safety and Quality*). Dessa forma, é de responsabilidade de toda a cadeia alimentar (produção, processamento, comércio e consumo de alimentos) o alimento seguro, saudável e nutritivo.

Para iniciar esse processo, é necessário seguir as etapas:

- seleção: busca no mercado do fornecedor específico para tal produto;
- qualificação: referencial de mercado, visita técnica e análise sensorial ou teste do produto.

Referencial de mercado – é preciso buscar informações sobre o fornecedor, considerando aspectos como a capacidade de abastecimento (quantidade e frequência). Também devem ser verificados aspectos de investigação como:

- histórico (tempo de mercado);
- linha de produtos (e quantidades mínimas de entrega ou faturamento);
- solicitação de documentação (CNPJ; alvará de localização ou sanitário; certificado de controle de pragas; existência de responsável técnico; programa de qualidade);
- localização geográfica (distribuição / rotas);

- programação de pedidos (prazo mínimo entre o pedido e a entrega);
- prazos e modalidades de pagamento;
- responsabilidades: Social / Ambiental;
- produtos de origem animal: possuir registro de inspeção sanitária, que pode ser federal (Serviço de Inspeção Federal – SIF), estadual ou municipal.

Visita técnica – indispensável realizar visita ao fornecedor, fábrica, loja, distribuidora. Utilizar-se de ferramenta de verificação de conformidades validadas por legislação, como, por exemplo, a lista de verificação da Resolução RDC 216 (ANVISA, 2004), que dispõe sobre o Regulamento Técnico de Boas Práticas para Serviços de Alimentação, ou da Resolução RDC 275 (ANVISA, 2002). Em alguns estados brasileiros, existem legislações embasadas na RDC 216/2004 e que também podem ser utilizadas. No estado de São Paulo, o instrumento é a CVS n.º 5/2013, e no Rio Grande do Sul, a Portaria SES n.º 78/2009. Deve se realizar a verificação de todos os itens exigidos em legislação para validar a conformidade desse fornecedor. Depois, pode-se valer de um sistema de pontuação pré-estabelecendo indicadores de performance para atestar sua qualidade, como por exemplo, atingindo 80% de conformidade para ser considerado qualificado para o fornecimento. Podem-se adaptar os itens da lista de verificação para uma planilha eletrônica do tipo *Microsoft Excel*® ou similar para que faça o cálculo desse percentual quando alimentado com os itens verificados na visita.

Análise sensorial ou teste – solicitar amostra para a degustação ou utilização do produto para verificar a qualidade, aplicação, rendimento, características organolépticas, aceitação e formas de preparo. Pode-se capacitar uma equipe multiprofissional dentro de uma unidade de alimentação e nutrição para avaliar sensorialmente os produtos para a sua aprovação.

5. Indicadores

Medir é a primeira etapa que leva ao controle e, consequentemente, à busca por melhorias. Quando não se mede algo, não se entende o processo; quando não se entende o processo, não há como controlá-lo, e se não se controla o processo, não se consegue aperfeiçoá-lo.

Indicadores são ferramentas que servem para detalhar se os objetivos de uma proposta estão sendo adequadamente conduzidos, ou seja, avaliação do processo, ou se foram alcançados, levando então à avaliação dos resultados. São sinalizadores que expressam sinteticamente um aspecto da realidade e seu grande valor está em possibilitar meios de verificação dos rumos da mudança que se quer produzir.

A criação, acompanhamento e análise de alguns indicadores podem contribuir muito para o controle e aprimoramento da gestão de insumos, estes podem subsidiar ações de melhorias para auxiliar na busca pela qualidade.

As ferramentas utilizadas devem ser periodicamente analisadas para a criação desses indicadores, sempre que necessário, deve-se criar uma metodologia de tabulação para melhor visualização, quantificação e acompanhamento dos resultados. Essa análise deve servir para detectar falhas nos processos que possam gerar planos de melhorias para busca da correção e prevenção de recorrência.

Para a criação de indicadores, é preciso questionar o processo, para que ele serve, qual seu objetivo, o que se quer medir, qual resultado preciso alcançar.

Para a avaliação, é preciso questionar se o processo atinge o resultado esperado: a meta foi alcançada, o que é preciso mudar para que essa meta seja alcançada?

Exemplificando, podemos utilizar o processo de fornecedores e utilizar alguns questionamentos para criarmos nossos controles e indicadores, como:

- O fornecedor foi qualificado para atender a instituição?
- Estão sendo cumpridos os prazos definidos de entrega?
- Os produtos entregues estão em conformidade com o solicitado?
- Os resultados estão dentro dos parâmetros exigidos por legislação?
- Se não estão, esse fornecedor está sendo sinalizado?
- Esse fornecedor está dando retorno?
- Existe um percentual de não conformidade estabelecido para desqualificar esse fornecedor?

Os registros de recebimentos de mercadorias devidamente preenchidos são um importante instrumento para a avaliação adequada do fornecedor, servindo de indicador para as queixas técnicas que podem influenciar o desempenho de um serviço de alimentação.

O acompanhamento e a análise de indicadores gerando a confecção de um plano de melhorias e sua realização efetiva garante o movimento necessário para que o processo de Gestão de Materiais em um serviço de alimentação tenha um bom desempenho, pois esse é um dos pontos-chave para a garantia da saúde financeira da instituição.

6. Recebimento, armazenamento, distribuição para produção

6.1 Recebimento

O processo de recebimento de mercadorias deve seguir a dinâmica da instituição, deve-se avaliar o espaço físico disponível para armazenamento seco e frio, cardápios, volume de produção, para então programar as entregas. A localização da instituição deve também ser considerada, visto que, quando muito afastada dos grandes centros, pode requerer menor periodicidade de entregas.

Sendo assim, com o objetivo de utilizar a menor área possível para armazenamento e manter um maior giro de estoque e, consequentemente, controle de custos, podemos adequar a forma de recebimento de produtos de três formas[2]:

- Sistema *Just in time*, no qual os insumos são entregues com antecedência mínima somente para que se faça o pré-preparo e preparo para a distribuição, ou seja, mantendo-se um estoque mínimo e abastecimentos diários ou em até três vezes por semana.
  Vantagens: necessidade de menor área e equipamentos para estocagem e redução no volume de estoque, reduzindo possibilidades de desperdício e desvios.
  Desvantagens: encontrar fornecedores que operem nesse sistema, dificuldades para que a mercadoria seja entregue conforme planejado e necessidade de opções caso esta não seja entregue. O fornecimento nessa modalidade costuma interferir no preço dos produtos, devido aos custos de logística dos fornecedores.

- Sistema de *Recebimento Parcelado*, no qual as compras são negociadas por um período longo, ou seja, compra-se a quantidade prevista para o mês, porém as entregas são realizadas em períodos menores que podem, por exemplo, ser semanais.
Vantagens: reduz a necessidade de espaço para a estocagem, melhora fluxo de caixa por diferentes datas e valores de faturas, assegura compra e venda garantida pelo prazo planejado. Desvantagens: fornecedor pode não garantir a qualidade do produto por todo o prazo negociado, pode haver queda no produto e este já estar negociado.

- Sistema de compra em *Atacadistas, Cooperativas* ou *Clube de Compras*, em que se compra em atacado com ou sem entregas, ou seja, muitas vezes, o comprador busca suas mercadorias no fornecedor.
Vantagens: administração do espaço conforme demanda, compras realizadas para alguns dias, aquisição de produtos com bons preços. Desvantagens: não ter entregas, a incerteza de encontrar o produto planejado no cardápio.

Algumas empresas de fornecimento de refeições (concessionárias) têm trabalhado com a modalidade de Central de Distribuição (CD). Nesse sistema, a empresa faz aquisição de compras em quantidades maiores dos fornecedores (especialmente de itens considerados não perecíveis) e organiza a entrega em suas unidades de atendimento em períodos semanais ou quinzenais. Essa modalidade de compra permite a concessionária conseguir os insumos por preços mais vantajosos, pelo fato do fornecedor entregar em uma única vez uma grande quantidade de produto e em um único local.

A seguir, são descritos critérios para garantir um adequado sistema de recebimento de produtos em unidades de alimentação coletiva.

- Recepção feita realizada em área protegida e limpa;

- Adotar medidas para evitar que esses insumos contaminem o alimento preparado;

- É indispensável observar com o máximo de atenção:

- Submeter a inspeção e aprovar na recepção, conferindo:

  - Nota fiscal (dados do local de entrega);

  - descritivo adequado dos produtos e preços combinados;

  - validade (dos produtos); (*)

  - integridade das embalagens primárias; (*)

  - quantidade (para produtos em quilogramas: uso de balanças devidamente calibradas); (*)

  - temperatura dos produtos refrigerados e congelados (uso de termômetros do tipo laser ou espeto);

  - forma de acondicionamento dos produtos no veículo (empilhamento), a fim de evitar danos na integridade dos insumos;
  (*): no recebimento de produtos em grandes quantidades ou volumes, em que fica inviabilizada a conferência de todos os itens, é recomendado utilizar o critério de amostragem dos lotes recebidos.

Lotes reprovados ou produtos com validade vencida devem ser imediatamente devolvidos. Havendo impossibilidade, devem ser identificados e armazenados separadamente, determinando a destinação final destes.

Considerando que a responsabilidade pela qualidade dos produtos é de toda a cadeia envolvida nos processos, podem ser avaliadas no recebimento dos insumos as condições dos veículos de entrega em relação ao estado de conservação e limpeza, e também dos métodos de armazenagem do produto transportado (refrigerado; isotérmico).

De forma semelhante, podem ser avaliados os entregadores quanto ao seu asseio e uniformização adequada (jaleco ou camiseta, calça comprida e calçado fechado), especialmente se estes tiverem de transitar por espaço comum aos colaboradores do serviço (ex.: área de preparo).

6.2 Armazenamento

Para a garantia da qualidade e segurança do alimento fornecido, assim como controles de estoque sem desperdícios ou perdas de mercadorias, é preciso observar rigorosos critérios de armazenamento dos insumos.

Esses critérios estão descritos nas legislações vigentes, como a RDC n.º 216 (ANVISA, 2004) e a RDC n.º 52, de 29 de setembro de 2014, que incluiu os serviços de saúde no cumprimento dos instrumentos normativos aplicáveis. Segundo a RDC n.º 216, o recebimento e armazenamento de produtos perecíveis e não perecíveis devem seguir os parâmetros citados no quadro a seguir:

	Critério
Matérias-primas Armazenamento	• Armazenar em local limpo e seco, protegidos de contaminantes; • Adequadamente acondicionados e identificados; • A utilização deve respeitar o prazo de validade – quando dispensados da obrigatoriedade da indicação desse prazo, deve seguir a ordem de entrada destes; • Armazenar sobre estrados (pallets) ou prateleiras, respeitando o espaçamento mínimo entre eles para garantir ventilação e higienização; • Pallets, estrados e prateleiras devem ser de material liso, resistente, impermeável e lavável.

Podem ser verificados, ainda, outros itens complementares na inspeção de recebimento de produtos. Existem algumas diferenças entre legislações estaduais e livros que abordam questões microbiológicas, especialmente em relação a parâmetros de temperatura dos produtos recebidos. Na sequência, são apresentados os critérios descritos na Portaria SES/RS n.º 78/2009 do estado do Rio Grande do Sul, a título de exemplo.

	Critério
Matérias-primas Recebimento	• Inspecionadas seguindo critério pré-estabelecido para cada produto; • Rotulagem de acordo com legislação específica.
Matérias-primas Recebimento	• Temperaturas: I. Alimentos congelados: - 12 ºC ou conforme rotulagem II. Alimentos refrigerados: 7 ºC ou conforme rotulagem III. Existência de registros comprovando o controle no recebimento, verificados, datados e rubricados.

	Critério
Matérias-primas Armazenamento	• Temperaturas de acordo com indicação do fabricante ou segundo os critérios: I. Alimentos congelados: - 18 °C II. Alimentos refrigerados: de 0 °C a 5 °C III. Existência de registros comprovando o controle no armazenamento, verificados, datados e rubricados.
Matérias-primas Armazenamento	• Congelados armazenados exclusivamente sob congelamento e refrigerados sob refrigeração ou conforme rotulagem; • Quando houver necessidade de armazenar diversos gêneros alimentícios em um mesmo equipamento: I. Alimentos prontos nas prateleiras superiores; II. Semiprontos ou pré-preparados nas prateleiras centrais; III. Produtos crus nas prateleiras inferiores, separados entre si e dos demais produtos; IV. Todos os alimentos armazenados embalados ou protegidos em recipientes fechados e em temperaturas definidas nesse regulamento.

Esses critérios devem ser complementados por outras recomendações importantes, também contidas em legislações, como a de nunca armazenar alimentos junto a produtos de limpeza e químicos, manter descartáveis em área separada devido às embalagens secundárias, que muitas vezes têm que ser mantidas para assegurar a qualidade destes.

Armazenar alimentos em caixas de madeira não é permitido, se a entrega/recebimento ocorrer nestas, os alimentos devem ser transferidos para caixas plásticas ou monoblocos devidamente higienizados.

Não armazenar alimentos diretamente no chão, mesmo que protegidos por embalagens ou em caixas. Não armazenar alimentos em caixas ou embalagens de papelão nos equipamentos de refrigeração, sempre retirá-las, e, na impossibilidade, utilizar sacos plásticos para protegê-las e manter em separado a outros alimentos. Outro cuidado importante é o de observar o armazenamento de líquidos (ex.: óleos e vinagre) em prateleiras acima de itens como grãos, farinhas e massas. Em caso de rompimento das embalagens, pode ocorrer vazamento do conteúdo e, consequentemente, perda de outros produtos que estiverem acondicionados abaixo destes.

Como nos critérios supracitados, vale ressaltar os sistemas Primeiro que Entra, Primeiro que Sai (Peps) e Primeiro que Vence, Primeiro que Sai (PVPS), para garantir o controle de validade dos alimentos. O critério do PVPS deve ser utilizado em produtos que não vêm com data de validade, como é o caso dos hortifrutigranjeiros in natura. Todos os demais produtos (armazenados em temperatura ambiente, refrigerados ou congelados) que apresentem data de validade devem considerar esse quesito para o armazenamento. Essa recomendação é importante para ser observada pelo motivo de, em alguns casos, o fornecedor ou distribuidor entregar um determinado produto com prazo de validade menor em relação à entrega anterior. Nunca esquecendo de que os alimentos vencidos que forem separados para troca, devolução ou descarte devem estar separados e identificados para tal destino.

Pode-se também utilizar o sistema de armazenagem ABNT, no qual é recomendado que os alimentos sejam colocados nas prateleiras na ordem da esquerda para a direita e de cima para baixo, seguindo a data de validade ou de entrada do produto. Podem ser sinalizadas na prateleira setas que indiquem a ordem em que este deve ser retirado.

$$\downarrow \rightarrow$$

Após retirados os alimentos nessa ordem, os que ainda permanecerem na prateleira devem ser realocados respeitando a mesma sequência.

6.3 Distribuição para a produção

A distribuição para a produção, ou seja, a retirada de insumos do estoque deve, de acordo com o perfil de cada instituição, seguir a metodologia de controle estabelecida, seja ela manual por fichas de retirada / saída de mercadorias, seja informatizada a partir de relatórios de produção ou dispensação.

Hoje, o mercado dispõe de softwares com o objetivo de controlar, agilizar, facilitar o processo de controle de estoque e, consequentemente, custos. No entanto, em ambos os casos, os funcionários devem estar devidamente treinados e orientados sobre a importância e responsabilidade desse controle.

7. Controle de estoque – ferramentas, curva ABC

O objetivo principal de se ter um controle de estoque é estabelecer o momento de reposição de materiais para garantir a produção da demanda estabelecida, como também o de controlar o fluxo de caixa, ou seja, entrada e saída financeira, em que para tal se faz necessária a realização de inventários mensais ou períodos pré-definidos. Não esquecendo também da importância do controle para a manutenção da qualidade dos produtos armazenados.

Quando a unidade não dispuser de informatização por meio de software, pode-se utilizar de planilha eletrônica do tipo *Microsoft Excel*® ou similar, ou até mesmo fichas descritivas físicas para esse controle.

Instituição XXXXXXXXXX Logo					
Produto: Arroz branco Código: 001 Unid. de movimentação: kg					
Descritivo / Utilização: arroz branco polido cru / restaurante colaboradores					
Consumo mensal: 300 kg Ponto de pedido: 45 kg					
Data	Fornecedor	R$ unitário	Entrada	Saída	Saldo 20 kg
22/03/15	XXK	1,20	120 kg	10 kg	130 kg
23/03/15 outros dias [...]	---	---	---	10 kg	120 kg 30 kg
04/04/15	XXK	1,20	120 kg	8 kg	142 kg

Fonte: Dados fictícios, apenas para fins ilustrativos.

Podem-se utilizar também outras ferramentas, como fichas de requisição interna para retiradas, relatórios diários de consumo para comparativo entre o que foi retirado, utilizado e devolvido, e fichas de controle para ponto de pedido para auxiliar na data para compra e reposição.

7.1 Níveis de Estoque

Os níveis de estoque de insumos devem ser dimensionados, entre outros fatores, de acordo com os volumes de consumo de cada produto, da área física para armazenagem, das condições de abastecimento e do capital de giro disponível[2]. Sendo assim, deve haver planejamento para suprir demanda e não ocasionar grandes períodos de armazenagem que implicam perdas financeiras.

O estoque mínimo ou de reserva, é a menor quantidade de material que deverá existir no estoque para prevenir qualquer eventualidade ou situação de emergência. O estoque médio é o nível médio de estoque, em torno do qual as operações de suprimento e consumo se realizam. E o estoque máximo é a quantidade máxima de material que deve existir na instituição para garantir o consumo até o recebimento do próximo lote de reposição. Operar acima desse nível implica desperdícios de recursos investidos em materiais.

Os estoques mínimos e máximos agem como níveis de alerta, acima e abaixo dos quais não se deve trabalhar, sob a pena de sobrar ou faltar material, sendo que a eventual falta dessa matéria-prima implica custos adicionais com a resolução de urgência, em que se acaba comprando em fornecedores não habituais, muitas vezes produtos similares, sem negociações de custo, transporte especial, compras em menor quantidade a preço mais elevado, podendo também implicar a qualidade do serviço fornecido.

Para calcular na prática qual o estoque mínimo de um produto, podemos utilizar a fórmula na qual o seu volume deve estar de acordo com o menor prazo de entrega possível para um abastecimento emergencial[2].

Estoque mínimo = prazo de entrega de emergência x consumo diário

Exemplo:

Produto – arroz

Prazo entrega emergência – 2 dias

Consumo médio diário – 20 kg

Estoque mínimo = 2 x 20 = 40 kg

O cálculo do estoque máximo se dá a partir da soma do consumo médio do período ao estoque mínimo, considerando que o estoque é a quantidade máxima que deve estar estocada sem prejuízo financeiro, sendo adequada para garantir a produção.

Estoque máximo = consumo médio do período + estoque mínimo

Exemplo:

Produto – arroz

Consumo médio diário – 20 kg

Periodicidade do pedido – 10 dias

Estoque mínimo: 40 kg

Estoque máximo = (20 x 10) + 40 = 240 kg

Ponto de pedido é o momento em que deve ser feito o pedido ao fornecedor e deve ocorrer quando o nível de estoque é igual à soma do estoque mínimo somado ao consumo de aquisição.

Ponto de pedido = estoque mínimo + consumo de aquisição

Exemplo:

Produto – arroz

Estoque mínimo – 40 kg

Consumo de aquisição – 100 kg

Ponto de pedido = 40 + 100 = 140

Sendo 40 kg para suprir qualquer eventualidade e 100 kg para o consumo até chegar o pedido realizado.

Breve resumo:

Estoque mínimo	Quantidade necessária até receber a entrega emergencial.
Estoque máximo	Quantidade para evitar estoque em excesso e falta.
Ponto de pedido	Quantidade suficiente para esperar a reposição com prazo de entrega normal e para atender situações emergenciais.
Quando a quantidade em estoque chegar ao ponto de pedido, a cotação de preços deverá estar pronta e o fornecedor escolhido, para evitar atrasos na compra e, consequentemente, na entrega dos insumos.	
A variação das quantidades em estoque deve ser entre o ponto de pedido e o estoque máximo	

Inventário

Para controlar as quantidades de entrada, saída e produção, faz-se necessária a realização de um inventário, que pode ser periódico e consiste na contagem física e pesagem dos insumos estocados. Sugere-se elaborar ferramentas para esse controle, sendo indicado:

- Relacionar os produtos existentes por unidade de estocagem com suas respectivas quantidades e valores unitários;
- Calcular o valor total de cada produto, multiplicando as quantidades pelos valores unitários;
- Somar o valor total de cada produto;
- Somar os valores totais dos gêneros alimentícios, produtos de limpeza e descartáveis, assim apurando o valor total dos insumos em estoque.

7.2 Curva ABC

Uma das ferramentas mais utilizadas para se classificar itens de estoque é a curva ABC ou técnica de Pareto. Vilfredo Paretto, em 1897, elaborou um estudo sobre distribuição de renda no qual se percebeu que a distribuição de riqueza não se dava de forma uniforme, havia grande concentração de riqueza nas mãos de uma pequena parcela da população. A partir daí, essa ferramenta administrativa de análise tem sido estendida a outras áreas e é muito utilizada para se classificar itens de estoque com base em sua importância. Concentra-se no princípio dos *pouco vitais* e *muito triviais*, em que a maior parte do investimento da matéria-prima está concentrada em um pequeno número de itens, ou seja, poucos itens de estoque são responsáveis pela maior parte dos valores adquiridos[3].

O objetivo da curva ABC é definir grupo de gêneros de acordo com seu preço e importância. No serviço de alimentação, podemos classificar os itens segundo tabela:

	Produtos	Quantidade de produtos	Valor correspondente ao montante geral
A	Maior valor monetário	20%	70 a 80%
B	Valor monetário intermediário	30%	15 a 20 %
C	Menor valor monetário em relação ao montante geral	50 %	5 a 10%

Fonte: Google imagens.

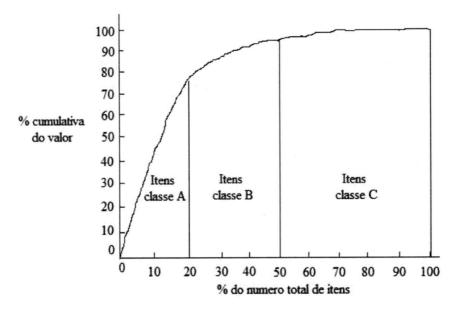

Figura 1 – Curva ABC de estoques

Fonte: Google imagens

Para montar uma curva ABC:

I. Definir ao que irá relacionar-se a curva ABC – ao montante comprado, estocado ou consumido de todos os insumos;

II. Montar uma tabela seguindo os itens – produto, quantidade, preço unitário médio, preço total e percentual sobre o montante;

III. Relacionar preços de cada produto em ordem decrescente;

IV. Apurar montante total, somando o preço total de cada produto;

V. Calcular os percentuais do preço de cada produto.

Produto I	Quant. Consumida II	R$ unitário médio III	R$ Total IV	% consumido no mês V
Curva A				
Contrafilé	800 kg	8,00	6.400,00	48,72
Filé frango	6.250,00	0,25	1.562,50	11,90
Suíno	1.200,00	1,25	1.500,00	11,42
20% dos produtos			9.462,50	72,04
Curva B				
Arroz	750	1,58	1.185,00	9,02
Suíno	80	8,00	640,00	4,87
Feijão	200	2,39	478,00	3,64
Lagarto (tatu bovino)	50	7,00	350,00	2,67
26,67% dos produtos			5.810,00	20,20
Curva C				
Tomate	125	2,20	275,00	2,09
Melancia	500	0,40	200,00	1,52
Suco	120	1,57	188,40	1,43
Carne moída	25	4,50	112,50	0,86
Macarrão	30	3,50	105,00	0,80
Farinha de trigo	50	1,65	82,50	0,63
Pimentão	15	3,00	45,00	0,34
Grão de bico	2	6,00	12,00	0,09
53,33% dos produtos			1.020,40	7,77
Montante de gêneros consumidos no mês			13.135,90	100

Fonte: Célia Silverio Vaz (2006).

Recomenda-se para os produtos classificados na curva A:

- Controlar com rigor;
- Evitar grandes estoques por serem produtos de maior valor;
- Criar novos pratos visando à rentabilidade nas preparações com os produtos dessa curva;
- Evitar qualquer tipo de desperdício com esses produtos, cercando-os de atenção e controles técnicos;
- Atentar às negociações com fornecedores de produtos dessa curva.

Referências

1. ABREU, Edeli Simioni de; SPINELLI, Mônica Glória Neumann; PINTO, Ana Maria de Souza. Gestão de unidades de alimentação e nutrição: um modo de fazer. *In: Gestão de unidades de alimentação e nutrição*: um modo de fazer. 2011. p. 352-352.

2. ASSOCIAÇÃO BRASILEIRA DE NORMAS TÉCNICAS - ABNT. *Sistemas de Gestão da Qualidade*. Rio de Janeiro: 2000.

3. BERNDT, Angélica *et al. Previsão de demanda e gestão de materiais em serviços de alimentação coletiva*. Programa de Pós-Graduação em Engenharia de Produção, UFSC/LEET, 1997.

4. BRASIL. *Lei Federal nº 8.666 de 21 de junho de 1993*. Regulamenta o art. 37, inciso XXI, da Constituição Federal, institui normas para licitações e contratos da Administração Pública e dá outras providências. 1993. Disponível em: http://www.planalto.gov.br/ccivil_03/leis/L8666cons.htm. Acesso em: abr. 2017.

5. BRASIL. *Lei Federal nº 9.972 de 25 de maio de 2000*. Institui a classificação de produtos vegetais, subprodutos e resíduos de valor econômico e dá outras providências. 2000. Disponível em: http://www.planalto.gov.br/ccivil_03/leis/L9972.htm. Acesso em: abr. 2017.

6. BRASIL. *Lei Federal nº 10.520 de 17 de julho de 2002*. Institui, no âmbito da União, Estados, Distrito Federal e Municípios, nos termos do art. 37, inciso XXI, da Constituição Federal, modalidade de licitação denominada pregão, para aquisição de bens e serviços comuns, e dá outras providências. 2002. Disponível em: http://www.planalto.gov.br/ccivil_03/leis/2002/l10520.htm. Acesso em: abr. 2017.

7. BRASIL. Câmara dos Deputados. *Decreto nº 6.268 de 22 de novembro de 2007*. Regulamenta a Lei nº 9.972, de 25 de maio de 2000, que institui a classificação de produtos vegetais, seus subprodutos e resíduos de valor econômico, e dá outras providências. Disponível em: http://www2.camara.leg.br/legin/fed/decret/2007/decreto-6268-22-novembro-2007-564022-normaatualizada-pe.pdf. Acesso em: abr. 2017.

8. BRASIL. Ministério da Saúde. Agência Nacional de Vigilância Sanitária. *Resolução RDC nº 275 de 21 de outubro de 2002*. Dispõe sobre o Regulamento Técnico de Procedimentos Operacionais Padronizados aplicados aos Estabelecimentos Produtores/Industrializadores de Alimentos e a Lista de Verificação das Boas Práticas de Fabricação em Estabelecimentos Produtores/Industrializadores de Alimentos. Disponível em: http://www.rio.rj.gov.br/dlstatic/10112/5125403/4132350/ResoluuoRDC27521.10.2002.pdf. Acesso em: abr. 2017.

9. BRASIL. Ministério da Saúde. Agência Nacional de Vigilância Sanitária. *Resolução RDC nº 216 de 15 de setembro de 2004*. Dispõe sobre Regulamento Técnico de Boas Práticas para Serviços de Alimentação. Disponível em: http://portal.anvisa.gov.br/documents/33916/388704/RESOLU%25C3%2587%25C3%2583O--RDC%2BN%2B216%2BDE%2B15%2BDE%2BSETEMBRO%2BDE%2B2004.pdf/23701496-925d-4d4d--99aa-9d479b316c4b. Acesso em: abr. 2017.

10. BRASIL. Ministério da Saúde. Agência Nacional de Vigilância Sanitária. 2011. *Resolução RDC Nº 52 de 29 de setembro de 2014*. Altera a Resolução RDC nº 216, de 15 de setembro de 2004, que dispõe sobre o Regulamento Técnico de Boas Práticas para os Serviços de Alimentação. Disponível em: http://bvsms.saude.gov.br/bvs/saudelegis/anvisa/2014/rdc0052_29_09_2014.pdf. Acesso em: abr. 2017.

11. EDWARDS, J. S. A. The foodservice industry: Eating out is more than just a meal. *Food Quality and Preference*, v. 27, n. 2, p. 223-229, 2013.

12. FAO. Food and Agriculture Organization. *FAO's Strategy for a Food Chain Approach to Food Safety and Quality:* A framework document for the development of future strategic direction. Rome, 2003. Disponível em: http://www.fao.org/3/a-y8350e/. Acesso em 20 de abril de 2017.

13. HORTIESCOLHA. *Programa de Apoio à Tomada de Decisão do Serviço de Alimentação Escolar na Escolha de Frutas e Hortaliças Frescas.* Disponível em: http://www.hortiescolha.com.br/. Acesso em: 20 abr. 2017.

14. ISOSAKI, Mitsue; NAKASATO, Miyoko. Gestão de serviço de nutrição hospitalar. *In: Gestão de serviço de nutrição hospitalar.* Elsevier, 2009.

15. MEZOMO, Iracema F. Os serviços de alimentação: planejamento e administração. *In: Os serviços de alimentação:* planejamento e administração. Manole, 2002.

16. TEIXEIRA, Suzana Maria Ferreira *et al.* Administração aplicada às unidades de alimentação e nutrição. *In: Série enfermagem.* Nutrição. Atheneu, 1990.

17. VAZ, Célia Silvério. *Restaurantes:* controlando custos e aumentando lucros. Brasília: Metha, 2006.

CAPÍTULO 26

GERENCIAMENTO DE CUSTOS: SERVIÇO DE NUTRIÇÃO HOSPITALAR

Luísa Rihl Castro
Karen Freitas Bittencourt
Luciane Janaína Carvalho

Tem cuidado com os custos pequenos! Uma pequena fenda afunda grandes barcos.

Benjamin Franklin

O atual contexto de trabalho dentro do segmento de alimentação coletiva em hospital exige uma busca intensa pela melhora da gestão, para manutenção da competitividade do mercado e sustentabilidade do negócio[1].

Quanto mais complexas se tornam as atividades de um serviço de nutrição, maior é a necessidade de um sistema prático para estabelecer os objetivos, planejar as rotinas e controlar as atividades. Dados fidedignos são indispensáveis para tais funções e devem ser organizados, para que finalmente se traduzam em informações[2].

O gerenciamento de custos, adotado pelos hospitais, é um instrumento valioso que permite a criação de metas que pode mensurar os resultados. A separação dos custos em relação ao volume fornecerá meios para obter melhores informações em termos de controle e de auxílio no processo de acompanhamento[2].

No cenário atual, em que as pressões econômicas para redução dos custos e manutenção da sustentabilidade ou do lucro exigem uma constante no aperfeiçoamento das práticas nos hospitais, seja no modo de fazer, seja como melhor fazer, o nutricionista precisa compreender o comportamento dos custos em seu local de trabalho[1].

Conhecer o alimento é fundamental e saber o que se vai comprar. O alimento tem um preço aparente e um preço real. Aparente é o preço que está marcado no produto. Preço real é aquele que pagamos em relação à porção que de fato utilizamos e ao valor nutricional que aquele alimento proporciona[3].

Os serviços de nutrição hospitalar possuem cada vez mais a necessidade de ter uma boa gestão de seus custos. Com um bom gerenciamento, o serviço passa a ter maior controle de seus gastos, eliminando desperdícios, e pode pensar em investimentos[1].

O cuidado com o custo está relacionado com o adequado planejamento do preço de venda do produto e pela gestão das matérias-primas necessárias à sua elaboração. Qualquer modificação na qualidade das preparações pode implicar também a queda das vendas, retroalimentando de forma negativa o custo da unidade[1].

Importante verificarmos se o preço por quilo é idêntico em alimentos de valores nutritivos diferentes, daremos preferência ao que tem maior concentração de nutrientes. Influi sobre o preço a época de produção do alimento. Devem-se preferir as frutas nacionais, porque no preço das importadas estão incluídos vários fatores intermediários, além de estar prejudicado seu teor vitamínico pelo tempo de acondicionamento[3].

Conseguimos custo reduzido em médio e longo prazo, e para isso é necessário haver uma boa equipe, um bom gerenciamento e indicadores de qualidade e de desempenho[4].

O acompanhamento do nutricionista que envolva negociação e melhoria nos processos com fornecedores, áreas de apoio, controle de produção e distribuição, é bem-vindo. O conhecimento e a preocupação com a eficiência na gestão dos custos são imprescindíveis à sobrevivência de um serviço[1].

Os custos podem ser definidos como a soma dos valores de bens e serviços consumidos ou aplicados para a obtenção de novos bens e serviços. Estão ligados diretamente à produção de refeições e serviços. A despesa é definida como o conjunto de gastos administrativos e não relacionados diretamente com a produção do bem ou do serviço. Possuem natureza não fabril[2].

1. Classificação dos custos:

Custos diretos: também conhecido como custo controlável. Compreendem qualquer despesa ou gasto identificável relacionado diretamente com o produto ou serviço. São aqueles que podem ser imediatamente apropriados a um só produto ou serviço. Exemplos: matéria-prima, descartáveis, utensílios, material de expediente, produtos industrializáveis, produtos de limpeza, mão de obra[2].

Custos indiretos: correspondem aos gastos que não contribuem de forma direta para a fabricação dos produtos ou serviços. São aqueles que dependem de cálculos, rateios ou estimativas para serem divididos e apropriados em diferentes produtos ou serviços. Exemplos: combustível, equipamento de proteção individual (EPIs), utensílios[2,5].

Custos fixos: são valores consumidos ou aplicados, independentemente do fato de haver ou não produção ou maior ou menor quantidade de bens e serviços. Exemplos: mão de obra, leasing, locação[2].

Custos variáveis: são os valores consumidos ou aplicados que têm seu crescimento dependente da quantidade produzida. Exemplo: matéria-prima, produtos industrializáveis e produtos de limpeza[2].

Custo unitário: é obtido pela divisão entre o custo global de produção e a quantidade produzida[2].

Custo unitário = custo global

unidades produzidas

Fórmula elementar de custo unitário

P= (F + V) / N

P= custo unitário

F= custo fixo total

V = custo variável total

N= quantidade produzida

2. Custo alimentar

Os gêneros alimentícios dentro do custo da refeição são os de maior peso e podemos dividi-los, pois facilita a análise do consumo e possíveis desvios e/ou desperdícios: arroz, feijão, prato principal, guarnição, salada, sopa, sobremesa, bebida, molhos, temperos e acessórios (café, pão, margarina, farinha de mandioca). Exemplos: cereais, massas, pães, biscoitos, hortifrutigranjeiros, sucos, água, refrigerantes, produtos dietéticos, laticínios e frios, temperos, condimentos e conservas, matinais e sobremesas, carnes[2].

3. Custo não alimentar

São os materiais descartáveis, produtos de higiene e limpeza[2].

Diretos: são os materiais que o usuário utiliza para realizar sua refeição. Exemplos: copos, guardanapos, saco, talher, forros de bandeja, talheres, pratos e recipientes descartáveis, frascos de sonda, mamadeiras[2].

Indiretos: utilizados na produção e distribuição da refeição internamente. Exemplos: papel alumínio, papel filme, sacos plásticos, luvas descartáveis, máscaras[2].

Produtos de higiene e limpeza: são os produtos utilizados para higienização pessoal, de equipamentos, utensílios, limpeza em geral. Exemplos: sanificantes, bactericidas, detergentes, secantes, papel higiênico, sacos de lixo, papel toalha[2].

4. Custos de Mão de Obra

É o conjunto de elementos humanos que exercem atividades de consolidação dos insumos para a produção de bens ou serviços. Envolve a força de trabalho que auxilia na produção de um bem ou um serviço, sendo o principal patrimônio na prestação dos serviços, e também constitui um dos custos mais significativos[2].

Mão de obra direta – é aquela envolvida diretamente na produção de um determinado bem ou serviço[2].

Mão de obra indireta – é aquela que não está diretamente envolvida na produção, mas está ligada diretamente às áreas de apoio, controle, supervisão[2].

Segundo Ribeiro[5]:

CTMO = Total de Proventos + Encargos Sociais Legais + Provisões + Benefícios

CTMO = Custo Total de Mão de Obra;

Total de proventos = são todos os rendimentos que o funcionário obtém;

Encargos Sociais Legais = considerados custos fixos na mão de obra;

Provisões = uma despesa em que a organização deve prever o pagamento desta;

Benefícios = é uma vantagem adicional à remuneração direta do trabalho, varia conforme as políticas das organizações.

5. Custos Diversos

Equipamento de Proteção Individual (EPI), combustível, utensílios, material administrativo, manutenção, prestação de serviços[2].

6. Custos Fixos

Leasing: arrendamento mercantil

Realizado quando o investimento é de alto valor, diretamente junto ao fornecedor. O prazo máximo é de dois anos, as mensalidades sofrem juros e ao final o comprador tem duas opções: pode quitar a dívida adquirindo o produto, ou renovar o contrato para substituir por outro mais moderno ou encerrar fazendo a devolução[2].

Locação: é o aluguel do objeto, equipamento, serviço[2].

Depreciação: é a parcela de valor do investimento realizado em bem de uso ou de operação, indicativa de sua perda de utilidade ou diminuição de sua eficiência pelo uso contínuo e intensivo, ou mesmo por ação da natureza ou obsolescência[2].

7. Definições para o controle do custo são:

Ativos: conjunto de bens, valores, créditos, e semelhantes que formam o patrimônio de uma instituição[4].

Capital de giro: parte de bens de uma instituição, representado pelo estoque de produtos e pelo dinheiro disponível. Em curto prazo, esse dinheiro pode ser destinado para o pagamento de despesas com matéria- prima, salários, estoques[4].

Fluxo de caixa: é um instrumento de gestão financeira que projeta para períodos futuros todas as entradas e as saídas de recursos financeiros da instituição[4].

Lucro: diferença entre a receita e o custo de uma instituição em determinado período[4].

Definição de preço: deve-se levar em conta que o preço do alimento/serviço cobre toda uma rede de distribuição dos produtos, compreendendo produtor, fabricante, fornecedor, acondicionamento ou embalagem, meios de transporte[3].

Preço de venda: preço final de um produto ou serviço. Para se chegar ao preço de venda, é preciso conhecer os custos e a margem de lucro do produto ou serviço[4].

Ponto de equilíbrio: patamar de faturamento em que não existe lucro, mas também não há prejuízo[4].

8. Planejamento Orçamentário

O orçamento representa a expressão quantitativa, em unidades físicas, medida de tempo, valor monetário, dos planos elaborados para o período subsequente, mensal e para 12 meses. Poderá ser global, no sentido de alcançar todas as atividades da instituição em um determinado período, ou parcial, previsões dos programas próprios para cada aspecto das suas atividades[6].

Para a execução correta do processo orçamentário, é necessário projetar, manter e controlar o sistema orçamentário compreendido basicamente no conjunto das projeções por elementos das operações da instituição de relatórios de controle orçamentário[6].

Controlar é registrar os dados e resultados que vão ocorrendo durante a execução dos planos e orçamentos. Exemplos de controle: padrões, observação de desempenho e rotinas, comparação entre o desempenho atual e o esperado, ação corretiva, plano de ação. Exemplos de relatórios de controle: número de dias úteis, número de refeição – quantidade, receitas, estoques, sobras, desperdícios, impostos, custo dos produtos vendidos, lucro, margem[6].

Visando atingir o planejamento orçamentário fixado para o período, o nutricionista deve analisar os relatórios de controle diariamente, para que possa tomar medidas corretivas, quando necessário.

Orçamento do número de refeições

São as informações coletadas no Departamento de Recursos Humanos, pode-se estimar o número de refeições por dia, o horário e dias de trabalho, há condições de calcular o total de refeições no mês[6].

Orçamento de receitas operacionais

Para elaborar o planejamento orçamentário das receitas operacionais, utiliza-se o orçamento do número de refeições para preparar as projeções da receita obtida com a venda dos produtos.

Orçamento de produção

Tendo sido elaborado o orçamento de vendas (receitas), a próxima tarefa é preparar o orçamento de produção, com a especificação de cada produto (itens de produção), com base no cardápio mensal[6].

Orçamento de compras de matéria-prima

Definidas as necessidades em termos de unidades a ser produzidas, a seguir, deve ser a formulação de planos para aquisição do material, conforme o orçamento de produção. Devem-se levar em consideração os estoques iniciais e finais de matéria-prima, para adquirir somente o necessário para a produção[6].

Orçamento dos custos de matéria-prima

O orçamento do custo de matéria-prima para a produção é baseado na especificação do cardápio, conforme os preços encontrados no orçamento de compras. Esse valor pode ser apurado calculando-se a média dos custos de matéria-prima do mês anterior acrescidos da variação do índice da inflação[6].

Controle orçamentário

O controle orçamentário é feito com base na emissão de relatório, comparando-se e analisando-se constantemente os resultados alcançados durante o período de execução dos planos, tendo em vista o que estes últimos previam ou programavam e utilizando-se medidas corretivas[6].

Fases do controle: estabelecimento de padrões, observação de desempenho, comparação entre o desempenho atual e o esperado, ação corretiva.

Relatórios de controle: controle de gestão operacional (número de dias úteis, número de refeição – quantidade, receitas totais, impostos, custo das mercadorias vendidas, lucro operacional, margem bruta).

Custos da Qualidade

Todo o esforço e envolvimento de uma instituição para promover e controlar a conformidade do produto ou serviço às especificações definidas. Exemplos: auditorias, inspeções, controle de processo, treinamento, capacitação, implantação, implementação e acompanhamento de sistemas da qualidade[4].

Os custos da qualidade serão resultantes da soma dos custos da conformidade aos custos da não conformidade[4].

Os custos de falhas/erros no produto ou serviço denominam-se *custos da não conformidade*. Exemplos: perda de horas trabalhadas, perda de matérias-primas para refazer produtos, custos adicionais decorrentes do fornecimento de produtos ou serviços imperfeitos aos pacientes, acompanhantes, colaboradores[4].

A má qualidade aparece quando se obtém um produto final ou serviço que se apresenta fora dos padrões predefinidos. Exemplos: uso de matéria-prima de má qualidade, falta de higiene, falta de algum item ou produto, armazenamento incorreto de produtos, falta de treinamento e capacitação de colaboradores, falta de manutenção preventiva de equipamentos, demora na entrega e falta de procedimentos operacionais padronizados[4].

De acordo com Cintra[4], a má qualidade gera uma série de custos, como por exemplo:

Custos da não prevenção: são os gastos realizados para evitar que os colaboradores comentam erros. O objetivo é controlar a qualidade e evitar produtos e serviços insatisfatórios;

Custos da não avaliação: são o resultado da avaliação da produção já acabada e da auditoria, inspeção do processo, para aferir a conformidade do produto com os critérios e procedimento estabelecidos;

Custos de erros internos: anteriores à entrega do produto: erros detectados antes do produto chegar aos pacientes, acompanhantes, colaboradores;

Custos de erros externos: erros detectados após a chegada do produto ao paciente, acompanhante e colaborador. A instituição assume o custo de erros quando entregou um produto insatisfatório;

Custos da má qualidade nos equipamentos: são custos gerados por equipamentos obsoletos, em más condições de uso, pouco eficientes, subutilizados ou utilizados de maneira inadequada.

9. Custos com Programas de Controles Legais e de Qualidade

Variam muito conforme o porte do hospital e são obrigatórios, pois vários órgãos de fiscalização exigem esses controles e sua manutenção[2].

Programa de Controle Médico de Saúde Ocupacional (PCMSO) – NR 07

Programa de Prevenção de Riscos e Acidentes (PPRA) – NR 09

Controle higiênico-sanitário – elaboração, manutenção e atualização dos Manuais de Boas Práticas de Fabricação, Procedimentos Operacionais Padronizados (POPs) e execução de análises microbiológicas.

10. Produtividade

Diretamente ligada à quantidade e qualidade do trabalho empenhado por um colaborador para a realização de determinada tarefa. Julga-se que quanto maior o número de tarefas esse colaborador possa realizar, maior será sua produtividade, porém não é totalmente verdade, tendo em vista que a qualidade daquilo que se faz é mais importante, pois, se o mesmo funcionário tiver que refazer a tarefa, sua produtividade será menor, motivo pelo qual é melhor fazer pouco e bem feito a ter que refazer.

O nutricionista deve incentivar seus colaboradores a fazer bem feito desde o início, para que seja feito apenas uma vez, evitando o retrabalho.

11. Produtividade operacional

A produtividade operacional mede qual a quantidade de trabalho que um determinado funcionário está realizando no decorrer de determinado período, por exemplo, 30 dias.

P. dias = P. mês

DU

PO= P. dia

N.º func.

DU= dias úteis

P. mês = quantidade produzida por mês

P. dia = quantidade produzida por dia

PO= produtividade operacional

N.º funcionários = número de funcionários responsáveis pela produção/mês

12 Resultado financeiro

O resultado financeiro é a diferença entre as receitas e as despesas financeiras[6].

Controle orçamentário: O controle orçamentário é feito com base na emissão de relatório, comparando-se e analisando-se constantemente os resultados reais alcançados durante o período de execução dos planos, tendo em vista o que estes últimos previam ou programavam e, quando necessário, utilizando-se medidas corretivas[6].

Controlar é registrar os resultados que vão ocorrendo durante a execução dos planos e orçamentos; desse modo, a formalização do controle orçamentário dá-se por meio de relatórios de execução[6].

Fases do controle: estabelecimento de padrões, observação de desempenho, comparação entre o desempenho atual e o esperado, ação corretiva[6].

Relatórios de controle: controle de gestão operacional (número de dias úteis, número de refeição – quantidade, receitas totais, impostos, custo das mercadorias vendidas, lucro operacional, margem bruta)[6].

13. Fatores que influenciam os custos

Faz parte da gestão de recursos financeiros tentar movimentar a instituição, utilizando o menor volume possível de capital próprio[6].

- Reduzir o tempo e o ciclo da produção, acelerando-a de tal modo que o seu volume de capital necessário possa circular diversas vezes durante determinado período, normalmente um ano, produzindo diversas séries do mesmo bem ou serviço[6].

- Reduzir o tempo de estocagem, de modo que os estoques de bens produzidos possam rapidamente se converter em recursos a serem aplicados em novas séries de produção[6].

1. Controle do desperdício

No gerenciamento de uma unidade de alimentação e nutrição (UAN), o controle do desperdício é um fator de grande relevância, pois se trata de uma questão não somente ética, mas econômica e com reflexos políticos e sociais. Dentro do custo mensal, devem ser incluídos os custos de sobra limpa (alimentos produzidos e não distribuídos) e de resto (alimentos distribuídos e não consumidos). Espera-se que os restos produzidos não ultrapassem 5% da produção de alimentos, o que classifica o serviço como ótimo; aqueles serviços em que o desperdício de alimentos varia entre 5% e 10% são classificados como bons, e na faixa do regular estão os que ficam entre 10 e 15%. As perdas que superam 15% da produção representam um indicativo de péssimo desempenho do serviço[7].

Em se tratando de serviços hospitalares, apesar da disponibilidade de alimentos para a oferta cliente/paciente, uma boa parte deles pode ingerir uma quantidade insuficiente para o suprimento de suas necessidades, o que pode ser atribuído a aspectos clínicos, rejeição de alimentos por falta de sabor, inexistência de opções de escolha no cardápio, falta de porções menores e energeticamente mais densas para grupos como idosos e crianças e a pouca conscientização da equipe para a prescrição de dietas muito restritas, apenas em casos estritamente necessários[7].

Os desperdícios em UAN podem ocorrer em todo o processo de produção de refeições, especialmente no armazenamento, pré-preparo, cocção e distribuição, incluindo a matéria-prima e outros recursos, como água, energia e mão de obra. Nesse contexto, saliente-se que limitar as perdas de alimentos a fim de diminuir a demanda de recursos naturais provenientes do setor alimentício e alcançar a segurança alimentar será ainda mais significativo no futuro, visto que esse setor tende a produzir maior número de refeições com o decorrer do ano[8].

Referências

1. OLIVEIRA, Tatiana Coura; PAES, Helena Maria Valente. Custos e Controle de Materiais em Serviços de Alimentação. *In*: OLIVEIRA, Tatiana Coura. *Administração de unidades produtoras de refeições*: desafios e perspectivas. 1. ed. Rio de Janeiro: Rubio, 2016.

2. KIMURA, Alice Yoshiko. Gestão de Custos. *In*: ISOSAKI, Mitsue; NAKASATO, Miyoko. *Gestão de serviço de nutrição hospitalar*. Rio de Janeiro: Elsevier, 2009.

3. ORNELLAS, Lieselotte Hoeschl. *Técnica dietética*: seleção e preparo de alimentos. 7. ed. rev. e ampl. São Paulo: Atheneu, 2001.

4. CINTRA, Patrícia. *Qualidade e redução de custos em alimentos*. 1. ed. Rio de Janeiro: Rubio, 2016.

5. RIBEIRO, Sandra. *Gestão e procedimentos para atingir qualidade*: ferramentas em Unidades de Alimentação e Nutrição – UAN´s. São Paulo: Livraria Varela, 2005.

6. LIMA, Diogenes Carvalho. Gestão Financeira. *In*: BALCHIUNAS, Denise (org.). *Gestão de UAN*. Um resgate do binômio: alimentação e nutrição. 1. ed. São Paulo: Roca, 2014.

7. NONINO-BORGES, Carla Barbosa *et al.* Desperdício de alimentos intra-hospitalar. *Revista Nutrição Campinas*, 19 (3), p. 349-356, maio/jun. 2006.

8. SOARES, Isabel Cristina Cordeiro *et al.* Qualificação de análise do custo da sobra limpa em unidades de alimentação e nutrição de uma empresa de grande porte. *Revista Nutrição Campinas*, 24 (4), p. 593-604, jul./ago. 2011.

CAPÍTULO 27

GESTÃO ECONÔMICA E FINANCEIRA EM UNIDADES DE ALIMENTAÇÃO E NUTRIÇÃO

Marcos Antonio de Souza

1. Introdução

1.1 Apresentação do Tema

Há uma vasta literatura abordando a globalização, os conceitos que a elucidam e as consequências dela para a economia dos países, empresas e demais agentes econômicos (SOUZA, 2001). Franco (1999), ao fazer uma avaliação sobre os efeitos da globalização, afirma que com a maior competição, as empresas são forçadas a ficar mais inovadoras e criativas, não apenas em termos de produzir melhor e mais barato, mas também em termos de marketing e finanças; ou seja, a competitividade tem que estar presente em todas as áreas da empresa.

Para Nakagawa (1994), a competitividade da empresa caracteriza-se pela capacidade que ela tem de desenvolver e sustentar vantagens competitivas, capacitando-se a enfrentar a concorrência. Mais especificamente quanto aos fatores de natureza interna, Nakagawa destaca que as empresas, visando atingir a competitividade que as credencie a atuar nesse novo ambiente em que os negócios são desenvolvidos, têm procurado, entre outros fatores: dinamizar suas operações, eliminar desperdícios, adotar um comprometimento com a qualidade total e incorporar tecnologias avançadas de manufatura.

Alguns fatos específicos têm alterado significativamente o ambiente operacional das empresas. Podem ser citados os seguintes: mudança da estratégia de grandes volumes e reduzido mix de produtos, para menores volumes e mix mais variado; alterações substanciais na estrutura de custos e despesas, representativos dos recursos consumidos nas atividades empresariais; redução no ciclo de vida dos produtos, e menor poder das empresas de impor seus preços ao mercado. É nesse sentido que se manifestam Jenson *et al.* (1996). Obviamente, do cenário até aqui apresentado decorreu uma maior complexidade na gestão dos negócios. A informação passou a ter mais relevância que antes, sendo agora considerada, no aspecto gerencial, um fator crítico de sucesso.

Shank e Govindarajan (1997) entendem que, sob o aspecto gerencial, a Contabilidade existe na administração principalmente para facilitar o desenvolvimento e a implementação da estratégia empresarial. A Contabilidade Gerencial tem procurado, por meio do trabalho de vários pesquisadores, evoluir no sentido de apresentar práticas específicas e tidas como adequadas e necessárias à composição do conjunto de informações de que os tomadores de decisão necessitam na condução competitiva das empresas. É dentro da realidade aqui apresentada – ambiente operacional e necessidades informacionais – que este capítulo aborda aspectos de várias naturezas e relevantes para assegurar a continuidade sustentável dos negócios, conforme citado anteriormente por Nakagawa

(1994) no contexto da sua efetiva utilização pelas empresas. Depreende-se pelo pronunciamento de Shank e Govindarajan (1997) e Nakagawa (1994) que a maior complexidade do ambiente empresarial traz maiores necessidades e exigências quanto ao gerenciamento, particularmente nos procedimentos de planejamento, execução e controle operacional. Ou seja, o processo de geração de informações gerenciais, independentemente do seu porte e segmento de atividade, precisa estar apto a atender às demandas informacionais que viabilizem, para a empresa, a manutenção da competitividade no novo ambiente. A Contabilidade Gerencial tem sido reconhecida como um destacado alimentador das informações utilizadas pelos gestores empresariais.

Corroborando tal entendimento, Atkinson *et al.* (2000, p. 36) afirmam que "A informação gerencial contábil é uma das fontes informacionais primárias para a tomada de decisão e controle nas empresas". Visando a cada vez mais contribuir para o alcance da eficácia na condução dos negócios, necessita a Contabilidade Gerencial do constante desenvolvimento de instrumentos que assegurem o cumprimento de sua missão informativa. Mais recentemente, em particular nas últimas duas décadas.

Quanto à dimensão e estrutura de pessoal e informática adotada por cada empresa, deve haver consistência proporcional à situação específica de cada uma delas. Enquanto uma empresa multinacional de ação global se utiliza de sistemas mais robustos, empresas menores, como um restaurante, por exemplo, deverão se suportar em sistemas mais simplificados e adequados à sua necessidade e capacidade de investimentos. Mas, mesmo nesse caso, o controle é essencial, por mais simplificado que seja, porém de vital utilidade. Mesmo avançando no segmento de alimentação, mais particularmente de megainvestimentos em restaurantes sofisticados, hoje revestidos em verdadeiros ambientes de convivência e entretenimentos, essa situação se repete. Observa-se, assim, que mesmo em segmentos semelhantes na essência (restaurantes), exigências gerenciais são diferenciadas. E não levar isso em consideração é expor a continuidade dos negócios da alimentação a riscos desnecessários de continuidade e talvez até de falência.

1.2 Contextualização e Objetivos do Capítulo

Talvez a primeira observação que devemos atentar na análise de um empreendimento econômico é que ele se caracteriza por ser uma entidade econômica. E enquanto entidade econômica, ela é caracterizada pela existência de um fluxo de recursos[2], o que significa a entrada e saída de recursos. Parece lógico concluir que se esse fluxo nas suas diversas dimensões não se mostrar equilibrado, problemas sérios se avizinham. De outra parte, enquanto empreendimento, significa que existe um investidor interessado no retorno que seu investimento pode lhe propiciar. Também parece lógico que se o retorno não se viabiliza, o interesse pelo empreendimento desaparece, gerando demissões de funcionários, possíveis passivos trabalhistas, fiscais e sociais de forma geral.

Essa breve contextualização resume o objetivo principal deste capítulo, ou seja, discutir alguns procedimentos de gesto que objetivam aumentar a probabilidade de que um negócio tenha sucesso. Isso não significa, de outra parte, que toda iniciativa empresarial não tenha sua dose de incerteza, fatores imponderáveis de caráter ambiental, de mercado, governamental, com os respectivos riscos de insucesso. O nosso objetivo aqui é contribuir para que esses fatores desfavoráveis possam, dentro do possível, ser previsíveis, e mesmo quando ocorrerem, que seja em um nível de intensidade administrável.

---

[2] Para simplificar o entendimento, vamos tratar como fluxo de caixa.

1.3 Utilidades, Justificativas e Contribuições

As utilidades, justificativas e contribuições que o tema da gestão econômica traz a qualquer tipo e porte de atividade econômica de qualquer empreendimento se ampara nas constatações de insucessos empresariais verificados quando os devidos cuidados não são levados em consideração. E é importante que não são apenas as avaliações econômicas que ganham destaque.

Há situações clássicas que podem ser citadas. Tem-se, por exemplo, a Daimler-Benz, posteriormente DaimlerChrysler pela fusão, que, em 1999, inaugurou uma fábrica em Juiz de Fora, Minas Gerais, a um custo de R$820 milhões. A expectativa era produzir 70.000 carros por ano. O principal produto da fábrica seria um modelo compacto, o Classe A. Esse era o sonho. Em quase seis anos de atividade, a fábrica jamais atingiu a produção estimada – ao todo, foram produzidos 61.000 veículos. O fracasso levou a matriz a anunciar recentemente que a produção do Classe A será cancelada a partir de setembro. Sem querer entrar em detalhes, é preciso enfatizar que isso é o mais assustador. As organizações, inebriadas pelas conquistas, acabam por se tornar autoconfiantes demais e costumam deixar de lado a disciplina necessária para a tomada de decisões (CORREA; MANO, 2008).

Para finalizar esta parte, podemos exemplificar mais dois casos: (a) o caso da Ford Company, que perdeu marcado pelo não reconhecimento das mudanças ambientais ocorridas no mercado e exigências de clientes; (b) o caso da IBM, que alterou sua estratégia de verticalização e terceirizou sua produção de microchips para a pequena Intel e os softwares à igualmente pequena Microsoft. Isso lhe causou milhões de prejuízos e perda de mercado.

É interessante notar que o fracasso de uma empresa não ocorre por uma causa apenas. Na verdade, estudos têm mostrado que é a sequência deles (sejam de natureza estratégica, mudanças ambientais, poder de concorrentes, compradores e fornecedores, estimativas de custos, receitas, investimentos etc.). Outro fato que merece destaque é a dimensão dos empreendimentos. É óbvio que quanto maior o investimento, maior é o risco e o retorno esperados. Porém essas situações ocorrem também em empreendimentos mais modestos, como em restaurantes, por exemplo, situações em que, às vezes, a falência é total, contrariamente ao que pode ocorrer com grandes empreendimentos, dadas as maiores reservas de capital. Dentro do que o espaço deste capítulo permite, vamos apresentar os principais deles. E sempre que possível, vamos concentrá-los nos "negócios restaurantes".

1.4 Delimitação do Capítulo

Como sabemos, todo trabalho deve ser adequadamente delimitado a fim de não perder seu foco e poder de maneira mais objetiva atingir os seus propósitos. No caso deste capítulo, apesar de ter como foco central a gestão econômica de um empreendimento do segmento alimentar, mais especificamente de um restaurante, considerou-se pertinente a inclusão de outros temas diretamente relacionados à eficácia dessa gestão.

Diante disso, e restringindo-se ao mínimo necessário, far-se-á uma inserção mesmo que resumida aos aspectos estratégicos que devem permear a gestão dos negócios, seja ele um negócio iniciante ou um já existente. Esse será o conteúdo da Seção 3.

A seção 4 será a mais abrangente e tratará especificamente dos aspectos econômicos e financeiros que devem estar contemplados na citada gestão. Nela, serão tratados os instrumentos mais utilizados nessas situações, iniciando-se com o plano de negócio e com as medidas e procedimentos financeiros de análise mais utilizados. É importante destacar que, seja no caso de um megaempreendimento, seja um empreendimento médio ou mesmo em um de pequena dimensão, os instrumentos aqui tratados devem integrar o processo de avaliação e gestão, guardadas as devidas dimensões de cada empreendimento. Não teria sentido, por exemplo, contratar-se uma empresa de consultoria e renome internacional para avaliar um pequeno empreendimento, porém isso não significa de forma alguma que procedimentos básicos e suficientemente necessários não devam ser adotados na avaliação.

2. Caracterização Geral do Segmento Restaurante

2.1 Evolução Econômico-global desse Segmento de Negócio

Os negócios relacionados à alimentação, e nesse caso ao segmento de restaurante, têm passado por significativas modificações nas últimas décadas, a exemplo do que tem ocorrido com outros tipos de empreendimentos. Isso é importante, pois cabe ao gestor compreender que a sociedade nunca antes esteve tão conectada em suas mais diferentes formas de atuações. Deixar de compreender essa realidade revela uma fragilidade dos *modus operandi* das organizações em particular e da sociedade em geral. A evolução da tecnologia de informação e da tecnologia operacional em geral não pode ser renegada a plano inferior. Uma breve análise evidenciará que ela está presente nos procedimentos operacionais e financeiros mais básicos de um restaurante, por menor que seja.

Conforme apresentado na Brasilfoodtrends (2020), por Enzo Dnna, Food Service é o mercado que envolve toda a cadeia de produção e distribuição de alimentos, insumos, equipamentos e serviços, orientado a atender os estabelecimentos que preparam e fornecem refeições efetuadas principalmente fora do lar. Considera-se Food Service também a refeição adquirida pronta para ser consumida no lar, comprada em um estabelecimento como restaurante, rotisserie ou entregue no domicílio. Os dados de 2015 refletem o seguinte fluxograma da distribuição de alimentos (R$ bilhões):

FLUXOGRAMA DA DISTRIBUIÇÃO DE ALIMENTOS BRASIL, 2015 (R$ BILHÕES)

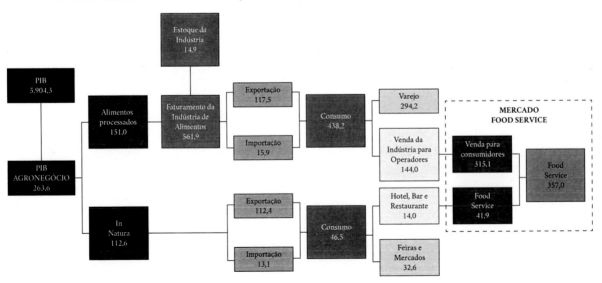

Figura 1 – Distribuição e Alimentos no Brasil em 2015 (R$ bilhões)
Fonte: Abia/IBGE/Secex.

Podemos notar que a venda da indústria para os diversos segmentos operadores chegou a 144 bilhões, que, transformados pelos operadores e somados aos produtos in natura, chegam a um valor de mercado de R$ 357 bilhões. É um mercado que cresce fortemente nos últimos 10 anos, acima do crescimento do canal varejo.

Ainda conforme Donna (2015), o canal Food Service compreende: bares, hotéis, restaurantes, padarias, refeições coletivas, *catering* aéreo, cafeterias, *vending machines*, sorveterias, institucional/governo, entre outros. Os seguintes elementos são considerados como os principais **fatores de expansão desse mercado**:

- Mudança do estilo de vida da população, com demanda para alimentação mais conveniente, saudável e prática;

- Maior número de mulheres trabalhando fora do lar, demandando serviços e produtos para uma alimentação produzida fora de casa que atenda a essas necessidades;

- Novos formatos de negócios e serviços no canal *food service*;

- Desenvolvimento de novos centros de consumo no interior das diversas regiões do país;

- Contrabalançando reduções momentâneas do nível de emprego e da renda da população.

Também é dado destaque que esse mercado está segmentado em diversos tipos de operação, independentes ou organizadas em redes de alimentação. Os principais segmentos são (DONNA, 2020):

- Institucional: formado por restaurantes e soluções de serviços de alimentação para os segmentos: indústria, empresas, saúde (hospitais e clínicas, entre outros), educação (escolas, faculdades e merenda escolar), entretenimento (estádios esportivos, arenas de shows e eventos) e atendimento em locais remotos (usinas, mineração, plataformas de petróleo etc.), bem como alimentação para setores governamentais, como o exército. Aqui, podemos incluir ainda os serviços de alimentação e logística para aviação, denominado *catering* aéreo.

- Comercial: formado por restaurantes, lanchonetes e bares, hotéis, padarias e lojas de conveniência e *rotisserias*, *vending machines* e *delivery*. O segmento de restaurantes e lanchonetes é normalmente segmentado pelo tipo de serviço, menu e valor para os consumidores, entre modelo de serviço limitado (fast-food, cafeterias, restaurantes a quilo e self-service) e serviço completo (*casual dining*, restaurantes à la carte tradicionais, restaurantes de alta gastronomia). É bastante comum esses estabelecimentos serem classificados de acordo com o tema de seu cardápio, tais como pizzarias, churrascarias, comida italiana, entre outros.

2.2 Relevância Social do Segmento

Atualmente, sempre que se trata da relevância social de um determinado segmento ou das diversas atividades profissionais, ganha destaque a questão da empregabilidade, dado o momento especial que nosso país vem passando na atualidade. No segmento de restaurantes, isso não é diferente.

De acordo com pronunciamento do Solmucci (2015), em geral, ao descomplicar a vida dos donos dos bares e restaurantes, o país terá feito uma pacífica revolução na sua cultura empreendedora. Isso significará o florescimento de um setor que hoje representa 16% do total das empresas brasileiras. Ou seja, o Brasil tem 6,4 milhões de estabelecimentos empresariais, sendo que 99% deles são de micro e pequenas empresas. Estima-se que haja, nacionalmente, um total de um milhão de bares e restaurantes.

Ainda segundo Solmucci (2015), Oo setor de bares e restaurantes emprega cerca de seis milhões de pessoas. Este número poderia ser ainda maior caso o Brasil adotasse medidas semelhantes a dos EUA e Europa onde a jornada de trabalho por hora é móvel. Para o ator, significaria oportunidade para o jovem conciliar estudos e trabalho.

Sabemos que a comparação de dados de vários períodos e origens pode dificultar a sua compreensão. Porém, mediante certas reservas, sempre é possível expressar alguma ideia de grandeza.

Nesse sentido, segundo dados do IBGE, referentes a 1999, o Brasil contava com cerca de 1,2 milhões de trabalhadores no segmento. Comparando-os com os dados de Solmuci, de seis milhões em 2015, constata-se um crescimento anualizado de 30,8%, perfeitamente aceitável para um segmento em franco crescimento. Devemos lembrar que enquanto em 1995 apenas 19% das refeições eram feitas fora da residência, em 2013, isso passou para 32,9%. Para ratificar tais dados, reporta-se aos dados da Associação Nacional de Restaurantes (ANR Brasil) – incluindo *food-service*, franquias, redes de alimentação, bares, cafés, quiosques, os empregados chegavam a cerca de 6 milhões no ano de 2014. Mais um fator a confirmar esse crescimento é a vinda ao Brasil de empresas internacionais gigantes do segmento. Para finalizar, têm-se dados do IBGE que reportam para os segmentos relacionados a restaurantes a quantidade de 4,3 milhões, 4,5 milhões e 4,8 milhões no triênio 2009-2011. De qualquer forma, deve ser reconhecido que, apesar das dificuldades de uma mensuração mais objetiva para uma cadeia de valor tão extensa (Figura 1), é inegável a relevância do segmento restaurante na geração de emprego e renda.

Todos esses dados, sejam da capacidade de geração de renda nacional e internacional, além da expressiva responsabilidade em gerar emprego e renda que alimentam a economia nacional, servem também para realçar a necessidade de que os respectivos gestores tenham o compromisso de assegurar a continuidade econômica dessas atividades, pois, do contrário, ter-se-ia uma verdadeira *hecatombe* com óbvios, significativos e talvez irrecuperáveis problemas de ordem econômica e social. Ou seja, além dos seus próprios interesses, eles são também responsáveis pela estabilidade econômica e social do ambiente onde exploram seus negócios. É com esse enfoque, objetivo e preocupação que as seções seguintes deste capítulo tratam de ações que são direcionadas de forma a melhor assegurar a perenidade dos negócios.

2.3 Atual Perenidade dos Empreendimentos

A perenidade dos empreendimentos passou a ser representativa de outros termos. Dentre ela, podem-se citar continuidades sustentáveis, vantagem competitiva, posição vantajosa em relação aos seus concorrentes, rentabilidade adequada à remuneração dos investimentos realizados, maior capacidade de inovação e criatividade etc.

Também tem sido reconhecido que a perenidade dos empreendimentos é dependente, dentre outros fatores, do estabelecimento adequado da definição estratégica para direcionar suas ações e alcances de objetivos. Acrescenta-se a isso o necessário envolvimento e comprometimento de todos da organização quanto aos pilares da estratégia adotada.

Pesquisa realizada revela a existência de grandes pensadores e pesquisadores que ao longo do tempo foram aperfeiçoando o significado, aplicações e especificações do pensamento e ação estratégica. Schnneider (2013) faz um interessante resgate dessa evolução estratégica, ao longo do tempo, bem como indica seus principais idealizadores.

Mesmo reconhecendo a profundidade e nível de domínio e abstração necessária para que se entenda toda a extensão do significado das ações estratégicas, para os fins deste capítulo, e a fim de não incomodar nossos leitores com um variado conjunto de termos e significados técnicos, optamos, *data vênia*, utilizar uma definição bastante simples recentemente apresentada em um desses filmes que tratam de gestão e negócios, a saber: "Necessitamos de estratégia porque precisamos perseguir nossos propósitos"[3].

3. Gestão Estratégica Porteriana

A pesquisa sobre como as empresas obtêm e sustentam a vantagem competitiva tem sido comum no campo da estratégia empresarial nas últimas duas décadas. A literatura, tanto acadêmica como gerencial, multiplicou-se nesse período. Nesse cenário, Michael Porter, professor da Harvard Business School, talvez seja o acadêmico da área de administração mais conhecido no mundo inteiro. Essa representatividade é apresentada por Binder (2000) ao afirmar que o primeiro livro de Porter, *Estratégia Competitiva: Técnicas para Análise de Indústrias e da Concorrência*, já superou a 50º edição nos Estados Unidos e já foi traduzido para 17 idiomas.

Binder (2000) acrescenta que, para Porter, o dirigente deverá tomar decisões que visam combinar produtos e mercados, gerando estratégias de liderança em custos, diferenciação ou focalização (estratégias genéricas). Foss (1996) acrescenta que o ponto central do modelo porteriano é a capacidade da alta gerência em analisar o ambiente externo, ler os sinais, estabelecer comprometimentos e posicionar a empresa de acordo com esses elementos.

O primeiro livro lançado pelo autor (PORTER, 1986), denominado *Estratégia Competitiva*, é reconhecido por ele como o resultado da consolidação de uma década de pesquisas no campo da organização industrial e competitividade. Ele argumenta que o bom desempenho da empresa ocorre em função da atratividade da indústria fruto da conjugação de suas forças competitivas e do posicionamento que a empresa obtém nessa indústria. Conforme destaca Binder (2000), a questão central que Porter procura responder é por que as indústrias diferem quanto ao seu potencial de lucro. A ênfase é dada à análise do ambiente externo, sendo a estrutura da indústria preponderante na escolha estratégica.

Em *Vantagem Competitiva*, seu segundo livro, Porter (1989) desenvolve o conceito da cadeia de valor, procurando identificar quais as fontes de vantagem competitiva de uma empresa e o reconhecimento de que a empresa não detém isoladamente todas as habilidades de que necessita. Ao final, e ainda de acordo com Binder (2000), Porter procura descrever o modo como as empresas podem obter vantagem de custo sustentável ou diferenciar-se de seus concorrentes. A resposta a essa procura viabiliza a Porter explicar por que empresas de uma mesma indústria apresentam diferenças de rentabilidade sustentáveis em longo prazo. Isso será melhor exposto nas seções seguintes, especialmente destinadas a essas questões.

Welsch (2009), reconhecida liderança na gestão de negócios, também incorpora as ideias básicas de Porter na sua forma de gestão no que se refere à busca pelo domínio (ou liderança) de mercado. Para Welsch (2009, p. V), "determine seu mercado... ou saia dele [...]". Ele não tem tempo a perder com companhias que são a quarta ou a quinta no mercado. Ele quer ser o primeiro – ou o

---

[3] Do filme *We Don't Know Jack* (HGBO Filmes, USA 2010, direção de Barry Levinson e participação de Al Pacino).

segundo colado no primeiro. Para o autor, "Assuma a liderança do mercado e leve-o adiante. Se não puder chegar à liderança, venda seu negócio e vá fazer outra coisa".

Excetuam-se os extremos que podem ser identificados nos pronunciamentos de Welsch, mesmo porque uma terceira, quarta posição de mercado pode sim ser interessante caso atenda ao retorno desejado pelos proprietários. Mas a ideia central da busca de liderança defendida por Porter é clara nos posicionamentos de Welsch.

3.1 As Cinco Forças de Porter

Um dos mais importantes passos das seis etapas de segmentação de mercado envolve mensurar e avaliar a atratividade de cada segmento. Um dos trabalhos mais reconhecidos são as análises de *As Cinco Forças de Porter*. Tais análises visam demonstrar os fatores que impactam na atratividade de um determinado mercado ou segmento de mercado.

Propostas por Porter, as Cinco Forças procuram deixar claro como cada uma dessas forças influenciam, positiva ou negativamente, em seu negócio. As forças foram classificadas em: rivalidade entre os concorrentes, poder de negociação dos fornecedores, poder de negociação dos clientes, ameaça de novos entrantes e ameaça de produtos substitutos.

Considerar os possíveis efeitos dos fatores dessas cinco forças competitivas, conforme reafirma Porter, é relevante para que se possa desenvolver uma estratégia empresarial eficiente. Porter refere-se a essas forças como microambiente, em contraste com o termo mais geral, macroambiente. Utiliza-se dessas forças em uma empresa que afeta a sua capacidade para servir os seus clientes e obter lucros. Uma mudança em qualquer uma das forças normalmente requer uma nova pesquisa (análise) para reavaliar o mercado. Observa-se, assim, que esse é um processo dinâmico e não estático, é importante que os gestores estejam atentos e capazes de identificar as modificações ocorridas.

Na sequência (Figura 3), é apresentada, de forma resumida, a composição, estrutura e possíveis relações entre as forças identificadas por Porter.

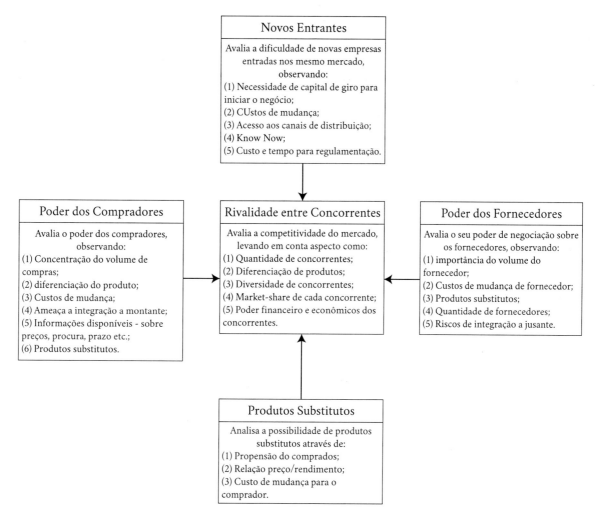

Figura 2 – Cinco Forças de Porter
Fonte: adaptado de Porter (1989).

3.2 Estratégias Genéricas de Porter

Para Porter (1985, p. 1), "a estratégia competitiva visa estabelecer uma posição lucrativa e sustentável contra as forças que determinam a competição industrial". O nível de competitividade alcançado pela empresa ou unidade de negócios depende de fatores sistêmicos, estruturais ou empresariais. De acordo com Coutinho e Ferraz (1994) e Ferraz (1994), esses fatores referidos por Porter estão relacionados, respectivamente, às condições macroeconômicas, político-institucionais, regulatórias, infraestruturas e sociais do país onde a empresa está instalada ou pretende[4] se instalar; às características do mercado, da concorrência e da configuração da indústria ou setor econômico em que a empresa atua, e à capacidade gerencial e operacional da própria empresa. Cabe notar que, embora Nogueira, Alves Filho e Torkomian (2001) tenham sua pesquisa direcionada especificamente a empresas de revestimentos cerâmicos, e suas estratégias, os princípios basilares, sejam eles internos

---

[4] Esses talvez sejam fatores que contribuem para que o Brasil não esteja no topo da lista de preferências dos investidores internacionais para aplicações permanentes de recursos, mantendo-se acentuadamente na prioridade de investimentos exploratórios e de curto prazo.

ou externos, são aplicáveis a qualquer segmento de negócios, inclusive os relacionados ao segmento de alimentação, obviamente excluindo-se as possíveis exceções a essa regra geral. As estratégias de Porter estão fortemente na identificação das cinco forças que regulam a rivalidade do segmento, apresentadas na Figura 3. Para o autor, o estabelecimento da estratégia competitiva vai decorrer em muito de como a empresa se coloca nesse conjunto de forças, identificando suas fraquezas e situações de fraquezas, principalmente no contexto da cadeia de valor de que fizer parte. Os primeiros conjuntos de fatores referem-se a condicionantes externos à empresa, o posicionamento estratégico desta – e, portanto, são suas decisões e ações que definirão o impacto de tais oportunidades e ameaças do ambiente externo em seu desempenho.

Segundo Montgomery e Porter (1998), o desafio enfrentado pela gerência consiste em escolher ou criar um contexto ambiental em que as competências e recursos da empresa possam produzir vantagens competitivas. Quanto aos fatores estruturais relacionados à competitividade das empresas, Porter (1985) indica cinco forças que determinam a dinâmica da competição em uma indústria (já detalhadas na seção anterior): a entrada de novos concorrentes, a ameaça de substitutos, o poder de barganha dos clientes, o poder de barganha dos fornecedores e a rivalidade entre os concorrentes atuais. Tem-se, assim, que essas forças assumem papel relevante para o estabelecimento das estratégias genéricas destacadas por Porter e que buscam liderança de mercado, citadas a seguir:

Tipo de Liderança	Atributos Centrais	Principais Características
No Custo Total	Custo inferior aos concorrentes	Predominância no mercado interno; segmento de baixa renda; linha reduzida; pouca variedade; qualidade com ênfase na conformidade. Exemplo clássico: Ford Motor Company e a filosofia Fordista.
Na Diferenciação	Qualidade e atributos dos produtos	Mercado interno e externo; segmento de intermediária e alta renda; linha de variedade média e alta, conformidade estética e durabilidade. Exemplo clássico: Toyota e a filosofia Toyotista.
No Enfoque de Segmento	Flexibilidade e Custo	Mercado interno; segmento específico de mercado, alta variedade, qualidade, conformidade e durabilidade. Exemplo: produtos e atributos diferenciados dos demais.

Quadro 1 – Caracterização das Estratégicas Competitivas de Porter

Fonte: adaptado de Nogueira, Alves Filho e Torkomian (2001).

Observa-se pelo conteúdo do Quadro 1 que a busca da liderança no custo total baseia-se em oferecer um produto padronizado ao mercado, com mínimas diferenças em relação àqueles oferecidos pelos seus concorrentes. Assim, o que de fato lhe dará liderança é oferecer um mesmo produto a um preço mais barato do que o seu concorrente. Dado o interesse em manter a rentabilidade do negócio, é óbvio que o rígido controle dos custos de produção e comercialização é ponto-chave dessa estratégia.

A segunda estratégia prima pela diferenciação que seu produto oferece em relação aos demais, incluindo-se aí mais qualidade e outros atributos perceptíveis pelos potenciais compradores e que por isso estão dispostos a pagar um preço mais elevado que os produtos comuns, pois estes têm para eles um valor agregado maior. Isso não significa, entretanto, que nesse tipo de liderança a ocorrência de custos deve ser relegada a segundo plano. Pelo contrário, a melhoria nos processos e eliminação de desperdícios devem ser buscadas com a mesma persistência.

Por último, tem-se a terceira estratégia competitiva, concentrada em explorar um nicho ou enfoque específico de atributos, flexibilidade, custos e qualidade não explorados pelas outras estratégias. Assim como nas demais, o foco na gestão de custos é pré-requisito.

3.2.1 Apresentação Gráfica da Tipologia Estratégica de Porter

A exemplo do que ocorre em outras situações, o mundo e a estrutura dos negócios se alteram às vezes mais lentamente, às vezes mais rapidamente. O conjunto básico das cinco forças de Porter e das suas estratégias competitivas permanece válido para cada situação apresentada e analisada.

Com o crescimento e diversificação das unidades de negócios pelas empresas, é lógico concluir que as relações de cinco forças detectadas não sejam as mesmas entre elas. Da mesma forma, as opções entre as três estratégias competitivas também são divergentes.

Vejamos alguns exemplos bastante simples para fins de facilitar a compreensão: um primeiro exemplo pode ser dado no âmbito do ramo da indústria automobilística, é muito comum as empresas terem um portfólio bastante diversificado de forma a atender o maior número de clientes possível. Têm-se então veículos de alta potência e elevado conjunto de atributos, comodidades e luxos que são desejados por certo grupo de clientes e que irão pagar por isso. Tem-se aí a estratégia da diferenciação. De outra parte, nesse mesmo segmento e indústria automobilística, há clientes de outro perfil que estão à procura de um veículo sem tantos atributos e benefícios e estão dispostos a pagarem somente por isso. Tem-se aí a estratégia de liderança em custos, dado que esse tipo de produto com certeza terá maior nível de igualdade e concorrência no mercado, diferentemente do que ocorre com o exemplo anterior.

Um segundo exemplo, e agora no segmento de restaurantes, pode ocorrer a disponibilidade de serviços à la carte, com acompanhamentos especiais e atendimento particularizado, que são atributos exigidos pelos clientes e que estão igualmente dispostos a pagar por esse fornecimento e serviço. De outra parte, nesse mesmo segmento, pode haver uma segunda linha de oferta de serviços, no qual o próprio cliente faz o seu autoatendimento, sem qualquer tipo de reserva e a um conjunto de opções alimentares padronizadas. Nesse caso, teremos um produto padrão e oferecido a menor preço. Tem-se aí a estratégia da busca da liderança pelo baixo custo. Outro referencial também existente em um restaurante refere-se àquele em que alguns estabelecimentos buscam e entregam os clientes em locais específicos, diferentes de restaurantes em que o cliente se desloca por seus próprios. Nota-se, aqui, novamente, uma estratégia desigual (diferença ou baixo custo) adotada pela mesma organização alimentar.

Em resumo, excetuando-se aquelas regras que mais servem para justificar as exceções, o mais recomendado aos gestores é que façam análises específicas sobre as cinco forças de Porter que mais se adaptam para cada conjunto (ou unidades de negócios) que oferece e, a partir daí, definir pela estratégia que lhe trará maior competitividade.

3.3 Estudos Recentes Sobre a Aplicação da Análise Estratégica em Restaurantes

Antes de encerrar essas seções especialmente destinadas à discussão da necessidade e utilidade de discussão estratégica de um empreendimento tipo restaurante, optamos por apresentar breves resumos de três estudos recentemente desenvolvidos sobre o tema.

Assim, além da justificadíssima preocupação com a qualidade da alimentação, de processos higiênicos e certificados, e da saúde do seu consumidor, é preciso considerar, com a mesma importância, as questões relacionadas à sustentabilidade econômica do empreendimento. Espera-se que esses três exemplos possam despertar o interesse daqueles presentes e futuros profissionais mais diretamente relacionados à questão nutricional dos alimentos e o produto decorrente.

Como sabemos, a pesquisa científica de qualidade sempre lança mão de outros instrumentos ou técnicas que amplifiquem a qualidade do trabalho realizado. Assim, apenas a título de exemplo, poderiam constar do desenvolvimento deste capítulo outras técnicas, como Seis Sigma, Análise Swot, Análise PDCA e outros tantos.

4. Plano de Negócio e Instrumentos de Gestão

Segundo Dornelas (2008), o plano de negócios é um documento usado para descrever um empreendimento e o modelo de negócio que sustenta a empresa. O objetivo do plano é orientar o empreendedor nas noções estratégicas antes de iniciar seu empreendimento e também ter uma visão de como será o funcionamento deste.

Oliveira, Silva e Andrade (2016) destacam ser muito importante que o empreendedor faça o plano de negócio antes de abrir sua empresa para que os erros sejam mínimos, pois as estratégias já estarão definidas no plano, e possivelmente decisões mais importantes já tenham sido tomadas. Após abrir a empresa, é crucial que o plano seja sempre revisado e atualizado, visto que o mercado está sempre variando e tendo coisas novas, e o plano deve estar de acordo com as mudanças no ambiente de mercado para que a empresa tenha condições de se adequar sem ter muitas dificuldades.

Osterwalder e Pigneur (2011) destacam também que, além da aplicação de plano de negócios em novos empreendimentos, sempre pensando em como criar valor e construir novos negócios, há também a necessidade de se conseguir aprimorar ou transformar a organização já existente. Você também buscará encontrar novas maneiras de fazer negócio para substituir formatos antigos e ultrapassados. E se perguntará sobre como você imagina a cara do modelo de negócios da sua empresa daqui a dois, cinco, dez anos? Como seus negócios se situarão entre os principais *players* do mercado? Vai encarar concorrentes apresentando novos e formidáveis modelos de negócio? O que se depreende desses questionamentos é que pensar sobre o plano de negócio também é aplicável e importante a negócios já existentes e que procuram uma continuidade sustentável.

Oliveira, Silva e Andrade (2016) retomam observando, também, que o comportamento do mercado vem oscilando cada vez mais, devido às constantes crises que surgem no mundo todo, e para contornar essas crises em um mercado tão amplo, é necessário possuir um bom diferencial competitivo. Para isso, julga-se necessário o uso de ferramentas de planejamento, organização, execução, controle e análise capazes de minimizar os erros na gestão e identificar oportunidades de investimento para alavancar os negócios do empreendimento. Hoje em dia, a utilização dessas ferramentas é essencial para a sustentabilidade da empresa, que deve se atualizar constantemente e observar como o mercado se comporta para buscar alternativas e driblar qualquer empecilho.

O plano de negócios é uma ferramenta de planejamento que toda empresa que está iniciando deve construir, que possibilita ao empreendedor ter uma visão teórica da sua empresa e, com isso, analisar a viabilidade de implementação do seu projeto, mesmo em um ambiente de mercado frágil e sem perspectiva de melhora. Esse é o primeiro passo para ter uma empresa de grande potencial.

Durante o desenvolvimento deste conteúdo, foram identificadas manifestações explícitas nas colocações dos autores pesquisados a respeito da utilidade da estrutura das cinco forças e estratégias competitivas desenvolvidas por Porter (assim como o Swot, por exemplo) como instrumento para elaboração do plano de negócios (abordadas nas seções 3.1 e 3.2 deste capítulo). Isso ganha destaque particularmente nas obras de Sahlman (1997), Dornellas (2008), Osterwalder e Pigneur (2011) e Carvalho Batista e Raupp (2014).

Na sequência, são apresentadas as principais características das partes que compõem um plano se negócio, assumindo-se que a literatura considera não haver um plano de formato único. Normalmente, o plano é um documento longo e detalhado, cuja dimensão foge ao escopo e delimitação deste capítulo. Assim, procuramos privilegiar alguns dos aspectos destacados como principais.

4.1 Aspectos Gerais do Business Plan

Normalmente, as principais partes de um *Business Plan* envolvem as etapas de (1) Sumário Executivo; (2) Análise de Mercado; (3) Plano de Marketing; (4) Plano Operacional; (5) Plano Financeiro. Além dessa estrutura básica, é comum encontrar na literatura um razoável nível de detalhamento dos elementos que compõem cada uma de tais partes.

Diante disso, normalmente, o plano é um documento longo e detalhado, cuja dimensão foge ao escopo e delimitação deste capítulo. Assim, procuramos privilegiar a seguir alguns dos aspectos que mais se destacaram sob a nossa óptica durante a pesquisa. O conteúdo do Quadro 2 resume alguns dos aspectos considerados por vários autores para discussão do tema Business Plan.

Autores Ano	Aspecto Selecionado	Conteúdo para Reflexão
Casadeus-Marsanell e Ricart (2009)	Origem da expressão business model	A origem da expressão pode ser relacionada ao que foi escrito por Peter Drucker.
Casadeus-Marsanell e Ricart (2009)	Business model na strategy	Os conceitos de estratégia e modelos de negócios diferem quando há importantes contingências sobre as quais o desenvolvimento de uma boa estratégia deve estar baseado. Estratégia refere-se à escolha do modelo de negócios a partir do qual a empresa irá competir no marcado.
Bringhurst (2012)	Importância do Business plan	Planos de negócio são considerados importantes, "eventualmente crucial", Business plans são considerados importantes, "talvez crucial" como parte de abertura de qualquer negócio. Esse estudo trata da disponibilidade de informações a respeito de um negócio familiar aplicável ao segmento da indústria de restaurante. O plano de negócios é uma detalhada análise Swot pela qual se discutirão as forças e fraquezas internas do restaurante, as oportunidades e o nível de competição.
Doganova e Giraudeau (2014)	Business Plan e Formação de Novos Negócios	Os autores destacam a necessidade de novos procedimentos para melhor qualificar o Business Plan, inclusive valorizando maior uso da informação contábil tecnológica, financeira ou não financeira, além de orçamentos, planos estratégicos e projetos de revisões periódicas.

Autores Ano	Aspecto Selecionado	Conteúdo para Reflexão
Doganova e Giraudeau (2014)	Business Plan e Formação de Novos Negócios	Consideram que nenhum dos investidores, por um segundo que seja, acredita nas projeções do plano. Para eles, o business plan serve como um teste da capacidade de gerenciamento, visando demonstrar que os gestores são hábeis para pensar em soluções, em situações e fora do curso. É nisso que se precisa ter certeza. O Business Plan é na verdade uma função pedagógica, internamente, para assegurar que todas as coisas têm sido pensadas e que estão mais ou menos sob controle.
Ehmke e Akridge (2005)	Os elementos de um Business Plan: Primeiros passos para novos empreendedores	Os empresários têm muitas razões para não desenvolverem um PN: não há tempo suficiente, acham inútil, não sabem por onde começar etc. Não criar um PN é um erro fundamental para um empreendedor. Ao analisar um empreendimento mal-sucedido, muitos identificarão como seu maior erro não ter pensado e planejado seu negócio com antecedência.
Bemayo (2015)	A ênfase excessiva nos PN na educação para o empreendedorismo: por que persiste?	Examina a diferença entre os aspectos teóricos e práticos dos planos de negócios, o porquê da lacuna, e o porquê da ênfase excessiva nos planos de negócios persistir. Isso é relevante porque a correlação de sobrevivência entre os negócios tipo startup que usaram o PL tem um índice considerado baixo.
Lawrence e Moyes (2004)	Escrevendo um plano de negócios bem-sucedido	Um PN descreve o empreendimento que você criará para explorar um conceito. Há três funções principais: **Plano de Ação** – um PN pode ajudar a movê-lo para a ação –; **Mapa de Estrada** – uma vez que você iniciou o seu negócio, um PN pode ser uma ferramenta inestimável para ajudar a mantê-lo na direção que você quer ir –; **Ferramenta de vendas** – um plano de negócios pode servir como uma ferramenta de alavancar vendas planejadas.

Quadro 2 – Aspectos Gerais Discutidos Sobre Business Plan

Fonte: autores citados

4.2 Plano Financeiro

Diversas são as técnicas e indicadores apresentados na literatura quando o tema é a avaliação financeira de novas oportunidades de negócios. O Quadro 3 apresentado a seguir viabiliza uma compreensão geral desse material. A indicação desse material não significa que outras possam ser desenvolvidas para situações mais específicas.

Indicador	Definição Sumária	Fonte
Fluxo de Caixa	Entende-se como fluxo de caixa o registro e controle sobre a movimentação de caixa de qualquer empresa, expressando as entradas e saídas de recursos financeiros ocorridos em determinados períodos de tempos. O fluxo de caixa assume importante papel no planejamento financeiro das empresas.	Silva e Ferreira (2007)

Indicador	Definição Sumária	Fonte
Fluxo de Caixa Livre	O fluxo de caixa livre da firma (FCLF) é uma abordagem muito utilizada para avaliar a empresa antes do fluxo de caixa da dívida, mensurado antes dos compromissos das receitas de juros após imposto, investimentos não operacionais e resgate de títulos negociáveis. São os fundos disponíveis aos investidores.	Cunha, Martins e Assaf Neto (2003)
Capital de Giro	Refere-se simplesmente ao ativo circulante. Porém um conceito mais difundido e amplamente utilizado é o capital de giro líquido, dado pela diferença entre o ativo circulante e o passivo circulante, e pode ser expresso por capital de giro líquido, o qual representa a folga financeira da empresa para liquidar seus compromissos de curto prazo.	Modro, Famá e Petrokas (2012).
Valor presente líquido (VPL, NPV)	Definido como a soma algébrica dos valores descontados do fluxo de caixa a ele associados. Conceitualmente, a viabilidade econômica de um projeto analisado por esse método é indicada pela diferença positiva entre receitas e custos, atualizados a determinada taxa de juros.	Gallon, Silva, Hein e Olinquevitch (2006)
Taxa Interna de Retorno (IRR)	Um investimento convencional apresenta desembolsos, na fase inicial, e recebimentos, nos períodos futuros. Para haver retorno, será necessário que o total das entradas de caixa supere o das saídas. Dessa forma, admitida uma taxa de juros mínima aceitável pelo investidor, a Taxa Mínima de Atratividade (TMA), o investimento terá condições de ser aceito, se o VPL do fluxo de caixa não for negativo. Mesmo não sendo uma medida exata do retorno, a TIR é um parâmetro notável associado ao fluxo de caixa do projeto.	Barbieri, Álvares e Machline C. (2007)
Períodos Simples de Retorno (Payback)	Todo projeto, sendo ele pessoal ou organizacional, terá um custo (orçamento do projeto) que deverá ser desembolsado ao longo da duração do projeto. O problema é que todo projeto é único e deve dar retorno. Nesse artigo, é mostrada a técnica de análise de investimento Payback Simples. Ele pode ser aperfeiçoado considerando-se a receita após o período de recuperação do investimento e o valor do dinheiro ao longo do tempo. Há vasta literatura que trata desses aperfeiçoamentos, caso haja interesse do leitor.	Leandro (2016)

Quadro 3 – Principais Métricas Financeiras de Retorno
Fonte: autores citados

Tendo em vista a delimitação e escopo deste capítulo, já comentado em seu início, a aplicação prática se dará nas três medidas de retorno (NPV, IRR e Payback). Obviamente que obras especialmente dedicadas ao tema poderão tecer detalhes adicionais.

Apesar dessa restrição, as aplicações dos indicadores de retorno aqui tratados atendem amplamente às avaliações financeiras que se pretendem fazer a respeito de um determinado investimento, principalmente em empreendimentos de micro, pequeno e médio portes. Mesmo nos demais portes, alterações simplificadas ao conteúdo aqui apresentado também serão de grande utilidade.

4.3 Exemplos de Planos Financeiros e Respectivos Retornos

Suponhamos o seguinte Fluxo de Caixa para um determinado investimento em restaurante. O Investimento inicial no ano zero corresponde a ativos permanentes no valor de R$490.000 mais um Fluxo de Caixa Constante de R$10.000, sabendo-se que a TMA se situa em 10,5%.

4.4 Análise do Retorno pelo Método do VPL ou (NPV)

Valor presente Líquido (VPL ou NPV)		Fator de PV	Valor presente	Vlr. Presente na TIR
Ano 0	-500000	1,0	-500.000,00	-500.000,00
Ano 1	140000	1,1	140.000,00	121.178,86
Ano 2	150000	1,10^2	123.966,94	112.379,98
ano 3	160000	1,10^3	120.210,37	103.756,78
Ano 4	160000	1,10^4	109.282,15	89.808,06
Ano 5	150000	1,10^5	93.138,20	72.876,15
Se VPL Positivo, então, TIR > TMA			86.597,66	-0,17 Com a TIR = TM VPL é Zero

Deficiência do VPL: não indica qual é o retorno efetivo. Isso é importante quando se fez análise comparativa de várias alternativas e investimento. A TIR dá essa informação.

4.4.1 Análise do Retorno pelo Método do TIR

TIR - Resolução pelo Excel: Sabe-se que é 15,5%		
Ano 0	-500000	Investimento de 440.000 + 10.000 de CG constante
Ano 1	140000	
Ano 2	150000	
ano 3	160000	
Ano 4	160000	
Ano 5	150000	
TIR	15,5%	=TIR(AE24:AE29)
TIR - Resolução pela HP12C		Função da HP
Ano 0	500.000	Chs	gcfo
Ano 1	140.000		gcfj

TIR - Resolução pelo Excel: Sabe-se que é 15,5%			
Ano 2	150.000		gcfj
ano 3	160.000		gcfj
Ano 4	160.000		gcfj
Ano 5	150.000		gcfj
TIR	**15,5%**		fIRR

Verifica-se que a TIR (OU IRR) calculada tanto pelo MSO-Excel como pela HP 12C em 15,5% é bem superior à TMA de 10,5%, justificando, sob esse aspecto econômico, a realização do investimento.

4.4.2 Cálculo do Payback Period

Período	Fluxo de Caixa	Saldo
0	- 500.000	- 500.000
1	140.000	- 360.000
2	150.000	- 210.000
3	160.000	- 50.000
4	160.000	110.000
5	150.000	260.000

Observa-se que pelo PB Simples o retorno do investimento inicial ocorre dentro do quarto período. Como já destacado, esse método tem duas fraquezas: (1) não leva em consideração o valor presente do fluxo de caixa futuro; (2) o valor das entradas após alcançada a recuperação do capital. Apesar de serem fraquezas facilmente superáveis, são características que precisam ser destacadas.

5. Considerações Finais

O objetivo deste capítulo foi destacar que na atual conjuntura econômica e social global, particularmente no Brasil, dadas as suas fragilidades estruturais, é cada vez mais desafiador e exigente para que um gestor consiga o alcance da continuidade sustentável de um empreendimento, no caso aqui de um restaurante.

Diante dessa realidade, preocupou-se em desenvolver um texto que tivesse esses aspectos como base para uma reflexão dos futuros empreendedores e analistas em geral. Nesse ambiente cada vez mais complexo, também foi exposta a necessidade de que os investimentos sejam analisados em várias amplitudes – mercado, estratégia, viabilidade econômica etc.

A essas características de gestão econômica de negócio também foi tratado um pré-requisito, em menor escala, não pela sua relevância, mas pela delimitação estabelecida. Porém de forma alguma deve ser desconsiderado. Trata-se das preocupações de que profissionais preparados trabalhem com o mesmo afinco quando a questão é a qualidade do produto (no caso de refeições), que percorre todo o caminho desde o seu planejamento, composição de ingredientes, fornecedores de qualidade, processo eficiente e produto final que atenda aos expressivos aspectos da saúde e daquilo que o cliente pretende receber a um preço aceitável. Sabemos que esses temas serão tratados com maiores detalhes em outros capítulos desta obra.

Dado o espaço destinado ao conteúdo deste capítulo, e conforme já comentado, optou-se por privilegiar um material que, apesar de algumas superficialidades, é com certeza um agente criador de bases sólidas para que questões mais complexas sejam adequadamente apreendidas.

Desejo a todos uma boa leitura e aproveitamento.

Referências

ASTUTO, M. S. *Decisões estratégicas*: um estudo de caso comparativo no segmento de alimentação fora do lar em Manaus. Dissertação (Mestrado em Gestão) – Instituto Superior de Gestão, 2013. Lisboa.

ATKINSON, A. A.; BANKER, R. D.; KAPLAN, R. S.; YOUNG, M. *Contabilidade gerencial*. São Paulo: Atlas, 2000.

BARBIERI, J. C.; ÁLVARES, A. C. T.; MACHLINE, C. Taxa interna de retorno: controvérsias e interpretações. *GEPROS* – Gestão da Produção, Operações e Sistemas, v. 2, n. 5, p. 131-142, 2007.

BENTO, L. R. P. *Avaliação estratégica, econômica e de serviços de um restaurante à la carte*. Trabalho de Formatura apresentado à Escola Politécnica da Universidade de São Paulo para obtenção do diploma de Engenheiro de Produção. São Paulo, 2014.

BEWAYO, E. D. The overemphasis on business plans in entrepreneurship education: Why does it persist? *Journal of Small Business and Entrepreneurship Development*, v. 3, n. 1, p. 1-7, 2015.

BINDER, M. P. Estratégias genéricas: posições discretas ou contínuas? *In*: 3ES ENCONTRO DE ESTUDOS ESTRATÉGICOS, 6, Bento Gonçalves. *Anais* [...]. Bento Gonçalves: Anpad, 2013.

BRINGHURST, B. M. *A business plan for a successfulfFamily-run restaurant in Heber City, Utah*. 2012. Disponível em: http://digitalscholarship.unlv.edu/thesesdissertations. Acesso em: 5 jan. 2017.

CARVALHO BATISTA, G.; RAUPP, Maury F. Proposta de um plano de negócios para abertura de uma franquia de lavanderia. *Observatorio de la Economía Latinoamericana*, n. 195, 2014. Disponível em: http://www.eumed.net/cursecon/ecolat/br/14/franquia-lavanderia.hmtl. Acesso em: 15 dez. 2016.

CORREA, C.; MANO, C. O preço de uma decisão errada: os vícios e as armadilhas que levam as melhores empresas a perder bilhões com escolhas infelizes. *Revista Exame*, 9 out. 2008. Disponível em: http://exame.abril.com.br/negocios/. Acesso em: 20 dez. 2016.

CREINER, S. *O estilo de Jack Welch de gerir*. São Paulo: Gente, 2009.

CUNH, M. F.; MARTINS, E.; ASSAF NETO, A. Avaliação de empresas no Brasil pelo fluxo de caixa descontado: evidências empíricas sob o ponto de vista dos direcionadores de valor nas ofertas públicas de aquisição de ações. *R.Admv.*, 49, n. 2, p. 251-266, abr./maio/jun. 2014.

DOGANOVA, L; GIRAUDEAU, M. Entrepreneurial formulas. Business plans and the formation of new ventures. *i3 Working Papers Series*, 14-CSI-02. 2014.

DONNA, E. *As tendências da alimentação fora do lar*. Agosto de 2010. Brasil Food Services Trends 2010. Disponível em: http://www.brasilfoodtrends.com.br/docs/enzo_foodservice.pdf. Acesso em: 1 out. 2016.

DORNELAS, J. C. A. *1971-* Empreendedorismo: transformando ideias em negócios. 3. ed. Rio de Janeiro: Elsier, 2008.

EHMKE, C.; AKRIDGE, J. *The elements of a business plan*: first steps for new entrepreneurs. Purdue University Extension, Department for Agricultural Economics, Agricultural Innovations & Commercialization Center, 2005.

FOSS, N. Research in strategy, economics, and Michel Porter. *Journal of Management Studies*, Oxford, v. 33, n. 1, p. 1-24, Jan. 1996.

FRANCO, H. *Contabilidade Industrial*. 9. ed. São Paulo: Atlas, 1991.

FRANCO, H. *A contabilidade na era da globalização*. São Paulo: Atlas, 1999.

GALLON, A. V.; SILVA, T. P.; HEIN, N.; OLINQUEVITCH, J. L. Utilização da análise de investimento nas empresas de tecnologia do vale do Itajaí/SC. *In*: SIMPÓSIO DE GESTÃO DE INOVAÇÃO, 24. Gramado. *Anais* [...]. ANPAD 30 Anos, 2006.

LAURENCE, V.; MOYES, F. *Writing a successful business plan*. Deming Center for Entrepreneurship, Leeds School of Business, University of Colorado at Boulder, 2004.

LEANDRO, Wankes. *Como calcular a viabilidade de um projeto utilizando técnicas de análises de investimentos*: Pay-back Simples, VPL e TIR. 2016. Disponível em: http://www.wankesleandro.com/single-post/2016/12/01/Como-calcular-a-viabilidade-de-um-projeto-utilizando-tC3A9cnicas-de-anC3A1lise-de-investimento--Payback-Simples-VPL-e-TIR. Acesso em: 12 jan. 2017.

LEVINSON, B. (Direção). *We don't know Jack*. Participação de Al Pacino, HGBO Filmes, USA 2010.

MODRO, W. M.; FAMÁ, R.; PETROKAS, L. A. Modelo tradicional x modelo dinâmico de análise do capital de giro: um estudo comparativo entre duas empresas de mesmo setor com diferentes performances financeiras. *FACEF Pesquisa Desenvolvimento e Gestão*, v. 15, n. 1, p. 90-106, 2012.

MONTGOMERY, C. A.; PORTER, M. E. *Estratégia*: a busca da vantagem competitiva. Rio de Janeiro, Campus, 1998.

NAKAGAWA, M. *ABC* – custeio baseado em atividades. São Paulo: Atlas, 1994.

NOGUEIRA, E.; ALVES FILHO, A. G.; TORKOMIAN, A. L. V. Empresas de revestimento cerâmico e suas estratégias competitivas e de produção. *Gestão e Produção*, v. 8, n. 1, p. 84-99, 2001.

OLIVEIRA, R. B.; SILVA, E. C.; ANDRADE, F. A. V. A. Plano de negócios: elaboração e execução do planejamento de empreendimentos criativos assessorados pela Incubadora Amazonas Indígena Criativa. *Revista Observatorio de la Economía Latinoamericana*, Brasil. ago. 2016. Disponível em: http://www.eumed.net/cursecon/ecolat/br/16/incubadora.html. Acesso em: 15 nov. 2016.

OSTERWALDER, A.; PIGNEUR, Y. *Business model generation*: inovação em modelos de negócios. Rio de Janeiro: Alta Books, 2011.

SCHNNEIDER, L. C. Pensamento estratégico organizacional – origens, evolução e principais influências. *In*: 3ES ENCONTRO DE ESTUDOS ESTRATÉGICOS, 6, Bento Gonçalves. *Anais* [...]. Bento Gonçalves: Anpad, 2013.

SHANK, J. K.; GOVINDARAJAN, V. *A revolução dos custos*. Rio de Janeiro: Campus, 1997.

SILVA, J. B.; FERREIRA, A. D. A Importância do fluxo de caixa como ferramenta fundamental na média e pequena empresa. *Revista Científica Eletrônica de Administração*, v. VII, n. 12, jun. 2007.

SOLMUCCI, P. Bares e restaurantes são a alavanca do Brasil empreendedor. *Revista Bares & Restaurantes*, n. 100, 2015. Disponível em: http://ap.abrasel.com.br/noticias/94-bares-e-restaurantes-sao-a-alavanca-do-
-brasil-empreendedor. Acesso em: 31 out. 2016.

SOUZA, M. A., LISBOA, L. P.; ROCHA, W. Práticas de contabilidade gerencial adotadas por subsidiárias brasileiras de empresas multinacionais. *Revista de Contabilidade e Finanças*, v. 14, n. 32, p. 40-57, 2003.

ZANONI, C. R. *O mercado de gastronomia de São Paulo*: maximização de valor na gastronomia: O caso de restaurantes de alto padrão em São Paulo. Dissertação (Mestrado em Administração de Empresas) – FGV – SP, 2012.